REPORT OF HEDGE FUNDS IN CHINA 2023

清华大学五道口金融学院　TSINGHUA UNIVERSITY PBC SCHOOL OF FINANCE

Shenzhen Finance Institute　深圳高等金融研究院　Shenzhen Finance Institute

深圳市大数据研究院　Shenzhen Research Institute of Big Data

2023年中国私募基金研究报告

曹泉伟　陈卓　舒涛　等 / 著

中国财经出版传媒集团

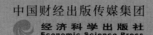

经济科学出版社
Economic Science Press

编 委 会

主　　任：曹泉伟

副 主 任：陈　卓　舒　涛

编著人员：（按姓氏笔画为序）

门　垚　石　界　刘津宇　张　凯

周嘉慧　姜白杨　詹欣琪

前言

2022年，全球高通胀及由此引致的流动性加速收缩使资本市场面临挑战，在美联储大幅加息的背景和预期下，全球金融市场频繁震荡，股票市场价格下跌；此外，国际局势动荡，地缘政治危机使资金趋于避险。在全球高通胀与经济衰退预期的影响下，我国经济下行压力加大。5月，国务院印发《扎实稳住经济的一揽子政策措施》，提出一切以"稳"字当头。动荡的宏观环境给市场信心带来打击，2022年A股市场亦出现剧烈波动，上半年上证指数一度跌破2900点，剧烈波动的股票市场给私募基金管理人带来巨大挑战，私募基金普遍遭遇大幅回撤，随着国内经济稳步恢复，股市结构性机会凸显，部分私募基金业绩快速反弹，私募基金整体收益有所恢复；下半年A股主要股指再次波动下挫，上证综指再次下探2930点，私募基金业绩波动幅度加大，业绩分化明显。全年万得全A指数下跌18.7%，股票型私募基金平均收益率为-10.6%。

我国私募基金行业已历经近20年发展，逐渐成为我国财富管理行业中不可或缺的一部分。本书将围绕中国证券类私募基金展开研究，关注其在我国的发展历程、业绩表现，并对基金经理的选股能力、择时能力和基金业绩持续性进行深入分析。

第一章，我们回顾私募基金市场的发展历程，并从不同维度剖析我国私募基金的发展现状。2022年，监管机构对私募基金的登记备案管理工作持续优化，加强私募基金准入管理，并对不符合资格的参与者进行清理，进一步推动私募行业健康发展。同时，量化私募管理规模持续扩大，百亿元级量化私募已达28家，实现飞跃发展，监管机构亦通过提高信息报送、产品备案要求等措施对量化私募行业进行重点监管。中证1000股指期货和期权等多个衍生品工具上市，为私募基金提供了更多风险管理工具，有利于推动私募产品创新。截至2022年底，我国证券类私募基金备案存续数量达到92754只，备案存续管理规模为5.56万亿元。整体来看，受新冠疫情冲击、全球经济增长放缓以及资本市场动荡的影响，我国私募基金行业迎来了较大的业绩挑战。

第二章，我们以私募基金中最具代表性的股票型私募基金为研究对象，与股票型公募基金以及覆盖所有A股股票的万得全A指数的业绩表现进行综合比较。从收益的角度来看，2022 年，股票型私募基金收益率为−10.60%，股票型公募基金收益率为−20.87%，万得全 A 指数收益率为−18.66%。将样本区间拉长，近三年（2020~2022 年）和近五年（2018~2022 年）股票型私募基金的平均年化收益率分别为 9.04%和 7.17%，这两个时间段内股票型私募基金的收益率都能战胜万得全 A 指数，但都逊于公募基金；在风险调整后，这两个时间段内股票型私募基金的夏普比率皆略低于公募基金，但也都优于大盘指数。从索丁诺比率的分析结果来看，在相同的下行风险水平下，近三年和近五年私募基金的索丁诺比率都远高于公募基金和大盘指数。从收益—最大回撤比率的分析结果来看，无论是三年样本还是五年样本，在相同的回撤水平下，私募基金都能够取得高于大盘指数的风险调整后收益。相对而言，私募基金还是在长期具有较强的盈利能力。

第三章，我们评估股票型私募基金经理的选股和择时能力。我们的量化分析结果显示，在近五年（2018~2022 年）具有完整历史业绩的 2753 只股票型私募基金中，有 786 只（占比 29%）基金表现出正确的选股能力，有 139 只（占比 5%）基金表现出正确的择时能力。经自助法检验后发现，有 533 只（占比 19%）基金的选股能力、106 只（占比 4%）基金的择时能力源于基金经理自身的投资能力，而非运气。

第四章，我们分别使用基金收益率的 Spearman 相关性检验、绩效二分法检验、描述统计检验和基金夏普比率的描述统计检验，研究私募基金过往业绩与未来业绩的关系。检验结果显示，不论排序期是一年还是三年，在 2008~2022 年期间股票型私募基金的收益只在部分年份表现出一定的持续性，且在部分年份出现了反转的现象，私募基金的过往收益对投资者而言基本没有参考的意义。基金夏普比率的描述统计检验结果显示，当排序期为一年时，过去一年夏普比率排名靠前（夏普比率排名在前 25%的第一组）或靠后（夏普比率排名在最后 25%的第四组）的基金在未来一年有较大概率仍然排名靠前或靠后；当排序期为三年时，过去三年夏普比率排名靠前的基金在未来一年有较大概率仍然排名靠前。由此看来，私募基金过去一段时间的夏普比率对投资者而言具有重要的参考价值，投资者在选取基金时，可以以此为依据选取或规避特定的私募基金。

第五章，为使大家了解我国私募基金行业的发展状况以及不同策略私募基金的整体收益和风险程度，我们根据私募基金的投资策略构建出六类中国私募基金指数，分别为普通股票型私募基金指数、股票多空型私募基金指数、相对价值型私募基金指数、事件驱动型私募基金指数、债券型私募基金指数和 CTA 型私募基金指数。上述六类私募基金指数的收益皆高于相应的市场指数。同时，在历年的市场震荡或低迷时期，各私募基金指数具有相对稳健的、穿越"熊市"的表现，最大回撤相比市场指数较低。我们将指数进行横向对比后发现，各类指数中，CTA 型私募基金指数的收益及调整风险后收益指标的表现最好，而相对价值型私募基金指数的综合表现也比较优秀，尽管其绝对收益并非最佳，但其风险较低、调整风险后的收益较高。

第六章，我们构建私募基金风险因子，并用这些风险因子解释私募基金收益的来源。私募基金风险因子包括股票市场风险因子（MKT）、规模因子（SMB）、价值因子（HML）、动量因子（MOM）、债券因子（BOND10）、信用风险因子（CBMB10）、债券综合因子（BOND_RET）及商品市场风险因子（FUTURES）。结果显示，当对单只基金进行回归分析时，四类股票型基金的拟合程度较好，与MKT因子呈正相关的基金数量比例较高，体现出股票型基金的特征，而债券型基金和CTA型基金的拟合程度较差，意味着我们构造的八个风险因子不能较好地解释这两个策略私募基金的收益构成。当对私募基金指数进行回归时，普通股票型、股票多空型和事件驱动型私募基金指数的模型拟合程度较高。

本书通过定性的归纳总结和大量的数据分析，力求以客观、独立、深入、科学的方法，对我国私募基金行业作出深入分析，使读者对私募基金行业发展历史、发展现状与行业进程有一个全面而清晰的认识与理解。同时，也为关注私募基金行业发展的各界人士提供一份可以深入了解私募基金的参阅材料。

目 录 CONTENTS

第一章

中国私募基金行业发展概览

    自 2004 年首只阳光私募基金发行至今,私募基金行业在我国已发展了近 20 年。随着国内资本市场的成长、相关政策的健全以及居民财富的不断积累,我国资产管理市场迎来蓬勃发展,证券类私募基金作为资管行业中的重要组成部分,紧跟时代发展的浪潮,逐渐成为我国财富管理"新势力",不断发展壮大。

    本章将从四个维度梳理私募基金的发展脉络。第一部分,介绍私募基金的概念及内涵性质;第二部分,介绍私募基金行业发展历程和发展特点;第三部分,从市场动向和监管法规等角度,对 2022 年我国私募基金行业发展动态进行梳理;第四部分,从私募基金的数量、规模、发行地点、策略及费率等维度介绍行业发展现状。

一、私募基金简介

    证券投资基金是由基金管理人通过发售基金份额,向基金投资者募资,并对所募集基金资产进行专业化投资管理的集合投资方式。证券投资基金投资于股票、债券、货币市场工具、金融衍生品等公开交易的有价证券。

    根据资金募集对象和方式的不同,证券投资基金分为向不特定投资者公开发行基金份额并进行资金募集的公开募集证券投资基金(以下简称"公募基金"),和以非公开方式向特定合格投资者募集资金的私募证券投资基金(以下简称"私募基金")。公募基金与私募基金在我国资产管理行业中均扮演了十分重要的角色,两者相互补充,为居民提供多层次的财富管理服务。公募基金门槛和费用较低,是一般投资者获取专业投资服务以及分散化参与证券投资的最优方式;而私募基金投资门槛和费用较高,要求投资者具有较多的金融资产和较高的风险识别与承受能力,如要求投资者投资于单只产品的金额不低于 100 万元等。虽然二者同为证券类投资基金,但是相较于公募基金而言,私募基金有许多独有的特点,通过对公募基金和私募基金进行对比，可以帮助投资者深入了解私募基金的内涵与性质。

（1）私募基金与公募基金的募集方式与对象不同。公募基金可以面向广大的社会公众公开发售，而私募基金不能进行公开发售和宣传推广，根据《中华人民共和国证券投资基金法》（以下简称《证券投资基金法》）规定，私募基金只能以非公开方式向合格投资者募集资金。因私募基金具有较高的投资风险和投资门槛，私募基金管理人在向特定投资者宣传推介私募基金之前，需经特定对象确定程序评估投资者是否具有相应的风险识别和风险承受能力。中国证券监督管理委员会（以下简称"证监会"）2014 年出台的《私募投资基金监督管理暂行办法》，首次对私募基金合格投资者作出了具体要求；2018 年发布的《关于规范金融机构资产管理业务的指导意见》，进一步提高了合格投资者的门槛，对合格投资者提出家庭金融资产和家庭金融净资产的要求。

（2）私募基金与公募基金对信息披露的要求不同。公募基金遵循证监会发布的《证券投资基金信息披露管理办法》，实行信息公开披露制度，信息透明度高，要对投资目标、投资组合等信息进行披露，由证监会及其派出机构行使监督职责；私募基金遵循中国证券投资基金业协会（以下简称"中基协"）发布的《私募投资基金信息披露管理办法》进行自律管理，信息披露要求较低，不必披露投资组合。具体区别如下：在基金募集期间，公募基金需要披露包括招募说明书、托管协议、发售公告等文件，而《私募投资基金信息披露管理办法》对私募基金未作披露文件的要求，但列出了需要进行信息披露的具体内容。在基金运作期间，公募基金的信息披露内容更多、时效要求高，公募基金需要披露季报、半年报及经审计的年报，还需要按一定频率披露资产净值、份额净值、累计净值等信息；而私募基金信息披露报表范围较小，频率上包括季报及年报，单只管理规模达到 5 000 万元以上的私募基金需披露月报。在重大事项方面，对于公募基金，《证券投资基金信息披露管理办法》对各类重大事项的信息披露时效提出了硬性要求；对于私募基金，《私募投资基金信息披露管理办法》仅规定需"及时"向投资者披露。

（3）私募基金与公募基金受监管的程度不同。公募基金的投资者范围广，在我国，基金份额的持有人数下限是 200 人，大部分投资者风险识别和承受能力较低，由于涉及较广，公募基金募集、申赎和交易等方面受到严格的规范和监管，发行的产品也需经过证监会的严格审核，产品公开化与透明化程度较高。而私募基金近年来受到的监管力度虽在不断加大，但相对于公募基金而言仍然较少，这与私募基金的特质密切相关。私募基金仅面向具有一定风险识别和风险承受能力的合格投资者，社会影响面窄；私募基金投资运作等方面主要依照基金合同，信息披露程度较低，保密性较强，故而更加注重市场主体自治，以行业自律管理为主。私募基金的自律监督管理由中基协负责，包括对私募基金登记备案、信息披露、募集行为、合同指引、命名指引等多维度的监督管理，但中基协不对私募基金管理人和产品作实质性的事前检查。

（4）私募基金与公募基金的管理费收费标准不同。公募基金一般按照固定费率收取管理费，基金的管理规模越大、风险程度越低，基金管理费率越低，股票型公募基金年度管理费率为 0.15%～2.0%。私募基金的收费标准较为独特，采取固定管理费和浮动管理费相结合的模式，固定管理费是投资者每年向私募基金管理人按一定比例支付的管理费用，通常为 1%～2%；浮动管理费是基金当事人事先在基金合同中约定的业绩报酬，通常约定在收益率达到一定水平时，管理人收取一部分业绩收益作为报酬，一般基金管理人提取超额业绩的 20% 作为浮动管理费。2020年 6 月，中基协发布《私募证券投资基金业绩报酬指引（征求意见稿）》，规定了业绩报酬的计提比例上限为业绩报酬计提基准以上投资收益的 60%。另外，私募基金管理人提取浮动管理费的时间节点也各不相同，基金管理人可按合同约定的固定时间节点或在基金分红时计提报酬，可选择在投资者赎回基金份额时计提报酬，也可选择在基金清盘时一次性计提业绩报酬；而公募基金管理费每日计提。值得注意的是，2019 年 11 月，公募基金浮动管理费率重启试点，规定在基金年化收益率达到 8% 以上时，基金管理人可以提取 20% 的业绩报酬，随着试点公募基金的发行，未来浮动管理费机制或不再是私募基金特有的收费特征。

（5）私募基金与公募基金投资限制有较大差异。公募基金在投资品种、比例、类型匹配上都有严格的限制；私募基金则受限较少，可以采取相对灵活的投资策略。《公开募集证券投资基金运作管理办法》和《关于规范金融机构资产管理业务的指导意见》（以下简称"资管新规"）规定了公募基金的投资限制，如基金名称显示投资方向的，应当有 80% 以上的非现金基金资产属于投资方向确定的内容；同一基金管理人管理的全部基金产品投资一家上市公司发行股票的市值不得超过该公司市值的 30% 等规定。私募基金则没有严格限制，更加注重市场主体自治和行业自律管理，监管机构采取的监管原则为适度监管，在投资范围、投资限制、投资策略等方面限制较少，留给私募基金的可操作空间较大。相比公募基金设立规模至少达到两亿元的大体量，私募基金单只产品的设立规模通常在几千万元至几亿元，故而私募基金具有较高的灵活性。私募基金能够在符合基金合同约定的情况下选择合适的策略，自主调整各类投资标的仓位，综合运用买入、卖空、杠杆等方式强化投资回报。并且，私募基金可以在 0～100% 之间自由控制仓位，而股票型公募基金则有 80% 的股票仓位限制。

（6）私募基金与公募基金追求目标不同。公募基金的投资目标是超越业绩比较基准，以及追求基金业绩在同类基金中的排名靠前；而私募基金关注基金的绝对收益和超额回报，注重控制最大回撤与波动率，追求较高的风险收益比，并且无论市场涨跌，都以获得绝对的正收益率为目标。追求绝对收益也是私募基金备受投资者青睐的原因之一。

表 1-1 总结了以上对比分析的公募基金与私募基金的区别。

表 1-1 公募基金和私募基金对比

项目	公募基金	私募基金
募集对象	广大社会公众	少数特定的合格投资者,包括机构和个人
募集方式	公开发售	非公开发售
信息披露	要求严格,有一套完整的制度	要求较低,保密性强
监管程度	在各方面都有严格的规范和监管	监管约束少,以自律管理为主
收费标准	一般按固定比例收取管理费	一般按 1%~2% 固定管理费+20% 业绩提成
投资限制	严格限定基金的投资方向和比例	灵活控制投资方向、比例和策略等
追求目标	基金业绩在同类基金中的排名,追求相对于某一基准的业绩	基金的绝对收益
投资风险	投资风险相对较低	投资风险相对较高,对投资人的风险识别和风险承担能力有更高要求
投资门槛	投资门槛低	投资门槛高,对个人投资者金融资产或收入、机构投资者净资产有要求

二、行业发展历程

过往 30 年间,私募基金行业从粗放的地下生长走向规范合法化发展,成长为我国资管行业的重要组成部分,经历了一个自下而上、自发孕育和逐渐规范化发展的过程,其行业发展历程主要分为以下三个阶段。

第一阶段:地下生长阶段(20 世纪 90 年代至 2004 年)。20 世纪 90 年代,我国资本市场初步建立,制度与监管建设尚不完善。当时,企业从一级市场进入二级市场后估值会大幅上升,但由于制度建设落后,希望参与两个市场间套利的投资者无法通过公募基金进行投资获利。与此同时,改革开放红利下涌现出的一批富有人群和拥有闲置资金的企业,正寻求新型的方式参与资本市场。在此背景下,1993年,部分证券公司获资格投资一级市场,开展承销业务。大客户将大量资金交给证券公司代理证券投资业务,这部分业务资金大多数发展成为隐蔽的"一级市场基金",即在一级市场上认购新股。这种大客户与证券公司间不正规的信托资金委托关系便成为我国私募基金的雏形。私募基金行业在诞生之初并无严格监管,主要模式为无托管状态的账户管理合作。

1996~2000年，股票市场行情火热，吸引许多投资者以委托理财方式入市，部分上市公司也委托主承销商进行代理投资，市场上旺盛的投资需求促使投资管理公司大热。与此同时，在券商经营过程中，基金管理人员受到诸多限制，薪酬水平也较低，许多券商精英"跳槽"出来以委托理财方式设立投资管理公司，补充了私募基金行业的人才队伍，私募基金行业得到进一步发展。

2001年，全国人大通过《中华人民共和国信托法》（以下简称《信托法》），建立了信托的法律制度，明确和规范了信托关系，此后信托公司从事私募业务走向合法化。2003年8月，云南国际信托有限公司发行我国首只以信托模式运作的私募基金"中国龙资本市场集合资金信托计划"，该基金是我国首只投资于二级市场的证券类信托产品，由信托方自身投研团队自主管理。2003年10月，全国人大常委会通过《证券投资基金法》，明确了公开募集基金的法律体系，虽并未给予私募基金相同的法律地位，但为国内引入私募基金预留了一定口径。2003年12月，《证券公司客户资产管理业务试行办法》发布，证监会准许证券公司从事集合资产管理业务，此后券商可以资管计划、券商理财方式为私募基金公司提供私募基金产品。私募基金阳光化的条件逐渐成熟。这一阶段，私募基金产品管理人以"券商派"为主，这一系列法律和政策层面的变化给我国私募基金行业带来了新的发展契机。

第二阶段：阳光化成长阶段（2004~2013年）。2004年2月，"深国投·赤子之心（中国）集合资金信托计划"（以下简称"赤子之心"）推出，这是我国第一只由私募机构担任投资顾问的私募基金产品。该产品的业务模式中，发行方为信托公司，资金托管方为银行，私募机构受聘于信托公司作为管理人负责资金运作管理。该业务模式确立了私募基金管理人充当信托等产品投资顾问/实际管理人的模式，开创了我国私募证券投资基金阳光化的先河。以信托关系为基础的代客理财机制，创新地将私约资金改造为资金信托，使私募基金运作更规范化、公开化和阳光化。此后，以信托方式投资于股市的私募基金都成为阳光私募基金，逐渐被市场接受，受到投资者和基金经理的认同，成为私募基金行业中的主流运作方式。2006年12月，银监会发布《信托公司集合资金信托计划管理办法》，进一步促进阳光私募基金规范化发展。当时，私募基金的数量和管理规模都很小，管理人以"民间派"为主。

2007年10月，上证指数飙升至6124点，火热的股市行情促使许多公募基金管理人加入私募基金赛道，为私募基金带来规范化运作的理念，促进了私募基金的稳健发展，私募基金行业从此崭露头角，管理人向"公募派"转型。2009年12月，修改后的《证券登记结算管理办法》明确合伙制企业可以开设证券账户，为我国发展有限合伙型私募基金带来契机，次年2月，我国首只以有限合伙方式运作的银河普润合伙制私募基金正式成立。

第三阶段：规范化发展阶段（2013 年至今）。在证监会对私募基金施行统一监管的同时，2012 年 6 月中基协成立，履行行业自律监管职能，负责私募基金的登记备案，出台多项行业规范与督促行业自查，对行业规范展业起到重要作用。2012 年 12 月，《证券投资基金法（修订草案）》获通过，首次将非公开募集基金纳入，并明确公司或合伙企业类型的非公开募集基金参照适用该法。修订后的《证券投资基金法》（以下简称"新基金法"）于 2013 年 6 月 1 日正式实施，明确了私募行业的法律地位。新基金法对私募基金的规范侧重于规章建制，着眼于防范系统性风险，规定私募基金以行业自律监管为主，具体业务运作主要依靠基金合同和基金当事人自主约定。新基金法的实施，对我国私募基金行业意义深远，标志着我国私募基金正式步入合法规范发展阶段。表 1-2 总结了 2013 年至今，我国监管部门在私募基金行业规范化发展阶段所发布的重要政策。

表 1-2　　　　　　　　私募基金行业规范化发展阶段重要政策

发布日期	监管政策名称	发布方
2013 年 6 月	《中华人民共和国证券投资基金法》	证监会
2014 年 1 月	《私募投资基金管理人登记和基金备案办法（试行）》	中基协
2014 年 5 月	《关于进一步促进资本市场健康发展的若干意见》	国务院
2014 年 6 月	《关于大力推进证券投资基金行业创新发展的意见》	证监会
2014 年 8 月	《私募投资基金监督管理暂行办法》	证监会
2016 年 2 月	《私募投资基金管理人内部控制指引》	中基协
2016 年 2 月	《私募投资基金信息披露管理办法》	中基协
2016 年 2 月	《关于进一步规范私募基金管理人登记若干事项的公告》	中基协
2016 年 4 月	《私募投资基金募集行为管理办法》	中基协
2016 年 4 月	《私募投资基金合同指引》	中基协
2016 年 7 月	《证券期货经营机构私募资产管理业务运作管理暂行规定》	证监会
2016 年 11 月	《私募投资基金服务业务管理办法》	中基协
2017 年 6 月	《基金募集机构投资者适当性管理实施指引（试行）》	中基协
2017 年 8 月	《私募投资基金管理暂行条例（征求意见稿）》	国务院
2017 年 9 月	《证券投资基金管理公司合规管理规范》	中基协
2017 年 12 月	《私募基金管理人登记须知》	中基协
2018 年 3 月	《关于进一步加强私募基金行业自律管理的决定》	中基协
2018 年 4 月	《关于规范金融机构资产管理业务的指导意见》	人民银行、银保监会、证监会、外汇管理局

发布日期	监管政策名称	发布方
2019 年 12 月	《私募投资基金备案须知》	中基协
2020 年 6 月	《私募证券投资基金业绩报酬指引（征求意见稿）》	中基协
2021 年 1 月	《关于加强私募投资基金监管的若干规定》	证监会
2021 年 2 月	《关于加强私募基金信息报送自律管理与优化行业服务的通知》	中基协
2021 年 9 月	《关于优化私募基金备案相关事项的通知》	中基协
2021 年 9 月	《关于开展分道制二期试点工作的通知》	中基协
2021 年 11 月	《关于上线"量化私募基金运行报表"的通知》	中基协
2022 年 1 月	《关于加强经营异常机构自律管理相关事项的通知》	中基协
2022 年 5 月	《基金从业人员管理规则》及配套规则	中基协
2022 年 6 月	《私募基金管理人登记和私募投资基金备案业务办事指南》	中基协
2022 年 12 月	《私募投资基金登记备案办法（征求意见稿）》	中基协

资料来源：国务院、证监会、中基协、人民银行。

2014 年 1 月，证监会授权中基协对私募基金进行自律监管，由中基协负责私募基金的登记与备案工作，开始逐步构建行业自律管理体系。同月，中基协发布《私募投资基金管理人登记和基金备案办法（试行）》，明确私募基金管理人登记和基金备案制度，首次给予私募机构独立基金管理人身份，50 家私募管理人（包括 33 家私募基金公司）首批获颁登记证书。自登记备案制度施行以后，行业发展迅速，但同时，行业参与者良莠不齐、合规意识不足等问题显露。由此，中基协开始布局"7+2"自律规则体系，即募集办法、登记备案办法、信息披露办法、从事投资顾问业务办法、托管业务办法、外包服务管理办法、从业资格管理办法，以及内部控制指引和基金合同指引，从多维度规范私募行为，强化自律监管。

2014 年 5 月，国务院发布《关于进一步促进资本市场健康发展的若干意见》（以下简称"新国九条"），提出要"培育私募市场"，这是国务院首次在文件中单独列出私募基金并对其进行具体部署。新国九条提出功能监管、适度监管原则，提出对私募发行不设行政审批，完善私募业务和产品的全程监管、风险控制和自律管理。2014 年 8 月，证监会发布并施行《私募投资基金监督管理暂行办法》（以下简称《暂行办法》），这是我国首个专门监管私募基金的部门规章，是私募基金行业发展的一个重要里程碑，它为私募基金的经营作出明确指导，从登记备案、合格投资者、资金募集、投资运作、行业自律、监督管理等方面作出了规定要求，有效规范和促进了私募基金行业发展。《暂行办法》填补了监管空白，促进了私募基金规范化、制度化发展，私募基金行业从此快速发展，产品数量和管理规模快速提升。

为进一步规范金融市场、强化监管作用、防范金融市场泡沫与炒作、治理市场乱象，监管部门从 2016 年起出台一系列严厉的监管文件，进行扶优限劣，行业监管框架愈加完善，行业监管效能逐步提升，帮助私募基金行业强基固本、提档升级。2016 年是行业规范化发展的重要节点，该年中基协发布了众多监管文件，包括管理人内部控制、信息披露管理、募集行为管理、基金合同指引等文件。2016 年 7 月，证监会出台《证券期货经营机构私募资产管理业务运作管理暂行规定》，强化私募基金风险管控，重点对宣传推介行为、结构化资管产品、过度激励等方面进行规范，明确私募证券基金管理人需参照执行。

2017 年 8 月，国务院发布《私募投资基金管理暂行条例（征求意见稿）》，明确了私募基金管理人、托管人职责，以及资金募集、管理运作、信息披露等方面的监管规则，进一步规范私募基金运作。2018 年 4 月，由人民银行、银保监会、证监会、外汇管理局四部委联合发布的《关于规范金融机构资产管理业务的指导意见》（即资管新规）正式施行，拉开了资管行业统一监管时代的序幕，提出鼓励充分运用私募产品支持市场化。

2018 年 1 月，为进一步深化私募基金行业信用体系建设，中基协发布《私募证券投资基金管理人会员信用信息报告工作规则（试行）》。同月，中国证券登记结算有限责任公司（以下简称"中证登"）发布《关于加强私募投资基金等产品账户管理有关事项的通知》，加强私募基金、证券期货经营机构私募资产管理计划、信托产品、保险资管产品证券账户管理。2018 年 9 月，中基协发布《关于加强私募基金信息披露自律管理相关事项的通知》，加强行业自律管理，建立健全行业诚信约束机制，督促和规范私募基金管理人按时履行私募基金信息披露义务。其后，中基协陆续发布《私募投资基金命名指引》《私募基金管理人登记须知》《私募基金管理人备案须知（2019 年版）》《私募证券投资基金业绩报酬指引（征求意见稿）》《私募投资基金电子合同业务管理办法（试行）》等，并持续开展行业自查工作，使私募基金管理公司的经营信息更加全面透明，有利于中基协的监督管理和保障投资者的合法权益。

2019 年，证监会批准沪深 300ETF 期权合约上市，为市场推出更多风险管理工具，私募基金可采用更多策略开发产品。2020 年 12 月，证监会发布《关于加强私募投资基金监管的若干规定》，这是自《私募投资基金监督管理暂行办法》后的第二个部门规章，其监管效力大于中基协出台的规范性文件。该文件旨在促进私募基金规范发展，防范私募基金违法违规行为并严格管理风险，进一步加强行业监管。

2021 年 2 月，中基协发布《关于加强私募基金信息报送自律管理与优化行业服务的通知》，持续推动行业数据质量提升；9 月，中基协发布《关于优化私募基金备案相关事项的通知》和《关于开展分道制二期试点工作的通知》，对私募基金产品备案作出了详细的规定，其主要内容为部分产品变更业务不用经过中基协人工审核，而由系统自动审核，后期再抽查，该方法可实现自动办理，提升效率，同时扩大了分道制备案试点范围，将证券类私募基金纳入试点；11月，中基协发布《关于上线"量化私募基金运行报表"的通知》，完善量化私募基金信息监测体系。

2022年1月，中基协发布《关于加强经营异常机构自律管理相关事项的通知》，以提升私募基金规范化运作水平，设立行业常态化退出机制，推动行业高质量发展，维护投资者合法权益；5月，中基协发布《基金从业人员管理规则》及配套规则，加强从业人员自律管理，规范从业人员执业行为；6月，中基协发布《私募投资基金电子合同业务管理办法（试行）》，规范私募基金电子合同业务发展，以及发布《关于私募基金管理人登记备案工作相关事宜的通知》及《私募基金管理人登记和私募投资基金备案业务办事指南》，进一步优化相关工作；12月30日，中基协发布新修订的《私募投资基金登记备案办法（征求意见稿）》及配套指引，向社会公开征求意见，该新规延续了监管扶优限劣的导向，将对行业带来较大影响。

三、2022年行业发展新动态

2022年，在复杂的全球局势与衰退的经济形势下，我国资本市场并未停下发展的步伐，改革持续深化。监管机构继续加强对资产管理行业的监督管理与指导，推动财富管理行业提升服务水平、高质量发展。创业板、科创板试点注册制有序运转，证监会继续完善试点全面注册制安排。市场指数与相关产品继续完善，中证1000股指期货和期权交易正式展开，科创板指数体系进一步完善，北京证券交易所（以下简称"北交所"）推出首只指数。我国资管行业在完善多层次资本市场体系、提高直接融资比重、服务实体经济发展、推动供给侧结构性改革等方面发挥了突出作用。私募基金行业作为资产管理行业组成部分，亦持续壮大，积极推进产品创新、提高服务质量与增强规范化运行，从量变阶段迈入质变阶段。

（一）私募基金登记备案管理工作持续优化

我国私募行业目前仍存在准入门槛低、机构质量参差不齐等问题，一些影响较大的风险个案严重影响行业形象。中基协提出一系列要求，以加强私募基金准入管理，并对不符合资格的参与者进行清理，鼓励不具备持续经营能力的私募基金管理人申请主动注销登记，进一步加强行业管理。2022年，中基协登记的存续私募证券投资基金管理人 9022 家，同比下降 0.5%。

2022 年 6 月，中基协发布《私募基金管理人登记和私募投资基金备案业务办事指南》、《私募基金管理人登记申请材料清单》（2022 版）及《私募投资基金备案关注要点》（2022 版），优化了管理人登记业务办理、重大事项变更业务办理、申请主动注销登记业务办理等事项，以及优化了基金备案、重大变更及清算等事项，以提升私募基金管理人登记和私募投资基金备案业务办理的效率及透明度。

在提高私募基金管理人股权稳定性方面，中基协要求对申请机构的股权变更原因、股东持有股权或实际控制权年限、高管专业能力和真实任职情况等要作出详细说明和承诺。在防止私募基金管理人倒卖资格方面，中基协提出对于一年内法定代表人/执行事务合伙人（委派代表）、主要出资人、实际控制人均发生变化的，应将上述类型的重大事项变更视为新申请登记私募基金管理人，并对变更缘由加大核查力度。

为优化私募基金登记备案体系和自律管理工作，2022 年 12 月，中基协发布新修订的《私募投资基金登记备案办法（征求意见稿）》（以下简称《办法》），并发布 3 个配套登记指引。《办法》对 2014 年 1 月发布的《私募投资基金管理人登记和基金备案办法（试行）》做出了全面升级，进行了现行规则的整合，适度提高了私募基金业务规范要求，增加了有针对性的制度安排，为私募登记备案设立了新标准，正式出台后将成为相关业务操作和自律监管的纲领性文件，对行业带来较大影响。修订后的《办法》主要在以下方面进行了修改完善：（1）明确私募基金管理人登记标准，在实缴资本、主体资格、经营范围、经营场所、出资架构、持股比例、高管经历等方面作出了进一步的具体要求；（2）明确私募基金登记备案原则，在初始实缴募集资金规模、审慎备案等方面提高了要求；（3）完善和加强私募基金登记备案信息变更、披露和报送工作，明确业务规范，强调义务和时效性；（4）丰富自律管理手段，加强自律管理措施。

私募基金登记备案管理规范的升级延续了扶优限劣的监管导向，有利于加速行业出清、规范私募基金管理及保护投资者利益，对行业健全发展有积极意义。中基协持续优化登记备案工作，有利于推动私募基金行业回归本源。

（二）量化私募规模扩张，监管加强

我国量化投资发展迅速，量化投资规模不断增大。从国外成熟市场的发展规律看，量化投资的发展空间广阔，是市场中的重要投资模式，我国量化私募近年亦蓬勃发展，截至 2022 年 12 月底，我国百亿元私募证券基金管理人有 113 家（见表 1-3），其中，百亿元级量化私募达 28 家（见表 1-4），量化私募基金管理规模超万亿元。

表 1-3　　规模超过百亿元的私募基金管理人：截至 2022 年 12 月底

编号	机构简称	编号	机构简称	编号	机构简称
1	阿巴马资产	39	康曼德资本	77	世纪前沿
2	艾方资产	40	宽远资产	78	双安资产
3	白鹭资管	41	乐瑞资产	79	思勰投资
4	半夏投资	42	林园投资	80	遂玖资产
5	保银	43	灵均投资	81	泰润海吉
6	铂绅投资	44	瓴仁	82	通怡投资
7	昌都凯丰投资	45	洛肯国际	83	望正资产
8	诚奇资产	46	洛书投资	84	稳博投资
9	冲积资产	47	茂源量化	85	西藏源乐晟资产
10	淡水泉	48	梅山保税港区凌顶投资	86	汐泰投资
11	东方港湾	49	明汯投资	87	相聚资本
12	敦和资管	50	明毅基金	88	新方程
13	高毅资产	51	鸣石	89	星石投资
14	歌斐诺宝	52	宁波幻方量化	90	玄元投资
15	广金美好	53	宁泉资产	91	衍复投资
16	国寿城市发展产业投资	54	盘京投资	92	一村投资
17	国新新格局	55	平安道远投资	93	伊洛基金
18	海南希瓦	56	启林投资	94	檀真投资
19	汉和资本	57	千象资产	95	因诺资产
20	合晟资产	58	千宜投资	96	银叶投资
21	合远基金	59	桥水（中国）投资	97	迎水投资
22	和谐汇一资产	60	清和泉资本	98	盈峰资本
23	黑翼资产	61	趣时资产	99	映雪资本
24	恒德资本	62	仁桥资产	100	永安国富
25	恒宇天泽投资	63	融葵投资	101	友山基金
26	泓澄投资	64	瑞丰汇邦	102	源峰基金
27	华软新动力	65	睿郡资产	103	远信投资
28	佳期投资	66	睿璞投资	104	运舟
29	金锝资产	67	睿扬投资	105	展弘投资
30	金戈量锐	68	上海大朴资产	106	正心谷资本
31	金汇荣盛财富	69	上海宽德	107	正圆投资
32	进化论资产	70	上海天演	108	珠海致诚卓远
33	景林资产	71	上汽颀臻	109	中国对外经济贸易信托
34	九坤投资	72	少数派投资	110	中欧瑞博
35	九章资产	73	深圳凯丰投资	111	重阳战略投资
36	久期投资	74	慎知资产	112	重阳投资
37	玖瀛资产	75	盛泉恒元	113	卓识投资
38	聚鸣投资	76	石锋资产		

资料来源：中基协、私募排排网。

表 1-4   规模超过百亿元的量化私募基金管理人：截至 2022 年 12 月底

机构简称	成立时间	核心策略	机构简称	成立时间	核心策略
鸣石	2010/12	股票策略	上海宽德	2014/11	股票策略
金锝资产	2011/11	股票策略	金戈量锐	2014/11	股票策略
艾方资产	2012/03	多资产策略	佳期投资	2014/11	股票策略
九坤资产	2012/04	股票策略	展弘投资	2014/12	期货及衍生品策略
诚奇资产	2013/09	股票策略	洛书投资	2015/02	期货及衍生品策略
茂源量化私	2013/11	股票策略	启林投资	2015/05	股票策略
明汯资产	2014/04	股票策略	九章资产	2015/06	股票策略
黑翼资产	2014/05	多资产策略	世纪前沿	2015/08	股票策略
进化论资产	2014/06	股票策略	白鹭资管	2015/12	股票策略
灵均投资	2014/06	股票策略	思勰投资	2016/01	股票策略
千象资产	2014/07	期货及衍生品策略	宁波幻方量化	2016/02	股票策略
盛泉恒元	2014/07	多资产策略	卓识投资	2016/04	股票策略
上海天演	2014/08	股票策略	珠海致诚卓远	2017/06	股票策略
因诺资产	2014/09	股票策略	衍复投资	2019/07	股票策略

资料来源：中基协、私募排排网。

但在量化投资市场快速发展与竞争激烈的同时，策略同质化现象亦较为突出。在量化基金策略特性的影响下，交易信号的触发极易产生大量同向交易，量化基金上万亿元的规模对于市场波动性的影响明显增大，健全的行业规范将推动量化私募稳健发展，对市场稳定也有重要作用。因此，监管机构通过提高信息报送、产品备案要求等措施对量化私募进行重点监管。

2021 年 11 月，中基协发布《关于上线"量化私募基金运行报表"的通知》，要求量化私募提高数据报送频率，以及提供更细化的指标数据。同月，为更好地了解证券行业自营和资管业务的量化策略和规模情况，中证协下发《关于开展证券公司量化交易数据信息报送工作的通知》，要求券商开展量化交易数据信息报送工作。

2021 年 12 月，监管方发出窗口指导，要求量化私募在投资人收益亏损时不得计提超额收益部分的业绩报酬，且计提后投资人持有份额不能亏损。同时，在量化私募备案新产品时，不支持产品使用超额计提模式计算业绩报酬，产品说明中不得出现净值在 1 元以下时，可计提超额业绩报酬的内容。以量化基金策略中知名度最高的指数增强策略为例，它是目前量化私募的核心策略之一，如果按照超额收益计提的模式，管理人可在产品亏损状态下计提业绩报酬。以中证 500 指数增强产品为例，若指数在某段时间内下跌 10%，而产品同期下跌 6%，那么量化私募管理人可对跑赢指数的超额收益（即4%）部分计提业绩报酬。监管此次通过在新产品备案时增加反馈，对细节问题进行更仔细的审查，加强对量化私募的监管，有利于促进行业健全发展。

（三）多个衍生品工具上市，推动私募产品创新

2022年7月22日，中证1000股指期货和期权正式上市交易；12月12日，深证100ETF期权在深圳证券交易所（以下简称"深交所"）上市；12月19日，上证50股指期权挂牌上市。更丰富的衍生品工具的上市，将为私募产品创新提供支持。

中证1000股指期货和期权能有效补充目前场内衍生品跟踪小盘指数标的的空白，为中小市值股票提供了新的对冲工具，基于上证50、沪深300、中证500和中证1000等标的指数的相关对冲工具也将分别满足市场对于大、中、小盘股差异化的风险管理需求。自中证1000股指期货和期权正式上市交易后，首批对标产品也正式上市，多家私募发行中证1000指数增强产品，其中，量化私募一马当先，积极推出中证1000指数相关产品，为市场提供更丰富的量化策略产品。

多个衍生品工具的推出对量化投资策略的发展有利好作用。一是丰富策略类型和产品类型，提供了更多相关性较低的子策略。在阿尔法策略上，基准指数衍生产品新增后，对相关指数增强产品的需求有望增加；并且，各股票中性、灵活对冲产品的管理人可以选择更适合的对冲标的。量化私募将积极研究在对冲类、指数增强、CTA、套利等策略中加入新的工具，推出中证1000市场中性等产品线。二是有助于扩大市场资金容量。中证1000期指、期权会因套利、套期保值及其他投资策略的大量需求为市场带来更多交易机会，有利于增强市场流动性以及引入更多长期稳定资金，投资主体和投资模式亦会更加多元化。三是改善对冲策略的收益风险比。丰富的衍生品工具完善了风险管理工具，降低了市场中性策略的对冲成本。

股指期货和期权等作为既可做多又可做空的金融工具，为投资者提供了更精细化的风险管理方式，为策略实施提供了很好的市场流动性基础，提高了市场的定价效率，有助于推动金融产品创新；同时，也能很好地为实体经济服务，为宏观部门决策提供可靠的参考指标。

（四）外资私募持续深入我国市场

近年来，我国资本市场加速开放，监管层对外资"松绑"动作不断。2020年，合格境外机构投资者（QFII）和人民币合格境外机构投资者（RQFII）新规实施，使得外资可以便利地进入我国股票和债券市场，且可参与融资融券类证券交易。

2022 年 9 月，国内 4 家商品交易所宣布，QFII 和 RQFII 可参与国内 41 个商品期货、期权品种的交易。QFII 和 RQFII 在国内市场可投资的范围更广，并且可以使用衍生工具。得益于相关制度的不断优化，QFII 队伍持续壮大。证监会数据显示，截至 2022 年 12 月，我国共有合格境外机构投资者 740 家，较十年前增长近 3 倍。随着更多开放举措持续推出，境外投资者的 A 股持仓占比逐渐增多，央行数据显示，截至 2022 年末，境外投资者持有境内股票规模达 3.2 万亿元。

外资巨头通过在我国设立私募基金、公募基金更加积极地参与我国资本市场，提升对 A 股的持仓布局。2022 年以来，虽然 A 股波动较大，但外资布局仍不减速。外资私募一方面管理人数量不断增长，另一方面则是百亿元级管理人破冰。中基协信息显示，自 2017 年 1 月 3 日富达利泰成为首家可在国内募资的外资私募以来，海外资管巨头纷纷在我国成立外资私募，截至 2022 年 12 月底，存续外商独资私募证券投资基金管理人共 35 家（见表 1-5）。桥水（中国）的管理规模居外资私募首位，是国内首家百亿元外资私募。外资私募持续深入我国市场，通过加剧私募行业的竞争，以及将相对成熟的投研体系、风控理念、金融模型等应用到国内市场，有利于促进我国私募基金公司的成长和私募行业的整体发展。

表 1-5　　存续外商独资私募证券投资基金管理人：截至 2022 年 12 月底

公司简称	备案时间	管理规模	公司简称	备案时间	管理规模
桥水（中国）	2018/06	100 亿元以上	野村（上海）	2019/06	0~5 亿元
元胜（上海）	2018/06	50 亿~100 亿元	霸菱（上海）	2019/06	0~5 亿元
德劭（上海）	2019/04	50 亿~100 亿元	东亚联丰（深圳）	2019/12	0~5 亿元
腾胜（上海）	2019/09	50 亿~100 亿元	罗素（上海）	2020/02	0~5 亿元
瑞银（上海）	2017/07	20 亿~50 亿元	弘收（上海）	2020/03	0~5 亿元
润晖（天津）	2020/11	20 亿~50 亿元	威廉欧奈尔（上海）	2020/04	0~5 亿元
英仕曼（上海）	2017/09	10 亿~20 亿元	鲍尔赛佳（上海）	2020/07	0~5 亿元
惠理（上海）	2017/11	10 亿~20 亿元	迈德瑞（珠海横琴）	2020/08	0~5 亿元
富敦（上海）	2017/09	0~5 亿元	柏基（上海）	2020/09	0~5 亿元
景顺纵横（上海）	2017/11	0~5 亿元	首奕（上海）	2020/09	0~5 亿元
路博迈（上海）	2017/11	0~5 亿元	荷宝（上海）	2021/09	0~5 亿元
安本（上海）	2017/11	0~5 亿元	澳帝桦（上海）	2021/09	0~5 亿元
施罗德（上海）	2017/12	0~5 亿元	先知（上海）	2021/11	0~5 亿元
安中（上海）	2018/02	0~5 亿元	晨曦（深圳）	2021/12	0~5 亿元
毕盛（上海）	2018/07	0~5 亿元	道泰量合（北京）	2022/02	0~5 亿元

公司简称	备案时间	管理规模	公司简称	备案时间	管理规模
瀚亚（上海）	2018/10	0~5 亿元	安盛（上海）	2022/05	0~5 亿元
未来益财（上海）	2018/11	0~5 亿元	胜利（深圳）	2022/12	0~5 亿元
安联寰通（上海）	2019/03	0~5 亿元			

资料来源：中基协、私募排排网。

四、行业发展现状

我们根据万得（Wind）数据统计整理得出，截至 2022 年底，我国私募基金累计发行数量为 184 043 只，停止运营的基金数量为 15 616 只，由于停止运营的基金数量占比较多（8.5%），为避免研究结果受幸存者偏差（survivorship bias，即在数据筛选时只考虑目前还在运营的个体而忽略停止运营的个体）的影响，本部分所分析的数据包含继续运营和停止运营在内的全部私募基金数量，以求全面反映行业的发展情况。① 需要提醒读者的是，在本书的后几篇章节中，由于我们选取具有完整复权单位净值数据的基金为研究样本来进行分析，所以基金样本数量与本部分不完全一致。本部分将依据万得数据库，从基金发行数量、基金实际发行规模、基金发行地点、基金投资策略以及基金费率这五个维度进行具体分析，旨在为读者厘清私募基金行业当前所处的态势。

（一）基金发行数量

图 1-1 展示了我国历年新发行和继续运营的私募基金数量。私募基金数量的变化与我国私募基金和证券市场的发展历程相对应。2001 年后信托公司从事私募业务合法化，2002 年私募基金初萌芽，有 2 只基金产品发行，随后每年私募基金发行数量持续增加。2005 年受股市下行影响，私募基金发行速度趋缓，当年新发行基金数量为 27 只，停止运营的基金数量急剧增加到 43 只。2007 年股市迎来大幅上涨，带动私募基金蓬勃发展，当年新发行基金数量达到 418 只。2008 年国际金融危机爆发，国内经济与证券市场受到负面影响，当年私募基金新发行数量回

---

① 2020 年万得数据库的统计口径发生一定变化，本书所涵盖的证券类私募基金样本也随之发生较大变化。通过对比万得口径下的私募基金产品和在中基协备案的私募基金数据，我们发现万得数据库中不仅包含在中基协备案基金类型为"证券私募基金"的私募基金，还涵盖信托计划、资产管理计划等类型的私募基金。

落，仅 307 只，而停止运营基金数量达到了 231 只。在私募基金阳光化发展阶段，每年新发行的基金数量稳步增加，同时停止运营的基金数量呈现出递增趋势。

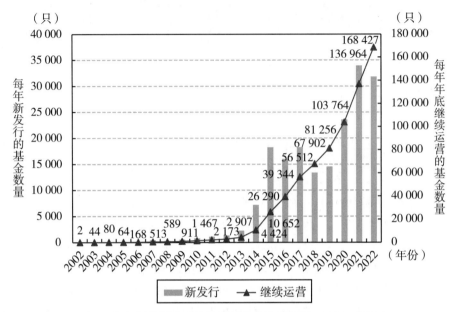

图 1-1　每年新发行及继续运营的私募基金数量：2002～2022 年

2013 年，《证券投资基金法》首次将非公开募集基金纳入监管范围，明确了私募基金行业的法律地位，为私募基金行业规范化发展拉开序幕，该年新发行基金数量快速增长，达到 2 266 只。2014 年和 2015 年，证监会、中基协等部门相继发布针对私募基金的监管与自律条例，为私募基金的发展营造了良好的制度环境，私募基金数量呈井喷式增长，2014 年新发行产品数量跃升至 7 193 只，2015 年新发行产品数量跃升至 18 275 只。2016～2019 年，为规范金融市场，监管不断趋严，多项政策法规出台，国务院发布《私募投资基金管理暂行条例（征求意见稿）》，同时，资管新规及其配套制度相继落地，私募基金运作愈加合规，发行量相对平稳，每年新发行数量均为 1 万只以上。2020～2022 年，私募基金迎来爆发式增长。2020 年受新冠疫情影响，货币政策较为宽松，市场流动性宽裕，股市出现结构性行情，私募基金新发基金数量首次突破 2 万只，为 23 548 只。2021 年和 2022 年，尽管股市震荡，分化严重，私募基金业绩几度下挫，但是在居民财富向资本市场转移的大趋势中，私募基金新发产品数量快速攀升，2021 年突破 3 万只，达到 33 953 只，2022 年新发产品数量虽略有回落，但也达到了 31 840 只。

表 1-6 展示的是我国历年新发行、继续运营以及停止运营的私募基金产品数量。2015 年市场剧烈波动，在私募基金新发行数量飙升的同时，停止运营的基金产品数量快速增加，2016 年在市场监管趋严的背景下，停止运营的私募基金数量

达到顶峰，为 2 984 只。2017~2022 年，伴随着私募基金的规范化发展，每年停止运营的基金数量较为稳定。2021 年，停止运营的私募基金数量缩减至 753 只。2022 年停止运营的私募基金数量缩减至 377 只。截至 2022 年底，累计停止运营的私募基金共有 15 616 只，约占累计发行基金总量的 8.5%。

表 1-6　　每年新发行、停止运营以及继续运营的私募基金数量：2002~2022 年　单位：只

年份	新发行	停止运营	继续运营	年份	新发行	停止运营	继续运营
2002	2	0	2	2013	2 266	749	4 424
2003	43	1	44	2014	7 193	965	10 652
2004	46	10	80	2015	18 275	2 637	26 290
2005	27	43	64	2016	16 038	2 984	39 344
2006	134	30	168	2017	18 283	1 115	56 512
2007	418	73	513	2018	13 385	1 995	67 902
2008	307	231	589	2019	14 570	1 216	81 256
2009	529	207	911	2020	23 548	1 040	103 764
2010	766	210	1 467	2021	33 953	753	136 964
2011	1 095	389	2 173	2022	31 840	377	168 427
2012	1 325	591	2 907	总计	184 043	15 616	168 427

　　私募基金停止运营最为常见的原因是基金存续期满而结束运营。私募基金会在合同中设定存续期限，在存续期满之时，基金管理人会根据受托人或者自身意愿来决定是否清盘。此外，还有些私募基金会因为业绩欠佳而被动结束运营。私募基金会设定净值底线，一般设置在 0.7~0.8 之间，当私募基金业绩触及清盘底线时，私募基金会被强制清盘。此外，还有部分私募基金管理人因看空后市而主动结束运营。当管理人对后市持有悲观态度时，为了投资者权益，管理人会主动清盘旗下基金。例如，赵丹阳在 2008 年看空股市，于是清盘旗下所有的赤子之心产品。除上述原因外，还有一些特殊的清盘原因，如产品的结构设计不符合新的监管政策、投资者入市热情受挫进而大规模赎回、基金管理人难以取得业绩报酬、公司内部调整等因素。

　　本部分数据来源于万得资讯数据库，除此之外，市场上还有其他平台在统计私募基金产品信息，如朝阳永续、私募排排网等。各个机构由于统计口径不同，导致统计出来的私募基金数量不同，如私募排排网的口径就比较广泛，包含了信托、自主发行、公募专户、券商资管、期货专户、有限合伙、海外基金等类型（或渠道）的私募基金产品。不过，自 2014 年起，在监管要求下，私募基金施行登记备案制

度，新发私募基金需要在中基协备案，故而中基协披露的备案产品数据更加精确。中基协数据显示，截至 2022 年末，存续私募证券投资基金 92 754 只，存续私募基金规模 5.56 万亿元；2022 年新备案私募证券投资基金 25 617 只，新备案私募基金规模 2 399 亿元。

（二）基金实际发行规模

图 1-2 展示的是 2002~2022 年私募基金实际发行规模的数量占比情况。如图 1-2 所示，我国单只私募基金产品发行规模大多在 1 亿元以下，占比达到 71.9%。具体来看，截至 2022 年底，单只私募基金产品实际发行规模在 2 000 万元以下的私募基金产品最多，占比为 28.3%；单只私募基金产品发行规模在 2 000 万~5 000 万元的占比为 23.5%；发行规模在 5 000 万~1 亿元的占比为 20.1%；发行规模在 1 亿~3 亿元区间的占比为 19.8%；单只产品发行规模大于 3 亿元的私募基金数量最少，占比为 8.3%，与截至 2021 年底的占比数据持平。

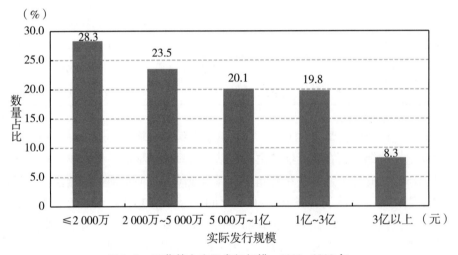

图 1-2 私募基金实际发行规模：2002~2022 年

（三）基金发行地点

表 1-7 展示了我国私募基金发行地点分布情况。截至 2022 年底，私募基金发行地主要聚集在上海、北京、深圳、杭州、广州，这 5 个城市的私募基金发行量占全国总量的七成以上。其中，上海的发行量居全国首位，为 51 410 只，占比达 27.9%，主要是因为上海是我国的金融中心，也是上海证券交易所（以下简称"上交所"）的所在地；北京的私募基金发行量位居第二，为 37 604 只，占比约为

20.4%，北京作为首都，拥有着集中的监管机构和丰富的客户资源，有利于私募基金产品发展；深圳的私募基金产品发行量位列第三，为 27 335 只，占比约为14.9%，这主要是由于深圳是深交所的所在地，且前海自贸区有一系列金融优惠政策，大量金融与科技领域的高精尖人才聚集在此地，私募基金也受到相关利好。

表 1-7　　　　　　　　私募基金发行地点的分布：2002~2022 年

发行地点	发行数量（只）	数量占比（%）
上海	51 410	27.9
北京	37 604	20.4
深圳	27 335	14.9
杭州	10 223	5.6
广州	8 356	4.5
哈尔滨	5 156	2.8
其他	43 959	23.9
合计	184 043	100.0

私募基金发行数量第四和第五多的城市分别为杭州和广州，发行量分别为10 223 只和 8 356 只，占比分别为 5.6% 和 4.5%。这两座城市均为省会城市，其中杭州作为新一线城市，在此发行的私募基金产品可受到政府政策引导和经济发展的良性影响；广州是沿海经济发达城市，经济实力强劲，并且政府为私募基金创造了良好的运营环境，构建了健全的政策体系。除此之外，哈尔滨、昆明、成都、厦门、宁波、福州等城市的私募基金发行量同样较多，均在 2 000 只以上。

（四）基金投资策略

在万得基金分类体系中，根据投资类型的不同，私募基金可以划分为股票型、债券型、混合型、股票多空型、宏观对冲型、相对价值型、商品型、国际（QDII）股票型和事件驱动型等不同策略的投资基金。[①] 表 1-8 统计的是我国不同策略的私募基金发行总量及其占比情况。股票型基金仍是基金产品中的主流，产品数量为151 293 只，占私募基金总数量的 82.2%。股票型私募基金是将资产主要投资于股票的基金，通过低买高卖获取差额收益，其业绩与大盘走势密切相关。

---

　　① 万得基金分类体系是结合契约类型和投资范围来进行的分类。契约类型主要分为开放式和封闭式，又在此基础上按照投资范围进行分类。万得基金投资范围分类主要依据为基金招募说明书中所载明的基金类别、投资策略及业绩比较基准。

表 1-8　　　不同策略的私募基金发行总量及占比情况：2002~2022 年

投资策略	基金数量（只）	数量占比（%）
股票型基金	151 293	82.2
债券型基金	11 561	6.3
混合型基金	6 266	3.4
股票多空型基金	4 321	2.3
宏观对冲型基金	3 149	1.7
相对价值型基金	2 948	1.6
商品型基金	2 704	1.5
国际（QDII）股票型基金	946	0.5
事件驱动型基金	658	0.4
其他	197	0.1
总计	184 043	100.0

除股票型私募基金外，其余各策略中基金数量最多的是债券型私募基金，发行数量为 11 561 只，占比约 6.3%。债券型私募基金是将资金主要投资于债券的基金，收益相对稳定，风险也相对较小。混合型私募基金发行数量位于各策略中的第三位，为 6 266 只，占比约 3.4%。混合型私募基金的投资标的包括股票、债券和货币市场工具等，灵活性较强，可以根据市场情况随时调整仓位，即这类基金既可以在股市稳定时投资股票，又可以在股市行情萎靡时投资债券等固定收益类产品。股票多空型、宏观对冲型和相对价值型私募基金发行数量分别为 4 321 只、3 149 只和 2 948 只，发行量占比分别为 2.3%、1.7% 和 1.6%。股票多空型基金会同时做多和做空股票来对冲风险，通过做空业绩未达预期的股票或对应的股指期货，基金可以同时在熊市和牛市都获得不错的收益。宏观对冲型基金借助经济学理论，对利率走势、政府的货币与财政政策等宏观经济因素进行研究，以此来预判相关投资品种未来趋势，并进行相应的操作。相对价值型基金同时买卖相关系数较高的两只证券，即买入价值被低估的股票、卖空价值被高估的股票，获取股票价格收敛所带来的收益。商品型基金发行量为 2 704 只，占比约 1.5%。商品型基金是通过管理期货策略（CTA）进行期货或者期权投资交易的一种基金。

国际（QDII）股票型基金和事件驱动型基金发行数量均不足千只，分别为 946 只和 658 只，占比分别为 0.5% 和 0.4%。国际（QDII）股票型基金是在我国境内设立，经相关部门批准从事境外证券市场的股票、债券等有价证券投资业务的基金。事件驱动型基金主要通过分析上市公司的重大事项（如并购重组、增资扩股、回购股票）等影响公司估值的因素来进行投资。除此之外，还有其他几种类型的私募基金，如货币市场型基金、国际（QDII）债券型基金、国际（QDII）混合型基金等，这几种基金类型的发行量较少。

（五）基金费率

与公募基金不同，私募基金在收取固定管理费的基础上，还收取额外的浮动管理费，一般是"2—20"的收费模式，即2%的固定管理费率和20%的浮动管理费率。表1-9、图1-3、表1-10和图1-4展示的是我国私募基金行业的管理费率信息，包括固定管理费率和浮动管理费率的情况。在本书中，我们重点关注以股票为投资标的的股票型私募基金。股票型私募基金固定管理费率的平均值约为1.29%，主要集中在1.0%、1.5%和2.0%三个费率上，这三个费率的产品数量占比分别为24.5%、23.0%和19.0%。

表 1-9   股票型私募基金固定管理费率描述性统计：截至 2022 年 12 月底   单位：%

平均值	1.29
75%分位数	1.75
50%分位数	1.50
25%分位数	1.00

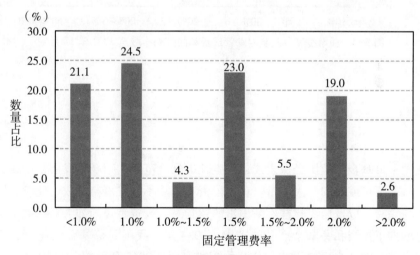

图 1-3   股票型私募基金固定管理费率的分布：截至 2022 年 12 月底

表 1-10 和图 1-4 展示的是我国股票型私募基金的浮动管理费率信息。浮动管理费是指基金业绩达到合同要求后，对盈利部分按照一定比率收取的管理费。股票型私募基金浮动管理费率的众数为20%，20%的浮动管理费率是我国私募基金市场

上的主流，占比高达 82%，股票型私募基金浮动管理费率的 25%、50% 和 75% 的分位数也均为 20%。这在客观上也说明大多数私募基金具有较为统一的浮动管理费收取标准。

表 1-10　　股票型私募基金浮动管理费率描述性统计：截至 2022 年 12 月底　　单位：%

平均值	19
75%分位数	20
50%分位数	20
25%分位数	20

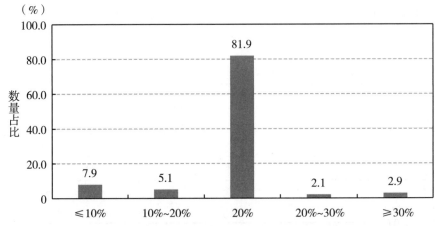

图 1-4　股票型私募基金浮动管理费率的分布：截至 2022 年 12 月底

五、小结

我国私募基金行业历经探索式自我生长，到规范化、市场化发展，已成长为我国资管行业不可或缺的一大力量。在我国资本市场不断发展与开放、监管制度进一步健全与完善，以及居民财富不断积累的背景下，投资者逐渐加大对权益市场的投资，也增加了投资私募基金产品的需求。2004 年，我国私募基金行业以信托关系为基础运营，发展为更加规范和公开的阳光私募。2013 年，修订后的《证券投资基金法》明确了私募基金行业的法律地位。2014 年，《私募投资基金监督管理暂行办法》填补了行业监管空白，拉开了私募基金的制度化、合法化发展序幕。在国务院、证监会、中基协等机构的指导下，私募基金行业监管和自律体系逐步完善成熟，行业日渐发展壮大。2020~2022 年受居民财富逐渐向资本市场转移的影响，私募基金迎来爆发式增长，这3年私募基金新发产品数量合计共89 341只。

　　本章从私募基金的数量、发行规模、发行地点、投资策略和基金费率五个维度对证券类私募基金行业的现状进行了详细梳理。2022年全年新发行31 840只私募基金，较2021年略有下降。在监管趋严的制度环境中，不合规、不合格、不具备持续经营能力的私募基金陆续出局，2022年停止运营的私募基金数量为377只。在发行规模上，新发行私募基金仍以中小规模为主，发行规模位于1亿元以下的基金累计占比约为72%。在发行地的选择上，私募基金主要集中在上海、北京、深圳、杭州和广州这五座城市。私募基金的投资策略依然以股票型基金为主，累计发行量占比为82%。从费率水平来看，截至2022年底，股票型私募基金的固定管理费率多数集中于1.0%、1.5%和2%三档上，固定管理费率平均值为1.29%。截至2022年底，股票型私募基金的浮动管理费率的众数为20%，占比高达82%。整体而言，我国私募基金行业基金数量与规模处于快速增长阶段。

第二章

私募基金能否战胜公募基金
和大盘指数

　　我国私募基金行业在过去近 20 年间不断探索、砥砺前行，成长至今已具有较大资产管理规模，各类投资策略逐渐投入运用并日趋成熟。对于投资者，选择是否投资私募基金需要考虑几个问题：私募基金的投资门槛、费用和风险较高，其是否能为投资者带来相应的可观回报？私募基金的历史收益表现如何？私募基金与公募基金相比业绩更好吗？为了解答这些问题，为投资者和分析人士提供参考，我们选取股票型私募基金作为研究对象（股票型私募基金投资于股票市场，是在私募基金行业中最具有代表性的基金类型，截至 2022 年底股票型私募基金在私募基金总发行数量中占比 87%），再以大盘指数作为市场基准，对股票型私募基金的收益表现作出全面的分析。

　　万得全 A 综合指数（以下简称"万得全 A 指数"）覆盖了京沪深三地交易所所有 A 股上市公司的股票，在业界常被用来作为市场整体表现的参考指标，因此，我们选择万得全 A 指数作为与股票型私募基金对比的大盘指数。此外，我们将股票型公募基金作为比较对象，以对比股票型私募基金与股票型公募基金的业绩表现。本章分别从收益率指标和风险调整后收益率指标两个角度，对万得全 A 指数、股票型公募基金与股票型私募基金的业绩作出对比。在风险调整后收益指标中，我们选择考虑不同风险因素的夏普比率、索丁诺比率和收益—最大回撤比率三个指标，将万得全 A 指数、股票型公募基金与股票型私募基金的业绩进行多层次、多角度对比分析，以综合得出可靠的结论。

　　研究发现，从年度收益率的角度看，在 2008~2022 年的多数年份里，股票型私募基金的年度收益率战胜了万得全 A 指数，但与公募基金相比则互有高低。从累计收益率的角度看，2008~2022 年，股票型私募基金的累计收益为 190%，略高于股票型公募基金 130% 的累计收益率，远高于万得全 A 指数 25% 的累计收益率。从夏普比率的角度来看，在五年样本中，股票型私募基金在承担相同整体风险水平下，可以取得高于大盘指数的风险调整后收益；从索丁诺比率和收益—最大回撤比率的分析结果来看，不管是三年样本还是五年样本，在相同的下行风险水平下，股票型私募基金都能够取得高于大盘指数的风险调整后收益。另外，我们还发现，股票型私募基金近三年和近五年的年化夏普比率均未超过股票型公募基金，而从近三年和近五年的年化索丁诺比率的比较结果来看，股票型私募基金均优于股票型公募基金。

本章内容主要分为三个部分。第一部分，从收益率角度，对万得全 A 指数、股票型公募基金与股票型私募基金进行对比；第二部分，从风险调整后收益角度，对万得全 A 指数、股票型公募基金与股票型私募基金再作比较，综合分析股票型私募基金是否能战胜大盘指数和股票型公募基金；第三部分，进行股票型私募基金的收益率、夏普比率、索丁诺比率和收益—最大回撤比率四个指标的相关性分析，选择评估股票型私募基金业绩的恰当指标。

一、收益率的比较

本章的研究对象是股票型私募基金，根据对私募基金各类投资策略分类的判断，我们将万得数据库私募基金二级分类中投资于股票二级市场的普通股票型、股票多空型、相对价值型和事件驱动型私募基金定义为股票型私募基金。由于分级基金的净值统计存在不统一的现象，我们在样本中排除了分级基金。

对于投资者而言，收益率是最直观、最易获取的判断基金表现的指标，因此我们以此指标对万得全 A 指数、股票型公募基金和股票型私募基金进行比较。我们选取红利再投资的净值增长率作为基金收益率指标，即以复权净值计算的收益率，并且剔除管理费率和托管费率。

我们在处理数据的过程中发现，万得数据库在收集私募基金净值时，如果某个月没有获取某只基金的净值数据，系统会自动填充其上一个月的净值数据作为当月净值，如此一来会存在基金净值重复出现的情况。鉴于此，我们统计了 2003~2022 年股票型私募基金净值重复的情况，并根据净值的重复比例区间，绘制了基金分布图。如果基金的复权净值与上个月没有变化，我们就认为这个月该基金的净值是重复的。据此我们确定了净值重复率的计算公式：基金的净值重复率=该基金有重复净值的样本数/该基金的总样本数。从图 2-1 可以看出，2003~2022 年，基金净值重复率小于 10% 的基金占比约为 70%，其他区间内股票型私募基金占比都很小。基金净值重复率过高通常是由数据收集问题所致，若将此类基金纳入样本会使分析结果不准确，因此我们在样本中删除了在分析期间内净值重复率大于 10% 的基金。

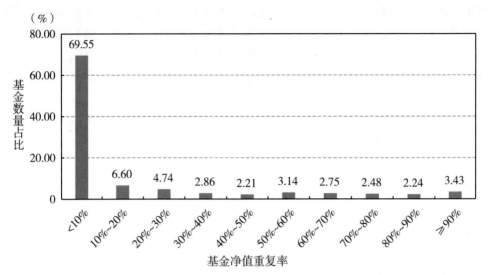

图 2-1　股票型私募基金净值重复率的分布情况：2003～2022 年

在收集样本时，我们发现某些基金的收益和风险指标在数值上十分近似，如表 2-1 所示。不难看出，"重阳尊享"的五只基金 2020～2022 年的年度收益率在数值上都一样。因此，本书在进行统计分析时，仅选择相似产品中的一只基金作为代表进行分析研究。例如，我们仅将表 2-1 中"重阳尊享 A 期"基金纳入样本。

表 2-1　　　　　　　同类股票型私募基金样本举例　　　　　　单位:%

编号	基金名称	2020 年收益率	2021 年收益率	2022 年收益率
1	重阳尊享 A 期	11. 80	21. 96	-3. 21
2	重阳尊享 B 期	11. 80	21. 96	-3. 21
3	重阳尊享 C 期	11. 80	21. 96	-3. 21
4	重阳尊享 D 期	11. 80	21. 96	-3. 21
5	重阳尊享 E 期	11. 80	21. 96	-3. 21

本书涉及三个基金净值的基本概念，我们对各概念的定义作以下说明：（1）基金净值，指在某一基金估值点上，按照公允价格计算的基金资产总市值扣除负债后的余额；（2）基金累计净值，指基金净值加上基金成立后累计分红所得的余额，反映该基金自成立以来的所有收益的数据；（3）基金复权净值，指考虑分红再投资后调整计算的净值。其中，基金复权净值最能反映基金的真实表现，因此在以下的分析中，我们均使用基金复权净值指标。在对私募基金与大盘指数、公募基金的收益进行比较之前，我们先将私募基金四类策略的样本与大盘指数的收益与风险进

行单独比较，使读者可以清晰地观察这四类私募基金的特征。

（一）四类股票型私募基金与大盘指数的比较

首先，我们在表 2-2 中展示了每年每类基金的样本数量，表中显示"<10"的区域代表当年该类型的基金数量不足 10 只，不具有研究意义，"—"则代表在当年没有该类型基金。需要提醒读者的是，在 2020 年与 2021 年，事件驱动型私募基金均不足 10 只，但为了更全面地展示近几年事件驱动型私募基金的详细情况，在研究中并未剔除这两年事件驱动型私募基金的数据。从表 2-2 可以看出，普通股票型基金每年含有样本数量的时间段是 2008~2022 年，股票多空型基金每年含有样本数量的时间段是 2009~2022 年，相对价值型基金每年含有样本数量的时间段是 2011~2022 年，事件驱动型基金每年含有样本数量的时间段是 2012~2022 年。

表 2-2　四类股票型私募基金在每一年的样本数量：截至 2022 年 12 月底　单位：只

年份	普通股票型	股票多空型	相对价值型	事件驱动型
2008	107	<10（3）	<10（3）	—
2009	177	17	<10（2）	—
2010	325	27	<10（4）	<10（2）
2011	593	49	17	<10（7）
2012	794	72	33	36
2013	877	58	57	43
2014	1 136	97	113	22
2015	1 530	283	223	23
2016	4 348	539	360	33
2017	6 275	612	369	36
2018	7 892	464	285	25
2019	9 122	422	266	14
2020	8 572	341	278	<10（6）
2021	13 341	471	363	<10（9）
2022	15 846	443	320	13

其次，截至 2022 年底，我们分别统计近一年到近十年有完整历史数据的四类策略股票型私募基金的样本数量，如表 2-3 所示。有近一年（2022 年）完整历史数据的股票型私募基金有 15 484 只，有近三年（2020~2022 年）完整历史数据的基金有 6 270 只，有近五年（2018~2022 年）完整历史数据的基金有 2 753 只，有

近七年（2016~2022 年）完整历史数据的基金有 952 只，有近十年完整历史数据（2013~2022 年）的基金只有 143 只。

表 2-3　　　　　　　有完整历史数据的四类股票型私募基金的样本数量：

截至 2022 年 12 月底　　　　　　　　单位：只

策略类型	近一年	近二年	近三年	近四年	近五年	近六年	近七年	近八年	近九年	近十年
普通股票型	14 753	9 779	5 905	3 974	2 579	1 526	844	263	176	140
股票多空型	421	330	211	127	92	79	62	20	2	1
相对价值型	299	207	149	93	77	57	42	13	5	1
事件驱动型	11	6	5	5	5	4	4	2	1	1
合计	15 484	10 322	6 270	4 199	2 753	1 666	952	298	184	143

1. 普通股票型私募基金

普通股票型私募基金是指将资产主要投资于股票的私募基金，通常这类基金能够分散投资者直接投资于单一股票的非系统性风险，但其业绩表现也易受大盘（系统性风险）的影响。我们计算了 2008~2022 年普通股票型基金每年的等权平均年化收益率，并在图 2-2 中与万得全 A 指数的年化收益率进行了比较。在过去 15 年中，普通股票型私募基金收益率超过大盘指数收益率的年份有 10 年，这些年份几乎都是股指下跌或股指上涨不多的年份，有 2008 年、2010 年、2011 年、2013 年、2016~2018 年、2020~2022 年。而在股指高涨的 2009 年、2014 年、2015 年和 2019 年，普通股票型基金的收益率未能超过大盘指数。此外，普通股票型私募基金年化收益率的变化方向基本与万得全 A 指数保持一致，即若大盘指数的年化收益率较上一年增长，那么普通股票型私募基金的年化收益率也会提高，反之亦然。

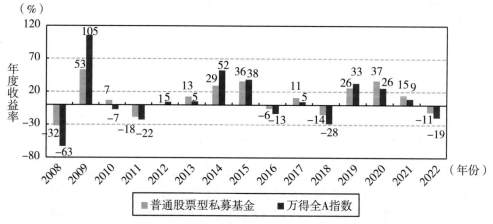

图 2-2　普通股票型私募基金与万得全 A 指数的年度收益率：2008~2022 年

图 2-3 展示了 2008~2022 年普通股票型私募基金与万得全 A 指数年化波动率的比较结果，我们可以观察这些年普通股票型基金的风险是否较大盘指数的风险更低。从图 2-3 可以看出，在过去 15 年中，除了在 2011 年、2014 年、2017~2018 年、2020~2022 年这 7 个年份中普通股票型私募基金的年化波动率比万得全 A 指数的波动率稍大一些外，在其他 8 个年份中普通股票型私募基金的波动率明显低于万得全 A 指数的波动率。总的来说，在样本范围内，多数年份里普通股票型私募基金的风险较大盘指数的风险来得更低，说明普通股票型私募基金风险控制能力相对较强。

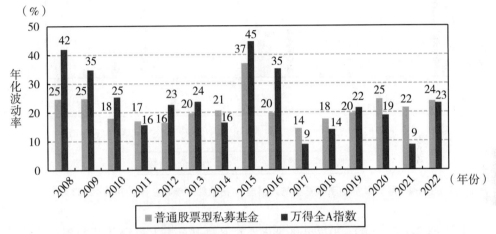

图 2-3　普通股票型私募基金与万得全 A 指数收益率的年化波动率：2008~2022 年

具体来看，我们发现，在 2008~2019 年的 12 年间，仅有 4 个年份普通股票型私募基金波动率高于大盘指数的波动率。然而，在近三年期间，即 2020~2022 年，普通股票型私募基金的波动率每年均高于万得全 A 指数，尤其是在股市行情极度分化的 2021 年中，普通股票型私募基金的波动率比大盘指数的波动率高出近 13 个百分点。

2. 股票多空型私募基金

股票多空型私募基金是指在投资过程中，在做多一批股票的同时卖空一批股票来达到盈利的目的，基金经理也可以使用股指期货等工具进行对冲。当投资标的为股票时，该策略可以通过市场内买卖、融资融券及场外期权来实现。多空策略空头的作用主要有三个：（1）部分对冲多头的系统性风险；（2）看空标的证券，主动做空以获利；（3）出于统计套利、配对需求，沽空价格异常变动的股票。但由于同时持有多头头寸和空头头寸，交易佣金所带来的成本也会较高。我们将 2009~2022 年股票多空型基金（2009 年之前此类基金没有样本）与万得全 A 指数的年度收益率进行比较，结果如图 2-4 所示。可以看出，在 2009~2022 年的 14 年间，股票多空型基金有 7 个年份的收益率超过了万得全 A 指数的收益率，分别为 2010 年、2011 年、2013 年、2016 年、2018 年、2020 年和 2022 年，其中包括所有大盘指数下跌的年份。此外，与普通股票型类似，股票多空型私募基金年度收益率的变化方向基本与万得全 A 指数收益率的变化方向保持一致。

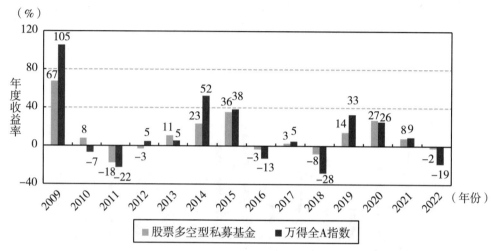

图 2-4　股票多空型私募基金与万得全 A 指数的年度收益率：2009~2022 年

　　图 2-5 展示了 2009~2022 年股票多空型私募基金与万得全 A 指数年化波动率的比较结果。我们发现，在这 14 年中，有 10 个年份股票多空型私募基金的年化波动率低于万得全 A 指数的波动率，由此可见股票多空型私募基金的风险规避能力较强，这主要是由于股票多空型私募基金有做多和做空两种投资手段，可以对冲风险。同理，股票多空型私募基金的波动幅度应该较普通股票型私募基金更低，我们

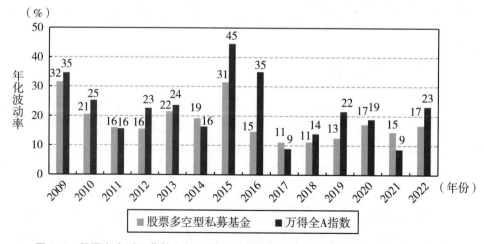

图 2-5　股票多空型私募基金与万得全 A 指数收益率的年化波动率：2009~2022 年

的结果也论证了该特点。通过与图 2-3 对比，我们发现在 2009~2022 年，股票多空型私募基金的年化波动率高于普通股票型私募基金波动率的年份只有 3 年（2009年、2010 年和 2013 年）。

3. 相对价值型私募基金

相对价值型私募基金主要利用关联股票之间的价差来获利，即通过买入价值被低估的股票和卖空价值被高估的股票获取价格收敛所带来的收益，这类基金的收益情况往往与市场走向无关。目前，相对价值策略主要集中于两类：一类主要以套利为主，如跨品种套利、跨期限套利和跨区域套利等各种套利模式的混搭，由于目前专注于某一个领域套利机会相对有限，所以产品的策略倾向于不同套利机会的混搭；另一类主要专注于股票现货与股指期货完全对冲的阿尔法策略，即构建一揽子股票现货和股指期货的组合，通过完全对冲掉组合中的系统性风险而获取超额收益。

图 2-6 展示了 2011~2022 年相对价值型基金（2011 年之前此类基金没有样本）与万得全 A 指数年度收益率的比较结果。据图 2-6 可知，在这 12 年中，此类基金仅有 6 个年份（2011 年、2013 年、2016 年、2018 年、2021 年和 2022 年）的收益率超过了万得全 A 指数的收益率，而且较之前两类基金与指数收益率间同升同降的变化规律，相对价值型基金收益与大盘指数收益的相关性显然低得多，并且此类基金的收益也明显偏低。也就是说，尽管在股市利好时这类基金带来的收益不高，但在股市下跌的时候往往能为投资者守住更多的财富。例如，在 2016 年、2018 年和 2022 年，万得全 A 指数分别下挫 13%、28% 和 19%，而相对价值型私募基金的年度收益率分别为 1.0%、-1.7% 和 -0.2%，价值没有损失或损失较小，这一结果与其策略特征比较相符。总体而言，虽然相对价值型基金在市场大涨时的收益较低，但在股市出现大幅下跌时，该类基金往往能为投资者守住更多的财富。

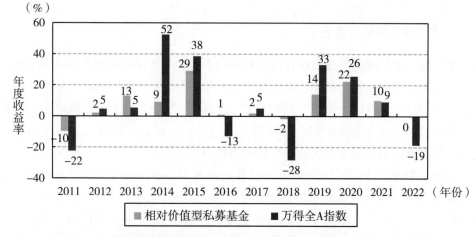

图 2-6 相对价值型私募基金与万得全 A 指数的年度收益率：2011~2022 年

图 2-7 展示了 2011~2022 年相对价值型私募基金与万得全 A 指数年化波动率的比较结果。可以明显看出，在这 12 年中，仅 2021 年相对价值型基金的波动率略高于万得全 A 指数波动率，差额仅为 3.8 个百分点，其余 11 年中相对价值型基金的波动率均低于指数波动率。并且，此类基金与万得全 A 指数波动率并无一致性。具体来看，在 2012 年、2013 年、2015 年、2016 年、2019 年和 2022 年，万得全 A 指数波动率均高于 20%，而相对价值型基金的波动率分别较万得全 A 指数波动率低 12 个、15 个、30 个、26 个、11 个和 9 个百分点，说明这 6 个年份里股市的跌宕起伏并未影响到这类基金的风险控制水平，这一点与此类基金的策略特征也是相符的。特别是在 2015 年和 2016 年，指数的波动率分别高达 45% 和 35%，而相对价值型基金的波动率仅为 15% 和 9%。综合来看，我国的相对价值型基金基本保持了低风险和低收益的风格。

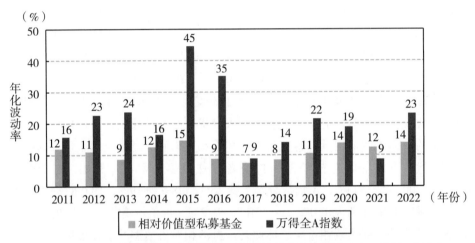

图 2-7　相对价值型私募基金与万得全 A 指数收益率的年化波动率：2011~2022 年

4. 事件驱动型私募基金

事件驱动型私募基金通过在提前挖掘和深入分析可能造成股价异常波动事件的基础上，充分把握交易时机来获取超额投资回报。"事件驱动"中的"事件"一般包括公司的收购、并购、重组、增资扩股、回购股票、ST 类个股摘帽事件、年报潜在高送转事件，也包括影响公司估值的其他因素，如公司科技专利申请的批准等，这类基金的表现通常与大盘走势的相关性不大。

图 2-8 展示了 2012~2022 年（2012 年之前此类基金没有样本）事件驱动型基金与万得全 A 指数年度收益率的比较结果。我们发现，在这 11 年中，事件驱动型基金有 7 个年份的收益率高于指数的收益率，分别为 2012 年、2013 年、2015 年、2016 年、2018 年、2021 年和 2022 年。尤其在 2015 年，事件驱动型基金的年度收

益率达到了 76%，是万得全 A 指数及其他三类股票型基金收益率的两倍以上。

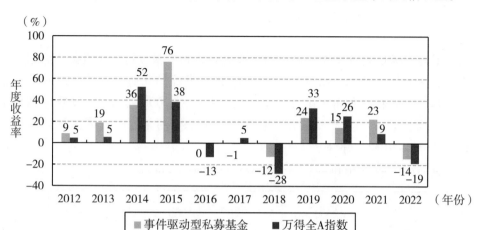

图 2-8　事件驱动型私募基金与万得全 A 指数的年度收益率：2012~2022 年

图 2-9 展示的是 2012~2022 年事件驱动型私募基金与万得全 A 指数年化波动率的比较结果。我们发现与前三类基金有所不同的是，事件驱动是一类伴随着较高风险的投资策略，在这 11 年中，有 8 年事件驱动型基金的波动率都高于指数的波动率。仅在指数波动率较大的 2015 年、2016 年和 2019 年，该类基金的年化波动率小于指数年化波动率。综合来看，虽然事件驱动型基金的收益较高，但其在四类基金中的风险也是最高的，其投资风险甚至在多数年份里要高于指数。

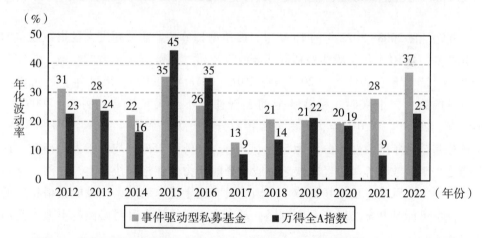

图 2-9　事件驱动型私募基金与万得全 A 指数收益率的年化波动率：2012~2022 年

在本部分接下来的内容中，我们将从股票型私募基金与万得全 A 指数和股票型公募基金的年度收益率、各年度超越大盘指数收益的比例和累计收益率三个方面展开分析。

（二）年度收益率的比较

除了与大盘指数对比外，费率和门槛更高的私募基金是否能跑赢公募基金也是投资者关心的问题。在结合万得全 A 指数的表现，分别讨论了上述四类股票型私募基金年度收益率和年化波动率之后，我们对 2008～2022 年股票型私募基金的年度收益率与万得全 A 指数、股票型公募基金的年度收益率进行整体的比较，图 2-10 给出这一结果。

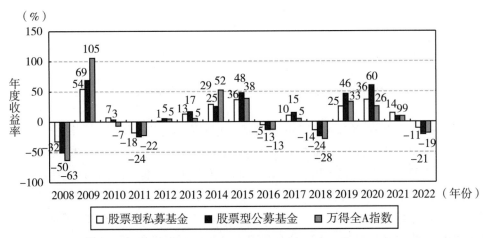

图 2-10　股票型私募基金、公募基金与万得全 A 指数的年度收益率比较：2008～2022 年

首先，在 2008～2022 年的 15 年里，股票型私募基金业绩超过大盘指数收益的年份更多。有 10 个年份股票型私募基金的收益超过万得全 A 指数的收益，具体为 2008 年、2010 年、2011 年、2013 年、2016～2018 年、2020～2022 年。还可以看出，当指数大幅上涨时，私募基金的表现往往不如大盘指数。例如，2009 年、2014 年、2015 年和 2019 年，万得全 A 指数分别上涨了 105%、52%、39% 和 33%，而私募基金的年度收益率分别为 54%、29%、36% 和 25%，均低于大盘指数。这可能是由于多数私募基金经理缺乏选股和择时能力，在指数快速上升之前，基金经理不能完全踩准进出市场的节点，因此没有选中优秀的股票，没能获得相应的回报；也可能是基金的股票仓位较轻，基金在市场快速上升时必然赶不上大盘的涨幅。

其次，在指数回撤的年份里，股票型私募基金的收益均优于万得全 A 指数。2008～2022 年期间，大盘指数在 2008 年、2010 年、2011 年、2016 年、2018 年和 2022 年这 6 个年份里呈下跌态势，而私募基金跌幅相对较小，甚至在 2010 年取得了正收益。其中，在 2008 年，股票型私募基金的收益率（-32%）超越指数收益

（-63%）最多，高于指数收益 31 个百分点；在 2018 年，指数的年度收益率出现了 28% 的损失，而私募基金仅下挫 14%，抗跌能力强于指数；在 2010 年这个指数下跌 7% 的年份里，私募基金获取了 7% 的正回报。总体来看，私募基金给投资者带来的亏损更少，更能帮助投资者守住财富。

最后，在 2008~2022 年，投资私募基金承担的风险更小。可以看到，无论是在股市上涨还是下跌的年份，相较于私募基金，指数在各年度的波动幅度更大。在 2009 年、2014 年和 2015 年的牛市中，指数的收益率分别为 105%、52% 和 38%，而私募基金在这 3 个年份的收益率分别为 54%、29% 和 36%，私募基金的表现不如指数；而在 2008 年、2011 年、2016 年、2018 年和 2022 年的熊市中，指数的收益率分别为 -63%、-22%、-13%、-28% 和 -19%，私募基金的收益率分别为 -32%、-18%、-5%、-14% 和 -11%，跌幅相对较小，私募基金的表现强于指数。在我国这样一个波动较大的新兴资本市场中，保持优秀的风控能力是极其重要的。

在讨论了私募基金和万得全 A 指数的年度收益差别之后，再来看一看私募基金和公募基金的对比。在我们出版的《2023 年中国公募基金研究报告》中，我们的研究样本范围为 2003~2022 年，而本书的分析期间为 2008~2022 年，这是因为私募基金在 2008 年后才逐渐走向成熟，基金数据开始比较规范。那么在 2008~2022 年，私募基金和公募基金的收益率表现孰优孰劣呢？可以看到，在 15 个年份中，有 8 个年份私募基金的收益率超过了公募基金的收益率，分别是 2008 年、2010 年、2011 年、2014 年、2016 年、2018 年、2021 年和 2022 年。此外，在指数上涨的 9 个年份（2009 年、2012~2015 年、2017 年、2019~2021 年），除 2014 年和 2021 年外，私募基金的年度收益率都不及公募基金；在指数下跌的 6 个年份里，私募基金的年度收益率都高于公募基金。由此可见，私募基金经理由于可以灵活调整股票仓位和策略，展示出了强于公募基金经理的风控能力。

接着，我们用股票型私募基金和万得全 A 指数、股票型公募基金的月度收益率计算了它们的年化波动率，进一步分析私募基金和大盘指数、公募基金收益率波动幅度的差异，图 2-11 展示了三者的比较结果。首先，观察私募基金和大盘指数年化波动率的差异。在 2008~2022 年，私募基金收益率的波动率在 8 年时间里低于万得全 A 指数的波动率。我国大盘指数在 2015 年和 2016 年的波动率高达 45% 和 35%，而私募基金的波动率则被控制在了 36% 和 19%，远低于指数的波动率。接着，我们再看私募基金和公募基金间收益率波动的差异。可以看到，私募基金的年化波动率在 9 个年份（2008~2012 年、2015 年、2016 年、2020 年和 2022 年）小于公募基金。整体来看，在多数年份中，私募基金的波动率低于大盘指数和公募基金的波动率。在这三者中，私募基金的风险控制能力最强，公募基金次之，风险最高的是大盘指数，说明投资于股票型私募基金可以明显地规避系统性风险。

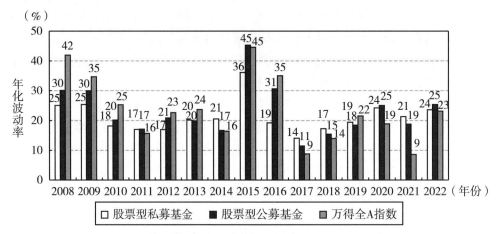

图 2-11　股票型私募基金、公募基金与万得全 A 指数收益率的
年化波动率比较：2008~2022 年

（三）基金超过大盘指数收益率的比例

前文中，我们对年度收益率的比较是以私募基金行业收益率的平均值作为比较的指标，那么从单只私募基金的角度看，有多少能够战胜大盘指数？为了观察2008~2022 年私募基金行业整体收益率与大盘指数收益率的对比情况，我们计算了每年私募基金行业中收益率超越大盘指数的基金数量占比，结果在图 2-12中给出。同时，为了比较私募基金和公募基金两个行业在超越大盘指数比例方面的差异，我们在图 2-12 中也给出了每年公募基金的相应指标。

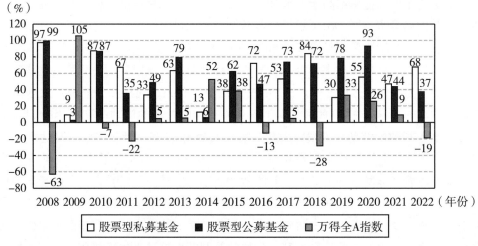

图 2-12　股票型私募基金、公募基金分别超越大盘指数收益率的比例：2008~2022 年

首先，我们来观察私募基金超越大盘指数的比例情况。在 2008~2022 年，有 9 年收益率超越大盘指数的私募基金数量占比在 50% 以上，甚至在股市剧烈波动的 2015 年，仍有 38% 的私募基金跑赢大盘指数。

其次，大比例的私募基金产品业绩超越万得全 A 指数的年份往往出现在指数上涨较少或下跌较多的时候。例如，2008 年、2010 年、2011 年、2016 年、2018 年和 2022 年，股市表现惨淡，而在私募基金行业中收益超越大盘的基金数量占比分别为 97%、87%、67%、72%、84% 和 68%。然而，在牛市年份中，能够超越大盘指数收益的基金产品的数量比例普遍较低。例如，在 2009 年和 2014 年，万得全 A 指数分别上涨 105% 和 52%，而超越指数收益的私募基金数量占比仅为 9% 和 13%。也就是说，在牛市行情中，只有少部分私募基金的收益可以超过大盘收益。虽然在牛市中绝大部分比例的基金可能都在盈利，但此时私募基金行业内部的业绩差距却在拉大，只有极少数基金经理能够准确把握进出市场的时机，通过仓位控制和组合变换获取超越大盘指数的收益，从而站在市场涨势的最高处，而大部分私募基金经理此时都无法追赶上大盘指数上涨的步伐。

最后，我们对私募基金和公募基金两个行业收益超越大盘指数的产品数量比例进行比较。在这 15 年中，有 8 年收益超越指数的私募基金数量比例高于收益超越指数的公募基金数量比例，其余 7 年则是公募基金的收益表现更好。可以发现，两者的共同点在于，在牛市年份中，私募基金和公募基金超越指数的比例都偏低；在熊市年份中，私募基金和公募基金超越指数收益的比例都较高，但收益超越大盘指数的私募基金的数量比例较公募基金更高。

（四）累计收益率的比较

投资者常常关心的另一个问题是，自己投资的基金能否长期取得比较不错的收益？本节我们将从投资者的角度出发，来探究一下长期投资于私募基金的收益究竟如何？如果能够超越指数，其超越指数的幅度是多少？假设私募基金的业绩可以超过指数的业绩，那么它是否也能超越公募基金的业绩？超越公募基金的幅度又是多少？为了回答上述问题，我们首先选取近三年（2020~2022 年）和近五年（2018~2022 年）这两个区间作为样本观察期，计算并比较私募基金和万得全 A 指数、公募基金年均收益率的高低，随后对 2008~2022 年私募基金和万得全 A 指数、公募基金的累计收益率进行比较。在选取基金样本时，我们要求私募基金样本在 2020~2022 年或 2018~2022 年具有完整的三年或五年基金复权净值数据。

图 2-13 给出近三年（2020~2022 年）和近五年（2018~2022 年）股票型私募基金与万得全 A 指数、股票型公募基金年化收益率的比较结果。据图 2-13 可知，近三年股票型私募基金的年化收益率为 9.04%，低于股票型公募基金的年化收益率（11.19%），但高于万得全 A 指数的年化收益率（3.71%）；近五年股票型私募

基金的年化收益率为 7.17%，略低于股票型公募基金的年化收益率（9.11%），但高于万得全 A 指数的收益率（1.26%）。从前文的分析中可知，私募基金的风险控制能力强于公募基金。但是，尽管在 2016 年、2018 年等熊市里私募基金收益率的下挫幅度（-5%、-14%）小于公募基金的下挫幅度（-13%、-24%），但仍无法弥补其在指数上涨年份里与公募基金收益产生的较大差距，故而在图 2-13 中，无论是从近三年还是近五年结果来看，公募基金的年化收益率都高于私募基金的年化收益率。总体来看，私募基金保持了相对于大盘指数的业绩优势，但与公募基金相比，在近三年和近五年都未表现出业绩优势。

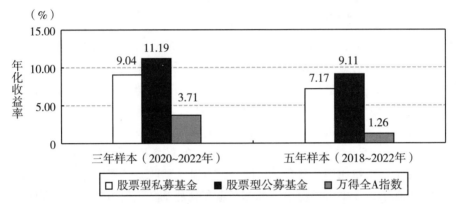

图 2-13　近三年（2020～2022 年）和近五年（2018～2022 年）股票型私募基金、公募基金与万得全 A 指数的年化收益率比较

我们将考察期间延长至整个样本期间，对 2008～2022 年股票型私募基金和万得全 A 指数、股票型公募基金的累计收益率进行比较，结果展示在图 2-14 中。我们将三者在 2007 年最后一天的初始价值都设定为 100 元，即如果投资者在 2007 年底以同样的 100 元分别投资于股票型私募基金、股票型公募基金、万得全 A 指数，到 2022 年底，投资于股票型私募基金的价值变为 290 元，累计收益率为 190%；投资于股票型公募基金的价值变为 230 元，累计收益率为 130%；投资于万得全 A 指数的价值变为 125 元，即累计收益率仅为 25%。可见，在不考虑风险因素的情况下，与指数相比，长期投资私募基金获得了更高的回报；与公募基金相比，在更长期的时间内投资私募基金也获得了更高的回报。

基于以上分析，可以得到，在不考虑风险因素的情况下，无论是分年度看还是从中长期看，2008～2022 年期间投资于股票型私募基金的收益会高于投资于万得全 A 指数的收益。但是，从私募基金和公募基金的诸方面比较来看，私募基金的优势表现得并不明显。造成这一结果的原因是私募基金收取近 20% 的业绩分成。虽然在提取 20% 的业绩分成之前，私募基金的整体平均业绩好于公募基金的业绩，但是在扣除了 20% 的业绩分成后，在 2008～2022 年期间私募基金的业绩和公募基金的业绩接近。

图 2-14　股票型私募基金、公募基金和万得全 A 指数的累计净值：2008~2022 年

二、风险调整后收益指标的比较

对私募基金和大盘指数、公募基金的比较，从投资者最易于获取的绝对收益信息分析入手是第一步。而若要深入了解私募基金的业绩状况，则应进一步分析风险调整后的收益指标。与绝对收益指标相比，风险调整后收益指标增加了对风险因素的考虑，更加科学、合理。在选择风险调整后收益指标时，我们选取衡量总风险的夏普比率、衡量下行风险的索丁诺比率，以及衡量一段时期内最大回撤风险的收益—最大回撤比率三个指标，从而使私募基金业绩与指数、公募基金业绩的比较结论更为准确和可靠。不同的投资组合面临的风险是不同的，而风险调整后的收益指标使我们可以回答以下问题：在承担相同风险的情况下，私募基金和大盘指数、公募基金的收益是否存在差异？在接下来的内容中，我们开始对四类策略基金组成的股票型私募基金整体样本作出分析。在本部分，我们以近三年和近五年作为研究的期间，从多个层次、多个角度对私募基金和大盘指数、公募基金的相关风险调整后收益指标展开比较和分析。在选取基金样本时，我们同样要求基金在 2020~2022 年或 2018~2022 年具有完整三年或五年的基金复权净值数据。从表 2-3 看到，近三年私募基金的样本量为 6 270 只，近五年私募基金的样本量为 2 753 只。我们在附录一汇报了股票型私募基金近五年（2018~2022 年）业绩的描述性统计，详细展示了每只基金的收益和风险指标。

（一）夏普比率

夏普比率的含义为基金每承担一个单位的风险所获得的超额收益。在计算这一指标时，用某一时期内基金的平均超额收益率除以这个时期超额收益率的标准差来衡量基金风险调整后的回报，该比例越高，表明基金在风险相同的情况下获得的超额收益越高。其公式如下：

$$Sharpe_M = \frac{MAEX}{\sigma_{ex}} \quad\quad (2.1)$$

$$Sharpe_A = Sharpe_M \times \sqrt{12} \quad\quad (2.2)$$

其中，$Sharpe_M$ 为月度夏普比率，$Sharpe_A$ 为年化夏普比率，$MAEX$ 为月度超额收益率的平均值（monthly average excess return），σ_{ex} 为月度超额收益率的标准差（standard deviation）。基金的月度超额收益率为基金的月度收益率减去市场月度无风险收益率，市场无风险收益率采用整存整取的一年期基准定期存款利率。

图 2-15 展示了近三年（2020~2022 年）和近五年（2018~2022 年）股票型私募基金与万得全 A 指数、股票型公募基金的年化夏普比率的比较结果。据图 2-15 可知，近三年股票型私募基金的年化夏普比率为 0.46，略低于股票型公募基金年化夏普比率 0.47，高于指数的年化夏普比率 0.21；近五年股票型私募基金的年化夏普比率为 0.40，略低于股票型公募基金的年化夏普比率 0.42，高于万得全 A 指数的年化夏普比率 0.08。因此，从夏普比率的比较来看，在承担相同风险的情况下，无论是三年样本还是五年样本，私募基金的风险调整后收益均略低于公募基金，均优于大盘指数。

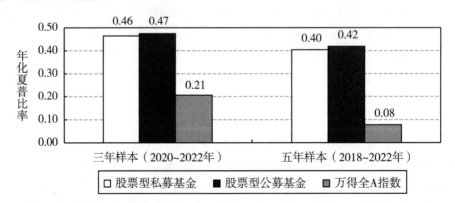

图 2-15 近三年（2020~2022 年）和近五年（2018~2022 年）股票型私募基金、公募基金和万得全 A 指数的年化夏普比率

我们将 2018~2022 年股票型私募基金夏普比率由低到高分为 10 个区间，在直

方图中将私募基金的夏普比率与万得全 A 指数的夏普比率进行更直观的比较，每个区间直方图代表属于该区间的基金数量占比，结果如图 2-16 所示。从图 2-16 我们可以看出，私募基金年化夏普比率主要集中在 [0.0，0.4) 和 [0.4，0.8) 这两个区间内，合计占比约为 70%，可见大多数基金的夏普比率分布还是比较集中的。万得全 A 指数的年化夏普比率（0.08）落于 [0，0.4) 区间内。同时，私募基金近五年年化夏普比率的最大值为 5.21，最小值为-1.07，两极差异较大。

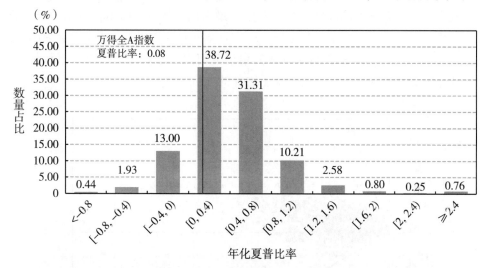

图 2-16　股票型私募基金近五年年化夏普比率分布直方图：2018~2022 年

我们将 2018~2022 年私募基金样本的夏普比率从高到低排列，如图 2-17 所示，图中横线代表万得全 A 指数的年化夏普比率（0.08），表示当承担每一单位风险时，大盘指数可获得 0.08% 的收益。有 2 154 只股票型私募基金的年化夏普比率

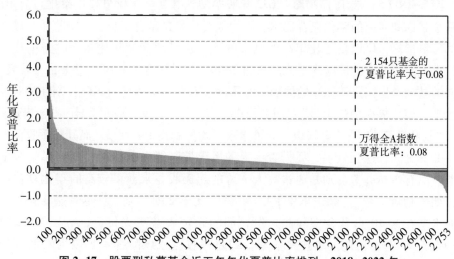

图 2-17　股票型私募基金近五年年化夏普比率排列：2018~2022 年

超过大盘指数的夏普比率（0.08），占比为 78%。此外，我们也注意到有 423 只（15%）基金的年化夏普比率小于零，这些基金的收益都低于银行存款利率。

图 2-18 为过去五年（2018~2022 年）股票型私募基金年化夏普比率的散点分布图，显示了这 2 753 只股票型私募基金的夏普比率分布情况。其中，纵轴代表股票型私募基金的超额收益率，横轴代表股票型私募基金的超额收益标准差（风险），每只基金的夏普比率是从原点到每一坐标点的斜率，斜率越大，基金的夏普比率越大，风险调整后的收益越高。其中，最大斜率为 5.21，最小斜率为 -1.07，二者分别为夏普比率最大值和最小值，所有基金的夏普比率都落入由原点射出，斜率分别为 5.21 和 -1.07 的射线所围成的扇形区间内。不难发现，股票型私募基金夏普比率的分布较为集中，这也验证了之前的分析。

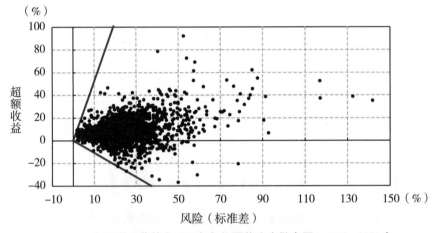

图 2-18　股票型私募基金近五年年化夏普比率散点图：2018~2022 年

图 2-19（a）展示了 2018~2022 年股票型私募基金年化夏普比率排名前 10 位的基金名称和对应的年化夏普比率。因为夏普比率是结合基金的超额收益与风险因素的考量指标，所以夏普比率高的基金并不一定是因为其年化超额收益率高，同理，也不能说明它的风险水平低。从图 2-19（a）中观察前 10 名基金，不难发现，不同的基金产生高夏普比率的原因各有不同。有些是因为能将风险控制在相对较低的水平，如"展弘稳进 1 号""展弘稳进 1 号 3 期""福瑞福元 1 号""金铐建业 1 号""复熙恒赢 11 号"等基金，其风险水平均控制在 1%~3%，而其超额收益仅在 6%~11% 之间，这几只基金凭借着优秀的风险控制能力获得了较高的风险调整后收益。而有些私募基金则是通过高人一筹的超额收益来获得较高的年化夏普比率的，如"初霓 1 号""熠道丰盈 1 号""紫升文丰 2 期"基金，尽管这 3 只基金的风险水平在这 10 只基金中较高，但它们的超额收益更为优秀，分别为 42.2%、27.0%、26.5%。因此，单独评估基金的超额收益或风险都不足以判断基金的优劣，只有综合考量这两种因素，才能对基金业绩有更深入、全面的了解。

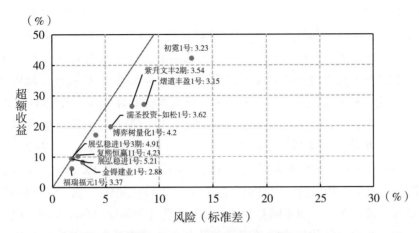

图 2-19（a）　股票型私募基金近五年年化夏普比率散点图（前 10 名）：2018~2022 年

图 2-19（b）展示了 2018~2022 年年化夏普比率排名后 10 位的基金名称和对应的年化夏普比率。"磐海大周期 2 号"和"扬帆 19 号"基金的年化夏普比率分别为 -0.84 和 -0.91，较为接近，但"磐海大周期 2 号"基金的年化超额收益和风险分别为 -34.5% 和 41.1%，而"扬帆 19 号"基金的年化超额收益和风险分别为 -8.9% 和 9.7%。当在这两只基金中进行选择时，毫无疑问"扬帆 19 号"基金胜出，因为在夏普比率相差不大时，该基金在将风险控制得相对较低的同时取得了相对较高的超额收益。还可以看出，通常收益率越差的基金，其夏普比率也越低，而对于这些年化夏普比率为负的基金，夏普比率大小的决定性因素更侧重于超额收益率指标。总体而言，如果基金的夏普比率为零或为负值，说明基金经理所贡献的收益连银行存款利息都赶不上，投资者应该避免投资夏普比率小于零的基金。

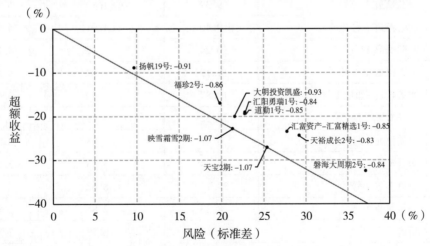

图 2-19（b）　股票型私募基金近五年年化夏普比率散点图（后 10 名）：2018~2022 年

　　我们将 2018~2022 年期间按照年化夏普比率排名在前 2% 和后 2% 的股票型私募基金单独挑出，分别与万得全 A 指数进行比较，综合超额收益和风险，进一步观察较优秀和较差的股票型私募基金与大盘指数表现上的显著差异。表 2-4 列出了 2018~2022 年按照年化夏普比率排名在前 2%（共 55 只）的基金。如果用万得全 A 指数作为比较基准的话，其近五年的年化夏普比率为 0.08，我们将这 55 只基金的年化超额收益率标准差的平均值（9.25%）设为指数的风险，那么可以计算得出万得全 A 指数的年化超额收益率为 0.72%（9.25%×0.08）。据表 2-4 可知，夏普比率排名位于前 2% 的基金年化超额收益率的平均值为 19.54%，远高于承担相同风险下万得全 A 指数的年化超额收益率（0.72%）。此外，我们可以通过表 2-4 的数据验证之前的观点，即不同基金产生较高夏普比率的原因各不相同，决定夏普比率大小的，主要是年化超额收益率和年化超额收益率的标准差这两个指标。从表 2-4 可以看出，有 18 只基金的年化超额收益标准差小于 5%，它们是凭借着优异的风险掌控能力获得高夏普比率的，如排第 49 名的"新视野智能量化 1 号"，超额收益率仅为 3.78%，但其风险水平控制在了 2.32%；有 6 只基金的超额收益率大于 40%，它们是由于强劲的盈利能力获得高夏普比率的，如位于第 42 名的"建泓绝对收益 1 号"，超额收益率高达 92.12%，年化超额收益标准差为 52.50%。所以我们看到，这些基金通过降低风险或提高超额收益两种方式，都取得了闪耀的年化夏普比率业绩。

表 2-4　　近五年年化夏普比率排名在前 2% 的股票型私募基金：2018~2022 年

编号	基金名称	年化超额收益率（%）	年化超额收益率标准差（%）	年化夏普比率
1	展弘稳进 1 号	9.39	1.80	5.21
2	展弘稳进 1 号 3 期	9.40	1.91	4.91
3	复熙恒赢 11 号	10.24	2.42	4.23
4	博弈树量化 1 号	17.19	4.09	4.20
5	濡圣投资-如松 1 号	19.87	5.48	3.62
6	紫升文丰 2 期	26.52	7.49	3.54
7	福瑞福元 1 号	6.17	1.83	3.37
8	初霓 1 号	42.24	13.08	3.23
9	熠道丰盈 1 号	27.13	8.62	3.15
10	金锝建业 1 号	8.23	2.86	2.88
11	塑造者 1 号	46.48	16.57	2.81
12	金锝 5 号	9.63	3.50	2.75

续表

编号	基金名称	年化超额收益率 （%）	年化超额收益率标准差 （%）	年化夏普比率
13	高致龙程 1 号	8.20	2.99	2.75
14	天蝎 A	41.34	15.18	2.72
15	盛泉恒元多策略量化对冲 2 号	14.79	5.46	2.71
16	盛泉恒元多策略市场中性 3 号	14.35	5.33	2.69
17	铸锋天照 1 号	13.67	5.23	2.61
18	金锝 6 号	8.67	3.35	2.59
19	恒健远志量化对冲 1 期	22.30	8.63	2.58
20	白鹭 FOF 演武场 1 号	9.79	3.83	2.56
21	信安稳盈宝 2 期	5.89	2.34	2.51
22	天宝云中燕 3 期	13.12	5.51	2.38
23	绰瑞凤凰山	20.85	8.83	2.36
24	天宝云中燕 4 期	9.89	4.22	2.35
25	泰亚 2 期	17.40	7.68	2.27
26	盛泉恒元多策略量化对冲 1 号	12.97	5.81	2.23
27	紫升文丰量化	25.47	11.48	2.22
28	复熙恒赢 7 号	20.06	9.78	2.05
29	翔云 50 量化	19.72	9.92	1.99
30	谷春 1 号	78.63	40.49	1.94
31	致远稳健 1 号	12.07	6.23	1.94
32	赛硕稳利 1 号	13.37	6.94	1.93
33	靖奇光合长谷	41.26	21.80	1.89
34	致同宝盈	8.19	4.39	1.87
35	辉毅 5 号	7.58	4.08	1.86
36	积露 1 号	21.95	11.89	1.85
37	靖奇睿科 3 号	25.02	13.70	1.83
38	子午达芬奇 1 号	14.24	7.86	1.81
39	格量稳健 1 号	7.04	3.90	1.80
40	鹤骑鹰一粟	20.16	11.25	1.79
41	珠池量化对冲套利策略母基金 1 号	3.73	2.09	1.79

编号	基金名称	年化超额收益率（%）	年化超额收益率标准差（%）	年化夏普比率
42	建泓绝对收益 1 号	92.12	52.50	1.75
43	懋良稳健	11.55	6.65	1.74
44	正瀛权智 2 号	12.02	7.06	1.70
45	致远 22 号	10.69	6.34	1.69
46	盛冠达试金石 3 号	8.78	5.31	1.65
47	珠池量化稳健投资母基金 1 号	5.17	3.14	1.64
48	积露资产量化对冲	28.98	17.76	1.63
49	新视野智能量化 1 号	3.78	2.32	1.63
50	皓晨稳进 1 号	11.00	6.84	1.61
51	财掌柜持股宝 8 号	30.85	19.33	1.60
52	大道白驹	9.29	5.84	1.59
53	滨海凤鸣永续契约型	12.33	7.81	1.58
54	利道永晟 1 号	38.34	24.49	1.57
55	锦瑞恒-梦想 1 号	35.76	23.58	1.52
指标平均值		**19.54**	**9.25**	**2.38**

在分析了年化夏普比率表现最好（前 2%）的股票型私募基金数据后，我们再来分析夏普比率排名在后 2% 的基金表现。表 2-5 列出了 2018~2022 年按照年化夏普比率排名在后 2% 的股票型私募基金。这 55 只基金的年化超额收益率的平均值为 −15.89%，年化超额收益率标准差的平均值为 24.77%，年化夏普比率的平均值为 −0.64。它们的年化超额收益率全部小于 0，低于以万得全 A 指数的夏普比率（0.08）和这 55 只基金的年化超额收益率标准差的平均值（24.77%）计算得到的年化超额收益率 1.92%（24.77%×0.08）。影响这些基金业绩的主要因素是它们的超额收益率，这些基金的年化夏普比率均小于 0，大幅落后于大盘指数的夏普比率（0.08）。年化超额收益率越小的基金，其年化夏普比率也偏小。例如，夏普比率最小的"映雪霜雪 2 期"基金，它的风险在表 2-5 中并不是最大的，为 21.32%，但是其过低的年化超额收益率（−22.80%）导致其夏普比率仅为 −1.07，排名倒数第一。表 2-5 中列示的基金在承担较大风险的同时取得的收益率水平普遍较低，因而夏普比率也很低。

表 2-5　　近五年年化夏普比率排名在后 2% 的股票型私募基金：2018~2022 年

编号	基金名称	年化超额收益率（%）	年化超额收益率标准差（%）	年化夏普比率
1	小牛鸿志 1 号	-13.89	31.35	-0.44
2	汇富进取 3 号	-9.22	20.58	-0.45
3	和聚信享平台 E	-5.55	12.35	-0.45
4	乐桥尊享	-16.60	36.31	-0.46
5	释捷投资阔叶林稳健成长	-8.20	17.81	-0.46
6	金葵花-私募学院菁英 42 号	-6.56	14.14	-0.46
7	宁聚量化精选 2 号	-11.67	24.46	-0.48
8	金色港湾 1 期	-15.59	32.40	-0.48
9	汇富进取 2 号	-15.05	31.01	-0.49
10	聚鑫 33 号	-9.32	19.15	-0.49
11	高正高合 1 号	-10.04	20.59	-0.49
12	潮金创投 4 号	-13.53	27.71	-0.49
13	鲲鹏 69 号国盛西湖 2-7 号	-8.30	16.91	-0.49
14	金沣精选 2 号	-12.86	26.16	-0.49
15	盘通 1 号	-17.88	36.33	-0.49
16	汇富资产汇富进取 1 号	-12.69	25.04	-0.51
17	胡杨 A 股消费	-30.37	58.96	-0.52
18	浩航旗舰	-7.42	14.36	-0.52
19	华辉价值星 26 号	-11.40	21.78	-0.52
20	东方港湾春风 1 号	-12.86	24.27	-0.53
21	大通道财道 2 号	-8.97	16.89	-0.53
22	和聚建享	-6.46	11.87	-0.54
23	身安道隆 100	-18.74	34.40	-0.54
24	高合 2 号	-11.79	21.29	-0.55
25	源品鸿浩	-10.05	18.13	-0.55
26	东源嘉盈 1 号	-10.74	19.10	-0.56
27	波若稳健 2 期	-11.61	20.28	-0.57
28	藏泓财富 1 号	-10.97	19.12	-0.57

编号	基金名称	年化超额收益率（％）	年化超额收益率标准差（％）	年化夏普比率
29	中金银海凤凰 2 号	−17.42	29.50	−0.59
30	汇富量化 1 号	−20.26	31.73	−0.64
31	宝时专户 4 号-朝暮永续	−13.05	19.88	−0.66
32	高合 1 号	−16.36	24.85	−0.66
33	宏珠万德 1 期	−7.95	11.81	−0.67
34	兴富恒升 6 号	−14.96	22.11	−0.68
35	明境进取	−18.06	26.60	−0.68
36	正弘旗胜	−16.15	23.69	−0.68
37	汇祥 1 号（汇祥）	−12.59	18.08	−0.70
38	小牛鸿志 6 号	−20.00	28.44	−0.70
39	德昇金融	−36.82	49.98	−0.74
40	安民 2 号	−9.67	13.08	−0.74
41	新里程藏宝图京都 1 号	−24.26	32.80	−0.74
42	私募工场睿磊稳健	−24.44	32.66	−0.75
43	中汇金凯 5 期	−15.71	20.03	−0.78
44	映雪霜雪 1 期	−20.35	25.31	−0.80
45	新点汇富稳健 1 号	−31.26	37.57	−0.83
46	天裕成长 2 号	−24.35	29.22	−0.83
47	汇阳勇瑞 1 号	−19.05	22.79	−0.84
48	磐海大周期 2 号	−34.51	41.12	−0.84
49	汇富资产-汇富精选 1 号	−23.46	27.74	−0.85
50	道勤 1 号	−19.39	22.77	−0.85
51	福珍 2 号	−16.96	19.84	−0.86
52	扬帆 19 号	−8.85	9.69	−0.91
53	大明投资凯盛	−20.03	21.59	−0.93
54	天宝 2 期	−27.11	25.38	−1.07
55	映雪霜雪 2 期	−22.80	21.32	−1.07
	指标平均值	**−15.89**	**24.77**	**−0.64**

通过上述分析可知，在五年样本期（2018～2022年）中，在承担相同水平的风险时，夏普比率表现最好（排名前2%）的股票型私募基金均可以比大盘指数获得更高的超额收益；同时，夏普比率表现最好（前2%）的股票型私募基金的平均超额收益率标准差比夏普比率表现最差（后2%）的股票型私募基金的平均超额收益率标准差小15.5个百分点，而两组基金的年化超额收益率均值却相差35.4个百分点。另外，与夏普比率表现最差（后2%）的股票型私募基金相比，最优秀（前2%）的股票型私募基金不仅能够获得更高的超额收益，而且能将风险控制在较低的水平。我们采用三年样本（2020～2022年）进行分析，所得结论与采用五年样本（2018～2022年）的结论一致，不再赘述。

（二）索丁诺比率

索丁诺比率是另一个经典的风险调整后收益指标，它与夏普比率的区别在于，夏普比率衡量的是投资组合的总风险，计算风险指标时采用的是超额收益率标准差；而索丁诺在考虑投资组合的风险时将其分为上行风险和下行风险，认为投资组合的正回报符合投资人的需求，因此只需衡量下行风险，计算风险指标时采用的是超额收益率的下行标准差。索丁诺比率越高，表明基金净值回调的幅度越小，盈利更加稳健。对私募基金的投资者而言，索丁诺比率比夏普比率更为重要，因为一般情况下，投资者在购买私募基金时，合同中都会对"清盘线"作出规定，市场上大多数私募基金的"清盘线"设置在净值下降到0.7元或0.8元处，这意味着投资者和基金经理们会更关注下行风险。其计算公式如下：

$$Sortino_M = \frac{MAEX}{D\sigma_{ex}} \tag{2.3}$$

$$Srtino_A = Sortino_M \times \sqrt{12} \tag{2.4}$$

其中，$Sortino_M$为月度索丁诺比率，$Sortino_A$为年化索丁诺比率，$MAEX$为超额收益率的月平均值（monthly average excess return），$D\sigma_{ex}$为月度超额收益率的下行风险标准差（downside standard deviation）。基金的月度超额收益率为基金的月度收益率减去市场月度无风险收益率，市场无风险收益率采用整存整取的一年期基准定期存款利率。

我们对过去三年（2020～2022年）和过去五年（2018～2022年）股票型私募基金与万得全A指数、股票型公募基金的年化索丁诺比率作了比较，结果如图2-20所示。可以看到，近三年股票型私募基金的年化索丁诺比率为4.25，股票型公募基金的年化索丁诺比率为0.98，而万得全A指数的年化索丁诺比率仅为0.36。从近五年索丁诺比率的比较来看，股票型私募基金的年化索丁诺比率为1.16，股票型公募基金的年化索丁诺比率为0.85，万得全A指数的年化索丁诺比率为 0.14。在两个样本期中，股票型私募基金的风险调整后收益均大幅超越了万得全 A 指数和股票型公募基金。由此可知，在相同的下行风险水平下，私募基金能取得较高的风险调整后收益。

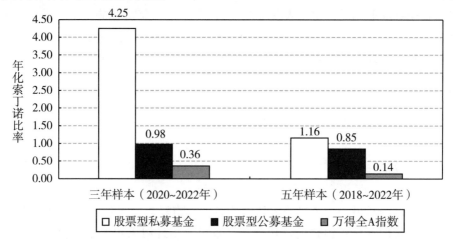

图 2-20　近三年（2020~2022 年）和近五年（2018~2022 年）股票型私募基金、公募基金和万得全 A 指数的年化索丁诺比率

图 2-21 是 2018~2022 年股票型私募基金年化索丁诺比率分组分布的直方图。我们将 2018~2022 年股票型私募基金按年化索丁诺比率的大小划分为 10 个区间。在这 2 753 只私募基金中，年化索丁诺比率的最大值为 114.36，最小值为 -1.49。导致股票型私募基金年化索丁诺比率分化严重的原因不是其净值的波动幅度（总风险），而是其净值向下波动的幅度（下行风险）。从图 2-21 可以看出，股票型私募基金年化索丁诺比率大致服从正态分布，主要集中在 [0, 1)、[1, 2) 和 [-1, 0) 这三个区间范围内，合计占比达到 87.4%。另外，万得全 A 指数近五年的年化索丁诺比率（0.14）位于区间 [0, 1)。

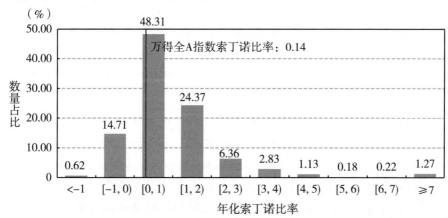

图 2-21　股票型私募基金近五年年化索丁诺比率分布：2018~2022 年

图 2-22 展示了 2018~2022 年股票型私募基金的年化索丁诺比率由高到低的排列，[①] 横线代表万得全 A 指数的索丁诺比率（0.14），具体含义为，在承担单位下行风险（由负收益的标准差计算）时，大盘指数可以获得 0.14% 的超额收益。据图 2-22 可知，年化索丁诺比率高于万得全 A 指数的股票型私募基金有 2 151 只，占比为 78.1%，与夏普比率超越大盘的私募基金数量比例（78.2%）相近。这 2 151 只基金在承担相同年化下行风险的同时，可以获得高于万得全 A 指数的年化超额收益。另有 422 只基金近五年的索丁诺比率小于零，占比为 15.3%。我们还可以观察到，有少数私募基金的索丁诺比率异常的高，使得私募基金的索丁诺比率之间差异加大。可见，股票型私募基金索丁诺比率的分布呈明显的两极分化现象。

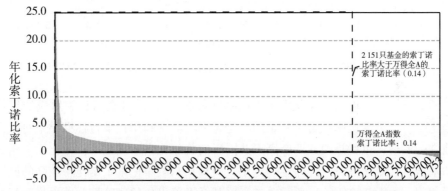

图 2-22　股票型私募基金近五年年化索丁诺比率排列：2018~2022 年

图 2-23 展示了 2018~2022 年股票型私募基金年化索丁诺比率的散点分布情况，横轴代表私募基金年化超额收益下行标准差（风险），纵轴代表私募基金的年化超额收益率（超额收益），索丁诺比率即为从原点到每一只基金对应的由年化超额收益和下行风险所确定的点的斜率。为了展示得更加清晰，我们在制图时去掉了 2 个异常值。[②] 近五年股票型私募基金年化索丁诺比率分布在斜率为 -1.49 和 114.36 这两条射线所夹的扇形区间内。除了极少数点十分特殊以外（如下行风险大于 35% 或超额收益大于 50%），大多数基金年化索丁诺比率的散点分布较为集中。

---

①　为了图 2-22 的整体展示效果，没有包括 7 只年化索丁诺比率最高的私募基金，这 7 只基金的名称及其年化索丁诺比率分别为：展弘稳进 1 号（114.36）、展弘稳进 1 号 3 期（96.24）、天宝云中燕 3 期（64.60）、初霓 1 号（63.51）、天蝎 A（62.64）、复熙恒赢 11 号（46.3）和塑造者 1 号（31.30）。

②　这两个异常值分别为"汉唐 1 期"和"富承价值 1 号"，其年化超额收益下行标准差分别为 54.81% 和 51.91%，年化超额收益率分别为 38.66% 和 35.09%。由于只有这两只基金的年化超额收益下行标准差大于 45%，我们为了图形的整体展示效果没有包括这两只基金。

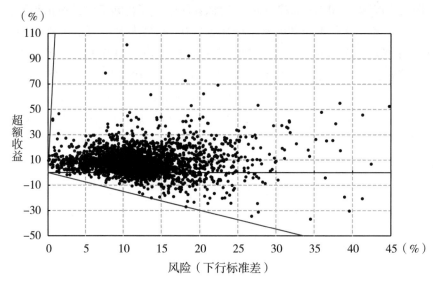

图 2-23　股票型私募基金近五年年化索丁诺比率散点图：2018~2022 年

图 2-24（a）展示了年化索丁诺比率排名前 10 位的基金名称和对应的年化索丁诺比率。索丁诺比率综合了基金的年化超额收益率和年化下行标准差来对基金的业绩进行考量，也就是说这两个因素共同影响着年化索丁诺比率。年化索丁诺比率高的基金，其年化下行标准差不一定小，而每只基金年化索丁诺比率较高的原因也不尽相同。如图 2-24（a）所示，有一些基金靠着出色的风险控制能力将下行标准差控制在较小范围从而获得了优异的索丁诺比率，如"展弘稳进 1 号""展弘稳进 1 号 3 期""天宝云中燕 3 期""复熙恒赢 11 号"的下行标准差均在 0.3% 以内；

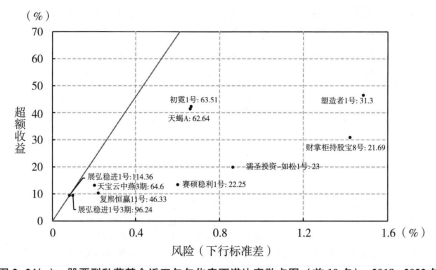

图 2-24（a）　股票型私募基金近五年年化索丁诺比率散点图（前 10 名）：2018~2022 年

而其他一些基金则靠着较高的年化超额收益率获得了较高的年化索丁诺比率，如"塑造者1号""初霓1号""天蝎A"皆取得了超过40%的年化超额收益率，凭借着高超的盈利能力而榜上有名。

图2-24（b）展示了年化索丁诺比率排名后10位的股票型私募基金名称和对应的年化索丁诺比率。这10只基金的年化超额收益均为负值，对于年化收益率为负的基金而言，年化超额收益率和年化索丁诺比率基本呈同向变化趋势。年化超额收益率越小的基金，它的年化索丁诺比率也越小。其中"天宝2期"基金的索丁诺比率（-1.49）最小，其年化超额收益率为-27.11%，说明这些年化索丁诺比率为负的基金提升业绩的关键就是提升年化超额收益率。

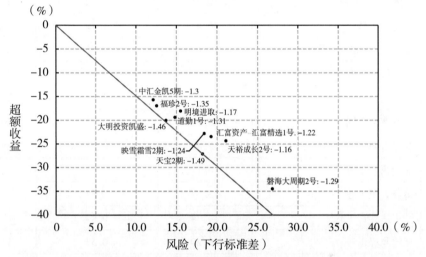

图2-24(b)　股票型私募基金近五年年化索丁诺比率散点图（后10名）：2018~2022年

我们将近五年（2018~2022年）按照年化索丁诺比率排名在前2%和后2%的股票型私募基金单独挑出，分别与万得全A指数进行比较分析，进一步观察较优秀及较差的股票型私募基金与指数在年化超额收益率和下行风险的综合作用下，年化索丁诺业绩表现的显著差异，并在表2-6和表2-7中列示。表2-6展示了2018~2022年按照年化索丁诺比率排名在前2%的私募基金。前2%基金的年化下行标准差均值为2.62%，如果用万得全A指数作为比较基准的话，取其近五年的年化索丁诺比率（0.14），假设指数的下行风险（年化下行标准差）为2.62%，那么可以得到它的年化超额收益率为0.37%（2.62%×0.14）。前2%基金的年化超额收益率均值为21.97%，远远高于以万得全A指数的索丁诺比率（0.14）和这前2%基金的平均年化下行标准差（2.62%）计算而得的年化超额收益率（0.37%）。

表 2-6　　　近五年年化索丁诺比率排名在前 2%的股票型私募基金：2018~2022 年

编号	基金名称	年化超额收益率（%）	年化超额收益率下行标准差（%）	年化索丁诺比率
1	展弘稳进 1 号	9.39	0.08	114.36
2	展弘稳进 1 号 3 期	9.40	0.10	96.24
3	天宝云中燕 3 期	13.12	0.20	64.60
4	初霓 1 号	42.24	0.67	63.51
5	天蝎 A	41.34	0.66	62.64
6	复熙恒赢 11 号	10.24	0.22	46.33
7	塑造者 1 号	46.48	1.49	31.30
8	濡圣投资-如松 1 号	19.87	0.86	23.00
9	赛硕稳利 1 号	13.37	0.60	22.25
10	财掌柜持股宝 8 号	30.85	1.42	21.69
11	紫升文丰 2 期	26.52	1.28	20.72
12	泰亚 2 期	17.40	0.93	18.69
13	福瑞福元 1 号	6.17	0.34	17.92
14	铸锋天照 1 号	13.67	0.84	16.21
15	子午达芬奇 1 号	14.24	0.94	15.13
16	高致龙程 1 号	8.20	0.57	14.30
17	白鹭 FOF 演武场 1 号	9.79	0.70	13.94
18	盛泉恒元多策略量化对冲 2 号	14.79	1.14	12.95
19	淘利趋势套利 7 号 A	12.90	1.01	12.77
20	金锝建业 1 号	8.23	0.66	12.44
21	盛泉恒元多策略市场中性 3 号	14.35	1.20	11.95
22	绰瑞凤凰山	20.85	1.83	11.38
23	博弈树量化 1 号	17.19	1.53	11.24
24	熠道丰盈 1 号	27.13	2.42	11.20
25	金锝 5 号	9.63	0.89	10.87
26	谷春 1 号	78.63	7.68	10.24
27	匠心全天候	100.81	10.51	9.59
28	金锝 6 号	8.67	0.93	9.33

续表

编号	基金名称	年化超额收益率（%）	年化超额收益率下行标准差（%）	年化索丁诺比率
29	天宝云中燕 4 期	9.89	1.10	9.01
30	正瀛权智 2 号	12.02	1.35	8.89
31	信安稳盈宝 2 期	5.89	0.71	8.34
32	紫升文丰量化	25.47	3.46	7.37
33	茂源英火 1 号	20.56	2.86	7.18
34	恒健远志量化对冲 1 期	22.30	3.16	7.05
35	众壹资产稳健套利 1 号	12.48	1.78	7.00
36	复熙恒赢 7 号	20.06	2.90	6.92
37	艾方全天候 2 号	10.03	1.51	6.63
38	盛泉恒元多策略量化对冲 1 号	12.97	2.00	6.49
39	新视野智能量化 1 号	3.78	0.59	6.44
40	泛涵康元 1 号	4.44	0.71	6.28
41	茁安稳健成长 2 号	20.57	3.31	6.23
42	积露资产量化对冲	28.98	5.07	5.72
43	翔云 50 量化	19.72	3.83	5.15
44	鹤骑鹰一粟	20.16	4.00	5.04
45	远澜红枫 1 号	28.74	5.71	5.03
46	上九点金 1 号	20.64	4.13	5.00
47	建泓绝对收益 1 号	92.12	18.58	4.96
48	平安吉象 A 期	29.45	6.02	4.90
49	远澜云杉 2 号	10.29	2.12	4.85
50	远澜雪松	9.94	2.06	4.83
51	利道永晟 1 号	38.34	7.97	4.81
52	致远稳健 1 号	12.07	2.51	4.81
53	祥驰投资桂雨 1 号	17.07	3.57	4.79
54	小虎进取 1 号	29.44	6.18	4.77
55	上海远澜硕桦 1 号	25.64	5.40	4.75
指标平均值		**21.97**	**2.62**	**17.27**

表 2-7 　　　近五年年化索丁诺比率排名在后 2% 的股票型私募基金：2018~2022 年

编号	基金名称	年化超额收益率（%）	年化超额收益率下行标准差（%）	年化索丁诺比率
1	瑞晟昌-双轮策略 1 号	-9.08	13.27	-0.68
2	游马地健康中国新三板	-6.68	9.65	-0.69
3	释捷投资阔叶林稳健成长	-8.20	11.65	-0.70
4	博弈天成 1 期	-13.74	19.45	-0.71
5	储泉恒星量化 1 号	-1.86	2.56	-0.72
6	浩航旗舰	-7.42	10.19	-0.73
7	藏泓财富 1 号	-10.97	15.02	-0.73
8	汇富资产汇富进取 1 号	-12.69	17.30	-0.73
9	默驰 5 号	-7.51	10.20	-0.74
10	睿信宏观对冲 4 号	-7.59	10.28	-0.74
11	盘通 1 号	-17.88	23.93	-0.75
12	波若稳健 2 期	-11.61	15.36	-0.76
13	乐桥尊享	-16.60	21.93	-0.76
14	金沣精选 2 号	-12.86	16.89	-0.76
15	大通道财道 2 号	-8.97	11.78	-0.76
16	潮金创投 4 号	-13.53	17.65	-0.77
17	胡杨 A 股消费	-30.37	39.60	-0.77
18	汇富进取 3 号	-9.22	11.95	-0.77
19	高正高合 1 号	-10.04	12.50	-0.80
20	东方港湾春风 1 号	-12.86	15.98	-0.80
21	源品鸿浩	-10.05	12.28	-0.82
22	汇祥 1 号（汇祥）	-12.59	15.30	-0.82
23	华辉价值星 26 号	-11.40	13.80	-0.83
24	安民 2 号	-9.67	11.71	-0.83
25	和聚建享	-6.46	7.76	-0.83
26	金色港湾 1 期	-15.59	18.22	-0.86
27	小牛鸿志 6 号	-20.00	23.30	-0.86
28	汇富进取 2 号	-15.05	17.49	-0.86

编号	基金名称	年化超额收益率（%）	年化超额收益率下行标准差（%）	年化索丁诺比率
29	私募工场睿磊稳健	−24.44	27.60	−0.89
30	映雪霜雪 1 期	−20.35	22.97	−0.89
31	身安道隆 100	−18.74	20.66	−0.91
32	高合 2 号	−11.79	12.76	−0.92
33	扬帆 19 号	−8.85	9.51	−0.93
34	兴富恒升 6 号	−14.96	15.95	−0.94
35	中金银海凤凰 2 号	−17.42	18.48	−0.94
36	汇富量化 1 号	−20.26	21.35	−0.95
37	东源嘉盈 1 号	−10.74	11.18	−0.96
38	宝时专户 4 号-朝暮永续	−13.05	13.27	−0.98
39	新里程藏宝图京都 1 号	−24.26	24.10	−1.01
40	正弘旗胜	−16.15	15.97	−1.01
41	宏珠万德 1 期	−7.95	7.71	−1.03
42	德昇金融	−36.82	34.54	−1.07
43	高合 1 号	−16.36	15.34	−1.07
44	新点汇富稳健 1 号	−31.26	27.71	−1.13
45	汇阳勇瑞 1 号	−19.05	16.62	−1.15
46	天裕成长 2 号	−24.35	21.08	−1.16
47	明境进取	−18.06	15.51	−1.17
48	汇富资产-汇富精选 1 号	−23.46	19.27	−1.22
49	映雪霜雪 2 期	−22.80	18.43	−1.24
50	磐海大周期 2 号	−34.51	26.82	−1.29
51	中汇金凯 5 期	−15.71	12.14	−1.30
52	道勤 1 号	−19.39	14.81	−1.31
53	福珍 2 号	−16.96	12.57	−1.35
54	大明投资凯盛	−20.03	13.72	−1.46
55	天宝 2 期	−27.11	18.22	−1.49
	指标平均值	**−15.73**	**16.64**	**−0.93**

此外，我们也可以通过表 2-6 的数据看出，不同的基金获得较高年化索丁诺比率的原因各不相同。例如，"展弘稳进 1 号"基金的年化超额收益率（9.39%）并不是最高的，但其年化超额收益率下行标准差仅为 0.08%，所以它凭借着高超的下行风险管理能力获得了最高的年化索丁诺比率，并且在之前年化夏普比率的比较中，该基金的年化夏普比率（5.21）居样本范围内第 1 名，说明这只基金的基金经理确实拥有非常出色的风险（全风险和下行风险）把控能力。还有另外一些基金则是凭借着可观的超额收益表现得以榜上有名，其中包括"匠心全天候"和"谷春 1 号"基金，它们的年化超额收益率分别为 100.81% 和 78.63%，而它们的年化下行标准差相对较高，分别为 10.51% 和 7.68%。

在分析了年化索丁诺比率排名在前 2%（55 只）的股票型私募基金的情况之后，我们再来看排名在后 2% 的基金的具体数据。表 2-7 列出了 2018~2022 年按照年化索丁诺比率排名在后 2% 的股票型私募基金。从中我们可以发现，后 2% 基金年化超额收益率下行标准差的平均值为 16.64%，如果用万得全 A 指数作为比较基准的话，取其近五年的索丁诺比率（0.14），假设指数的下行风险（年化下行标准差）与后 2% 基金的平均年化下行标准差（16.64%）一致，那么它的年化超额收益率为 2.35%（16.64%×0.14）。在年化索丁诺比率排名在后 2% 的基金中，年化超额收益率最大的基金为"储泉恒星量化 1 号"基金，其超额收益率为 -1.86%，显然低于以全 A 指数的索丁诺比率和后 2% 基金的平均年化下行标准差计算的年化超额收益率（2.35%）。

从表 2-7 可以看出，当年化超额收益率为负时，年化索丁诺比率的变动方向与超额收益率的变动方向一致。我们还发现，这些基金产生如此糟糕的年化索丁诺比率的原因各不相同。有些是因为年化超额收益率过低，如"德昇金融"和"磐海大周期 2 号"基金，它们的年化超额收益率分别为 -36.82% 和 -34.51%；有些则是因为在年化超额收益率为负的情况下风险保持在较低的水平，虽然风险较低对于获得正的年化超额收益的基金业绩会产生积极的影响，但对负收益的基金而言不是一个良好的信号，如"储泉恒星量化 1 号"、"宏珠万德 1 期"和"和聚建享"基金，它们的下行标准差分别为 2.56%、7.71% 和 7.76%，但由于索丁诺比率衡量的是单位下行风险下的收益率，并不是简单地对超额收益率和下行风险分开进行判断再给出结果，而是综合考虑了两者的关系，所以这两只基金在承担相同程度的下行风险时，将会比其他基金损失的价值更多。

通过上述分析可知，在五年样本（2018~2022 年）中，当考虑的风险因素变为下行风险时，索丁诺比率表现最优秀（前 2%）的股票型私募基金，可以在与大盘指数相同的下行风险水平下获得更高的超额收益，而索丁诺比率表现最差（后 2%）的私募基金的超额收益往往远逊于大盘指数。同时，索丁诺比率表现最优秀（前 2%）的股票型私募基金的超额收益均值要比表现最差（后 2%）的私募基金的超额收益均值高出近 38 个百分点，而最优秀（前 2%）的股票型私募基金下行风险均值却比最差（后 2%）的股票型私募基金的下行风险均值低了 14 个百分点，这说明相较于索丁诺比率表现最差（后 2%）的股票型私募基金，最优秀（前 2%）的股票型私募基金不但可以获得更高的超额收益，还可以将下行风险控制在较低水平。我们采用三年样本（2020~2022 年）进行分析，所得结论与采用五年样本（2018~2022 年）所得结论一致，不再赘述。

（三）收益—最大回撤比率

回撤是指在某一段时期内基金净值从高点开始回落到低点的幅度。最大回撤率是指在选定周期内的任一历史时点往后推，基金净值走到最低点时的收益率回撤幅度的最大值，它用来衡量一段时期内基金净值的最大损失，是下行风险的最大值。因此，对于私募基金而言，最大回撤率是一个重要的风险指标。由于我们对私募基金的研究是基于月度单位的，因此采用离散型公式。[1] 离散型最大回撤率的定义为，如果 $X(t)$ 是一个在 $[t_1, t_2, \cdots, t_n]$ 上基金净值的月度时间序列，那么在 t_n 时刻该基金的最大回撤率 $DR(t_n)$ 的公式为：

$$DR(t_n) = \max_{s>t; s, t \in t_1, t_2, \cdots, t_n} \left(\frac{X(s) - X(t)}{X(t)}, 0 \right) \tag{2.5}$$

最大回撤率可以很好地揭示基金在历史上表现不好的时期净值回撤的最大幅度。通过计算最大回撤率，投资者可以了解基金过去一段时期内净值的最大跌幅，因此这一指标在近些年越来越受到私募基金投资者和基金经理们的重视。但仅仅考虑最大回撤率是不够的，当基金的收益率很低时，即使最大回撤率非常小，也难以被评价为优秀的基金。这一问题可以通过计算私募基金的收益率与最大回撤率的比率来解决，公式如下：

$$CR/DR_Y = \frac{Cumulative\ Return}{DR_Y} \tag{2.6}$$

其中，DR_Y 表示在计算一只基金累计收益率的时间段内，该基金净值的最大回撤率；CR 表示基金的累计收益率。收益—最大回撤比率包含对下行风险的衡量。在投资时，投资者往往担心资产出现大幅缩水，无法控制最大损失。收益—最大回撤比率指标越高，说明基金在承受较大下行风险的同时，可以获得较高的回报。以下我们所汇报的均为累计收益—最大回撤比率的分析结果。

图 2-25 展示了近三年（2020~2022 年）和近五年（2018~2022 年）股票型私

---

[1] 本研究以基金月度净值数据为基础，故而最大回撤的结果仅代表以月度为频率来考察的情况，如果用更细分的频率来分析（如日度），结果可能存在微小的差异。

募基金与万得全 A 指数的收益—最大回撤比率的比较结果。如图 2-25 所示，近三年股票型私募基金的收益—最大回撤比率为 4.88，如果股票型私募基金平均最大回撤为 10% 的话，那么私募基金的累计年化收益为 48.8%，近三年万得全 A 指数的收益—最大回撤比率仅为 0.50。从近三年收益—最大回撤比率的比较来看，股票型私募基金在很大程度上超越了万得全 A 指数，说明相较于大盘指数，短期内股票型私募基金在承受较大下行风险的同时，可以获得更高的回报。从近五年收益—最大回撤比率的比较结果来看，股票型私募基金的收益—最大回撤比率（5.80）是万得全 A 指数的收益—最大回撤比率（0.22）的 26.5 倍，可见从中长期来看，私募基金的表现也强于指数。综上所述，在控制单位最大下行风险获利的能力上，无论是过去三年（2020~2022 年）还是过去五年（2018~2022 年），股票型私募基金的整体表现都远远强于指数。

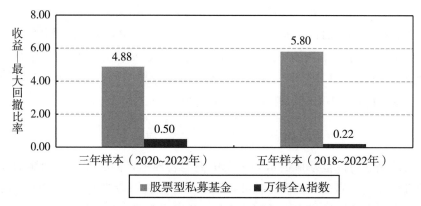

图 2-25 近三年（2020~2022 年）和近五年（2018~2022 年）股票型私募基金与万得全 A 指数的收益—最大回撤比率

我们继续对股票型私募基金和大盘指数的收益—最大回撤比率进行更深入的分析。图 2-26 是 2018~2022 年股票型私募基金收益—最大回撤比率分组分布的直方图。我们将这些基金的收益—最大回撤比率均分为 10 组展示。可以看出，与同样关注下行风险的年化索丁诺比率的分布相比，私募基金的收益—最大回撤比率的分布并未呈现标准的正态分布，有较大比例的私募基金收益—最大回撤比率分布在 [0, 1.5)。统计得到股票型私募基金收益—最大回撤比率的最大值为 2 189.29，最小值为 -1.00，中位数为 1.35，平均数是 5.80。不难看出，股票型私募基金收益—最大回撤比率的两极差异非常显著。我们还发现，由于部分基金的收益—最大回撤比率异常高（见表 2-8），使得股票型私募基金整体的收益—最大回撤比率的均值为 5.80，远高于中位数 1.35。有 74% 的私募基金的收益—最大回撤比率跑赢了万得全 A 指数的收益—最大回撤比率（0.22）。因此，从单位最大回撤风险的收益能力上看，多数股票型私募基金超越了大盘指数。

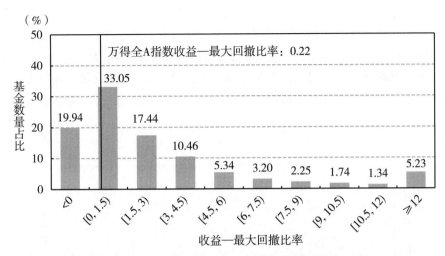

图2-26 股票型私募基金近五年收益—最大回撤比率分布直方图：2018~2022年

图2-27展示了2018~2022年股票型私募基金的收益—最大回撤比率从高到低的排列，水平线代表万得全A指数的收益—最大回撤比率（0.22）。[①] 有2 036只（74.0%）股票型私募基金的收益—最大回撤比率超过万得全A指数（0.22），该比率略低于之前夏普比率（78.2%）以及索丁诺比率（78.1%）的对比结果。从收益—最大回撤比率来看，股票型私募基金的整体表现优于大盘指数的表现。我们还观察到，股票型私募基金的收益—最大回撤比率主要集中分布于区间［-1.0，4.5）内（占比80.9%），但由于有少部分私募基金的收益—最大回撤比率异常高，导致私募基金的收益—最大回撤比率的两极差异显著。

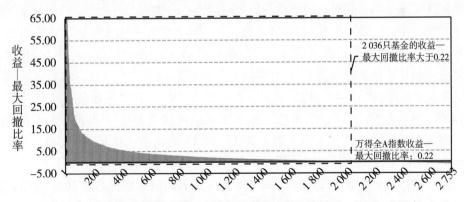

图2-27 股票型私募基金近五年收益—最大回撤比率排列：2018~2022年

---

① 为了图2-27的整体展示效果，没有包括18只收益—最大回撤比率大于65.00的私募基金。这18只基金的收益—最大回撤比率展示在表2-8中。

图 2-28 展示了 2018~2022 年股票型私募基金收益—最大回撤比率的散点分布情况，横坐标代表基金的最大回撤率，纵坐标代表私募基金的累计收益率。[①] 每只基金的收益—最大回撤比率为从原点到坐标点的斜率，斜率越大，代表该基金的收益—最大回撤比率越大，最大斜率为 2 189.29，最小斜率为－1.00。不难看出，私募基金间的累计收益率和最大回撤率差异很大，私募基金的收益—最大回撤比率的分布相对分散。

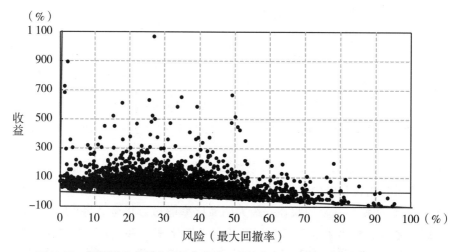

图 2-28 股票型私募基金近五年收益—最大回撤比率散点图：2018~2022 年

图 2-29（a）展示了五年样本（2018~2022 年）中收益—最大回撤比率排名前 10 位的股票型私募基金，纵轴代表基金的收益率，横轴代表基金的最大回撤率，图中标注了基金名称和对应的收益—最大回撤比率的数值。与之前分析年化索丁诺比率的情况类似，我们发现前 10 名基金获得优异的收益—最大回撤比率的原因各不相同。例如，"展弘稳进 1 号"和"复熙恒赢 11 号"基金凭借着小于 0.3% 的最大回撤率获得了较高的收益—最大回撤比率（1972.29 和 307.63），然而这两只基金的年化收益率（11.44% 和 12.36%）相对图 2-29（a）中其他基金而言并不是最高的。相比之下，"匠心全天候"和"建泓绝对收益 1 号"基金则凭借着超过 5 000% 累计收益率，获得了高于 217.20 和 154.11 的收益—最大回撤比率，说明使其榜上有名的主要原因是其出色的盈利能力。

图 2-29（b）显示了 2018~2022 年收益—最大回撤比率排名后 10 位的股票型私募基金的分布情况，纵轴代表基金的收益率，横轴代表基金的最大回撤率，图中标注了基金名称和对应的收益—最大回撤比率的数值。这些基金的收益—最大回撤比率的分布并不集中，位于后 10 名的原因也并不一样。例如，"磐海大周期 2 号"

---

① 为了图 2-28 的整体展示效果，隐藏了 5 只累计收益率大于 1 100% 的私募基金。

基金的收益—最大回撤比率为（–1.00），最大回撤风险达到88.01%，累计收益率（–88.01%）也是最差的，那么决定其收益—最大回撤比率最重要的原因是什么呢？回顾之前我们在分析索丁诺比率时的讨论，当收益为负的时候，风险越大的基金，其收益—最大回撤比率反而越大。所以，"磐海大周期2号"基金收益—最大回撤比率如此低的重要原因是其收益率低，而这与最大回撤率常常又是相关的，因为当基金净值跌去88%以上之后，要把净值再提升回来是非常困难的。因此，我们发现，往往那些收益率越差且最大回撤率越高的基金，所对应的收益—最大回撤比率也越差。

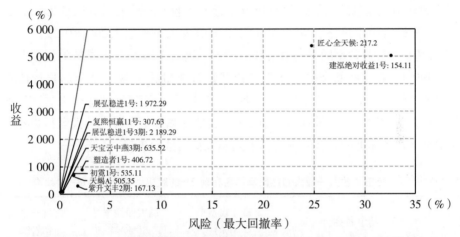

图2-29（a）　股票型私募基金近五年收益—最大回撤比率散点图（前10名）：
2018~2022年

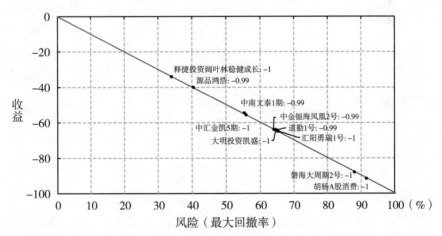

图2-29（b）　股票型私募基金近五年收益—最大回撤比率散点图（后10名）：
2018~2022年

　　为了让读者更清晰地了解收益—最大回撤比率表现优秀的基金和表现不好的基金与大盘指数的差异，我们将近五年（2018~2022 年）按照收益—最大回撤比率排名在前 2% 和后 2% 的基金单独挑出，并列出相应数据，如表 2-8 和表 2-9 所示。[①] 当考虑的风险因素变为最大回撤率时，在相同的最大回撤率水平下，表现优秀的私募基金与万得全 A 指数相比孰好孰坏？为了回答这一问题，我们在表 2-8 中展示了 2018~2022 年股票型私募基金收益—最大回撤比率排名在前 2%（55 只）的基金及相关指标。可以看到，这些基金累计收益率的平均值为 528.82%，最大回撤率的平均值为 7.26%，收益—最大回撤比率的平均值为 169.37。如果用万得全 A 指数作为比较基准的话，我们知道其近五年收益—最大回撤比率为 0.22，在 7.26% 的下行风险水平下，它的累计收益率应为 1.59%（7.26%×0.22）。可见，这 55 只基金累计收益率的平均值（528.82）远高于万得全 A 指数的假设收益水平（1.59%）。在这些基金中，虽然"新视野智能量化 1 号"基金的累计收益率（29.94）最小，但仍远高于指数的假设收益水平（1.59%）。综合来看，近五年收益—最大回撤比率表现最好的（前 2%）股票型私募基金，在与大盘指数相同的风险水平下，整体上的收益表现超越了同期大盘指数的表现。

表 2-8　　　近五年收益—最大回撤比率排名在前 2% 的股票型基金：2018~2022 年

编号	基金名称	累计收益率（%）	最大回撤率（%）	收益—最大回撤比率
1	展弘稳进 1 号 3 期	71.84	0.03	2 189.29
2	展弘稳进 1 号	71.84	0.04	1 972.29
3	天宝云中燕 3 期	105.36	0.17	635.52
4	初霓 1 号	726.39	1.36	535.11
5	天蝎 A	681.52	1.35	505.35
6	塑造者 1 号	893.49	2.20	406.72
7	复熙恒赢 11 号	79.08	0.26	307.63
8	匠心全天候	5 383.49	24.79	217.20
9	紫升文丰 2 期	294.31	1.76	167.13
10	建泓绝对收益 1 号	5 025.24	32.61	154.11
11	谷春 1 号	3 408.19	25.29	134.77
12	财掌柜持股宝 8 号	357.69	2.97	120.54
13	濡圣投资-如松 1 号	186.33	1.96	95.29

---

① 因为本书篇幅有限，这里只展示前 2% 和后 2% 基金的累计收益率和最大回撤率。

编号	基金名称	累计收益率 （%）	最大回撤率 （%）	收益—最大 回撤比率
14	赛硕稳利 1 号	107.09	1.13	94.86
15	福瑞福元 1 号	46.42	0.50	93.39
16	熠道丰盈 1 号	304.38	3.60	84.55
17	白鹭 FOF 演武场 1 号	74.82	0.93	80.75
18	铸锋天照 1 号	111.08	1.44	77.39
19	盛泉恒元多策略市场中性 3 号	118.31	1.89	62.48
20	盛泉恒元多策略量化对冲 2 号	122.96	2.05	60.01
21	泰亚 2 期	151.89	2.57	59.06
22	高致龙程 1 号	61.76	1.08	57.30
23	建泓时代绝对收益 2 号	1 898.70	33.41	56.83
24	子午达芬奇 1 号	115.47	2.16	53.52
25	博弈树量化 1 号	151.70	3.15	48.21
26	恒健远志量化对冲 1 期	219.21	4.62	47.45
27	正瀛权智 2 号	93.58	2.00	46.72
28	金锝建业 1 号	62.03	1.36	45.50
29	新视野智能量化 1 号	29.94	0.67	44.88
30	金锝 5 号	73.52	1.74	42.36
31	鹤骑鹰一粟	184.04	4.54	40.59
32	积露资产量化对冲	319.70	7.99	40.00
33	量磁群英 1 号	1 067.21	27.07	39.43
34	正圆 1 号	1 407.66	37.92	37.12
35	淘利趋势套利 7 号 A	91.43	2.51	36.37
36	磐厚蔚然-禾天下 5 号	451.46	12.84	35.17
37	天宝云中燕 4 期	75.49	2.20	34.38
38	绰瑞凤凰山	197.19	5.76	34.23
39	同德量化 1 号	610.35	17.94	34.03
40	远澜红枫 1 号	296.79	8.72	34.03
41	利道永晟 1 号	521.59	15.34	34.01

编号	基金名称	累计收益率（%）	最大回撤率（%）	收益—最大回撤比率
42	众壹资产稳健套利 1 号	97.01	2.86	33.89
43	信安稳盈宝 2 期	44.33	1.34	33.17
44	龙旗巨星 1 号	371.12	11.52	32.22
45	盛泉恒元多策略量化对冲 1 号	103.58	3.26	31.82
46	艾方全天候 2 号	75.28	2.37	31.78
47	泛涵康元 1 号	34.18	1.12	30.66
48	金锝 6 号	65.48	2.21	29.69
49	翔云 50 量化	179.68	6.07	29.59
50	小虎进取 1 号	322.95	10.94	29.51
51	上海远澜硕桦 1 号	257.83	8.79	29.32
52	锦瑞恒-梦想 1 号	451.70	15.69	28.79
53	紫升文丰量化	268.14	9.89	27.11
54	熠道稳赢 1 号	258.01	9.68	26.65
55	平安吉象 A 期	305.50	11.96	25.55
指标平均值		**528.82**	**7.26**	**169.37**

表 2-9　　近五年收益—最大回撤比率排名在后 2% 的股票型基金：2018~2022 年

编号	基金名称	累计收益率（%）	最大回撤率（%）	收益—最大回撤比率
1	身安道隆 100	-68.89	81.03	-0.85
2	博弈天成 1 期	-59.55	68.97	-0.86
3	默驰 5 号	-31.26	36.25	-0.86
4	鲲鹏 69 号国盛西湖 2-7 号	-33.82	39.14	-0.86
5	和聚建享	-24.66	28.53	-0.86
6	安民 2 号	-36.74	42.70	-0.86
7	鹏万 1 号	-33.87	38.79	-0.87
8	小牛鸿志 1 号	-59.44	68.12	-0.87
9	金色港湾 1 期	-61.80	70.67	-0.87
10	高合 2 号	-46.67	53.55	-0.87

续表

编号	基金名称	累计收益率（%）	最大回撤率（%）	收益—最大回撤比率
11	高合1号	−59.51	68.23	−0.87
12	上海老渔民家欣1号	−57.23	64.93	−0.88
13	聚鑫33号	−39.90	45.33	−0.88
14	盘通1号	−68.97	78.00	−0.88
15	中南十年教育成长	−57.05	64.14	−0.89
16	汇祥1号（汇祥）	−47.51	53.09	−0.89
17	深乾凌凌九进取	−46.27	51.10	−0.91
18	聚睿1号	−49.49	54.29	−0.91
19	瑞晟昌-双轮策略1号	−42.42	46.11	−0.92
20	波若稳健2期	−45.99	49.82	−0.92
21	扬帆19号	−32.55	35.36	−0.92
22	美石2号	−64.23	69.14	−0.93
23	康元1期	−55.28	59.55	−0.93
24	优牛稳健成长3号	−83.38	89.68	−0.93
25	汇富资产-汇富精选1号	−72.98	78.22	−0.93
26	天辰稳健1号	−53.56	56.90	−0.94
27	天裕成长2号	−74.88	79.42	−0.94
28	宝时正气3期	−67.72	71.14	−0.95
29	宝时专户4号-朝暮永续	−49.35	52.16	−0.95
30	新里程藏宝图京都1号	−76.54	80.43	−0.95
31	新点汇富稳健1号	−84.89	89.73	−0.95
32	唐奇唐雅1号	−91.32	94.81	−0.96
33	润在车厘子1号	−55.71	58.08	−0.96
34	正弘旗胜	−58.57	61.04	−0.96
35	私募工场睿磊稳健	−77.42	80.49	−0.96
36	映雪霜雪1期	−68.21	71.13	−0.96
37	乐桥尊享	−66.28	68.67	−0.97
38	金沣精选2号	−52.53	54.18	−0.97
39	汇富量化1号	−70.08	72.58	−0.97

续表

编号	基金名称	累计收益率（％）	最大回撤率（％）	收益—最大回撤比率
40	兴富恒升 6 号	−55.20	57.16	−0.97
41	明境进取	−63.51	65.53	−0.97
42	小牛鸿志 6 号	−68.80	70.74	−0.97
43	德昇金融	−91.66	94.89	−0.97
44	天宝 2 期	−76.86	78.74	−0.98
45	映雪霜雪 2 期	−69.93	71.31	−0.98
46	中南文泰 1 期	−54.62	55.35	−0.99
47	源品鸿浩	−40.04	40.46	−0.99
48	中金银海凤凰 2 号	−63.96	64.54	−0.99
49	道勤 1 号	−64.37	65.20	−0.99
50	释捷投资阔叶林稳健成长	−33.99	33.99	−1.00
51	胡杨 A 股消费	−91.61	91.61	−1.00
52	中汇金凯 5 期	−55.69	55.87	−1.00
53	汇阳勇瑞 1 号	−63.93	64.06	−1.00
54	磐海大周期 2 号	−88.01	88.01	−1.00
55	大明投资凯盛	−64.96	65.21	−1.00
指标平均值		**−59.52**	**63.42**	**−0.93**

由于收益—最大回撤比率是一个综合了绝对收益率和最大回撤率考量的指标，不同基金的这两个参数对收益—最大回撤比率的形成所贡献的程度也不一样。在这些基金中，一部分基金的收益率很高而其最大回撤率很小，使得其收益—最大回撤比率表现很好，如"新视野智能量化 1 号"基金的收益率最低，为 29.94％，但其最大回撤率仅为 0.67％；另一部分基金则是由于收益率较高而最大回撤率相对较低使其收益—最大回撤比率榜上有名，如"匠心全天候"基金累计收益率高达5 383.49％，而最大回撤率为 24.79％，较高的收益—最大回撤比率得益于其超强的盈利能力。

在相同的风险水平下（最大回撤率相同的情况下），收益—最大回撤比率表现较差的私募基金与万得全 A 指数相比是否也存在一些差距呢？若有，这一差距会是多大？为了回答这些问题，我们选择 2018～2022 年按照收益—最大回撤比率排名在后 2％（55 只）的基金，与万得全 A 指数的收益进行比较分析。表 2-9 展示了 2018~2022 年按照收益—最大回撤比率排名在后 2% 的私募基金。据表 2-9 可知，这些基金累计收益率的平均值为 -59.52%，最大回撤比率的平均值为 63.42%，收益—最大回撤比率的平均值为 -0.93。如果用万得全 A 指数作为比较基准的话，我们知道大盘指数近五年收益—最大回撤比率为 0.22，在 63.42% 的下行风险水平下，大盘指数的收益率应为 13.89%（63.42%×0.22）。从表 2-9 中数据可以看出，在这些基金中，没有一只基金的收益率大于零，而这些基金的平均收益率为 -59.52%，更是远远低于指数的假设收益水平（13.89%）。再者，这些股票型私募基金的收益—最大回撤比率的平均值为 -0.93，同样远小于指数的收益—最大回撤比率（0.22）。可见，在相同的下行风险水平（最大回撤）下，收益—最大回撤比率表现较差（后 2%）的股票型私募基金在整体上的表现远不如大盘指数。

通过上述分析可知，在五年样本（2018~2022 年）中，当考虑的风险因素变为下行风险时，收益—最大回撤比率表现最优秀（前 2%）的股票型私募基金可以在与大盘指数相同的下行风险水平下获得更高的收益，而表现最差（后 2%）的私募基金在与大盘指数相同的下行风险水平下只能获得很低的收益。同时，收益—最大回撤比率表现最优秀（前 2%）的股票型私募基金的累计收益均值要比表现最差（后 2%）的私募基金的累计收益均值高出 588 个百分点，而最优秀（前 2%）的股票型私募基金下行风险均值却比最差（后 2%）的股票型私募基金的下行风险均值低了 56 个百分点，这说明与表现最差（后 2%）的股票型私募基金相比，收益—最大回撤比率表现最优秀（前 2%）的股票型私募基金不仅可以获得更高的收益，而且能将最大回撤控制在较低的水平。我们采用三年样本（2020~2022 年）进行分析，所得结论与使用五年样本（2018~2022 年）的结论一致，不再赘述。

三、四个收益指标的相关性分析

在对股票型私募基金和大盘指数的业绩按照各种收益指标进行了充分的对比分析之后，我们需要思考这样的问题，即在评价私募基金的业绩时，哪一个收益指标更为恰当？本部分将通过分析收益率、夏普比率、索丁诺比率、收益—最大回撤比率之间的关系，选出一个既能普遍代表各指标的分析效果（相关系数较高），又符合股票型私募基金管理风格的指标，作为私募基金业绩的度量。我们对 2008~2022 年中每五年的股票型私募基金四个收益指标的相关性进行分析，要求每只基金在各样本区间内都有完整的历史净值数据。

表 2-10 展示了 2008~2022 年中每五年股票型私募基金的四个收益指标间的相关性系数。研究结果显示，收益率与三个风险调整后收益指标（夏普比率、索丁诺比率、收益—最大回撤比率）的相关性存在一定差异，各时期指标间的相关系

数也不稳定。例如，在 2010~2014 年这一周期内，收益率与夏普比率、索丁诺比率、收益—最大回撤比率的相关性分别为 92%、87%、81%，这三个相关系数差异不大，但在 2018~2022 年这一周期内三个相关系数（74%、31%、8%）差异巨大；又如，在 2016~2020 年这一周期内，收益率与索丁诺比率的相关性为 66%，而在 2017~2021 年这一周期内的相关性变为 28%，相邻两段时期的相关性系数差异较大。总体来看，收益率和收益—最大回撤比率的相关性相对较低，收益率和索丁诺比率、夏普比率的相关性相对较高；多数周期内，收益率和夏普比率的相关性要普遍高于收益率和索丁诺比率的相关性。接下来，我们对三个风险调整后收益指标间的相关性进行分析，研究结果显示，夏普比率和收益—最大回撤比率的相关性最低，而索丁诺比率与收益/最大回撤比率的相关性相对较高。

表 2-10　　每五年中股票型基金的四个收益指标的相关性：2008~2022 年　　单位：%

时期	收益率与夏普比率	收益率与索丁诺比率	收益率与收益—最大回撤比率	夏普比率与索丁诺比率	夏普比率与收益—最大回撤比率	索丁诺比率与收益—最大回撤比率
2008~2012	90	89	74	98	81	88
2009~2013	96	92	74	96	83	90
2010~2014	92	87	81	95	86	93
2011~2015	89	86	71	96	87	92
2012~2016	85	81	72	91	80	94
2013~2017	85	77	67	86	78	93
2014~2018	86	74	56	88	78	90
2015~2019	87	55	39	74	61	90
2016~2020	82	66	49	88	74	92
2017~2021	73	28	21	52	44	99
2018~2022	74	31	8	64	38	85

整体而言，首先，虽然收益率与风险调整后收益指标间的相关性较高，但单独使用收益率指标会缺少对私募基金风险的衡量，而风险调整后的收益指标考虑了对风险的度量，能够更好地反映出私募基金的真实业绩。因此，我们认为选择风险调整后收益指标作为评估基金业绩的指标较为合适。其次，在对风险调整后收益指标进行选取时，虽然不同时期内三者的相关性出现一定差异，但可以看到采用索丁诺比率和收益—最大回撤比率所得到的结论相差不大。同时，作为考虑下行风险的指标，收益—最大回撤比率更加直观、有区分度，也比考虑总风险的夏普比率更为谨慎，在

实际应用中也更加符合私募基金投资者关注的"清盘线"的现实情况。因此，我们建议首选收益—最大回撤比率作为评价私募基金业绩的风险调整后收益指标。

四、小结

对于追求绝对收益的私募基金投资者而言，应如何判断私募基金业绩的高低？易于获取的大盘指数收益信息往往被用作与私募基金业绩比较的基准。那么我国的私募基金行业能否战胜大盘指数呢？如果能够战胜大盘指数，那么私募基金是否能够超越公募基金的业绩？为了回答上述问题，我们从收益率和风险调整后收益两个角度分别对股票型私募基金、万得全 A 指数、股票型公募基金进行深入分析。

首先，在进行收益率比较时，我们将股票型私募基金、股票型公募基金和万得全 A 指数的收益率分别进行年度和某段时期对比。结果显示，在 2008～2022 年的 15 年里，有 10 个年份股票型私募基金的收益超过万得全 A 指数的收益，具体为 2008 年、2010 年、2011 年、2013 年、2016～2018 年、2020～2022 年。但股票型私募基金的收益与公募基金相比则互有高低。并且，在多数年份中，私募基金的波动率低于大盘指数和公募基金的波动率，说明私募基金具有更加优秀的风险掌控能力。在此期间，股票型私募基金和股票型公募基金的累计收益率分别为 190% 和 130%，万得全 A 指数的累计收益率仅为 25%，说明在不考虑风险因素的情况下，与大盘指数相比，长期投资私募基金将会获得更高的回报。

其次，从风险调整后收益的角度出发，在考虑风险因素的情况下，我们分别对过去三年（2020～2022 年）和过去五年（2018～2022 年）的股票型私募基金、股票型公募基金和万得全 A 指数的风险调整后收益进行比较，综合评估股票型私募基金的表现。研究结果显示，从夏普比率的分析结果来看，在相同的风险水平下，在三年期和五年期的时间中，股票型私募基金的收益表现都仅略弱于公募基金，但都优于大盘指数。从只考虑下行风险的索丁诺比率的分析结果来看，在相同的下行风险水平下，在三年期和五年期的时间中，股票型私募基金的收益都显著好于公募基金和大盘指数。从收益—最大回撤比率的分析结果来看，不管是三年样本还是五年样本，在相同的回撤水平下，股票型私募基金能够取得远高于大盘指数的风险调整后收益。由此可见，相对来说，私募基金在长期具有较强的盈利能力。

最后，我们对比分析基金的收益率、夏普比率、索丁诺比率以及收益—最大回撤比率间的关系。研究结果显示，收益—最大回撤比率与其他指标间的相关性都较高，能够普遍代表各指标的分析效果，符合股票型私募基金的管理风格，能够直观地反映私募基金的业绩。因此，我们认为采用收益—最大回撤比率来评估私募基金的业绩较为恰当。

私募基金经理是否具有选股能力与择时能力

一般认为，公募和私募基金为投资者获取超额收益的能力主要体现在两个维度——选股和择时。那么，基金经理是否有不同于常人的、稳定而持续的选股与择时能力？如果他们具备能辨别价值被低估的股票的能力，或具备精确地预判市场走向的能力，那么这样的能力在不同的市场环境下或在其不同的从业阶段，是否有所差异？一个有趣的现象是，许多公募基金经理转战私募基金后，他们所管理的私募基金的投资业绩辉煌不再。那么，到底是什么发生了改变，为何他们的选股能力或择时能力在进入私募行业后下降了？王海雄曾经是一位明星级的公募基金经理，在掌管公募基金时投资业绩出众。王海雄从 2010 年 12 月加入华夏基金管理公司，到 2015 年 2 月"奔私"，仅 4 年多的时间内，从管理 1 只公募基金到同时管理 4 只公募基金，管理的基金规模也从 20 亿元达到 280 亿元之巨，期间曾荣获金牛基金经理奖，显示出他具有获得超额收益的能力。但当他转战私募基金后却业绩平平，2015 年单年旗下的 7 只私募基金中有 6 只净值跌至提前清盘，其中，"百毅长青 1 号"基金在 6 个月的寿命中净值跌幅达 13%，"百毅雄鹰 1 号 A"基金在 6 个月的寿命中净值跌幅达 33%。类似的基金经理还有很多。

截至 2022 年 12 月底，我们从万得数据库收集的数据显示，我国有超过 16.8 万只私募基金。随着私募基金品种的丰富、数量的增加，其业绩表现也就成为广大投资者关心的首要问题，如何评价私募基金产品的业绩表现、评估私募基金经理的投资能力显得愈发重要。尽管目前我国私募基金的类型和策略有很多种，但是最引人关注的私募基金仍是主动管理的股票型私募基金，因此选股能力和择时能力在评价私募基金的业绩表现时占据了绝对重要的地位。在众多私募基金产品中，部分基金很有可能只是因为运气而跑赢大盘，而不是由于基金经理真正具有能力。那么，中国有多少私募基金经理具有选股能力和择时能力呢？这些业绩优秀的基金经理的投资能力是来自他们自身的能力，还是来自运气？

本章从选股能力和择时能力两个方面，对我国主动管理的股票型私募基金进行研究，力图剖析基金的业绩与基金经理的选股择时能力间的关系。本章的研究，一方面可以为那些有意向投资于私募基金的机构投资者和高净值群体提供有价值的投资参考，另一方面也可以对进一步完善目前学术界对私募基金这一资本市场重要领域的研究作出贡献。

本章采用 Treynor-Mazuy 四因子模型，对我国非结构化的股票型私募基金，从2016 年 1 月至 2022 年 12 月的月度收益数据进行了选股能力和择时能力两个方面的实证研究。我们的研究结果显示，在 2018~2022 年的五年样本期内，在 2 753 只具有五年完整数据的股票型私募基金样本中，有 786 只基金（占比 29%）的经理具有显著的选股能力，经自助法检验，我们发现这 786 只基金中，有 533 只基金（占2 753 只基金的 19%）的基金经理是靠自身能力取得了优秀的业绩，其他基金经理所表现出来的选股能力是运气因素造成的。我们还发现，几乎没有基金经理具有显著的择时能力。总体来看，2018~2022 年，在我国股票型私募基金经理中，有近三成的基金经理表现出选股能力，几乎没有基金经理展示出择时能力。

本章内容主要分为四个部分。第一部分，利用 Treynor-Mazuy 模型考察哪些基金经理具有选股能力；第二部分，利用 Treynor-Mazuy 模型探讨哪些基金经理具有择时能力；第三、第四部分在上述两部分回归结果的基础上，对不同样本区间内的股票型基金的选股择时能力进行稳健性检验，运用自助法验证那些显示出显著选股或择时能力的基金经理，其业绩是来自他们的能力还是来自他们的运气。

一、回归模型及样本

在 Fama-French 三因子模型（1992）基础上，Carhart（1997）在模型中加入一年期收益的动量因子，构建出四因子模型。Carhart 四因子模型综合考虑了系统风险、账面市值比、市值规模和动量因素对投资组合业绩的影响，因其强大的解释力而得到国内外基金业界的广泛认可。例如，Cao、Simin 和 Wang（2013）等在分析相关问题时就使用了该模型。Carhart 四因子模型如下：

$$R_{i,t}-R_{f,t}=\alpha_i+\beta_{i,mkt}\times(R_{mkt,t}-R_{f,t})+\beta_{i,smb}\times SMB_t+\beta_{i,hml}\times HML_t$$
$$+\beta_{i,mom}\times MOM_t+\varepsilon_{i,t} \tag{3.1}$$

其中，i 指第 i 只基金，$R_{i,t}-R_{f,t}$ 为 t 月基金 i 的超额收益率；$R_{mkt,t}-R_{f,t}$ 为 t 月大盘指数（万得全 A 指数）的超额收益率；$R_{f,t}$ 为 t 月无风险收益率；SMB_t 为规模因子，代表小盘股与大盘股之间的溢价，为 t 月小公司的收益率与大公司的收益率之差；HML_t 为价值因子，代表价值股与成长股之间的溢价，为 t 月价值股（高账面市值比公司）与成长股（低账面市值比公司）收益率之差；MOM_t 为动量因子，代表过去一年内收益率最高的股票与最低的股票之间的溢价，为过去一年

（$t-1$ 个月到 $t-11$ 个月）收益率最高的 30% 的股票与过去一年（$t-1$ 个月到 $t-11$ 个月）收益率最低的 30% 的股票在 t 个月的收益率之差。我们用 A 股所有上市公司的数据自行计算规模因子、价值因子和动量因子。α_i 代表基金经理 i 因具有选股能力而给投资者带来的超额收益，它可以表示为：

$$\alpha_i \approx (\bar{R}_{i,t} - \bar{R}_{f,t}) - \hat{\beta}_{i,mkt} \times (\bar{R}_{mkt,t} - \bar{R}_{f,t}) - \hat{\beta}_{i,smb} \times \overline{SMB}_t - \hat{\beta}_{i,hml} \times \overline{HML}_t - \hat{\beta}_{i,mom} \times \overline{MOM}_t$$

$$(3.2)$$

其中，当 α_i 显著大于零时，说明基金经理 i 为投资者带来了统计上显著的超额收益，表明该基金经理具有正确的选股能力；当 α_i 显著小于零时，说明基金经理 i 为投资者带来的是负的超额收益，表明该基金经理具有错误的选股能力；当 α_i 接近于零时，表明基金经理 i 没有明显的选股能力。

择时能力也可以给投资者带来超额收益。择时能力是指基金经理根据对市场的预测，主动改变基金对大盘指数的风险暴露以谋求更高收益的能力。如果基金经理预测未来市场会上涨，那么他会提前加大对高风险资产的投资比例；相反，如果他预测未来市场会下降，则会降低对高风险资产投资的比例。一些文献也对此问题进行了研究，如 Chen 和 Liang（2007）、Chen（2007）等。Treynor 和 Mazuy（1996）提出在传统的单因子 CAPM 模型中引入一个平方项，用来检验基金经理的择时能力。我们将 Treynor-Mazuy 模型里的平方项加入 Carhart 四因子模型中，构建出一个基于四因子模型的 Treynor-Mazuy 模型：

$$R_{i,t} - R_{f,t} = \alpha_i + \beta_{i,mkt} \times (R_{mkt,t} - R_{f,t}) + \gamma_i \times (R_{mkt,t} - R_{f,t})^2 + \beta_{i,smb} \times SMB_t$$
$$+ \beta_{i,hml} \times HML_t + \beta_{i,mom} \times MOM_t + \varepsilon_{i,t}$$

$$(3.3)$$

其中，γ_i 代表基金经理 i 的择时能力，其他变量和式（3.1）中的定义一样。如果 γ_i 显著大于 0，说明基金经理 i 具有择时能力，具备择时能力的基金经理应当能随着市场的上涨（下跌）而提升（降低）其投资组合的系统风险。

我们使用基于 Carhart 四因子模型的 Treynor-Mazuy 四因子模型来评估基金经理的选股能力和择时能力。我们将全区间（2016～2022 年）划分为三个样本区间，分别为过去三年（2020～2022 年）、过去五年（2018～2022 年）和过去七年（2016～2022 年），并以万得全 A 指数作为基金业绩的比较对象。为避免因基金运行时间不一致对研究结果造成的影响，基金的历史业绩要足够长，故而我们要求每只基金在各样本区间（三年、五年、七年）内都要有完整的复权净值数据。[①]

我们定义万得数据私募基金二级分类中的普通股票型、股票多空型、相对价值型和事件驱动型私募基金为股票型私募基金，研究对象没有包括债券型、宏观对冲型、混合型、QDII 型、货币市场型等非主要投资于国内股票市场的私募基金。由

---

① 在后续的研究中，我们可能会根据具体情况对样本进行修改。

于分级基金在基金净值的统计上存在不统一的现象，我们在样本中排除了分级基金。如第二章所述，万得数据在收集私募基金净值的时候，如果某个月它没有获取某只基金的净值数据，则它会自动填充其上一个月的净值数据，因此会存在基金净值重复出现的情况。图 3-1 展示了 2003~2022 年股票型私募基金的净值重复率。不难看出，2003~2022 年，基金净值重复率小于 10% 的基金占比为 69.55%，其他区间内股票型私募基金占比都很小。基金净值重复率过高通常是由数据收集问题所致，若将此类基金纳入样本会使分析结果不准确。因此，我们在样本中删除了在分析期间内净值重复率大于 10% 的基金。①

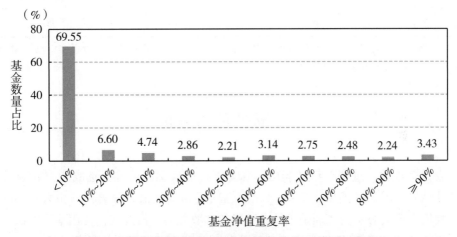

图 3-1　股票型私募基金净值重复率的分布：2003~2022 年

由于估计模型需要较长的时间序列数据，我们要求每只基金在分析的样本期间内都有完整的复权净值数据。我们主要使用基金近五年（2018~2022 年）的月度数据进行分析，在后面的分析中也会对比三年数据和七年数据的结果。表 3-1 展示了近三年、近五年和近七年的股票型私募基金的样本分布。从表 3-1 可见，近三年（2020~2022 年）、近五年（2018~2022 年）和近七年（2016~2022 年）股票型私募基金的样本数量分别为 6 270 只、2 753 只和 952 只。到目前为止，私募基金行业中基金经理的轮换不是很频繁，因此我们将一只基金与这只基金的基金经理同等对待，不考虑基金经理的更迭问题。我们用普通最小二乘法（OLS）估计基金经理的选股能力，模型中的选股能力 α 以月为单位。为方便解释其经济含义，后面汇报的 α 都为年化 α。

---

① 我们在 2023 年 2 月下载数据时，有极小部分基金净值未更新完全，因此在本步骤被删除，没有进入本书研究样本。

表 3-1　　　　　　　　　不同分析区间内涵盖的样本数量　　　　　　　单位：只

基金策略	过去三年 （2020~2022 年）	过去五年 （2018~2022 年）	过去七年 （2016~2022 年）
普通股票型基金	5 905	2 579	844
股票多空型基金	211	92	62
相对价值型基金	149	77	42
事件驱动型基金	5	5	4
总计	6 270	2 753	952

注：股票型私募基金是指万得数据私募基金二级分类中普通股票型、股票多空型、相对价值型和事件驱动型私募基金的总称。

二、选股能力分析

表 3-2 展示了过去五年（2018~2022 年）股票型私募基金选股能力 α 显著性的估计结果。图 3-2 给出了 2 753 只股票型基金 α 的 t 值（显著性）由大到小的排列。我们主要关心基金经理是否具有正确的选股能力，因此我们使用单边的假设检验，检验 α 是否为正且显著大于 0。据表 3-2 可知，在 5% 的显著性水平下，有 786 只基金的 α 呈正显著性，其 t 值大于 1.64，说明这 786 只基金（占比 29%）的基金经理表现出了显著的选股能力。有 1 940 只基金（占比为 70%）α 的 t 值是不显著的。同时我们还看到，有 27 只基金（占比 1%）的 α 为负显著，其 t 值小于 -1.64，说明这 27 只基金的基金经理具有明显错误的选股能力。总体来看，在过去五年内，约有三成（29%）股票型私募基金的基金经理具备选股能力。

表 3-2　　　　股票型私募基金的选股能力 α 显著性的估计结果：2018~2022 年

显著性	样本数量（只）	数量占比（%）
正显著	786	29
不显著	1 940	70
负显著	27	1
总计	2 753	100

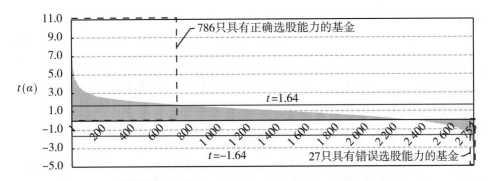

图 3-2　股票型私募基金选股能力 α 的 t 值（显著性）排列：2018~2022 年

注：正确选股能力代表 $t(\alpha) > 1.64$，错误选股能力代表 $t(\alpha) < -1.64$，未表现出选股能力代表 $-1.64 \leq t(\alpha) \leq 1.64$。基金具有选股能力是指基金表现出正确的选股能力，基金不具有选股能力代表基金表现出错误的或未表现出选股能力。

在分析选股能力时，我们除了需要关注选股能力 α 的显著性，还需要观察 α 的估计值。我们采用 Treynor-Mazuy 模型对拥有五年历史业绩的 2 753 只股票型私募基金的选股能力进行讨论。图 3-3 和表 3-3 展现的是 Treynor-Mazuy 四因子模型

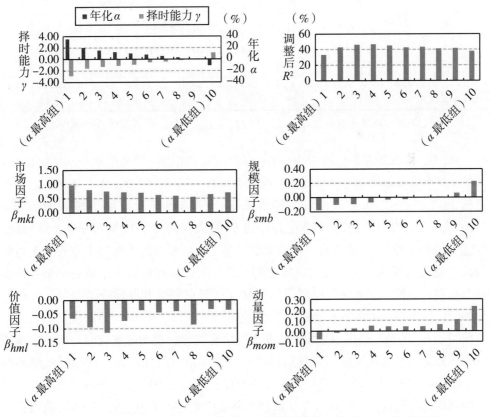

图 3-3　Treynor-Mazuy 模型的回归结果（按选股能力 α 分组）：2018~2022 年

的回归结果。我们按照选股能力 α 把基金等分为 10 组。第 1 组为 α 最高的组，第 10 组为 α 最低的组。表 3-3 汇报的是每组基金的选股能力（年化 α）、择时能力（γ）、市场因子（β_{mkt}）、规模因子（β_{smb}）、价值因子（β_{hml}）、动量因子（β_{mom}），以及反映模型拟合好坏的调整后 R^2 的平均值，按照每组基金选股能力（年化 α）由大到小排列展示。

表 3-3　　　　　　　**Treynor-Mazuy 四因子模型的回归结果**

（按选股能力 α 分组）：2018~2022 年

组别	年化 α（%）	γ	β_{mkt}	β_{smb}	β_{hml}	β_{mom}	调整后 R^2（%）
1（α 最高组）	35.26	-2.88	0.97	-0.18	-0.06	-0.08	33
2	20.08	-1.59	0.80	-0.10	-0.09	-0.02	43
3	15.40	-1.29	0.75	-0.09	-0.11	0.02	46
4	12.50	-1.13	0.72	-0.07	-0.07	0.05	47
5	10.16	-0.93	0.70	-0.03	-0.03	0.04	45
6	8.05	-0.53	0.62	-0.03	-0.04	0.04	43
7	5.70	-0.41	0.59	-0.01	-0.04	0.04	43
8	3.11	-0.16	0.55	0.01	-0.09	0.06	41
9	-0.62	0.10	0.64	0.06	-0.03	0.11	42
10（α 最低组）	-10.89	1.14	0.70	0.23	-0.03	0.23	38

注：此表汇报每组基金对应的 α、γ、β_{mkt}、β_{smb}、β_{hml}、β_{mom}，以及调整后 R^2 的平均值。

从图 3-3 和表 3-3 可以看出，Treynor-Mazuy 四因子模型的年化 α 在 -11%~ 36%，其中最后两组基金的平均选股能力为负数。还可以看出，无论年化 α 是高还是低，β_{mkt} 都在 0.70 上下浮动。各组基金的规模因子对应的敏感系数 β_{smb} 为 -0.18~0.23，并且随着每组基金经理选股能力的降低，规模因子的风险暴露（β_{smb}）从第 1 组到第 10 组有一定增大的趋势，说明基金经理所持小盘股或大盘股股票的仓位与其选股能力大致成反比例关系，那些具有较高年化 α 的基金往往重仓大盘股，而那些不具有选股能力的年化 α 较低的基金往往重仓小盘股。各组基金的价值因子对应的敏感系数 β_{hml} 的变化范围为 -0.11~-0.03，不同组别的基金对价值因子 β_{hml} 的风险暴露与选股能力并没有明显规律，说明各基金经理所持价值股和成长股的仓位与选股能力并无明显关系。各组基金的动量因子对应的敏感系数 β_{mom} 的变化范围为 -0.08~0.23，不同组别的基金对动量因子 β_{mom} 的风险暴露与选股能力间没有明显规律，但是 α 最低的两组基金的动量因子 β_{mom} 大于 0.1，我们认为这些基金经理存在追涨杀跌的证据。最后，可以看到不同组别的基金用四因子模型的拟合优度在43%上下浮动，说明Treynor-Mazuy四因子模型可以解释私募基金超额收益率方差的43%。

下面我们具体分析在过去五年中呈正显著选股能力的786只基金。表3-4展示了过去五年（2018~2022年）在Treynor-Mazuy四因子模型中α为正显著的786只股票型基金的检验结果。同时，我们也给出了这些基金在过去三年（2020~2022年）的年化α及显著性检验结果。这些基金的近五年年化α为2%~122%，其中有320只基金在过去三年和过去五年中都表现出显著的选股能力，占2 753只基金的12%。在附录二中，我们给出过去五年（2018~2022年）每只基金的选股能力、择时能力的估计值及对四个风险因子的风险暴露程度，供读者参考。

表3-4　　　在过去五年具有选股能力的股票型私募基金：2018~2022年

编号	基金名称	过去五年 （2018~2022年）		过去三年 （2020~2022年）		过去三年、五年都具有选股能力
		α（%）	t（α）	α（%）	t（α）	
1	卓晔1号	121.66	3.19	194.13	3.12	√
2	匠心全天候	109.42	2.52	189.14	2.51	√
3	骏伟资本价值5期	90.45	2.29	94.66	1.46	
4	谷春1号	84.89	3.87	14.71	1.49	
5	建泓绝对收益1号	82.61	2.76	127.35	3.25	√
6	量磁群英1号	78.42	2.43	119.44	2.14	√
7	万川煜晨2号	76.79	1.70	118.07	1.48	
8	中珏安粮2号	73.92	1.75	31.98	2.56	√
9	建泓时代绝对收益2号	68.02	2.28	91.62	2.39	√
10	亚鞅价值1号	59.33	1.75	62.22	1.03	
11	千榕细叶榕	59.09	2.82	92.22	2.47	√
12	涌贝资产阳光稳健	58.34	2.55	90.45	2.37	√
13	正圆1号	54.95	2.18	83.51	2.40	√
14	大禾投资-掘金5号	54.04	2.20	10.93	0.45	
15	新里程超越梦想	53.50	2.19	34.30	1.03	
16	美石2号	53.33	2.36	64.42	2.11	√
17	金然稳健1号	52.94	2.96	40.76	6.16	√
18	林园投资15号	51.94	3.28	41.07	1.81	√
19	冠丰3号消费优选	51.77	1.84	38.76	0.86	

编号	基金名称	过去五年 （2018~2022 年）		过去三年 （2020~2022 年）		过去三年、五年都具有选股能力
		α（%）	$t(\alpha)$	α（%）	$t(\alpha)$	
20	大禾投资–掘金 6 号	51.52	2.46	10.60	0.44	
21	华安合鑫稳健 1 期	51.32	2.59	71.48	2.07	√
22	复胜正能量 1 期	50.78	2.72	53.84	2.38	√
23	新御良马 1 期	50.46	3.20	50.98	2.22	√
24	瀚木资产瀚木 1 号	50.02	1.94	76.15	1.81	√
25	大禾投资–掘金 1 号	49.46	2.19	10.08	0.43	
26	林园投资 20 号	49.29	2.70	13.84	0.74	
27	青鼎恒润 1 号	48.76	1.92	41.71	1.41	
28	林园投资 11 号	48.70	3.02	40.04	1.62	
29	林园投资 2 号	48.42	2.30	10.05	0.36	
30	红林投资–私募学院菁英 212 号	48.25	2.03	60.23	1.69	√
31	林园投资 1 号	48.20	2.11	13.11	0.40	
32	复胜富盛 1 号	47.79	2.95	56.11	2.61	√
33	华安合鑫稳健	47.65	2.39	71.16	2.06	√
34	林园投资 12 号	46.76	3.25	27.75	1.37	
35	文储 7 期	45.72	1.84	70.71	1.69	√
36	林园投资 10 号	45.49	2.42	28.80	1.16	
37	涌津涌赢 1 号	45.20	2.32	45.53	1.38	
38	林园投资 9 号	45.00	2.45	29.11	1.25	
39	盈沣远航 1 号	44.96	2.07	64.99	2.02	√
40	四相 3 期	44.67	2.65	100.96	4.30	√
41	弘茗套利稳健管理型 1 号	44.46	1.65	81.49	1.91	√
42	林园投资 13 号	44.20	3.02	32.96	1.58	
43	林园投资 16 号	44.13	2.87	24.42	1.13	
44	金舆中国互联网	43.94	2.40	67.80	2.27	√
45	敦然投资–鼎弘	43.76	3.14	41.77	1.93	√
46	裕恒资本双龙 1 号	43.20	3.98	42.25	2.68	√

续表

编号	基金名称	过去五年 (2018~2022年)		过去三年 (2020~2022年)		过去三年、 五年都具有 选股能力
		α(%)	t(α)	α(%)	t(α)	
47	信安成长1号	43.15	3.05	38.09	2.73	√
48	涌津涌鑫6号	·42.92	2.18	44.58	1.31	
49	百航进取2号	42.15	4.52	37.72	3.01	√
50	华鑫消费1号	41.95	2.06	-0.09	-0.01	
51	新镝1号	41.56	1.78	55.66	1.74	√
52	瑞丰汇邦3号	40.49	2.32	13.96	0.64	
53	伏犀奇点2号	39.06	3.27	40.38	2.12	√
54	林园投资17号	38.87	2.70	19.13	0.96	
55	顺然7号	38.44	1.86	70.06	2.11	√
56	尚珑1号成长	38.08	2.29	51.64	1.91	√
57	岁寒知松柏1号	37.82	3.34	41.90	2.29	√
58	林园投资19号	37.16	2.48	14.15	0.68	
59	小虎进取1号	36.99	3.31	31.86	2.00	√
60	悟源农产品2号	36.89	2.06	45.37	2.04	√
61	林园投资3号	36.80	2.43	14.62	0.75	
62	新智达成长1号	36.76	1.82	39.47	1.15	
63	弘唯基石华盈	36.36	2.03	69.30	2.24	√
64	齐家科技先锋	35.87	1.88	44.69	1.57	
65	林园投资14号	35.71	2.33	7.16	0.35	
66	神农优选价值	35.69	2.53	42.91	1.91	√
67	淳麟问渠	35.53	2.55	36.91	2.27	√
68	塑造者1号	35.33	4.13	13.34	1.20	
69	天天向上2号(铭环资产)	35.23	2.01	47.79	1.79	√
70	远澜红枫1号	34.53	2.57	42.35	1.87	√
71	林园投资7号	34.41	1.88	7.66	0.29	
72	熠道丰盈1号	33.78	7.16	35.59	5.06	√
73	伏明2号	33.43	1.75	44.64	1.43	

编号	基金名称	过去五年 （2018~2022 年）		过去三年 （2020~2022 年）		过去三年、 五年都具有 选股能力
		α（%）	t（α）	α（%）	t（α）	
74	宁水精选 3 期	33.41	2.48	28.32	1.71	√
75	瑞文 1 号	33.36	1.80	48.26	1.45	
76	盈定 2 号	33.21	1.91	53.06	1.92	√
77	钰锦慢牛 2 号	33.20	1.87	50.68	1.82	√
78	靖奇光合长谷	33.15	3.76	38.09	2.68	√
79	融智 FOF7 期	33.14	2.14	56.21	2.16	√
80	林园投资 18 号	33.09	2.06	4.37	0.19	
81	夸克 1 号	32.96	3.19	52.42	3.31	√
82	同德量化 1 号	32.93	2.64	11.97	0.72	
83	同庆 2 期	32.89	2.64	41.09	1.94	√
84	弢瑞楚正进取 1 号	32.66	3.00	44.92	2.46	√
85	晓峰 1 号睿远	32.63	5.25	33.76	3.91	√
86	卓铸卓越 1 号	32.56	2.38	24.12	1.12	
87	林园投资 5 号	32.56	2.14	7.70	0.35	
88	林园投资 8 号	32.24	2.16	13.55	0.69	
89	神农长空集母	32.23	2.15	42.32	1.94	√
90	大盈成长 1 号	31.93	2.03	38.14	1.65	√
91	锦瑞恒-梦想 1 号	31.90	3.63	21.49	1.65	√
92	兆天金牛精选 2 号	31.83	2.60	52.28	2.61	√
93	林园投资 6 号	31.63	2.00	6.40	0.28	
94	登程进取	31.49	2.67	37.90	1.95	√
95	逸原 2 号	31.32	1.75	20.89	0.84	
96	益和源 1 号	31.21	1.92	13.46	0.59	
97	衍恒南山 1 号	31.14	2.18	38.10	1.84	√
98	云天志太平山 1 号	30.98	1.77	11.14	0.65	
99	星池量化木星 1 号	30.89	1.86	10.60	0.45	
100	赢动先锋	30.56	1.96	37.49	1.63	

续表

编号	基金名称	过去五年（2018~2022年）		过去三年（2020~2022年）		过去三年、五年都具有选股能力
		α（%）	t（α）	α（%）	t（α）	
101	掌赢-卡欧斯2号	30.42	2.12	10.90	0.51	
102	初霓1号	30.30	4.41	26.26	2.54	√
103	大朴多维度24号	29.90	6.56	20.63	4.10	√
104	善道港股通精选1号	29.86	1.78	26.64	0.95	
105	与取华山1号	29.74	1.87	31.93	1.34	
106	林园投资21号	29.63	2.08	36.09	1.54	
107	夸克1877	29.59	2.85	47.07	2.94	√
108	恒健远志量化对冲1期	29.56	6.55	30.99	6.00	√
109	大鹏湾财富3期	29.40	2.30	26.83	1.50	
110	优稳量化对冲套利策略1号	29.31	2.48	18.43	1.00	
111	达理1号	29.26	2.10	36.89	2.20	√
112	磐厚蔚然-禾天下5号	29.23	1.74	36.69	1.26	
113	利道永晟1号	28.95	2.32	28.55	1.32	
114	卓盈进取3号	28.88	2.96	39.24	2.39	√
115	品赋荣耀	28.88	1.91	15.06	0.86	
116	高毅晓峰鸿远	28.87	5.25	30.57	3.95	√
117	磐厚动量-远翔1号	28.82	2.99	46.76	3.70	√
118	冲和战狼1号	28.82	1.97	29.38	1.42	
119	上海远澜硕桦1号	28.77	2.94	25.91	1.93	√
120	川砺稳健2号	28.70	2.75	41.07	2.89	√
121	神农长空集1号	28.55	1.89	36.29	1.62	
122	君煦1号	28.46	2.37	26.41	1.40	
123	滨利价值尊享1号	28.30	1.97	22.82	0.97	
124	上海黑极价值精选1号	28.29	2.26	12.23	0.88	
125	七禾兰瑞1号	28.23	2.01	52.29	2.56	√
126	弘尚资产健康中国1号	28.17	5.44	24.18	3.02	√
127	紫升文丰量化	27.89	4.41	34.29	3.53	√

编号	基金名称	过去五年 （2018~2022 年）		过去三年 （2020~2022 年）		过去三年、 五年都具有 选股能力
		α（%）	t（α）	α（%）	t（α）	
128	希瓦小牛 7 号	27.87	2.82	24.29	1.74	√
129	高毅新方程晓峰 2 号致信 5 号	27.67	4.77	26.09	3.01	√
130	卓铸卓越 3 号	27.58	1.93	17.36	0.77	
131	查理价值套利稳健型 3 号 A 期	27.54	2.45	29.76	1.63	
132	元储-学院菁英 193 号	27.52	1.77	9.70	0.54	
133	鹰傲绝对价值	27.38	2.23	12.11	0.66	
134	青云专享 1 号	27.38	1.93	12.09	1.01	
135	财掌柜持股宝 8 号	27.30	2.56	18.63	1.07	
136	盈阳指数增强 1 号	26.91	2.32	56.12	3.61	√
137	德高 1 号	26.82	2.16	20.35	1.02	
138	林园投资 4 号	26.71	1.77	−5.30	−0.25	
139	正泽元价值成长 1 号	26.62	2.38	20.83	1.17	
140	青果	26.62	3.62	22.80	2.13	√
141	大朴多维度 23 号	26.55	5.56	19.45	3.51	√
142	希瓦小牛精选	26.50	2.54	19.62	1.37	
143	鹰傲长盈 1 号	26.50	2.18	11.30	0.61	
144	可伟资产-同创 3 号	26.42	3.66	40.04	3.88	√
145	信璞投资-琢钰 100	26.21	2.34	9.98	0.55	
146	大鹏湾财富 4 期	26.14	1.99	36.81	1.78	√
147	熠道稳赢 1 号	26.06	2.67	47.61	3.08	√
148	天蝎 A	26.05	3.46	22.05	1.93	√
149	康曼德 003 号	26.01	2.60	13.56	1.68	√
150	中环港沪深对冲 2 号	25.96	2.58	34.47	2.17	√
151	绿宝石 2 期	25.94	2.12	28.92	1.58	
152	龙旗巨星 1 号	25.90	2.03	0.53	0.06	
153	勤远动态平衡 1 号	25.86	2.18	30.98	1.49	
154	静逸 1 期	25.72	2.08	16.12	0.88	

编号	基金名称	过去五年 (2018~2022年)		过去三年 (2020~2022年)		过去三年、五年都具有选股能力
		α（%）	t（α）	α（%）	t（α）	
155	神农春江	25.72	2.07	39.39	1.97	√
156	星纪月月盈	25.68	1.76	19.33	1.00	
157	望岳投资小象1号	25.68	2.23	29.48	1.57	
158	神农价值精选1号	25.62	1.80	34.67	1.55	
159	紫升文丰2期	25.61	5.96	34.89	5.09	√
160	博普绝对价值1号	25.61	2.46	41.09	2.62	√
161	正见稳定成长1期	25.53	2.24	23.54	1.65	√
162	鲤鱼门稳健	25.34	1.86	-8.12	-0.45	
163	大朴多维度15号	25.31	5.65	19.96	3.79	√
164	金百镕1期	25.25	2.53	24.36	1.47	
165	广发纳斯特乐睿1号	25.24	1.76	44.27	1.90	√
166	溪牛长期回报	25.23	2.17	25.83	1.30	
167	五色土5期	25.15	1.70	36.68	1.59	
168	林园2期	25.09	1.70	44.14	2.23	√
169	泽元元丰	25.08	2.09	13.44	0.90	
170	弘尚企业融资驱动策略	25.05	3.31	34.44	3.33	√
171	理石秃鹫1号	25.05	3.25	32.50	3.03	√
172	成飞稳赢1号	24.95	2.89	24.73	2.18	√
173	觉航启航1号	24.85	3.22	30.99	2.73	√
174	大鹏湾财富5期	24.85	2.00	37.79	2.01	√
175	逸原1号	24.83	1.71	6.94	0.33	
176	博鸿元泰	24.80	2.38	31.84	2.05	√
177	量度1号	24.78	1.71	38.45	1.55	
178	睿璞投资-睿洪1号	24.69	2.61	10.82	0.99	
179	SyncHedge程序化1号	24.67	1.93	17.05	1.09	
180	新思哲成长	24.60	2.35	18.78	1.17	
181	积露资产量化对冲	24.53	2.43	28.59	1.67	√

编号	基金名称	过去五年 （2018~2022 年）		过去三年 （2020~2022 年）		过去三年、五年都具有选股能力
		α（%）	t（α）	α（%）	t（α）	
182	壁虎成长 6 号	24.51	1.95	14.18	0.94	
183	银叶阶跃	24.47	2.65	26.09	2.34	√
184	巴奇索耐力稳健 1 号	24.46	1.91	22.12	1.06	
185	启元潜龙 1 号	24.33	2.25	9.06	0.58	
186	昭图 5 期	24.14	2.60	30.54	2.11	√
187	广汇缘 3 号	24.10	1.80	45.32	2.14	√
188	博鸿聚义	24.03	3.07	32.20	2.58	√
189	万霁 1 号	23.94	2.29	34.45	2.01	√
190	壁虎寰宇成长 1 号	23.85	2.51	20.17	1.47	
191	私募工场鑫润禾睿道价值	23.81	2.52	26.89	1.94	√
192	波粒二象趋势 1	23.72	1.91	31.72	2.21	√
193	诚轩共享	23.70	1.91	27.20	1.61	
194	汉和资本-私募学院菁英 7 号	23.69	3.12	14.62	1.45	
195	高毅晓峰尊享 L 期	23.68	4.33	23.34	3.23	√
196	睿璞投资-睿华 1 号	23.65	2.52	8.96	0.84	
197	万霁 6 号	23.64	2.13	35.48	1.92	√
198	茂源英火 1 号	23.64	1.81	10.39	1.72	√
199	辛巴达母基金 B 类	23.59	2.33	27.68	2.21	√
200	仁桥泽源 1 期	23.56	4.56	19.31	2.52	√
201	大朴进取 2 期	23.50	4.11	23.09	2.60	√
202	中润一期	23.48	2.52	9.98	0.74	
203	汇远量化定增 3 期	23.47	2.47	44.43	2.91	√
204	辛巴达	23.47	2.35	27.24	2.13	√
205	中教成长 1 号	23.33	1.81	11.71	0.60	
206	明见 2 号	23.28	2.42	34.98	2.42	√
207	余粮 100	23.23	1.93	-1.29	-0.07	
208	上海意志坚定 1 期	23.23	1.68	29.69	1.40	

编号	基金名称	过去五年（2018~2022年）		过去三年（2020~2022年）		过去三年、五年都具有选股能力
		α（%）	t（α）	α（%）	t（α）	
209	惠正创丰	23.18	2.57	22.27	2.03	√
210	四创新航1号	23.16	1.67	21.64	1.12	
211	霁泽艾比之路	23.14	3.11	12.69	1.27	
212	彤源同庆3号	22.92	2.68	22.69	1.65	√
213	山楂树2期	22.87	1.98	13.62	0.73	
214	万霁3号	22.87	2.27	32.73	1.99	√
215	苗安稳健成长2号	22.85	1.89	9.09	0.83	
216	新活力稳进	22.82	2.64	25.51	1.83	√
217	循远安心2号	22.81	3.00	20.36	2.18	√
218	硬资产100	22.79	2.18	7.89	0.47	
219	东方鼎泰4期	22.79	2.30	37.27	2.59	√
220	鼎萨价值成长	22.75	2.10	17.20	0.97	
221	万坤全天候量化2号	22.73	5.54	19.95	3.80	√
222	明河精选	22.72	2.77	22.77	1.83	√
223	盛泉恒元定增套利多策略6号	22.69	5.50	20.80	3.54	√
224	东方点赞	22.67	2.46	23.75	1.63	
225	睿璞投资-睿洪2号	22.60	2.38	9.05	0.84	
226	万霁8号	22.59	2.18	37.95	2.18	√
227	高毅利伟精选唯实	22.51	3.05	14.50	1.72	√
228	钱缘量化全天候进取2期	22.50	1.92	30.22	1.88	√
229	深圳红筹复兴1号	22.48	2.06	22.38	1.20	
230	新动力远澜梧桐1号	22.42	2.06	19.50	1.28	
231	鑫晟进取2号	22.41	1.66	18.14	1.46	
232	东方点赞A	22.28	2.42	23.90	1.64	
233	聚鸣多策略	22.27	3.10	19.18	1.69	√
234	景和晨升精选	22.21	2.10	35.14	2.69	√
235	信璞价值精英(A+H)1号（A类）	22.16	2.37	6.11	0.45	

续表

编号	基金名称	过去五年 （2018~2022 年）		过去三年 （2020~2022 年）		过去三年、 五年都具有 选股能力
		α（％）	t（α）	α（％）	t（α）	
236	银石 16 期	22.13	2.03	24.57	1.49	
237	斯同 1 号	22.00	2.43	10.19	0.72	
238	银万价值对冲 1 号	21.98	3.13	13.21	1.23	
239	领路金稳盈 2 号	21.96	1.96	3.74	0.25	
240	庐雍优势成长 7 号 2 期	21.95	2.07	22.08	1.30	
241	泽源 1 号	21.94	4.18	24.33	3.17	√
242	明汰稳健增长 2 期	21.90	3.74	16.19	1.83	√
243	朱雀 13 期	21.77	2.99	26.88	2.69	√
244	国润一期	21.76	2.25	13.89	1.00	
245	远澜火松	21.70	2.17	27.95	1.82	√
246	七禾聚宏源 2 号	21.70	1.79	11.16	0.65	
247	明己稳健增长 1 号	21.67	2.90	21.97	2.32	√
248	泰盈晟元 2 号	21.66	2.07	26.02	1.59	
249	灰金量化 1 号	21.63	1.85	23.67	1.18	
250	璟恒五期	21.62	1.96	15.06	0.82	
251	志强价值成长 1 号	21.58	2.04	13.40	0.84	
252	万霁 7 号	21.55	2.22	31.94	1.99	√
253	沃土 3 号	21.53	1.69	35.62	1.77	√
254	新活力稳进 1 号	21.46	2.34	24.95	1.65	√
255	磐耀 3 期	21.41	2.27	23.84	2.01	√
256	庐雍优势成长 7 号	21.40	1.99	20.92	1.22	
257	君悦日新 6 号	21.33	2.20	27.21	2.19	√
258	飞鹰 1 号	21.32	1.89	29.20	1.70	√
259	涌鑫 2 号	21.30	2.91	11.77	2.15	√
260	上九点金 1 号	21.30	2.46	16.79	1.62	
261	翔云 50 量化	21.28	4.44	15.32	2.26	√
262	守正	21.25	2.44	20.07	1.38	

续表

编号	基金名称	过去五年（2018~2022 年）		过去三年（2020~2022 年）		过去三年、五年都具有选股能力
		α（%）	t（α）	α（%）	t（α）	
263	中欧瑞博诺亚	21.24	4.01	26.36	3.72	√
264	混沌价值 2 号	21.13	1.74	30.85	1.66	√
265	星石 1 期	21.11	2.24	23.53	2.04	√
266	私募工场希瓦圣剑 1 号	21.09	1.68	10.23	0.67	
267	庐雍精选成长 3 号	21.05	1.81	29.08	1.57	
268	庐雍精选成长 16 号	21.00	1.84	20.90	1.14	
269	风雪 2 号	20.99	2.17	19.90	1.45	
270	领路金稳盈 1 号	20.93	1.74	2.21	0.14	
271	泽源 10 号	20.93	3.59	24.46	2.76	√
272	厚山 1 号	20.86	2.06	8.96	0.61	
273	聚鸣积极成长	20.86	2.89	19.02	1.65	√
274	靖奇睿科 3 号	20.85	3.64	18.84	2.39	√
275	新活力精选	20.82	2.73	31.14	2.74	√
276	文多文睿	20.81	2.27	18.32	1.36	
277	商羊稳健 1 号	20.80	1.98	23.98	1.45	
278	万泰华瑞成长 3 期	20.79	2.26	34.32	2.48	√
279	磐耀犇腾	20.77	2.15	20.63	1.70	√
280	红筹 1 号	20.74	1.88	21.30	1.13	
281	高毅邻山 1 号	20.66	2.90	13.25	1.25	
282	汇升稳进 1 号	20.65	3.64	21.42	2.59	√
283	百泉多策略 2 号	20.61	2.48	10.37	0.96	
284	拾金 2 号	20.53	1.71	15.94	0.83	
285	大岩高风险进取	20.46	2.43	6.02	0.75	
286	汉和天信	20.44	2.72	10.60	1.05	
287	锦和 2 号	20.40	2.03	23.77	1.57	
288	丰大 2 号	20.37	1.87	25.80	1.47	
289	斯同 2 号	20.35	2.29	13.35	0.91	

编号	基金名称	过去五年 （2018~2022 年）		过去三年 （2020~2022 年）		过去三年、 五年都具有 选股能力
		α（%）	t（α）	α（%）	t（α）	
290	博弈树量化 1 号	20.35	9.59	20.70	6.64	√
291	泽源 6 号	20.34	4.33	24.25	3.36	√
292	红筹平衡选择	20.33	2.88	9.13	0.95	
293	大黑龙	20.29	1.84	22.50	1.54	
294	远望角投资 1 期	20.27	2.47	24.31	2.08	√
295	银石 15 期	20.22	1.85	20.00	1.19	
296	盈阳 22 号	20.17	2.74	14.05	2.61	√
297	京港伟业瑞泽	20.14	1.89	9.30	0.60	
298	智诚 11 期	20.12	2.03	23.45	1.45	
299	远望角容远 1 号	20.10	2.49	23.78	2.15	√
300	千方之星 2 号	20.08	2.19	19.52	1.38	
301	观富策略 5 号	20.04	3.22	17.42	1.69	√
302	沣盈金砖 3 期	20.03	1.76	14.92	0.85	
303	果实资本仁心回报 1 号	20.00	2.26	23.08	1.99	√
304	明泓价值成长 1 期	19.95	3.70	9.52	1.53	
305	明河精选 3	19.95	2.55	20.19	1.70	√
306	高毅精选 FOF	19.88	2.64	14.43	2.00	√
307	贤盛道成 5 号	19.87	2.13	22.67	1.43	
308	中环港沪深对冲 3 号	19.83	1.94	26.86	1.69	√
309	钱塘希瓦小牛 2 号	19.81	2.13	14.77	0.99	
310	冲和小奖章 2 号	19.77	1.94	11.12	0.85	
311	神农 1 期	19.73	1.98	24.46	1.61	
312	万霁 2 号	19.70	2.18	24.72	1.76	√
313	汉和资本 1 期	19.65	2.55	9.90	0.97	
314	智诚 16 期	19.64	1.73	23.80	1.30	
315	壁虎南商 1 号	19.59	2.09	17.39	1.47	
316	石锋笃行一号	19.58	1.90	24.69	1.51	

续表

编号	基金名称	过去五年(2018~2022年)		过去三年(2020~2022年)		过去三年、五年都具有选股能力
		α（%）	t（α）	α（%）	t（α）	
317	六禾光辉岁月1期	19.50	2.53	24.35	1.86	√
318	理成风景1号（2015）	19.50	1.86	19.64	1.16	
319	壁虎系列	19.44	2.31	28.98	5.93	√
320	九章幻方多策略1号	19.42	3.39	15.76	1.89	√
321	中环港沪深对冲	19.36	2.12	22.69	1.61	
322	复熙恒赢7号	19.36	4.14	11.68	1.80	√
323	果实长期成长1号	19.32	2.26	19.51	1.69	√
324	鼎业进取	19.29	1.64	13.13	0.67	
325	拾金3号	19.27	2.09	9.17	0.79	
326	明河精选2	19.25	2.36	18.95	1.51	
327	明泓稳健增长2期1号	19.23	3.58	9.45	1.43	
328	中欧瑞博诺亚1期	19.22	3.63	24.35	3.45	√
329	智诚5期	19.17	2.03	23.40	1.51	
330	中资宏德股票策略创世2号	19.11	1.78	21.54	1.29	
331	大元华元宝1号	19.11	1.77	34.30	1.78	√
332	仁布财富1期	19.10	2.98	21.28	2.60	√
333	盛泉恒元多策略灵活配置7号	19.03	4.83	22.79	4.04	
334	神农医药A	18.98	1.79	18.75	1.14	
335	观富金陵1号	18.90	3.04	17.04	1.69	√
336	景林稳健	18.82	1.88	8.10	0.59	
337	奕金安1期	18.80	2.02	11.17	0.79	
338	东兴港湾1号	18.78	1.76	24.92	1.68	√
339	万霁5号	18.76	1.91	31.25	1.90	√
340	智诚15期	18.75	1.68	19.97	1.08	
341	重阳1期	18.74	2.86	10.89	1.11	
342	长见产业趋势2号	18.74	3.02	11.80	1.56	
343	东方先进制造优选	18.71	1.88	10.79	0.80	

续表

编号	基金名称	过去五年 （2018~2022 年）		过去三年 （2020~2022 年）		过去三年、 五年都具有 选股能力
		α（%）	t（α）	α（%）	t（α）	
344	华尔进取 4 号	18.67	2.47	31.68	2.95	√
345	积露 1 号	18.66	3.03	22.62	2.81	√
346	同望 1 期 1 号	18.63	2.38	16.72	1.44	
347	彤源 5 号	18.56	2.21	18.66	1.43	
348	鲤鱼门家族	18.53	2.34	5.71	0.49	
349	长见精选 3 号	18.50	3.06	17.90	2.13	√
350	景上源 1 号	18.47	2.23	10.36	1.14	
351	中欧瑞博 1 期	18.37	2.62	21.36	2.20	√
352	无量 1 期	18.33	1.82	5.78	0.69	
353	青骊长兴	18.32	1.79	15.30	1.08	
354	东方鼎泰 2 期	18.28	2.00	22.05	1.63	
355	创赢 2 号（国源信达）	18.25	2.21	20.08	1.99	√
356	东方鼎泰 5 期	18.23	1.91	20.55	1.45	
357	睿璞投资-悠享 1 号	18.19	2.26	6.89	0.65	
358	观富源 2 期	18.14	3.05	19.33	1.94	√
359	六禾光辉岁月 1 期（中原）	18.13	2.20	23.32	1.66	√
360	昆仑 36 号	18.09	2.30	10.20	0.96	
361	涵元天权	18.05	1.65	22.72	1.26	
362	泓澄投资	17.99	2.50	13.60	1.25	
363	希瓦小牛 FOF	17.99	1.98	14.53	1.11	
364	壁虎寰宇成长 3 号	17.99	1.98	16.91	1.34	
365	泽堃稳健增长 1 号	17.99	2.22	5.49	0.52	
366	翔云精细量化 3 号	17.98	2.52	16.68	1.57	
367	神农医药 A-阿司匹林	17.90	1.77	15.41	0.99	
368	金秋银杏 1 号	17.89	2.50	16.80	1.56	
369	盈定 8 号	17.82	2.08	12.57	1.45	
370	沁源精选	17.81	2.35	6.70	0.66	

续表

编号	基金名称	过去五年 （2018~2022 年）		过去三年 （2020~2022 年）		过去三年、 五年都具有 选股能力
		α（%）	t（α）	α（%）	t（α）	
371	少数派 9 号	17.79	1.95	6.01	0.49	
372	鹤骑鹰一粟	17.79	2.83	17.38	1.61	
373	万坤全天候量化 1 号	17.78	3.94	14.17	2.55	√
374	投资精英（星石 B）	17.74	3.44	24.77	4.09	√
375	榕树文明复兴 3 期	17.74	2.04	12.72	1.00	
376	濡圣投资–如松 1 号	17.73	5.72	16.33	3.20	√
377	尚信健投稳进 1 号	17.68	1.78	6.30	0.41	
378	景和开元	17.67	1.66	31.90	2.19	√
379	银叶量化精选 1 期	17.64	3.41	8.46	1.28	
380	鸿意红橡量化 1 期	17.60	2.07	26.31	1.84	√
381	汇远量化定增 1 期	17.49	1.70	36.13	2.15	√
382	钱缘量化全天候进取 5 期	17.48	2.01	28.10	2.30	√
383	壁虎成长 3 号	17.47	1.68	12.15	0.92	
384	泓澄优选	17.46	2.37	12.49	1.13	
385	华夏未来泽时进取 1 号	17.44	2.48	19.49	1.60	
386	天演中证 500 指数	17.43	3.00	11.52	1.57	
387	千波小盘 1 号	17.42	1.93	0.18	0.02	
388	石锋厚积一号	17.39	1.72	20.33	1.26	
389	黄金优选 13 期 1 号	17.33	3.42	24.35	4.11	√
390	明河成长 2 号	17.32	2.07	20.46	1.52	
391	文多稳健 1 期	17.27	2.29	15.10	1.31	
392	骐邦精选成长	17.25	1.95	7.89	0.83	
393	诺鼎季风价值 2 号	17.25	1.97	12.73	1.27	
394	望正精英鹏辉 2 号	17.24	1.74	21.82	1.29	
395	易同精选 3 期	17.22	2.29	11.19	0.96	
396	理臻鸿运精选 3 号	17.17	1.84	32.08	2.03	√
397	东方港湾马拉松 1 号	17.16	1.66	7.32	0.44	

续表

编号	基金名称	过去五年（2018~2022 年）		过去三年（2020~2022 年）		过去三年、五年都具有选股能力
		α（%）	t（α）	α（%）	t（α）	
398	民森 K 号	17.15	2.20	17.91	1.41	
399	宽远价值成长 2 期	17.15	2.31	12.00	1.09	
400	万霁长虹 1 号	17.15	1.74	32.16	1.94	√
401	远望角容远 1 号 A 期	17.13	2.27	21.33	2.13	√
402	高毅利伟尊享 D 期	17.09	2.14	18.86	1.36	
403	睿扬精选 2 号	17.07	1.89	7.62	0.56	
404	泓澄稳健	17.06	2.42	11.76	1.07	
405	万霁 9 号	17.00	2.03	25.47	1.88	√
406	茂典股票精选 1 号	16.98	1.73	17.05	1.08	
407	睿郡众享 2 号	16.96	2.27	11.54	1.67	√
408	盈定 6 号	16.90	1.81	22.29	1.54	
409	朴汇益	16.84	3.15	16.76	2.35	√
410	盈阳 15 号	16.83	1.97	23.99	2.00	√
411	诚业 1 号	16.77	1.74	25.45	1.94	√
412	高毅庆瑞 6 号	16.65	2.05	15.57	1.32	
413	禾苗	16.65	1.80	10.60	0.70	
414	领星泓澄股票策略	16.63	2.12	14.65	1.21	
415	复和金色海洋	16.62	2.09	29.42	2.32	√
416	东方鼎泰 7 号	16.62	1.97	14.70	1.30	
417	万泰华瑞成长 2 期	16.62	2.34	25.63	2.46	√
418	万霁长虹 2 号	16.58	1.79	29.51	1.97	√
419	百泉进取 1 号	16.56	2.19	8.98	0.90	
420	泽鑫毅德价值精选 1 期	16.52	2.07	10.38	0.80	
421	中环精选 1 号	16.49	1.80	14.02	0.98	
422	大朴目标	16.48	3.88	10.79	1.90	√
423	复和元丰 1 号	16.48	1.76	28.11	1.81	√
424	理臻鸿运精选 2 号	16.47	2.06	26.32	2.15	√

编号	基金名称	过去五年 (2018~2022年)		过去三年 (2020~2022年)		过去三年、五年都具有选股能力
		α（%）	t（α）	α（%）	t（α）	
425	骐纵优选成长	16.45	1.76	6.58	0.64	
426	坤德永盛1期	16.42	2.04	8.55	0.73	
427	康曼德106号	16.40	2.98	14.23	1.64	
428	沣杨锦绣	16.32	3.61	20.51	3.02	√
429	明河优质企业	16.28	2.02	13.89	1.13	
430	普吉稳健成长1号	16.28	1.99	43.72	4.32	√
431	涵元天璇	16.28	2.45	15.10	1.67	√
432	九章幻方沪深300量化多策略1号	16.21	2.57	14.65	1.59	
433	远澜红松	16.17	2.60	13.76	1.57	
434	高毅世宏1号赋余5号	16.17	2.03	15.47	1.49	
435	进化论复合策略1号	16.15	2.04	25.26	2.65	√
436	登程稳健	16.15	2.07	19.13	1.52	
437	致君凌云	16.15	2.01	4.53	0.37	
438	康曼德101A	16.06	2.55	15.65	1.85	√
439	中信资本价值回报	16.04	2.92	21.97	2.71	√
440	少数派8号	16.03	1.86	-3.11	-0.28	
441	珞毅1号	16.03	2.20	13.90	1.13	
442	彤源7号（A）	16.02	2.11	17.02	1.50	
443	中欧瑞博7期	15.97	3.16	19.74	3.10	√
444	箐安进取1号	15.93	1.88	2.46	0.35	
445	宽远沪港深精选	15.92	2.16	8.89	0.81	
446	博瑞量化进取1号	15.92	2.64	20.55	2.20	√
447	合众易晟价值增长1号	15.91	1.97	17.85	1.49	
448	遵道稳健价值2号	15.90	2.33	7.01	0.94	
449	鼎达对冲2号	15.89	1.98	12.51	1.17	
450	金蟾蜍7号	15.88	2.07	10.29	0.88	

续表

编号	基金名称	过去五年（2018~2022 年）		过去三年（2020~2022 年）		过去三年、五年都具有选股能力
		α（%）	t（α）	α（%）	t（α）	
451	小鳄 3 号	15.86	2.01	9.35	1.13	
452	忠石 1 号	15.83	2.08	15.25	1.37	
453	大朴多维度 22 号	15.81	2.80	7.67	1.16	
454	彬元价值 1 号	15.78	2.32	16.83	1.45	
455	进化论稳进 2 号	15.73	1.80	27.73	2.84	√
456	鸣石春天指数增强 6 号	15.73	1.97	21.73	1.67	√
457	泰和长兴 1 期	15.71	2.03	7.78	0.71	
458	珞珈方圆港股通多策略	15.64	1.70	7.59	0.58	
459	涌鑫 3 号	15.63	1.76	30.84	2.33	√
460	翼虎成长 1 期（翼虎）	15.58	1.69	30.27	2.25	√
461	大朴策略 1 号	15.53	3.53	11.61	1.90	√
462	丰岭精选	15.53	1.80	20.21	1.54	
463	盘世 1 期	15.53	1.88	15.09	1.15	
464	宽远价值成长 2 期诺亚专享 1 号	15.50	2.06	11.08	1.01	
465	睿郡尊享 A 期	15.50	3.01	19.76	2.45	√
466	千波 1 号	15.48	1.96	−3.97	−0.39	
467	晶上量子 1 号	15.46	1.71	8.84	0.66	
468	米牛沪港深精选	15.42	2.23	16.50	1.63	
469	少数派 25 号	15.39	1.77	−2.60	−0.24	
470	沣沛盈享	15.34	2.07	18.72	1.69	√
471	因诺天跃	15.33	2.65	16.10	2.00	√
472	泓澄沪港深精选	15.33	2.08	6.36	0.53	
473	泓澄尊享 A 期	15.31	1.82	15.30	1.09	
474	致远激进 1 号	15.31	2.12	12.48	1.35	
475	兴聚尊享 A 期	15.29	2.28	18.91	1.83	√
476	名禹沐风 1 期	15.26	2.40	19.81	2.21	√
477	九坤日享沪深 300 指数增强 1 号	15.23	4.01	12.85	2.17	√

续表

编号	基金名称	过去五年 （2018~2022 年）		过去三年 （2020~2022 年）		过去三年、 五年都具有 选股能力
		α（%）	t（α）	α（%）	t（α）	
478	珺埪价值	15.20	1.70	21.27	1.88	√
479	库达呼拉	15.20	1.94	11.80	0.88	
480	深积复利成长 1 期	15.17	2.61	19.70	2.15	√
481	少数派大浪淘金 18 号	15.15	1.77	-2.08	-0.19	
482	耕霁 1 期	15.09	1.83	5.60	0.44	
483	涵元天璇量化 1 号	15.08	2.32	14.73	1.62	
484	资瑞兴 1 号	15.07	2.09	12.60	1.17	
485	明河 2016	15.07	1.96	13.05	1.12	
486	明河科技改变生活	15.02	1.92	18.37	1.70	√
487	金珀 6 号	15.00	2.31	16.99	2.15	√
488	进化-金钱豹	14.97	2.60	12.27	1.53	
489	投资精英（朱雀 B）	14.96	2.55	21.23	2.56	√
490	宽远价值成长 3 期	14.90	2.13	9.97	1.01	
491	博鸿致远	14.88	1.70	18.12	1.43	
492	盛信 1 期（2016）	14.88	1.75	13.98	1.05	
493	忠石龙腾 2 号	14.84	2.00	9.46	0.80	
494	万吨资产深海鲸旗舰	14.79	1.77	14.71	1.07	
495	泰和天工 1 期	14.79	1.97	7.94	0.71	
496	康曼德 101 号	14.78	1.96	17.82	1.70	√
497	绰瑞凤凰山	14.76	3.14	15.84	2.40	√
498	拾贝投资 8 号	14.72	3.44	12.47	1.82	√
499	利檀 3 期	14.68	2.08	18.82	1.78	√
500	华信资产价值 5 期	14.67	2.57	20.59	2.49	√
501	长见策略 1 号	14.66	2.48	8.78	1.15	
502	华信资产价值 8 期	14.62	2.16	17.62	1.67	√
503	汇泽至远 1 期	14.60	1.66	17.00	1.32	
504	紫晶 1 号	14.59	2.19	18.94	1.66	√

续表

编号	基金名称	过去五年 (2018~2022 年)		过去三年 (2020~2022 年)		过去三年、五年都具有选股能力
		α（%）	t（α）	α（%）	t（α）	
505	赛硕稳利 1 号	14.56	3.68	20.11	3.05	√
506	少数派 5 号	14.50	1.92	-0.14	-0.01	
507	平石 T5 对冲基金	14.48	1.77	12.35	0.86	
508	众壹资产稳健套利 1 号	14.47	2.94	17.80	2.36	√
509	果实资本精英汇 3 号	14.46	2.38	16.83	1.95	√
510	高毅利伟精选唯实 1 号	14.43	2.42	8.27	1.01	
511	致君日月星	14.43	1.66	4.38	0.40	
512	锐进 16 期中欧瑞博	14.42	3.24	17.55	3.31	√
513	鸣石春天沪深 300 指数增强 1 号	14.40	2.93	10.15	1.52	
514	双隆稳盈 1 号	14.38	2.53	2.19	0.44	
515	九坤量化专享 6 号	14.38	1.71	8.13	0.71	
516	乐道成长优选 2 号 A 期	14.37	2.65	8.59	1.17	
517	宽远优势成长 3 号	14.34	2.60	6.15	0.83	
518	常春藤目标	14.34	2.11	17.11	1.56	
519	黄金优选 4 期 1 号（朱雀）	14.33	2.49	20.55	2.54	√
520	宽远优势成长 2 号	14.33	2.38	3.76	0.50	
521	黛眉杉树	14.31	2.61	6.59	0.98	
522	松井伟业 1 号	14.28	1.88	4.96	0.43	
523	阳光宝 3 号	14.27	2.02	9.46	0.89	
524	乐瑞中国股票 1 号	14.26	1.80	2.43	0.28	
525	巡洋平衡 1 号	14.21	2.52	16.06	2.09	√
526	源乐晟-嘉享晟世 6 号	14.21	1.88	24.23	2.15	√
527	远澜银杏 1 号	14.20	2.61	14.36	1.64	
528	笑生 1 号	14.19	2.17	8.86	0.98	
529	敦和峰云 1 号	14.19	2.39	19.82	2.08	√
530	私募工场厚生君和稳健	14.18	2.25	17.67	1.77	√
531	拾贝精选 2 期	14.17	3.14	11.05	1.54	

编号	基金名称	过去五年 （2018~2022 年）		过去三年 （2020~2022 年）		过去三年、 五年都具有 选股能力
		α（%）	t（α）	α（%）	t（α）	
532	沣沛招享	14.12	1.83	14.48	1.32	
533	观富平衡 2 号	14.11	2.08	17.46	1.62	
534	致远中证 500 指数加强	14.01	3.26	7.96	1.55	
535	宽远价值成长	13.97	2.59	11.00	1.42	
536	陆宝成全新三板 2 期	13.96	2.07	20.08	2.38	√
537	领星拾贝	13.94	2.54	12.37	1.45	
538	私募学院菁英 105 号	13.93	1.67	-1.04	-0.13	
539	重阳价值 3 号 B 期	13.90	2.05	10.21	0.93	
540	萍聚投资恒升 1 期	13.89	2.05	25.74	2.42	√
541	逸杉 3 期	13.89	1.87	12.61	1.03	
542	鸣石量化指数增强春天 11 号	13.89	2.12	11.65	1.05	
543	投资精英之域秀长河价值 2 号	13.84	3.45	18.39	3.21	√
544	泓澄投资睿享 3 号	13.83	1.89	8.61	0.76	
545	大朴多维度 21 号	13.82	2.49	7.36	1.17	
546	弘尚资产中国机遇策略配置 1 号	13.81	2.19	9.10	0.93	
547	辰阳恒丰 1 号	13.81	1.64	6.67	0.53	
548	观富西湖 1 号	13.78	2.04	12.10	1.13	
549	宽远价值成长 5 期 1 号	13.77	2.29	4.32	0.55	
550	景熙 18 号	13.76	2.11	18.74	2.63	√
551	师之洋	13.71	1.84	20.81	1.72	√
552	易同精选 2 期 1 号	13.69	1.86	7.99	0.69	
553	明泓全天候 1 号	13.68	3.30	11.33	2.13	√
554	稳中求进 1 号	13.67	2.02	19.71	1.71	√
555	拾贝 1 号	13.61	1.90	11.13	1.04	
556	观富源 3 期	13.59	1.93	13.40	1.20	
557	保银紫荆怒放	13.59	2.46	7.49	1.15	
558	拾贝精选 1 期	13.58	3.27	9.04	1.39	

编号	基金名称	过去五年（2018~2022 年）		过去三年（2020~2022 年）		过去三年、五年都具有选股能力
		α（%）	t（α）	α（%）	t（α）	
559	新宇稳健收益 1 号	13.56	2.26	16.45	1.63	
560	果实资本精英汇 4A 号	13.54	1.95	18.58	1.65	√
561	小北 2 号	13.52	2.02	13.09	1.60	
562	师之盈成长 1 号	13.52	1.81	18.07	1.59	
563	循远成长 1 号	13.51	2.17	12.85	1.42	
564	朱雀 20 期	13.46	2.32	15.61	2.02	√
565	华夏未来领时对冲 1 号尊享 A 期	13.43	1.84	16.95	1.32	
566	源乐晟-尊享晟世 2 号	13.43	1.75	19.05	1.65	√
567	私募学院菁英 87 号	13.43	1.65	23.32	1.82	√
568	源乐晟股票精选	13.41	1.91	18.08	1.65	
569	永隆宏观对冲策略 B	13.41	2.37	13.79	1.77	√
570	澎泰安全边际 1 期	13.40	1.89	21.14	1.75	√
571	鑫岚龙腾 1 号	13.40	2.22	21.89	2.81	√
572	森旭资产-前瞻 8 号	13.32	1.82	6.73	0.79	
573	甄投智联	13.30	1.86	15.51	1.40	
574	龙旗红旭	13.24	2.62	16.97	2.23	√
575	懿德财富稳健成长	13.24	2.27	11.18	1.33	
576	正瀛权智 2 号	13.21	3.28	7.23	2.31	√
577	华夏未来泽时进取 1 号-鑫享 D	13.17	1.83	16.65	1.33	
578	久富 2 期	13.16	1.70	21.95	1.72	√
579	巡洋成长 1 号	13.15	1.66	15.18	1.23	
580	中欧瑞博 4 期	13.14	2.81	16.44	2.83	√
581	进化论 FOF1 号	13.13	2.01	16.90	2.49	√
582	翔鹏中国竞争力 A	13.12	1.99	3.24	0.34	
583	祥驰投资桂雨 1 号	13.11	1.89	14.71	1.22	
584	上海宽德卓越	13.10	1.66	18.07	1.32	
585	启元价值成长 1 号	13.09	3.14	13.45	2.78	√

续表

编号	基金名称	过去五年 （2018~2022 年）		过去三年 （2020~2022 年）		过去三年、 五年都具有 选股能力
		α（%）	t（α）	α（%）	t（α）	
586	融昊稳健 1 号	13.08	1.69	21.82	1.73	√
587	合众易晟复利增长 1 号	13.04	2.27	7.22	0.85	
588	巨杉净值线 5G 号	13.00	1.80	14.95	1.61	
589	睿郡众享 1 号	12.95	2.59	13.64	2.05	√
590	相聚芒格 1 期	12.95	1.76	13.69	1.24	
591	高毅利伟	12.94	2.52	9.34	1.27	
592	沣沛招享 1 期	12.92	1.73	12.84	1.19	
593	铸锋天照 1 号	12.87	4.47	16.22	3.40	√
594	渤源沣杨价值成长	12.84	2.07	14.69	1.40	
595	国联安-弘尚资产成长精选 1 号	12.82	2.47	18.03	2.15	√
596	华夏未来泽时进取 1 号-鑫享 C	12.81	1.80	14.41	1.17	
597	泓澄锐进 52 期	12.78	1.80	7.56	0.70	
598	兴聚财富 3 号	12.76	2.04	7.56	0.80	
599	青骊长川	12.76	1.71	9.02	0.76	
600	巴罗稳健 1 号	12.73	2.09	24.41	3.11	√
601	沣杨旺德福	12.68	2.09	19.16	2.79	√
602	彤源 6 号	12.67	1.69	11.13	0.95	
603	川陀新动力成长 1 期	12.63	2.27	16.63	1.87	√
604	沣杨目标缓冲	12.55	2.31	12.51	1.40	
605	国仕逆向投资 1 号	12.52	2.29	6.61	0.86	
606	智享 5 号尊享 A	12.49	2.18	19.19	3.00	√
607	聚沣 1 期	12.48	1.67	8.06	0.68	
608	博道精选 1 期	12.46	1.81	14.80	1.40	
609	祐益峰菁英 1 号	12.46	3.47	14.86	2.77	√
610	久期量和指数 3 号	12.46	2.48	1.68	0.28	
611	睿信榜样对冲 1 号	12.45	1.86	8.98	0.99	
612	榜样绩优	12.43	1.86	8.96	0.98	

续表

编号	基金名称	过去五年 （2018~2022 年）		过去三年 （2020~2022 年）		过去三年、 五年都具有 选股能力
		α（%）	t（α）	α（%）	t（α）	
613	鑫岚龙瑞	12.40	2.42	15.36	2.10	√
614	大朴进取 1 期	12.39	3.20	8.57	1.44	
615	汇泽至远 3 期	12.39	1.98	3.01	0.39	
616	循远 5 号	12.38	1.87	14.72	1.53	
617	坤钰天真 FOF1 号	12.37	2.43	15.26	1.87	√
618	新方程星动力 S7 号	12.36	2.45	9.40	1.13	
619	平安阖鼎泓澄智选 2 号	12.32	1.75	7.34	0.66	
620	龙旗红鹰	12.29	2.16	13.68	1.44	
621	榜样多策略对冲	12.28	1.99	9.86	1.13	
622	鼎实 FOF	12.25	3.91	11.57	3.17	√
623	元康沪港深精选 1 号	12.25	2.10	4.52	0.61	
624	幂数阿尔法 1 号	12.21	2.50	13.12	1.56	
625	达尔文明德 1 号	12.17	2.11	4.29	0.51	
626	千惠云航 1 号	12.15	2.48	7.57	1.53	
627	湘源稳健	12.13	2.30	16.72	2.04	√
628	高毅庆瑞瑞远	12.06	1.66	13.48	1.09	
629	永发投资稳健进取 2 期	12.05	2.01	23.07	2.50	√
630	华夏未来泽时进取 1 号-鑫享 B	12.03	1.94	12.95	1.21	
631	骥才金马投资 3 号	11.99	1.77	21.29	2.11	√
632	久期量和指数 1 号	11.93	2.99	1.36	0.27	
633	艾方博云全天候 1 号	11.93	2.91	4.77	0.95	
634	磐厚动量-旅行者 2 号	11.93	1.82	17.81	1.85	√
635	兴聚财富 8 号	11.85	1.81	6.43	0.72	
636	循远安心	11.83	1.80	8.96	0.96	
637	瑞泾稳健进取 1 号	11.74	1.99	9.19	1.00	
638	华夏未来泽时进取 1 号-嘉华 A 期	11.72	1.96	10.56	1.03	

续表

编号	基金名称	过去五年 （2018~2022年）		过去三年 （2020~2022年）		过去三年、五年都具有选股能力
		α（%）	t（α）	α（%）	t（α）	
639	华夏未来泽时进取1号-华安A期	11.68	1.92	10.67	1.03	
640	小北1号	11.66	2.60	9.35	1.75	√
641	新方程精选E5号	11.59	1.82	10.20	1.05	
642	观富价值1号	11.53	1.81	16.00	1.55	
643	泰亚2期	11.52	2.90	6.49	1.20	
644	重阳对冲2号	11.41	2.01	6.25	0.70	
645	锐进41期	11.39	2.20	6.72	0.90	
646	黑翼风行3号	11.39	2.93	13.04	2.43	√
647	大岩超越500	11.38	2.20	9.95	1.23	
648	黑森9号	11.37	1.70	10.39	0.97	
649	九鞅禾禧1号	11.31	2.29	4.57	0.61	
650	龙旗Y1期	11.31	1.77	8.46	1.01	
651	量锐7号	11.11	1.79	16.39	1.83	√
652	常春藤春竹	11.10	1.71	5.14	0.54	
653	巨杉净值线3A号	11.06	1.81	11.34	1.26	
654	投资精英之重阳（B）	11.00	2.13	6.34	0.76	
655	观富策略6号	10.99	1.67	11.82	1.12	
656	多盈2号	10.99	2.20	10.09	1.55	
657	信水长流1期	10.98	1.97	0.85	0.14	
658	康曼德001号	10.97	2.13	6.35	0.89	
659	进化论FOF3号	10.97	2.10	14.25	2.13	√
660	华夏未来泽时进取1号-鑫享A	10.91	1.72	10.42	0.95	
661	拾贝收益5期	10.88	2.43	6.60	0.94	
662	黄金优选10期5号	10.82	2.12	6.15	0.75	
663	兴聚财富3号C	10.78	1.71	5.24	0.55	
664	新方程巨杉-尊享B	10.76	1.82	8.95	0.98	

编号	基金名称	过去五年 （2018～2022 年）		过去三年 （2020～2022 年）		过去三年、 五年都具有 选股能力
		α（%）	t（α）	α（%）	t（α）	
665	黄金优选 10 期 3 号（重阳）	10.73	2.10	6.05	0.74	
666	股票价值鼎实 13 号	10.67	2.52	6.98	1.35	
667	诚盛 2 期	10.66	2.37	7.94	1.25	
668	鼎实 FOF7 期	10.66	3.41	10.01	2.75	√
669	远澜雪松	10.59	2.54	9.49	1.75	√
670	广金恒富 11 号	10.59	1.95	16.02	1.79	√
671	耀泉 1 号	10.57	2.00	10.57	1.34	
672	朱雀 20 期之慧选 11 号	10.55	2.14	17.19	2.47	√
673	稳健增长专项 1 期	10.50	1.73	20.58	2.12	√
674	华夏养老新动力 1 号	10.39	1.68	-1.37	-0.16	
675	远澜云杉 2 号	10.30	2.20	12.83	1.63	
676	思晔全天候 1 号	10.21	1.77	11.03	1.32	
677	至璞新以恒	10.19	2.36	8.42	1.39	
678	自由港 1 号	10.19	2.04	7.84	1.10	
679	商品套利鼎实 10 号	10.17	3.28	8.93	2.72	√
680	龙旗紫霄	10.17	1.81	13.17	1.50	
681	鋆杉 1 号	10.17	1.84	10.26	1.23	
682	鼎实 FOF2 期	10.13	3.31	9.39	2.62	√
683	合众易晟复利增长 2 号	10.12	1.85	5.91	0.75	
684	厚生明启 1 号	10.12	2.10	12.85	1.98	√
685	伯洋红橡丰盈 1 号	10.11	2.22	10.96	1.51	
686	遵道稳健价值	10.07	1.68	5.85	0.70	
687	西藏隆源对冲 1 号	10.06	2.06	2.60	0.40	
688	拾贝尊享 D 期	10.05	2.24	4.20	0.63	
689	七曜领峰	10.02	1.72	6.77	0.73	
690	普尔睿选 5 号	10.01	1.92	9.42	1.07	
691	九远磐石 1 号	10.00	1.92	18.21	2.11	√

续表

编号	基金名称	过去五年（2018~2022年）		过去三年（2020~2022年）		过去三年、五年都具有选股能力
		α（%）	t（α）	α（%）	t（α）	
692	艾方全天候2号	9.87	2.43	2.04	0.74	
693	平凡悟鑫	9.82	2.82	6.03	1.48	
694	汇升共盈尊享	9.82	3.62	7.46	2.42	√
695	巡洋精选1号	9.74	2.15	5.85	0.82	
696	美阳永续成长	9.65	3.51	9.80	2.31	√
697	喆颢大中华D	9.64	2.54	6.66	1.09	
698	盛泉恒元多策略市场中性3号	9.59	3.90	8.11	2.06	√
699	航长红棉3号	9.59	1.69	14.08	1.55	
700	牧鑫量化精选1号	9.57	1.76	5.84	0.85	
701	平安阖鼎重阳价值1号3期	9.56	2.12	6.22	0.81	
702	卓越理财1号	9.53	1.98	5.69	0.82	
703	重阳目标尊享A期	9.51	1.98	4.51	0.59	
704	博普指数增强3号	9.47	1.64	8.34	1.01	
705	子午达芬奇1号	9.46	2.21	3.26	0.60	
706	毅行2号	9.45	1.86	4.44	0.71	
707	展弘稳进1号3期	9.33	8.55	7.07	5.10	√
708	辉毅4号	9.31	3.53	10.45	4.19	√
709	懋良稳健	9.28	2.86	7.98	1.64	
710	展弘稳进1号	9.26	9.18	6.88	5.83	√
711	天朗稳健增长1号	9.22	1.65	16.86	1.84	√
712	因诺启航1号	9.21	1.80	9.58	1.25	
713	富善投资-致远金选3号	9.20	1.65	7.89	0.90	
714	博孚利聚强2号FOF	9.18	1.83	3.95	0.65	
715	皓晨稳进1号	9.18	2.44	11.06	1.75	√
716	凯丰优选6号	9.15	1.74	3.50	0.42	
717	辉毅5号	9.06	3.96	9.27	3.39	√
718	盛泉恒元多策略量化对冲2号	9.01	3.73	8.24	2.16	√

续表

编号	基金名称	过去五年 （2018~2022 年）		过去三年 （2020~2022 年）		过去三年、 五年都具有 选股能力
		α（%）	t（α）	α（%）	t（α）	
719	重阳目标回报 1 期	8.94	1.80	3.00	0.38	
720	复熙恒赢 11 号	8.84	7.15	7.64	4.65	√
721	德丰华 1 期	8.82	1.74	7.35	1.01	
722	金锝进取 1 号尊享 A	8.80	2.68	6.72	1.58	
723	喆颢大中华 A	8.76	1.82	6.23	1.30	
724	毅木动态精选 2 号	8.72	1.78	4.97	0.72	
725	大趋势 MOM	8.70	2.74	4.87	1.08	
726	九坤日享中证 500 指数增强 1 号	8.69	1.92	8.23	1.36	
727	白鹭 FOF 演武场 1 号	8.65	3.98	8.32	3.08	√
728	信弘龙腾稳健 1 号	8.62	4.27	9.50	3.45	√
729	因诺启航 2 号	8.61	1.64	6.24	0.76	
730	永禧 FOF1 号	8.61	1.68	1.12	0.17	
731	致远稳健 1 号	8.60	2.50	−0.13	−0.04	
732	华尔进取 5 号	8.46	1.82	13.51	2.09	√
733	中证 500 指数增强 1 号	8.40	1.71	8.66	1.22	
734	平安阖鼎重阳价值 1 号 2 期	8.37	1.78	3.36	0.44	
735	宁聚满天星	8.29	1.64	4.84	0.61	
736	天宝云中燕 3 期	8.18	2.85	0.14	0.04	
737	博孚利聚强 1 号	8.09	1.85	3.98	0.64	
738	申毅全天候 2 号	8.08	2.41	6.67	2.26	√
739	泓倍套利 1 号	8.08	4.10	7.74	3.51	√
740	中国龙进取	8.05	1.65	0.81	0.13	
741	金锝 5 号	8.02	4.55	5.21	2.18	√
742	滨海凤鸣永续契约型	7.99	1.96	7.69	1.07	
743	墨锋红利平衡	7.95	1.72	0.48	0.09	
744	谊恒多品种进取 2 号	7.95	2.36	7.23	1.40	
745	雅柏宝量化 5 号	7.73	1.75	1.64	0.36	

续表

编号	基金名称	过去五年 (2018~2022年)		过去三年 (2020~2022年)		过去三年、五年都具有选股能力
		α（%）	t（α）	α（%）	t（α）	
746	诚盛1期	7.65	1.92	6.40	1.11	
747	高致龙程1号	7.63	4.63	6.04	2.24	√
748	昆仑26号	7.62	1.76	3.72	0.63	
749	金铠6号	7.55	4.51	5.71	2.60	√
750	寰宇精选收益之睿益1期	7.54	1.93	9.15	1.38	
751	明泭中性1号	7.45	1.97	3.28	0.67	
752	远澜红枫3号	7.40	2.50	8.38	1.64	
753	汇升期权1号	7.37	1.64	6.15	0.98	
754	星辰之喜岳2号	7.29	2.09	-0.98	-0.26	
755	汇艾资产-稳健1号	7.25	2.25	9.93	3.86	√
756	盛泉恒元多策略量化对冲1号	7.15	2.73	4.91	1.20	
757	金铠建业1号	7.09	4.64	4.68	2.83	√
758	致远22号	7.00	1.99	0.20	0.05	
759	猎马源创3号	6.96	1.67	11.53	1.88	√
760	弘彦1号	6.75	1.87	10.35	1.89	√
761	天宝云中燕4期	6.68	2.97	5.49	1.64	
762	新方程对冲精选H1号	6.66	2.59	3.85	1.08	
763	龙旗紫微	6.62	1.75	5.78	0.94	
764	格量稳健1号	6.52	3.22	8.08	2.59	√
765	大道白驹	6.31	1.95	2.51	0.53	
766	信安稳盈宝2期	6.27	4.67	6.27	3.97	√
767	私募学院菁英335号	6.20	1.77	6.71	1.37	
768	华炎铁树	6.01	1.80	4.98	1.06	
769	元葵宏观策略复利1号	5.93	1.66	13.65	2.60	√
770	以太投资稳健成长13号	5.85	2.38	5.71	1.40	
771	新方程大类配置	5.70	2.59	4.50	1.30	
772	华炎晨星	5.42	1.90	7.01	1.62	
773	唯通伯兄卢比孔	5.41	1.64	4.91	1.04	

续表

编号	基金名称	过去五年 （2018~2022 年）		过去三年 （2020~2022 年）		过去三年、 五年都具有 选股能力
		α（%）	t（α）	α（%）	t（α）	
774	以太投资趋势 4 号	5.27	2.56	3.80	1.29	
775	盛冠达试金石 3 号	5.20	1.78	2.05	0.46	
776	源乘 1 号	5.17	2.09	5.34	1.37	
777	致同宝盈	5.07	2.15	5.13	2.12	√
778	曜石对冲母基金 1 号	4.75	2.53	4.84	2.68	√
779	新视野智能量化 2 号	4.49	2.23	7.41	2.37	√
780	期报实战排排网精选 1 号	4.44	1.77	1.51	0.39	
781	福瑞福元 1 号	4.39	4.54	3.93	2.64	√
782	新视野智能量化 3 号	3.54	2.19	5.29	2.35	√
783	珠池量化对冲套利策略母基金 1 号	3.12	2.60	1.16	0.66	
784	珠池量化稳健投资母基金 1 号	3.11	2.02	1.87	0.79	
785	乾元 TOT	2.83	1.80	2.99	1.34	
786	新视野智能量化 1 号	2.21	1.96	2.92	1.65	√

注：表中√代表在过去三年和过去五年都具有选股能力的股票型私募基金。

我们选取"正圆 1 号"基金作为研究对象，分析其基金经理在近五年中的选股能力（见表 3-5 和图 3-4）。该产品基金经理为正圆投资总经理廖茂林，其基金管理人广东正圆私募基金管理有限公司成立于 2015 年，旗下有 131 只基金，管理规模在 100 亿元以上。廖茂林具有十年以上证券分析、投资经验，善于发掘公司基本面拐点，得益于具备完整的计算机与金融双学科知识体系，对 TMT 行业形成了独特、完整的分析框架，坚持价值与成长并重，对于上市公司财务数据具有敏锐的洞察能力。具体来看，该基金近五年涨幅为 1 407%，万得全 A 指数同期上涨 6.46%，这只基金的业绩远远超过了大盘指数，近五年（2018~2022 年）年化 α 高达 55%，收益表现突出。该基金自 2019 年起保持着大幅上升的态势。2019~2021 年万得全 A 指数分别上涨 33%、26% 和 9%，而该基金分别获得了 194%、161% 和 168% 的收益。2022 年市场出现下跌，跌幅达 19%，该基金将跌幅控制在 15.5%，优于指数。近五年，"正圆 1 号"基金通过对个股选择的整体把控，获得了杰出的业绩，并充分体现了该基金经理的选股能力，同时也为客户及股东创造了核心价值。

表 3-5   **"正圆 1 号"基金净值年度涨幅与阶段涨幅**   单位：%

名称	2018 年度	2019 年度	2020 年度	2021 年度	2022 年度	近五年（2018~2022 年）
正圆 1 号	−13.35	194.44	160.64	168.23	−15.48	1 407.64
万得全 A 指数	−28.25	33.02	25.62	9.17	−18.66	6.46

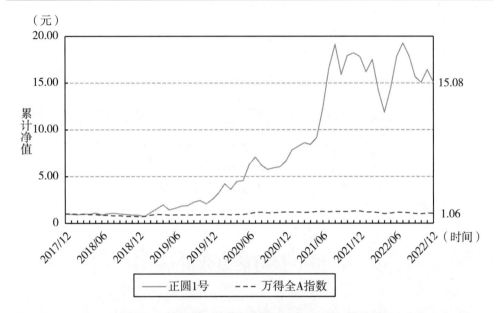

图 3-4   **"正圆 1 号"基金的累计净值：2018~2022 年**

下面我们再选取"林园投资 15 号"基金作为研究对象，分析其基金经理在近五年中的选股能力（见表 3-6 和图 3-5）。"林园投资 15 号"基金成立于 2017 年 7 月 13 日，由基金经理林园负责管理工作。林园是深圳林园投资管理有限公司的创始人，于 1989 年入市，2006 年创办阳光私募公司，至今历经多轮牛熊切换。他运用一套统一的方法体系和思维模型（投资"高护城河"和"成瘾"性商品，把行业方向视为投资的第一关键因素）进行了 35 年投资。截至 2022 年 12 月 31 日，该基金近五年（2018~2022 年）涨幅约为 281%，同期万得全 A 指数上涨 6.46%，该基金显著跑赢市场。该基金中长期业绩表现优异，总体来看，基金经理林园具备选好赛道和好公司的水平，投资管理水平十分优异，选股能力很强。

表 3-6   **"林园投资 15 号"基金净值年度涨幅与阶段涨幅**   单位：%

名称	2018 年度	2019 年度	2020 年度	2021 年度	2022 年度	近五年（2018~2022 年）
林园投资 15 号	−12.39	146.15	47.49	67.80	−28.64	280.86
万得全 A 指数	−28.25	33.02	25.62	9.17	−18.66	6.46

图 3–5 "林园投资 15 号"基金的累计净值：2018～2022 年

三、择时能力分析

对于具有五年历史业绩的基金，表 3–7 展示了基金经理们择时能力的估计结果。图 3–6 展示了采用 Treynor-Mazuy 模型估计出来的 2 753 只股票型私募基金择时能力 γ 的 t 值。我们主要关心基金经理是否具有正确的择时能力，因此我们使用单边假设检验。在 5% 的显著性水平下，有 139 只基金（占比 5%）的 γ 为正显著，其 t 值大于 1.64，说明这 139 只基金的基金经理表现出了显著的择时能力。有 2 177 只（占比 79%）基金的基金经理没有显著的择时能力。我们还看到，有 437 只基金（占比 16%）的 γ 为负显著，其 t 值小于 -1.64，说明这 437 只基金的基金经理具有明显错误的择时能力。总体来看，在过去五年（2018～2022 年）内，绝大部分（95%）股票型私募基金的基金经理不具备择时能力。

表 3–7　　　　　股票型私募基金择时能力 γ 显著性的估计结果：2018～2022 年

显著性	样本数量（只）	数量占比（%）
正显著	139	5
不显著	2 177	79
负显著	437	16
总计	2 753	100

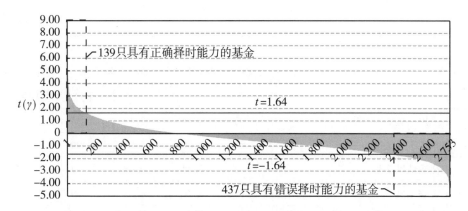

图 3-6　股票型私募基金择时能力 γ 的 t 值（显著性）排列：2018~2022 年

注：正确择时能力代表 $t(\gamma) > 1.64$，错误择时能力代表 $t(\gamma) < -1.64$，未表现出择时能力代表 $-1.64 \leq t(\gamma) \leq 1.64$。基金具有择时能力是指基金表现出正确的择时能力，基金不具有择时能力代表基金表现出错误的或未表现出择时能力。

我们主要关心具有正确择时能力的基金，换言之就是择时能力 γ 呈现正显著性的基金。在单边 T 检验中，如果基金 i 的择时能力指标 γ 所对应的 t 值大于 1.64，则代表该基金具有显著正确的择时能力。表 3-8 给出在过去五年（2018~2022 年）Treynor-Mazuy 模型中 γ 为正显著（具有择时能力）的 139 只基金的检验结果。我们同时也给出了这些基金在过去三年（2020~2022 年）的择时能力及显著性检验结果。可以发现，有 64 只基金在过去三年和过去五年都表现出了显著的择时能力，占 2 753 只基金的 2.3%。

在附录二中，我们列示出过去五年（2018~2022 年）中股票型私募基金经理选股能力、择时能力、β 值、年化收益、年化夏普比率和最大回撤率等相关计算结果，供读者朋友们查阅。

表 3-8　　　　　在过去五年具有择时能力的股票型私募基金：2018~2022 年

编号	基金名称	过去五年（2018~2022 年）		过去三年（2020~2022 年）		过去三年、五年都具有择时能力
		γ	$t(\gamma)$	γ	$t(\gamma)$	
1	仙风共赢 3 号	4.52	8.55	3.97	4.24	√
2	橙橶投资-私募学院菁英 198 号	10.51	7.11	3.25	1.83	√
3	仙风激进 5 号	5.75	6.71	3.76	3.43	√
4	广益成长	3.01	6.29	1.30	2.03	√
5	小强中国梦	3.78	4.99	2.83	2.29	√
6	泛涵康元 1 号	0.95	4.58	0.72	2.06	√

编号	基金名称	过去五年 (2018~2022 年)		过去三年 (2020~2022 年)		过去三年、 五年都具有 择时能力
		γ	$t(\gamma)$	γ	$t(\gamma)$	
7	磐川 1 号	4.03	4.34	2.14	1.55	
8	子午丁酉 A 期	3.82	4.00	4.85	2.99	√
9	社润精诚 2 号	0.92	3.94	0.48	1.32	
10	骏骁 1 号	3.75	3.76	6.63	3.59	√
11	银帆 12 期	4.08	3.69	0.79	0.44	
12	值搏率 1 号	3.96	3.59	6.23	3.21	√
13	昌远玄武 1 号	7.28	3.49	11.62	2.89	√
14	谦德福佑稳健 1 号	8.08	3.30	12.26	2.71	√
15	支点先锋 1 号	5.09	3.24	9.10	3.11	√
16	中证 800 等权指数 2 倍增强 4 期	3.51	3.15	−0.47	−0.37	
17	盈至东方量子 1 号	4.12	3.13	1.45	0.71	
18	航长常春藤 9 号	3.22	3.09	1.33	0.71	
19	华尔进取 8 号	2.88	3.06	2.67	1.59	
20	盛泉恒元多策略量化对冲 2 号	1.08	3.05	0.45	0.70	
21	谦德福佑价值进取 1 号	7.30	3.01	10.33	2.30	√
22	天宝云中燕 3 期	1.25	2.99	2.65	4.24	√
23	宁聚自由港 1 号 B	2.49	2.97	0.72	0.55	
24	中证 500 指数 2 倍增强 3 期	4.09	2.92	−2.55	−2.00	
25	福瑞福元 1 号	0.41	2.90	0.43	1.68	√
26	雁丰股票增强 1 号	1.84	2.89	2.54	3.16	√
27	宽桥名将 2 号	2.36	2.86	3.61	3.09	√
28	储泉恒星量化 1 号	0.94	2.84	−0.26	−0.80	
29	盛泉恒元多策略量化对冲 1 号	1.08	2.83	0.48	0.69	
30	柘瓯-磐石 1 号	4.76	2.82	4.20	1.88	√
31	道仑量化稳健卓越 1 号	2.12	2.80	1.37	1.22	
32	盈定 12 号	3.80	2.76	−3.11	−1.94	
33	理石股票优选 1 号	6.12	2.74	11.08	2.91	√

续表

编号	基金名称	过去五年 (2018~2022 年)		过去三年 (2020~2022 年)		过去三年、五年都具有择时能力
		γ	$t\ (\gamma)$	γ	$t\ (\gamma)$	
34	鑫兰瑞	3.37	2.74	1.75	0.75	
35	东源嘉盈回报	3.51	2.69	6.29	2.64	√
36	航长常春藤 5 号	1.99	2.66	0.80	0.60	
37	初霓 1 号	2.65	2.64	5.82	3.30	√
38	榜样精彩	1.93	2.62	3.49	3.32	√
39	航长红棉 3 号	2.12	2.56	0.26	0.17	
40	龟兔赛跑 1 号	2.02	2.56	4.56	3.25	√
41	银帆 10 期	2.29	2.55	−1.65	−1.32	
42	天蝎 A	2.77	2.52	6.21	3.17	√
43	乾元光辉岁月稳进 1 号	2.31	2.51	3.23	2.91	√
44	元 1 号	3.69	2.47	8.72	3.39	√
45	支点先锋 3 号	5.46	2.43	9.85	2.30	√
46	中睿合银弈势 1 号	3.12	2.43	−0.77	−0.36	
47	达 1 号	1.56	2.42	2.28	2.19	√
48	堃熙多策略 8 号	0.96	2.40	2.01	3.25	√
49	盛泉恒元多策略市场中性 3 号	0.86	2.39	0.31	0.46	
50	诺鼎季风价值 3 号	2.30	2.38	1.43	0.84	
51	高溪量化对冲进取 1 号	4.04	2.36	9.69	3.12	√
52	天贝合共盈 2 号	8.05	2.35	−3.00	−0.62	
53	易凡 5 号	3.55	2.34	2.50	0.97	
54	支点先锋 2 号	2.66	2.31	4.29	1.91	√
55	平凡悟量	1.11	2.30	1.75	2.37	√
56	达蓬秦岭 1 号	4.45	2.28	6.45	1.65	√
57	九坤日享中证 500 指数增强 1 号	1.50	2.27	0.19	0.19	
58	龙旗凌云	2.41	2.24	0.25	0.18	
59	辰阳初心	1.06	2.22	1.03	1.40	
60	炒贵 1 号	6.86	2.21	2.36	0.52	

续表

编号	基金名称	过去五年 （2018~2022 年）		过去三年 （2020~2022 年）		过去三年、 五年都具有 择时能力
		γ	$t(\gamma)$	γ	$t(\gamma)$	
61	民晟全天候 2 号	2.97	2.21	0.50	0.33	
62	塑造者 1 号	2.77	2.21	7.59	3.98	√
63	溢鎏 1 号	2.22	2.21	−1.75	−1.11	
64	天辰稳健 1 号	5.40	2.18	6.66	1.47	
65	匹克辛亚量化管理型 9 号	8.23	2.18	13.64	2.40	√
66	昀启稳健成长	2.65	2.17	5.41	3.14	√
67	中睿合银策略精选系列 A 号	2.55	2.16	−0.04	−0.02	
68	华炎晨星	0.88	2.12	0.79	1.06	
69	德汇尊享 2 号	2.66	2.11	1.92	1.09	
70	恒锐 3 号	2.31	2.11	0.83	0.55	
71	天宝云中燕 4 期	0.69	2.11	0.91	1.59	
72	前海大宇精选 2 号	7.41	2.10	14.00	1.94	√
73	航长常春藤 7 号	1.90	2.10	1.09	0.61	
74	泰亚 2 期	1.21	2.09	2.92	3.16	√
75	明哲 3 号	4.60	2.08	8.41	1.92	√
76	华炎晨晖	1.00	2.07	1.12	1.41	
77	安鑫动力	0.59	2.06	0.36	0.80	
78	银湖 2 期	2.54	2.06	1.75	0.81	
79	汇升稳进共盈 1 号	2.64	2.05	5.98	2.39	√
80	滨海-龙腾 7 号	1.05	2.05	1.36	1.50	
81	中睿合银策略精选 1 号	2.70	2.02	0.66	0.25	
82	华融海特 1 号	2.80	2.01	2.64	1.95	√
83	仓红 3 号见龙在田	3.56	2.00	3.40	1.08	
84	本地资本紫气东来 FOF	0.80	1.99	0.27	0.55	
85	励石宏观对冲策略 1 期	2.85	1.99	3.69	1.88	√
86	迈隆 1 号	1.63	1.99	1.85	1.22	
87	洪昌价值成长 1 号	3.93	1.98	−3.46	−1.03	

续表

编号	基金名称	过去五年(2018~2022年)		过去三年(2020~2022年)		过去三年、五年都具有择时能力
		γ	$t(\gamma)$	γ	$t(\gamma)$	
88	思晔全天候1号	1.65	1.96	3.77	2.64	√
89	麒涵3号	2.13	1.95	4.46	2.44	√
90	金莉洋1号	0.71	1.93	0.29	0.44	
91	睿信	2.85	1.91	7.05	2.66	√
92	安诺1期	5.25	1.91	7.05	1.27	
93	黄金优选25期1号	3.08	1.89	3.11	1.15	
94	京石8号	6.25	1.88	11.43	2.18	√
95	盛冠达试金石3号	0.80	1.87	1.62	2.12	√
96	高溪套利宝1号	3.02	1.87	5.40	1.71	√
97	年年有余大盘策略	2.10	1.87	3.98	1.79	
98	金蕴21期(泓璞1号)	3.20	1.86	3.53	1.22	
99	沪深300指数对冲2号	2.11	1.85	5.72	3.05	√
100	复熙恒赢11号	0.33	1.84	0.73	2.59	√
101	大数据稳健成长1号	3.04	1.84	−0.24	−0.08	
102	进化论悦享1号	2.02	1.82	−1.40	−0.84	
103	大通道财道1号	3.16	1.81	−1.88	−0.58	
104	逐熹1号	4.18	1.80	0.01	0.00	
105	华银稳健成长1号	1.98	1.79	3.05	1.43	
106	比格戴特1期	1.71	1.79	2.18	1.52	
107	肇毓投资天府菁蓉1号	1.86	1.79	3.59	2.28	√
108	永望复利成长1号	2.91	1.79	5.35	1.83	√
109	舍得之道资本-平安吉象B期	3.52	1.78	9.48	2.73	√
110	仓红1号	2.74	1.78	2.79	1.04	
111	荣通1号	7.49	1.78	9.16	1.25	
112	陞晨进取型量化投资1号	1.85	1.78	0.35	0.23	
113	红五星	1.12	1.77	−0.37	−0.36	
114	航长常春藤10号	1.70	1.76	−0.27	−0.17	

续表

编号	基金名称	过去五年（2018~2022 年）		过去三年（2020~2022 年）		过去三年、五年都具有择时能力
		γ	$t(\gamma)$	γ	$t(\gamma)$	
115	掌廷 1 号	5.23	1.76	10.38	1.86	√
116	江煦 3 号	2.48	1.74	4.38	1.65	√
117	融智 FOF9 期混沌价值 2 号	3.66	1.73	11.86	3.21	√
118	航长常春藤	2.17	1.73	−0.22	−0.10	
119	简雍量化稳健	1.61	1.73	0.46	0.39	
120	明曜新三板 1 期	2.55	1.72	6.36	2.20	√
121	盈阳 16 号	1.99	1.72	0.23	0.11	
122	罗杰岛量化 2 号	1.87	1.72	4.06	2.17	√
123	龙旗御风	1.74	1.71	−0.80	−0.56	
124	旭鑫价值成长 1 期	1.41	1.70	1.24	0.85	
125	冲和小奖章 4 号	2.26	1.69	3.73	1.65	√
126	衍航 1 号	1.48	1.68	2.29	1.31	
127	本利达 2 号	2.96	1.68	1.84	0.79	
128	宝时正气 3 期	4.97	1.66	−3.11	−0.57	
129	炳富创业板增强	1.37	1.66	−0.26	−0.19	
130	景富 2 期	2.47	1.66	2.52	0.84	
131	易同领先	3.15	1.66	8.07	2.31	√
132	子午达芬奇 1 号	1.04	1.66	2.17	2.34	√
133	汇富进取 3 号	1.72	1.66	2.40	1.24	
134	中睿合银弈势 2 号	1.56	1.65	1.61	0.88	
135	天岸马鹏程	3.02	1.65	3.86	1.30	
136	汇富金财时间周期对冲 1 号	2.65	1.65	7.25	3.13	√
137	瑞晟昌-双轮策略 1 号	3.11	1.65	3.30	0.86	
138	盛运德诚趋势 16 号	2.33	1.65	0.76	0.32	
139	以太投资进取 9 号	0.73	1.64	0.85	1.65	√

注：表中√代表在过去三年和过去五年都具有择时能力的股票型基金。

四、选股能力与择时能力的稳健性检验

在之前的关于基金经理选股能力和择时能力的研究中，我们所用的样本为2018~2022年的五年样本。那么当分析的样本时间加长或缩短时，我们所得出的相关结论是否会发生变化？即当样本所选取的时间不同时，对于基金经理的选股能力和择时能力的结论是否有影响？如果有影响，这种影响是由于不同样本时间内基金之间的差异所带来的，还是由于相同基金所处的市场环境的不同所带来的？为了回答上述问题，我们使用三年样本（2020~2022年）和七年样本（2016~2022年）来对基金经理的选股能力和择时能力进行稳健性检验，并将分析结果与之前的五年样本（2018~2022年）的结果进行对比，从而判断样本时间选取的不同是否会影响基金经理的选股能力和择时能力。在三年和七年样本中，我们同样要求每只基金有完整的净值数据。各样本区间内包含的样本数量具体见表3-1。时间跨度较长的样本区间内的基金与时间跨度较短的样本区间内的基金是部分重合的。例如，三年样本中的基金数量为6 270只，五年样本中的基金数量为2 753只，七年样本中的基金数量为952只，七年样本中的952只基金都在三年和五年样本中，五年样本的2 753只基金也都在三年样本中。

图3-7展示了在2016~2022年期间，不同时间长度的样本区间内具有选股能力的股票型基金的数量占比，仍以5%的显著性水平进行分析。在三年样本（2020~2022年）中，有15%的基金经理具有显著的选股能力；在五年样本（2018~2022年）中，该比例与上一区间相比有所上升，为29%；而在2016~2022年的七年样本中，该比例略有下降至28%。可见，在不同的样本区间内，具有显著选股能力的基金经理的比例还是有所差异的。

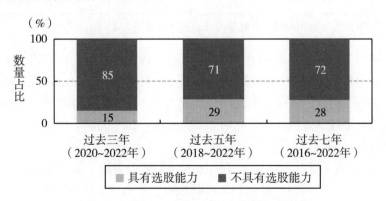

图3-7 样本区间内具有选股能力的基金数量占比

表 3-9 展示了在不同样本区间中选股能力 α 显著性估计的更详细的结果，表中除了给出不同样本区间中具有正确选股能力的基金经理的比例，还给出了选股能力分别为不显著、负显著的基金经理的比例，以及同期万得全 A 指数的累积涨幅。尽管三个样本区间的终点皆为 2022 年底，但每个样本区间的起始点不同，因此它们所对应的市场环境不同。在过去三年（2020~2022 年），万得全 A 指数涨幅为12%；在过去五年（2018~2022 年），万得全 A 指数上涨了 6%；在过去七年（2016~2022 年），万得全 A 指数下降了 3%。三个样本区间中，具有选股能力的基金经理数量占比依次为 15%、29% 和 28%。可以看出，股票市场在过去三年（2020~2022 年）和过去五年（2018~2022 年）涨幅较大。股票市场在 2018 年和2022 年遭遇大跌，整体波动较为剧烈，故而过去七年（2016~2022 年）市场涨幅较小，另两个区间内指数涨幅较大。还可以看出，在三年、五年和七年样本中，具有选股能力的基金经理数量占比和股票市场涨幅呈反向变动的关系。当股票市场涨幅较大时，展现出选股能力的基金经理的比例相对较低；当股票市场涨幅较小时，展现出选股能力的基金经理的比例相对较高。

表 3-9 三年、五年、七年样本选股能力显著性的估计结果

样本区间	正显著 （只）	不显著 （只）	负显著 （只）	基金数量 （只）	万得全 A 涨幅 （%）
过去三年 （2020~2022 年）	957 （15%）	5 163 （82%）	150 （2%）	6 270	12
过去五年 （2018~2022 年）	786 （29%）	1 940 （70%）	27 （1%）	2 753	6
过去七年 （2016~2022 年）	263 （28%）	673 （71%）	16 （2%）	952	-3

注：括号中的数字为相应的基金数量占比，显著性水平为5%。

在三年、五年和七年样本中，具有显著选股能力的基金经理的比例除了受到不同样本所处的市场环境的影响之外，还与所分析样本之间的差异有关。因为每年都有新成立和停止运营的基金，不同的分析样本中所包含的基金数量是不同的。我们在以下的分析中控制这种样本之间的差异，重新对比不同样本区间内具有显著选股能力的基金的比例。

表 3-10 展现的是在七年样本（2016~2022 年）中的 952 只基金，在三年样本（2020~2022 年）和五年样本（2018~2022 年）中通过 Treynor-Mazuy 四因子模型估计出来的选股能力的表现。如果我们考察这 952 只基金的三年期业绩，那么有110 只（占比 12%）基金的基金经理具有显著的选股能力，当考察期变为五年和七

年后，分别有 243 只（占比 26%）和 263 只（占比 28%）基金的基金经理具有显著的选股能力。在这 952 只基金中，无论考察三年、五年还是七年的样本，每类样本中都有 72% 以上的基金没有选股能力。整体来看，有 10%~30% 的基金经理具有选股能力。

表 3-10　　　　　具有七年样本的股票型私募基金在三年、五年样本中
选股能力 α 显著性的估计结果

样本区间	正显著（只）	不显著（只）	负显著（只）	基金数量（只）	万得全 A 涨幅（%）
过去三年（2020~2022 年）	110（12%）	817（86%）	25（3%）	952	12
过去五年（2018~2022 年）	243（26%）	696（73%）	13（1%）	952	6
过去七年（2016~2022 年）	263（28%）	673（71%）	16（2%）	952	-3

注：括号中数字为相应的基金数量占比，显著性水平为 5%。

我们同样分析了在三年样本和五年样本中都有数据的 2 753 只基金选股能力的差异，具体如表 3-11 所示。在三年样本中，有 390 只基金（占比 14%）的基金经理具有显著的选股能力。在五年样本中，具有选股能力的基金上升至 786 只（占比 29%）。我们发现，从近三年到近五年中，具有选股能力的基金数量有所上升。

表 3-11　　　　　具有五年样本的股票型私募基金在三年、五年样本中
选股能力 α 显著性的估计结果

时间区间	正显著（只）	不显著（只）	负显著（只）	基金数量（只）	万得全 A 涨幅（%）
过去三年（2020~2022 年）	390（14%）	2 299（84%）	64（2%）	2 753	12
过去五年（2018~2022 年）	786（29%）	1 940（70%）	27（1%）	2 753	6

注：括号中数字为相应的基金数量占比，显著性水平为 5%。

上述分析的结论同样和之前分别使用三年或五年全部样本的结论近似（见表 3-9）。可见，并不是由于基金个体之间的不同导致在三年、五年、七年样本区间内具有选股能力的基金经理比例的差异。因为我们在选取相同的基金时，这个差

异在三年、五年、七年样本区间内也是同样存在的。故而我们认为，是由于不同分析时间内我国股票市场环境的不同，导致使用最近三年、五年和七年样本的分析结果产生差异。

接下来，我们利用同样的方法来分析基金经理的择时能力。图 3-8 展示了在不同样本区间中具有显著择时能力的基金的比例，还是以 5% 的显著性水平进行讨论。在三年样本（2020~2022 年）和五年样本（2018~2022 年）中，分别有 9% 和 5% 的基金经理具有显著的择时能力，而在七年样本（2016~2022 年）中，该比例上升至 12%。可见，在不同的样本区间内，具有显著择时能力的基金经理的比例都非常低。

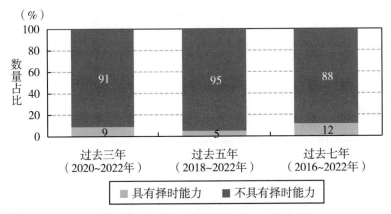

图 3-8　样本区间内具有择时能力的股票型私募基金的数量占比

表 3-12 展示了不同样本区间中择时能力 γ 显著性检验更详细的结果。我们发现，无论是在三年、五年还是七年样本中，都至少有 88% 以上的基金经理不具备择时能力。由此可见，对股票市场未来涨跌的判断是一件非常困难的事情，具有择时能力的基金经理实属凤毛麟角。

表 3-12　　　　　　　　三年、五年、七年样本择时能力显著性的估计结果

样本区间	正显著（只）	不显著（只）	负显著（只）	基金数量（只）	万得全 A 涨幅（%）
过去三年（2020~2022 年）	558（9%）	5 265（84%）	447（7%）	6 270	12
过去五年（2018~2022 年）	139（5%）	2 177（79%）	437（16%）	2 753	6
过去七年（2016~2022 年）	111（12%）	772（81%）	69（7%）	952	−3

注：括号中数字为相应的基金数量占比，显著性水平为 5%。

总体而言，我国有近三成的股票型基金经理具有选股能力，绝大部分基金经理不具有判断市场走向的择时能力。

五、自助法检验

之前的回归分析结果表明，部分基金经理具有显著的选股能力或择时能力，那么这些基金经理的能力会不会是由于运气带来的呢？由于基金的收益率不是严格服从正态分布，因此回归分析的结果虽然表明某些基金经理具有显著的选股能力或择时能力，但这些结果可能是由于样本的原因，即运气的因素所带来的，而不是来自基金经理自身的投资能力。那么在具有显著的选股能力或择时能力的基金经理中，哪些基金经理是因为运气而取得了良好的业绩，哪些基金经理又是真正拥有投资能力呢？

著名的统计学家 Efron 在 1979 年提出了一种对原始样本进行重复抽样，从而产生一系列新的样本的统计方法，即自助法（bootstrap）。自助法是对原始样本进行重复抽样以产生一系列"新"的样本的统计方法，图 3-9 展示了自助法的抽样原理。如图 3-9 所示，我们观察到的样本只有一个，如某只基金的历史收益数据，因此只能产生一个统计量（如基金经理的选股能力）。自助法的基本思想是对已有样本进行多次抽样，即把现有样本的观测值看成一个新的总体再进行有放回的随机抽样，这样在不需要增加额外的新样本的情况下，会获得多个统计量，即获得基金经理选股能力的多个估计值，通过对比这多个统计量所生成的统计分布和实际样本产生的统计量，就可以判断基金经理的能力是否来源于运气。在以下的检验中，我们对每只基金的样本进行 1 000 次抽样。我们也使用 5 000 次抽样来区分基金经理的能力和运气，因为这些结果与使用 1 000 次抽样的结果十分类似，结论不再赘述。

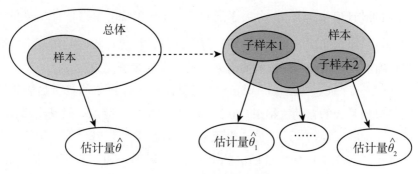

图 3-9　自助法抽样示意

　　我们以基金 i 的选股能力 α 进行自助法检验为例。通过 Treynor-Mazuy 四因子模型对基金 i 的月度净收益的时间序列进行普通最小二乘法（OLS）回归，估计模型的 $\hat{\alpha}$、风险系数（$\hat{\beta}_{mkt}$、$\hat{\beta}_{smb}$、$\hat{\beta}_{hml}$、$\hat{\beta}_{mom}$）、残差序列，具体模型见式（3.3）。我们通过自助法过程对获得的残差序列进行 1 000 次抽样，根据每次抽样后的残差和之前估计出来的风险系数（$\hat{\beta}_{mkt}$、$\hat{\beta}_{smb}$、$\hat{\beta}_{hml}$、$\hat{\beta}_{mom}$）构造出 1 000 组不具备选股能力（$\hat{\alpha}=0$）的基金的超额收益率，获得 1 000 个没有选股能力的基金的样本，每一个新生成的基金样本与基金 i 有同样的风险暴露。然后，我们对这 1 000 个样本再次进行 Treynor-Mazuy 四因子模型回归，就获得了 1 000 个选股能力 α 的估计值。由于这 1 000 个 α 是出自我们构造的没有选股能力的基金的收益率，在 5% 的显著性水平下，如果这 1 000 个 α 中有多于 5% 比例的（该比例为自助法的 P 值）α 大于通过 Treynor-Mazuy 四因子模型回归所得到的基金 i 的 $\hat{\alpha}$（真实 α），则表明基金 i 的选股能力 α 并不是来自基金经理自身的能力，而是来自运气因素和统计误差；反之，如果这 1 000 个 α 中只有少于 5% 的 α 大于基金 i 的 $\hat{\alpha}$，则表明基金 i 的选股能力 α 并不是来自运气因素，而是来自基金经理的真实能力。Kosowski、Timmermann、White 和 Wermers（2006），Fama 和 French（2010），Cao、Simin 和 Wang（2013），Cao、Chen、Liang 和 Lo（2013）等利用该方法研究了美国基金经理所取得的业绩是来自他（她）们的能力还是运气。

　　在之前的分析中我们得到，在五年样本（2018~2022 年）的 2 753 只样本基金中，有 786 只基金表现出正确的选股能力，我们进一步对这 786 只基金的选股能力进行自助法检验。图 3-10 展示了部分基金经理（10 位）通过自助法估计出来的 1 000 个选股能力 α 的分布和实际 α 的对比。图 3-10 中的曲线为通过自助法获得的选股能力 α 的结果，垂直线为运用 Treynor-Mazuy 模型估计出来的实际选股能力 α 的结果。例如，对于"量磁群英 1 号"基金而言，通过自助法估计出的 1 000 个选股能力 α 的统计值中，有 20 个大于通过 Treynor-Mazuy 模型估计出来的实际 α（$\hat{\alpha}=78.42\%$），即自助法的 P 值为 0.02（$P=2\%$），从统计检验的角度讲，我们有 95% 的信心确信该基金经理的选股能力来自其自身的投资能力。

　　表 3-13 展示了通过 Treynor-Mazuy 四因子模型估计出来的具有显著选股能力的 786 只股票型基金的自助法结果。在这 786 只基金中，有 533 只基金自助法的 P 值小于 0.05，如"卓晔 1 号""匠心全天候""谷春 1 号"基金等，这些基金在表中已用 * 标出；有 253 只基金自助法的 P 值大于 0.05，如"骏伟资本价值 5 期""万川煜晨 2 号""中珏安粮 2 号"基金等。值得注意的是，表现出选股能力但未通过自助法检验的基金基本上有比较小的 $t(\alpha)$。从统计学假设检验的角度讲，我

们有95%的把握得出以下结论：这533只基金（占2 753只基金的19%）的基金经理的选股能力来自自身能力，而另外253只基金的基金经理的选股能力来自运气和统计误差。

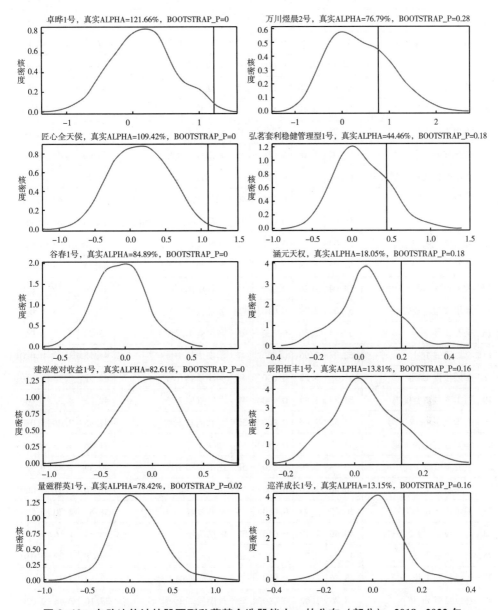

图3-10　自助法估计的股票型私募基金选股能力 α 的分布（部分）：2018~2022 年

注：曲线表示通过自助法获得的选股能力 α 的分布，垂直线表示运用 Treynor-Mazuy 四因子模型估计出来的实际选股能力 α。

表 3-13　　具有选股能力的股票型私募基金的自助法检验结果：2018~2022 年

编号	基金名称	年化 α(%)	t(α)	自助法 P 值	编号	基金名称	年化 α(%)	t(α)	自助法 P 值
1	卓晔 1 号	121.66	3.19	0.000*	31	林园投资 1 号	48.20	2.11	0.010*
2	匠心全天候	109.42	2.52	0.000*	32	复胜富盛 1 号	47.79	2.95	0.010*
3	骏伟资本价值 5 期	90.45	2.29	0.070	33	华安合鑫稳健	47.65	2.39	0.030*
4	谷春 1 号	84.89	3.87	0.000*	34	林园投资 12 号	46.76	3.25	0.000*
5	建泓绝对收益 1 号	82.61	2.76	0.000*	35	文储 7 期	45.72	1.84	0.060
6	量磁群英 1 号	78.42	2.43	0.020*	36	林园投资 10 号	45.49	2.42	0.000*
7	万川煜晨 2 号	76.79	1.70	0.280	37	涌津涌赢 1 号	45.20	2.32	0.040*
8	中珏安粮 2 号	73.92	1.75	0.080	38	林园投资 9 号	45.00	2.45	0.010*
9	建泓时代绝对收益 2 号	68.02	2.28	0.040*	39	盈沣远航 1 号	44.96	2.07	0.070
10	亚鞅价值 1 号	59.33	1.75	0.110	40	四相 3 期	44.67	2.65	0.020*
11	千榕细叶榕	59.09	2.82	0.000*	41	弘茗套利稳健管理型 1 号	44.46	1.65	0.180
12	涌贝资产阳光稳健	58.34	2.55	0.040*	42	林园投资 13 号	44.20	3.02	0.010*
13	正圆 1 号	54.95	2.18	0.020*	43	林园投资 16 号	44.13	2.87	0.010*
14	大禾投资-掘金 5 号	54.04	2.20	0.020*	44	金舆中国互联网	43.94	2.40	0.030*
15	新里程超越梦想	53.50	2.19	0.010*	45	敦然投资-鼎弘	43.76	3.14	0.000*
16	美石 2 号	53.33	2.36	0.020*	46	裕恒资本双龙 1 号	43.20	3.98	0.010*
17	金然稳健 1 号	52.94	2.96	0.000*	47	信安成长 1 号	43.15	3.05	0.000*
18	林园投资 15 号	51.94	3.28	0.000*	48	涌津涌鑫 6 号	42.92	2.18	0.050
19	冠丰 3 号消费优选	51.77	1.84	0.040*	49	百航进取 2 号	42.15	4.52	0.000*
20	大禾投资-掘金 6 号	51.52	2.46	0.000*	50	华鑫消费 1 号	41.95	2.06	0.080
21	华安合鑫稳健 1 期	51.32	2.59	0.030*	51	新镝 1 号	41.56	1.78	0.050
22	复胜正能量 1 期	50.78	2.72	0.010*	52	瑞丰汇邦 3 号	40.49	2.32	0.010*
23	新御良马 1 期	50.46	3.20	0.000*	53	伏犀奇点 2 号	39.06	3.27	0.000*
24	瀚木资产瀚木 1 号	50.02	1.94	0.080	54	林园投资 17 号	38.87	2.70	0.000*
25	大禾投资-掘金 1 号	49.46	2.19	0.010*	55	顺然 7 号	38.44	1.86	0.060
26	林园投资 20 号	49.29	2.70	0.020*	56	尚珑 1 号成长	38.08	2.29	0.010*
27	青鼎恒润 1 号	48.76	1.92	0.050	57	岁寒知松柏 1 号	37.82	3.34	0.010*
28	林园投资 11 号	48.70	3.02	0.020*	58	林园投资 19 号	37.16	2.48	0.020*
29	林园投资 2 号	48.42	2.30	0.000*	59	小虎进取 1 号	36.99	3.31	0.000*
30	红林投资-私募学院菁英 212 号	48.25	2.03	0.080	60	悟源农产品 2 号	36.89	2.06	0.030*
					61	林园投资 3 号	36.80	2.43	0.010*

续表

编号	基金名称	年化α(%)	t(α)	自助法P值	编号	基金名称	年化α(%)	t(α)	自助法P值
62	新智达成长1号	36.76	1.82	0.060	93	林园投资6号	31.63	2.00	0.040*
63	弘唯基石华盈	36.36	2.03	0.040*	94	登程进取	31.49	2.67	0.000*
64	齐家科技先锋	35.87	1.88	0.060	95	逸原2号	31.32	1.75	0.040*
65	林园投资14号	35.71	2.33	0.010*	96	益和源1号	31.21	1.92	0.030*
66	神农优选价值	35.69	2.53	0.010*	97	衍恒南山1号	31.14	2.18	0.010*
67	淳麟问渠	35.53	2.55	0.020*	98	云天志太平山1号	30.98	1.77	0.110
68	塑造者1号	35.33	4.13	0.000*	99	星池量化木星1号	30.89	1.86	0.030*
69	天天向上2号(铭环资产)	35.23	2.01	0.040*	100	赢动先锋	30.56	1.96	0.030*
70	远澜红枫1号	34.53	2.57	0.000*	101	掌赢-卡欧斯2号	30.42	2.12	0.050
71	林园投资7号	34.41	1.88	0.050	102	初霓1号	30.30	4.41	0.000*
72	熠道丰盈1号	33.78	7.16	0.000*	103	大朴多维度24号	29.90	6.56	0.000*
73	伏明2号	33.43	1.75	0.080	104	善道港股通精选1号	29.86	1.78	0.110
74	宁水精选3期	33.41	2.48	0.000*	105	与取华山1号	29.74	1.87	0.030*
75	瑞文1号	33.36	1.80	0.060	106	林园投资21号	29.63	2.08	0.030*
76	盈定2号	33.21	1.91	0.070	107	夸克1877	29.59	2.85	0.030*
77	钰锦慢牛2号	33.20	1.87	0.090	108	恒健远志量化对冲1期	29.56	6.55	0.000*
78	靖奇光合长谷	33.15	3.76	0.000*	109	大鹏湾财富3期	29.40	2.30	0.000*
79	融智FOF7期	33.14	2.14	0.050	110	优稳量化对冲套利策略1号	29.31	2.48	0.000*
80	林园投资18号	33.09	2.06	0.070					
81	夸克1号	32.96	3.19	0.000*	111	达理1号	29.26	2.10	0.020*
82	同德量化1号	32.93	2.64	0.020*	112	磐厚蔚然-禾天下5号	29.23	1.74	0.040*
83	同庆2期	32.89	2.64	0.010*	113	利道永晟1号	28.95	2.32	0.040*
84	彀瑞楚正进取1号	32.66	3.00	0.020*	114	品赋荣耀	28.88	1.91	0.110
85	晓峰1号睿远	32.63	5.25	0.000*	115	卓盈进取3号	28.88	2.96	0.000*
86	卓铸卓越1号	32.56	2.38	0.020*	116	高毅晓峰鸿远	28.87	5.25	0.000*
87	林园投资5号	32.56	2.14	0.010*	117	磐厚动量-远翔1号	28.82	2.99	0.010*
88	林园投资8号	32.24	2.16	0.010*	118	冲和战狼1号	28.82	1.97	0.090
89	神农长空集母	32.23	2.15	0.020*	119	上海远澜硕桦1号	28.77	2.94	0.000*
90	大盈成长1号	31.93	2.03	0.020*	120	川砺稳健2号	28.70	2.75	0.000*
91	锦瑞恒-梦想1号	31.90	3.63	0.000*	121	神农长空集1号	28.55	1.89	0.060
92	兆天金牛精选2号	31.83	2.60	0.000*	122	君煦1号	28.46	2.37	0.010*

编号	基金名称	年化 α(%)	$t(\alpha)$	自助法 P 值	编号	基金名称	年化 α (%)	$t(\alpha)$	自助法 P 值
123	滨利价值尊享 1 号	28.30	1.97	0.030*	152	龙旗巨星 1 号	25.90	2.03	0.010*
124	上海黑极价值精选 1 号	28.29	2.26	0.030*	153	勤远动态平衡 1 号	25.86	2.18	0.050
125	七禾兰瑞 1 号	28.23	2.01	0.060	154	神农春江	25.72	2.07	0.040*
126	弘尚资产健康中国 1 号	28.17	5.44	0.000*	155	静逸 1 期	25.72	2.08	0.060
127	紫升文丰量化	27.89	4.41	0.000*	156	望岳投资小象 1 号	25.68	2.23	0.030*
128	希瓦小牛 7 号	27.87	2.82	0.010*	157	星纪月月盈	25.68	1.76	0.060
129	高毅新方程晓峰 2 号致信 5 号	27.67	4.77	0.000*	158	神农价值精选 1 号	25.62	1.80	0.070
					159	紫升文丰 2 期	25.61	5.96	0.000*
130	卓铸卓越 3 号	27.58	1.93	0.070	160	博普绝对价值 1 号	25.61	2.46	0.000*
131	查理价值套利稳健型 3 号 A 期	27.54	2.45	0.030*	161	正见稳定成长 1 期	25.53	2.24	0.000*
					162	鲤鱼门稳健	25.34	1.86	0.030*
132	元储-学院菁英 193 号	27.52	1.77	0.060	163	大朴多维度 15 号	25.31	5.65	0.000*
133	鹰傲绝对价值	27.38	2.23	0.020*	164	金百镕 1 期	25.25	2.53	0.020*
134	青云专享 1 号	27.38	1.93	0.020*	165	广发纳斯特乐睿 1 号	25.24	1.76	0.060
135	财掌柜持股宝 8 号	27.30	2.56	0.020*	166	溪牛长期回报	25.23	2.17	0.020*
136	盈阳指数增强 1 号	26.91	2.32	0.030*	167	五色土 5 期	25.15	1.70	0.020*
137	德高 1 号	26.82	2.16	0.040*	168	林园 2 期	25.09	1.70	0.130
138	林园投资 4 号	26.71	1.77	0.050	169	泽元元丰	25.08	2.09	0.060
139	青果	26.62	3.62	0.000*	170	理石秃鹫 1 号	25.05	3.25	0.000*
140	正泽元价值成长 1 号	26.62	2.38	0.020*	171	弘尚企业融资驱动策略	25.05	3.31	0.000*
141	大朴多维度 23 号	26.55	5.56	0.000*	172	成飞稳赢 1 号	24.95	2.89	0.000*
142	希瓦小牛精选	26.50	2.54	0.020*	173	觉航启航 1 号	24.85	3.22	0.000*
143	鹰傲长盈 1 号	26.50	2.18	0.020*	174	大鹏湾财富 5 期	24.85	2.00	0.040*
144	可伟资产-同创 3 号	26.42	3.66	0.000*	175	逸原 1 号	24.83	1.71	0.090
145	信璞投资-琢钰 100	26.21	2.34	0.010*	176	博鸿元泰	24.80	2.38	0.020*
146	大鹏湾财富 4 期	26.14	1.99	0.060	177	量度 1 号	24.78	1.71	0.090
147	熠道稳赢 1 号	26.06	2.67	0.000*	178	睿璞投资-睿洪 1 号	24.69	2.61	0.000*
148	天蝎 A	26.05	3.46	0.000*	179	SyncHedge 程序化 1 号	24.67	1.93	0.050
149	康曼德 003 号	26.01	2.60	0.030*	180	新思哲成长	24.60	2.35	0.020*
150	中环港沪深对冲 2 号	25.96	2.58	0.010*	181	积露资产量化对冲	24.53	2.43	0.040*
151	绿宝石 2 期	25.94	2.12	0.070	182	壁虎成长 6 号	24.51	1.95	0.080

编号	基金名称	年化α(%)	$t(\alpha)$	自助法P值	编号	基金名称	年化α(%)	$t(\alpha)$	自助法P值
183	银叶阶跃	24.47	2.65	0.000*	212	彤源同庆3号	22.92	2.68	0.000*
184	巴奇索耐力稳健1号	24.46	1.91	0.070	213	山楂树2期	22.87	1.98	0.010*
185	启元潜龙1号	24.33	2.25	0.010*	214	万霁3号	22.87	2.27	0.050
186	昭图5期	24.14	2.60	0.010*	215	苗安稳健成长2号	22.85	1.89	0.050
187	广汇缘3号	24.10	1.80	0.120	216	新活力稳进	22.82	2.64	0.000*
188	博鸿聚义	24.03	3.07	0.010*	217	循远安心2号	22.81	3.00	0.010*
189	万霁1号	23.94	2.29	0.080	218	硬资产100	22.79	2.18	0.010*
190	壁虎寰宇成长1号	23.85	2.51	0.020*	219	东方鼎泰4期	22.79	2.30	0.020*
191	私募工场鑫润禾睿道价值	23.81	2.52	0.000*	220	鼎萨价值成长	22.75	2.10	0.060
					221	万坤全天候量化2号	22.73	5.54	0.000*
192	波粒二象趋势1	23.72	1.91	0.040*	222	明河精选	22.72	2.77	0.000*
193	诚轩共享	23.70	1.91	0.060	223	盛泉恒元定增套利多策略6号	22.69	5.50	0.000*
194	汉和资本-私募学院菁英7号	23.69	3.12	0.000*	224	东方点赞	22.67	2.46	0.060
195	高毅晓峰尊享L期	23.68	4.33	0.000*	225	睿璞投资-睿洪2号	22.60	2.38	0.010*
196	睿璞投资-睿华1号	23.65	2.52	0.000*	226	万霁8号	22.59	2.18	0.060
197	茂源英火1号	23.64	1.81	0.070	227	高毅利伟精选唯实	22.51	3.05	0.010*
198	万霁6号	23.64	2.13	0.080	228	钱缘量化全天候进取2期	22.50	1.92	0.080
199	辛巴达母基金B类	23.59	2.33	0.010*	229	深圳红筹复兴1号	22.48	2.06	0.060
200	仁桥泽源1期	23.56	4.56	0.000*	230	新动力远澜梧桐1号	22.42	2.06	0.030*
201	大朴进取2期	23.50	4.11	0.000*	231	鑫晟进取2号	22.41	1.66	0.060
202	中润一期	23.48	2.52	0.010*	232	东方点赞A	22.28	2.42	0.040*
203	汇远量化定增3期	23.47	2.47	0.000*	233	聚鸣多策略	22.27	3.10	0.010*
204	辛巴达	23.47	2.35	0.010*	234	景和晨升精选	22.21	2.10	0.030*
205	中教成长1号	23.33	1.81	0.060	235	信璞价值精英（A+H）1号（A类）	22.16	2.37	0.030*
206	明见2号	23.28	2.42	0.000*	236	银石16期	22.13	2.03	0.050
207	上海意志坚定1期	23.23	1.68	0.090	237	斯同1号	22.00	2.43	0.000*
208	余粮100	23.23	1.93	0.050	238	银万价值对冲1号	21.98	3.13	0.000*
209	惠正创丰	23.18	2.57	0.020*	239	领路金稳盈2号	21.96	1.96	0.010*
210	四创新航1号	23.16	1.67	0.090					
211	霁泽艾比之路	23.14	3.11	0.000*					

编号	基金名称	年化α(%)	$t(α)$	自助法P值	编号	基金名称	年化α(%)	$t(α)$	自助法P值
240	庐雍优势成长 7 号 2 期	21.95	2.07	0.040*	271	领路金稳盈 1 号	20.93	1.74	0.050
241	泽源 1 号	21.94	4.18	0.000*	272	聚鸣积极成长	20.86	2.89	0.000*
242	明泓稳健增长 2 期	21.90	3.74	0.000*	273	厚山 1 号	20.86	2.06	0.020*
243	朱雀 13 期	21.77	2.99	0.000*	274	靖奇睿科 3 号	20.85	3.64	0.000*
244	国润一期	21.76	2.25	0.030*	275	新活力精选	20.82	2.73	0.000*
245	七禾聚宏源 2 号	21.70	1.79	0.080	276	文多文睿	20.81	2.27	0.030*
246	远澜火松	21.70	2.17	0.000*	277	商羊稳健 1 号	20.80	1.98	0.040*
247	明己稳健增长 1 号	21.67	2.90	0.000*	278	万泰华瑞成长 3 期	20.79	2.26	0.030*
248	泰盈晟元 2 号	21.66	2.07	0.020*	279	磐耀犇腾	20.77	2.15	0.010*
249	灰金量化 1 号	21.63	1.85	0.080	280	红筹 1 号	20.74	1.88	0.090
250	璟恒五期	21.62	1.96	0.070	281	高毅邻山 1 号	20.66	2.90	0.010*
251	志强价值成长 1 号	21.58	2.04	0.050	282	汇升稳进 1 号	20.65	3.64	0.000*
252	万霁 7 号	21.55	2.22	0.050	283	百泉多策略 2 号	20.61	2.48	0.010*
253	沃土 3 号	21.53	1.69	0.120	284	拾金 2 号	20.53	1.71	0.050
254	新活力稳进 1 号	21.46	2.34	0.030*	285	大岩高风险进取	20.46	2.43	0.010*
255	磐耀 3 期	21.41	2.27	0.020*	286	汉和天信	20.44	2.72	0.000*
256	庐雍优势成长 7 号	21.40	1.99	0.070	287	锦和 2 号	20.40	2.03	0.030*
257	君悦日新 6 号	21.33	2.20	0.040*	288	丰大 2 号	20.37	1.87	0.070
258	飞鹰 1 号	21.32	1.89	0.080	289	斯同 2 号	20.35	2.29	0.010*
259	涌鑫 2 号	21.30	2.91	0.000*	290	博弈树量化 1 号	20.35	9.59	0.000*
260	上九点金 1 号	21.30	2.46	0.010*	291	泽源 6 号	20.34	4.33	0.000*
261	翔云 50 量化	21.28	4.44	0.000*	292	红筹平衡选择	20.33	2.88	0.000*
262	守正	21.25	2.44	0.020*	293	大黑龙	20.29	1.84	0.040*
263	中欧瑞博诺亚	21.24	4.01	0.000*	294	远望角投资 1 期	20.27	2.47	0.000*
264	混沌价值 2 号	21.13	1.74	0.030*	295	银石 15 期	20.22	1.85	0.070
265	星石 1 期	21.11	2.24	0.040*	296	盈阳 22 号	20.17	2.74	0.010*
266	私募工场希瓦圣剑 1 号	21.09	1.68	0.080	297	京港伟业瑞泽	20.14	1.89	0.110
267	庐雍精选成长 3 号	21.05	1.81	0.120	298	智诚 11 期	20.12	2.03	0.060
268	庐雍精选成长 16 号	21.00	1.84	0.110	299	远望角容远 1 号	20.10	2.49	0.030*
269	风雪 2 号	20.99	2.17	0.000*	300	千方之星 2 号	20.08	2.19	0.030*
270	泽源 10 号	20.93	3.59	0.000*	301	观富策略 5 号	20.04	3.22	0.000*

编号	基金名称	年化α(%)	$t(\alpha)$	自助法P值	编号	基金名称	年化α(%)	$t(\alpha)$	自助法P值
302	沣盈金砖3期	20.03	1.76	0.080	332	仁布财富1期	19.10	2.98	0.000*
303	果实资本仁心回报1号	20.00	2.26	0.020*	333	盛泉恒元多策略灵活配置7号	19.03	4.83	0.000*
304	明河精选3	19.95	2.55	0.010*	334	神农医药A	18.98	1.79	0.040*
305	明泓价值成长1期	19.95	3.70	0.000*	335	观富金陵1号	18.90	3.04	0.000*
306	高毅精选FOF	19.88	2.64	0.010*	336	景林稳健	18.82	1.88	0.090
307	贤盛道成5号	19.87	2.13	0.010*	337	奕金安1期	18.80	2.02	0.010*
308	中环港沪深对冲3号	19.83	1.94	0.080	338	东兴港湾1号	18.78	1.76	0.050
309	钱塘希瓦小牛2号	19.81	2.13	0.010*	339	万霁5号	18.76	1.91	0.070
310	冲和小奖章2号	19.77	1.94	0.060	340	智诚15期	18.75	1.68	0.110
311	神农1期	19.73	1.98	0.030*	341	重阳1期	18.74	2.86	0.010*
312	万霁2号	19.70	2.18	0.060	342	长见产业趋势2号	18.74	3.02	0.010*
313	汉和资本1期	19.65	2.55	0.010*	343	东方先进制造优选	18.71	1.88	0.080
314	智诚16期	19.64	1.73	0.090	344	华尔进取4号	18.67	2.47	0.010*
315	壁虎南商1号	19.59	2.09	0.060	345	积露1号	18.66	3.03	0.000*
316	石锋笃行一号	19.58	1.90	0.050	346	同望1期1号	18.63	2.38	0.020*
317	理成风景1号（2015）	19.50	1.86	0.080	347	彤源5号	18.56	2.21	0.030*
318	六禾光辉岁月1期	19.50	2.53	0.010*	348	鲤鱼门家族	18.53	2.34	0.000*
319	壁虎系列	19.44	2.31	0.020*	349	长见精选3号	18.50	3.06	0.010*
320	九章幻方多策略1号	19.42	3.39	0.000*	350	景上源1号	18.47	2.23	0.020*
321	中环港沪深对冲	19.36	2.12	0.010*	351	中欧瑞博1期	18.37	2.62	0.000*
322	复熙恒赢7号	19.36	4.14	0.000*	352	无量1期	18.33	1.82	0.060
323	果实长期成长1号	19.32	2.26	0.030*	353	青骊长兴	18.32	1.79	0.070
324	鼎业进取	19.29	1.64	0.110	354	东方鼎泰2期	18.28	2.00	0.050
325	拾金3号	19.27	2.09	0.040*	355	创赢2号（国源信达）	18.25	2.21	0.040*
326	明河精选2	19.25	2.36	0.010*	356	东方鼎泰5期	18.23	1.91	0.040*
327	明泓稳健增长2期1号	19.23	3.58	0.000*	357	睿璞投资-悠享1号	18.19	2.26	0.000*
328	中欧瑞博诺亚1期	19.22	3.63	0.000*	358	观富源2期	18.14	3.05	0.000*
329	智诚5期	19.17	2.03	0.020*	359	六禾光辉岁月1期（中原）	18.13	2.20	0.020*
330	中资宏德股票策略创世2号	19.11	1.78	0.150					
331	大元华元宝1号	19.11	1.77	0.040*	360	昆仑36号	18.09	2.30	0.010*

编号	基金名称	年化α(%)	t(α)	自助法P值	编号	基金名称	年化α(%)	t(α)	自助法P值
361	涵元天权	18.05	1.65	0.180	392	诺鼎季风价值2号	17.25	1.97	0.050
362	壁虎寰宇成长3号	17.99	1.98	0.030*	393	骐邦精选成长	17.25	1.95	0.050
363	泓澄投资	17.99	2.50	0.010*	394	望正精英鹏辉2号	17.24	1.74	0.070
364	泽堃稳健增长1号	17.99	2.22	0.020*	395	易同精选3期	17.22	2.29	0.020*
365	希瓦小牛FOF	17.99	1.98	0.040*	396	理臻鸿运精选3号	17.17	1.84	0.040*
366	翔云精细量化3号	17.98	2.52	0.000*	397	东方港湾马拉松1号	17.16	1.66	0.010*
367	神农医药A-阿司匹林	17.90	1.77	0.070	398	宽远价值成长2期	17.15	2.31	0.030*
368	金秋银杏1号	17.89	2.50	0.000*	399	万霁长虹1号	17.15	1.74	0.070
369	盈定8号	17.82	2.08	0.010*	400	民森K号	17.15	2.20	0.020*
370	沁源精选	17.81	2.35	0.020*	401	远望角容远1号A期	17.13	2.27	0.020*
371	鹤骑鹰一粟	17.79	2.83	0.000*	402	高毅利伟尊享D期	17.09	2.14	0.030*
372	少数派9号	17.79	1.95	0.080	403	睿扬精选2号	17.07	1.89	0.070
373	万坤全天候量化1号	17.78	3.94	0.000*	404	泓澄稳健	17.06	2.42	0.010*
374	投资精英（星石B）	17.74	3.44	0.000*	405	万霁9号	17.00	2.03	0.090
375	榕树文明复兴3期	17.74	2.04	0.050	406	茂典股票精选1号	16.98	1.73	0.050
376	濡圣投资-如松1号	17.73	5.72	0.000*	407	睿郡众享2号	16.96	2.27	0.010*
377	尚信健投稳进1号	17.68	1.78	0.020*	408	盈定6号	16.90	1.81	0.030*
378	景和开元	17.67	1.66	0.150	409	朴汇益	16.84	3.15	0.010*
379	银叶量化精选1期	17.64	3.41	0.010*	410	盈阳15号	16.83	1.97	0.020*
380	鸿意红橡量化1号	17.60	2.07	0.080	411	诚业1号	16.77	1.74	0.060
381	汇远量化定增1期	17.49	1.70	0.080	412	高毅庆瑞6号	16.65	2.05	0.030*
382	钱缘量化全天候进取5期	17.48	2.01	0.080	413	禾苗	16.65	1.80	0.060
383	壁虎成长3号	17.47	1.68	0.090	414	领星泓澄股票策略	16.63	2.12	0.030*
384	泓澄优选	17.46	2.37	0.020*	415	东方鼎泰7号	16.62	1.97	0.040*
385	华夏未来泽时进取1号	17.44	2.48	0.020*	416	万泰华瑞成长2号	16.62	2.34	0.020*
386	天演中证500指数	17.43	3.00	0.000*	417	复和金色海洋	16.62	2.09	0.020*
387	千波小盘1号	17.42	1.93	0.050	418	万霁长虹2号	16.58	1.79	0.090
388	石锋厚积一号	17.39	1.72	0.100	419	百泉进取1号	16.56	2.19	0.010*
389	黄金优选13期1号	17.33	3.42	0.000*	420	泽鑫毅德价值精选1期	16.52	2.07	0.030*
390	明河成长2号	17.32	2.07	0.020*	421	中环精选1号	16.49	1.80	0.080
391	文多稳健1期	17.27	2.29	0.030*	422	复和元丰1号	16.48	1.76	0.060

编号	基金名称	年化 α(%)	t(α)	自助法 P值	编号	基金名称	年化 α(%)	t(α)	自助法 P值
423	大朴目标	16.48	3.88	0.000*	453	大朴多维度 22 号	15.81	2.80	0.020*
424	理臻鸿运精选 2 号	16.47	2.06	0.020*	454	彬元价值 1 号	15.78	2.32	0.020*
425	骐纵优选成长	16.45	1.76	0.100	455	鸣石春天指数增强 6 号	15.73	1.97	0.030*
426	坤德永盛 1 期	16.42	2.04	0.070	456	进化论稳进 2 号	15.73	1.80	0.140
427	康曼德 106 号	16.40	2.98	0.000*	457	泰和长兴 1 期	15.71	2.03	0.090
428	沣杨锦绣	16.32	3.61	0.000*	458	珞珈方圆港股通多策略	15.64	1.70	0.070
429	涵元天璇	16.28	2.45	0.000*	459	涌鑫 3 号	15.63	1.76	0.060
430	普吉稳健成长 1 号	16.28	1.99	0.080	460	翼虎成长 1 期（翼虎）	15.58	1.69	0.060
431	明河优质企业	16.28	2.02	0.050	461	大朴策略 1 号	15.53	3.53	0.000*
432	九章幻方沪深 300 量化多策略 1 号	16.21	2.57	0.010*	462	盘世 1 期	15.53	1.88	0.060
					463	丰岭精选	15.53	1.80	0.140
433	高毅世宏 1 号赋余 5 号	16.17	2.03	0.060	464	睿郡尊享 A 期	15.50	3.01	0.000*
434	远澜红松	16.17	2.60	0.010*	465	宽远价值成长 2 期诺业专享 1 号	15.50	2.06	0.040*
435	登程稳健	16.15	2.07	0.020*					
436	进化论复合策略 1 号	16.15	2.04	0.080	466	千波 1 号	15.48	1.96	0.020*
437	致君凌云	16.15	2.01	0.040*	467	晶上量子 1 号	15.46	1.71	0.080
438	康曼德 101A	16.06	2.55	0.020*	468	米牛沪港深精选	15.42	2.23	0.030*
439	中信资本价值回报	16.04	2.92	0.020*	469	少数派 25 号	15.39	1.77	0.070
440	珞毅 1 号	16.03	2.20	0.010*	470	沣沛盈享	15.34	2.07	0.060
441	少数派 8 号	16.03	1.86	0.060	471	因诺天跃	15.33	2.65	0.000*
442	彤源 7 号（A）	16.02	2.11	0.030*	472	泓澄沪港深精选	15.33	2.08	0.020*
443	中欧瑞博 7 期	15.97	3.16	0.000*	473	泓澄尊享 A 期	15.31	1.82	0.020*
444	箐安进取 1 号	15.93	1.88	0.030*	474	致远激进 1 号	15.31	2.12	0.040*
445	博瑞量化进取 1 号	15.92	2.64	0.000*	475	兴聚尊享 A 期	15.29	2.28	0.010*
446	宽远沪港深精选	15.92	2.16	0.020*	476	名禹沐风 1 期	15.26	2.40	0.030*
447	合众易晟价值增长 1 号	15.91	1.97	0.050	477	九坤日享沪深 300 指数增强 1 号	15.23	4.01	0.000*
448	遵道稳健价值 2 号	15.90	2.33	0.000*					
449	鼎达对冲 2 号	15.89	1.98	0.040*	478	珺埠价值	15.20	1.70	0.070
450	金蟾蜍 7 号	15.88	2.07	0.030*	479	库达呼拉	15.20	1.94	0.070
451	小鳄 3 号	15.86	2.01	0.020*	480	深积复利成长 1 号	15.17	2.61	0.000*
452	忠石 1 号	15.83	2.08	0.040*	481	少数派大浪淘金 18 号	15.15	1.77	0.090

编号	基金名称	年化 α(%)	t(α)	自助法 P 值	编号	基金名称	年化 α (%)	t(α)	自助法 P 值
482	耕霁 1 期	15.09	1.83	0.050	513	鸣石春天沪深 300 指数增强 1 号	14.40	2.93	0.010*
483	涵元天璇量化 1 号	15.08	2.32	0.060	514	双隆稳盈 1 号	14.38	2.53	0.000*
484	资瑞兴 1 号	15.07	2.09	0.000*	515	九坤量化专享 6 号	14.38	1.71	0.070
485	明河 2016	15.07	1.96	0.040*	516	乐道成长优选 2 号 A 期	14.37	2.65	0.010*
486	明河科技改变生活	15.02	1.92	0.020*	517	宽远优势成长 3 号	14.34	2.60	0.010*
487	金珀 6 号	15.00	2.31	0.030*	518	常春藤目标	14.34	2.11	0.070
488	进化-金钱豹	14.97	2.60	0.020*	519	宽远优势成长 2 号	14.33	2.38	0.020*
489	投资精英（朱雀 B）	14.96	2.55	0.010*	520	黄金优选 4 期 1 号(朱雀)	14.33	2.49	0.000*
490	宽远价值成长 3 期	14.90	2.13	0.010*	521	黛眉杉树	14.31	2.61	0.000*
491	博鸿致远	14.88	1.70	0.130	522	松井伟业 1 号	14.28	1.88	0.040*
492	盛信 1 期 （2016）	14.88	1.75	0.070	523	阳光宝 3 号	14.27	2.02	0.030*
493	忠石龙腾 2 号	14.84	2.00	0.030*	524	乐瑞中国股票 1 号	14.26	1.80	0.070
494	万吨资产深海鲸旗舰	14.79	1.77	0.060	525	源乐晟-嘉享晟世 6 号	14.21	1.88	0.060
495	泰和天工 1 期	14.79	1.97	0.050	526	巡洋平衡 1 号	14.21	2.52	0.020*
496	康曼德101 号	14.78	1.96	0.080	527	远澜银杏 1 号	14.20	2.61	0.000*
497	绰瑞凤凰山	14.76	3.14	0.000*	528	笑生 1 号	14.19	2.17	0.090
498	拾贝投资 8 号	14.72	3.44	0.000*	529	敦和峰云 1 号	14.19	2.39	0.010*
499	利檀 3 期	14.68	2.08	0.010*	530	私募工场厚生君和稳健	14.18	2.25	0.010*
500	华信资产价值 5 期	14.67	2.57	0.040*	531	拾贝精选 2 期	14.17	3.14	0.000*
501	长见策略 1 号	14.66	2.48	0.020*	532	沣沛招享	14.12	1.83	0.050
502	华信资产价值 8 期	14.62	2.16	0.060	533	观富平衡 2 号	14.11	2.08	0.030*
503	汇泽至远 1 期	14.60	1.66	0.100	534	致远中证 500 指数加强	14.01	3.26	0.000*
504	紫晶 1 号	14.59	2.19	0.010*	535	宽远价值成长	13.97	2.59	0.010*
505	赛硕稳利 1 号	14.56	3.68	0.020*	536	陆宝成全新三板 2 期	13.96	2.07	0.020*
506	少数派 5 号	14.50	1.92	0.110	537	领星拾贝	13.94	2.54	0.010*
507	平石 T5 对冲基金	14.48	1.77	0.060	538	私募学院菁英 105 号	13.93	1.67	0.110
508	众壹资产稳健套利 1 号	14.47	2.94	0.000*	539	重阳价值 3 号 B 期	13.90	2.05	0.030*
509	果实资本精英汇 3 号	14.46	2.38	0.020*	540	逸杉 3 期	13.89	1.87	0.030*
510	致君日月星	14.43	1.66	0.070	541	鸣石量化指数增强春天 11 号	13.89	2.12	0.050
511	高毅利伟精选唯实 1 号	14.43	2.42	0.020*					
512	锐进 16 期中欧瑞博	14.42	3.24	0.000*					

续表

编号	基金名称	年化α(%)	$t(\alpha)$	自助法P值	编号	基金名称	年化α(%)	$t(\alpha)$	自助法P值
542	萍聚投资恒升1期	13.89	2.05	0.040*	570	鑫岚龙腾1号	13.40	2.22	0.040*
543	投资精英之域秀长河价值2号	13.84	3.45	0.000*	571	澎泰安全边际1期	13.40	1.89	0.040*
					572	森旭资产-前瞻8号	13.32	1.82	0.050
544	泓澄投资睿享3号	13.83	1.89	0.040*	573	甄投智联	13.30	1.86	0.050
545	大朴多维度21号	13.82	2.49	0.000*	574	龙旗红旭	13.24	2.62	0.010*
546	辰阳恒丰1号	13.81	1.64	0.160	575	懿德财富稳健成长	13.24	2.27	0.020*
547	弘尚资产中国机遇策略配置1号	13.81	2.19	0.000*	576	正瀛权智2号	13.21	3.28	0.000*
548	观富西湖1号	13.78	2.04	0.040*	577	华夏未来泽时进取1号-鑫享D	13.17	1.83	0.020*
549	宽远价值成长5期1号	13.77	2.29	0.000*	578	久富2期	13.16	1.70	0.050
550	景熙18号	13.76	2.11	0.050	579	巡洋成长1号	13.15	1.66	0.160
551	师之洋	13.71	1.84	0.090	580	中欧瑞博4期	13.14	2.81	0.010*
552	易同精选2期1号	13.69	1.86	0.020*	581	进化论FOF1号	13.13	2.01	0.010*
553	明法全天候1号	13.68	3.30	0.000*	582	翙鹏中国竞争力A	13.12	1.99	0.000*
554	稳中求进1号	13.67	2.02	0.020*	583	祥驰投资桂雨1号	13.11	1.89	0.040*
555	拾贝1号	13.61	1.90	0.030*	584	上海宽德卓越	13.10	1.66	0.100
556	观富源3期	13.59	1.93	0.040*	585	启元价值成长1号	13.09	3.14	0.010*
557	保银紫荆怒放	13.59	2.46	0.030*	586	融昊稳健1号	13.08	1.69	0.080
558	拾贝精选1期	13.58	3.27	0.000*	587	合众易晟复利增长1号	13.04	2.27	0.000*
559	新宇稳健收益1号	13.56	2.26	0.010*	588	巨杉净值线5G号	13.00	1.80	0.060
560	果实资本精英汇4A号	13.54	1.95	0.050	589	相聚芒格1期	12.95	1.76	0.040*
561	师之盈成长1号	13.52	1.81	0.040*	590	睿郡众享1号	12.95	2.59	0.010*
562	小北2号	13.52	2.02	0.030*	591	高毅利伟	12.94	2.52	0.020*
563	循远成长1号	13.51	2.17	0.020*	592	沣沛招享1期	12.92	1.73	0.020*
564	朱雀20期	13.46	2.32	0.000*	593	铸锋天照1号	12.87	4.47	0.000*
565	私募学院菁英87号	13.43	1.65	0.090	594	渤源沣杨价值成长	12.84	2.07	0.060
566	源乐晟-尊享晟世2号	13.43	1.75	0.070	595	国联安-弘尚资产成长精选1号	12.82	2.47	0.020*
567	华夏未来领时对冲1号尊享A期	13.43	1.84	0.050	596	华夏未来泽时进取1号-鑫享C	12.81	1.80	0.100
568	源乐晟股票精选	13.41	1.91	0.060					
569	永隆宏观对冲策略B	13.41	2.37	0.030*	597	泓澄锐进52期	12.78	1.80	0.070

编号	基金名称	年化 α(%)	t(α)	自助法 P 值	编号	基金名称	年化 α(%)	t(α)	自助法 P 值
598	兴聚财富 3 号	12.76	2.04	0.010*	631	骥才金马投资 3 号	11.99	1.77	0.090
599	青骊长川	12.76	1.71	0.030*	632	磐厚动量–旅行者 2 号	11.93	1.82	0.070
600	巴罗稳健 1 号	12.73	2.09	0.040*	633	久期量和指数 1 号	11.93	2.99	0.010*
601	沣杨旺德福	12.68	2.09	0.030*	634	艾方博云全天候 1 号	11.93	2.91	0.000*
602	彤源 6 号	12.67	1.69	0.080	635	兴聚财富 8 号	11.85	1.81	0.050
603	川陀新动力成长 1 期	12.63	2.27	0.020*	636	循远安心	11.83	1.80	0.040*
604	沣杨目标缓冲	12.55	2.31	0.030*	637	瑞泾稳健进取 1 号	11.74	1.99	0.010*
605	国仕逆向投资 1 号	12.52	2.29	0.020*	638	华夏未来泽时进取 1 号–嘉华 A 期	11.72	1.96	0.050
606	智享 5 号尊享 A	12.49	2.18	0.050	639	华夏未来泽时进取 1 号–华安 A 期	11.68	1.92	0.050
607	聚沣 1 期	12.48	1.67	0.010*	640	小北 1 号	11.66	2.60	0.020*
608	久期量和指数 3 号	12.46	2.48	0.020*	641	新方程精选 E5 号	11.59	1.82	0.100
609	博道精选 1 期	12.46	1.81	0.070	642	观富价值 1 号	11.53	1.81	0.040*
610	祐益峰菁英 1 号	12.46	3.47	0.000*	643	泰亚 2 期	11.52	2.90	0.010*
611	睿信榜样对冲 1 号	12.45	1.86	0.060	644	重阳对冲 2 号	11.41	2.01	0.040*
612	榜样绩优	12.43	1.86	0.050	645	锐进 41 期	11.39	2.20	0.030*
613	鑫岚龙瑞	12.40	2.42	0.000*	646	黑翼风行 3 号	11.39	2.93	0.010*
614	汇泽至远 3 期	12.39	1.98	0.030*	647	大岩超越 500	11.38	2.20	0.010*
615	大朴进取 1 期	12.39	3.20	0.000*	648	黑森 9 号	11.37	1.70	0.090
616	循远 5 号	12.38	1.87	0.090	649	龙旗 Y1 期	11.31	1.77	0.100
617	坤钰天真 FOF1 号	12.37	2.43	0.000*	650	九鞅禾禧 1 号	11.31	2.29	0.040*
618	新方程星动力 S7 号	12.36	2.45	0.020*	651	量锐 7 号	11.11	1.79	0.030*
619	平安阁鼎泓澄智选 2 号	12.32	1.75	0.110	652	常春藤春竹	11.10	1.71	0.080
620	龙旗红鹰	12.29	2.16	0.070	653	巨杉净值线 3A 号	11.06	1.81	0.100
621	榜样多策略对冲	12.28	1.99	0.020*	654	投资精英之重阳（B）	11.00	2.13	0.030*
622	鼎实 FOF	12.25	3.91	0.000*	655	观富策略 6 号	10.99	1.67	0.070
623	元康沪港深精选 1 号	12.25	2.10	0.010*	656	多盈 2 号	10.99	2.20	0.010*
624	幂数阿尔法 1 号	12.21	2.50	0.020*	657	信水长流 1 期	10.98	1.97	0.060
625	达尔文明德 1 号	12.17	2.11	0.040*	658	进化论 FOF3 号	10.97	2.10	0.030*
626	千惠云航 1 号	12.15	2.48	0.020*	659	康曼德 001 号	10.97	2.13	0.050
627	湘源稳健	12.13	2.30	0.020*	660	华夏未来泽时进取 1 号–鑫享 A	10.91	1.72	0.120
628	高毅庆瑞瑞远	12.06	1.66	0.090					
629	永发投资稳健进取 2 期	12.05	2.01	0.020*	661	拾贝收益 5 期	10.88	2.43	0.010*
630	华夏未来泽时进取 1 号–鑫享 B	12.03	1.94	0.060					

续表

编号	基金名称	年化 α(%)	$t(\alpha)$	自助法 P值	编号	基金名称	年化 α(%)	$t(\alpha)$	自助法 P值
662	黄金优选 10 期 5 号	10.82	2.12	0.020*	695	巡洋精选 1 号	9.74	2.15	0.070
663	兴聚财富 3 号 C	10.78	1.71	0.050	696	美阳永续成长	9.65	3.51	0.000*
664	新方程巨杉-尊享 B	10.76	1.82	0.030*	697	喆颢大中华 D	9.64	2.54	0.020*
665	黄金优选 10 期 3 号（重阳）	10.73	2.10	0.030*	698	盛泉恒元多策略市场中性 3 号	9.59	3.90	0.000*
666	股票价值鼎实 13 号	10.67	2.52	0.020*	699	航长红棉 3 号	9.59	1.69	0.100
667	鼎实 FOF7 期	10.66	3.41	0.000*	700	牧鑫量化精选 1 号	9.57	1.76	0.110
668	诚盛 2 期	10.66	2.37	0.020*	701	平安阖鼎重阳价值 1 号 3 期	9.56	2.12	0.020*
669	广金恒富 11 号	10.59	1.95	0.050					
670	远澜雪松	10.59	2.54	0.010*	702	卓越理财 1 号	9.53	1.98	0.080
671	耀泉 1 号	10.57	2.00	0.030*	703	重阳目标尊享 A 期	9.51	1.98	0.020*
672	朱雀 20 期之慧选 11 号	10.55	2.14	0.020*	704	博普指数增强 3 号	9.47	1.64	0.070
673	稳健增长专项 1 期	10.50	1.73	0.060	705	子午达芬奇 1 号	9.46	2.21	0.050
674	华夏养老新动力 1 号	10.39	1.68	0.070	706	毅行 2 号	9.45	1.86	0.030*
675	远澜云杉 2 号	10.30	2.20	0.030*	707	展弘稳进 1 号 3 期	9.33	8.55	0.000*
676	思晔全天候 1 号	10.21	1.77	0.030*	708	辉毅 4 号	9.31	3.53	0.000*
677	自由港 1 号	10.19	2.04	0.070	709	懋良稳健	9.28	2.86	0.010*
678	至璞新以恒	10.19	2.36	0.010*	710	展弘稳进 1 号	9.26	9.18	0.000*
679	龙旗紫霄	10.17	1.81	0.070	711	天朗稳健增长 1 号	9.22	1.65	0.110
680	鋆杉 1 号	10.17	1.84	0.080	712	因诺启航 1 号	9.21	1.80	0.090
681	商品套利鼎实 10 号	10.17	3.28	0.000*	713	富善投资-致远金选 3 号	9.20	1.65	0.070
682	鼎实 FOF2 期	10.13	3.31	0.000*	714	博孚利聚强 2 号 FOF	9.18	1.83	0.050
683	厚生明启 1 号	10.12	2.10	0.030*	715	皓晨稳进 1 号	9.18	2.44	0.010*
684	合众易晟复利增长 2 号	10.12	1.85	0.100	716	凯丰优选 6 号	9.15	1.74	0.070
685	伯洋红橡丰盈 1 号	10.11	2.22	0.020*	717	辉毅 5 号	9.06	3.96	0.000*
686	遵道稳健价值	10.07	1.68	0.090	718	盛泉恒元多策略量化对冲 2 号	9.01	3.73	0.000*
687	西藏隆源对冲 1 号	10.06	2.06	0.040*					
688	拾贝尊享 D 期	10.05	2.24	0.020*	719	重阳目标回报 1 期	8.94	1.80	0.080
689	七曜领峰	10.02	1.72	0.090	720	复熙恒赢 11 号	8.84	7.15	0.000*
690	普尔睿选 5 号	10.01	1.92	0.030*	721	德丰华 1 期	8.82	1.74	0.060
691	九远磐石 1 号	10.00	1.92	0.060	722	金锝进取 1 号尊享 A	8.80	2.68	0.000*
692	艾方全天候 2 号	9.87	2.43	0.030*	723	喆颢大中华 A	8.76	1.82	0.080
693	汇升共盈尊享	9.82	3.62	0.000*	724	毅木动态精选 2 号	8.72	1.78	0.070
694	平凡悟鑫	9.82	2.82	0.000*	725	大趋势 MOM	8.70	2.74	0.020*

编号	基金名称	年化 α(%)	$t(\alpha)$	自助法 P 值	编号	基金名称	年化 α(%)	$t(\alpha)$	自助法 P 值
726	九坤日享中证 500 指数增强 1 号	8.69	1.92	0.100	757	金锝建业 1 号	7.09	4.64	0.000*
					758	致远 22 号	7.00	1.99	0.060
727	白鹭 FOF 演武场 1 号	8.65	3.98	0.000*	759	猎马源创 3 号	6.96	1.67	0.050
728	信弘龙腾稳健 1 号	8.62	4.27	0.000*	760	弘彦 1 号	6.75	1.87	0.030*
729	永禧 FOF1 号	8.61	1.68	0.100	761	天宝云中燕 4 期	6.68	2.97	0.000*
730	因诺启航 2 号	8.61	1.64	0.080	762	新方程对冲精选 H1 号	6.66	2.59	0.030*
731	致远稳健 1 号	8.60	2.50	0.010*	763	龙旗紫微	6.62	1.75	0.100
732	华尔进取 5 号	8.46	1.82	0.080	764	格量稳健 1 号	6.52	3.22	0.000*
733	中证 500 指数增强 1 号	8.40	1.71	0.110	765	大道白驹	6.31	1.95	0.070
734	平安阖鼎重阳价值 1 号 2 期	8.37	1.78	0.040*	766	信安稳盈宝 2 期	6.27	4.67	0.000*
					767	私募学院菁英 335 号	6.20	1.77	0.080
735	宁聚满天星	8.29	1.64	0.060	768	华炎铁树	6.01	1.80	0.050
736	天宝云中燕 3 期	8.18	2.85	0.030*	769	元葵宏观策略复利 1 号	5.93	1.66	0.080
737	博孚利聚强 1 号	8.09	1.85	0.060	770	以太投资稳健成长 13 号	5.85	2.38	0.020*
738	申毅全天候 2 号	8.08	2.41	0.020*					
739	泓倍套利 1 号	8.08	4.10	0.000*	771	新方程大类配置	5.70	2.59	0.010*
740	中国龙进取	8.05	1.65	0.020*	772	华炎晨星	5.42	1.90	0.030*
741	金锝 5 号	8.02	4.55	0.000*	773	唯通伯兄卢比孔	5.41	1.64	0.140
742	滨海凤鸣永续契约型	7.99	1.96	0.060	774	以太投资趋势 4 号	5.27	2.56	0.000*
743	谊恒多品种进取 2 号	7.95	2.36	0.030*	775	盛冠达试金石 3 号	5.20	1.78	0.040*
744	墨锋红利平衡	7.95	1.72	0.110	776	源乘 1 号	5.17	2.09	0.010*
745	雅柏宝量化 5 号	7.73	1.75	0.060	777	致同宝盈	5.07	2.15	0.030*
746	诚盛 1 期	7.65	1.92	0.040*	778	曜石对冲母基金 1 号	4.75	2.53	0.010*
747	高致龙程 1 号	7.63	4.63	0.000*	779	新视野智能量化 2 号	4.49	2.23	0.000*
748	昆仑 26 号	7.62	1.76	0.120	780	期报实战排排网精选 1 号	4.44	1.77	0.030*
749	金锝 6 号	7.55	4.51	0.000*					
750	寰宇精选收益之睿益 1 期	7.54	1.93	0.030*	781	福瑞福元 1 号	4.39	4.54	0.000*
751	明泓中性 1 号	7.45	1.97	0.050	782	新视野智能量化 3 号	3.54	2.19	0.030*
752	远澜红枫 3 号	7.40	2.50	0.000*	783	珠池量化对冲套利策略母基金 1 号	3.12	2.60	0.000*
753	汇升期权 1 号	7.37	1.64	0.050					
754	星辰之喜岳 2 号	7.29	2.09	0.040*	784	珠池量化稳健投资母基金 1 号	3.11	2.02	0.020*
755	汇艾资产-稳健 1 号	7.25	2.25	0.030*					
756	盛泉恒元多策略量化对冲 1 号	7.15	2.73	0.000*	785	乾元 TOT	2.83	1.80	0.030*
					786	新视野智能量化 1 号	2.21	1.96	0.030*

注：*表示自助法 P 值小于 5%，即基金经理的选股能力不是源于运气和统计误差。

同样，我们也对基金经理的择时能力进行了自助法检验，仍采用5%的显著性水平。我们要回答的问题是：在那些择时能力系数 γ 具有正显著性的基金中，哪些基金经理是因为运气好而显示出择时能力？哪些基金经理是真正具有择时能力，而不是依靠运气？根据之前的 Treynor-Mazuy 模型的估计结果，有139只（占2 753只基金的5%）基金的基金经理具有显著的择时能力，我们对这些基金的择时能力进行自助法检验。

图 3-11 展示了部分基金经理（10位）通过自助法估计出来的择时能力 γ 的分布和实际 γ 的对比。图 3-11 中的曲线为通过自助法获得的择时能力 γ 的结果，垂

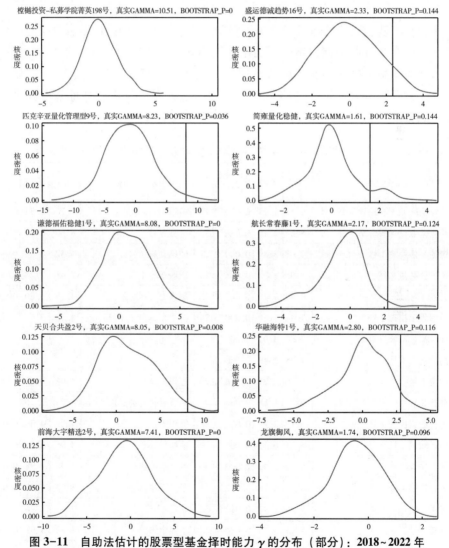

图 3-11 自助法估计的股票型基金择时能力 γ 的分布（部分）：2018~2022 年

注：曲线表示通过自助法获得的择时能力 γ 的分布，垂直线表示运用 Treynor-Mazuy 四因子模型估计出来的实际择时能力 γ。

直线为运用 Treynor-Mazuy 模型估计出来的实际择时能力 γ 的结果。例如，“匹克辛亚量化管理型 9 号”基金，其通过 Treynor-Mazuy 四因子模型估计出的择时能力为 8.23，通过自助法估计的 1 000 个择时能力 γ 的统计值中，有 36 个大于 8.23，即自助法的 P 值为 0.036（P=3.6%），从统计检验的角度讲，我们有 95%的信心确信该基金经理的择时能力并不是由于运气的原因所带来的，而是来自基金经理自身的投资才能。

表 3-14 为通过 Treynor-Mazuy 四因子模型估计出来的 139 只具有正确择时能力的股票型基金的自助法检验结果。据表 3-14 可知，有 106 只基金的自助法 P 值小于 5%，占五年样本总数（2 753 只）的 4%，这些基金在表中已用“*”标出，说明这 106 位基金经理的择时能力源于自身的投资才能。从统计学假设检验的角度而言，我们有 95%的把握得出以下结论：这 106 位（占 2 753 只基金的 4%）基金经理的优秀业绩来自他们真实的投资能力，由于数量极少，在此我们不再展开分析。因此，我国最近五年（2018~2022 年）的绝大部分股票型私募基金经理不具备择时能力。

表 3-14　　具有择时能力的股票型私募基金的自助法检验结果：2018~2022 年

编号	基金名称	γ	$t(\gamma)$	自助法 P 值
1	樘樾投资-私募学院菁英 198 号	10.51	7.11	0.000*
2	匹克辛亚量化管理型 9 号	8.23	2.18	0.036*
3	谦德福佑稳健 1 号	8.08	3.30	0.000*
4	天贝合共盈 2 号	8.05	2.35	0.008*
5	荣通 1 号	7.49	1.78	0.068
6	前海大宇精选 2 号	7.41	2.10	0.000*
7	谦德福佑价值进取 1 号	7.30	3.01	0.000*
8	昌远玄武 1 号	7.28	3.49	0.000*
9	炒贵 1 号	6.86	2.21	0.016*
10	京石 8 号	6.25	1.88	0.068
11	理石股票优选 1 号	6.12	2.74	0.004*
12	仙风激进 5 号	5.75	6.71	0.000*
13	支点先锋 3 号	5.46	2.43	0.000*
14	天辰稳健 1 号	5.40	2.18	0.032*
15	安诺 1 期	5.25	1.91	0.012*
16	掌廷 1 号	5.23	1.76	0.020*
17	支点先锋 1 号	5.09	3.24	0.000*
18	宝时正气 3 期	4.97	1.66	0.028*
19	柘瞰-磐石 1 号	4.76	2.82	0.000*
20	明哲 3 号	4.60	2.08	0.016*
21	仙风共赢 3 号	4.52	8.55	0.000*
22	达蓬秦岭 1 号	4.45	2.28	0.004*
23	逐熹 1 号	4.18	1.80	0.036*
24	盈至东方量子 1 号	4.12	3.13	0.000*
25	中证 500 指数 2 倍增强 3 期	4.09	2.92	0.008*
26	银帆 12 期	4.08	3.69	0.000*
27	高溪量化对冲进取 1 号	4.04	2.36	0.004*
28	磐川 1 号	4.03	4.34	0.000*
29	值搏率 1 号	3.96	3.59	0.000*
30	洪昌价值成长 1 号	3.93	1.98	0.016*
31	子午丁酉 A 期	3.82	4.00	0.000*
32	盈定 12 号	3.80	2.76	0.004*
33	小强中国梦	3.78	4.99	0.000*
34	骏骁 1 号	3.75	3.76	0.000*
35	元 1 号	3.69	2.47	0.004*

编号	基金名称	γ	$t(\gamma)$	自助法 P 值	编号	基金名称	γ	$t(\gamma)$	自助法 P 值
36	融智 FOF9 期混沌价值 2 号	3.66	1.73	0.080	68	初霓 1 号	2.65	2.64	0.012*
37	仓红 3 号见龙在田	3.56	2.00	0.008*	69	汇富金财时间周期对冲 1 号	2.65	1.65	0.088
38	易凡 5 号	3.55	2.34	0.028*					
39	舍得之道资本-平安吉象 B 期	3.52	1.78	0.060	70	汇升稳进共盈 1 号	2.64	2.05	0.028*
40	中证 800 等权指数 2 倍增强 4 期	3.51	3.15	0.000*	71	中睿合银策略精选系列 A 号	2.55	2.16	0.056
41	东源嘉盈回报	3.51	2.69	0.000*	72	明曜新三板 1 期	2.55	1.72	0.060
42	鑫兰瑞	3.37	2.74	0.000*	73	银湖 2 期	2.54	2.06	0.076
43	航长常春藤 9 号	3.22	3.09	0.000*	74	宁聚自由港 1 号 B	2.49	2.97	0.000*
44	金蕴 21 期（泓璞 1 号）	3.20	1.86	0.028*	75	江煦 3 号	2.48	1.74	0.064
45	大通道财道 1 号	3.16	1.81	0.052	76	景富 2 期	2.47	1.66	0.036*
46	易同领先	3.15	1.66	0.056	77	龙旗凌云	2.41	2.24	0.012*
47	中睿合银弈势 1 号	3.12	2.43	0.008*	78	宽桥名将 2 号	2.36	2.86	0.000*
48	瑞晟昌-双轮策略 1 号	3.11	1.65	0.032*	79	盛运德诚趋势 16 号	2.33	1.65	0.144
49	黄金优选 25 期 1 号	3.08	1.89	0.008*	80	恒锐 3 号	2.31	2.11	0.028*
50	大数据稳健成长 1 号	3.04	1.84	0.048*	81	乾元光辉岁月稳进 1 号	2.31	2.51	0.020*
51	天岸马鹏程	3.02	1.65	0.056	82	诺鼎季风价值 3 号	2.30	2.38	0.000*
52	高溪套利宝 1 号	3.02	1.87	0.012*	83	银帆 10 期	2.29	2.55	0.004*
53	广益成长	3.01	6.29	0.000*	84	冲和小奖章 4 号	2.26	1.69	0.092
54	民晟全天候 2 号	2.97	2.21	0.024*	85	溢鎏 1 号	2.22	2.21	0.004*
55	本利达 2 号	2.96	1.68	0.092	86	航长常春藤	2.17	1.73	0.124
56	永望复利成长 1 号	2.91	1.79	0.064	87	麒涵 3 号	2.13	1.95	0.040*
57	华尔进取 8 号	2.88	3.06	0.000*	88	道仓量化稳健卓越 1 号	2.12	2.80	0.000*
58	励石宏观对冲策略 1 期	2.85	1.99	0.048*	89	航长红棉 3 号	2.12	2.56	0.004*
59	睿信	2.85	1.91	0.036*	90	沪深 300 指数对冲 2 号	2.11	1.85	0.056
60	华融海特 1 号	2.80	2.01	0.116	91	年年有余大盘策略	2.10	1.87	0.008*
61	天蝎 A	2.77	2.52	0.004*	92	进化论悦享 1 号	2.10	1.82	0.044*
62	塑造者 1 号	2.77	2.21	0.036*	93	龟兔赛跑 1 号	2.02	2.56	0.000*
63	仓红 1 号	2.74	1.78	0.020*	94	航长常春藤 5 号	1.99	2.66	0.004*
64	中睿合银策略精选 1 号	2.70	2.02	0.036*	95	盈阳 16 号	1.99	1.72	0.020*
65	德汇尊享 2 号	2.66	2.11	0.016*	96	华银稳健成长 1 号	1.98	1.79	0.016*
66	支点先锋 2 号	2.66	2.31	0.004*	97	榜样精彩	1.93	2.62	0.004*
67	昀启稳健成长	2.65	2.17	0.028*	98	航长常春藤 7 号	1.90	2.10	0.008*

续表

编号	基金名称	γ	$t(\gamma)$	自助法P值	编号	基金名称	γ	$t(\gamma)$	自助法P值
99	罗杰岛量化2号	1.87	1.72	0.060	121	盛泉恒元多策略量化对冲2号	1.08	3.05	0.000*
100	肇毓投资天府菁蓉1号	1.86	1.79	0.044*	122	辰阳初心	1.06	2.22	0.060
101	陡晨进取型量化投资1号	1.85	1.78	0.016*	123	滨海-龙腾7号	1.05	2.05	0.024*
102	雁丰股票增强1号	1.84	2.89	0.032*	124	子午达芬奇1号	1.04	1.66	0.092
103	龙旗御风	1.74	1.71	0.096	125	华炎晨晖	1.00	2.07	0.048*
104	汇富进取3号	1.72	1.66	0.060	126	堃熙多策略8号	0.96	2.40	0.024*
105	比格戴特1期	1.71	1.79	0.056	127	泛涵康元1号	0.95	4.58	0.000*
106	航长常春藤10号	1.70	1.76	0.064	128	储泉恒星量化1号	0.94	2.84	0.008*
107	思晔全天候1号	1.65	1.96	0.020*	129	社润精诚2号	0.92	3.94	0.000*
108	迈隆1号	1.63	1.99	0.036*	130	华炎晨星	0.88	2.12	0.040*
109	简雍量化稳健	1.61	1.73	0.144	131	盛泉恒元多策略市场中性3号	0.86	2.39	0.000*
110	达1号	1.56	2.42	0.008*					
111	中睿合银弈势2号	1.56	1.65	0.056	132	本地资本紫气东来FOF	0.80	1.99	0.056
112	九坤日享中证500指数增强1号	1.50	2.27	0.016*	133	盛冠达试金石3号	0.80	1.87	0.068
113	衍航1号	1.48	1.68	0.020*	134	以太投资进取9号	0.73	1.64	0.056
114	旭鑫价值成长1期	1.41	1.70	0.032*	135	金莉洋1号	0.71	1.93	0.020*
115	炳富创业板增强	1.37	1.66	0.056	136	天宝云中燕4期	0.69	2.11	0.016*
116	天宝云中燕3期	1.25	2.99	0.008*	137	安鑫动力	0.59	2.06	0.008*
117	泰亚2期	1.21	2.09	0.024*	138	福瑞福元1号	0.41	2.90	0.000*
118	红五星	1.12	1.77	0.044*	139	复熙恒赢11号	0.33	1.84	0.068
119	平凡悟量	1.11	2.30	0.004*					
120	盛泉恒元多策略量化对冲1号	1.08	2.83	0.000*					

注：*表示自助法P值小于5%，即基金经理的择时能力不是源于运气和统计误差。

综上所述，通过自助法检验我们得到，在过去五年（2018～2022年）中，我国股票型私募基金市场中，有近两成（19%）的基金经理具备选股能力，几乎没有基金经理具备择时能力。

六、小结

私募基金的投资者往往面临着如何在众多基金中选择较好的基金或基金经理的难题。优秀的基金经理是如何持续创造超额收益的？本章从三个方面研究私募基金经理如何获得超额收益。首先，我们分析了基金经理的选股能力和择时能力；其次，我们分析了所用样本的时间范围是否会影响选股能力和择时能力的分析结论；最后，我们进一步研究了那些有能力的基金经理的业绩是源于他们自身的能力还是偶然的运气。

我们着重对五年样本（2018~2022年）中股票型私募基金经理的投资能力进行讨论。研究结果显示，在2 753只样本基金中，只有786只基金（占比29%）表现出正确的选股能力，有139只基金（占比5%）表现出正确的择时能力。经自助法检验后发现，有533只基金（占比19%）的选股能力源于基金经理自身的投资能力，有106只基金（占比4%）的择时能力源于基金经理自身的投资能力，而非运气。可见，在2018~2022年的股票型私募基金中，有29%的股票型基金经理具有选股能力，仅有5%的股票型私募基金经理具有择时能力。我们采用同样的方法对三年样本（2020~2022年）和七年样本（2016~2022年）区间内的基金进行检验后得到类似的结论，不再赘述。

第四章

私募基金业绩的持续性

　　长期获得高额的收益是投资者始终追求的目标，同时投资者也希望所投资的基金能够持续创造较好的业绩。随着我国高净值人群和机构投资者的增加，私募证券投资基金作为一种管理资金的方式，受到越来越多的投资者青睐。每年年底，财经媒体、第三方财富管理公司等机构评选的各类私募基金奖项备受关注，其中包括"中国私募金牛奖""中国私募基金风云榜""私募基金英华奖"等评选榜单。这些评选多以定量评估为主、定性评估为辅，常见的考察指标包括基金的收益率、风险调整后收益等。上榜的基金和基金公司往往能够吸引更多投资者的目光。然而，私募基金的历史业绩能否作为判断其未来业绩的标准？只有当基金的业绩能够持续时，私募基金的历史排名才具有参考价值。

　　相比公募基金，私募基金的投资策略更为灵活，以追求绝对收益为目标，具有更多的操作空间，但也需要承担更高的风险控制压力。私募基金通常会计提业绩分成，这也促使私募基金经理追求更高的业绩报酬。此外，私募基金的业绩披露要求较低，投资者在选择私募基金时缺乏可供参考的信息。因此，基金的历史业绩，尤其是历史收益率，成为一个非常直观且相对容易获得的信息。然而，私募基金的历史业绩是否可以成为投资者选择基金的依据，需要更加深入的分析和研究。

　　基金业绩的持续性这一话题不仅是业界在研究基金时所关注的问题，学术界围绕基金的业绩能否持续也进行了广泛的研究。Malkiel（1995），Brown 和 Getzmann（1995），Carhart（1997），Agarwal 和 Naik（2000），Cao、Farnsworth 和 Hong Zhang（2020）等对基金业绩的持续性进行了研究。许多研究发现，过往业绩较好的基金一般不具有持续性，而过往业绩较差的基金未来的业绩仍旧较差的现象则更为普遍。这些研究虽然不能帮助投资者发掘出未来可以带来良好收益的基金，但是从一定程度上可以避开那些未来收益可能较差的基金。在我国，也有很多学者围绕私募基金业绩的持续性展开研究。赵骄和闫光华（2011）发现，在市场单边下跌的行情下，私募基金的收益表现出较强的持续性，强者恒强，弱者则很难翻身；在单边上涨行情中，私募基金收益的持续特征不明显；而在震荡行情下，私募基金收益呈现出一定的持续性。赵羲和刘文宇（2018）以股票多头策略的私募基金为研究对象，发现基金的收益指标持续性均较弱，风险指标（如波动率）的整体持续性较强，而风险调整后收益指标（如信息比率、夏普比率）的持续性要强于收益指标，弱于风险指标。

在本章中，我们采用不同的检验方法，研究股票型私募基金业绩排名的稳定性，希望能够给投资者在参考基金过往业绩时提供标准和依据。与前述章节一致，本章股票型私募基金具体包括万得私募基金二级分类中的普通股票型、股票多空型、相对价值型和事件驱动型基金。我们将研究期间划分为排序期（formation period）和检验期（holding period），通过对比基金业绩在排序期和检验期的变化情况来判定其业绩是否具有持续性，这是一种每年都会进行的滚动检验。其中，排序期分别选择一年和三年，检验期为一年（排序期之后的一年）。具体来说，当排序期为一年（或三年）时，我们检验过去一年（或三年）基金业绩的排名和次年排名的相关性。选取的基金样本需要在排序期和检验期都有完整的复权净值数据。

我们分别通过四种方法来验证股票型私募基金业绩是否具有持续性。第一部分，采用绩效二分法对股票型私募基金收益率的持续性进行检验；第二部分，利用Spearman相关性检验对股票型私募基金收益率排名的相关性作出分析；第三部分，将股票型私募基金的收益率按高低分为4组，通过描述统计的方法对股票型私募基金收益率的持续性进行检验；第四部分，我们以考虑风险调整后收益的指标，即夏普比率作为业绩衡量指标，再次以描述统计检验的方法进行基金业绩持续性的检验。

一、收益率持续性的绩效二分法检验

美国著名学者，分别来自纽约大学和耶鲁大学的 Brown 和 Goetzmann（1995）提出了检验基金业绩持续性的绩效二分法，其原理是通过考察基金业绩在排序期和检验期的排名变动情况来检验基金整体业绩的持续性。在本部分，我们将绩效二分法应用到我国的基金市场，分析股票型私募基金收益率的排名能否持续。根据绩效二分法，我们在排序期和检验期将样本基金按照收益率从高到低排序，排名前50%的基金定义为赢组（Winner），排名后50%的基金定义为输组（Loser）。若基金在排序期和检验期均位于赢组，记为赢赢组（WW）。以此类推，根据基金在排序期和检验期的排名表现，可以把基金分成赢赢组（WW）、赢输组（WL）、输赢组（LW）和输输组（LL）4个组，具体的分组方式如表4-1所示。

表 4-1　　　　　　　　　　绩效二分法检验中的基金分组

排序期	检验期	
	赢组（Winner）	输组（Loser）
赢组（Winner）	WW	WL
输组（Loser）	LW	LL

　　在完成基金的分组后，我们使用交叉积比率指标（cross-product ratio，CPR）检验基金收益率的持续性。具体来说，若基金业绩存在持续性，那么基金的排序应当是相对稳定的。排序期属于赢组的基金，在检验期继续留在赢组的概率将大于转入输组的概率；同理，原本为输组的基金，在未来继续留在输组的概率应大于该基金变为赢组的概率。所以，如果基金业绩存在持续性，样本中四组结果的占比就是不均匀的。反之，若基金收益率不存在持续性，则检验期输组和赢组的业绩排序在未来是随机的。那么，排序期位于输组和赢组的基金在次年位于输组和赢组的概率是均等的，也就是在检验期内，上述四种情况在全部样本基金中的比例均应为 25%。由此，我们可以通过 CPR 这一综合了 4 个分组基金占比的指标，来检验基金业绩的持续性。CPR 指标的计算方法如下：

$$\widetilde{CPR} = \frac{N_{WW} \times N_{LL}}{N_{WL} \times N_{LW}} \tag{4.1}$$

其中，N_{WW}、N_{LL}、N_{WL}、N_{LW} 分别代表属于每组基金的样本数量。当基金的业绩不存在持续性时，CPR 的值应该为 1，即 $\ln(\widetilde{CPR}) = 0$。我们利用假设检验的方法来判断基金业绩是否具有持续性。假设检验的原假设为：基金业绩不具有持续性，即 $\ln(\widetilde{CPR}) = 0$。我们通过构造 Z 统计量来检验 $\ln(\widetilde{CPR})$ 是否等于 0。当观测值相互独立时，Z 统计量服从标准正态分布，即：

$$\widetilde{Z} = \frac{\ln(\widetilde{CPR})}{\sigma_{\ln(\widetilde{CPR})}} \rightarrow Norm(0,1) \tag{4.2}$$

其中，$\sigma_{\ln(\widetilde{CPR})}$ 为 $\ln(\widetilde{CPR})$ 的标准差，当 $\ln(\widetilde{CPR})$ 服从正态分布时，标准差为：

$$\sigma_{\ln(\widetilde{CPR})} = \sqrt{1/N_{WW} + 1/N_{WL} + 1/N_{LW} + 1/N_{LL}} \tag{4.3}$$

　　如果 Z 统计量显著大于 0，则对应的 CPR 指标显著大于 1，表明基金的收益率具有持续性；反之，如果 Z 统计量显著小于 0，则对应的 CPR 指标显著小于 1，表明基金的收益排名在检验期出现了反转；若 Z 统计量和 0 相差不大，那么对应的 CPR 指标接近于 1，此时可以推断，检验期中 4 组基金数量大致相等，也就是说这段时期基金收益率排名是随机的，和排序期的排名没有显著的联系，业绩不具有持续性。通过上述方法，我们能够对私募基金的业绩持续性作出判断。

图 4-1 和表 4-2 展示了排序期为一年、检验期也为一年的绩效二分法检验结果。在这里，我们关心的问题是，过去一年收益率排名在前 50% 的基金，下一年能否继续获得较高的收益，能否继续排在前 50%？过去一年收益率排名在后 50% 的基金，下一年的收益率是否仍旧较低，依然排在后 50%？如果这两个问题的答案是肯定的，那么我们认为基金在过去一年的业绩对于投资者来说具有参考价值；如果答案是否定的，则意味着私募基金的收益率没有持续性。我们重点关注基金在排序期和检验期能否维持同样水平的业绩，因此下面赢赢组（WW）和输输组（LL）的结果是主要的讨论对象。如果一只基金在检验期的业绩没有规律，那么它属于 4 个组别的任意一组的概率为 25%。

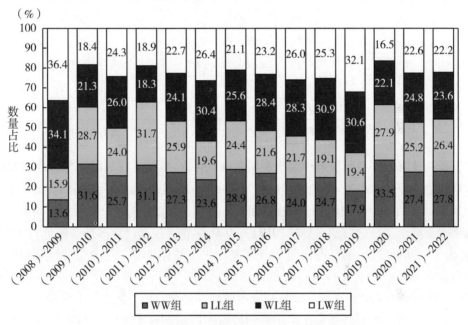

图 4-1　股票型私募基金业绩持续性的绩效二分法检验各组比例
（排序期为一年）：2008~2022 年

注：横坐标括号内的年份表示排序期，括号外的年份表示检验期。

表 4-2　　　　　股票型私募基金业绩持续性的绩效二分法检验
（排序期为一年）：2008~2022 年

（排序期）~检验期	CPR	Z 统计量	P 值	WW 组比例（%）	LL 组比例（%）	WL 组比例（%）	LW 组比例（%）
（2008）~2009	0.18	−3.72	0.000	13.6	15.9	34.1	36.4
（2009）~2010	2.32*	2.71	0.007	31.6	28.7	21.3	18.4
（2010）~2011	0.97	−0.12	0.907	25.7	24.0	26.0	24.3

续表

（排序期）~检验期	CPR	Z 统计量	P 值	WW 组比例（%）	LL 组比例（%）	WL 组比例（%）	LW 组比例（%）
（2011）~2012	2.86*	5.92	<0.001	31.1	31.7	18.3	18.9
（2012）~2013	1.29	1.77	0.077	27.3	25.9	24.1	22.7
（2013）~2014	0.58	−3.83	0.001	23.6	19.6	30.4	26.4
（2014）~2015	1.23	1.60	0.110	28.9	24.4	25.6	21.1
（2015）~2016	0.88	−1.24	0.216	26.8	21.6	28.4	23.2
（2016）~2017	0.70	−5.22	<0.001	24.0	21.7	28.3	26.0
（2017）~2018	0.60	−8.40	<0.001	24.7	19.1	30.9	25.3
（2018）~2019	0.35	−19.09	<0.001	17.9	19.4	30.6	32.1
（2019）~2020	2.57*	17.21	<0.001	33.5	27.9	22.1	16.5
（2020）~2021	1.23*	4.54	<0.001	27.4	25.2	24.8	22.6
（2021）~2022	1.41*	8.69	<0.001	27.8	26.0	23.6	22.2

注：* 表示在排序期和检验期，基金的业绩在5%的显著性水平下具有持续性。

图 4-1 显示了每组检验中属于赢赢组（WW）、赢输组（WL）、输赢组（LW）和输输组（LL）4 组基金的比例分布。在 14 组结果中，有 WW 组基金占比明显低于 25% 的时期，如（2018）~2019 年期间只有 17.9% 的基金属于 WW 组，也有基金占比明显高于 25% 的时期，如（2019）~2020 年期间有 33.5% 的基金属于 WW 组，同时，部分时期各组基金占比与 25% 区别不大。整体来看，基金在检验期的组别分布较为随机。为了检验这些比例是否显著高于或低于随机分布下对应的概率 25%，我们对不同时间区间内私募基金所属组别分布的显著性进行了检验。

表 4-2 展示了私募基金在排序期和检验期的组别分布，以及 CPR 等统计指标的具体信息。在 5% 的显著性水平下，在 14 次检验中有 5 组结果的 CPR 值是显著大于 1 的，表明在大多数样本期中，私募基金的业绩并没有表现出明显的持续性。此外，我们还注意到，（2018）~2019 年期间 Z 检验 P 值小于 0.05，CPR 指标为 0.35，显著小于 1。这一结果表明私募基金的收益率在 2018~2019 年出现了反转，在 2018 年处于赢组的基金只有 17.9% 能够在 2019 年继续属于赢组，且 2018 年处于输组的基金有 19.4% 在 2019 年继续属于输组。2018 年，在中美贸易摩擦、金融 "去杠杆" 的大背景下，我国股票市场自开年起震荡下跌，上证综指全年累计跌幅达 24.6%，创近十年来年度最大跌幅。进入 2019 年，股票市场开始回暖，电子、食品饮料、家用电器等行业板块的涨幅超过 50%，以此类股票为重仓股的基金，业绩能够在 2019 年实现扭转。类似地，在（2008）~2009 年、（2013）~2014 年、（2016）~2017 年、（2017）~2018 年，私募基金业绩同样表现出反转。

（2019）~2020 年期间，在 2019 年收益率属于赢组的私募基金中，33.5%的基金在 2020 年收益率依旧排名前 50%。2019 年，股票市场结构性行情明显，消费、科技板块涨幅靠前，核心蓝筹股受到投资者欢迎，周期板块整体较弱。2020 年，大量白酒股、啤酒股涨幅接近翻倍，消费、医药、科技板块也大幅上涨。在新冠疫情席卷全球之时，我国 A 股成为全球资产的避风港，大量境外资金涌入，集中投资于数量有限的核心资产、龙头企业。在一定程度上，这些资金带动了这类股票价格的进一步上涨。在这样的市场行情下，以食品饮料、消费、医药、科技股为核心投资标的的基金能够在 2019~2020 年延续其优秀的业绩表现。在最新一个样本期（2021）~2022 年，CPR 指标为 1.41，显著大于 1，有 27.8%在 2021 年排名前 50%的基金继续在 2022 年排名前 50%，略高于 25%。但是，综合多个样本期的检验结果我们判断，当排序期为一年、检验期为一年时，股票型私募基金收益排名随机性强，基金的收益率并没有很强的持续性。

由于以一年为排序期时间相对较短，且基金一年的业绩波动性相对较高，我们又以三年作为排序期、一年作为检验期，考察股票型私募基金在前三年的总收益率排名是否与下一年的收益率排名显著相关，结果展示在图 4-2 和表 4-3 中。结合图 4-2 和表 4-3，我们发现在 12 个样本期中，4 个样本期的检验结果不显著，3 个样本期的 CPR 指标显著小于 1，5 个样本期 CPR 指标显著大于 1，能够看出大多数样本期内私募基金的业绩并不能在下一年持续下去。

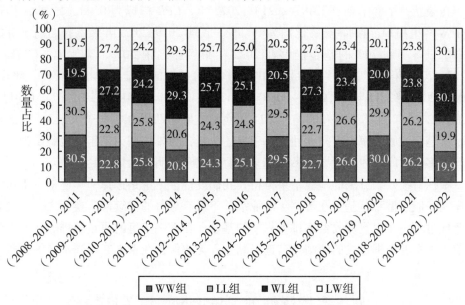

图 4-2　股票型私募基金业绩持续性的绩效二分法检验各组比例
（排序期为三年）：2008~2022 年

注：横坐标所示时间周期中括号内的年份表示排序期，括号外的年份表示检验期。

表 4-3　　股票型私募基金业绩持续性的绩效二分法检验（排序期为三年）：2008~2022

（排序期）~检验期	CPR	Z 统计量	P 值	WW 组比例（%）	LL 组比例（%）	WL 组比例（%）	LW 组比例（%）
（2008~2010）~2011	2.44*	1.97	0.049	30.5	30.5	19.5	19.5
（2009~2011）~2012	0.70	−1.03	0.304	22.8	22.8	27.2	27.2
（2010~2012）~2013	1.15	0.52	0.603	25.8	25.8	24.2	24.2
（2011~2013）~2014	0.50	−3.61	0.000	20.8	20.6	29.3	29.3
（2012~2014）~2015	0.89	−0.69	0.491	24.3	24.3	25.7	25.7
（2013~2015）~2016	0.99	−0.04	0.964	25.1	24.8	25.1	25.0
（2014~2016）~2017	2.08*	4.35	<0.001	29.5	29.5	20.5	20.5
（2015~2017）~2018	0.70	−2.65	0.008	22.7	22.7	27.3	27.3
（2016~2018）~2019	1.29*	2.91	0.004	26.6	26.6	23.4	23.4
（2017~2019）~2020	2.23*	9.60	<0.001	30.0	29.9	20.0	20.1
（2018~2020）~2021	1.21*	2.77	0.006	26.2	26.2	23.8	23.8
（2019~2021）~2022	0.43	−13.18	<0.001	19.9	19.9	30.1	30.1

注：*表示在排序期和检验期，基金的业绩在 5% 的显著性水平下具有持续性。

在最新一个样本期（2019~2021）~2022 年，CPR 指标为 0.43，显著小于 1，属于 WW 组和 LL 组的基金占比均为 19.9%，说明 2019~2021 年收益排名前 50% 的基金中只有不到 20% 的基金能够在 2022 年继续排名前 50%。类似地，（2011~2013）~2014 年和（2015~2017）~2018 年，私募基金的业绩同样出现反转。此外，（2008~2010）~2011 年、（2014~2016）~2017 年、（2016~2018）~2019 年、（2017~2019）~2020 年和（2018~2020）~2021 年检验结果的 CPR 指标显著大于 1，在此期间私募基金的收益率具有持续性。基于上述分析，当排序期为三年、检验期为一年时，大多数时间段内，股票型私募基金的业绩仍没有明显的持续性。

根据对绩效二分法的检验结果分析，我们发现，无论是选择一年还是三年作为排序期，股票型私募基金在下一年的业绩并不具有显著的持续性。换言之，在过去一年或过去三年里投资收益率排名靠前的基金，在下一年里的收益率排名并不一定靠前，投资者根据过往的业绩排名选择基金，无法保证在未来获得同水平的收益。

二、收益率持续性的 Spearman 相关性检验

接下来，我们采用 Spearman 相关系数检验继续对股票型私募基金排序期和检

验期的业绩持续性进行检验。Spearman 相关系数检验是最早用于检验基金业绩表现持续性的方法之一，在检验中，Spearman 相关系数对原始变量的分布不做要求，是衡量两个变量相互关联性的非参数指标，它利用单调方程评价两个统计变量的相关性。当样本的分布不服从正态分布、总体分布类型未知或为有序数据时，使用 Spearman 相关系数较为有效。Spearman 相关系数的绝对值越大，说明两个变量间的相关性越强。当两个变量完全相关时，Spearman 相关系数的数值则为 1 或 -1。Spearman 相关系数的取值为 -1~1。

Spearman 相关性检验包括以下四步。

第一步：定义排序期为一年或三年，计算排序期内样本基金的收益率排名。

第二步：定义检验期为排序期的下一年，追踪检验期内样本基金的收益率排名。

第三步：计算基金在排序期的排名与检验期的排名之间的 Spearman 相关系数。以排序期和检验期都为一年为例，Spearman 相关性检验统计量为：

$$\rho_t = 1 - \frac{6\sum_{i=1}^{n_t} d_{i,t}^2}{n_t(n_t^2 - 1)} \tag{4.4}$$

其中，$d_{i,t} = r_{i,t-1} - r_{i,t}$，$r_{i,t-1}$ 和 $r_{i,t}$ 分别为基金 i 在第 $t-1$ 年和第 t 年的收益率排序，n_t 为第 t 年中基金的数量。如果 Spearman 相关系数显著大于 0，表明基金的排名具有持续性；反之，表明基金的排名出现反转；如果相关系数接近于 0，则表明基金收益率的排名在排序期和检验期并没有显著的相关性。

第四步：逐年滚动检验基金排序期与检验期收益率排名的 Spearman 相关系数。

在这里，投资者最关心的问题是，如果投资于过去收益率较高的基金，是否会在未来获得较高的收益？因此，我们检验股票型私募基金收益率在排序期的排名和检验期的排名是否相关。如果相关性显著，则表明排序期排名较高的基金在检验期同样会获得较高的排名。这样投资者只要投资过去收益率较高的基金，在未来就有可能会同样获得较高的收益。

当排序期和检验期都为一年时，2008~2022 年股票型私募基金业绩持续性的 Spearman 相关系数检验结果如表 4-4 所示。结果显示，在 5% 的显著性水平下，14 次检验中，只有 5 个样本期中的 Spearman 相关系数为正且显著，所以就整体而言，私募基金的收益率没有持续性。这 5 个私募基金业绩具有持续性的样本期分别为 (2009)~2010 年、(2011)~2012 年、(2019)~2020 年、(2020)~2021 年和 (2021)~2022 年。2011 年，沪深 300 指数下挫 19%，不少机构投资者和个人投资者在惨淡的行情下损失惨重。进入 2012 年，我国股票市场一路震荡，一年来上涨和下跌行情此起彼伏。相比较而言，2012 年，地产、金融板块表现抢眼，而家用电器、医药生物等消费板块则相对低迷。检验结果显示，2011 年收益率较高的私募基金在

2012 年收益率也仍然较高，这是因为 2010 年股指期货和融资融券推出后，采用对冲策略的私募基金能够通过对冲工具减小股票市场的波动，以持续性地获得正收益；2011 年收益率偏低的私募基金在 2012 年业绩仍然不佳，原因则在于 A 股市场在 2011 年表现疲软，且在 2012 年也存在阴跌行情，如果没能把握好股票买卖的时机则会造成净值接连下跌。在最新一个样本期（2021）~2022 年，T 检验 P 值小于 0.05，Spearman 相关系数为 6%。

表 4-4　　　　　　股票型私募基金业绩持续性的 Spearman 相关性检验
（排序期为一年）：2008~2022 年

（排序期）~检验期	Spearman 相关系数	T 检验 P 值
（2008）~2009	−0.494	<0.001
（2009）~2010	0.235*	0.002
（2010）~2011	−0.077	0.184
（2011）~2012	0.333*	<0.001
（2012）~2013	0.021	0.555
（2013）~2014	−0.117	0.001
（2014）~2015	−0.015	0.656
（2015）~2016	−0.009	0.727
（2016）~2017	0.004	0.810
（2017）~2018	−0.078	<0.001
（2018）~2019	−0.278	<0.001
（2019）~2020	0.260*	<0.001
（2020）~2021	0.055*	<0.001
（2021）~2022	0.060*	<0.001

注：＊表示在排序期和检验期，基金的业绩在 5% 的显著性水平下具有持续性。

同时，我们也发现一些样本期内基金的业绩出现了反转现象，即 Spearman 相关系数为负显著，如（2008）~2009 年、（2013）~2014 年、（2017）~2018 年和（2018）~2019 年。这表明，在这三个时间段内排序期排名较高（或较低）的基金在下一年的检验期排名反而较低（或较高）。2018~2019 年，股票市场从熊市转为牛市，持有电子、食品饮料等涨幅较大行业板块股票的私募基金业绩能够实现大幅扭转，在 2019 年获得高额收益。除此之外，还有 5 个样本期的检验结果不显著。结合多个样本期检验结果，我们可以得出结论：以一年为排序期、一年为检验期时，大多数情况下我国股票型私募基金的收益率不具有持续性。

接下来，我们将排序期延长为三年、检验期仍为一年，考察股票型私募基金在前三年的总收益率排名是否与下一年的收益率排名显著相关，结果如表 4-5 所示。我们发现，在 12 次检验中，有 7 次检验显示，基金前三年的收益与下一年的收益没有显著的正相关关系，即基金业绩不具有持续性。同时，（2011~2013）~2014年、（2015~2017）~2018 年和（2019~2021）~2022 年，Spearman 相关系数显著小于1，说明多数在 2011~2013 年、2015~2017 年和 2019~2021 年收益排名靠前的基金到了下一年收益反而排名靠后。在 5% 的显著性水平下，有 5 次检验的 Spearman 相关系数是正显著的，样本期为（2008~2010）~2011 年、（2014~2016）~2017 年、（2016~2018）~2019 年、（2017~2019）~2020 年和（2018~2020）~2021 年，相关系数分别为 24.0%、11.9%、4.3%、23.7% 和 6.1%。整体来看，在大多数样本期，基金排序期和检验期的收益率并不是显著正相关的，由此，我们认为以三年为排序期，股票型私募基金的业绩不具有持续性。这一结论与绩效二分法检验的结果保持一致。

表 4-5　　　　股票型私募基金业绩持续性的 Spearman 相关性检验

（排序期为三年）：2008~2022 年

（排序期）~检验期	Spearman 相关系数	T 检验 P 值
（2008~2010）~2011	0.240*	0.030
（2009~2011）~2012	−0.112	0.194
（2010~2012）~2013	0.070	0.283
（2011~2013）~2014	−0.144	0.002
（2012~2014）~2015	−0.010	0.821
（2013~2015）~2016	−0.022	0.631
（2014~2016）~2017	0.119*	0.004
（2015~2017）~2018	−0.087	0.011
（2016~2018）~2019	0.043*	0.049
（2017~2019）~2020	0.237*	<0.001
（2018~2020）~2021	0.061*	0.000
（2019~2021）~2022	−0.238	<0.001

注：＊表示在排序期和检验期，基金的业绩在 5% 的显著性水平下具有持续性。

上述检验显示，无论排序期是一年还是三年，都无法表明股票型私募基金的收益率在下一年具有确定的持续性。虽然在个别年份中基金的业绩表现出持续的特征，但持续性的相关系数都较低。这意味着私募基金过去的收益不能帮助我们预测基金在下一年的业绩。投资者如果投资于过去一年或三年内收益排名较高的基金，并不能保证在下一年里会继续获得较高的收益。

三、收益率持续性的描述统计检验

至此，我们分别采用绩效二分法和 Spearman 相关系数两种方法对股票型私募基金收益率的持续性进行了检验，接下来，我们将采用更加直观的描述统计的方法，分别从收益率和夏普比率两个方面分析私募基金的业绩可否持续。

与前面一样，我们选取一年和三年作为排序期，检验期设置为一年。首先，在排序期根据收益率进行排序，从高至低将基金分为 4 组，将第 1 组定义为收益率最高的组（收益率排名在前 25%），以此类推，第 4 组定义为收益率最低的组（收益率排名在后 25%）。然后，我们观察每组基金在检验期的分组情况。如果基金的收益率具有持续性，那么在排序期属于第 1 组的基金，在检验期应该也有很高比例的基金属于第 1 组；反之，如果基金的收益率不具有持续性，则无论基金在排序期中处于什么组别，在检验期中的排名应该是随机分布的，也就是说，排序期处于第 1 组的基金，检验期处于各组的比例应为 25%。由于本章讨论的重点是私募基金的收益率是否具有持续性，在这里我们主要关注基金在排序期和检验期所属组别的延续情况。

在 2008~2022 年期间，通过计算，我们得出 14 个在排序期收益率属于第 1 组的基金在检验期也属于第 1 组的比例，再计算这 14 个比例的平均值，可以获得 2008~2022 年收益率在排序期和检验期均属于第 1 组比例的均值。图 4-3 展示了一年排序期内属于第 1 组、第 2 组、第 3 组和第 4 组的基金在下一年检验期所属各组的比例。从图 4-3 可见，排序期属于收益率最高的第 1 组的基金在检验期有 28.4% 的基金仍属于第 1 组，略高于随机分布下对应的 25%；排序期属于收益率最低的第 4 组的基金在检验期中有 24.8% 的基金仍属于第 4 组，接近 25%。接下来，我们采用 T 检验，进一步检查这两个比例是否在统计上显著区别于 25%。

表 4-6 展示了排序期为一年、检验期为一年时，股票型私募基金收益率在检验期组别变化的 T 检验结果。结果显示，在 5% 的显著性水平下，只有排序期处于第 3 组的基金，在检验期仍处于第 3 组的占比结果通过了 T 检验，P 值为 0.026。而我们特别关注的排序期和检验期都处于收益率最高的第 1 组或是收益率最低的第 4 组的基金占比，其 T 检验的 P 值分别为 0.244 和 0.917，均大于 0.05，未能通过显著性检验。这说明，尽管在排序期属于最好的第 1 组的基金有 28.4% 在检验期仍然属于第 1 组，但这一概率与随机分布下对应的概率（25%）没有显著区别。也就是说，无论基金在排序期属于什么组别，其在检验期组别的分布都是随机的。通过分析我们认为，过去一年私募基金在排序期的组别分布与其在检验期的组别分布并没有直接的联系，私募基金在检验期中基本上随机分布于 4 个组别，即股票型私募基金的收益率不具有持续性。

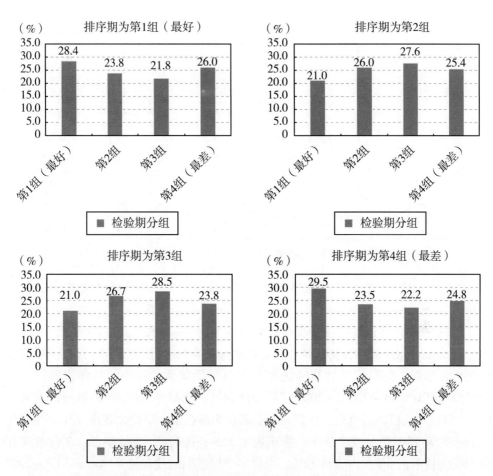

图 4-3 股票型私募基金业绩在检验期组别变化的分布（排序期为一年）：2008~2022 年

表 4-6 股票型私募基金业绩在检验期组别变化的 T 检验
（排序期为一年）：2008~2022 年

排序期组别	检验期组别	平均百分比（%）	t 值	T 检验 P 值
1 （最好基金组）	1	28.4	1.22	0.244
	2	23.8	−0.59	0.566
	3	21.8	−1.56	0.142
	4	26.0	0.33	0.745
2	1	21.0	−3.89	0.002
	2	26.0	0.81	0.434
	3	27.6	2.09	0.057
	4	25.4	0.20	0.848

排序期组别	检验期组别	平均百分比（%）	t 值	T 检验 P 值
3	1	21.0	−2.54	0.025
	2	26.7	1.40	0.184
	3	28.5*	2.50	0.026
	4	23.8	−0.65	0.527
4 （最差基金组）	1	29.5	1.98	0.070
	2	23.5	−0.79	0.446
	3	22.2	−1.90	0.080
	4	24.8	−0.11	0.917

注：＊表示在排序期和检验期，基金的业绩在 5% 的显著性水平下具有持续性。

　　通过上述检验，我们发现收益率排名在前 25% 与后 25% 的基金业绩不具有持续性，那么，当这两个比例缩小至 5% 时，这个结论是否仍旧成立？表 4-7 展示了在排序期属于前 5% 的基金在检验期仍排名前 5% 的基金数量及占比统计，平均有 8% 的基金的收益率能够在排序期和检验期都排名前 5%。换言之，在过去一年收益率最高的基金，在下一年有 90% 的概率不再是最优秀的基金。具体来看，只有（2019）～2020 年和（2020）～2021 年检验期和排序期都排名前 5% 的基金占比高于 15%，其他时间段内只有很少比例的私募基金能够在检验期持续表现优异。在最新一个样本期（2021）～2022 年中，排序期中 515 只排名前 5% 的基金，在检验期有 64 只仍然排名前 5%，占比约 12%。综合多个样本期的检验结果来看，2008～2022 年每年最优秀的私募基金在检验期的收益和排名变动都很大，对投资者而言没有参考价值。

表 4-7　　　　　收益率前 5% 的股票型私募基金在检验期仍属于
前 5% 的数量占比（排序期为一年）：2008～2022 年

排序期	检验期	排序期中前 5% 的基金数量（只）	检验期中仍处于前 5% 的基金数量（只）	检验期中仍处于前 5% 的基金占比（%）
2008	2009	4	0	0.0
2009	2010	8	0	0.0
2010	2011	14	1	7.1
2011	2012	27	3	11.1
2012	2013	38	1	2.6
2013	2014	39	3	7.7

排序期	检验期	排序期中前5%的基金数量（只）	检验期中仍处于前5%的基金数量（只）	检验期中仍处于前5%的基金占比（%）
2014	2015	45	6	13.3
2015	2016	69	7	10.1
2016	2017	179	16	8.9
2017	2018	224	11	4.9
2018	2019	286	20	7.0
2019	2020	284	44	15.5
2020	2021	383	60	15.7
2021	2022	515	64	12.4
平均值		—	—	**8.3**

在附录三中，我们具体汇报了2019~2022年，排序期为一年时，收益率在排序期排名前30位的基金在检验期的排名，并用★标记出检验期中仍排名前30位的基金。此外，在附录四中我们展示了当排序期为一年时，在排序期和检验期分别排名前30位的基金名单及收益率，同样用★标注出排序期和检验期都排名前30位的基金，以便读者参考。

接下来，我们对收益率排名后5%的基金在下一年的业绩排名进行检验，结果展示在表4-8中。我们发现，和收益率排名前5%的基金相比，每年收益率保持排名后5%的基金的比例有所提高，平均为13%左右，但整体占比仍不高。其中，5个样本期内检验期仍属于后5%的基金占比小于10%，同时有3个样本期基金仍排在后5%的基金占比超过了20%，相对较高。在最新一个样本期（2021）~2022年，有约13%在排序期排名后5%的基金在检验期依旧排名在后5%。整体来看，当检验范围缩小至5%后，收益率排名垫底的基金收益依旧不具有持续性。

表4-8　　　　　收益率后5%的股票型私募基金在检验期仍属于
后5%的数量占比（排序期为一年）：2008~2022年

排序期	检验期	排序期中后5%的基金数量（只）	检验期中仍处于后5%的基金数量（只）	检验期中仍处于后5%的基金占比（%）
2008	2009	4	1	25.0
2009	2010	8	0	0.0
2010	2011	14	1	7.1

排序期	检验期	排序期中后 5% 的基金数量（只）	检验期中仍处于后 5% 的基金数量（只）	检验期中仍处于后 5% 的基金占比（%）
2011	2012	27	6	22.2
2012	2013	38	3	7.9
2013	2014	39	3	7.7
2014	2015	45	0	0.0
2015	2016	69	7	10.1
2016	2017	179	31	17.3
2017	2018	224	49	21.9
2018	2019	286	56	19.6
2019	2020	284	53	18.7
2020	2021	383	53	13.8
2021	2022	515	68	13.2
平均值		—	—	**13.2**

我们将排序期延长至三年，继续检验股票型私募基金业绩的持续性。通过滚动计算，能够得出 12 个在排序期属于第 1 组的基金在检验期也属于第 1 组的比例，再计算这 12 个比例的平均值，可以获得 2008~2022 年排序期和检验期内基金收益率都属于第 1 组比例的均值。图 4-4 展示了 2008~2022 年，在三年的排序期中属于第 1 组、第 2 组、第 3 组和第 4 组的基金在下一年所属各组的比例。其中，排序期属于收益率最高的第 1 组的基金中，有 29.7% 的基金在检验期仍然属于第 1 组，高于随机分布下对应的 25%；排序期属于收益最差的第 4 组的基金中，有 24.3% 的基金在检验期中仍然属于第 4 组，略低于随机分布下对应的 25%。

为了检验基金分布的占比是否在统计意义上显著不等于 25%，我们同样对 2008~2022 年期间私募基金收益率在检验期组别的变化情况进行了 T 检验，结果在表 4-9 中给出。结果显示，排序期收益率属于第 1 组的基金在检验期有 29.7% 的基金继续留在第 1 组，T 检验 P 值为 0.071，大于 0.05，检验结果不显著；同时，排序期和检验期都属于第 2 组、第 3 组和第 4 组中基金占比的 T 检验 P 值均大于 0.05，在 95% 的置信条件下，这几个比例并不显著区别于 25%。因此，我们可以得出结论，排序期为三年时，收益率排名靠前的私募基金在下一年并不一定能延续其排名水平，投资者在购买基金时，无法以此为依据去选择特定的基金。

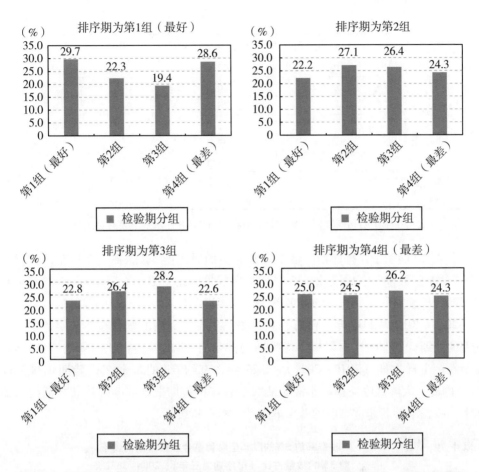

图 4-4　股票型私募基金业绩在检验期组别变化的分布（排序期为三年）：2008~2022 年

表 4-9　　　　　股票型私募基金业绩在检验期组别变化的 T 检验

（排序期为三年）：2008~2022 年

排序期组别	检验期组别	平均百分比（%）	t 值	T 检验 P 值
1 （最好基金组）	1	29. 7	2. 00	0. 071
	2	22. 3	−1. 66	0. 125
	3	19. 4	−4. 77	0. 001
	4	28. 6	1. 48	0. 166
2	1	22. 2	−1. 46	0. 172
	2	27. 1	1. 04	0. 320
	3	26. 4	0. 59	0. 569
	4	24. 3	−0. 35	0. 733

续表

排序期组别	检验期组别	平均百分比（%）	t 值	T 检验 P 值
3	1	22.8	−1.70	0.117
	2	26.4	0.57	0.579
	3	28.2	2.04	0.066
	4	22.6	−1.53	0.154
4 （最差基金组）	1	25.0	0.01	0.990
	2	24.5	−0.24	0.813
	3	26.2	0.63	0.544
	4	24.3	−0.36	0.729

注：*表示在排序期和检验期，基金的业绩在5%的显著性水平下具有持续性。

表 4-10 展示了在排序期收益率非常靠前的属于前 5% 的基金在检验期仍排名前 5% 的基金数量及占比统计。12 个样本期的检验结果显示，平均有 9% 的基金在排序期和检验期的夏普比率均排名前 5%，占比不高，且在（2009~2011）~2012 年和（2010~2012）~2013 年，没有一只过去三年排名靠前的基金在下一年延续了其优秀的业绩。其他的样本期中，检验期仍排名前 5% 的基金占比的随机性也较强。在最新一个样本期（2019~2021）~2022 年，有约 6% 的基金在检验期仍排名前 5%。因此，大多数收益排名非常靠前的基金在检验期很难继续维持其之前的收益水平，收益率排名非常靠前的基金的业绩不具有持续性。

表 4-10　　　　　　收益率前 5% 的股票型私募基金在检验期仍属于
前 5% 的数量占比（排序期为三年）：2008~2022 年

排序期	检验期	排序期中前 5% 的 基金数量（只）	检验期中仍处于前 5% 的 基金数量（只）	检验期中仍处于前 5% 的 基金占比（%）
2008~2010	2011	4	1	25.0
2009~2011	2012	6	0	0.0
2010~2012	2013	11	0	0.0
2011~2013	2014	22	2	9.1
2012~2014	2015	27	5	18.5
2013~2015	2016	25	3	12.0
2014~2016	2017	29	1	3.4
2015~2017	2018	43	1	2.3
2016~2018	2019	106	7	6.6
2017~2019	2020	118	16	13.6
2018~2020	2021	164	23	14.0
2019~2021	2022	209	13	6.2
平均值		—	—	9.2

收益排名领先的基金业绩没有持续性，那么，收益垫底的基金业绩是否能够持续呢？从表4-11可以看出，平均有14.3%的基金在排序期和检验期都排在后5%。具体来看，仅有2个样本期中的基金占比超过了20%，分别为（2008~2010）~2011年和（2017~2019）~2020年。总体而言，在2008~2022年期间，基金业绩持续排名最差（后5%）的基金中，能够在检验期延续其业绩的基金占比仍旧较低，因此，收益率排名处于末位的股票型私募基金的业绩同样不具有持续性。

表4-11　　　　　　收益率后5%的股票型私募基金在检验期仍属于
后5%的数量占比（排序期为三年）：2008~2022年

排序期	检验期	排序期中后5%的基金数量（只）	检验期中仍处于后5%的基金数量（只）	检验期中仍处于后5%的基金占比（%）
2008~2010	2011	4	1	25.0
2009~2011	2012	6	1	16.7
2010~2012	2013	11	1	9.1
2011~2013	2014	22	1	4.5
2012~2014	2015	27	2	7.4
2013~2015	2016	24	2	8.3
2014~2016	2017	29	3	10.3
2015~2017	2018	43	7	16.3
2016~2018	2019	106	16	15.1
2017~2019	2020	118	43	36.4
2018~2020	2021	164	23	14.0
2019~2021	2022	209	17	8.1
平均值		—	—	14.3

四、夏普比率持续性的描述统计检验

由于收益率是反映基金历史业绩最为直观的指标，在前文中，我们分别采用绩效二分法、Spearman相关性检验以及描述统计检验的方法，对股票型私募基金的收益率是否具有持续性进行了检验。但是，投资者在进行基金投资时，除了关注基金能够赚取的收益，投资基金所承担的风险也十分重要。接下来，我们选取基金的夏普比率这一反映基金风险调整后收益的指标作为衡量基金业绩持续性的指标，采用描述统计检验的方法对其是否具有持续性进行检验。

对于夏普比率持续性的描述统计检验，我们同样选取一年和三年作为排序期、一年为检验期。当排序期为一年时，可以计算得出 14 个在排序期夏普比率属于第 1 组的基金在检验期也属于第 1 组的比例，再计算这 14 个比例的平均值，可以获得 2008~2022 年排序期和检验期夏普比率均属于第 1 组比例的均值。表 4-12 展示了排序期夏普比率属于第 1 组、第 2 组、第 3 组和第 4 组的基金在检验期所属各组的比例，以及 T 检验 P 值。在这里，我们重点关注的是基金在检验期是否能够延续其在排序期的组别。结果显示，排序期夏普比率属于第 1 组的基金在检验期有 29.0% 的基金继续留在第 1 组，大于随机分布下对应的 25%，且 T 检验 P 值为 0.026，表明过去一年夏普比率排名前 25% 的基金在未来一年有 29.0% 的概率依旧排名靠前。同时，排序期夏普比率属于第 4 组的基金在检验期有 31.9% 的基金继续留在了第 4 组，该比例显著大于 25%，其 T 检验 P 值为 0.001，说明过去一年夏普比率排在后 25% 的基金在未来一年有 31.9% 的概率仍然排名靠后。因此，我们可以得出结论，过去一年夏普比率较高或较低的基金，在未来一年也有很大概率延续其过往优秀或不佳的业绩，投资者在筛选基金时可以参考基金在过去一年的夏普比率。

表 4-12　　　　股票型私募基金夏普比率在检验期组别变化的 T 检验
（排序期为一年）：2008~2022 年

排序期组别	检验期组别	平均百分比（%）	t 值	T 检验 P 值
1 （最好基金组）	1	29.0*	2.51	0.026
	2	27.6	2.14	0.052
	3	22.7	−1.39	0.189
	4	20.9	−2.47	0.029
2	1	25.2	0.18	0.858
	2	25.1	0.05	0.961
	3	26.3	0.99	0.340
	4	23.4	−0.80	0.437
3	1	25.7	0.38	0.708
	2	25.1	0.11	0.913
	3	25.2	0.20	0.847
	4	24.0	−0.76	0.460
4 （最差基金组）	1	20.4	−2.29	0.040
	2	22.4	−2.04	0.063
	3	25.3	0.19	0.854
	4	31.9*	4.08	0.001

注：* 表示在排序期和检验期，基金的业绩在 5% 的显著性水平下具有持续性。

接下来，我们分别选出 2008~2022 年期间排序期夏普比率位于前 5% 和后 5% 的基金与它们在检验期的排名进行对比，进一步分析夏普比率排名非常靠前与靠后基金的业绩能否持续。表 4-13 展示了排序期为一年时，夏普比率排名前 5% 的基金在下一年仍然排名前 5% 的基金数量和占比，平均有 12.1% 的基金能够在检验期继续排到前 5% 的位置。其中，在（2008）~2009 年、（2009）~2010 年、（2010）~2011 年和（2012）~2013 年中，没有一只基金的夏普比率能够在检验期继续保留在前 5% 的位置。其他 10 个样本期内，有 4 个样本期的基金占比超过了 20%，集中在近几年。在最新一个样本期（2021）~2022 年中，有 34.0% 的基金在检验期继续排名靠前，占比相对较高。总体而言，当检验范围缩小至前 5% 时，夏普比率排名领先的私募基金不一定能在下一年持续稳定地获得高夏普比率。附录五具体展示了以一年为排序期时，2019~2022 年夏普比率排名前 30 位的私募基金在检验期的排名，并用★标记出在检验期夏普比率仍排名前 30 位的基金，供读者参阅。

表 4-13　　　　　　　夏普比率前 5% 的股票型私募基金在检验期仍属于
前 5% 的数量占比（排序期为一年）：2008~2022 年

排序期	检验期	排序期中前 5% 的基金数量（只）	检验期中仍处于前 5% 的基金数量（只）	检验期中仍处于前 5% 的基金占比（%）
2008	2009	4	0	0.0
2009	2010	8	0	0.0
2010	2011	14	0	0.0
2011	2012	27	4	14.8
2012	2013	38	0	0.0
2013	2014	39	3	7.7
2014	2015	45	5	11.1
2015	2016	69	9	13.0
2016	2017	176	22	12.5
2017	2018	224	24	10.7
2018	2019	286	61	21.3
2019	2020	284	67	23.6
2020	2021	383	81	21.1
2021	2022	515	175	34.0
平均值	—	—	—	**12.1**

类似地，我们对排序期夏普比率排名在后 5% 的私募基金是否在检验期还排名后 5% 进行了检验，结果如表 4-14 所示。14 次检验中，平均有 13.0% 的基金在排序期和检验期都排名后 5%，这一比例并不高。不同的样本区间内，夏普比率持续处于后 5% 的占比各不相同，有 2 个样本期的基金占比超过了 20%。在最新一个样本期（2021）~2022 年中，有 11.7% 的基金的夏普比率继续在检验期排名垫底。综合多个样本期的检验结果，我们认为，当以 25% 为区间对私募基金的夏普比率进行划分时，夏普比率属于最低的第 4 组的基金展现出了业绩的持续性，但是，当对基金划分区间的范围缩小至后 5% 时，这一持续性并不明显。

表 4-14　　　　　　夏普比率后 5% 的股票型私募基金在检验期仍属于
后 5% 的数量占比（排序期为一年）：2008~2022 年

排序期	检验期	排序期中后 5% 的基金数量（只）	检验期中仍处于后 5% 的基金数量（只）	检验期中仍处于后 5% 的基金占比（%）
2008	2009	4	0	0.0
2009	2010	8	1	12.5
2010	2011	14	1	7.1
2011	2012	27	5	18.5
2012	2013	38	8	21.1
2013	2014	39	4	10.3
2014	2015	50	3	6.0
2015	2016	69	7	10.1
2016	2017	179	22	12.3
2017	2018	224	30	13.4
2018	2019	286	57	19.9
2019	2020	284	64	22.5
2020	2021	383	62	16.2
2021	2022	515	60	11.7
平均值		—	—	**13.0**

在接下来的分析中，我们将排序期延长至三年、检验期仍为一年，继续对股票型私募基金夏普比率的持续性进行检验。表 4-15 展示了排序期为三年时基金在检验期属于第 1 组、第 2 组、第 3 组和第 4 组的情况及 T 检验结果。在这里，我们同样重点关注基金排序期组别在检验期的延续情况。可以发现，排序期属于夏普比率

最高的第1组的基金，在检验期有33.0%的比例仍然属于第1组，T检验P值为0.002，在5%的显著性水平下显著高于随机分布下的25%，表明过去三年夏普比率属于第1组的基金在未来一年有33.0%的基金仍能够进入排名最高的第1组。观察排序期和检验期夏普比率都属于第4组的基金，平均有27.3%的基金在检验期还属于第4组，但其T检验P值为0.355，大于5%，未能通过显著性检验。这一结果表明，过去三年夏普比率较低的基金未来一年的夏普比率不一定仍然偏低。

表 4-15 股票型私募基金夏普比率在检验期组别变化的 T 检验

（排序期为三年）：2008~2022 年

排序期组别	检验期组别	平均百分比（%）	t 值	T 检验 P 值
1 （最好基金组）	1	33.0*	4.09	0.002
	2	24.8	−0.26	0.801
	3	21.3	−2.24	0.046
	4	20.9	−2.06	0.064
2	1	23.2	−1.04	0.323
	2	28.5	1.99	0.072
	3	26.1	0.56	0.586
	4	22.2	−1.69	0.118
3	1	20.5	−3.32	0.007
	2	24.2	−0.68	0.513
	3	25.9	0.56	0.588
	4	29.4	2.16	0.054
4 （最差基金组）	1	22.9	−1.23	0.245
	2	22.9	−1.23	0.263
	3	26.9	1.79	0.101
	4	27.3	0.97	0.355

注：* 表示在排序期和检验期，基金的业绩在5%的显著性水平下具有持续性。

当排序期为三年时，夏普比率排名前25%的基金业绩具有一定的持续性，那么，夏普比率排名前5%的基金的业绩是否也能够持续呢？表4-16显示，12个样本期中，平均只有14.0%的基金能够在检验期继续排到前5%的位置。其中，8个样本期内检验期仍处于前5%的基金占比都不超过20%，随机性较强。最新一个样本期（2019~2021）~2022年，有21.1%的基金延续了其排序期优秀的业绩表现，这段时期夏普比率排名在前5%的基金业绩持续性较强。但是，综合来看，前三年夏普比率排名非常靠前的基金中仅有很少一部分能够在检验期仍然排在前 5%，据此，我们认为夏普比率排名最前列的股票型私募基金的业绩不具有持续性。

表 4-16　　　　　夏普比率前 5% 的股票型私募基金在检验期仍属于
　　　　　　　　前 5% 的数量占比（排序期为三年）：2008~2022 年

排序期	检验期	排序期中前 5% 的基金数量（只）	检验期中仍处于前 5% 的基金数量（只）	检验期中仍处于前 5% 的基金占比（%）
2008~2010	2011	4	0	0.0
2009~2011	2012	6	0	0.0
2010~2012	2013	11	0	0.0
2011~2013	2014	22	3	13.6
2012~2014	2015	27	7	25.9
2013~2015	2016	25	4	16.0
2014~2016	2017	28	1	3.6
2015~2017	2018	43	8	18.6
2016~2018	2019	106	25	23.6
2017~2019	2020	118	22	18.6
2018~2020	2021	164	45	27.4
2019~2021	2022	209	44	21.1
平均值		—	—	**14.0**

表 4-17 展示了排序期为三年时，夏普比率排名后 5% 的基金在下一年仍然排名后 5% 的基金数量和占比。从表 4-17 可见，在 2008~2022 年期间，当排序期为三年时，平均有 18.8% 的基金的夏普比率在检验期和排序期均处于后 5%，与排名位于前 5% 的基金相比略有提高。但是，可以观察到，检验期中仍处于后 5% 的基金占比的随机性较强，最高占比达到 50.0%，最低仅为 6.7%。因此，我们认为，夏普比率排名后 5% 的基金的业绩持续性具有很大的随机性。

表 4-17　　　　　夏普比率后 5% 的股票型私募基金在检验期仍属于
　　　　　　　　后 5% 的数量占比（排序期为三年）：2008~2022 年

排序期	检验期	排序期中后 5% 的基金数量（只）	检验期中仍处于后 5% 的基金数量（只）	检验期中仍处于后 5% 的基金占比（%）
2008~2010	2011	4	2	50.0
2009~2011	2012	6	1	16.7

排序期	检验期	排序期中后 5% 的基金数量（只）	检验期中仍处于后 5% 的基金数量（只）	检验期中仍处于后 5% 的基金占比（%）
2010～2012	2013	11	2	18.2
2011～2013	2014	22	2	9.1
2012～2014	2015	27	2	7.4
2013～2015	2016	24	5	20.8
2014～2016	2017	29	4	13.8
2015～2017	2018	43	3	7.0
2016～2018	2019	106	43	40.6
2017～2019	2020	118	28	23.7
2018～2020	2021	164	19	11.6
2019～2021	2022	209	14	6.7
平均值	—	—	—	**18.8**

五、小结

每年年底，财经媒体、第三方财富管理公司等机构会定期发布私募基金的业绩排名，而不少投资者也会以此为参照进行投资，寄希望于过去业绩较好的基金在未来继续获得良好的业绩。本章从这个现象出发，围绕私募基金的过往业绩对投资者而言是否具有参考价值这一话题进行了讨论。在检验过程中，我们以一年（或三年）作为排序期，以排序期之后的一年作为检验期，分别采用了绩效二分法检验、Spearman 相关性检验、基金收益率的描述统计检验法和基金夏普比率的描述统计检验法共四种方法，研究私募基金过往业绩与未来业绩的关系。

在对私募基金收益率的检验中，我们观察基金收益率在排序期和检验期的关系，发现无论排序期是一年还是三年，在 2008～2022 年期间股票型私募基金的收益只在部分年间表现出一定的持续性，且在部分年间出现了反转的现象，私募基金的过往收益对投资者而言基本没有参考的意义。

在基金夏普比率的描述统计检验中，我们加入了对基金风险的考量，选取风险调整后的收益指标——夏普比率，作为衡量基金业绩的指标。结果显示，当排序期为一年时，过去一年夏普比率排名靠前（属于夏普比率排名在前 25% 的第 1 组）或靠后（属于夏普比率排名在最后 25% 的第 4 组）的基金在未来一年有较大概率仍然排名靠前或靠后；当排序期为三年时，过去三年夏普比率排名靠前的基金在未来一年有较大概率仍然排名靠前。由此看来，私募基金过去一段时间的夏普比率对投资者而言具有重要的参考价值，投资者在选取基金时可以以此为依据选取或规避特定的私募基金。

第五章

道口私募基金指数

由于私募基金的净值、持仓等信息强制性披露规则的差异，其信息透明度和可得性相比于公募基金要弱得多。2016 年 2 月出台的《私募投资基金信息披露管理办法》要求，私募基金管理公司在每季度结束之日起 10 个工作日以内，向投资者披露基金净值等信息。单只基金管理规模达到 5 000 万元以上的，则要求基金管理公司在每月结束之日起 5 个工作日以内向投资者披露基金净值信息。这一规则的出台，意味着投资者可以获得私募基金公司披露的净值信息，然而，对于私募基金的策略和持仓信息，投资者和政府监管机构却依然知之甚少。这个问题在美国等金融市场发达的国家也同样存在。

我国私募基金行业的蓬勃成长急需一种相对完善、规范化的私募基金指数，以反映私募基金整体的业绩，追踪各类投资策略的私募基金的整体收益和风险情况。因此，我们有必要建立、编制出不同策略的、具有代表性的私募基金指数，这对投资者、私募基金管理者以及政府监管机构等不同人群有着非常重大的意义。投资者可以根据不同策略的私募基金指数来安排自己的资产组合；私募基金管理者可以把相应的私募基金指数作为自己管理的私募基金的业绩比较基准；政府监管机构可以根据私募基金的收益和风险状况，来评估私募基金行业未来整体的发展情况，并对可能出现的问题提前采取相应的监管措施。

道口私募基金系列指数，旨在反映中国私募证券投资基金的整体发展状况，以私募基金投资策略为区分，包括普通股票型私募基金指数、股票多空型私募基金指数、相对价值型私募基金指数、事件驱动型私募基金指数、债券型私募基金指数和 CTA 型私募基金指数，分别反映投资于股票、债券和期货等资产的私募基金的整体收益和风险情况。我们希望通过建立这一系列指数，为投资者、私募基金管理者和政府监管机构提供有效信息和决策借鉴。

一、道口私募基金指数编制方法

（一）样本空间

我们首先介绍道口私募基金指数编制的样本选择规则。入选道口私募证券投资基金系列指数的基金需要同时满足以下三个条件。

第一，私募基金成立时间超过 6 个月。这是为了剔除那些因处于建仓期而不能反映真实的收益和风险情况的私募基金。

第二，非分级基金（也称非结构化基金）。这是因为分级私募基金在汇报基金净值的时候可能存在口径不统一的现象（如只汇报母基金或子基金的情况）。

第三，非 FOF、TOT、MOM 等组合基金。这是为了避免基金净值被重复纳入指数中，因为组合基金是投资于私募基金的基金，其净值反映的是其他私募基金的情况。

（二）指数类别

我们以基金策略作为建立私募基金指数的分类依据。对于分类依据的选取，我们参考万得数据库中的私募证券投资基金策略分类。相应地，我们选取普通股票型基金构建普通股票型私募基金指数，选取股票多空型基金构建股票多空型私募基金指数，选取相对价值型基金构建相对价值型私募基金指数，选取事件驱动型基金构建事件驱动型私募基金指数，选取债券型基金构建债券型私募基金指数，选取商品型基金和宏观对冲型基金中的以商品期货为主要标的的私募基金构建 CTA 型私募基金指数。

（三）样本选入

我们定义基金的成立日为万得数据中基金存在第 1 个净值的时间，该成立日 6 个月之后的第 1 个月末点开始将基金纳入指数中。也就是说，在私募基金成立后的第 7 个月，才能被纳入道口私募证券投资基金系列指数中。时隔 6 个月的原因是考虑到私募基金成立时需要一定时间的建仓期。

（四）样本退出

当基金产品或基金公司有特殊事件发生时，我们需要对样本基金作必要的调整，这些事件包括但不限于以下几种。

基金清盘：当样本基金发生清盘时，则在其清盘日之后将其从相应的指数中剔除。

基金暂停公布净值：若样本基金因故暂停公布净值，则在其暂停公布净值期间将该基金从相应指数中剔除，当其正常公布净值后，再纳入指数。

合同的变更：当样本基金合同发生变更时，将该基金从相应的指数中剔除，并将变更后的基金视为一只新发行的基金，当满足相应条件时，再纳入相应的指数。

基金公司发生重大违规违法事件：对存在违规违法事件的基金公司所管理的私募基金，我们给予一定的考察期。在考察期内，相应基金从指数中剔除。当相关部门调查并处分之后，如果基金公司在一定时间内正常运营，则相应基金重新纳入指数。

（五）道口私募指数计算准则

1. 指数的基点与基日

道口私募证券投资基金系列指数以"点"为单位，精确到小数点后3位。

道口私募证券投资基金系列指数的基点统一设为 1 000 点，基日如表 5-1 所示。

表 5-1　　　　　　　　不同策略类型的私募基金指数的基日

指数分类	基日
普通股票型	2005-12-31
相对价值型	2010-12-31
股票多空型	2008-12-31
事件驱动型	2011-12-31
债券型	2010-12-31
CTA 型	2012-12-31

2. 指数计算公式

道口私募证券投资基金系列指数的计算方法为等权平均法，具体计算方法如下：

$$AVGRET_t = \frac{1}{N_t} \sum_{i=1}^{N_t} \left(\frac{ADJNAV_{i,\,t}}{ADJNAV_{i,\,t-1}} - 1 \right) \tag{5.1}$$

$$INDEX_t = (1 + AVGRET_t) \times INDEX_{t-1} \tag{5.2}$$

其中，$INDEX_t$ 代表第 t 个月的私募基金指数；$AVGRET_t$ 代表第 t 个月私募基金的平均收益率；$ADJNAV_{i,t}$ 代表私募基金 i 在第 t 个月的复权净值；N_t 代表第 t 个月私募基金的样本数量。我们使用等权平均法，是因为在万得数据中没有私募基金的资产管理规模信息。

3. 所选基金净值

道口私募证券投资基金系列指数所采用的基金净值的数据为复权净值。基金复权净值是在考虑了基金的分红或拆分等因素对基金的影响后，对基金的单位净值进行了复权计算。复权净值将基金的分红加回单位净值，并作为再投资进行复利计算。同时，基金的复权净值为剔除相关管理费用后的净值。

4. 指数修正

我们每 3 个月会通过公开信息重新计算私募证券投资基金系列指数，来修正由于万得数据修正历史数据而带来的累计净值信息的变化。若基金修改过历史净值信息，修正后的指数点位将重新发布。若指数大幅变动，我们会通过公告进行披露并予以特别的说明。①

二、道口私募基金指数覆盖的基金数量

不同类型的基金的投资标的和业绩特征有本质差异。普通股票型私募基金是将资产主要投资于股票的基金，通过低买高卖获取差额收益，其业绩与大盘走势密切相关。债券型私募基金是将资金主要投资于债券的基金，收益相对稳定，风险也相对较小，也被称为固定收益型基金。相对价值型基金利用关联证券间的价差获利，即买入价值被低估的股票，卖空价值被高估的股票，获取价格收敛所带来的收益。股票多空型基金在持有股票的同时会卖空股票对冲风险，这意味着通过做空业绩未达预期和表现较差的股票或股指期货，基金可以同时在熊市和牛市都获得不错的收益。CTA 型基金是通过商品交易顾问（CTA）进行期货或者期权投资交易的一种基金。事件驱动型基金主要通过分析上市公司的重大事项（如并购重组、增资扩股、回购股票）等影响公司估值的因素来进行投资。

表 5-2 展示了不同私募基金指数中所包括的基金数目占同策略私募基金总数的比例。据表 5-2 可知，各私募基金指数中所包含的基金数量占市场中同类基金的比例都在 59% 以上。其中，相对价值型基金的比例最高（78%），其次为股票多

---

① 具体信息见道口私募指数网站：http：//index. pbcsf. tsinghua. edu. cn/indexweb/web/index. html。

空型基金（77%）和 CTA 型基金（67%）。需要说明的是，若基金处于成立不足 6
个月的建仓期内，则不被纳入指数。此外，由于绝大部分的 CTA 型私募基金缺乏
清晰的策略描述，因此本报告只选择明确 CTA 型策略的并且是以商品期货为主要
标的的基金纳入指数中。

表 5-2　　　　　　　　　　　　私募基金指数样本的分布情况

指数分类	指数中包含的基金数量 （只）	有净值的基金总数 （只）	数量占比 （%）
普通股票型	57 093	89 288	64
债券型	3 714	6 208	60
相对价值型	1 539	1 963	78
股票多空型	2 258	2 946	77
CTA 型	2 647	3 961	67
事件驱动型	223	380	59

　　下面我们对不同策略私募基金指数的样本情况作具体分析。图 5-1 展示了
2005～2022 年普通股票型私募基金指数所覆盖的样本数量。表 5-3 展示了 2005～
2022 年普通股票型私募基金指数中每年年底包含的样本数量。从图 5-1 和表 5-3
可以看出，每年都会有新的普通股票型基金进入指数，同样也会有基金从指数中退
出。普通股票型私募基金指数中的基金数量从 2008 年开始超过 100 只，自此一直
保持平稳上升态势，并在 2015 年起开始增幅扩大，每年新进入或退出指数的基金
数量陡然增加，每年均有上千只基金进入或退出指数。在 2018 年，从指数中退出
的基金数量激增至 4 668 只，这可能与 2018 年市场较为低迷有关。在 2020 年 1 月，
指数覆盖的基金数量出现断崖式下跌，这是因为在 2020 年前 5 个月，全球各类资

（只）

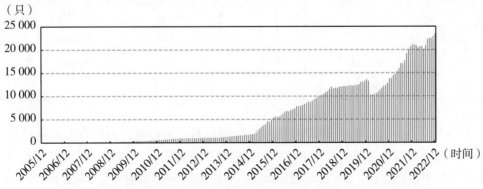

图 5-1　普通股票型私募基金指数中所包含的样本数量：2005～2022 年

产均遭遇较大震荡，私募基金的产品发行较为困难。2020 年下半年新冠疫情得到较好控制，私募基金规模和数量增幅皆有所上升，2020 年和 2021 年从指数中退出的基金数量趋于稳定。2021 年我国私募行业迎来爆发式增长，导致普通股票型基金整体数量也随之大幅增加，新进入指数的基金数量增加至 10 115 只。2022 年，私募基金的整体规模经历了一波 "U" 型的变化趋势，在下半年扩增迅猛，截至 2022 年 12 月底，基金数量达到了 23 517 只。

表 5-3　　　　　　普通股票型私募基金指数中每年年底包含的

样本数量统计：2005~2022 年　　　　单位：只

年份	新进入指数的基金数量	从指数中退出的基金数量	指数中的基金数量
2005	2	1	6
2006	13	1	18
2007	91	23	86
2008	212	86	212
2009	179	54	337
2010	278	63	552
2011	456	80	928
2012	282	175	1 035
2013	468	202	1 301
2014	967	483	1 785
2015	6 524	2 853	5 456
2016	5 371	2 771	8 056
2017	5 758	3 305	10 509
2018	6 834	4 668	12 675
2019	4 895	3 602	13 968
2020	5 363	4 313	15 018
2021	10 115	3 265	21 868
2022	9 278	7 629	23 517

图 5-2 展示了 2011~2022 年相对价值型私募基金指数中所包含的基金数量。可以发现，相对价值型私募基金指数所覆盖的基金数量在 2014 年 2 月突破 100 只，自此指数中包含的基金数量开始稳步抬升，直至 2017 年起开始平稳下降，而 2021 年末至 2022 年再次出现上扬，直至 2022 年 12 月底，该指数中的基金数量为 500 只。

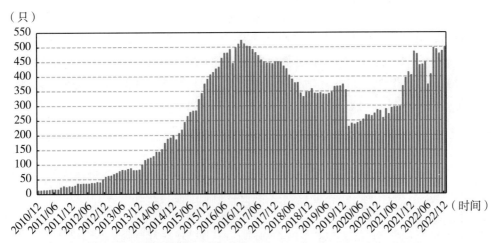

（只）

图 5-2 相对价值型私募基金指数中所包含的样本数量：2010~2022 年

表 5-4 展示了 2010~2022 年相对价值型私募基金指数中每年年底包含的样本数量。可以看出，自 2014 年起，进入相对价值型私募基金指数的基金数量开始增加，这也和当时股指期货交易活跃相关；2015~2016 年每年都会有超 250 只基金进入指数；2016 年底，相对价值型私募基金指数中包含的基金数量达到 534 只，创历史新高；截至 2022 年 12 月底，新进入该指数的基金共计 142 只，从指数中退出的私募基金数量为 168 只，指数中包含的基金数为 500 只，相较 2021 年底同比下降 5%。

表 5-4 相对价值型私募基金指数中每年年底包含的样本数量统计：2010~2022 年 单位：只

年份	新进入指数的基金数量	从指数中退出的基金数量	指数中的基金数量
2010	8	1	12
2011	14	0	26
2012	37	5	58
2013	52	27	83
2014	148	29	202
2015	260	66	396
2016	273	135	534
2017	80	143	471
2018	66	171	366
2019	131	103	394
2020	132	112	414
2021	183	71	526
2022	142	168	500

图 5-3 展示了 2008~2022 年股票多空型私募基金指数中所覆盖的基金数量。可以看出，股票多空型私募基金指数从 2009 年开始稳步发展，到 2014 年 3 月纳入基金突破 100 只，并从 2014 年起基金数量迅速增长，直至 2017 年 9 月达到最高点，覆盖基金 729 只，自此开始小幅回落并在 2021 年底至 2022 年出现回升，目前覆盖基金为 688 只。

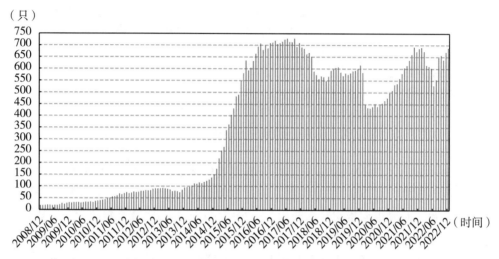

图 5-3　股票多空型私募基金指数中所包含的样本数量：2008~2022 年

表 5-5 展示了 2008~2022 年股票多空型私募基金指数中每年年底包含的样本数量。据表 5-5 可知，股票多空型私募基金指数在 2008 年底纳入 18 只基金；之后随着市场的快速发展，2015 年底基金数目突破 500 只；截至 2022 年 12 月底，该指数共包含 688 只基金。

表 5-5　　　　　　　　股票多空型私募基金指数中每年年底包含的
样本数量统计：2008~2022 年　　　　　　　　单位：只

年份	新进入指数的基金数量	从指数中退出的基金数量	指数中的基金数量
2008	18	0	19
2009	14	2	31
2010	10	2	39
2011	37	1	75
2012	24	6	93
2013	45	41	97
2014	89	32	154
2015	523	90	587

年份	新进入指数的基金数量	从指数中退出的基金数量	指数中的基金数量
2016	370	228	729
2017	186	184	731
2018	148	267	612
2019	203	189	626
2020	167	239	554
2021	261	102	713
2022	162	187	688

图 5-4 展示了 2011~2022 年事件驱动型私募基金指数中所包含的基金数量。从图 5-4 可知，事件驱动型私募基金指数包含的基金数量从 2012 年开始增长；2013 年 11 月覆盖基金数量达到 65 只，自此开始回落；而 2021 年底至 2022 年出现小幅度的上升，截至 2022 年 12 月底，基金覆盖数量稳定在 20 只左右。

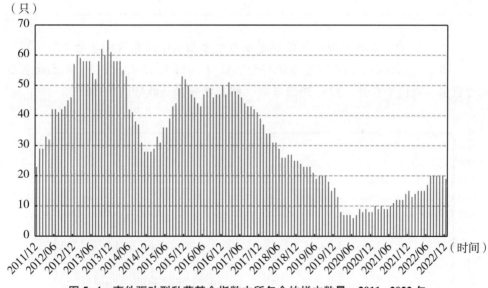

图 5-4　事件驱动型私募基金指数中所包含的样本数量：2011~2022 年

表 5-6 展示了 2011~2022 年事件驱动型私募基金指数中每年年底包含的样本数量。可以看出，2011 年进入指数的事件驱动型私募基金数量为 19 只，2014 年从指数中退出的基金数量（51 只）最多，2015 年进入指数的基金数量（52 只）最多；2017~2022 年，进入指数和从指数中退出的基金数量都较低；截至 2022 年底，指数中包含的样本数量为 19 只。

表 5-6　　　　　　　事件驱动型私募基金指数中每年年底包含的

样本数量统计：2011~2022 年　　　　　　单位：只

年份	新进入指数的基金数量	从指数中退出的基金数量	指数中的基金数量
2011	19	2	23
2012	44	9	58
2013	29	26	61
2014	18	51	28
2015	52	27	53
2016	28	31	50
2017	7	17	40
2018	2	16	26
2019	1	8	19
2020	2	8	13
2021	3	1	15
2022	9	5	19

图 5-5 展示了 2010~2022 年债券型私募基金指数中所包含的基金数量。可以看出，债券型私募基金指数所覆盖的基金数量自 2011 年起开始发展，指数覆盖的基金数量一直稳中有升，截至 2022 年底，指数覆盖基金数量达 1 316 只。

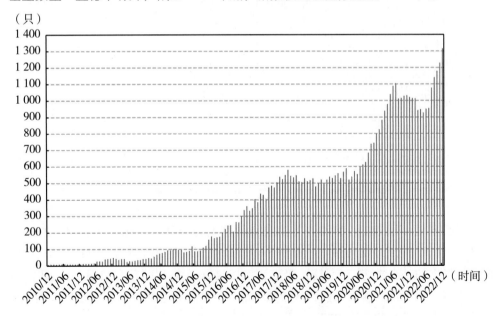

图 5-5　债券型私募基金指数中所包含的样本数量：2010~2022 年

表 5-7 展示了 2010~2022 年债券型私募基金指数中每年年底包含的样本数量。可以看出，2021 年，进入指数的基金数量和退出指数的基金数量均为近几年的最高值，分别为 827 只和 610 只；截至 2022 年底，指数中的基金数量为 1 316 只。总体来看，该指数所覆盖的基金数量稳步增长。

表 5-7　　　　　　债券型私募基金指数中每年年底包含的
样本数量统计：2010~2022 年　　　　　　单位：只

年份	新进入指数的基金数量	从指数中退出的基金数量	指数中的基金数量
2010	8	3	8
2011	5	3	10
2012	53	14	49
2013	49	54	44
2014	97	39	102
2015	190	105	187
2016	330	154	363
2017	427	230	560
2018	268	253	575
2019	245	208	612
2020	501	264	849
2021	827	610	1 066
2022	708	458	1 316

图 5-6 展示了 2012~2022 年 CTA 型私募基金指数中所包含的基金数量。表 5-8 展示了 2012~2022 年 CTA 型私募基金指数中每年年底包含的样本数量。从图 5-6 和表 5-8 可见，2012 年 CTA 型私募基金指数共包含 37 只基金，2015 年新进入指数的基金数量（412 只）最多，2016 年从指数中退出的基金数量最多（320 只）。自 2012 年 12 月起，指数包含的样本数量一直保持稳步增长，直至 2020 年 2 月，指数所覆盖的基金数量开始骤然下降，直至 2021 年 9 月开始回升。CTA 策略易受到交易政策、发行政策和市场波动等特征的影响，2020 年和 2021 年的发行数量较前期有所波动，但是长期而言，期货市场覆盖品种日趋丰富，私募 CTA 产品长期备案数量也维持了稳步攀升的趋势。截至 2022 年底，CTA 型私募基金指数覆盖的基金数量达 873 只。

（只）

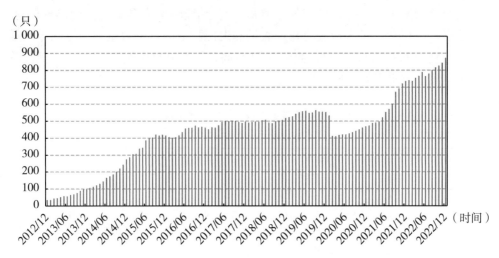

图 5-6　CTA 型私募基金指数中所包含的样本数量：2012~2022 年

表 5-8　　　　　　　CTA 型私募基金指数中每年年底包含的

样本数量统计：2012~2022 年　　　　　　单位：只

年份	新进入指数的基金数量	从指数中退出的基金数量	指数中的基金数量
2012	19	1	37
2013	74	11	100
2014	238	59	279
2015	412	258	433
2016	367	320	480
2017	315	272	523
2018	215	205	533
2019	190	150	573
2020	127	190	510
2021	331	79	762
2022	338	227	873

三、道口私募基金指数与市场指数的对比

下面我们对各个私募基金指数与相应的市场指数间之间的差异进行对比分析。

首先，我们统一私募基金指数与相应市场指数的起始时间点，假定同时投资于私募基金指数和市场指数 1 000 元。然后，我们对比之后每个月两个投资组合的收益和风险情况。我们将普通股票型、相对价值型、股票多空型和事件驱动型私募基金指数分别与沪深 300 指数进行对比，将债券型私募基金指数与中债综合全价（总值）指数进行对比，将 CTA 型私募基金指数与申万商品期货指数进行对比。

图 5-7 展示了 2005~2022 年普通股票型私募基金指数与沪深 300 指数间的对比，表 5-9 为相应的描述统计分析。从图 5-7 和表 5-9 可见，2005 年 12 月至2022 年 12 月，普通股票型私募基金指数从基点 1 000 点开始，实现累计收益率为808%，年化收益率为 14%；沪深 300 指数同期累计收益率为 319%，年化收益率为9%。普通股票型私募基金指数的收益率高于市场指数。同时，普通股票型私募基金指数的风险要低于市场指数，其年化波动率为 14%，而市场指数的年化波动率为 29%。因此，普通股票型私募基金指数的夏普比率（0.81）高于市场指数的夏普比率（0.36）。

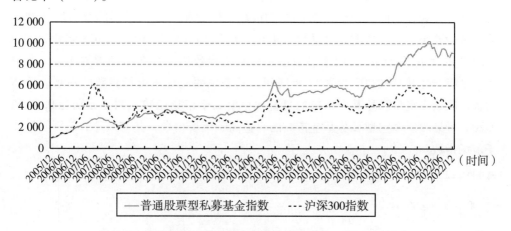

图 5-7　普通股票型私募基金指数的累计净值：2005~2022 年

表 5-9　　　　　　　普通股票型私募基金指数描述统计：2005~2022 年

统计指标	普通股票型私募基金	沪深 300 指数
累计收益率（%）	808	319
年化收益率（%）	14	9
年化波动率（%）	14	29
年化夏普比率	0.81	0.36
最大回撤（样本期间）（%）	26	71
年化收益率/最大回撤	0.52	0.12

从回撤幅度来看，普通股票型私募基金指数的最大回撤（26%）远低于市场指数的最大回撤（71%）。从图 5-7 还可以看出，自 2010 年 6 月以来，尤其在 2015 年、2016 年和 2018 年大盘下行期间，普通股票型私募基金指数一直运行在市场指数之上，并在 2020 年逆势而上。新冠疫情期间，市场指数出现了一定的下跌趋势，而普通股票型私募基金指数相比之下则维持在比较稳定的水平，没有明显的下行趋势，可见该指数的抗跌性和稳健性之强。因此，总体而言，普通股票型私募基金指数的收益高于市场指数，其对风险的控制明显优于市场指数。

图 5-8 展示了 2008~2022 年股票多空型私募基金指数和沪深 300 指数的对比，表 5-10 为相应的描述统计分析。从图 5-8 和表 5-10 可见，从 2008 年 12 月到 2022 年 12 月，股票多空型私募基金指数的累计收益率为 252%，年化收益率为 9%；沪深 300 指数同期累计收益率为 113%，年化收益率为 6%。股票多空型私募基金指数的收益高于市场指数。同时，股票多空型私募基金指数的风险要低于市场指数，其年化波动率为 11%，而市场指数的年化波动率为 25%，这是因为股票多空型基金在做多的同时也做空被高估的股票，因此相对于只做多的普通股票型基金，风险要小一些。从图 5-8 还可以看出，在 2015 年、2016 年、2018 年和 2021~2022 年的大盘下行期间，股票多空型私募基金指数仍运行在市场指数之上，业绩较为平稳，尤其是在 2021~2022 年期间，其表现明显优于市场指数的水平。总体而言，股票多空型私募基金指数的夏普比率要高于市场指数，两者分别为 0.69 和 0.26。可见股票多空型私募基金指数的收益高于市场指数，其对风险的控制明显优于市场指数。

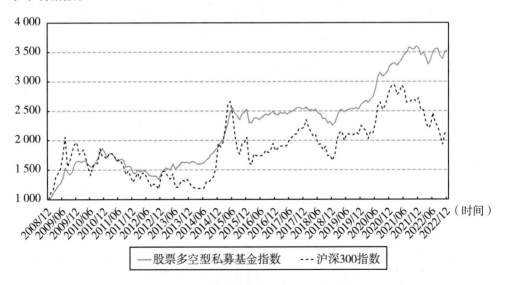

图 5-8　股票多空型私募基金指数的累计净值：2008~2022 年

表 5-10　　　　　　　　　股票多空型私募基金指数描述统计：2008~2022 年

统计指标	股票多空型私募基金	沪深 300 指数
累计收益率（%）	252	113
年化收益率（%）	9	6
年化波动率（%）	11	25
年化夏普比率	0.69	0.26
最大回撤（样本期间）（%）	28	43
年化收益率/最大回撤	0.33	0.13

　　图 5-9 展示了 2010~2022 年相对价值型私募基金指数和沪深 300 指数的对比，表 5-11 为相应的描述统计分析。从图 5-9 和表 5-11 可见，从 2010 年 12 月至 2022 年 12 月，相对价值型私募基金指数的累计收益率为 125%，年化收益率为 7%；沪深 300 指数同期累计收益为 24%，年化收益率为 2%。相对价值型私募基金指数的收益指标皆高于市场指数。同时，相对价值型私募基金指数的风险要低于市场指数，其年化波动率为 6%，而市场指数的年化波动率为 22%。因此，相对价值型私募基金指数的夏普比率（0.78）也高于市场指数（0.10）。此外，相对价值型私募基金指数的最大回撤相对较低，为 11%，而市场指数的回撤为 41%。并且，我们看到相对价值型私募基金指数的收益一直以来保持稳中有升的态势，整体波动较小，这是由于该策略私募基金多、空仓位都有，风险比其他投资策略大为降低，

图 5-9　相对价值型私募基金指数的累计净值：2010~2022 年

收益也相对稳定。可见，相对价值型基金所承受的市场风险相对较低，特别是在
2015 年、2016 年和 2018 年股灾期间，以及新冠疫情影响较大的 2020~2022 年期
间，相对价值型基金拥有较强的抗跌能力。

表 5-11　　　　　　相对价值型私募基金指数描述统计：2010~2022 年

统计指标	相对价值型私募基金	沪深 300 指数
累计收益率（%）	125	24
年化收益率（%）	7	2
年化波动率（%）	6	22
年化夏普比率	0.78	0.10
最大回撤（样本期间）（%）	11	41
年化收益率/最大回撤	0.62	0.04

　　图 5-10 展示了 2011~2022 年事件驱动型私募基金指数和沪深 300 指数的对
比，表 5-12 为相应的描述统计分析。从图 5-10 和表 5-12 可见，从 2011 年 12 月
至 2022 年 12 月，事件驱动型私募基金指数的累计收益率为 627%，年化收益率
为 20%；沪深 300 指数同期累计收益率为 65%，年化收益率为 5%。事件驱动型
私募基金指数的收益率高于市场指数。同时，事件驱动型私募基金指数的风险要
略高于市场指数，其年化波动率为 24%，而市场指数的年化波动率为 23%。事
件驱动型私募基金指数的夏普比率也高于市场指数，两者分别为 0.79 和 0.23。
事件驱动型私募基金指数的最大回撤为 22%，低于市场指数的最大回撤（41%），
特别是在 2015 年和 2018 年股灾期间，事件驱动型私募基金的回撤远没有市场指
数剧烈。因此，事件驱动型私募基金在后期呈现出收益高、风险低的特点。2020~
2021 年该类基金收益增长很快，主要是因为 2020 年 2 月再融资新规发布后，
定增项目的投资门槛降低，市价定增的审核效率很高，极大地激活了定增市场的
活力，公募、私募等机构竞相入场。与此同时，2021 年投资难度提升，很多定
增项目提供的折扣率也颇具吸引力，为策略提供了操作空间，定增市场热度不
减。此外，经过 2019 年和 2020 年的结构性行情，白马股估值升至历史高点，本
身存在均值回归的需求，因此中小市值标的 2021 年成功实现逆袭，并在 2022 年
维持了相对平稳的表现。而历史统计数据显示，50% 左右的定增项目来自 100 亿
元市值以下的公司，可见 2021 年市场的风格较为契合定增市场的特点，导致定
增市场持续升温。

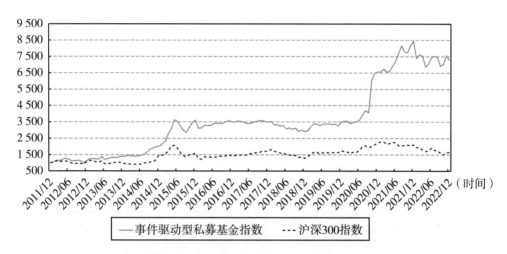

图 5-10　事件驱动型私募基金指数的累计净值：2011~2022 年

表 5-12　　　　　事件驱动型私募基金指数描述统计：2011~2022 年

统计指标	事件驱动型私募基金	沪深 300 指数
累计收益率（%）	627	65
年化收益率（%）	20	5
年化波动率（%）	24	23
年化夏普比率	0.79	0.23
最大回撤（样本期间）（%）	22	41
年化收益率/最大回撤	0.91	0.11

　　图 5-11 展示了 2010~2022 年债券型私募基金指数和中债综合全价（总值）指数的对比，表 5-13 为相应的描述统计分析。从图 5-11 和表 5-13 可见，从 2010年 12 月至 2022 年 12 月，债券型私募基金指数的累计收益率为 125%，年化收益率为 7%；中债综合全价（总值）指数同期累计收益率为 14%，年化收益率为 1%。债券型私募基金指数的收益率高于市场指数。同时，债券型私募基金指数的风险略高于市场指数，其年化波动率为 3%，而市场指数的年化波动率为 2%。债券型私募基金指数的夏普比率高于市场指数，两者分别为 1.67 和 -0.47。并且，债券型私募基金指数的最大回撤为 3%，低于市场指数的最大回撤（6%）。在各指数的统计区间内，债券型私募基金指数的年化波动率最小，并且在历年的熊市中，债券型私募基金指数较其他指数都有更稳定的表现，回撤相对较低，充分体现出债券型基金低风险、收益稳健的特点。

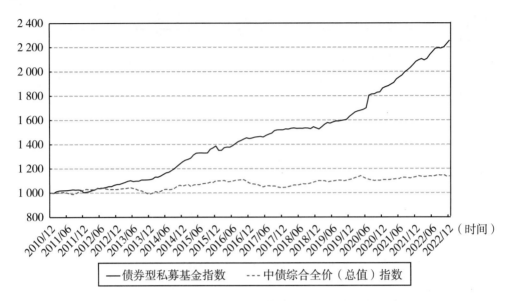

图 5-11　债券型私募基金指数的累计净值：2010～2022 年

表 5-13　　　　　债券型私募基金指数描述统计：2010～2022 年

统计指标	债券型私募基金	中债综合全价（总值）指数
累计收益率（%）	125	14
年化收益率（%）	7	1
年化波动率（%）	3	2
年化夏普比率	1.67	−0.47
最大回撤（样本期间）（%）	3	6
年化收益率/最大回撤	2.70	0.19

　　图 5-12 展示了 2012～2022 年 CTA 型私募基金指数和万得商品综合指数的对比，表 5-14 为相应的描述统计分析。由于 CTA 策略投资于期货市场，独立于股市，和市场上大多数基础资产的相关性比较低，我们选取万得商品综合指数作为比较对象。从图 5-12 和表 5-14 可见，从 2012 年 12 月至 2022 年 12 月，CTA 型私募基金指数的累计收益率为 651%，年化收益率为 22%；同期，万得商品综合指数累计收益率为 3.95%，年化收益率为 0.39%。CTA 型私募基金指数的收益率高于市场指数。同时，CTA 型私募基金指数的风险低于市场指数，其年化波动率为 10%，而市场指数的年化波动率为 16%。因此，CTA 型私募基金指数的夏普比率高于市场指数，两者分别为 2.00 和 −0.01。并且，CTA 型私募基金指数的最大回撤为 7%，远低于市场指数的最大回撤（40%）。由于我国 CTA 型私募基金的发展并不

成熟，使得CTA型私募基金的趋势跟踪策略运用也更为高效，而CTA型私募基金使用较多的是趋势交易策略，即使用大量的策略模型寻找当前的市场趋势，判断多空，尤其是在市场低迷、后市不确定时，优势非常大。因此，CTA型私募基金指数的收益高于市场指数，最大回撤也更小，保持稳中有升的价格走势，特别是在2015年、2018年股灾之时，万得商品综合指数的收益表现保持区间震荡，而CTA型私募基金指数却逆势上涨，使得CTA型基金获得大丰收。可见，CTA型基金的收益和投资标的的涨跌无关，而是和投资标的的涨幅或者跌幅有关，即在波动率很大的行情中更容易获利。

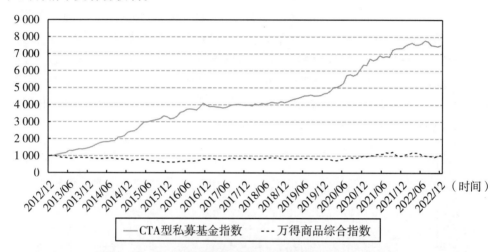

图5-12　CTA型私募基金指数的累计净值：2012~2022年

表5-14　　　　　　　　CTA型私募基金指数描述统计：2012~2022年

统计指标	CTA型私募基金	万得商品综合指数
累计收益率（%）	651	3.95
年化收益率（%）	22	0.39
年化波动率（%）	10	16
年化夏普比率	2.00	−0.01
最大回撤（样本期间）（%）	7	40
年化收益率/最大回撤	3.3	0.0

下面，我们对私募基金指数进行横向对比。出于统一起始日期的需要，我们选取2012年12月为指数的开始日期。图5-13展示了六类私募基金指数的累计收益对比，表5-15为相应的描述统计。从图5-13和表5-15可见，在2012年12月至2022年12月，CTA型私募基金指数的累计收益最高，为650.80%；其次为四类股票型私募基金指数，累计收益由大到小依次为事件驱动型私募基金指

数（539.89%）、普通股票型私募基金指数（197.52%）、股票多空型私募基金指数（145.82%）和相对价值型私募基金指数（142.95%）；债券型私募基金指数的累计收益最小（110.84%）。并且，这六类私募基金指数的累计收益皆超过同期大盘指数的累计收益。当我们比较六类私募基金指数和大盘指数的风险时发现，债券型私募基金指数的风险最低，年化波动率为2.88%，最大回撤为2.60%；其次为相对价值型、股票多空型和CTA型私募基金指数，三者的年化波动率相近，分别为5.74%、8.90%和9.52%，最大回撤分别为4.52%、11.92%和6.68%；普通股票型私募基金指数的年化波动率为13.92%；事件驱动型私募基金指数和沪深300指数的风险相近，二者的年化波动率分别为23.53%和22.31%，二者的最大回撤分别为20.98%和40.56%。整体来看，除债券型和事件驱动型私募基金指数外，其余四类私募基金指数的风险都低于同期市场指数。当我们对比夏普比率这一反映调整风险后收益指标时发现，CTA型私募基金指数的夏普比率最高，为2.00；其次为债券型私募基金指数，夏普比率为1.97；在股票型私募基金指数中，相对价值型私募基金指数的夏普比率表现较为突出，为1.26。

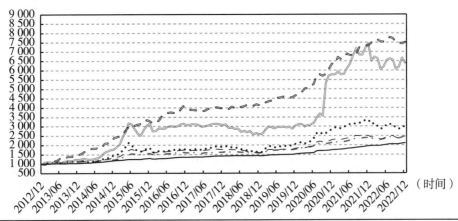

图5-13 私募基金指数的累计净值对比：2012~2022年

表5-15　　　　　　　　私募基金指数描述统计：2012~2022年

指数类型	累计收益率（%）	年化收益率（%）	年化波动率（%）	夏普比率	最大回撤（%）	年化收益率/最大回撤
普通股票型	197.52	11.52	13.92	0.72	24.84	0.46
相对价值型	142.95	9.28	5.74	1.26	4.52	2.06

续表

指数类型	累计收益率（%）	年化收益率（%）	年化波动率（%）	夏普比率	最大回撤（%）	年化收益率/最大回撤
股票多空型	145.82	9.41	8.90	0.85	11.92	0.79
事件驱动型	539.89	20.40	23.53	0.82	20.98	0.97
沪深300指数	53.46	4.38	22.31	0.22	40.56	0.11
债券型私募基金	110.84	7.75	2.88	1.97	2.60	2.98
中债综合全价指数	10.54	1.01	2.15	-0.38	5.77	0.17
CTA型	650.80	22.34	9.52	2.00	6.68	3.35
万得商品综合指数	3.95	0.39	15.84	-0.01	39.90	0.01

综观各类私募基金指数，CTA型私募基金指数的收益及调整风险后收益指标的表现都遥遥领先；在四类股票型私募基金指数中，虽然相对价值型私募基金指数的绝对收益不是最高，但其风险较低，调整风险后的收益较高。

四、小结

在本章中，我们构建了道口私募基金指数，以帮助投资者更好地追踪、了解我国私募基金行业的发展趋势和各不同策略私募基金的业绩与风险水平。根据私募基金的投资策略，我们将私募基金指数主要分为普通股票型私募基金指数、股票多空型私募基金指数、相对价值型私募基金指数、事件驱动型私募基金指数、债券型私募基金指数和CTA型私募基金指数。这些指数可以分别反映投资于股票、债券和期货等资产的私募基金的整体收益和风险情况。我们期待通过这一研究，能为投资者选择资产配置方案、私募基金管理者比较私募基金业绩、政府监管机构评估私募基金行业发展及监管潜在问题，提供一个量化的参考。

通过对比不同私募基金指数与相应市场指数间的差异，我们发现，上述六类私募基金指数的收益皆高于相应的市场指数，同时，在历年的市场震荡或低迷时期，各私募基金指数具有相对稳健的、穿越熊市的表现，最大回撤相比于市场指数而言较低。横向对比发现，各类指数中，CTA型私募基金指数的收益及调整风险后收益指标的表现最好，而相对价值型私募基金指数的综合表现也比较优秀——尽管其绝对收益并非最佳，但风险较低，调整风险后的收益较高。

中国私募基金的业绩归因分析

为全面评价基金，投资者需要关注基金业绩变动的原因和业绩来源的构成。基金业绩的归因是一种分析方法，它将基金的超额收益分解成不同的因素，并分析各个因素对超额收益的贡献。通过这种方法，投资者可以更加全面地了解基金业绩背后的原因以及基金业绩来源的构成。基于第五章私募基金指数的分析，我们发现不同策略的私募基金在收益和风险等方面差异显著。那么，造成这些差异的因素有哪些？在本章中，我们结合我国私募基金的发展特点，构建出八个私募基金风险因子，并使用这些风险因子对私募基金的业绩进行归因分析。

通常，基金业绩的归因方法主要分为基于收益的时间序列回归法和基于持仓数据的横截面回归法。基于收益的时间序列回归法是基于基金历史收益数据进行分析，通过回归分析得出各个因素对基金业绩的影响程度。而基于持仓数据的横截面回归法是基于基金持仓数据进行分析，通过回归分析得出各个持仓的权重对基金业绩的影响程度。相比公募基金，对私募基金进行业绩归因更加困难，这主要有两方面原因：一方面，私募基金只对合格投资者开放募集，只对投资人有披露净值的义务，信息相对不透明，且不会披露基金的持仓信息，而公募基金是向不特定投资者公开发行，信息披露要求更高，除了在每个交易日公布净值外，还会定期披露基金持仓等详细信息；另一方面，尽管基于持仓数据进行的归因分析精准度较高，但是私募基金的持仓信息很难获得。因此，本章中私募基金的归因分析基于基金收益时间序列数据进行。

Fung 和 Hsieh（2004）使用私募基金七因子模型来解释美国私募基金的收益。根据不同的风格，这七个因子可以分成三大类：第一类为反映股票市场风险的因子，这类因子主要覆盖股票市场的风险，他们选择市场指数的收益率、小盘股和大盘股收益率之差两个因子；第二类为反映债券市场风险的因子，这类因子主要覆盖债券市场的风险，他们使用十年期国债的收益变化以及国债与公司债利差的变化这两个因子；第三类为趋势交易的因子，这类因子主要反映债券、外汇和期货市场中趋势交易的风险，他们选择债券、外汇和商品回望期权的收益率。许多研究发现，该模型可以解释美国私募基金超额收益方差的80%。这七个因子具体为：

股票市场因子（the market risk factor）：股票市场指数的超额收益率；

规模因子（the size factor）：小盘股收益率与大盘股收益率之差；

债券市场因子（the bond market risk factor）：10年期固定利率国债到期收益率的变化；

信用风险因子（the credit spread）：穆迪Baa级债券收益率与10年期固定利率国债到期收益率的差的变化；

债券趋势因子（the bond trend-following factor）：PTFS回望跨式债券期权的收益率；

货币趋势因子（the currency trend-following factor）：PTFS回望跨式货币期权的收益率；

商品趋势因子（the commodity trend-following factor）：PTFS回望跨式商品期权的收益率。

在本章，我们参考Fung和Hsieh（2004）的七因子模型，结合中国私募基金自身的特点，构建中国私募基金的风险因子，分析基金的风险暴露，帮助投资者了解各类策略私募基金的投资风险和收益情况。

一、风险因子的构建

我们基于我国私募基金的收益和风险特征构建了八个风险因子，分别为：股票市场风险因子（MKT）、规模因子（SMB）、价值因子（HML）、动量因子（MOM）、债券因子（BOND10）、信用风险因子（CBMB10）、债券市场综合因子（BOND_RET）和商品市场风险因子（FUTURES）。各个因子的定义和计算方式如下。

1. 股票市场风险因子（MKT）

我们选择股票市场大盘指数的超额收益率来代表股票市场风险因子，所用的指数为学术界和业界经常使用的沪深300指数，无风险利率选取一年期的定期存款利率（整存整取）。

$$MKT_t = RET\_HS300_t - RF_t \tag{6.1}$$

其中，RET_HS300_t 为第 t 个月沪深300指数的月度收益率；RF_t 为第 t 个月一年期定期存款利率的月利率（整存整取）。

2. 规模因子（SMB）

规模因子（SMB）反映的是小盘股和大盘股之间收益率的差异。我们参考 Fama-French 三因子模型中 SMB 因子的计算方法来计算规模因子。具体计算方法如图 6-1 所示，在每年 6 月末，根据 6 月底的 A 股流动市值（ME）把股票等分为 2 组：小盘组（Small Cap）和大盘组（Big Cap）；再根据上一年年报中的账面价值（book value）和上一年 12 月底 A 股流通市值计算出账面市值比（book value of equity to market value of equity，BE/ME），把股票分为 3 组：成长组（Growth）、平衡组（Neutral）和价值组（Value），其比例分别为 30%、40% 和 30%；两次分组的股票再进行交叉分组，这样一共可以构建出 6 组投资组合（见表 6-1），分别为：小盘价值组（Small Cap Value）、小盘平衡组（Small Cap Neutral）、小盘成长组（Small Cap Growth）、大盘价值组（Big Cap Value）、大盘平衡组（Big Cap Neutral）和大盘成长组（Big Cap Growth）。

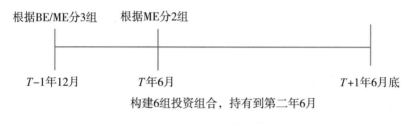

图 6-1　SMB 因子股票分组方式示意

表 6-1　　　　　　　　　SMB 因子构建中的 6 组股票的资产组合分组示意

项目		账面市值比（BE/ME）		
		成长组（30%）	平衡组（40%）	价值组（30%）
股票市值（ME）	小盘组（50%）	小盘成长组（Small Cap Growth）	小盘平衡组（Small Cap Neutral）	小盘价值组（Small Cap Value）
	大盘组（50%）	大盘成长组（Big Cap Growth）	大盘平衡组（Big Cap Neutral）	大盘价值组（Big Cap Value）

这种构建组合的方式在每年 6 月底都进行一次，所构建的 6 组投资组合持有到第二年的 6 月底。每个投资组合的收益率根据本组合包含股票的 A 股流通市值进行加权计算，可以得到每个投资组合在每个月的收益率。如果一只股票不在上一年 6 月的数据中（如停牌的股票），那么这只股票就不包括在上一年 6 月构建的投资组合中，无论这只股票是否在未来（如在上一年 7 月）复牌交易。

SMB 因子为 3 组低市值的投资组合的平均收益率减去 3 组高市值的投资组合的

平均收益率。这个因子在学术界被广泛应用，其中一个原因是这个因子对应的投资组合可以通过买入一些股票和做空一些股票构建出来。其计算公式为：

$$SMB_t = \frac{(Small\ Value_t + Small\ Neutral_t + Small\ Growth_t)}{3}$$

$$-\frac{(Big\ Value_t + Big\ Neutral_t + Big\ Growth_t)}{3} \tag{6.2}$$

其中，$Small\ Value_t$、$Small\ Neutral_t$、$Small\ Growth_t$、$Big\ Value_t$、$Big\ Neutral_t$ 和 $Big\ Growth_t$ 分别为不同的组合在第 t 个月的月收益率。Fama-French 三因子模型使用上述方式计算 SMB 因子，是为了在计算小盘股相对于大盘股的超额收益时，有效控制股票的账面市值比（BE/ME）。

3. 价值因子（HML）

价值因子（HML）反映的是高账面市值比的股票和低账面市值比的股票之间的收益率之差。我们参考 Fama-French 三因子模型中 HML 因子的计算方式来计算价值因子。其计算方法和 SMB 因子的构建方式相同，同样构建出 6 个投资组合。

HML 因子为两组高账面市值比的投资组合的平均收益减去两组低账面市值比的投资组合的平均收益。其计算公式为：

$$HML_t = \frac{(Small\ Value_t + Big\ Value_t)}{2} - \frac{(Small\ Growth_t + Big\ Growth_t)}{2} \tag{6.3}$$

其中，$Small\ Value_t$、$Big\ Value_t$、$Small\ Growth_t$ 和 $Big\ Growth_t$ 分别为不同组合在第 t 个月的月收益率。Fama-French 三因子模型使用上述方式计算 HML 因子，是为了在计算高账面市值比的股票相对于低账面市值比的股票的超额收益时，有效控制股票的市值（SIZE）。

4. 动量因子（MOM）

动量因子（MOM）反映的是过去收益率较高的股票和收益率较低的股票在未来收益率之差，计算方式如图6-2所示。具体而言，在每月末（如图6-2中2015/01），根据当月底的 A 股流通市值（ME）把股票等分为 2 组：小盘组（Small Cap）和大盘组（Big Cap）。再根据过去 1~11 个月的累计收益率把股票分为 3 组：低价组（Down Group）、中价组（Median Group）和高价组（Up Group），其比例分别为30%、40%和30%。两次分组的股票进行交叉分组，这样一共可以构建出 6 组投资组合（见表6-2），分别为：小盘高价组（Small Cap Up）、小盘中价组（Small Cap Median）、小盘低价组（Small Cap Down）、大盘高价组（Big Cap Up）、大盘中价组（Big Cap Median）和大盘低价组（Big Cap Down）。

这种构建组合的方式在每月底都进行一次，所构建的 6 组投资组合持有到下月底。每个投资组合的收益率根据股票的 A 股流通市值进行加权计算，从而得到每个投资组合在每个月的收益率。

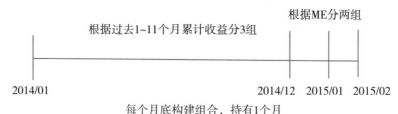

图 6-2　MOM 因子股票分组方式示意

表 6-2　　　　　　　　　　　动量因子组股票的资产组合分组示意

项目		过去 1~11 个月的累计收益率		
		低价组（30%）	中价组（40%）	高价组（30%）
股票市值 （ME）	小盘组 （50%）	小盘低价组 （Small Cap Down）	小盘中价组 （Small Cap Median）	小盘高价组 （Small Cap Up）
	大盘组 （50%）	大盘低价组 （Big Cap Down）	大盘中价组 （Big Cap Median）	大盘高价组 （Big Cap Up）

动量因子（MOM）为两组过去累计收益率较高的投资组合的平均收益率减去两组过去累计收益率较低的投资组合的平均收益率，其计算公式为：

$$MOM_t = \frac{(Small\ Up_t + Big\ Up_t)}{2} - \frac{(Small\ Down_t + Big\ Down_t)}{2} \qquad (6.4)$$

其中，$Small\ Up_t$、$Big\ Up_t$、$Small\ Down_t$ 和 $Big\ Down_t$ 分别为不同组合在第 t 个月的月度收益率。

5. 债券因子（BOND10）

我们选择 10 年期固定利率国债到期收益率的月度变化作为债券因子（BOND10），其计算方式为：

$$BOND10_t = \left(\frac{10\ 年期固定利率国债到期收益率_t}{10\ 年期固定利率国债到期收益率_{t-1}}\right) - 1 \qquad (6.5)$$

其中，10 年期固定利率国债到期收益率$_t$ 为第 t 个月 10 年期固定利率国债的到期收益率。

6. 信用风险因子（CBMB10）

我们选择 10 年期企业债（AA-级）到期收益率与 10 年期固定利率国债到期收

益率差值的月度变化作为信用风险因子（CBMB10），其计算方式为：

$$CBMB10_t = \frac{(10\ 年期企业债到期收益率_t - 10\ 年期固定利率国债到期收益率_t)}{(10\ 年期企业债到期收益率_{t-1} - 10\ 年期固定利率国债到期收益率_{t-1})} - 1$$

(6.6)

其中，10 年期企业债到期收益率$_t$ 为第 t 个月 10 年期企业债（AA-级）的到期收益率；10 年期固定利率国债到期收益率$_t$ 为第 t 个月 10 年期固定利率国债的到期收益率。

7. 债券市场综合因子（BOND_RET）

在 Fung 和 Hsieh（2004）的七因子中，并没有一个因子可以综合反映债券市场的情况。根据我国私募基金市场的发展情况，我们在私募基金风险因子中加入了债券市场综合因子。我们使用中债综合全价（总值）指数的月度收益率作为债券市场综合因子。中债综合全价（总值）指数的成分包含除资产支持证券、美元债券、可转债外在境内债券市场公开发行的债券，主要包括国债、政策性银行债券、商业银行债券、中期票据、短期融资券、企业债、公司债等。该指数是一个反映境内人民币债券市场价格走势情况的宽基指数，是债券指数应用最广泛的指数之一。债券市场综合因子的计算公式为：

$$BOND\_RET_t = \frac{BOND\_INDEX_t}{BOND\_INDEX_{t-1}} - 1$$

(6.7)

其中，$BOND\_INDEX_t$ 为第 t 个月中债综合全价（总值）指数的数值。

8. 商品市场风险因子（FUTURES）

我们选取申万商品期货指数的月收益率作为商品市场风险因子。申万商品期货指数覆盖在大连商品期货交易所、郑州商品期货交易所和上海商品期货交易所上市交易的 16 个品种的商品期货。商品市场风险因子的计算公式为：

$$FUTURES_t = \frac{Futures\_Index_t}{Futures\_Index_{t-1}} - 1$$

(6.8)

其中，$Futures\_Index_t$ 为第 t 个月申万商品期货指数的数值。

二、风险因子的描述统计

我们的因子数据从 2000 年 1 月开始，但是由于不同因子在构建中所需的指数数据的起始日期不同，每个因子的样本数也不相同。具体而言，MKT 因子从 2002 年开始，这是因为计算该因子所需的沪深 300 指数数据始于 2002 年；SMB、HML

和 MOM 因子从 2000 年开始；BOND10 因子和 BOND_RET 因子从 2002 年开始；CMBM10 因子从 2008 年开始；FUTURES 因子从 2005 年开始。

表 6-3 展示了八个私募基金风险因子的描述统计结果。从中可见，八个因子中有七个因子的均值大于 0，分别是股票市场风险因子（MKT）、规模因子（SMB）、价值因子（HML）、债券因子（BOND10）、信用风险因子（CBMB10）、债券综合因子（BOND_RET）和商品市场风险因子（FUTURES），说明这些因子能够带来正收益；而动量因子（MOM）的均值小于 0，表明如果我们按照在美国市场有效的趋势投资方法进行趋势投资，无法获得盈利。此外，我们还发现，市场风险因子（MKT）的标准差相对较高，为 7.93%，体现出我国股票市场具有较高的波动性；而债券市场综合因子（BOND_RET）的标准差相对较低，为 0.65%，体现出债券市场风险较低的特征。

表 6-3　　　　　　　　私募基金风险因子描述统计：2000~2022 年

因子	样本数	均值（%）	最小值（%）	Q1（%）	中位数（%）	Q3（%）	最大值（%）	标准差（%）
MKT	251	0.59	-26.15	-4.72	0.49	4.85	27.70	7.93
SMB	276	0.97	-26.52	-1.82	0.82	3.37	26.23	5.09
HML	276	0.12	-9.69	-1.09	0.11	1.42	10.65	2.51
MOM	276	-0.07	-14.92	-2.31	-0.04	2.13	13.55	3.66
BOND10	251	0.09	-17.24	-3.30	-0.36	2.79	18.34	5.37
CBMB10	179	0.50	-10.84	-2.00	0.21	2.03	20.23	4.75
BOND_RET	251	0.08	-1.67	-0.33	0.12	0.47	2.67	0.65
FUTURES	276	0.52	-34.82	-3.13	0.29	4.00	24.01	5.80

接下来，我们对各个风险因子逐一进行分析。图 6-3 展示了股票市场风险因子 MKT 的月度收益率和累计净值，该因子收益数据从 2002 年开始。从图 6-3 可见，MKT 因子的累计净值从 2002 年的 1 元开始，增长到 2022 年 12 月的 1.98 元，累计超额收益率为 98%，年化收益率为 3.3%。

此外，MKT 因子的月度收益率整体起伏较大，在 -26%~28% 的区间内波动。2020 年初，虽然受新冠疫情影响 A 股市场有所下跌，但在后续央行多轮宽松的货币政策刺激下，股市反弹明显，并迎来上涨行情，这使得衡量股票市场风险的 MKT 因子累计净值在 2020 年大幅上涨。2021 年，MKT 因子在 3 月和 7 月出现较大回撤，分别下跌 5.5% 和 8%。2022 年，以沪深 300 为代表的大盘股业绩表现不佳，MKT 因子的累计净值波动下跌，全年累计跌幅达 23%。

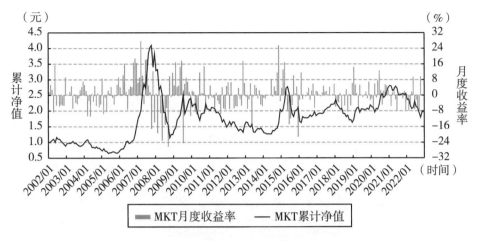

图 6-3　MKT 因子的月度收益率和累计净值

图 6-4 展示了规模因子（SMB）的月度收益率和累计净值，2000 年至 2022 年底，SMB 因子的累计净值为 10.37，年化收益率为 10.7%，表明长期来看投资小盘股能够带来更高的回报。SMB 因子代表小盘股收益率与大盘股收益率之差，如果差值为正，说明小盘股的收益要高于大盘股的收益；反之，说明大盘股的收益高于小盘股的收益。2017 年，以蓝筹股为代表的"漂亮 50"股票表现瞩目，沪深 300 指数上涨 21.78%，而中小板指数和创业板指数则分别上涨 16.73% 和下跌 10.67%，小盘股的业绩明显不及大盘股。2017~2018 年，24 个月中，仅有 8 个月的 SMB 因子收益为正，其他月份的 SMB 因子收益均为负，表明在这段时间，相较小盘股，大盘股有更好的业绩表现。但在 2018 年底，SMB 因子的累计净值出现了较为明显的拐点，在之后的 2019~2020 年，A 股行情有所回升，便于炒作、利于赚"快钱"的小盘股深受重新入市的游资和散户欢迎。2019~2020 年，沪深 300 指数上涨 75.49%，而中小板指数和创业板指数则分别上涨 105.38% 和 141.40%，小盘股的收益远远超过了大盘股的收益。类似地，在 2021 年，中证 500 指数上涨 15.58%，创业板指数上涨 12.02%，上证 50 指数和沪深 300 指数分别下跌 10.06% 和 5.2%，大盘股业绩和中小盘股业绩形成鲜明对比。SMB 因子在 2021 年持续上涨。2022 年，小盘股的业绩同样跑赢大盘股，SMB 因子全年累计上涨 26%。

图 6-5 展示了价值因子（HML）的月度收益率和累计净值，该因子收益率数据从 2000 年开始。到 2022 年底，HML 因子的累计净值为 1.34，累计收益率为 34%，年化收益率为 1.27%。HML 因子代表价值股和成长股收益率之差，如果 HML 因子的收益率为正，说明价值股有更好的表现；反之，则代表成长股有更好的业绩。总体来看，在我国 A 股市场，价值效应不明显，价值股的收益没有明显超越成长股。

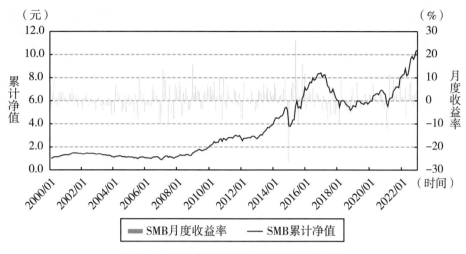

图 6-4 SMB 因子的月度收益率和累计净值

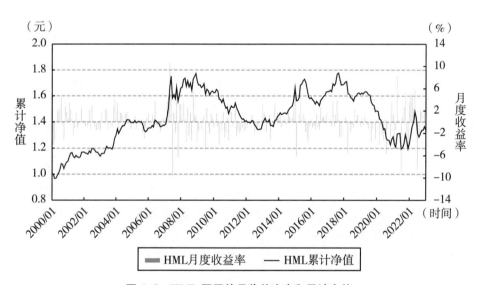

图 6-5 HML 因子的月收益度率和累计净值

此外我们发现，在熊市，如 2008 年的金融危机和 2018 年的股灾期间，HML
因子有着较高的收益率，HML 因子的累计净值达到高点，即在熊市价值股的业绩
往往会超过成长股，蓝筹股是市场下行时"护盘"的更好选择。而在市场行情较
好的时间段，如 2014 年和 2019～2021 年，HML 因子的收益率相对较低，HML 因
子的累计净值达到低点，在牛市，股民们对成长股的估值会比较宽容，往往给予成
长股极高的市盈率，成长股的业绩往往会超过价值股。2022 年，A 股市场总体出
现明显调整，主要指数全年均出现较大幅度下跌，相对而言成长股业绩要优于价值
股，HML 因子全年上涨 8.7%。

图 6-6 展示了动量因子（MOM）的月度收益率和累计净值，该因子从 2000 年开始。Jegadeesh 和 Titman（1993）提出动量效应以来，在股票、债券等市场被广泛发现，为投资者挖掘超额收益提供了新的思路。从图 6-6 中 MOM 因子的走势可以看出，大多数情况下，如果我们按照在美国市场有效的动量因子的构造方法去构建中国市场的动量因子，那么我国 A 股市场的动量效应并不显著，MOM 因子的累计净值波动下跌，到 2022 年底，该因子的净值为 0.6，年化收益率为-2.2%，累计收益率为-40%。这说明持有过去一段时间内收益率高的股票，在下个月不能够获得较高的收益率。我国股票市场行情转换较快、波动性高，受国家政策影响较大，且投资非理性程度较高，这些可能是造成动量因子出现负收益的原因。

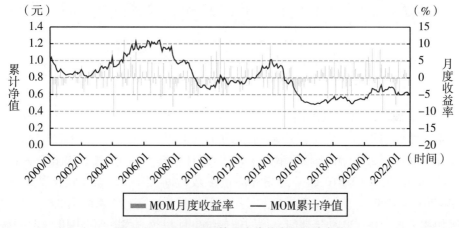

图 6-6　MOM 因子的月度收益率和累计净值

图 6-7 展示了债券因子（BOND10）的月度收益率和累计净值。从中可见，BOND10 因子的累计净值呈现波动的态势，2002 年至 2022 年底，债券因子年化收益率为-0.6%，累计收益率为-12%。2007 年，中国宏观经济增长过热，通货膨胀风险增大，货币政策收紧，央行 6 次加息，债市进入熊市，收益率曲线一路上涨。2008 年下半年，受全球金融危机影响，货币政策由紧转松，收益率高位回落，直到 2009 年，在国家 4 万亿的经济刺激下，债市收益率开始反弹上行。2011 年第四季度至 2012 年期间，宏观经济放缓，货币政策走向宽松，企业融资成本降低，债市收益率陡峭下行。2014~2015 年，国内经济基本面疲软，内需回落，为降低社会融资成本刺激经济增长，货币政策再次转为宽松，债市进入牛市，债券收益率曲线呈单边下行趋势。2017 年，在金融监管趋严和"去杠杆"等因素的多重影响下，债券市场面临资金紧平衡，债指价格下降，债券收益率上涨。2018~2019 年，在国内经济下行压力增大、中美贸易摩擦持续等多种复杂因素的作用下，国债收益率曲线震荡下跌。2020 年，虽然经历了年初的新冠疫情，但在持续出台的经济刺激政策下，股市行情向好，万得全 A 指数全年上涨 24%，债市的资金被抽离，收益率

陡峭上升。

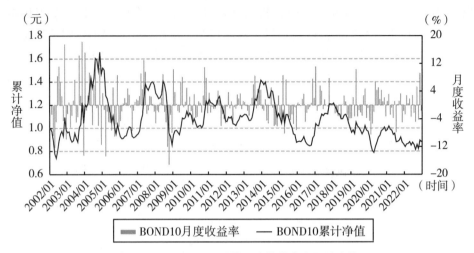

图 6-7　BOND10 因子的月度收益率和累计净值

　　图 6-8 展示了信用风险因子（CBMB10）的月度收益率和累计净值，因受 10 年期企业债到期收益率数据的影响，该因子自 2008 年开始。截至 2022 年底，该因子累计净值达到 2.0，年化收益率为 4.8%，累计收益率为 100%。从图 6-8 可见，从 2008 年开始，CBMB10 因子的累计净值多数时间大于 1，累计收益基本为正。2015~2016 年期间，信用风险收益率呈振荡下行趋势，这与货币政策宽松和利率下行密切相关。2018~2019 年期间，信用债违约事件持续高发，CBMB10 收益率振荡上升，企业信用风险开始暴露，逐步上升。2020 年，一方面央行不断推出的货币政策给信用风险因子带来下行压力，另一方面股市的繁荣使债市的资金出现了萎缩，2020 年底又有"20 永煤 SP003"违约事件的出现，给信用市场利率带来了上

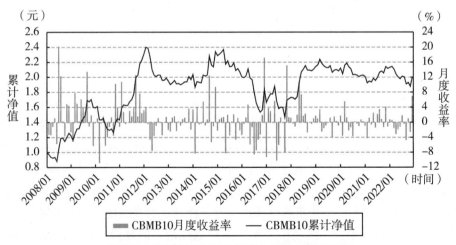

图 6-8　CBMB10 因子的月度收益率和累计净值

行压力，因此信用风险因子全年涨跌相抵，累计净值与 2019 年底基本持平。2021年，高等级信用债表现相对较好，但中低评级信用债估值压力较大，信用风险因子小幅上涨。进入 2022 年，信用债发行利率整体下行，中长期限债券发行占比回升，全年 CBMB10 因子的累计净值有所回落。

图 6-9 展示了债券市场综合因子（BOND_RET）的月度收益率和累计净值，从 2002 年至 2022 年底，债券市场综合因子年化收益率为 1%，累计净值为 1.23，累计收益率为 23%。据图 6-9 可知，自 2002 年起，BOND_RET 因子的累计收益率基本为正，且波动率较低，月度收益率在 -1.7%~2.7% 之间震荡。2017 年，债券市场面临资金紧平衡，债券收益率持续上行，债券价格指数大幅下跌，多数月份中BOND_RET 因子的收益率均为负数。2018 年至 2020 年第一季度，受经济下行压力和保持宽松的货币政策的影响，债券收益率整体呈现下行趋势，BOND_RET 因子的累计净值有所回升，27 个月中有 22 个月该因子的月度收益率为正。2020 年 4 月起，A 股触底反弹，从 2020 年 4 月 1 日至 2020 年 12 月 31 日万得全 A 指数涨幅高达 35%，资金从债市大量涌向股市，债券收益率上升，债券价格指数明显下跌。

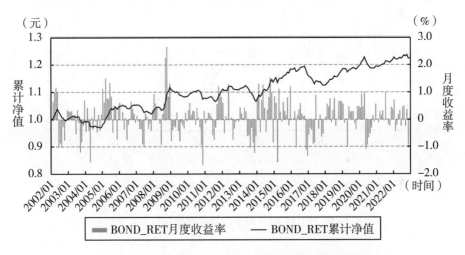

图 6-9　BOND_RET 因子的月度收益率和累计净值

图 6-10 展示了商品市场风险因子（FUTURES）的月度收益率和累计净值，该因子从 2005 年开始。从 2005 年至 2022 年底，商品市场风险因子累计净值为 2.2，年化收益率为 4.4%。我们发现，FUTURES 因子的收益率整体波动较大，自 2011年开始，FUTURES 因子的累计净值开始持续波动下降，直至 2015 年底才有所好转。2016 年，在供给侧改革的大背景下，黑色系期货大涨，其他板块也相继出现涨停，商品期货市场交易量创历史新高。2017 年期货新品种恢复上市，商品市场呈波动上涨。2018 年，我国期货市场对外开放步伐进一步加快，交易额继前两年来首次回暖，但在业绩表现上，各商品板块全线收跌。进入 2019 年，商品期货市

场的品种不断增加，整体上市步伐加快，各类品种有涨有跌，整体变化较小。2020年，由于年初疫情打压全球经济，各国政府相继开始实施货币宽松政策，带来了2020 年 3~8 月的贵金属价格暴涨，沪银期货从低点 2 857 元/千克一度涨至 6 877元/千克，涨幅超 120%，沪金期货也涨超 37%。另外，铁矿石、焦炭、玉米、胶合板等期货都大涨超过 40%，整个期货市场超七成的交易品种均实现了上涨，商品市场风险因子累计净值也在 2020 年不断上涨。进入 2021 年，从年初开始，在国外需求的驱动下，大宗商品价格持续上涨，6 月后，受能源紧缺问题影响，动力煤、焦煤焦炭等上游原材料以及铝、PVC 等高能耗品种价格大幅上涨，而到了 10月，煤炭供应抬升，国际天然气出口量加大，能源紧缺问题大幅缓解，大宗商品的需求转弱，价格大幅下跌。2022 年，受俄乌冲突、美联储加息进程加快、经济预期变差等影响，全球大宗商品市场反复波动。

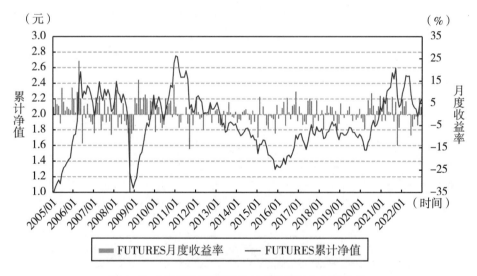

图 6-10　FUTURES 因子的月度收益率和累计净值

三、私募基金的风险因子归因分析

（一）样本选取

接下来，我们采用八个风险因子，分别对每只私募基金的业绩进行归因。私募基金样本的选取条件为截至 2022 年 12 月有 24 个月及以上净值数据的基金。由于结构化基金的净值不能完全反映基金的收益情况，在样本中剔除了结构化基金。此外，我们还删除了基金净值重复率大于 10% 的基金，以提高样本数据的准确性。

本章所用的私募基金数据来源于万得数据库。图 6-11 展示了私募基金样本的选取流程和每个筛选步骤后剩余的基金数量。截至 2022 年底，从万得数据库下载的有净值数据的私募基金数量为 127 341 只，在排除结构化基金和删除净值重复率大于 10% 的基金后，满足样本条件的基金有 15 167 只。

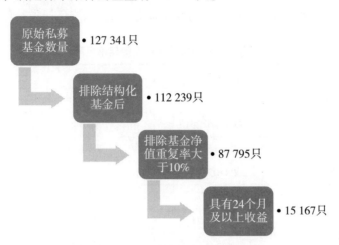

图 6-11　私募基金样本的选取步骤

表 6-4 展示了不同策略私募基金数量的占比情况，样本基金囊括了普通股票型、相对价值型、股票多空型、债券型、事件驱动型、CTA 型和其他策略的私募基金。在 15 167 只基金中，普通股票策略的基金数量占比最高，为 79.4%，该策略基金选股主要基于对公司的深入研究；其次为股票多空型基金（5.1%）和 CTA 型基金（3.6%）；其他策略的基金数量相对较少。

表 6-4　　　　　　　　　私募基金样本的基金策略分布情况

基金策略分类	基金数量（只）	数量占比（%）
普通股票型	12 038	79.4
相对价值型	507	3.3
股票多空型	770	5.1
债券型	486	3.2
事件驱动型	29	0.2
CTA 型	553	3.6
其他	784	5.2
总计	15 167	100.0

由于数据可得性的问题，不同因子的起始日期不同，此外，不同私募基金策略

在我国开始出现、发展的时间也有所不一，表 6-5 展示了不同策略私募基金和不同风险因子净值的起始日期。我们发现，私募基金样本的起始日期最早为 2003 年，而在风险因子中，信用风险因子（CBMB10）和商品市场风险因子（FUTURES）的起始日期分别为 2008 年和 2005 年，晚于 2003 年。对于这种情况，我们将这两个因子从 2003 年到其起始日期之间的数据填充为 0，以避免损失私募基金的数据。

表 6-5 　　　　　　　　私募基金和风险因子净值的起始日期

基金策略	起始日期	因子	起始日期
普通股票型	2003/08/29	MKT	2002/01/31
股票多空型	2007/06/29	SMB	2000/01/31
相对价值型	2004/12/31	HML	2000/01/31
事件驱动型	2008/03/31	MOM	2000/01/31
债券型	2008/04/30	BOND10	2002/01/31
CTA 型	2012/05/31	CBMB10	2008/01/31
—		BOND_RET	2002/01/31
—		FUTURES	2005/01/31

（二）私募基金风险归因模型

基于上述八个风险因子，我们构建八因子模型对每只私募基金进行回归分析。具体的模型为：

$$R_{i,t} = \alpha_i + \beta_{1,i} MKT_t + \beta_{2,i} SMB_t + \beta_{3,i} HML_t + \beta_{4,i} MOM_t + \beta_{5,i} BOND10_t$$
$$+ \beta_{6,i} CBMB10_t + \beta_{7,i} BOND\_RET_t + \beta_{8,i} FUTURES_t + \varepsilon_{i,t} \qquad (6.9)$$

其中，$R_{i,t}$ 为第 t 月私募基金 i 的超额收益率，我们采用考虑私募基金分红再投资的复权净值来计算基金的收益率、一年期定期存款利率作为无风险利率；α_i 为基金经理基于自身能力给投资者带来的超额收益；MKT_t、SMB_t、HML_t、MOM_t、$BOND10_t$、$CBMB10_t$、$BOND\_RET_t$ 和 $FUTURES_t$ 分别为第 t 月股票市场风险因子、规模因子、价值因子、动量因子、债券因子、信用风险因子、债券市场综合因子和商品市场因子的风险溢价，回归后的估计值 $\beta_1 \sim \beta_8$ 反映了私募基金在各风险因子上的暴露程度。

（三）归因分析结果

表 6-6 展示了不同策略私募基金因子的回归结果。从中可见，事件驱动型

私募基金的调整后 R^2 最高，平均为 38.9%；其次为普通股票型私募基金，调整后 R^2 为 37.6%。即这些因子可以解释私募基金超额收益率方差的 37%~39%。相对价值型和股票多空型私募基金的调整后 R^2 分别在 30% 和 27% 左右。而债券型和 CTA 型私募基金的平均调整后 R^2 相对较低，分别为 10.2% 和 10.6%，表明我们构造的八因子模型未能较好地解释这两个策略基金的超额收益。对比不同策略基金的平均年化 α 可以发现，CTA 型私募基金年化 α 的平均值为 12%，在所有类型的私募基金中最高，说明该策略基金的收益更多是来自基金经理的投资能力，而不是承担风险所带来的风险溢价，其他策略私募基金的平均年化 α 则都在 7% 以内。

同时，我们还发现，不同策略的基金在不同风险因子上的暴露也不相同，β 为正且数值越接近于 1 时，说明私募基金在该因子上的暴露程度越大。举例来看，普通股票策略的基金对大盘指数对应的 MKT 因子的风险暴露较大，均值为 0.59，说明该策略基金对股票市场大盘指数的风险暴露程度较高，符合股票型基金的特征，而 β_{BOND_RET} 的均值为 −1.47，这意味着普通股票型基金的收益与债券市场的收益呈负相关。事件驱动型基金在 MKT 因子和 SMB 因子上的暴露程度较高，当这两个因子上涨时，该策略的基金收益率也会随之上涨。相对价值策略的私募基金又可细分为市场中性策略和套利策略，其中，市场中性策略基金在构建仓位时主要关注相关联证券之间的价差变化，同时持有空头头寸和多头头寸，因此该策略基金和股票市场收益的相关性较低。

表 6-6   **私募基金因子回归结果（FUND BY FUND）**

投资策略	基金数量（只）	因子	均值	最小值	Q1	中位数	Q3	最大值	标准差
普通股票型	12 038	α	5.3%	−196.9%	−0.5%	5.0%	10.9%	177.1%	13.3%
		β_{MKT}	0.59	−2.05	0.36	0.60	0.81	4.43	0.39
		β_{SMB}	0.14	−3.40	−0.06	0.10	0.30	3.79	0.34
		β_{HML}	−0.12	−7.59	−0.34	−0.11	0.08	6.33	0.48
		β_{MOM}	0.12	−4.51	−0.07	0.11	0.32	6.75	0.40
		β_{BOND10}	−0.27	−10.09	−0.52	−0.23	0.01	6.24	0.59
		β_{CBMB10}	−0.04	−7.64	−0.18	−0.05	0.08	5.20	0.35
		β_{BOND_RET}	−1.47	−37.64	−2.95	−1.31	0.16	47.59	3.62
		$\beta_{FUTURES}$	0.02	−5.37	−0.08	0.01	0.10	10.73	0.26
		调整后 R^2	37.6%	−23.3%	20.7%	39.0%	55.3%	99.0%	22.7%

续表

投资策略	基金数量（只）	因子	均值	最小值	Q1	中位数	Q3	最大值	标准差
相对价值型	507	α	3.7%	−32.1%	0.1%	2.8%	5.9%	92.5%	8.9%
		β_{MKT}	0.15	−3.33	−0.01	0.03	0.23	2.41	0.33
		β_{SMB}	0.14	−0.58	0.03	0.13	0.24	1.09	0.19
		β_{HML}	−0.02	−8.62	−0.09	0.00	0.14	1.06	0.49
		β_{MOM}	0.11	−1.51	0.01	0.11	0.21	1.60	0.25
		β_{BOND10}	−0.07	−3.14	−0.18	−0.03	0.07	2.69	0.36
		β_{CBMB10}	−0.01	−3.20	−0.09	−0.01	0.03	7.51	0.40
		β_{BOND_RET}	−0.30	−9.71	−1.12	−0.13	0.45	23.72	2.37
		$\beta_{FUTURES}$	0.00	−1.29	−0.08	−0.02	0.04	5.29	0.31
		调整后 R^2	30.0%	−19.7%	9.7%	29.2%	54.7%	77.6%	23.4%
股票多空型	770	α	2.9%	−43.8%	−1.8%	2.1%	7.0%	118.6%	11.1%
		β_{MKT}	0.30	−0.61	0.05	0.20	0.51	1.96	0.33
		β_{SMB}	0.13	−0.77	0.02	0.10	0.26	1.68	0.25
		β_{HML}	0.02	−4.59	−0.14	0.00	0.16	3.30	0.46
		β_{MOM}	0.08	−2.12	−0.05	0.07	0.23	4.83	0.38
		β_{BOND10}	−0.13	−3.98	−0.27	−0.10	0.04	4.35	0.47
		β_{CBMB10}	−0.03	−2.17	−0.11	−0.02	0.06	1.65	0.23
		β_{BOND_RET}	−0.84	−36.37	−1.88	−0.59	0.24	23.71	2.96
		$\beta_{FUTURES}$	0.00	−0.79	−0.08	0.00	0.07	3.16	0.24
		调整后 R^2	26.7%	−24.9%	11.5%	26.1%	41.7%	80.6%	20.3%
事件驱动型	29	α	5.1%	−19.8%	−1.6%	2.4%	7.7%	74.2%	16.0%
		β_{MKT}	0.70	0.00	0.39	0.62	1.00	1.48	0.40
		β_{SMB}	0.25	−3.89	0.11	0.32	0.58	1.11	0.87
		β_{HML}	−0.41	−12.23	−0.19	−0.01	0.26	1.52	2.33
		β_{MOM}	−0.13	−4.99	0.00	0.10	0.39	0.57	1.09
		β_{BOND10}	−0.30	−2.08	−0.51	−0.16	0.00	1.60	0.70
		β_{CBMB10}	0.01	−0.52	−0.14	−0.02	0.10	0.92	0.31
		β_{BOND_RET}	−1.02	−6.53	−2.02	−0.34	0.47	7.06	2.93
		$\beta_{FUTURES}$	0.05	−0.65	−0.13	−0.03	0.08	2.79	0.55
		调整后 R^2	38.9%	−12.9%	27.1%	43.8%	60.1%	72.8%	24.8%

投资策略	基金数量（只）	因子	均值	最小值	Q1	中位数	Q3	最大值	标准差
债券型	486	α	6.6%	−58.6%	2.2%	4.7%	10.0%	199.6%	15.4%
		β_{MKT}	0.12	−0.62	−0.01	0.02	0.12	19.20	0.89
		β_{SMB}	0.06	−0.88	−0.03	0.01	0.05	23.51	1.08
		β_{HML}	−0.05	−17.96	−0.08	0.00	0.04	1.41	0.85
		β_{MOM}	0.06	−1.51	−0.06	0.00	0.05	34.55	1.59
		β_{BOND10}	−0.08	−6.20	−0.13	−0.02	0.04	3.20	0.48
		β_{CBMB10}	−0.02	−13.58	−0.06	−0.01	0.04	3.08	0.67
		β_{BOND_RET}	−0.33	−138.41	−0.55	0.05	0.57	37.25	6.88
		$\beta_{FUTURES}$	0.05	−1.32	−0.03	0.00	0.03	20.94	0.96
		调整后 R^2	10.2%	−27.0%	−3.3%	5.7%	21.0%	77.6%	18.6%
CTA	553	α	12.0%	−85.5%	1.5%	9.0%	17.6%	202.9%	21.5%
		β_{MKT}	0.14	−1.35	−0.05	0.05	0.27	1.94	0.34
		β_{SMB}	0.03	−0.88	−0.11	−0.01	0.14	2.23	0.29
		β_{HML}	0.01	−4.39	−0.18	−0.02	0.13	5.99	0.69
		β_{MOM}	−0.03	−4.53	−0.21	−0.02	0.19	1.90	0.52
		β_{BOND10}	−0.13	−4.65	−0.36	−0.14	0.07	6.92	0.69
		β_{CBMB10}	0.03	−2.06	−0.12	0.00	0.14	2.71	0.36
		β_{BOND_RET}	−0.76	−33.52	−2.35	−0.61	0.77	41.39	4.63
		$\beta_{FUTURES}$	0.11	−1.91	−0.02	0.11	0.25	3.02	0.38
		调整后 R^2	10.6%	−22.8%	−2.5%	5.9%	19.0%	80.2%	18.4%

表 6-7 展示了不同策略私募基金回归在各因子上的显著程度。在 10% 的显著性水平下，普通股票型、相对价值型和股票多空型基金的 α 呈正显著的比例都超过了 20%。而债券型基金中有 62% 的基金呈正显著，CTA 型基金中有 50% 的基金呈正显著，说明债券型和 CTA 型基金具有投资能力的基金数量相对较多。此外，在四类股票型私募基金里，除了相对价值型私募基金以外，其他三种类型的私募基金在股票市场风险因子（MKT）上呈正显著的比例都比较高。具体来看，普通股票型私募基金中有 87% 的基金在 MKT 因子上呈正显著，股票多空型基金中有 69% 的基金在 MKT 因子上呈正显著，事件驱动型基金中有 86% 的基金在 MKT 因子上呈正显著，而相对价值型基金中有 45% 的基金在 MKT 因子上呈正显著。如前文所述，相对价值策略中的市场中性策略基金会在持有股票多头头寸的同时做空股指期货，

以对冲股票市场的风险，因此与其他主要投资股票的基金相比，较少比例的基金在 MKT 因子上的风险暴露是显著的。

对于主要投资债券的债券型基金和主要投资期货的 CTA 型基金，我们发现债券型基金在债券类因子（BOND10、CBMB10、BOND_RET）上的正显著比例为 6%～12%，要低于其在 MKT 因子上的正显著比例，表明一定比例的债券型基金在策略上可能存在漂移，将资金投向了股票市场。CTA 型私募基金中，有 38% 的基金回归到 FUTURES 因子时是正显著的。

表 6-7　　　　　　　　私募基金归因分析结果显著性比例统计　　　　　　单位：%

投资策略	样本数（只）	显著性	α	β_{MKT}	β_{SMB}	β_{HML}	β_{MOM}	β_{BOND10}	β_{CBMB10}	β_{BOND_RET}	$\beta_{FUTURES}$
普通股票型	12 038	正显著	30.4	86.5	36.8	8.1	28.0	5.0	6.0	3.7	13.0
		不显著	64.2	12.7	53.7	64.8	64.0	64.8	78.5	74.2	76.7
		负显著	5.4	0.8	9.6	27.0	8.0	30.3	15.5	22.1	10.3
相对价值型	507	正显著	32.0	44.6	62.1	17.9	43.8	6.9	5.7	8.1	10.8
		不显著	65.5	47.7	32.9	67.5	47.7	71.8	79.5	75.3	63.7
		负显著	2.6	7.7	4.9	14.6	8.5	21.3	14.8	16.6	25.4
股票多空型	770	正显著	22.6	69.0	49.4	17.8	30.9	4.5	7.1	5.8	16.2
		不显著	67.5	28.4	45.8	68.0	59.7	76.5	80.1	79.1	67.4
		负显著	9.9	2.6	4.8	14.2	9.4	19.0	12.7	15.1	16.4
事件驱动型	29	正显著	6.9	86.2	65.5	13.8	17.2	3.4	13.8	0.0	3.4
		不显著	93.1	13.8	34.5	82.8	69.0	72.4	79.3	82.8	82.8
		负显著	0.0	0.0	0.0	3.4	13.8	24.1	6.9	17.2	13.8
债券型	486	正显著	62.3	34.8	15.6	7.8	11.1	6.0	7.6	11.9	11.3
		不显著	32.9	58.8	74.7	81.5	77.8	76.3	74.7	80.5	80.2
		负显著	4.7	6.4	9.7	10.7	11.1	17.7	17.7	7.6	8.4
CTA 型	553	正显著	49.5	31.5	14.5	8.9	13.0	5.4	8.1	6.5	37.8
		不显著	48.6	62.0	74.7	78.8	69.8	81.4	83.4	82.5	55.2
		负显著	1.8	6.5	10.9	12.3	17.2	13.2	8.5	11.0	7.1

注：显著性水平为 10%，$t=1.282$，表中数字为处于各个显著水平基金的比例。

四、私募基金指数的风险因子归因分析

除了对每只私募基金进行因子回归分析之外，我们还以第五章所构建的私募基

金指数为研究对象，对指数的收益率进行回归，分析不同策略基金指数在八个风险因子上的风险暴露。

（一）私募基金指数风险归因模型

基于八个风险因子，我们构建八因子模型对不同策略的私募基金指数进行回归分析。具体模型为：

$$INDEX_{R_{i,t}} = \alpha_i + \beta_{1,i}MKT_t + \beta_{2,i}SMB_t + \beta_{3,i}HML_t + \beta_{4,i}MOM_t + \beta_{5,i}BOND10_t$$
$$+ \beta_{6,i}CBMB10_t + \beta_{7,i}BOND\_RET_t + \beta_{8,i}FUTURES_t + \varepsilon_{i,t} \qquad (6.10)$$

其中，$INDEX_{R_{i,t}}$ 为第 t 个月私募基金指数 i 的超额收益率，其他变量的含义与式（6.9）相同。

（二）归因结果分析

对于不同策略的私募基金指数，我们得到的风险因子回归结果如表6-8所示。从模型的拟合程度来看，普通股票型和股票多空型私募基金指数回归后的调整后 R^2 较高，都在60%以上。调整后 R^2 最低的私募基金指数是 CTA 型基金，主要原因在于 CTA 策略的基金采用多空双向交易的方式灵活切换持仓，既可以做多也可以做空，使基金能够在市场上涨和下跌的环境下均赚取收益，且不同的 CTA 基金所采取的具体策略有所不同，FUTURES 因子作为纯多头的因子无法对许多 CTA 基金的收益进行很好的解释，其调整后 R^2 为 2.5%。从超额收益 α 来看，普通股票型、债券型和 CTA 型基金的 α 为正显著，说明这些策略的私募基金是凭借基金经理的投资能力获得的超额收益。

我们还发现，不同策略的私募基金指数在不同风险因子上的暴露是不同的。在10%的显著性水平下，四类股票型私募基金指数都与股票市场风险呈显著正相关，其中相对价值型私募基金的策略特征造成了其对 MKT 因子的暴露程度要低于其他三类股票型基金指数。此外，在 SMB、HML 和 MOM 这三个衡量股票市场风险的因子中，事件驱动型基金指数在 SMB 因子上的暴露程度最高，表明该策略基金获得了来自投资小盘股的风险溢价；普通股票型私募基金指数对于 HML 因子的相关性为负显著，意味着这类基金更偏向投资成长股；对于 MOM 因子，普通股票型和股票多空型私募基金指数与其相关性为正且显著，β 值分别为 0.16 和 0.11，可以发现这两种私募基金存在追涨杀跌的证据。此外，股票型私募基金指数对三个债券类风险因子和一个商品市场风险因子的暴露均不显著。对于债券型私募基金指数而言，可以发现其在 BOND_RET 因子上的风险暴露是显著的，且 β 系数为 0.74，与债券市场综合业绩相关性高。同时，该策略基金与 SMB、HML 和 MOM 这三个股票风险因子的相关性或不显著，或整体较低。

表 6-8 不同策略的私募基金指数的风险因子回归结果

投资策略	普通股票型	相对价值型	股票多空型	事件驱动型	债券型	CTA 型
起始日期	2005/12	2010/12	2008/12	2011/12	2010/12	2012/12
α （t 值）	6.3% (3.27)	2.0% (0.60)	3.2% (1.40)	6.3% (1.26)	4.4% (3.38)	26.8% (4.70)
β_{MKT} （t 值）	0.46 (22.40)	0.19 (5.46)	0.39 (15.71)	0.57 (9.32)	0.04 (2.73)	0.08 (1.28)
β_{SMB} （t 值）	0.17 (6.01)	0.12 (2.55)	0.21 (6.37)	0.40 (5.38)	0.02 (0.98)	0.11 (1.41)
β_{HML} （t 值）	−0.19 (−3.23)	−0.16 (−1.60)	−0.05 (−0.68)	−0.18 (−1.03)	−0.04 (−0.96)	0.19 (1.05)
β_{MOM} （t 值）	0.16 (4.03)	0.08 (1.08)	0.11 (2.19)	0.10 (0.89)	−0.02 (−0.57)	−0.12 (−1.00)
β_{BOND10} （t 值）	−0.12 (−2.22)	0.11 (0.88)	−0.14 (−1.47)	0.15 (0.71)	0.02 (0.52)	0.06 (0.33)
β_{CBMB10} （t 值）	−0.08 (−2.04)	−0.02 (−0.27)	−0.07 (−1.57)	0.00 (0.01)	−0.01 (−0.33)	0.12 (1.05)
β_{BOND_RET} （t 值）	−0.52 (−1.28)	0.50 (0.58)	−0.83 (−1.38)	0.94 (0.68)	0.74 (2.50)	1.03 (0.79)
$\beta_{FUTURES}$ （t 值）	0.01 (0.47)	−0.01 (−0.27)	0.02 (0.63)	0.01 (0.06)	0.02 (0.90)	−0.19 (−2.32)
调整后 R^2	72.5%	14.8%	64.7%	42.5%	8.2%	2.5%

（三）稳健性检验

通过上述分析可以发现，一些因子在解释某些策略的私募基金收益时并不显著。例如，三个债券市场因子和一个商品市场因子回归到大多数股票型私募基金指数时不显著。因此，我们去掉了一些和某一只私募基金策略相关性不高的因子，对私募基金指数的回归分析进行稳健性检验。在普通股票型、相对价值型、股票多空型和事件驱动型私募基金指数的分析中，我们只保留了与股票市场相关的 MKT、SMB、HML 和 MOM 四个风险因子；在债券型基金指数的分析中只保留了债券市场的 BOND10、CBMB10 和 BOND_RET 三个风险因子；在 CTA 型基金指数的分析中，只保留了商品市场风险因子 FUTURES。

　　表 6-9 展示了调整模型变量后不同策略的私募基金指数对不同因子的回归结果。其中，普通股票型、相对价值型、股票多空型和事件驱动型私募基金指数在去掉了三个债券市场因子和一个商品市场因子之后，模型的拟合程度几乎没有变化。债券型私募基金指数在去掉了四个股票市场因子和一个商品市场因子后，模型拟合程度和相关因子的显著性水平没有太大改变。CTA 型私募基金指数在只保留商品市场风险因子后，R^2 同样没有大幅改变，仅为 1.6%，表明回归结果是稳健的。在前文中我们提到，CTA 型基金可以进行做多和做空的双向交易，策略包括趋势追踪、跨期套利、波动率套利等多种方式，且交易中包括商品、股指、利率等多种期货品种，仅通过单一做多的商品市场风险因子 FUTURES 对其风险暴露程度进行衡量并不准确，进而造成模型拟合程度低，FUTURES 因子的回归结果不显著。

表 6-9　　　　不同策略私募基金指数的风险因子回归结果（稳健性检验）

投资策略	普通股票型	相对价值型	股票多空型	事件驱动型	债券型	CTA 型
起始日期	2005/12	2010/12	2008/12	2011/12	2010/12	2012/12
α （t 值）	5.4% (2.93)	2.2% (0.72)	2.1% (0.97)	7.1% (1.50)	5.0% (3.88)	30.9% (5.82)
β_{MKT} （t 值）	0.45 (23.80)	0.19 (6.19)	0.39 (17.59)	0.58 (10.31)		
β_{SMB} （t 值）	0.17 (6.02)	0.12 (2.57)	0.21 (6.43)	0.40 (5.46)		
β_{HML} （t 值）	−0.20 (−3.30)	−0.16 (−1.66)	−0.04 (−0.60)	−0.18 (−1.04)		
β_{MOM} （t 值）	0.16 (3.91)	0.08 (1.07)	0.11 (2.17)	0.11 (1.00)		
β_{BOND10} （t 值）					0.05 (1.20)	
β_{CBMB10} （t 值）					0.00 (−0.20)	
β_{BOND_RET} （t 值）					0.79 (2.66)	
$\beta_{FUTURES}$ （t 值）						−0.16 (−2.16)
调整后 R^2	72.0%	15.8%	64.8%	43.7%	4.5%	1.6%

综合来看，在本章中我们所构造的八个风险因子对普通股票型、股票多空型和事件驱动型私募基金指数的风险来源能够进行较好的解释。但是，对于相对价值型、债券型，特别是 CTA 型私募基金指数，模型的拟合程度相对较低，还需要进一步挖掘能够对这些策略进行有效解释的风险因子。

五、小结

为了分析各策略私募基金在不同风险上的暴露程度，我们基于美国市场的风险因子，结合我国私募基金的发展情况构建出八个中国私募基金风险因子。其中，与股票市场风险相关的因子包括股票市场风险因子（MKT）、规模因子（SMB）、价值因子（HML）和动量因子（MOM）；与债券市场风险相关的因子包括债券因子（BOND10）、信用风险因子（CBMB10）和债券市场综合因子（BOND_RET）；与商品市场风险相关的因子包括商品市场风险因子（FUTURES）。

在分析过程中，我们分别以单只基金和私募基金指数为对象，对普通股票型、相对价值型、股票多空型、事件驱动型、债券型和 CTA 型基金进行了回归分析。研究结果显示，当对单只基金进行回归分析时，四类股票型基金的拟合程度较好，与 MKT 因子呈正相关的基金数量比例较高，体现出了股票型基金的特征。而债券型基金和 CTA 型基金回归到模型时调整后 R^2 偏低，意味着我们构造的八个风险因子不能较好地解释这两个策略私募基金的收益构成。

当对私募基金指数进行回归时，普通股票型、股票多空型和事件驱动型私募基金指数的模型拟合程度较高，其中，普通股票型私募基金指数与 MKT、SMB 和 MOM 因子显著正相关，与 HML 因子显著负相关。债券型基金与 BOND_RET 因子显著正相关，与另外两个债券类因子的相关性不显著。CTA 型基金由于其策略的特殊性，回归结果的拟合程度不好。通过这些分析，我们可以在一定程度上了解不同策略私募基金的风险暴露程度，从而使投资者更加了解自己所投资的私募基金的收益来源。

附录一 股票型私募基金近五年业绩描述统计表（按年化收益率由高到低排序）：2018～2022年

本表展示的是近五年股票型私募基金的收益和风险指标。其中，收益指标包括年化收益率、夏普比率、索丁诺比率、收益—最大回撤比率。风险指标包括年化波动率、年化下行风险及五年内最大回撤率。在评估基金的收益与风险时，我们选取万得全 A 指数作为评估标准，并在表中第 0 行给出相关指标的结果。

编号	基金名称	年化收益率（%）	年化波动率（%）	年化下行风险（%）	最大回撤率（%）	夏普比率	索丁诺比率	收益—最大回撤比率
0	万得全 A 指数	1.26	18.79	10.32	29.52	0.08	0.14	0.22
1	匠心全天候	122.75	76.30	10.51	24.79	1.32	9.59	217.20
2	建泓绝对收益 1 号	119.76	52.50	18.58	32.61	1.75	4.96	154.11
3	谷春 1 号	103.71	40.49	7.68	25.29	1.94	10.24	134.77
4	建泓时代绝对收益 2 号	82.03	53.97	18.14	33.41	1.35	4.01	56.83
5	正圆 1 号	72.05	57.87	22.41	37.92	1.19	3.09	37.12
6	量磁群英 1 号	63.47	57.29	13.64	27.07	1.07	4.50	39.43
7	塑造者 1 号	58.28	16.57	1.49	2.20	2.81	31.30	406.72
8	初霓 1 号	52.56	13.08	0.67	1.36	3.23	63.51	535.11
9	天蝎 A	50.87	15.18	0.66	1.35	2.72	62.64	505.35
10	唐氏专户 1 期	50.23	85.08	20.51	49.23	0.73	3.03	13.51
11	冠丰 3 号消费优选	49.64	57.21	18.91	34.84	0.92	2.80	18.67
12	靖奇光合长谷	48.83	21.80	11.06	25.68	1.89	3.73	24.55
13	同德量化 1 号	48.01	28.26	12.04	17.94	1.49	3.50	34.03
14	顺然 7 号	46.96	36.39	11.73	39.21	1.20	3.71	14.93

续表

编号	基金名称	年化收益率 (%)	年化波动率 (%)	年化下行风险 (%)	最大回撤率 (%)	夏普比率	索丁诺比率	收益—最大回撤比率
15	盈洋远航 1 号	46.91	40.75	10.59	33.73	1.10	4.22	17.32
16	华安合鑫稳健 1 期	44.17	41.40	14.41	26.61	1.05	3.00	19.65
17	利道承晟 1 号	44.11	24.49	7.97	15.34	1.57	4.81	34.01
18	大禾投资-掘金 5 号	43.88	45.92	18.46	50.16	0.98	2.44	10.30
19	亚軜价值 1 号	43.13	61.93	10.87	27.30	0.77	4.37	18.34
20	华安合鑫稳健	42.18	41.58	14.45	26.30	1.01	2.90	18.29
21	清澄 1 号	41.92	46.39	20.44	49.07	0.94	2.14	9.70
22	山量 3 号	41.77	48.94	14.99	31.71	0.89	2.92	14.91
23	信安成长 1 号	41.57	28.68	9.25	22.12	1.30	4.05	21.18
24	锦端恒-梦想 1 号	40.72	23.58	8.00	15.69	1.52	4.47	28.79
25	磐厚蔚然-禾天下 5 号	40.70	30.51	9.75	12.84	1.22	3.83	35.17
26	中珏安粮 2 号	40.51	73.11	27.66	50.82	0.73	1.92	8.81
27	大禾投资-掘金 1 号	39.35	42.29	17.82	51.45	0.96	2.27	8.27
28	涌贝资产阳光稳健	38.53	44.70	18.18	37.16	0.91	2.23	11.04
29	达理 1 号	37.60	33.66	11.90	25.97	1.07	3.03	15.15
30	千榕细叶榕	36.82	38.50	14.74	20.19	0.96	2.50	18.80
31	金然稳健 1 号	36.57	31.66	12.54	28.02	1.09	2.74	13.38
32	北京福睿德 9 号	36.54	48.35	18.22	42.77	0.83	2.21	8.76
33	青鼎恒润 1 号	36.41	53.01	20.00	39.56	0.80	2.12	9.41

续表

编号	基金名称	年化收益率(%)	年化波动率(%)	年化下行风险(%)	最大回撤率(%)	夏普比率	索丁诺比率	收益—最大回撤比率
34	龙旗巨星 1 号	36.34	26.74	7.82	11.52	1.24	4.22	32.22
35	前海大字精选 2 号	35.84	53.95	18.92	38.90	0.76	2.17	9.32
36	元储一学院菁英 193 号	35.74	45.20	21.12	31.02	0.86	1.84	11.63
37	冲和战狼 1 号	35.65	27.43	11.15	18.07	1.20	2.95	19.88
38	财掌柜持股宝 8 号	35.55	19.33	1.42	2.97	1.60	21.69	120.54
39	大禾投资-掘金 6 号	35.23	40.41	18.70	53.01	0.91	1.97	6.64
40	瀚木资产瀚木 1 号	34.39	48.83	21.05	40.80	0.80	1.86	8.29
41	小虎进取 1 号	33.43	19.48	6.18	10.94	1.51	4.77	29.51
42	积露资产量化对冲	33.23	17.76	5.07	7.99	1.63	5.72	40.00
43	昌远玄武 1 号	32.98	31.60	9.44	23.49	1.00	3.35	13.44
44	西安久上-私募学院菁英 343 号	32.94	42.87	14.59	33.17	0.82	2.41	9.50
45	青澜长兴	32.49	24.94	8.18	25.91	1.20	3.65	11.90
46	平安吉象 A 期	32.31	24.34	6.02	11.96	1.21	4.90	25.55
47	熠道丰盈 1 号	32.24	8.62	2.42	3.60	3.15	11.20	84.55
48	悟源农产品 2 号	32.10	30.97	10.54	20.29	1.00	2.92	14.90
49	风雪 2 号	32.10	21.25	8.75	15.48	1.36	3.29	19.53
50	宁水精选 3 期	31.90	25.50	12.73	29.85	1.16	2.33	10.02
51	泓湖秋实 1 号	31.80	29.16	9.10	29.06	1.03	3.31	10.25
52	远澜红枫 1 号	31.74	23.60	5.71	8.72	1.22	5.03	34.03

续表

编号	基金名称	年化收益率（%）	年化波动率（%）	年化下行风险（%）	最大回撤率（%）	夏普比率	索丁诺比率	收益—最大回撤比率
53	紫升文丰 2 期	31. 57	7. 49	1. 28	1. 76	3. 54	20. 72	167. 13
54	听涛 1 号	31. 35	51. 48	15. 57	40. 25	0. 71	2. 36	7. 23
55	尚珑 1 号成长	31. 03	31. 50	8. 55	25. 05	0. 96	3. 53	11. 43
56	林园投资 15 号	30. 66	35. 77	18. 80	42. 16	0. 89	1. 69	6. 66
57	辛巴达	30. 66	24. 23	8. 61	23. 44	1. 17	3. 28	11. 98
58	弘尚资产健康中国 1 号	30. 39	19. 78	9. 21	19. 14	1. 38	2. 96	14. 46
59	量道兵法 2 号	30. 31	35. 86	18. 07	43. 70	0. 88	1. 74	6. 31
60	辛巴达母基金 B 类	30. 24	23. 87	8. 33	23. 73	1. 17	3. 34	11. 58
61	华银德洋	29. 94	37. 45	11. 26	25. 37	0. 82	2. 73	10. 66
62	与取华山 1 号	29. 89	27. 52	9. 25	24. 58	1. 03	3. 06	10. 97
63	紫升文丰量化	29. 78	11. 48	3. 46	9. 89	2. 22	7. 37	27. 11
64	致远激进 1 号	29. 73	22. 75	8. 62	18. 10	1. 20	3. 16	14. 77
65	聚鸣多策略	29. 59	22. 25	9. 27	22. 55	1. 22	2. 92	11. 77
66	九峰 FOF3 号	29. 44	32. 94	11. 26	31. 52	0. 89	2. 60	8. 36
67	波粒二象趋势 1	29. 33	23. 88	9. 92	20. 43	1. 14	2. 74	12. 81
68	睿扬精选 2 号	29. 29	21. 61	6. 83	22. 67	1. 23	3. 90	11. 52
69	熠道稳赢 1 号	29. 06	17. 61	6. 86	9. 68	1. 46	3. 75	26. 65
70	钰锦慢牛 2 号	29. 05	38. 14	16. 05	39. 31	0. 81	1. 93	6. 56
71	上海远澜硕桦 1 号	29. 04	17. 20	5. 40	8. 79	1. 49	4. 75	29. 32

续表

编号	基金名称	年化收益率（%）	年化波动率（%）	年化下行风险（%）	最大回撤率（%）	夏普比率	索丁诺比率	收益—最大回撤比率
72	靖奇睿科 3 号	28.84	13.70	6.48	14.58	1.83	3.86	17.48
73	林园投资 11 号	28.71	36.21	19.25	47.12	0.84	1.58	5.37
74	毁端楚正进取 1 号	28.54	22.23	6.99	17.65	1.17	3.74	14.22
75	林园投资 3 号	28.47	36.72	19.22	42.96	0.83	1.58	5.82
76	悟源点精 2 号	28.39	42.75	19.56	42.50	0.75	1.64	5.85
77	复胜正能量 1 期	28.23	36.64	13.83	29.96	0.82	2.16	8.23
78	同达 1 号	28.22	35.13	11.33	22.61	0.83	2.57	10.90
79	盛天价值成长 1 号	27.99	35.71	17.29	31.84	0.83	1.71	7.65
80	中润一期	27.96	22.92	8.50	20.27	1.13	3.04	11.99
81	文储 7 期	27.93	46.42	12.97	37.60	0.69	2.46	6.46
82	国润一期	27.81	23.69	8.89	20.21	1.09	2.91	11.92
83	康祺资产稳进 1 号	27.69	48.38	17.96	42.44	0.69	1.86	5.64
84	善道港股通精选 1 号	27.23	35.66	15.99	44.74	0.81	1.80	5.22
85	四创新航 1 号	27.12	26.79	11.23	17.32	0.97	2.32	13.39
86	诺淅季风价值 2 号	26.92	22.77	7.40	19.93	1.10	3.37	11.51
87	支点先锋 3 号	26.85	30.99	10.14	21.11	0.86	2.64	10.82
88	盈定 9 号	26.77	18.37	6.91	18.04	1.31	3.48	12.60
89	复胜富盛 1 号	26.56	32.82	12.98	27.52	0.83	2.11	8.17
90	百航进取 2 号	26.50	24.02	11.87	23.73	1.04	2.11	9.43

续表

编号	基金名称	年化收益率（%）	年化波动率（%）	年化下行风险（%）	最大回撤率（%）	夏普比率	索丁诺比率	收益—最大回撤比率
91	景和晨升精选	26.43	24.24	11.11	25.31	1.03	2.25	8.81
92	裕恒资本双龙 1 号	26.32	22.52	10.13	16.12	1.09	2.42	13.75
93	岁寒知松柏 1 号	26.31	24.38	10.19	22.70	1.02	2.44	9.76
94	恒健远志量化对冲 1 期	26.13	8.63	3.16	4.62	2.58	7.05	47.45
95	沁源精选	25.96	16.73	5.12	13.81	1.38	4.52	15.72
96	盈至东方量子 1 号	25.87	18.91	6.98	24.92	1.24	3.35	8.66
97	瑞丰汇邦 3 号	25.86	34.29	17.31	31.07	0.80	1.58	6.94
98	新镝 1 号	25.84	49.87	24.85	52.95	0.67	1.35	4.07
99	伏犀奇点 2 号	25.82	24.85	12.92	27.13	0.99	1.91	7.94
100	下游消费板块 H1104	25.79	23.44	10.32	23.61	1.04	2.35	9.11
101	安布雷拉千里山 1 号	25.68	31.25	15.56	34.96	0.84	1.69	6.11
102	林园投资 16 号	25.64	35.19	18.29	46.67	0.78	1.51	4.57
103	盛泉恒元定增套利多策略 6 号	25.51	16.72	7.97	19.07	1.36	2.86	11.08
104	鼎萨价值成长	25.49	38.19	19.71	42.09	0.74	1.44	5.02
105	京石稳健 2 期	25.45	26.58	12.56	27.94	0.93	1.97	7.54
106	林园投资 20 号	25.38	39.53	22.21	40.25	0.74	1.32	5.21
107	林园投资 12 号	25.36	32.07	16.19	35.93	0.82	1.62	5.83
108	睿智 1 号（大连大盛）	25.35	22.04	6.13	19.27	1.07	3.83	10.87
109	钱缘量化全天候进取 2 期	25.35	20.20	6.80	13.84	1.15	3.41	15.14

续表

编号	基金名称	年化收益率（%）	年化波动率（%）	年化下行风险（%）	最大回撤率（%）	夏普比率	索丁诺比率	收益—最大回撤比率
110	金翠 1 期	25.33	49.99	20.56	40.61	0.65	1.58	5.15
111	林园投资 21 号	25.32	33.84	16.60	45.41	0.79	1.62	4.61
112	积露 1 号	25.31	11.89	5.04	9.77	1.85	4.35	21.40
113	协捷资产—私募学院菁英 324 号	25.25	49.80	25.11	59.30	0.66	1.32	3.51
114	卓盈进取 3 号	25.07	21.06	7.82	18.72	1.10	2.96	11.01
115	锐天 10 号	25.01	27.45	10.51	23.77	0.89	2.33	8.64
116	新活力稳进	24.91	25.10	13.07	33.93	0.96	1.84	6.01
117	彤源同庆 3 号	24.86	24.80	10.92	29.20	0.96	2.18	6.97
118	大盈成长 1 号	24.79	32.97	9.26	24.10	0.78	2.76	8.41
119	山楂树 2 期	24.63	27.80	12.31	40.13	0.88	1.98	5.00
120	磐厚动量—远翔 1 号	24.56	24.41	11.42	28.89	0.96	2.06	6.92
121	浦泓 3 号	24.56	30.67	11.37	30.52	0.81	2.20	6.55
122	优稳量化对冲套利策略 1 号	24.56	26.36	11.54	23.56	0.90	2.07	8.48
123	淳麟同溪	24.49	28.93	13.90	34.51	0.85	1.77	5.77
124	商羊稳健 1 号	24.43	19.64	6.15	20.11	1.13	3.62	9.86
125	支点先锋 1 号	24.42	24.25	6.81	15.51	0.95	3.39	12.77
126	卓晔 1 号	24.34	87.67	38.36	78.15	0.63	1.43	2.52
127	犇瑞凤凰山	24.34	8.83	1.83	5.76	2.36	11.38	34.23
128	朝阳金锗 12 期	24.24	28.69	11.42	21.71	0.84	2.11	9.03

续表

编号	基金名称	年化收益率 （%）	年化波动率 （%）	年化下行风险 （%）	最大回撤率 （%）	夏普比率	索丁诺 比率	收益—最大 回撤比率
129	景和开元	24.00	25.81	11.85	27.65	0.91	1.98	6.99
130	林园投资 13 号	23.97	32.58	18.04	43.01	0.78	1.41	4.48
131	荣通 1 号	23.96	59.04	25.85	53.51	0.61	1.39	3.60
132	远澜火松	23.83	18.52	5.79	17.75	1.17	3.73	10.77
133	浅湖稳健 5 号	23.81	76.34	35.96	63.63	0.62	1.33	3.00
134	博普绝对价值 1 号	23.74	22.94	9.39	26.58	0.98	2.39	7.15
135	涌鑫 3 号	23.61	20.60	7.81	14.42	1.06	2.80	13.08
136	弘苦套利稳健管理型 4 号	23.42	34.51	12.83	28.69	0.72	1.93	6.49
137	濡圣投资－如松 1 号	23.42	5.48	0.86	1.96	3.62	23.00	95.29
138	七禾聚宏源 2 号	23.40	24.31	11.65	32.05	0.93	1.94	5.81
139	华尔进取 4 号	23.39	20.24	7.69	25.92	1.07	2.81	7.18
140	青骊长川	23.33	15.77	4.91	9.63	1.32	4.23	19.24
141	银石宝生 1 期	23.29	38.65	17.19	39.63	0.69	1.55	4.67
142	复熙恒赢 7 号	23.27	9.78	2.90	8.58	2.05	6.92	21.52
143	广发纳斯特乐睿 1 号	23.25	27.28	9.41	16.58	0.84	2.43	11.12
144	红帆 2 号	23.22	41.21	19.09	47.89	0.67	1.45	3.84
145	上九点金 1 号	23.22	15.22	4.13	9.66	1.36	5.00	19.05
146	九章幻方多策略 1 号	23.22	22.73	10.90	33.18	0.97	2.02	5.55
147	鹤骑鹰一栗	23.22	11.25	4.00	4.54	1.79	5.04	40.59

续表

编号	基金名称	年化收益率（%）	年化波动率（%）	年化下行风险（%）	最大回撤率（%）	夏普比率	索丁诺比率	收益—最大回撤比率
148	新活力稳进 1 号	23.20	26.62	14.08	33.99	0.86	1.63	5.41
149	山楂树 1 期	23.16	28.57	12.41	39.58	0.82	1.89	4.63
150	笑傲 1 号	23.13	40.51	6.85	14.27	0.62	3.69	12.82
151	新智达成长 1 号	22.99	38.37	19.31	60.62	0.69	1.37	2.99
152	聚鸣积极成长	22.99	21.15	10.17	26.25	1.02	2.12	6.91
153	景上源 1 号	22.87	14.42	5.73	9.71	1.41	3.54	18.55
154	翔云 50 量化	22.84	9.92	3.83	6.07	1.99	5.15	29.59
155	百泉多策略 2 号	22.81	24.03	12.74	35.01	0.92	1.73	5.12
156	九章幻方沪深 300 量化多策略 1 号	22.77	21.01	8.90	31.78	1.01	2.39	5.63
157	睿扬专享 1 号	22.76	21.88	7.44	28.75	0.98	2.88	6.22
158	沃土 3 号	22.72	29.99	13.60	33.87	0.78	1.72	5.26
159	留仁鑑金 2 号	22.64	29.40	13.70	44.09	0.79	1.69	4.02
160	康曼德 003 号	22.60	21.70	8.55	20.91	0.98	2.48	8.47
161	明法价值成长 1 期	22.55	21.30	10.01	20.98	0.99	2.12	8.41
162	兆天金牛精选 2 号	22.44	29.89	14.57	45.08	0.78	1.59	3.89
163	神农长空集母	22.43	30.82	12.02	29.78	0.76	1.94	5.88
164	壁虎空集母	22.42	16.05	13.50	30.65	1.27	1.51	5.71
165	盛泉恒元多策略灵活配置 7 号	22.35	18.25	8.99	20.00	1.12	2.28	8.71
166	鸿道创新改革	22.34	27.79	10.68	37.68	0.80	2.09	4.62

续表

编号	基金名称	年化收益率（%）	年化波动率（%）	年化下行风险（%）	最大回撤率（%）	夏普比率	索丁诺比率	收益—最大回撤比率
167	夸克 1 号	22.31	20.84	7.93	10.52	1.00	2.63	16.52
168	苗安稳健成长 2 号	22.27	20.92	3.31	7.25	0.98	6.23	23.90
169	红宝石安心进取 H-1001	22.17	22.80	10.82	26.66	0.93	1.96	6.46
170	循远安心 2 号	22.16	16.04	7.12	19.59	1.24	2.80	8.78
171	仁桥泽源 1 期	22.12	13.85	5.53	10.59	1.41	3.54	16.21
172	五色土 5 期	22.05	39.91	21.95	46.97	0.66	1.21	3.64
173	七禾兰端 1 号	22.02	26.11	13.14	22.89	0.84	1.66	7.45
174	灰金量化 1 号	21.91	21.27	8.56	37.06	0.97	2.41	4.57
175	茂源英火 1 号	21.87	23.55	2.86	7.77	0.87	7.18	21.74
176	大朴多维度 24 号	21.83	14.58	6.98	19.03	1.33	2.79	8.85
177	林园投资 2 号	21.81	43.63	25.38	43.98	0.65	1.12	3.82
178	新航线麦哲伦 1 号	21.80	26.89	11.29	32.04	0.81	1.93	5.24
179	融政创沅价值成长 6 号	21.75	32.99	10.50	25.62	0.70	2.20	6.54
180	钜融大安 1 号	21.72	32.60	11.75	20.78	0.71	1.96	8.04
181	健顺云	21.70	33.43	14.44	37.45	0.70	1.63	4.46
182	神农优选价值	21.70	31.66	13.74	34.16	0.73	1.68	4.89
183	昊恩 1 号	21.68	22.18	8.93	18.68	0.93	2.30	8.93
184	钜悦 3 号	21.68	24.91	11.22	16.21	0.85	1.89	10.29
185	无量 1 期	21.54	27.48	12.65	31.95	0.79	1.71	5.17

续表

编号	基金名称	年化收益率（%）	年化波动率（%）	年化下行风险（%）	最大回撤率（%）	夏普比率	索丁诺比率	收益—最大回撤比率
186	东方点赞	21.50	21.96	6.71	13.81	0.93	3.03	11.92
187	品赋荣耀	21.45	26.27	7.58	13.10	0.80	2.78	12.54
188	泓湖稳健	21.42	35.35	16.59	34.48	0.67	1.42	4.76
189	弘唯基石华盈	21.41	33.65	16.26	37.34	0.69	1.44	4.39
190	盈阳 16 号	21.37	19.44	7.37	20.85	1.02	2.68	7.84
191	名禹沐风 1 期	21.36	16.77	6.35	13.41	1.15	3.05	12.17
192	文多文睿	21.29	21.45	9.40	13.29	0.94	2.14	12.23
193	冲和小奖章 4 号	21.26	17.29	6.98	9.69	1.12	2.78	16.74
194	衍佰南山 1 号	21.25	31.15	12.21	23.07	0.72	1.84	7.02
195	元 1 号	21.23	19.48	7.10	17.93	1.01	2.77	9.02
196	跨越稳健 1 号	21.20	36.43	15.96	32.84	0.66	1.50	4.92
197	冲和小奖章 3 号	21.20	18.13	6.94	12.26	1.07	2.80	13.18
198	磐耀 3 期	21.20	21.11	10.08	31.12	0.95	1.99	5.19
199	比高长赢	21.12	26.90	12.12	28.71	0.79	1.75	5.60
200	前海大宇 2 号	21.11	32.45	16.39	33.83	0.70	1.39	4.74
201	耀麟主题 1 号	21.10	41.66	16.08	38.80	0.61	1.59	4.14
202	鑫晟进取 2 号	21.09	24.45	10.95	35.07	0.84	1.88	4.57
203	冲和小奖章 2 号	21.06	19.54	6.97	18.16	1.00	2.81	8.81
204	盛运德诚趋势 16 号	21.05	22.75	10.18	15.29	0.89	1.98	10.46

续表

编号	基金名称	年化收益率（%）	年化波动率（%）	年化下行风险（%）	最大回撤率（%）	夏普比率	索丁诺比率	收益—最大回撤比率
205	普吉稳健成长1号	20.97	17.71	7.69	40.21	1.08	2.50	3.96
206	昭图5期	20.96	23.80	10.26	21.71	0.86	1.99	7.32
207	林园投资5号	20.89	32.09	18.74	36.97	0.71	1.22	4.28
208	东方点赞A	20.87	21.68	6.58	14.44	0.91	3.00	10.94
209	至乐1号	20.84	31.90	13.26	31.06	0.70	1.68	5.08
210	天琪泉沿2号	20.80	43.80	21.92	45.27	0.61	1.22	3.47
211	云天志太平山1号	20.77	33.71	17.20	49.07	0.68	1.34	3.20
212	盈定2号	20.70	34.66	13.03	24.82	0.65	1.73	6.29
213	知本合丰5号	20.69	35.29	16.92	38.26	0.66	1.37	4.08
214	混沌价值2号A	20.61	40.93	15.08	37.81	0.60	1.62	4.11
215	成飞稳赢1号	20.53	16.68	8.05	18.18	1.12	2.32	8.49
216	进化论复合策略1号	20.53	17.09	7.06	16.42	1.09	2.65	9.41
217	磐耀犇腾	20.51	21.78	10.45	31.77	0.90	1.88	4.85
218	金田龙盛2号	20.45	28.57	11.53	22.55	0.73	1.82	6.81
219	共同成长	20.35	36.23	16.39	30.07	0.65	1.43	5.07
220	中信资本价值回报	20.34	14.05	6.15	16.07	1.29	2.94	9.49
221	量磁泓皕1号	20.31	27.54	6.05	19.38	0.73	3.33	7.84
222	泰亚2期	20.29	7.68	0.93	2.57	2.27	18.69	59.06
223	博弈树量化1号	20.28	4.09	1.53	3.15	4.20	11.24	48.21

续表

编号	基金名称	年化收益率（%）	年化波动率（%）	年化下行风险（%）	最大回撤率（%）	夏普比率	索丁诺比率	收益一最大回撤比率
224	宏亮普提利进取	20.16	23.28	10.15	21.92	0.84	1.93	6.86
225	龙旗红旭	20.15	23.71	11.90	27.68	0.83	1.66	5.43
226	融智 FOF7 期	20.10	34.66	15.08	33.02	0.65	1.49	4.54
227	同望 1 期 1 号	20.05	21.94	8.76	22.71	0.87	2.19	6.58
228	晓峰 1 号睿远	20.04	19.84	9.76	16.03	0.95	1.93	9.31
229	九坤日享中证 500 指数增强 1 号	20.01	22.84	10.31	26.03	0.85	1.88	5.72
230	舍得之道资本-平安吉象 B 期	20.00	26.38	8.60	26.43	0.76	2.32	5.63
231	创赢 2 号（国源信达）	19.99	17.82	6.91	11.74	1.03	2.65	12.68
232	文多稳健 1 期	19.96	20.17	8.57	13.90	0.93	2.19	10.68
233	理石股票优选 1 号	19.93	35.79	13.08	35.56	0.63	1.71	4.17
234	盈定 8 号	19.93	18.24	8.56	15.77	1.01	2.15	9.39
235	钰淞（精选 1 期）	19.89	30.23	13.30	23.32	0.69	1.58	6.33
236	正见稳定成长 1 期	19.86	26.29	15.44	40.21	0.77	1.31	3.67
237	睿扬尊享 1 号	19.84	21.07	7.58	28.04	0.89	2.48	5.25
238	金蟾蜍 7 号	19.83	16.31	6.31	18.40	1.10	2.85	8.00
239	鸿凯 37 号	19.83	54.93	21.55	40.96	0.54	1.37	3.59
240	理石壳鹫 1 号	19.82	13.67	6.50	12.23	1.29	2.71	12.01
241	兆天金牛精选 9 号	19.80	30.82	13.02	38.77	0.69	1.63	3.79
242	犟泽艾比之路	19.79	20.37	9.33	23.03	0.92	2.00	6.37

续表

编号	基金名称	年化收益率（%）	年化波动率（%）	年化下行风险（%）	最大回撤率（%）	夏普比率	索丁诺比率	收益—最大回撤比率
243	银叶阶跃	19.78	21.06	10.71	22.16	0.90	1.76	6.61
244	希瓦小牛 7 号	19.77	26.34	10.80	38.93	0.76	1.85	3.76
245	远望角容远 1 号	19.72	18.30	8.28	14.50	1.00	2.20	10.06
246	盈阳 15 号	19.71	17.63	8.59	31.14	1.03	2.11	4.68
247	大鹏湾财富 5 期	19.67	29.77	15.10	40.01	0.70	1.38	3.63
248	万坤全天候量化 2 号	19.66	19.49	10.20	23.60	0.95	1.81	6.16
249	因诺天跃	19.58	13.60	6.18	19.18	1.28	2.82	7.53
250	冲和小奖章 1 号	19.41	16.12	6.64	11.03	1.09	2.65	12.94
251	青云专享 1 号	19.39	26.96	8.30	18.91	0.72	2.33	7.54
252	龙全冠宇-高维指数 FOF	19.37	26.62	11.20	30.89	0.74	1.75	4.61
253	大鹏湾财富 4 期	19.36	32.46	17.54	43.40	0.66	1.23	3.28
254	林园 2 期	19.35	29.05	14.88	34.33	0.70	1.37	4.14
255	望英精英鹏辉 2 号	19.32	21.90	9.89	19.69	0.85	1.88	7.21
256	浦泓 2 号	19.32	34.02	14.03	33.11	0.64	1.54	4.28
257	伟晟瀚远 1 期	19.28	30.55	12.95	32.60	0.68	1.59	4.34
258	祥驰投资桂雨 1 号	19.28	13.24	3.57	8.53	1.29	4.79	16.58
259	天演中证 500 指数	19.27	22.56	10.50	24.19	0.83	1.78	5.84
260	千泉宏观 1 号	19.26	43.44	20.81	40.77	0.58	1.21	3.47
261	志强价值成长 1 号	19.25	25.40	10.37	25.17	0.76	1.85	5.61

续表

编号	基金名称	年化收益率（%）	年化波动率（%）	年化下行风险（%）	最大回撤率（%）	夏普比率	索丁诺比率	收益—最大回撤比率
262	新里程超越梦想	19.19	49.65	26.91	47.95	0.58	1.06	2.93
263	尊冠春1号	19.14	32.70	10.99	40.98	0.63	1.87	3.42
264	大黑龙	19.13	22.26	7.85	27.53	0.83	2.35	5.08
265	锦端恒-修远1号	19.12	19.65	7.02	16.54	0.91	2.56	8.45
266	林园投资1号	19.09	46.46	27.39	50.40	0.59	1.00	2.77
267	远望角投资1期	19.07	18.89	8.25	13.75	0.94	2.16	10.13
268	萍聚投资恒升1期	19.07	13.20	7.03	13.77	1.28	2.41	10.11
269	量锐7号	19.02	21.84	10.25	22.68	0.84	1.79	6.12
270	青果	19.01	16.89	8.06	16.50	1.03	2.16	8.41
271	理成风景1号（2015）	18.99	30.82	14.59	30.91	0.67	1.41	4.48
272	因诺天丰1号	18.97	29.55	14.13	30.60	0.68	1.42	4.52
273	万泰华瑞成长3期	18.95	23.07	10.33	25.88	0.80	1.79	5.34
274	柔秦-星火燎原1号	18.90	31.96	16.02	41.18	0.65	1.30	3.34
275	星池量化木星1号	18.90	32.84	18.26	38.92	0.65	1.17	3.54
276	灰金量化3号	18.88	22.43	8.35	35.82	0.81	2.19	3.84
277	新御良马1期	18.87	36.44	18.74	24.57	0.61	1.19	5.59
278	林园投资10号	18.84	43.23	25.13	51.35	0.59	1.02	2.67
279	夸克1877	18.82	21.00	9.00	10.29	0.85	1.99	13.30
280	希瓦小牛精选	18.80	27.31	11.08	38.45	0.71	1.75	3.55

续表

编号	基金名称	年化收益率（%）	年化波动率（%）	年化下行风险（%）	最大回撤率（%）	夏普比率	索丁诺比率	收益—最大回撤比率
281	资瑞兴 1 号	18.80	18.59	7.92	11.49	0.94	2.21	11.88
282	灰金红利 1 号	18.76	30.85	15.48	43.23	0.66	1.32	3.15
283	银叶量化精选 1 期	18.76	21.03	10.42	19.23	0.85	1.72	7.08
284	中证乾元天道择时 5 号	18.75	21.99	8.97	11.87	0.82	2.02	11.47
285	涌津涌鑫 6 号	18.66	40.04	18.64	49.40	0.58	1.24	2.74
286	私募工场金奉飞盛	18.66	38.34	17.20	43.08	0.59	1.31	3.14
287	林园投资 14 号	18.63	32.58	19.13	42.13	0.65	1.10	3.20
288	华尔进取 8 号	18.62	17.54	5.61	16.40	0.98	3.05	8.23
289	六禾光辉岁月 1 期（中原）	18.60	22.69	10.66	23.01	0.80	1.70	5.85
290	六禾光辉岁月 1 期	18.60	21.46	10.06	23.01	0.83	1.78	5.85
291	涌鑫 2 号	18.60	18.20	9.67	23.84	0.95	1.79	5.65
292	若溪湘财超马 2 期	18.60	33.60	13.98	33.96	0.62	1.49	3.96
293	磐川 1 号	18.57	17.18	6.46	12.26	0.99	2.64	10.96
294	登程进取	18.57	25.71	15.47	38.41	0.74	1.23	3.50
295	启元潜龙 1 号	18.54	23.27	10.32	26.19	0.78	1.76	5.12
296	同庆 2 期	18.51	29.98	16.18	34.64	0.67	1.24	3.86
297	中欧瑞博诺亚	18.51	16.01	7.27	20.49	1.05	2.32	6.53
298	乾元光辉岁月稳进 1 号	18.51	14.10	5.21	10.93	1.17	3.18	12.24
299	鸿意红橡量化 1 期	18.49	16.49	4.85	12.71	1.02	3.47	10.51

续表

编号	基金名称	年化收益率（%）	年化波动率（%）	年化下行风险（%）	最大回撤率（%）	夏普比率	索丁诺比率	收益—最大回撤比率
300	民晟成长 1 期	18.45	21.35	8.00	33.65	0.83	2.21	3.96
301	林园投资 6 号	18.44	32.80	19.43	40.62	0.64	1.08	3.28
302	景和景财 1 号	18.43	24.17	10.78	23.46	0.76	1.70	5.67
303	磐耀启明星	18.41	20.77	10.79	32.34	0.85	1.63	4.11
304	丰奘 2 号	18.39	18.92	8.21	22.24	0.91	2.10	5.96
305	留仁鎏金 1 号	18.38	25.75	13.55	39.82	0.73	1.38	3.33
306	京石 8 号	18.37	47.92	20.27	31.39	0.54	1.28	4.22
307	青骊泰川	18.37	23.23	10.82	23.45	0.78	1.67	5.64
308	大朴多维度 15 号	18.36	14.82	7.39	19.18	1.12	2.24	6.90
309	博鸿聚义	18.36	22.93	9.73	33.13	0.78	1.85	3.99
310	新龙 1 号	18.33	32.35	14.50	42.15	0.62	1.39	3.13
311	九坤量化专享 6 号	18.32	14.94	6.74	11.53	1.11	2.45	11.43
312	泽源 6 号	18.28	20.34	10.95	26.01	0.86	1.59	5.06
313	盘世 1 期	18.26	22.96	10.57	36.17	0.78	1.70	3.63
314	大岩高风险进取	18.26	25.34	12.87	22.18	0.73	1.44	5.92
315	榕树 3 期	18.23	66.49	31.41	52.69	0.54	1.14	2.49
316	壁虎成长 6 号	18.18	32.48	17.16	43.13	0.63	1.20	3.03
317	林园投资 17 号	18.16	32.03	17.64	44.31	0.64	1.16	2.94
318	新活力精选	18.14	21.88	10.67	31.28	0.80	1.65	4.16

续表

编号	基金名称	年化收益率 (%)	年化波动率 (%)	年化下行风险 (%)	最大回撤率 (%)	夏普比率	索丁诺比率	收益—最大回撤比率
319	望正精英－鹏辉 1 号	18.02	21.64	9.92	20.72	0.80	1.76	6.22
320	彤源 5 号	17.98	24.14	11.19	27.30	0.74	1.60	4.71
321	龙旗紫霄	17.95	24.14	11.96	29.09	0.74	1.50	4.41
322	金百镕 1 期	17.93	24.72	11.97	28.75	0.73	1.51	4.46
323	锦和 2 号	17.92	21.24	10.24	30.20	0.81	1.69	4.24
324	相生 3 号	17.91	35.21	15.60	49.05	0.60	1.35	2.61
325	盈阳 22 号	17.89	19.14	9.39	22.88	0.88	1.79	5.58
326	领颐平稳增长	17.89	53.18	23.28	63.41	0.52	1.19	2.01
327	磐耀红岭	17.88	20.28	10.81	34.19	0.84	1.58	3.73
328	阿甘 1 号	17.86	31.44	13.45	35.56	0.62	1.46	3.58
329	国富百香 4 号	17.85	21.62	12.27	22.71	0.80	1.41	5.61
330	演绎美好旗舰	17.85	23.10	9.92	23.71	0.76	1.77	5.37
331	大朴多维度 23 号	17.84	15.45	7.96	18.81	1.05	2.04	6.77
332	添益 1 号（海之帆）	17.83	18.88	7.88	13.99	0.89	2.12	9.09
333	上海黑极价值精选 1 号	17.83	25.45	9.16	18.75	0.70	1.96	6.78
334	思晔全天候 1 号	17.83	12.36	4.01	7.61	1.27	3.92	16.70
335	理臻鸿运精选 2 号	17.82	20.02	10.14	20.94	0.85	1.67	6.07
336	敦沛麒麟 6 号	17.79	50.82	23.54	40.44	0.53	1.15	3.14
337	溢洋起航 1 号	17.76	32.47	17.28	32.72	0.62	1.16	3.86

续表

编号	基金名称	年化收益率（％）	年化波动率（％）	年化下行风险（％）	最大回撤率（％）	夏普比率	索丁诺比率	收益—最大回撤比率
338	鸿凯进取 5 号	17.71	20.32	7.89	24.16	0.83	2.14	5.22
339	百泉进取 1 号	17.66	22.70	12.51	33.86	0.77	1.39	3.71
340	毅然创世 1 期	17.64	38.86	13.31	30.01	0.54	1.59	4.18
341	龙旗凌云	17.61	19.45	7.85	18.39	0.85	2.12	6.80
342	道朴量化主动 2 号	17.58	24.71	10.23	32.16	0.71	1.72	3.88
343	航长红棉 3 号	17.56	14.69	4.33	13.35	1.07	3.65	9.33
344	深圳红筹复兴 1 号	17.55	24.08	9.80	33.93	0.73	1.79	3.67
345	合众 2 号	17.54	25.64	11.24	17.54	0.70	1.59	7.09
346	万吨资产深海鲸旗舰	17.51	20.62	8.42	18.53	0.81	1.99	6.70
347	霈泽龙飞 1 号	17.50	22.98	11.06	25.79	0.75	1.56	4.81
348	川陀新动力成长 1 期	17.50	13.46	4.76	16.29	1.16	3.27	7.61
349	璟恒五期	17.49	25.55	11.43	28.00	0.70	1.56	4.43
350	林园投资 9 号	17.48	42.46	24.03	51.65	0.57	1.00	2.40
351	久阳润泉 1 号	17.48	40.19	17.12	33.04	0.55	1.29	3.74
352	财富兄弟紫时成长 1 号	17.47	79.49	31.75	64.81	0.51	1.29	1.91
353	瑞文 1 号	17.43	38.38	18.64	41.57	0.56	1.16	2.97
354	从容内需医疗 3 期	17.42	28.98	17.92	30.93	0.66	1.06	3.98
355	元达信资本一安易持兴国 2 号	17.42	23.81	10.53	36.21	0.73	1.65	3.40
356	盛泉恒元多策略量化对冲 2 号	17.39	5.46	1.14	2.05	2.71	12.95	60.01

续表

编号	基金名称	年化收益率 (%)	年化波动率 (%)	年化下行风险 (%)	最大回撤率 (%)	夏普比率	索丁诺 比率	收益—最大 回撤比率
357	北京久银湘商定增	17.38	36.51	15.57	32.89	0.57	1.33	3.73
358	鸣石春天指数增强 6 号	17.37	22.67	11.94	35.25	0.76	1.44	3.48
359	诺鼎季风价值 3 号	17.36	20.59	8.15	22.92	0.81	2.04	5.35
360	明己稳健增长 1 号	17.35	22.45	12.75	29.09	0.76	1.34	4.21
361	道合 1 号	17.34	30.33	14.97	26.62	0.63	1.27	4.60
362	鸿道国企改革	17.33	24.55	9.72	28.77	0.71	1.79	4.25
363	泽源 1 号	17.31	20.20	11.10	25.60	0.82	1.49	4.77
364	进化论悦享 1 号	17.28	16.64	7.49	21.84	0.95	2.12	5.58
365	湘楚 6 号	17.27	22.49	10.17	26.75	0.75	1.67	4.55
366	林园投资 19 号	17.26	32.42	17.83	42.97	0.61	1.11	2.83
367	万坤全天候量化 1 号	17.24	21.86	11.70	26.87	0.77	1.44	4.52
368	医疗健康	17.22	43.40	17.53	39.72	0.52	1.29	3.05
369	鸣石量化指数增强春天 11 号	17.12	22.19	11.45	28.93	0.76	1.47	4.16
370	中珏尊享 1 号	17.11	33.81	12.53	29.72	0.57	1.53	4.05
371	澎泰安全边际 1 期	17.09	14.93	5.91	10.05	1.03	2.61	11.95
372	溪牛长期回报	17.08	32.34	17.48	40.54	0.60	1.12	2.96
373	证大量化价值	17.08	25.58	12.20	32.71	0.68	1.43	3.67
374	森旭资产-前瞻 8 号	17.07	17.47	6.79	13.72	0.90	2.32	8.73
375	拾贝 1 号	17.05	18.52	8.03	12.52	0.86	1.99	9.56

续表

编号	基金名称	年化收益率（%）	年化波动率（%）	年化下行风险（%）	最大回撤率（%）	夏普比率	索丁诺比率	收益—最大回撤比率
376	拾金 2 号	17.03	23.68	7.27	15.04	0.71	2.31	7.94
377	陆宝恒信 1 号	17.01	23.65	5.98	9.48	0.70	2.77	12.59
378	高毅晓峰鸿远	16.99	18.94	9.31	20.78	0.85	1.72	5.73
379	汇远量化定增 3 期	16.99	21.46	10.00	27.70	0.77	1.65	4.30
380	绿宝石 2 期	16.96	31.90	17.20	38.18	0.60	1.12	3.11
381	钱缘量化全天候进取 5 期	16.92	15.52	4.79	13.71	0.99	3.21	8.65
382	盛泉恒元多策略市场中性 3 号	16.90	5.33	1.20	1.89	2.69	11.95	62.48
383	合泰 1 期	16.88	26.96	12.11	18.62	0.65	1.45	6.34
384	众喜资产铁树套利 1 号	16.86	23.28	9.68	20.50	0.71	1.71	5.75
385	笙笙日昇 2 号	16.85	44.27	20.06	51.53	0.53	1.16	2.29
386	挚盟资本—私募学院菁英 189 号	16.83	28.70	14.21	26.04	0.63	1.28	4.52
387	湘禾 2 号	16.81	26.11	12.81	27.39	0.67	1.36	4.29
388	石锋笃行一号	16.79	23.91	10.78	32.54	0.70	1.56	3.60
389	彤源 7 号（A）	16.74	23.27	11.20	29.64	0.72	1.49	3.94
390	致远中证 500 指数加强	16.72	18.07	8.68	19.23	0.87	1.80	6.07
391	从容一卡欧斯 1 期	16.62	22.70	11.08	21.18	0.72	1.49	5.46
392	掌赢一卡欧斯 2 号	16.61	27.45	13.33	24.62	0.64	1.32	4.70
393	神农长空集 1 号	16.59	30.76	12.41	31.48	0.60	1.48	3.67
394	子午达芬奇 1 号	16.59	7.86	0.94	2.16	1.81	15.13	53.52

续表

编号	基金名称	年化收益率 (%)	年化波动率 (%)	年化下行风险 (%)	最大回撤率 (%)	夏普比率	索丁诺比率	收益—最大回撤比率
395	璧虎成长 3 号	16.59	25.30	13.34	38.97	0.67	1.28	2.96
396	盈创凤凰花开	16.57	20.23	8.38	30.24	0.78	1.89	3.81
397	风云丰赛 1 号	16.56	33.67	14.03	30.33	0.56	1.34	3.80
398	神农老院子基金	16.53	30.30	12.22	35.21	0.60	1.49	3.26
399	逸原 2 号	16.52	34.87	20.00	37.83	0.57	1.00	3.03
400	石锋重剑一号	16.49	31.46	14.32	50.31	0.59	1.29	2.28
401	汇富雪球医药医疗大健康 1 号	16.46	58.36	17.10	49.89	0.44	1.50	2.29
402	私募工场云阴 1 期	16.45	30.22	8.61	21.62	0.58	2.03	5.28
403	神农春晓	16.44	28.35	12.81	34.39	0.62	1.38	3.32
404	融智 FOF9 期混沌价值 2 号	16.44	40.15	14.84	37.40	0.51	1.39	3.05
405	明达稳健增长 2 期	16.43	19.31	9.05	24.02	0.81	1.72	4.74
406	五色土 3 期	16.42	43.18	21.39	38.76	0.53	1.06	2.94
407	宁聚自由港 1 号 B	16.41	16.40	6.53	15.18	0.92	2.30	7.49
408	上海宽德卓越	16.40	13.79	4.20	8.62	1.06	3.49	13.18
409	金舆中国互联网	16.37	39.40	17.98	48.73	0.53	1.17	2.33
410	支点先锋 2 号	16.32	16.57	6.09	13.11	0.91	2.47	8.62
411	大朴进取 2 期	16.32	16.83	8.30	22.49	0.90	1.82	5.02
412	炳富创业板增强	16.30	13.02	5.57	14.27	1.11	2.61	7.90
413	勤远动态平衡 1 号	16.26	25.28	12.53	37.54	0.66	1.34	2.99

续表

编号	基金名称	年化收益率（%）	年化波动率（%）	年化下行风险（%）	最大回撤率（%）	夏普比率	索丁诺比率	收益—最大回撤比率
414	常春藤目标	16.26	19.19	8.78	24.22	0.80	1.76	4.64
415	盈定 1 号	16.20	18.28	8.23	16.85	0.83	1.85	6.64
416	银石 16 期	16.20	21.13	8.81	24.47	0.74	1.79	4.57
417	大元华元丰 1 号	16.20	27.22	9.93	23.61	0.62	1.70	4.74
418	银垒进取 2 号	16.18	36.24	15.09	31.02	0.52	1.26	3.60
419	中欧瑞博诺亚 1 期	16.16	16.00	7.48	21.40	0.93	1.98	5.21
420	偏锋 2 期	16.15	20.28	8.66	15.87	0.77	1.79	7.02
421	翔云精细量化 3 号	16.12	12.97	7.61	12.72	1.11	1.89	8.74
422	铸锋天照 1 号	16.12	5.23	0.84	1.44	2.61	16.21	77.39
423	深积复利成长 1 期	16.11	18.20	8.72	22.59	0.83	1.74	4.92
424	鼎萨量化 1 号	16.11	44.47	24.64	46.16	0.53	0.95	2.41
425	逸原 1 号	16.08	29.86	16.72	38.42	0.60	1.08	2.88
426	壁虎寰宇成长 1 号	16.06	24.10	13.31	42.16	0.68	1.23	2.62
427	穿石特殊情况	16.05	20.89	9.69	31.21	0.75	1.61	3.54
428	正朗未来	16.05	28.69	13.32	42.67	0.61	1.30	2.59
429	拾金 3 号	16.01	18.28	5.29	15.97	0.82	2.83	6.89
430	景富和 1 期	16.01	22.50	10.47	22.44	0.70	1.51	4.91
431	龙腾医疗健康	16.00	30.28	15.21	45.18	0.59	1.17	2.44
432	华软新动力稳进 FOF1 号	15.98	20.68	9.81	25.68	0.75	1.57	4.28

续表

编号	基金名称	年化收益率（%）	年化波动率（%）	年化下行风险（%）	最大回撤率（%）	夏普比率	索丁诺比率	收益—最大回撤比率
433	林园	15.94	28.13	16.30	30.98	0.62	1.06	3.53
434	朱雀 13 期	15.92	23.02	11.77	24.78	0.69	1.36	4.41
435	银石 15 期	15.91	21.31	8.74	25.30	0.73	1.77	4.32
436	龙全冠宇 C-高维指数 FOF	15.89	25.52	11.33	32.08	0.64	1.45	3.40
437	混沌道然成长 1 号	15.83	29.61	12.66	27.08	0.59	1.38	4.01
438	弘茗套利稳健管理型 1 号	15.81	47.48	19.86	61.13	0.49	1.18	1.77
439	丰爽 1 号	15.80	18.83	8.62	23.89	0.79	1.74	4.53
440	龙旗 Y1 期	15.80	14.83	7.18	18.87	0.97	2.00	5.74
441	百泉 1 号	15.77	24.56	12.82	34.23	0.66	1.26	3.15
442	睿郡众享 2 号	15.72	17.99	7.46	19.33	0.82	1.97	5.56
443	景富 2 期	15.71	23.95	10.01	26.91	0.66	1.59	3.99
444	前海佰德纳资本 5 号	15.70	84.20	31.79	70.60	0.48	1.26	1.52
445	泽源 10 号	15.70	19.50	10.64	26.12	0.77	1.41	4.11
446	神手 1 号	15.70	33.02	15.75	33.83	0.55	1.16	3.17
447	循远成长 1 号	15.69	15.99	7.78	21.11	0.90	1.85	5.08
448	华银价值	15.69	53.84	15.71	58.09	0.43	1.47	1.85
449	龙全 2 号	15.69	24.31	11.03	26.68	0.66	1.45	4.02
450	盛信 1 期（2016）	15.67	23.38	10.94	39.29	0.67	1.44	2.73
451	赛颀稳利 1 号	15.67	6.94	0.60	1.13	1.93	22.25	94.86

续表

编号	基金名称	年化收益率（%）	年化波动率（%）	年化下行风险（%）	最大回撤率（%）	夏普比率	索丁诺比率	收益—最大回撤比率
452	明曜新三板 1 期	15.66	18.48	5.96	9.62	0.79	2.46	11.13
453	偏锋 1 期	15.66	19.33	8.41	17.93	0.77	1.77	5.96
454	华杉永旭	15.65	22.52	11.86	35.02	0.69	1.32	3.05
455	小鳄 3 号	15.63	14.46	5.34	10.62	0.98	2.64	10.05
456	济桓稳健成长	15.62	18.69	6.95	19.91	0.79	2.12	5.36
457	金百镕 11 期	15.53	26.88	12.97	27.92	0.61	1.27	3.79
458	林园投资 8 号	15.53	35.10	19.61	43.56	0.55	0.98	2.43
459	望岳投资小象 1 号	15.50	27.72	13.60	34.86	0.60	1.23	3.03
460	攀山 2 期	15.49	25.26	12.01	43.25	0.63	1.33	2.44
461	天宝云中燕 3 期	15.48	5.51	0.20	0.17	2.38	64.60	635.52
462	德孔 1 号	15.46	49.46	23.41	46.64	0.50	1.05	2.26
463	趣时事件驱动 1 号	15.45	24.27	11.20	41.61	0.65	1.41	2.53
464	龙旗红鹰	15.40	22.87	11.78	29.98	0.68	1.31	3.49
465	循远 5 号	15.38	16.35	7.83	21.76	0.87	1.81	4.80
466	神农 1 期	15.38	24.87	12.00	28.40	0.64	1.32	3.68
467	君悦日新 6 号	15.36	18.49	8.01	15.12	0.78	1.81	6.90
468	洋盈金砖 5 期	15.35	27.58	13.34	27.96	0.60	1.24	3.73
469	鑫岚龙腾 1 号	15.33	13.70	5.59	11.28	1.00	2.46	9.23
470	千河资产金鳄专享 1 号	15.33	83.48	29.71	76.20	0.44	1.25	1.36

续表

编号	基金名称	年化收益率（%）	年化波动率（%）	年化下行风险（%）	最大回撤率（%）	夏普比率	索丁诺比率	收益—最大回撤比率
471	金秋银杏 1 号	15.29	13.03	5.02	15.46	1.05	2.71	6.71
472	盛泉恒元多策略量化对冲 1 号	15.28	5.81	2.00	3.26	2.23	6.49	31.82
473	滨利凤鸣 1 号	15.28	42.44	20.47	44.28	0.50	1.05	2.34
474	贤盛道成 5 号	15.25	25.46	13.12	26.73	0.63	1.21	3.87
475	混沌价值 2 号	15.22	30.43	14.77	36.98	0.57	1.17	2.79
476	彤源 6 号	15.21	20.34	8.87	24.77	0.72	1.66	4.16
477	神农太极	15.20	38.36	18.36	47.53	0.51	1.07	2.17
478	新动力远澜梧桐 1 号	15.18	20.17	9.51	26.83	0.73	1.54	3.83
479	偏锋 3 期	15.15	18.59	8.19	17.48	0.77	1.75	5.86
480	格行红豫丰盈 1 号	15.13	32.94	18.21	33.35	0.55	0.99	3.07
481	因诺启航 1 号	15.12	10.78	4.59	14.64	1.23	2.88	6.98
482	金田龙盛	15.09	21.49	9.48	16.82	0.69	1.56	6.06
483	简雍量化稳健	15.08	11.80	3.94	10.69	1.13	3.37	9.53
484	汉和资本－私募学院菁英 7 号	15.08	20.78	10.73	34.58	0.71	1.37	2.94
485	敷然投资－鼎弘	15.08	36.59	19.98	44.67	0.53	0.97	2.28
486	箐安进取 1 号	15.05	23.81	10.68	22.00	0.64	1.43	4.62
487	进化论稳进 2 号	15.01	19.23	9.31	15.84	0.75	1.54	6.39
488	菁晟 1 号	14.94	19.05	6.43	16.96	0.74	2.21	5.93
489	四创新航 6 号	14.92	25.18	13.42	32.16	0.62	1.16	3.12

续表

编号	基金名称	年化收益率（%）	年化波动率（%）	年化下行风险（%）	最大回撤率（%）	夏普比率	索丁诺比率	收益—最大回撤比率
490	红帆 1 号（鑫燃投资）	14.86	39.87	21.54	53.71	0.51	0.94	1.86
491	远望角睿远 1 号 A 期	14.86	17.19	8.79	13.99	0.81	1.58	7.14
492	合众易晟价值增长 1 号	14.82	16.91	8.33	26.25	0.82	1.65	3.79
493	弘理嘉富	14.82	62.88	27.26	50.00	0.47	1.09	1.99
494	逸格—价值 1 期	14.80	21.57	8.88	19.68	0.67	1.64	5.05
495	睿漠投资—睿洪 1 号	14.80	22.37	10.84	34.39	0.66	1.37	2.89
496	龙旗御风	14.79	19.72	9.36	27.76	0.72	1.52	3.58
497	惠正进取	14.78	32.99	15.43	38.50	0.53	1.12	2.58
498	神农价值精选 1 号	14.78	29.12	11.69	41.67	0.56	1.39	2.38
499	黛眉杉树	14.78	20.27	11.20	23.97	0.71	1.28	4.14
500	龙全进取 1 期	14.77	25.32	11.60	28.54	0.61	1.33	3.47
501	明汯稳健增长 2 期 1 号	14.76	20.43	9.30	25.13	0.70	1.54	3.94
502	源洋进取 3 号	14.74	17.15	6.85	25.20	0.80	2.00	3.92
503	领颐 3 号	14.74	54.07	25.22	65.15	0.47	1.01	1.52
504	金首源艺巽天天利	14.69	20.88	9.67	17.12	0.69	1.48	5.75
505	远澜乔松	14.69	15.38	2.97	5.21	0.87	4.48	18.89
506	新方程宏量 1 号	14.65	14.32	5.39	9.48	0.92	2.46	10.34
507	大鹏湾财富 3 期	14.62	31.31	16.57	41.00	0.54	1.03	2.39
508	德汇尊享 2 号	14.61	28.83	12.91	31.69	0.56	1.24	3.09

续表

编号	基金名称	年化收益率 （%）	年化波动率 （%）	年化下行风险 （%）	最大回撤率 （%）	夏普比率	索丁诺比率	收益—最大回撤比率
509	汇泽至远 1 期	14.61	19.93	9.16	19.86	0.71	1.54	4.92
510	循远安心	14.59	16.15	8.11	21.64	0.83	1.66	4.51
511	庐雍优势成长 7 号	14.58	23.79	12.26	31.92	0.63	1.22	3.06
512	盛信 2 期（盘京）	14.57	23.28	10.96	39.49	0.64	1.35	2.47
513	明哲 3 号	14.55	29.29	12.15	24.87	0.55	1.33	3.91
514	洋盈金砖 3 期	14.53	27.13	13.20	31.11	0.58	1.19	3.12
515	庐雍优势成长 7 号 2 期	14.53	23.46	12.10	31.88	0.63	1.23	3.04
516	国金丰盈	14.53	59.79	26.06	42.49	0.47	1.08	2.28
517	众壹资产稳健套利 1 号	14.52	8.51	1.78	2.86	1.47	7.00	33.89
518	泽龙之道 1 号	14.51	41.87	15.44	33.16	0.47	1.28	2.92
519	锐进 35 期	14.50	24.05	11.51	28.11	0.62	1.30	3.44
520	明盛顺盈 1 号	14.50	39.97	18.10	26.24	0.49	1.08	3.69
521	神农尊享 B 期	14.50	24.24	11.60	28.10	0.62	1.29	3.44
522	理臻鸿运精选 3 号	14.50	19.34	9.27	22.06	0.72	1.50	4.39
523	诚业 1 号	14.49	17.42	10.14	19.29	0.78	1.34	5.01
524	瑞泾稳健进取 1 号	14.47	10.38	4.96	13.08	1.22	2.55	7.38
525	华鑫消费 1 号	14.45	42.53	18.83	47.75	0.47	1.07	2.02
526	盈定 12 号	14.42	23.94	10.58	20.89	0.61	1.39	4.60
527	汇泽至远 3 期	14.41	17.82	8.94	23.72	0.76	1.52	4.05

续表

编号	基金名称	年化收益率（%）	年化波动率（%）	年化下行风险（%）	最大回撤率（%）	夏普比率	索丁诺比率	收益-最大回撤比率
528	滨海凤鸣永续契约型	14.40	7.81	3.19	6.83	1.58	3.86	14.06
529	神农本源	14.39	31.36	14.10	41.18	0.53	1.17	2.33
530	从容医疗精选	14.38	21.75	10.76	30.95	0.66	1.33	3.10
531	匹克辛亚量化管理型 9 号	14.35	47.03	23.06	49.06	0.48	0.98	1.95
532	景熙 18 号	14.34	15.16	8.80	16.67	0.86	1.49	5.72
533	洋盈金砖 9 期	14.32	27.24	12.49	25.19	0.57	1.24	3.78
534	睿璞投资-睿华 1 号	14.31	22.24	10.82	35.78	0.64	1.33	2.66
535	洋盈金砖价值 6 期	14.31	28.19	15.01	19.15	0.56	1.05	4.97
536	壁虎南商 1 号	14.31	24.13	13.52	37.50	0.61	1.10	2.54
537	明河精选	14.30	17.72	8.71	18.77	0.76	1.55	5.07
538	松井伟业 1 号	14.27	20.64	9.97	21.89	0.67	1.40	4.33
539	盛酬 1 期	14.27	24.71	10.31	30.27	0.60	1.44	3.13
540	准锦复利 1 号	14.25	17.94	8.31	24.91	0.75	1.62	3.80
541	致远稳健 1 号	14.24	6.23	2.51	3.86	1.94	4.81	24.52
542	相聚芒格 1 期	14.20	17.69	7.87	23.16	0.76	1.70	4.07
543	立名量化 1 号	14.17	26.31	11.88	27.58	0.57	1.27	3.41
544	黑森 9 号	14.14	14.30	5.48	11.25	0.89	2.33	8.33
545	正瀛权智 2 号	14.12	7.06	1.35	2.00	1.70	8.89	46.72
546	石锋厚积一号	14.12	23.66	11.17	37.39	0.61	1.29	2.50

续表

编号	基金名称	年化收益率（%）	年化波动率（%）	年化下行风险（%）	最大回撤率（%）	夏普比率	索丁诺比率	收益—最大回撤比率
547	第一京广海纳 3 号	14.11	13.99	5.09	10.09	0.91	2.50	9.26
548	中欧瑞博 1 期	14.10	17.15	8.92	24.66	0.77	1.48	3.79
549	拾金 1 号	14.03	18.14	7.39	16.25	0.73	1.79	5.71
550	高毅新方程晓峰 2 号致信 5 号	14.03	19.05	10.09	18.10	0.71	1.34	5.13
551	天朗稳健增长 1 号	14.02	11.75	4.53	10.95	1.05	2.73	8.47
552	天勤 3 号	14.02	20.07	7.97	23.85	0.67	1.70	3.89
553	千波 1 号	14.00	26.08	14.09	31.48	0.58	1.07	2.94
554	剑豹南创 1 号	13.99	19.37	9.70	28.60	0.69	1.39	3.23
555	龙旗云起	13.97	16.74	7.81	18.18	0.78	1.66	5.08
556	昶元 1 号	13.97	19.44	8.73	25.94	0.69	1.54	3.56
557	红宝石安心进取 H-1003	13.97	11.96	5.44	10.75	1.03	2.27	8.58
558	鸿道 3 期	13.96	22.45	9.81	29.24	0.62	1.43	3.15
559	观富策略 5 号	13.94	17.20	8.92	21.69	0.76	1.47	4.24
560	远澜银杏 1 号	13.94	9.70	3.29	5.72	1.24	3.67	16.08
561	领路金稳盈 2 号	13.88	27.31	13.98	40.04	0.56	1.09	2.29
562	淘利趋势套利 7 号 A	13.87	18.53	1.01	2.51	0.70	12.77	36.37
563	筌笙日昇 1 号	13.87	43.93	20.43	52.00	0.47	1.01	1.76
564	小北 2 号	13.84	21.92	11.00	22.98	0.63	1.26	3.97
565	盈阳 23 号	13.84	26.03	13.80	25.70	0.57	1.07	3.55

续表

编号	基金名称	年化收益率（%）	年化波动率（%）	年化下行风险（%）	最大回撤率（%）	夏普比率	索丁诺比率	收益—最大回撤比率
566	安诺 1 期	13.83	39.99	15.35	46.82	0.46	1.21	1.95
567	新方程宏量 2 号	13.83	14.06	5.72	9.57	0.89	2.18	9.51
568	银湖 2 期	13.82	22.97	9.64	25.36	0.61	1.45	3.59
569	弘若稳健管理型 9 号	13.80	27.22	9.03	33.03	0.53	1.61	2.75
570	神农春江	13.79	25.51	10.15	28.28	0.57	1.43	3.21
571	望正基石投资 1 号	13.79	20.74	10.41	21.96	0.65	1.30	4.13
572	昭图 9 期	13.75	24.26	10.48	21.63	0.59	1.36	4.18
573	宁聚量化优选	13.75	20.35	13.19	27.64	0.67	1.03	3.27
574	仁布财富 1 期	13.74	15.08	6.84	16.09	0.83	1.83	5.61
575	远澜苍松 1 号	13.73	54.07	21.32	45.76	0.42	1.06	1.97
576	维嘉稳健 1 期	13.72	50.09	23.72	45.88	0.46	0.97	1.97
577	钱塘希瓦小牛 2 号	13.71	22.73	11.00	39.51	0.61	1.26	2.28
578	鑫安泽雨 1 期	13.70	18.34	8.80	24.07	0.71	1.48	3.74
579	中睿合银策略精选 1 号	13.69	23.06	7.75	32.31	0.60	1.78	2.78
580	东宏蓝筹进取 1 号	13.69	55.42	24.88	57.05	0.46	1.03	1.58
581	睿郡尊享 A 期	13.66	16.40	7.48	18.16	0.77	1.69	4.94
582	鸿道创新改革尊享 1 号	13.63	25.66	11.69	40.13	0.56	1.24	2.23
583	紫晶 1 号	13.63	18.93	8.92	21.80	0.69	1.47	4.10
584	双隆稳盈 1 号	13.62	10.20	4.86	8.66	1.16	2.44	10.32

续表

编号	基金名称	年化收益率（%）	年化波动率（%）	年化下行风险（%）	最大回撤率（%）	夏普比率	索丁诺比率	收益—最大回撤比率
585	银万价值对冲 1 号	13.62	19.44	9.87	23.32	0.68	1.34	3.83
586	懋良稳健	13.62	6.65	2.53	5.73	1.74	4.57	15.60
587	明泓全天候 1 号	13.61	14.53	7.63	21.14	0.85	1.62	4.22
588	久期量和指数 3 号	13.60	22.68	12.05	25.90	0.61	1.15	3.44
589	源洋长征 2 号	13.56	19.41	7.91	27.59	0.67	1.64	3.22
590	动见乾坤 1 号	13.56	10.69	4.87	8.55	1.11	2.43	10.39
591	进化论 FOF1 号	13.55	15.39	7.95	14.52	0.81	1.56	6.11
592	飞蚁 1 号	13.48	85.27	41.34	81.51	0.53	1.10	1.08
593	开心宝 3 号	13.44	20.33	9.59	29.32	0.65	1.37	3.00
594	壁虎震宇成长 3 号	13.44	23.48	12.46	37.28	0.59	1.11	2.36
595	景熙 5 号	13.37	14.24	6.98	13.65	0.85	1.73	6.39
596	广金恒富 11 号	13.36	12.19	4.43	14.87	0.97	2.67	5.87
597	红筹 1 号	13.35	24.13	10.87	36.35	0.57	1.28	2.40
598	掌廷 1 号	13.35	40.72	16.46	39.98	0.45	1.12	2.18
599	博瑞量化进取 1 号	13.35	15.27	7.93	18.04	0.80	1.54	4.83
600	神农本草集	13.34	23.67	10.64	30.90	0.58	1.29	2.82
601	古槐 1 号	13.32	31.97	16.36	25.63	0.50	0.98	3.39
602	秦盈晟元 2 号	13.31	26.67	13.41	26.18	0.54	1.08	3.32
603	稳中求进 1 号	13.31	18.40	8.38	18.48	0.69	1.51	4.70

续表

编号	基金名称	年化收益率（%）	年化波动率（%）	年化下行风险（%）	最大回撤率（%）	夏普比率	索丁诺比率	收益—最大回撤比率
604	易鑫安资管－鑫安7期	13.31	17.69	8.19	22.10	0.71	1.53	3.93
605	弗同1号	13.30	40.30	12.81	32.31	0.43	1.37	2.68
606	潼珑致远1号	13.25	26.06	10.35	21.05	0.54	1.37	4.10
607	雪泰智强进取1号	13.24	27.24	13.21	35.91	0.53	1.09	2.40
608	久期量和指数1号	13.24	20.28	10.68	23.82	0.64	1.22	3.62
609	红筹平衡选择	13.23	19.50	10.26	20.09	0.66	1.25	4.29
610	达尔文明德1号	13.22	10.75	6.11	18.92	1.08	1.89	4.55
611	万泰华瑞成长2期	13.21	16.99	8.80	22.88	0.73	1.41	3.76
612	志路亿捷稳盈1号	13.21	11.04	4.59	8.14	1.05	2.52	10.56
613	航长常春藤10号	13.21	16.15	5.77	11.90	0.75	2.11	7.22
614	巡洋稳健1号	13.16	21.45	8.00	17.40	0.61	1.64	4.92
615	银帆3期	13.16	22.21	8.43	16.43	0.60	1.57	5.21
616	肇毓投资天府菁蓉1号	13.12	14.00	3.86	7.61	0.84	3.06	11.20
617	逸杉3期	13.12	21.59	10.26	21.43	0.61	1.28	3.98
618	庐雍精选成长16号	13.11	25.76	13.28	33.77	0.55	1.06	2.52
619	泽鑫毅德价值精选1期	13.11	19.59	10.93	31.03	0.65	1.17	2.74
620	平凡战泓	13.08	21.54	11.60	23.39	0.61	1.13	3.63
621	新同方	13.08	20.45	12.05	33.16	0.63	1.07	2.56
622	鑫安6期	13.07	17.51	8.46	23.29	0.70	1.46	3.64

续表

编号	基金名称	年化收益率（%）	年化波动率（%）	年化下行风险（%）	最大回撤率（%）	夏普比率	索丁诺比率	收益－最大回撤比率
623	小鳄 1 号	13.04	15.34	5.77	13.00	0.78	2.07	6.51
624	弘尚资产中国机遇策略配置 1 号	13.04	17.64	8.40	16.50	0.70	1.47	5.13
625	远澜红松	13.02	11.10	5.32	10.09	1.03	2.15	8.37
626	量信量化 2 期	13.00	15.56	8.93	25.20	0.77	1.34	3.34
627	志开金选	12.99	21.46	9.90	28.62	0.60	1.31	2.94
628	皓晨稳进 1 号	12.99	6.84	2.92	6.89	1.61	3.77	12.20
629	可伟资产－同创 3 号	12.96	15.58	8.00	23.55	0.77	1.49	3.56
630	森瑞医疗创新	12.93	29.95	15.36	53.42	0.50	0.98	1.57
631	睿璞投资－睿洪 2 号	12.92	22.15	10.97	36.25	0.59	1.19	2.31
632	川砺稳健 2 号	12.90	19.10	11.03	20.66	0.65	1.13	4.04
633	易同精选 3 期	12.89	18.05	9.84	28.09	0.68	1.25	2.97
634	千波小盘 1 号	12.89	27.23	14.94	34.64	0.53	0.96	2.41
635	泾溪中国优质成长	12.88	27.95	13.39	30.63	0.52	1.08	2.72
636	高毅邻山 1 号	12.88	20.62	10.12	33.96	0.62	1.26	2.45
637	易同优选	12.87	24.04	10.55	23.03	0.56	1.27	3.61
638	大元华元宝 1 号	12.86	19.49	8.50	13.41	0.64	1.46	6.20
639	致君日月星	12.86	20.23	9.28	28.57	0.62	1.36	2.91
640	大岩韶越 500	12.86	20.88	11.46	26.52	0.61	1.12	3.13
641	因诺启航 2 号	12.79	10.22	5.82	13.84	1.09	1.91	5.96

续表

编号	基金名称	年化收益率（%）	年化波动率（%）	年化下行风险（%）	最大回撤率（%）	夏普比率	索丁诺比率	收益—最大回撤比率
642	民晟红鹭 21 期	12.76	19.87	8.41	30.61	0.63	1.48	2.69
643	宇义量化 3 号	12.74	33.97	15.26	36.64	0.47	1.04	2.24
644	中欧瑞博 7 期	12.73	16.65	8.65	25.64	0.71	1.38	3.20
645	庐雍精选成长 3 号	12.73	24.11	11.80	28.46	0.55	1.13	2.88
646	睿郡众享 1 号	12.73	14.69	6.80	17.62	0.79	1.70	4.66
647	睿泽资本 1 号	12.72	19.79	8.41	27.03	0.63	1.47	3.03
648	锐进 16 期中欧瑞博	12.69	15.45	7.45	22.06	0.75	1.57	3.71
649	致远 22 号	12.67	6.34	2.46	4.55	1.69	4.34	17.95
650	淳能安稳 1 号	12.66	15.70	3.82	12.39	0.74	3.03	6.57
651	观富金陵 1 号	12.64	17.47	9.13	21.12	0.68	1.31	3.85
652	涌乐金泉 2 期	12.61	39.99	21.67	60.17	0.46	0.85	1.35
653	淳能循和 2 号	12.60	14.81	5.16	10.71	0.77	2.22	7.56
654	高毅晓峰尊享 L 期	12.59	17.79	8.90	18.38	0.67	1.34	4.40
655	无量 7 期	12.59	26.40	13.56	34.76	0.52	1.01	2.33
656	九坤日享沪深 300 指数增强 1 号	12.59	17.33	8.23	20.43	0.68	1.44	3.96
657	尚信健投稳进 1 号	12.59	23.52	11.06	37.76	0.55	1.18	2.14
658	衍航 15 号	12.55	16.86	8.22	25.33	0.70	1.43	3.18
659	进化论 FOF3 号	12.53	11.72	6.41	14.22	0.94	1.72	5.65
660	林园投资 7 号	12.52	40.13	24.63	45.37	0.47	0.76	1.77

续表

编号	基金名称	年化收益率（%）	年化波动率（%）	年化下行风险（%）	最大回撤率（%）	夏普比率	索丁诺比率	收益—最大回撤比率
661	航长常春藤 5 号	12.52	13.22	4.57	8.12	0.85	2.44	9.89
662	博孚利聚强 1 号	12.49	8.10	3.46	9.94	1.32	3.08	8.07
663	茂典股票精选 1 号	12.49	24.50	11.43	25.71	0.54	1.15	3.12
664	成善量化 1 号	12.48	57.72	25.19	66.96	0.43	0.98	1.20
665	君之健君悦	12.46	11.95	4.76	8.68	0.92	2.31	9.20
666	泽垫稳健增长 1 号	12.46	24.06	11.93	37.07	0.54	1.10	2.15
667	源洋长征	12.45	17.49	7.11	24.55	0.67	1.65	3.25
668	思瑞 2 号	12.44	9.08	3.50	8.63	1.18	3.05	9.24
669	稳健增长专项 1 期	12.44	18.90	9.10	20.21	0.63	1.32	3.95
670	方德隆行大方 1 号	12.44	18.95	7.90	11.05	0.63	1.52	7.22
671	途灵成长 1 号	12.43	14.62	5.92	11.91	0.77	1.91	6.69
672	红亨稳赢 3 期	12.43	30.23	9.74	26.08	0.47	1.45	3.05
673	静逸 1 期	12.43	29.44	16.04	52.66	0.49	0.91	1.51
674	盛信 2 期 J	12.41	23.33	11.20	40.84	0.55	1.15	1.95
675	雁丰股票增强 1 号	12.39	9.45	3.14	4.69	1.13	3.40	16.92
676	珞珈方圆港股通多策略	12.38	21.80	9.41	19.34	0.57	1.33	4.10
677	华夏未来泽时进取 1 号	12.37	24.49	12.46	28.50	0.54	1.05	2.78
678	宁聚量化稳盈 1 期	12.37	27.44	14.93	32.24	0.50	0.93	2.45
679	复熙恒赢 11 号	12.36	2.42	0.22	0.26	4.23	46.33	307.63

续表

编号	基金名称	年化收益率（%）	年化波动率（%）	年化下行风险（%）	最大回撤率（%）	夏普比率	索丁诺比率	收益—最大回撤比率
680	昆仑 36 号	12.35	22.98	12.18	36.07	0.56	1.05	2.19
681	星石 1 期	12.34	22.56	12.52	27.46	0.56	1.01	2.87
682	鲤鱼门家族	12.32	20.40	10.57	24.18	0.60	1.16	3.26
683	新思哲成长	12.29	25.04	12.52	46.38	0.53	1.05	1.69
684	投资精英（星石 B）	12.29	22.22	11.44	27.33	0.56	1.10	2.87
685	鑫岚龙瑞	12.28	12.10	4.91	9.21	0.90	2.21	8.52
686	仓红 3 号见龙在田	12.27	26.63	10.82	26.81	0.50	1.24	2.92
687	图斯鑫源森	12.26	19.64	9.49	17.82	0.61	1.26	4.39
688	泓顺旗舰	12.25	21.32	10.67	26.62	0.58	1.15	2.94
689	晟维成长	12.24	28.99	15.01	37.70	0.49	0.95	2.07
690	景熙 3 号	12.22	14.85	7.83	14.32	0.75	1.43	5.44
691	盛运德诚量化避险 2 号	12.21	19.43	9.56	20.58	0.61	1.25	3.79
692	兴聚财富 3 号	12.21	13.97	6.32	21.17	0.79	1.74	3.68
693	混沌道然成长 2 号	12.20	30.14	13.70	35.04	0.48	1.05	2.22
694	诚汇 3 号	12.17	28.72	15.26	26.43	0.49	0.92	2.94
695	望正 1 号	12.17	24.69	13.18	21.67	0.53	0.99	3.58
696	君煦 1 号	12.17	30.81	16.62	36.29	0.48	0.88	2.14
697	鼎实 FOF	12.16	7.01	2.89	5.88	1.46	3.55	13.18
698	微丰凯旋 9 号	12.14	8.30	2.91	9.45	1.25	3.55	8.18

续表

编号	基金名称	年化收益率（%）	年化波动率（%）	年化下行风险（%）	最大回撤率（%）	夏普比率	索丁诺比率	收益—最大回撤比率
699	新宇稳健收益1号	12.13	12.75	6.18	11.71	0.85	1.75	6.60
700	若溪湘财超马1期	12.12	23.73	10.99	32.80	0.53	1.15	2.35
701	伯洋红橡丰盈1号	12.12	9.49	5.78	9.66	1.10	1.81	7.98
702	富普投资－致远金选2号	12.11	10.35	4.14	9.39	1.01	2.54	8.21
703	峻熙稳健3号	12.10	19.14	8.04	15.18	0.61	1.46	5.07
704	远澜云杉2号	12.10	8.25	2.12	3.09	1.25	4.85	24.92
705	红亭稳赢4期	12.10	24.85	9.76	26.43	0.51	1.31	2.91
706	贤盛道成1号	12.09	25.90	13.30	26.61	0.51	0.99	2.89
707	杜润伟诚	12.07	14.90	7.25	18.00	0.74	1.52	4.27
708	喜岳云麓	12.05	17.82	9.12	21.39	0.64	1.26	3.58
709	睿特1期	12.05	11.59	3.68	8.72	0.91	2.87	8.78
710	私募工场鑫润禾睿道价值	12.03	20.89	10.91	22.82	0.58	1.10	3.35
711	九章幻方量化对冲1号	12.02	8.72	4.79	18.32	1.18	2.14	4.17
712	黄金优选13期1号	12.01	21.80	11.24	27.12	0.56	1.09	2.81
713	滨利价值尊享1号	11.98	34.73	15.84	50.79	0.45	0.98	1.50
714	彬元价值1号	11.97	19.11	9.25	32.68	0.61	1.26	2.33
715	京石5期供给侧改革积极配置	11.96	42.45	21.80	45.14	0.43	0.85	1.68
716	登崖稳健	11.96	18.85	11.73	31.35	0.62	0.99	2.42
717	投资精英（未雀B）	11.95	21.18	11.47	25.91	0.57	1.05	2.93

续表

编号	基金名称	年化收益率（%）	年化波动率（%）	年化下行风险（%）	最大回撤率（%）	夏普比率	索丁诺比率	收益—最大回撤比率
718	榕树文明复兴 3 期	11.93	22.96	10.93	37.26	0.54	1.13	2.03
719	朱雀 20 期	11.92	20.13	10.79	21.96	0.59	1.09	3.44
720	上海意志坚定 1 期	11.92	28.85	13.54	40.97	0.48	1.02	1.85
721	天宝云中燕 4 期	11.91	4.22	1.10	2.20	2.35	9.01	34.38
722	林园投资 18 号	11.90	33.88	20.61	39.80	0.46	0.76	1.90
723	金盏 28 期（神农春生）	11.90	22.57	10.94	27.25	0.54	1.12	2.77
724	衍航 6 号	11.90	14.98	6.28	20.56	0.72	1.73	3.67
725	赤骥量化 1 号	11.90	13.02	4.70	8.33	0.81	2.26	9.05
726	神农木草集 2 号	11.89	22.07	10.16	30.11	0.55	1.19	2.50
727	艾方全天候 2 号	11.88	7.35	1.51	2.37	1.36	6.63	31.78
728	华炎铁树	11.87	7.98	2.32	4.34	1.26	4.34	17.35
729	骏伟资本价值 5 期	11.85	78.04	31.58	77.27	0.45	1.12	0.97
730	同创佳业竞争力优选	11.85	18.49	9.31	25.39	0.62	1.23	2.95
731	信水长流 1 期	11.84	20.80	9.86	22.81	0.57	1.20	3.29
732	富善投资一致远金选 3 号	11.83	9.67	3.77	9.09	1.05	2.70	8.24
733	滨海–龙腾 7 号	11.82	6.91	3.16	4.87	1.44	3.15	15.36
734	白鹭 FOF 演武场 1 号	11.82	3.83	0.70	0.93	2.56	13.94	80.75
735	宽远优势成长 2 号	11.82	15.00	7.22	14.62	0.72	1.50	5.12
736	相生 7 号	11.81	28.00	13.63	42.00	0.48	0.99	1.78

续表

编号	基金名称	年化收益率 (%)	年化波动率 (%)	年化下行风险 (%)	最大回撤率 (%)	夏普比率	索丁诺比率	收益—最大回撤比率
737	舜耕天禾龙腾 1 号	11.79	14.53	2.84	9.60	0.73	3.73	7.77
738	艾方博云全天候 1 号	11.79	11.49	5.99	19.93	0.90	1.73	3.74
739	余道博年有余 3 号	11.79	24.44	11.04	36.77	0.51	1.14	2.03
740	策牛量化对冲 1 号	11.78	29.66	14.76	26.46	0.47	0.94	2.82
741	远澜雪松	11.78	7.28	2.06	3.49	1.37	4.83	21.36
742	金锝进取 1 号尊享 A	11.77	10.24	4.79	11.22	0.99	2.13	6.64
743	明汯中性 1 号	11.77	6.86	2.79	7.95	1.44	3.55	9.37
744	恒昉 1 号	11.76	21.15	8.09	25.76	0.55	1.45	2.89
745	鼎锋大健康	11.73	51.32	24.07	68.64	0.42	0.89	1.08
746	明日璞远	11.72	33.13	16.48	50.96	0.45	0.90	1.45
747	华炎晨晖	11.72	8.04	2.64	5.58	1.24	3.77	13.27
748	乐端中国股票 1 号	11.72	17.70	8.20	31.01	0.63	1.36	2.39
749	同威海源价值 1 期	11.70	49.66	19.13	52.48	0.40	1.03	1.41
750	希瓦小牛 FOF	11.69	24.14	12.05	38.38	0.51	1.03	1.92
751	致远金选 5 号	11.68	10.29	4.29	10.15	0.98	2.36	7.27
752	和信价值 1 号	11.68	25.44	12.87	35.10	0.50	0.99	2.10
753	金锝 5 号	11.65	3.50	0.89	1.74	2.75	10.87	42.36
754	君煕云帆	11.65	11.73	5.51	11.41	0.87	1.86	6.45
755	量度 1 号	11.65	28.37	11.83	25.64	0.46	1.12	2.87

续表

编号	基金名称	年化收益率（%）	年化波动率（%）	年化下行风险（%）	最大回撤率（%）	夏普比率	索丁诺比率	收益—最大回撤比率
756	利宇致远 1 号	11.65	38.42	19.55	53.98	0.43	0.85	1.36
757	昀启稳健成长	11.64	18.47	7.51	20.49	0.60	1.49	3.58
758	鸣石春天沪深 300 指数增强 1 号	11.63	16.58	9.01	24.10	0.66	1.21	3.04
759	志路亿捷迅盈 1 号	11.62	14.06	5.67	14.71	0.74	1.85	4.98
760	红宝石 E-1306 多元凯利	11.60	13.93	6.24	19.10	0.75	1.68	3.83
761	巡洋平衡 1 号	11.60	12.78	5.75	9.76	0.81	1.79	7.49
762	鑫兰瑞	11.59	21.57	7.22	22.25	0.54	1.61	3.28
763	湘源稳健	11.57	9.36	5.27	9.81	1.06	1.88	7.43
764	万顺通 2 号	11.57	63.58	23.28	71.50	0.41	1.11	1.02
765	观富源 3 期	11.57	17.40	7.38	25.04	0.63	1.48	2.91
766	潮金产融 1 号	11.56	31.57	16.68	63.14	0.45	0.86	1.15
767	领路金稳盈 1 号	11.55	28.07	14.89	50.65	0.47	0.89	1.44
768	湘楚 8 号	11.54	21.29	10.97	32.27	0.55	1.06	2.25
769	宽远价值成长 5 期 1 号	11.54	14.71	7.08	14.31	0.71	1.48	5.07
770	龙旗紫微	11.53	8.36	3.29	6.59	1.17	2.98	11.01
771	汇升期权 1 号	11.51	7.78	2.80	7.89	1.25	3.48	9.18
772	准锦驱动力 1 号	11.51	17.54	8.42	22.76	0.62	1.30	3.18
773	观富西湖 1 号	11.49	17.23	7.35	25.55	0.63	1.48	2.83
774	纳斯特中昕昊阳 1 号	11.49	14.90	8.22	21.51	0.71	1.28	3.36

续表

编号	基金名称	年化收益率(%)	年化波动率(%)	年化下行风险(%)	最大回撤率(%)	夏普比率	索丁诺比率	收益—最大回撤比率
775	利檀 3 期	11.49	15.62	8.47	24.02	0.68	1.25	3.01
776	鋆杉 1 号	11.48	13.94	5.90	13.23	0.74	1.75	5.46
777	正泽元价值成长 1 号	11.48	27.10	15.14	43.87	0.48	0.86	1.65
778	敦和峰云 1 号	11.46	15.33	8.40	31.88	0.69	1.26	2.26
779	旭鑫价值成长 2 期	11.46	11.55	2.57	7.60	0.87	3.90	9.48
780	朱雀 1 期(深国投)	11.44	22.23	11.53	28.90	0.53	1.02	2.49
781	塞帕思香农 1 号	11.44	15.56	7.21	17.20	0.68	1.46	4.18
782	展弘稳进 1 号	11.44	1.80	0.08	0.04	5.21	114.36	1 972.29
783	展弘稳进 1 号 3 期	11.44	1.91	0.10	0.03	4.91	96.24	2 189.29
784	黄金优选 4 期 1 号(朱雀)	11.43	20.81	11.30	25.42	0.55	1.02	2.82
785	华炎晨星	11.43	7.08	2.23	4.01	1.36	4.31	17.87
786	泽元元丰	11.40	26.03	14.68	39.31	0.49	0.87	1.82
787	合众易晟复利增长 1 号	11.40	15.19	7.44	19.77	0.69	1.41	3.62
788	启元价值成长 1 号	11.38	18.81	10.25	19.85	0.59	1.08	3.60
789	合道成长 1 号	11.38	23.11	12.12	21.86	0.51	0.98	3.27
790	名禹 5 期	11.37	18.47	8.52	32.08	0.59	1.29	2.22
791	航长常春藤 9 号	11.37	16.20	5.72	16.79	0.65	1.84	4.25
792	华西神农繁荣	11.37	22.60	10.82	30.56	0.52	1.09	2.33
793	中阅新锐 2 号	11.37	22.94	11.85	34.57	0.52	1.00	2.06

续表

编号	基金名称	年化收益率（%）	年化波动率（%）	年化下行风险（%）	最大回撤率（%）	夏普比率	索丁诺比率	收益—最大回撤比率
794	航长常春藤 7 号	11.35	14.79	5.69	11.10	0.70	1.82	6.42
795	君之健君悦 1 号	11.34	11.95	4.86	8.83	0.83	2.06	8.05
796	天勤 1 号	11.33	22.16	12.59	40.98	0.53	0.93	1.73
797	明河精选 3	11.30	16.86	8.75	18.89	0.63	1.22	3.75
798	中睿合银稳健 1 号	11.29	15.36	5.55	23.72	0.67	1.86	2.98
799	宽桥管理期货 1 号	11.29	19.86	9.48	26.68	0.56	1.17	2.65
800	盈定 6 号	11.24	21.22	12.00	25.46	0.54	0.95	2.76
801	神农兴业	11.23	28.45	14.61	38.85	0.46	0.90	1.81
802	精英鹏辉尊享 D	11.23	19.78	9.72	21.87	0.56	1.14	3.21
803	中欧瑞博 4 期	11.21	15.34	7.60	21.64	0.67	1.36	3.24
804	商品套利鼎实 10 号	11.20	6.40	2.61	4.98	1.46	3.59	14.08
805	华信资产价值 8 期	11.20	16.68	8.91	29.03	0.63	1.18	2.41
806	睿璞投资–悠享 1 号	11.18	19.91	9.50	36.79	0.55	1.16	1.90
807	大道白驹	11.16	5.84	2.22	4.29	1.59	4.19	16.24
808	恒昌格物 1 号	11.15	53.08	26.40	50.42	0.42	0.85	1.38
809	赢动先锋	11.15	35.24	15.78	43.28	0.42	0.94	1.61
810	涌津涌赢 1 号	11.14	41.07	20.54	62.38	0.42	0.83	1.12
811	久阳润泉 5 号	11.14	32.26	14.69	33.30	0.43	0.95	2.09
812	京港伟业瑞泽	11.14	27.47	11.88	48.36	0.46	1.07	1.44

续表

编号	基金名称	年化收益率（%）	年化波动率（%）	年化下行风险（%）	最大回撤率（%）	夏普比率	索丁诺比率	收益—最大回撤比率
813	果实长期成长 1 号	11.13	23.55	11.67	38.66	0.50	1.01	1.80
814	红享稳赢 2 期	11.13	21.62	3.83	17.21	0.51	2.89	4.04
815	东兴港湾 1 号	11.13	22.28	11.29	19.74	0.52	1.02	3.52
816	志路亿捷复合策略量化 1 号	11.11	15.45	5.05	12.09	0.66	2.01	5.74
817	相生 6 号	11.10	27.45	12.75	43.30	0.46	0.99	1.60
818	万吨资产深海鲸 2 号	11.05	19.64	8.65	20.55	0.55	1.26	3.35
819	晟维价值	11.01	28.23	14.93	37.69	0.46	0.86	1.82
820	丰大 2 号	11.00	26.09	13.37	33.30	0.47	0.92	2.06
821	四创特马 2 号	11.00	22.36	9.49	31.20	0.51	1.20	2.20
822	万吨资产深海鲸 1 号	10.99	19.81	8.70	20.52	0.55	1.25	3.33
823	青鼎赤兔马 1 号	10.98	27.57	14.31	42.05	0.46	0.88	1.63
824	领星九坤市场中性	10.98	6.81	2.98	6.00	1.35	3.08	11.38
825	君之健翱翔稳进 2 号	10.97	13.90	5.45	10.15	0.71	1.81	6.73
826	博孚利聚强 2 号 FOF	10.96	8.90	3.48	8.13	1.05	2.68	8.39
827	私募学院菁英 87 号	10.95	22.52	11.09	29.26	0.51	1.03	2.33
828	骐纵优选成长	10.94	27.95	15.04	35.61	0.45	0.85	1.91
829	宽远沪港深精选	10.91	18.13	9.59	24.40	0.58	1.09	2.78
830	91 金融东方港湾价值 1 号	10.90	23.60	11.82	29.74	0.49	0.98	2.28
831	笃道 1 期	10.86	11.93	4.39	9.31	0.80	2.17	7.25

续表

编号	基金名称	年化收益率（%）	年化波动率（%）	年化下行风险（%）	最大回撤率（%）	夏普比率	索丁诺比率	收益—最大回撤比率
832	黄金优选 28 期 7 号	10.85	21.60	10.60	26.49	0.51	1.05	2.54
833	柏盈稳行 1 号	10.84	21.23	8.77	19.04	0.51	1.25	3.53
834	久富 12 期	10.82	22.42	12.33	36.91	0.50	0.92	1.82
835	汉和天信	10.79	20.45	11.07	35.87	0.53	0.98	1.86
836	巴富罗精选	10.78	38.25	18.61	49.48	0.41	0.84	1.35
837	平凡悟鑫	10.78	6.12	1.92	3.76	1.46	4.68	17.77
838	正朗宇翔	10.77	26.29	13.65	44.21	0.46	0.89	1.51
839	晟维汇智	10.77	28.57	15.30	38.96	0.45	0.83	1.71
840	谷收稳固	10.76	11.61	4.89	8.71	0.81	1.93	7.66
841	四相 3 期	10.76	37.85	17.91	53.08	0.41	0.86	1.26
842	幸福 1 号（通度）	10.75	22.79	11.03	37.20	0.49	1.02	1.79
843	汇富金财价值精选 1 号	10.72	31.89	11.90	38.80	0.42	1.12	1.71
844	塔晶狮王 2 号	10.69	27.44	13.09	33.12	0.45	0.94	2.00
845	观富源 2 期	10.69	16.19	8.73	19.80	0.62	1.14	3.34
846	石锋守正	10.68	21.62	11.31	38.53	0.51	0.97	1.72
847	君之健翱翔价值	10.67	13.57	5.79	10.19	0.70	1.65	6.48
848	源洋进取 2 号	10.67	27.43	12.14	41.73	0.44	0.99	1.58
849	兴聚财富 8 号	10.66	14.67	6.61	20.39	0.66	1.47	3.23
850	德远稳健 1 号	10.65	20.98	14.12	31.70	0.52	0.78	2.08

续表

编号	基金名称	年化收益率(%)	年化波动率(%)	年化下行风险(%)	最大回撤率(%)	夏普比率	索丁诺比率	收益—最大回撤比率
851	巡洋进取 1 号	10.64	38.14	14.43	37.27	0.40	1.05	1.76
852	天勤 7 号	10.63	16.86	7.33	20.79	0.59	1.36	3.16
853	盛冠达试金石 3 号	10.63	5.31	2.21	4.53	1.65	3.98	14.53
854	旭鑫价值成长 1 期	10.63	11.38	2.79	6.18	0.81	3.31	10.64
855	睿泉成长 1 号	10.62	20.17	10.25	33.53	0.53	1.04	1.96
856	成格知行 1 号	10.62	13.00	6.69	15.68	0.73	1.41	4.19
857	星纪向日葵	10.62	32.98	17.93	43.72	0.42	0.78	1.50
858	金镨 6 号	10.60	3.35	0.93	2.21	2.59	9.33	29.69
859	益和源 1 号	10.60	39.88	20.13	48.23	0.41	0.81	1.36
860	骏骁 1 号	10.60	17.71	5.95	10.64	0.57	1.69	6.15
861	荷和稳健 1 号	10.59	32.29	14.41	44.56	0.42	0.93	1.47
862	景富和 2016	10.58	23.11	11.48	30.76	0.48	0.97	2.12
863	明河优质企业	10.58	18.10	9.45	18.53	0.56	1.08	3.53
864	庠达呼拉	10.55	16.26	7.86	26.79	0.60	1.25	2.43
865	恒盈创富	10.55	52.51	14.68	39.61	0.34	1.21	1.64
866	沣杨锦绣	10.53	16.49	9.49	24.75	0.60	1.04	2.63
867	泓顺基石	10.48	21.31	10.81	28.18	0.50	0.99	2.29
868	遵道稳健价值 2 号	10.48	22.56	12.85	39.64	0.49	0.86	1.63
869	稳盈 20	10.47	26.44	12.39	29.04	0.45	0.95	2.22

续表

编号	基金名称	年化收益率 (%)	年化波动率 (%)	年化下行风险 (%)	最大回撤率 (%)	夏普比率	索丁诺比率	收益—最大回撤比率
870	久富 7 期	10.46	21.41	12.24	37.15	0.50	0.88	1.73
871	诚盛 2 期	10.45	13.00	5.89	19.58	0.71	1.58	3.29
872	中睿合银策略精选系列 A 号	10.44	20.91	7.72	32.55	0.50	1.36	1.98
873	璞醴价值成长 2 号	10.44	27.68	12.63	33.43	0.44	0.95	1.92
874	泽轩优选成长 5 期	10.43	37.02	16.12	49.21	0.40	0.92	1.30
875	思道量道 15 号	10.42	8.38	2.21	3.17	1.05	3.98	20.26
876	鼎实 FOF7 期	10.40	7.00	3.04	6.39	1.24	2.86	10.03
877	楚熙源洋指数增强 7 号	10.40	20.81	12.09	35.53	0.51	0.87	1.80
878	青鼎中港互动 1 号	10.40	32.99	15.76	31.84	0.41	0.87	2.01
879	炒贵 1 号	10.39	44.54	22.75	43.75	0.40	0.79	1.46
880	雪暴财富 1 号	10.39	27.85	16.86	28.83	0.44	0.73	2.22
881	合众易晟复利增长 2 号	10.38	13.50	6.73	19.00	0.69	1.38	3.36
882	宽远优势成长 3 号	10.35	14.03	7.20	14.23	0.67	1.30	4.47
883	恩泉期权量化对冲	10.33	31.73	16.36	29.89	0.41	0.80	2.12
884	华信资产价值 5 期	10.33	16.26	8.40	26.32	0.59	1.15	2.41
885	自由港 1 号	10.33	14.77	6.77	16.37	0.64	1.39	3.88
886	塞帕思柯西 1 号	10.31	23.33	13.02	38.33	0.47	0.85	1.65
887	天勤量化 2 号	10.31	21.49	12.44	38.65	0.50	0.86	1.64
888	涌乐泉 1 期	10.30	39.78	21.96	61.63	0.41	0.74	1.03

续表

编号	基金名称	年化收益率（%）	年化波动率（%）	年化下行风险（%）	最大回撤率（%）	夏普比率	索丁诺比率	收益—最大回撤比率
889	明见 2 号	10.29	21.44	12.24	35.74	0.49	0.87	1.77
890	德高 1 号	10.29	26.21	13.49	40.81	0.45	0.87	1.55
891	明河精选 2	10.29	17.30	8.90	19.08	0.57	1.10	3.31
892	国世通价值精选 1 期	10.28	26.24	13.80	35.92	0.44	0.85	1.76
893	光华 1 号价值投资	10.27	33.16	17.46	46.30	0.41	0.78	1.36
894	诚汇 1 号	10.26	25.27	15.11	25.74	0.46	0.76	2.45
895	衍航 5 号	10.25	14.08	5.92	18.74	0.66	1.56	3.35
896	珺耀价值	10.23	32.02	16.98	36.44	0.41	0.78	1.72
897	道谊稳赢	10.22	20.45	9.52	33.05	0.50	1.08	1.90
898	锐誉进取 1 号	10.22	22.38	7.85	23.16	0.47	1.34	2.70
899	兴聚财富 3 号 C	10.21	13.95	6.57	23.49	0.66	1.40	2.67
900	智诚 11 期	10.21	24.55	11.79	35.24	0.45	0.95	1.78
901	果实资本仁心回报 1 号	10.21	23.63	12.02	40.61	0.46	0.91	1.54
902	旭鑫稳健成长 1 期	10.19	11.08	2.81	7.61	0.80	3.14	8.20
903	德汇精选	10.18	25.75	11.98	30.30	0.44	0.95	2.06
904	毅行 2 号	10.17	15.76	7.74	18.25	0.60	1.22	3.41
905	鼎萨价值精选 2 期	10.17	32.49	17.40	38.16	0.41	0.77	1.63
906	哈福尊享 1 号	10.15	13.22	6.84	11.73	0.68	1.32	5.30
907	德高 3 号	10.14	34.24	16.16	45.56	0.40	0.84	1.36

续表

编号	基金名称	年化收益率（%）	年化波动率（%）	年化下行风险（%）	最大回撤率（%）	夏普比率	索丁诺比率	收益—最大回撤比率
908	金辑建业 1 号	10.13	2.86	0.66	1.36	2.88	12.44	45.50
909	巴富罗精选 1 号	10.13	39.25	18.99	50.21	0.39	0.81	1.23
910	清和泉成长 2 期	10.12	24.52	13.07	36.04	0.45	0.85	1.72
911	SyncHedge 程序化 1 号	10.11	35.29	19.27	46.89	0.41	0.74	1.32
912	高致龙程 1 号	10.10	2.99	0.57	1.08	2.75	14.30	57.30
913	航长常春藤	10.09	18.80	7.73	21.83	0.52	1.27	2.83
914	存元对冲套利 1 号	10.08	19.55	11.04	22.56	0.51	0.90	2.73
915	余粮 100	10.08	25.78	11.12	19.32	0.43	1.01	3.19
916	观富平衡 2 号	10.07	17.62	9.02	20.99	0.55	1.07	2.93
917	久富 16 期	10.07	27.73	15.23	42.88	0.43	0.78	1.44
918	昭图 2 期	10.06	20.74	10.02	24.81	0.49	1.02	2.48
919	进化-金钱豹	10.06	11.77	5.54	15.56	0.75	1.59	3.95
920	明河成长 2 号	10.06	18.12	9.39	19.63	0.54	1.04	3.13
921	资财富国	10.05	34.03	16.22	34.61	0.40	0.83	1.77
922	鸿道 1 期	10.04	26.19	11.64	41.40	0.43	0.97	1.48
923	立名古戈尔 3 号	10.04	27.68	13.39	27.59	0.42	0.88	2.22
924	致同宝盈	10.03	4.39	1.82	4.55	1.87	4.51	13.46
925	投资精英之域秀长河价值 2 号	10.02	18.90	10.41	28.84	0.52	0.95	2.12
926	君之健鹏翔稳进	10.02	13.75	5.98	10.37	0.65	1.50	5.90

续表

编号	基金名称	年化收益率（%）	年化波动率（%）	年化下行风险（%）	最大回撤率（%）	夏普比率	索丁诺比率	收益—最大回撤比率
927	汇信惠正 1 号	9.99	22.86	9.67	31.89	0.46	1.08	1.91
928	中域淳和 5 期	9.97	26.08	13.05	39.13	0.43	0.87	1.56
929	因诺天机 4 号	9.94	10.46	4.84	16.16	0.82	1.77	3.75
930	宁聚满天星	9.94	19.92	10.28	28.05	0.50	0.97	2.16
931	大通道财道 1 号	9.94	29.90	11.81	30.80	0.40	1.02	1.97
932	巨杉净值线 3A 号	9.93	13.38	6.87	22.16	0.66	1.29	2.73
933	宽远价值成长 2 期	9.92	17.91	9.78	29.33	0.53	0.98	2.06
934	小强中国梦	9.92	16.94	6.87	14.87	0.55	1.36	4.07
935	鸣石满天星四号	9.90	14.92	6.94	17.99	0.60	1.30	3.36
936	陆宝全兴盛新三板	9.90	17.49	7.32	14.24	0.54	1.28	4.24
937	志开成长 2 期	9.89	23.32	9.10	33.32	0.45	1.14	1.81
938	明河 2016	9.89	17.46	9.20	18.48	0.54	1.03	3.26
939	盈阳仁医 1 号	9.88	21.00	11.19	24.06	0.48	0.90	2.50
940	明德 1 号（深圳）	9.85	22.29	11.27	23.80	0.46	0.92	2.52
941	幂数阿尔法 1 号	9.85	9.67	5.01	14.55	0.87	1.67	4.12
942	新方程清和泉	9.84	24.93	13.03	35.99	0.44	0.84	1.66
943	弘彦 1 号	9.84	9.35	3.87	8.44	0.89	2.16	7.09
944	鼎实 FOF2 期	9.84	6.84	3.02	6.36	1.19	2.70	9.42
945	洋沛盈享	9.83	16.52	9.21	21.62	0.56	1.00	2.77

续表

编号	基金名称	年化收益率（%）	年化波动率（%）	年化下行风险（%）	最大回撤率（%）	夏普比率	索丁诺比率	收益—最大回撤比率
946	洋京成长精选 1 期	9.82	16.27	7.68	18.51	0.56	1.20	3.23
947	可伟资产—同创 2 号	9.82	35.07	15.41	43.70	0.38	0.88	1.37
948	九章幻方量化对冲 3 号	9.81	8.33	4.84	18.40	0.99	1.70	3.24
949	蠹源晟价值平衡 1 号	9.81	35.92	16.92	53.45	0.39	0.83	1.12
950	凯纳凯泰 2 号	9.80	19.34	9.67	22.48	0.50	1.00	2.65
951	珞毅 1 号	9.78	21.49	10.89	25.36	0.47	0.93	2.35
952	罗杰岛量化 2 号	9.78	13.35	5.62	14.80	0.65	1.55	4.02
953	高毅精选 FOF	9.77	18.89	9.39	29.96	0.51	1.02	1.98
954	君之健翱翔价值 1 号	9.76	13.51	5.80	10.42	0.65	1.51	5.70
955	师之洋	9.76	20.50	11.91	29.03	0.48	0.83	2.04
956	汇远量化定增 1 期	9.76	24.02	12.79	39.78	0.44	0.83	1.49
957	毅行 1 号	9.75	15.59	7.30	17.85	0.58	1.23	3.32
958	博鸿元泰	9.75	27.17	12.17	51.94	0.42	0.93	1.14
959	石锋力行一号	9.74	24.01	11.30	37.98	0.44	0.93	1.56
960	衍航 10 号	9.73	12.01	4.32	16.36	0.71	1.97	3.61
961	龙胜融投 1 号	9.72	13.01	6.57	14.55	0.66	1.32	4.06
962	汇升稳进共盈 1 号	9.72	16.19	6.38	13.12	0.55	1.40	4.50
963	智诚 5 期	9.71	23.50	11.47	30.23	0.45	0.91	1.95
964	利得汉景 1 期	9.70	22.76	10.69	29.24	0.45	0.96	2.01

续表

编号	基金名称	年化收益率(%)	年化波动率(%)	年化下行风险(%)	最大回撤率(%)	夏普比率	索丁诺比率	收益—最大回撤比率
965	凌顶 2 号	9.70	22.66	9.99	28.58	0.45	1.02	2.06
966	博普指数增强 3 号	9.68	22.65	11.60	31.83	0.45	0.88	1.84
967	懋良平稳增长	9.67	14.15	6.25	13.46	0.62	1.39	4.36
968	陛晨进取型量化投资 1 号	9.67	14.37	8.58	16.19	0.61	1.03	3.62
969	榕树 5 期	9.66	48.07	27.02	63.12	0.40	0.71	0.93
970	格量套利 2 号	9.66	17.42	9.95	22.14	0.53	0.92	2.65
971	汇升稳进 1 号	9.66	17.66	10.06	24.81	0.53	0.92	2.36
972	德亚进取 1 号	9.65	37.57	17.45	38.61	0.38	0.83	1.52
973	连民 1 号	9.65	17.81	10.09	21.72	0.52	0.92	2.69
974	源和稳健成长 3 号	9.65	24.99	13.32	35.40	0.43	0.81	1.65
975	万霁 3 号	9.65	25.72	11.62	33.28	0.42	0.94	1.76
976	华银稳健成长 1 号	9.64	17.98	8.40	25.61	0.52	1.11	2.28
977	大朴目标	9.62	14.77	8.62	21.01	0.60	1.02	2.77
978	若溪湘财超马 3 期	9.61	24.87	11.58	30.79	0.43	0.92	1.89
979	林园投资 4 号	9.61	32.64	19.57	50.18	0.40	0.67	1.16
980	洋杨旺德福	9.60	16.41	9.49	24.59	0.55	0.95	2.36
981	达 1 号	9.59	8.50	3.52	13.40	0.95	2.29	4.33
982	量游寰宇 1 号	9.58	6.97	3.01	5.01	1.14	2.63	11.58
983	宽远价值成长	9.58	14.00	7.26	16.42	0.62	1.19	3.53

续表

编号	基金名称	年化收益率（%）	年化波动率（%）	年化下行风险（%）	最大回撤率（%）	夏普比率	索丁诺比率	收益—最大回撤比率
984	侏罗纪超龙优选	9.57	18.00	7.97	24.62	0.51	1.16	2.35
985	久富 2 期	9.55	21.82	12.12	33.55	0.46	0.83	1.72
986	道谊红杨	9.54	20.62	10.23	28.40	0.47	0.95	2.03
987	私募工场希瓦圣剑 1 号	9.52	29.77	14.11	49.68	0.40	0.84	1.16
988	核心资本萧煤 1 号	9.51	17.00	9.02	18.01	0.53	1.00	3.19
989	宽航启航 1 号	9.51	20.60	12.21	23.27	0.47	0.80	2.47
990	超龙 5 号	9.50	18.05	7.97	24.64	0.51	1.15	2.33
991	玖润 1 期	9.50	9.79	2.02	3.37	0.82	3.99	17.01
992	瀚木 3 号	9.50	24.08	13.17	32.84	0.43	0.79	1.75
993	新百信稳盈 1 号	9.49	17.56	8.43	22.65	0.52	1.08	2.53
994	名禹 10 期	9.44	17.53	8.41	30.74	0.51	1.07	1.85
995	中资宏德股票策略创世 2 号	9.43	23.06	12.31	28.76	0.44	0.82	1.98
996	星纪月盈	9.42	36.14	20.02	49.95	0.39	0.70	1.14
997	磐厚动量－旅行者 2 号	9.39	18.76	9.14	23.60	0.49	1.01	2.40
998	泓澄投资	9.38	22.06	12.15	38.07	0.45	0.81	1.49
999	辉毅 5 号	9.38	4.08	1.82	3.42	1.86	4.16	16.57
1000	万霁 1 号	9.37	25.74	11.77	39.54	0.41	0.90	1.43
1001	相生 5 号	9.37	30.20	15.87	47.14	0.40	0.75	1.20
1002	信璞投资－琢钰 100	9.37	25.29	11.30	24.00	0.41	0.93	2.35

续表

编号	基金名称	年化收益率（%）	年化波动率（%）	年化下行风险（%）	最大回撤率（%）	夏普比率	索丁诺比率	收益—最大回撤比率
1003	明曦稳健 1 号	9.36	14.49	7.31	16.70	0.59	1.16	3.38
1004	融圣利稳健 3 号	9.36	23.16	12.48	33.51	0.44	0.81	1.68
1005	华采创富	9.36	47.39	22.45	47.65	0.37	0.79	1.18
1006	证大量化增长 2 号	9.36	21.53	10.19	31.09	0.45	0.95	1.81
1007	西藏隆源对冲 1 号	9.35	16.06	7.77	18.41	0.54	1.12	3.06
1008	龙旗天璇量化对冲	9.34	8.80	3.48	8.40	0.89	2.26	6.70
1009	永望稳升 2 号	9.34	34.31	16.43	41.67	0.38	0.79	1.35
1010	君之健翱翔价值 2 号	9.33	13.32	5.82	10.48	0.62	1.43	5.37
1011	陆宝成全新三板 2 期	9.33	15.04	7.13	14.01	0.57	1.20	4.01
1012	清利泉精选 1 期	9.32	23.76	12.57	36.24	0.43	0.81	1.55
1013	高山海洋稳健 1 期	9.31	35.24	16.45	38.40	0.38	0.81	1.46
1014	坤德永盛 1 期	9.31	22.41	12.74	34.61	0.44	0.78	1.62
1015	斯同 1 号	9.30	25.33	13.14	33.14	0.42	0.80	1.69
1016	航长常春藤 3 号	9.27	17.30	6.96	14.13	0.51	1.26	3.95
1017	华西神农复兴	9.24	23.10	11.51	30.45	0.43	0.87	1.83
1018	君之健翱翔安泰	9.24	13.18	5.82	10.72	0.62	1.41	5.19
1019	中睿合银茅势系列 B 号	9.24	15.62	5.73	25.30	0.54	1.48	2.20
1020	国睿稳健 1 期	9.23	14.74	7.43	19.24	0.57	1.13	2.89
1021	七禾博孚利量化 FOF1 号	9.22	14.63	7.55	20.67	0.57	1.11	2.68

续表

编号	基金名称	年化收益率（%）	年化波动率（%）	年化下行风险（%）	最大回撤率（%）	夏普比率	索丁诺比率	收益—最大回撤比率
1022	大朴策略 1 号	9.22	15.47	8.38	18.51	0.55	1.02	2.99
1023	盈定 7 号	9.21	17.44	8.66	21.47	0.50	1.02	2.58
1024	新思哲 1 期	9.20	26.32	12.50	45.96	0.40	0.85	1.20
1025	弥加 2 号	9.20	21.86	11.67	29.64	0.44	0.83	1.86
1026	道道稳健	9.19	18.62	8.74	23.62	0.48	1.03	2.34
1027	衍南汇盈 1 号	9.19	15.02	9.47	22.84	0.56	0.89	2.42
1028	家族财富传承长期复利增长 1 期	9.18	27.84	15.03	32.23	0.40	0.74	1.71
1029	汇升共盈尊享	9.17	6.62	3.65	7.66	1.14	2.06	7.19
1030	君之健翱翔稳进 1 号	9.15	13.36	5.89	10.66	0.61	1.38	5.15
1031	八零后 1 期	9.15	37.26	19.83	64.63	0.38	0.71	0.85
1032	乐道成长优选 5 号	9.14	20.76	10.71	26.74	0.45	0.87	2.05
1033	易同精选 3 期 1 号	9.14	18.09	10.06	28.95	0.49	0.88	1.89
1034	领星拾贝	9.13	16.28	8.22	17.90	0.53	1.04	3.06
1035	穿石年轮	9.13	20.02	10.32	34.75	0.46	0.89	1.58
1036	逐流 1 号	9.12	13.35	5.15	18.33	0.61	1.58	2.99
1037	复和金色海洋	9.11	21.76	11.63	30.38	0.44	0.82	1.80
1038	美阳永续成长	9.11	8.27	3.84	8.94	0.92	1.97	6.11
1039	伏明转型成长 1 期	9.11	36.98	19.55	58.58	0.38	0.71	0.93
1040	平方和信享	9.10	6.21	2.61	5.48	1.20	2.85	9.97

续表

编号	基金名称	年化收益率（%）	年化波动率（%）	年化下行风险（%）	最大回撤率（%）	夏普比率	索丁诺比率	收益—最大回撤比率
1041	长牛分析 1 号	9.10	25.95	12.07	45.80	0.40	0.87	1.19
1042	仙童 4 期	9.10	21.31	10.50	30.85	0.44	0.90	1.77
1043	聚沣 1 期	9.09	14.55	6.92	18.18	0.57	1.19	3.00
1044	甄投智联	9.09	20.01	11.68	25.93	0.46	0.79	2.10
1045	虹诗乾锦	9.09	23.83	12.48	29.80	0.42	0.80	1.83
1046	泰和长兴 1 期	9.07	21.08	11.54	31.38	0.45	0.81	1.73
1047	因诺天机	9.06	9.28	4.89	14.94	0.82	1.56	3.64
1048	诚轩共享	9.06	23.14	10.76	20.59	0.42	0.91	2.64
1049	沣沛招享	9.06	17.58	9.37	22.43	0.50	0.93	2.42
1050	汇艾资产—稳健 1 号	9.04	5.66	3.11	4.99	1.30	2.36	10.85
1051	新方程对冲精选 H1 号	9.04	6.47	2.97	8.00	1.14	2.49	6.77
1052	唐氏专户 2 期	9.01	39.57	20.26	41.20	0.37	0.72	1.31
1053	岳瀚 1 号	9.01	19.78	10.17	26.53	0.46	0.89	2.03
1054	清和泉金牛山 1 期	8.99	24.52	13.11	35.62	0.41	0.77	1.51
1055	远澜红枫 3 号	8.98	5.21	1.75	2.51	1.39	4.14	21.38
1056	汉和资本 1 期	8.97	20.23	11.44	30.63	0.45	0.80	1.75
1057	金塔通晟紫鹤 1 号	8.97	17.38	7.77	26.90	0.49	1.10	1.99
1058	祐益峰菁英 1 号	8.97	15.35	8.60	23.59	0.54	0.96	2.27
1059	联海量化精选 2 号	8.97	16.10	9.02	24.03	0.52	0.93	2.23

续表

编号	基金名称	年化收益率（%）	年化波动率（%）	年化下行风险（%）	最大回撤率（%）	夏普比率	索丁诺比率	收益—最大回撤比率
1060	翊鹏中国竞争力 A	8.97	16.16	8.41	25.87	0.52	1.00	2.07
1061	万霁 6 号	8.94	26.44	12.14	38.14	0.39	0.86	1.40
1062	君之健翱翔同泰	8.93	13.21	5.71	11.07	0.60	1.39	4.82
1063	巡洋精选 1 号	8.93	10.84	5.56	16.95	0.71	1.38	3.15
1064	智信创富博元 2 期	8.90	22.13	10.63	34.27	0.43	0.89	1.55
1065	益盟财富 1 期	8.88	24.14	12.90	30.59	0.41	0.77	1.73
1066	常春藤春竹	8.88	19.92	10.57	25.66	0.45	0.85	2.07
1067	千惠云航 1 号	8.88	9.25	4.57	11.58	0.81	1.63	4.58
1068	雀跃岩辰量化投资 1 期	8.88	28.53	15.58	36.74	0.39	0.71	1.44
1069	股票价值鼎实 13 号	8.85	11.07	5.69	15.39	0.69	1.34	3.43
1070	泰和天工 1 期	8.84	20.40	11.46	32.24	0.44	0.79	1.64
1071	久阳润泉 6 号	8.84	33.92	17.06	32.44	0.37	0.74	1.63
1072	易同成长	8.84	18.39	9.57	24.84	0.47	0.90	2.12
1073	金塔行业精选 1 号	8.81	16.55	7.57	27.23	0.50	1.09	1.93
1074	中睿合银弈势 1 号	8.81	21.26	8.92	30.91	0.43	1.02	1.70
1075	芝麻财富 3 号	8.81	54.43	22.18	51.53	0.37	0.90	1.02
1076	格量稳健 1 号	8.80	3.90	1.78	2.63	1.80	3.95	19.94
1077	永禧 FOF1 号	8.79	10.43	3.84	11.94	0.72	1.95	4.39
1078	万霁 7 号	8.79	24.50	11.70	32.67	0.40	0.84	1.60

续表

编号	基金名称	年化收益率(%)	年化波动率(%)	年化下行风险(%)	最大回撤率(%)	夏普比率	索丁诺比率	收益—最大回撤比率
1079	泓澄优选	8.79	22.32	12.44	38.65	0.42	0.76	1.35
1080	陆宝点金精选	8.78	12.27	5.80	12.46	0.63	1.32	4.20
1081	弈投启航对冲 1 号	8.78	14.58	7.92	18.11	0.55	1.01	2.89
1082	小北 1 号	8.76	19.97	11.66	23.59	0.45	0.76	2.21
1083	民晟红鹭 3 号	8.76	17.24	7.33	32.66	0.48	1.14	1.60
1084	洋杨目标缓冲	8.72	14.41	9.40	18.54	0.55	0.84	2.80
1085	洋沛招享 1 期	8.72	17.04	8.67	22.42	0.49	0.96	2.32
1086	兴聚财富 2 号	8.72	13.42	6.03	21.82	0.58	1.29	2.38
1087	源乘 1 号	8.71	7.91	3.12	8.73	0.91	2.30	5.93
1088	久富 13 期	8.70	23.21	13.08	38.73	0.41	0.73	1.34
1089	腾倍尔 9 号	8.69	63.50	22.91	48.58	0.36	0.99	1.06
1090	少数派 8 号	8.68	19.06	10.07	23.41	0.45	0.86	2.20
1091	欣铭	8.67	27.43	16.26	35.04	0.39	0.65	1.47
1092	逐熹 1 号	8.67	36.87	17.10	40.22	0.36	0.77	1.28
1093	华法中国价值	8.67	26.86	13.81	36.01	0.38	0.75	1.43
1094	鑫安泽雨 1 期-2 号	8.66	17.42	8.98	25.67	0.48	0.93	2.01
1095	榜样多策略对冲	8.65	17.99	9.24	27.27	0.47	0.91	1.89
1096	融义双盈量化 1 号	8.65	21.19	12.05	26.59	0.43	0.75	1.93
1097	锐进 41 期	8.64	14.50	6.92	19.55	0.54	1.13	2.63

续表

编号	基金名称	年化收益率（%）	年化波动率（%）	年化下行风险（%）	最大回撤率（%）	夏普比率	索丁诺比率	收益—最大回撤比率
1098	德汇精选 3 期	8.64	28.80	14.28	34.39	0.37	0.75	1.49
1099	兴聚尊享 A 期	8.64	15.73	6.73	19.55	0.51	1.19	2.63
1100	源乐晟－尊享晟世 2 号	8.64	23.74	12.04	40.11	0.40	0.79	1.28
1101	伏明 2 号	8.64	38.55	21.21	70.16	0.37	0.67	0.73
1102	秋阳泛华 5 期	8.63	14.44	7.80	16.70	0.54	1.00	3.07
1103	悦达醴泉悦顺 2 号	8.63	13.09	3.29	8.14	0.58	2.29	6.29
1104	康曼德 106 号	8.63	16.91	9.41	23.26	0.48	0.87	2.20
1105	辰阳初心	8.63	6.55	2.54	3.75	1.07	2.76	13.66
1106	同创佳业沪港深精选	8.62	14.83	7.27	21.92	0.53	1.08	2.34
1107	红五星	8.61	10.70	5.40	13.47	0.69	1.36	3.80
1108	源和稳健成长 1 号	8.61	24.85	13.60	35.31	0.40	0.72	1.45
1109	浙江白鹭群贤	8.60	7.06	3.41	8.48	0.99	2.06	6.03
1110	源沣进取 1 号	8.60	19.81	10.35	36.43	0.44	0.83	1.40
1111	海棠 1 号	8.60	56.39	24.26	53.65	0.37	0.85	0.95
1112	平安圆鼎神农春风	8.59	21.40	10.03	28.89	0.42	0.89	1.77
1113	辉毅 4 号	8.59	4.80	2.60	5.63	1.43	2.65	9.06
1114	易鑫安资管－鑫安 7 期 2 号	8.58	15.82	8.54	24.60	0.50	0.93	2.07
1115	新活力共赢	8.58	20.93	11.08	26.98	0.42	0.80	1.89
1116	紫熙昊恩黑金 1 号	8.57	30.40	16.94	42.23	0.37	0.66	1.20

续表

编号	基金名称	年化收益率（%）	年化波动率（%）	年化下行风险（%）	最大回撤率（%）	夏普比率	索丁诺比率	收益—最大回撤比率
1117	信璞价值精英（A+H）1 号（A 类）	8.57	21.17	9.87	21.50	0.42	0.90	2.36
1118	民森 K 号	8.56	20.09	9.90	28.89	0.43	0.88	1.76
1119	慧安浙商家族 1 号	8.56	28.62	13.85	31.78	0.37	0.77	1.60
1120	宏亮投资稀诚对冲 3 号	8.56	16.79	6.66	21.30	0.48	1.21	2.38
1121	普尔睿选 5 号	8.56	15.21	7.13	14.31	0.52	1.10	3.55
1122	晶上量子 1 号	8.55	28.87	14.64	37.89	0.37	0.73	1.34
1123	泓澄稳健	8.53	22.47	12.01	40.88	0.41	0.76	1.24
1124	信弘龙腾稳健 1 号	8.53	4.61	2.19	2.81	1.48	3.11	18.00
1125	良岳—和盈 1 号	8.52	13.06	6.11	14.45	0.58	1.23	3.50
1126	准锦鸿利 1 号	8.50	16.19	7.46	24.05	0.49	1.07	2.09
1127	信水长流 2 期	8.48	24.88	11.80	29.58	0.39	0.82	1.70
1128	宽远价值成长 2 期诺亚专享 1 号	8.47	17.92	9.99	30.91	0.46	0.83	1.62
1129	皓晨之星	8.46	11.14	6.20	16.74	0.65	1.17	2.99
1130	德汇投资精选择 2 期	8.45	28.40	14.01	30.65	0.37	0.75	1.63
1131	弥珈 3 号	8.45	20.79	11.05	28.19	0.42	0.79	1.77
1132	未来泽时进取 1 号—鑫享 G	8.45	20.92	11.62	29.08	0.42	0.76	1.72
1133	骐邦精选成长	8.44	27.04	15.83	36.11	0.38	0.65	1.38
1134	鲤鱼门稳健	8.44	30.11	16.59	53.65	0.37	0.67	0.93
1135	私募工场志开慧泉	8.42	20.90	10.53	33.72	0.42	0.83	1.48

续表

编号	基金名称	年化收益率（%）	年化波动率（%）	年化下行风险（%）	最大回撤率（%）	夏普比率	索丁诺比率	收益—最大回撤比率
1136	大朴多维度 22 号	8.41	16.53	8.66	17.27	0.48	0.92	2.88
1137	名禹灵动	8.41	17.07	8.39	32.91	0.47	0.95	1.51
1138	久富全球配置	8.40	21.17	12.11	32.97	0.42	0.73	1.51
1139	江峋楮昊	8.36	10.70	6.15	9.98	0.67	1.16	4.95
1140	观富价值 1 号	8.36	17.52	9.18	22.09	0.46	0.88	2.23
1141	万泰华瑞 1 号	8.35	22.76	10.74	32.92	0.40	0.84	1.50
1142	中资宏德量化专享 1 号	8.33	12.22	5.96	17.56	0.59	1.22	2.80
1143	牧道趋势启航	8.33	9.27	4.28	7.86	0.75	1.62	6.26
1144	同舟 1 号	8.32	26.27	11.42	35.35	0.37	0.85	1.39
1145	厚生明启 1 号	8.32	9.02	4.59	9.25	0.77	1.50	5.31
1146	中昱稳盈 1 号	8.32	11.07	4.24	10.21	0.64	1.67	4.81
1147	盛景成长	8.31	20.73	10.58	24.05	0.41	0.81	2.04
1148	久富 1 期	8.31	22.19	12.37	35.00	0.40	0.72	1.40
1149	师之盈成长 1 号	8.31	20.28	11.73	28.34	0.42	0.73	1.73
1150	喜马拉雅 3 号	8.30	20.79	11.91	25.50	0.41	0.72	1.92
1151	上海蓝枫策略 1 号	8.28	30.57	16.16	53.41	0.36	0.68	0.91
1152	卓越理财 1 号	8.28	12.68	6.62	17.88	0.57	1.10	2.73
1153	钜洲成长 1 号	8.28	21.63	12.23	28.86	0.41	0.72	1.69
1154	泽升优选成长 1 期	8.28	34.58	15.95	48.95	0.35	0.76	1.00

续表

编号	基金名称	年化收益率 (%)	年化波动率 (%)	年化下行风险 (%)	最大回撤率 (%)	夏普比率	索丁诺比率	收益—最大回撤比率
1155	黑翼风行 3 号	8.25	18.23	8.39	24.00	0.44	0.96	2.03
1156	衡峰 2 号	8.25	28.92	15.78	25.30	0.36	0.67	1.92
1157	私募学院菁英 105 号	8.24	21.00	11.24	32.76	0.41	0.77	1.48
1158	元康沪港深精选 1 号	8.22	19.31	9.74	21.34	0.43	0.85	2.27
1159	涵德明德中证 500 指数增强 1 号	8.22	19.69	11.21	24.51	0.42	0.74	1.98
1160	珺容—金吾量子基金	8.22	14.77	7.44	18.05	0.51	1.01	2.68
1161	耀泉 1 号	8.21	16.78	9.38	17.99	0.46	0.83	2.69
1162	哲萌 1 号	8.19	12.39	7.49	14.65	0.58	0.96	3.29
1163	大朴多维度 21 号	8.19	16.47	8.92	18.89	0.47	0.87	2.55
1164	金珀 6 号	8.17	18.95	10.24	28.59	0.43	0.79	1.68
1165	隆翔旗舰	8.17	21.78	11.68	15.94	0.40	0.74	3.02
1166	衡澜扬子江 1 号	8.15	10.41	4.41	10.54	0.66	1.56	4.55
1167	浊清成长 1 号	8.14	27.93	13.19	44.58	0.36	0.76	1.07
1168	民森 A 号	8.11	21.77	10.75	29.67	0.40	0.80	1.61
1169	君之健翔翔福泰	8.11	12.80	5.55	10.57	0.56	1.28	4.51
1170	国金永恒 1 号	8.11	13.50	6.95	14.99	0.53	1.04	3.18
1171	龙成 1 号	8.10	25.37	11.79	31.32	0.37	0.80	1.52
1172	金鸿基–迈科	8.09	11.37	4.68	12.84	0.61	1.48	3.70
1173	云豹 3 号	8.08	24.27	13.31	24.71	0.38	0.69	1.92

续表

编号	基金名称	年化收益率（%）	年化波动率（%）	年化下行风险（%）	最大回撤率（%）	夏普比率	索丁诺比率	收益—最大回撤比率
1174	君之健翔翔同泰 2 号	8.05	12.86	5.67	11.20	0.55	1.25	4.22
1175	磐厚蔚然—英安中国	8.05	25.33	13.78	48.52	0.37	0.68	0.97
1176	私募工场厚生君利稳健	8.04	16.04	8.02	32.39	0.47	0.94	1.46
1177	航长鹰眼 2 号	8.04	15.34	9.05	28.15	0.48	0.82	1.68
1178	国仕逆向投资 1 号	8.04	12.39	6.16	11.86	0.56	1.14	3.98
1179	易同精选 2 期 1 号	8.02	17.69	10.31	30.96	0.44	0.75	1.52
1180	志开成长 3 期	8.01	21.80	9.09	31.58	0.38	0.92	1.49
1181	钱缘量化全天候进取 3 期	8.00	21.27	9.80	21.54	0.39	0.85	2.18
1182	尚雅 8 期	7.97	22.28	11.47	33.29	0.39	0.75	1.40
1183	涌盛 1 号	7.97	17.35	10.90	21.60	0.44	0.71	2.16
1184	万泰华瑞 5 号	7.96	20.71	11.36	25.50	0.40	0.73	1.83
1185	新方程大类配置	7.96	5.79	2.82	5.92	1.10	2.25	7.88
1186	宁聚量化精选	7.96	19.20	13.30	36.96	0.42	0.61	1.26
1187	华尔进取 5 号	7.96	11.33	5.45	19.00	0.60	1.25	2.45
1188	逸杉佑鸿稳健	7.95	21.80	11.13	26.78	0.39	0.76	1.74
1189	易凡 5 号	7.95	21.10	10.04	26.62	0.39	0.83	1.75
1190	知几扬帆 2 号	7.94	25.63	14.14	27.82	0.37	0.66	1.67
1191	致君凌云	7.94	19.50	11.14	35.93	0.41	0.72	1.29
1192	中教成长 1 号	7.93	30.19	18.79	47.01	0.36	0.58	0.99

续表

编号	基金名称	年化收益率（%）	年化波动率（%）	年化下行风险（%）	最大回撤率（%）	夏普比率	索丁诺比率	收益—最大回撤比率
1193	福瑞福元 1 号	7.93	1.83	0.34	0.50	3.37	17.92	93.39
1194	衍航 1 号	7.92	12.87	4.82	15.62	0.54	1.44	2.97
1195	淞银财富 - 清和泉优选 1 期	7.92	22.71	12.23	35.91	0.38	0.71	1.29
1196	志远稳成 1 号	7.92	24.40	13.50	26.60	0.37	0.67	1.74
1197	易同优选 1 号	7.91	21.81	10.39	24.85	0.38	0.81	1.86
1198	小强鼎盛	7.87	11.02	5.57	11.31	0.61	1.20	4.07
1199	龟兔赛跑 3 号	7.86	14.34	7.03	16.30	0.49	1.01	2.82
1200	师之宏	7.86	35.83	21.94	53.41	0.35	0.58	0.86
1201	宏流开心渚 2 号	7.86	24.04	11.57	36.12	0.37	0.76	1.27
1202	源和稳健成长 5 号	7.86	25.74	13.74	36.36	0.36	0.68	1.26
1203	紫通车生物医药医疗健康 1 号	7.85	37.43	21.29	43.53	0.35	0.61	1.05
1204	天佑 1 期	7.85	11.50	5.79	19.03	0.58	1.16	2.41
1205	诚奇管理 8 号	7.84	5.09	2.13	5.00	1.22	2.91	9.17
1206	易同精选	7.82	18.10	9.43	24.16	0.42	0.81	1.89
1207	泰润 1 号	7.78	33.55	16.77	36.54	0.34	0.68	1.24
1208	万霁 2 号	7.78	23.67	11.84	32.65	0.37	0.74	1.39
1209	铭涛 1 号	7.78	12.34	5.31	18.40	0.55	1.27	2.47
1210	因诺天机 18 号	7.78	9.54	5.18	13.30	0.68	1.25	3.41
1211	陆宝利恒	7.77	11.63	5.70	12.16	0.57	1.17	3.73

续表

编号	基金名称	年化收益率（%）	年化波动率（%）	年化下行风险（%）	最大回撤率（%）	夏普比率	索丁诺比率	收益—最大回撤比率
1212	少数派 27 号	7.77	19.61	10.19	24.55	0.40	0.77	1.85
1213	陆宝点金加华	7.76	13.36	6.32	12.16	0.51	1.09	3.73
1214	鼎业进取	7.76	24.59	13.47	37.74	0.36	0.67	1.20
1215	鑫源瑞 1 期	7.75	32.65	17.07	43.82	0.34	0.66	1.03
1216	璟恒 1 期	7.75	18.28	8.71	25.81	0.42	0.87	1.75
1217	岳海精选对冲 1 号	7.74	16.82	8.18	22.16	0.44	0.90	2.04
1218	保银紫荆怒放	7.74	15.68	8.02	26.60	0.46	0.90	1.70
1219	平石 T5 对冲基金	7.74	16.61	8.68	19.85	0.44	0.84	2.27
1220	重阳对冲 2 号	7.74	17.05	8.96	19.68	0.43	0.82	2.29
1221	巨杉泛翼达双策略 3 号	7.74	15.92	8.39	22.80	0.45	0.86	1.98
1222	佰丰方德将军 1 号	7.73	23.18	10.86	24.03	0.37	0.79	1.88
1223	中钢 2 期	7.72	20.57	10.11	32.40	0.39	0.79	1.39
1224	宏亮投资炳诚对冲 2 号	7.72	8.44	3.31	7.28	0.75	1.90	6.18
1225	源和复利回报 1 号	7.71	22.89	12.70	37.93	0.37	0.67	1.19
1226	乾和投资价值精选 1 号	7.70	27.34	14.05	40.13	0.35	0.68	1.12
1227	智诚 15 期	7.69	25.60	12.87	41.72	0.35	0.71	1.08
1228	厚山 1 号	7.69	22.13	12.41	25.82	0.38	0.67	1.74
1229	查理价值套利稳健型 3 号 A 期	7.69	27.34	16.54	56.62	0.35	0.59	0.79
1230	瀚木 2 号	7.68	28.56	14.00	43.02	0.34	0.70	1.04

续表

编号	基金名称	年化收益率(%)	年化波动率(%)	年化下行风险(%)	最大回撤率(%)	夏普比率	索丁诺比率	收益—最大回撤比率
1231	前海宜涛红树 1 号	7.67	27.51	12.63	39.21	0.34	0.75	1.14
1232	励石宏观对冲策略 1 期	7.66	18.64	10.96	24.48	0.41	0.70	1.82
1233	菁菁磐石	7.66	21.06	11.98	24.54	0.38	0.68	1.82
1234	申毅量化套利尊享 E 期	7.64	5.32	2.19	5.05	1.13	2.76	8.82
1235	九坤统计套利尊享 A 期	7.64	5.85	2.17	5.35	1.03	2.78	8.32
1236	汇梵价值精选 1 号	7.64	16.28	6.52	17.96	0.44	1.09	2.48
1237	木源启航 1 号	7.64	28.46	13.07	32.65	0.34	0.74	1.36
1238	兴聚财富 6 号	7.62	14.16	6.74	24.96	0.48	1.01	1.78
1239	宏亮投资病城对冲 1 号	7.62	15.95	6.94	20.20	0.44	1.02	2.19
1240	信安稳盈宝 2 期	7.62	2.34	0.71	1.34	2.51	8.34	33.17
1241	卓铸卓越 1 号	7.61	33.21	17.80	57.70	0.34	0.63	0.77
1242	新视野智能量化 2 号	7.58	4.07	1.33	1.74	1.45	4.43	25.39
1243	少数派大浪淘金 18 号	7.57	19.05	9.92	22.73	0.40	0.77	1.94
1244	大趋势 MOM	7.57	11.70	5.94	16.34	0.55	1.09	2.69
1245	斓铤 1 号	7.57	23.32	12.95	46.31	0.36	0.66	0.95
1246	东方港湾 3 号	7.57	21.50	11.18	25.06	0.37	0.72	1.76
1247	巨杉银信宝 8 期	7.56	11.93	6.42	16.58	0.55	1.01	2.65
1248	鼎业致远	7.56	24.42	12.86	37.89	0.36	0.68	1.16
1249	盈阴资产 38 号	7.55	17.41	9.24	22.41	0.42	0.79	1.96

续表

编号	基金名称	年化收益率（%）	年化波动率（%）	年化下行风险（%）	最大回撤率（%）	夏普比率	索丁诺比率	收益—最大回撤比率
1250	金鸿基期货指数	7.53	14.25	7.81	20.36	0.48	0.87	2.15
1251	星辰之喜岳 2 号	7.52	12.57	6.50	11.86	0.52	1.01	3.69
1252	瓦贲法鲁	7.52	16.51	8.52	27.69	0.43	0.83	1.58
1253	春华秋实农业	7.52	31.44	18.40	59.31	0.34	0.57	0.74
1254	天生桥 2 期	7.52	19.56	10.22	25.96	0.39	0.75	1.68
1255	私募工场翱鹏中国竞争力 1 号	7.51	17.25	8.58	27.20	0.42	0.84	1.60
1256	盛高 1 号	7.51	36.61	22.36	57.32	0.35	0.57	0.76
1257	柘歐－磐石 1 号	7.51	23.96	9.56	25.65	0.35	0.88	1.70
1258	白石 22 号	7.50	13.06	7.17	13.31	0.50	0.92	3.27
1259	纯原资本第八大奇迹 1 号	7.50	26.85	13.31	37.27	0.34	0.69	1.17
1260	观富策略 6 号	7.49	17.19	8.98	24.25	0.42	0.80	1.79
1261	数博增强 500	7.49	16.73	9.26	23.96	0.43	0.77	1.81
1262	信弘馨宜 1 号	7.49	8.90	4.41	7.23	0.69	1.39	6.01
1263	磐阜动量－旅行者 1 号	7.47	19.06	9.64	30.67	0.39	0.78	1.41
1264	泰润价值投资 1 号	7.46	29.34	16.09	35.91	0.34	0.62	1.21
1265	深博信智富 1 号	7.46	91.50	37.81	85.39	0.42	1.02	0.51
1266	德毅梦想	7.46	28.65	15.77	32.13	0.34	0.62	1.35
1267	中于阳明 1 号	7.44	21.40	10.60	26.70	0.37	0.75	1.62
1268	飞鹰 1 号	7.43	26.93	15.75	35.25	0.35	0.59	1.22

续表

编号	基金名称	年化收益率（%）	年化波动率（%）	年化下行风险（%）	最大回撤率（%）	夏普比率	索丁诺比率	收益—最大回撤比率
1269	超龙 6 号	7.41	18.32	8.31	25.14	0.40	0.88	1.71
1270	千方之星 2 号	7.41	33.12	17.96	49.53	0.33	0.61	0.87
1271	天勤进取 3 号	7.38	15.04	7.48	28.55	0.45	0.90	1.50
1272	君之健翱翔同泰 1 号	7.37	13.15	5.83	11.43	0.49	1.11	3.74
1273	长见产业趋势 2 号	7.36	15.38	8.30	28.65	0.44	0.82	1.49
1274	航长鹰眼 3 号	7.36	17.23	10.67	29.11	0.41	0.67	1.46
1275	领星泓澄股票策略	7.35	22.81	12.45	39.60	0.36	0.66	1.08
1276	泽升优选成长 3 期	7.35	37.81	15.83	50.76	0.32	0.77	0.84
1277	永望复利成长 7 号	7.34	28.76	12.92	35.75	0.33	0.73	1.19
1278	泓倍套利 1 号	7.33	3.87	1.83	4.24	1.46	3.10	10.01
1279	穿石品质生活 2 期	7.32	18.07	9.40	33.25	0.40	0.76	1.27
1280	富果 2 号	7.31	19.39	10.79	24.73	0.38	0.69	1.71
1281	重阳 1 期	7.30	17.02	10.11	20.92	0.41	0.69	2.02
1282	融信长盈 FOF1 期	7.30	8.95	4.76	19.71	0.67	1.25	2.14
1283	德璋远方	7.25	24.27	13.54	31.54	0.35	0.62	1.33
1284	长金银信宝 1 期	7.25	27.36	14.27	36.00	0.34	0.64	1.16
1285	致君日月星 2 号	7.25	21.73	10.64	30.95	0.36	0.73	1.35
1286	永蕾融元 FOF	7.23	15.38	7.75	21.25	0.43	0.86	1.97
1287	民晟金牛 4 号	7.22	51.95	20.00	64.87	0.30	0.77	0.64

续表

编号	基金名称	年化收益率（%）	年化波动率（%）	年化下行风险（%）	最大回撤率（%）	夏普比率	索丁诺比率	收益—最大回撤比率
1288	坤钰天真 FOF1 号	7.22	13.14	7.24	21.00	0.48	0.88	1.99
1289	歌斐基金管家	7.22	12.62	6.13	21.50	0.50	1.02	1.94
1290	巴罗稳健 1 号	7.22	14.21	7.57	14.08	0.46	0.86	2.96
1291	和璞 1 号	7.22	55.14	20.77	40.74	0.33	0.87	1.02
1292	钱缘稳稳增 1 号	7.20	25.05	13.33	28.95	0.34	0.64	1.44
1293	德胜独角兽复合 A	7.19	20.28	8.82	22.25	0.37	0.84	1.86
1294	名禹灵越 A	7.18	19.11	9.51	38.98	0.38	0.76	1.06
1295	华夏未来泽时进取 1 号－鑫享 B	7.18	22.65	12.50	30.18	0.35	0.64	1.37
1296	中钢 1 期	7.16	19.28	10.05	31.01	0.37	0.72	1.33
1297	北斗成长 1 期	7.15	39.42	14.92	52.24	0.31	0.82	0.79
1298	承泽资产趋势 1 号	7.15	29.51	15.48	31.06	0.33	0.62	1.33
1299	华夏未来泽时进取 1 号－鑫享 D	7.15	22.05	12.66	30.09	0.35	0.62	1.37
1300	兴聚财富 7 号	7.14	13.70	6.51	24.28	0.46	0.97	1.70
1301	观富策略 1 号	7.14	17.32	7.97	25.02	0.40	0.86	1.65
1302	呈鸣朴石 1 号	7.14	12.34	5.03	17.89	0.50	1.22	2.30
1303	东方先进制造优选	7.13	22.59	12.11	45.26	0.35	0.65	0.91
1304	保银多空稳健 1 号	7.11	6.70	2.87	6.66	0.84	1.95	6.16
1305	雀跃量化对冲进取 1 号	7.11	29.50	14.85	36.12	0.32	0.64	1.14
1306	米牛沪港深精选	7.11	20.42	10.61	28.80	0.36	0.70	1.42

续表

编号	基金名称	年化收益率（%）	年化波动率（%）	年化下行风险（%）	最大回撤率（%）	夏普比率	索丁诺比率	收益—最大回撤比率
1307	万泵 8 号	7.09	24.28	12.00	35.15	0.34	0.68	1.16
1308	懿德财富稳健成长	7.07	15.70	8.60	22.46	0.42	0.76	1.81
1309	宽远价值成长 3 期	7.07	16.72	9.70	19.63	0.40	0.69	2.07
1310	博鸿致远	7.06	23.59	10.20	38.26	0.34	0.78	1.06
1311	申毅全天候 2 号	7.06	6.56	3.38	6.93	0.85	1.64	5.87
1312	拾贝投资 8 号	7.06	14.41	8.10	15.51	0.44	0.79	2.62
1313	华夏未来泽时进取 1 号－鑫享 C	7.06	22.73	12.61	30.10	0.35	0.62	1.35
1314	银帆 8 期	7.05	21.10	9.54	20.07	0.35	0.78	2.02
1315	中睿合银策略优选 1 号	7.05	15.07	6.06	25.70	0.42	1.06	1.58
1316	瑞利 1 号	7.04	17.58	8.41	19.07	0.39	0.81	2.13
1317	华夏未来泽时进取 1 号－鑫享 A	7.04	22.72	12.45	30.29	0.34	0.63	1.34
1318	价值坐标 1 号	7.04	21.56	11.25	33.90	0.35	0.67	1.19
1319	恬淡 1 号	7.03	14.73	7.60	31.29	0.43	0.84	1.29
1320	中鼎创富 1 期	7.02	20.18	10.04	28.95	0.36	0.72	1.39
1321	滚雪球 1 号（201502）	7.01	19.96	9.90	24.71	0.36	0.73	1.63
1322	谊恒多品种进取 2 号	7.01	9.24	4.69	9.22	0.62	1.22	4.37
1323	通和量化对冲 6 期	7.00	18.56	8.38	17.87	0.37	0.83	2.25
1324	毅木动态精选 2 号	6.99	12.92	6.84	18.36	0.47	0.89	2.19
1325	合道－翼翔 1 期	6.99	17.43	8.19	34.26	0.39	0.82	1.17

续表

编号	基金名称	年化收益率（%）	年化波动率（%）	年化下行风险（%）	最大回撤率（%）	夏普比率	索丁诺比率	收益—最大回撤比率
1326	遵道稳健价值	6.99	23.63	13.19	45.59	0.34	0.61	0.88
1327	久富 4 期	6.99	21.94	12.42	33.34	0.35	0.62	1.21
1328	寰宇精选收益之睿益 1 期	6.98	7.21	4.25	11.22	0.77	1.30	3.58
1329	亚商星纪	6.97	36.01	19.75	50.08	0.32	0.59	0.80
1330	凤翔长盈	6.96	18.88	9.69	32.20	0.37	0.72	1.24
1331	TOP30 对冲母基金 1 号	6.96	9.89	4.41	13.82	0.58	1.30	2.89
1332	中睿合银昊天 1 期	6.95	35.22	16.59	41.01	0.31	0.66	0.97
1333	高毅利伟精选唯实	6.95	20.43	10.65	36.35	0.36	0.68	1.10
1334	源乐晟—嘉享晟世 6 号	6.95	22.88	11.78	36.79	0.34	0.66	1.08
1335	涵元天璇	6.95	17.49	9.35	26.03	0.38	0.72	1.53
1336	朴汇益	6.93	12.11	7.63	15.59	0.49	0.78	2.55
1337	昶享 2 号	6.93	14.97	6.78	16.17	0.42	0.93	2.46
1338	华夏未来泽时进取 1 号—嘉华 A 期	6.92	23.19	12.69	29.95	0.34	0.62	1.33
1339	泽升优选成长 6 期	6.92	35.32	15.94	42.81	0.31	0.69	0.93
1340	通和进取 2 号	6.92	22.07	9.74	27.31	0.34	0.77	1.45
1341	曜石对冲母基金 1 号	6.90	3.67	1.92	2.97	1.43	2.74	13.35
1342	德汇成长 1 期	6.90	25.81	12.23	35.08	0.32	0.68	1.13
1343	鸿盛进化 I 号	6.89	26.68	13.23	42.04	0.32	0.65	0.94
1344	知行稳健 1 号	6.88	3.88	1.41	3.81	1.35	3.73	10.37

续表

编号	基金名称	年化收益率（%）	年化波动率（%）	年化下行风险（%）	最大回撤率（%）	夏普比率	索丁诺比率	收益—最大回撤比率
1345	丰实 1 号	6.88	32.13	18.92	45.49	0.32	0.55	0.87
1346	前海卓喜发现 1 号	6.88	28.38	14.44	28.10	0.32	0.62	1.40
1347	高毅庆天瑞远	6.87	19.83	9.43	42.74	0.36	0.75	0.92
1348	浦来德天天开心对冲 1 号	6.87	14.98	10.50	31.91	0.42	0.60	1.23
1349	以太投资价值 11 号	6.86	6.58	3.15	4.08	0.82	1.70	9.65
1350	名禹 5 期 A	6.85	17.37	8.72	32.95	0.38	0.76	1.19
1351	锦成盛宏观策略 1 号	6.83	10.99	5.23	11.77	0.52	1.09	3.33
1352	拾贝精选 2 期	6.83	15.08	8.30	18.47	0.41	0.75	2.12
1353	明曜金星 3 期	6.83	24.75	12.91	34.57	0.33	0.63	1.13
1354	大朴进取 1 期	6.82	14.09	8.24	16.17	0.43	0.74	2.42
1355	珠池量化稳健投资母基金 1 号	6.82	3.14	1.21	2.16	1.64	4.28	18.06
1356	宁聚成长指数增强 2 期	6.82	20.34	11.39	28.05	0.35	0.63	1.39
1357	诚轩 1 号	6.81	20.34	9.89	24.09	0.35	0.72	1.62
1358	永隆宏观对冲策略 B	6.81	15.07	8.81	21.36	0.41	0.71	1.83
1359	聚米 1 期	6.81	8.27	4.29	7.26	0.66	1.27	5.37
1360	恒健远志红景天大健康	6.79	25.59	12.73	42.56	0.32	0.65	0.91
1361	质嘉尊享 A	6.79	25.14	12.90	37.16	0.32	0.63	1.05
1362	锐进 12 期	6.79	32.48	18.38	37.54	0.32	0.56	1.04
1363	巴克夏月月利 1 号	6.78	45.95	19.85	48.24	0.32	0.74	0.80

续表

编号	基金名称	年化收益率（%）	年化波动率（%）	年化下行风险（%）	最大回撤率（%）	夏普比率	索丁诺比率	收益—最大回撤比率
1364	奕金安 1 期	6.78	22.58	12.47	33.00	0.34	0.61	1.18
1365	华夏未来泽时进取 1 号-华安 A 期	6.77	22.99	12.59	30.16	0.33	0.61	1.28
1366	私募工场泽升中国优势	6.77	34.47	14.32	48.95	0.31	0.74	0.79
1367	新方程巨杉-尊享 B	6.77	12.51	6.73	16.78	0.47	0.87	2.31
1368	重阳目标回报 1 期	6.76	15.26	8.03	20.39	0.41	0.77	1.90
1369	重阳目标尊享 A 期	6.76	15.00	8.03	20.39	0.41	0.77	1.90
1370	庐雍优势成长 7 号 1 期	6.75	22.81	12.47	33.06	0.33	0.61	1.17
1371	猎马源创 3 号	6.73	12.70	7.89	20.61	0.46	0.74	1.87
1372	珠池量化对冲母基金 1 号	6.72	4.51	1.83	2.77	1.14	2.80	13.86
1373	时田丰 2 期	6.71	12.33	6.14	18.09	0.47	0.94	2.12
1374	拾贝精选 1 期	6.70	15.33	8.37	17.71	0.40	0.74	2.16
1375	映山红中欧	6.69	19.51	7.57	24.55	0.35	0.89	1.56
1376	涵元天玑	6.69	20.53	8.42	28.41	0.34	0.83	1.35
1377	东方星辰 3 号	6.67	19.50	7.66	21.79	0.34	0.88	1.75
1378	国联安-弘尚资产成长精选 1 号	6.67	18.79	10.58	23.98	0.36	0.63	1.59
1379	凌顶 1 号	6.66	22.05	10.34	31.81	0.33	0.70	1.20
1380	清和泉金牛山 4 期	6.65	23.17	13.20	37.35	0.33	0.58	1.02
1381	国富百春	6.65	14.50	8.52	16.52	0.41	0.70	2.30
1382	龟兔赛跑 1 号	6.64	10.92	4.59	8.36	0.50	1.20	4.53

续表

编号	基金名称	年化收益率（%）	年化波动率（%）	年化下行风险（%）	最大回撤率（%）	夏普比率	索丁诺比率	收益—最大回撤比率
1383	瀚信启富汇盈1号	6.64	24.25	15.11	39.19	0.33	0.52	0.97
1384	时和兰德1号	6.64	16.67	8.18	30.12	0.38	0.77	1.26
1385	沣沛进取1号	6.63	18.54	9.84	28.14	0.36	0.67	1.35
1386	沣沛进取1号B期	6.63	17.81	9.20	28.14	0.36	0.70	1.35
1387	徐星团队	6.63	20.39	10.47	30.73	0.34	0.66	1.23
1388	民森M号	6.63	17.78	8.78	25.43	0.36	0.73	1.49
1389	恒泰辰丰港湾1期	6.61	21.73	10.76	36.85	0.33	0.67	1.02
1390	银帆5期	6.61	11.86	6.09	11.26	0.47	0.92	3.35
1391	巴富罗臻选1号	6.61	35.03	18.27	49.48	0.31	0.59	0.76
1392	诚盛1期	6.60	11.58	5.89	20.44	0.48	0.94	1.84
1393	景林丰收	6.60	23.39	12.72	31.88	0.32	0.60	1.18
1394	阳光宝3号	6.59	18.29	10.14	32.30	0.36	0.65	1.16
1395	拾贝收益5期	6.58	15.52	8.19	18.08	0.39	0.74	2.07
1396	曼昆资产配置1期	6.58	23.44	12.17	30.32	0.32	0.62	1.24
1397	睿信榜样对冲1号	6.58	18.07	9.79	29.21	0.36	0.66	1.28
1398	骥才千里马	6.57	22.38	13.14	32.82	0.33	0.56	1.14
1399	鼎萨价值精选1期	6.57	37.25	22.29	41.34	0.32	0.53	0.91
1400	秋阳成长7期	6.57	17.70	9.17	19.19	0.36	0.70	1.95
1401	守正	6.57	23.80	12.84	37.82	0.32	0.59	0.99

续表

编号	基金名称	年化收益率（%）	年化波动率（%）	年化下行风险（%）	最大回撤率（%）	夏普比率	索丁诺比率	收益—最大回撤比率
1402	安鑫动力	6.56	3.67	1.29	2.50	1.34	3.82	14.97
1403	杜润精诚 2 号	6.56	3.54	1.41	2.87	1.39	3.50	13.05
1404	久银金沙 28 号	6.56	16.92	6.46	21.26	0.37	0.96	1.76
1405	长见精选 3 号	6.55	14.74	8.09	27.54	0.40	0.73	1.35
1406	榜样绩优	6.54	18.06	9.81	29.19	0.36	0.66	1.28
1407	金蕴 105 期（融科信 1 号）	6.54	24.51	13.35	30.14	0.32	0.58	1.24
1408	深海石平稳趋势–鲸语 1 号	6.53	10.81	4.31	9.72	0.50	1.25	3.83
1409	华泓中国机遇	6.52	28.62	15.03	39.49	0.31	0.59	0.94
1410	硬资产 100	6.52	23.07	11.32	18.96	0.32	0.65	1.96
1411	源实–瑞鑫 1 号	6.52	44.13	23.71	56.58	0.32	0.60	0.66
1412	忠石 1 号	6.51	20.21	11.34	27.48	0.34	0.60	1.35
1413	鲲翔兴盾 1 号	6.49	24.35	12.97	33.67	0.32	0.59	1.10
1414	易同成长 1 号	6.49	18.39	9.62	26.17	0.35	0.67	1.41
1415	志开信享 1 期	6.47	22.26	9.68	34.65	0.32	0.73	1.06
1416	君悦日新 7 号	6.47	9.81	4.58	8.96	0.54	1.15	4.11
1417	神农医药 A	6.47	24.33	14.55	38.10	0.32	0.53	0.97
1418	拾贝优选	6.46	16.85	9.65	18.42	0.37	0.64	2.00
1419	清和泉尊享系列 1 期	6.45	25.03	13.71	36.96	0.31	0.57	0.99
1420	少数派 17 号	6.44	19.56	9.92	26.19	0.34	0.67	1.40

续表

编号	基金名称	年化收益率 (%)	年化波动率 (%)	年化下行风险 (%)	最大回撤率 (%)	夏普比率	索丁诺比率	收益—最大回撤比率
1421	保银－好买中国价值 1 期	6.43	6.69	2.91	6.87	0.74	1.71	5.32
1422	少数派 7 号	6.42	20.06	10.74	27.52	0.33	0.63	1.33
1423	京福 1 号	6.42	30.74	14.63	39.60	0.30	0.63	0.92
1424	铠进 39 期民森多元策略	6.41	17.80	8.36	26.82	0.35	0.75	1.36
1425	京福 2 号	6.37	29.75	14.25	33.52	0.30	0.63	1.08
1426	道谊泽时 3 号	6.36	21.35	11.14	31.23	0.32	0.62	1.16
1427	英特力 1 号	6.36	9.84	5.25	17.18	0.52	0.98	2.10
1428	凯丰优选 6 号	6.35	16.15	8.76	20.71	0.37	0.68	1.74
1429	易同领先	6.35	28.59	14.25	38.95	0.30	0.60	0.93
1430	智诚 16 期	6.35	25.43	13.70	40.77	0.31	0.57	0.88
1431	翮源洋杨价值成长	6.34	16.62	9.71	24.84	0.36	0.62	1.45
1432	兴聚 1 期	6.33	12.87	6.41	23.80	0.42	0.85	1.51
1433	资舟观复	6.33	6.23	2.78	5.43	0.78	1.74	6.61
1434	赫富 1 号	6.32	8.15	5.08	11.49	0.61	0.98	3.12
1435	广金恒富 2 号	6.32	12.40	5.14	20.17	0.43	1.05	1.78
1436	禾永远见平台共享	6.32	20.13	10.80	42.72	0.33	0.61	0.84
1437	融通资本汉景港湾 1 号	6.32	19.21	9.09	26.82	0.33	0.71	1.34
1438	隹跃进取 1 号	6.30	25.84	13.54	36.28	0.30	0.58	0.98
1439	金舆全球精选	6.30	27.31	14.37	47.21	0.30	0.57	0.76

续表

编号	基金名称	年化收益率（%）	年化波动率（%）	年化下行风险（%）	最大回撤率（%）	夏普比率	索丁诺比率	收益—最大回撤比率
1440	汇富金财时间周期对冲 1 号	6.28	22.85	10.18	36.49	0.31	0.69	0.98
1441	千惠领航 1 号	6.28	10.17	4.25	12.63	0.50	1.20	2.82
1442	蒙森 1 号	6.28	17.94	8.55	19.31	0.34	0.72	1.84
1443	少数派 25 号	6.27	19.23	10.21	24.88	0.33	0.63	1.43
1444	锋语量化择时 1 号	6.27	15.42	8.60	25.30	0.37	0.67	1.40
1445	喆颢大中华 A	6.26	11.67	6.48	18.34	0.45	0.81	1.93
1446	久富 17 期	6.26	29.67	18.73	50.04	0.31	0.49	0.71
1447	景林稳健	6.22	21.62	11.43	35.75	0.31	0.60	0.99
1448	少数派 5 号	6.21	16.66	9.13	21.71	0.35	0.65	1.62
1449	东方港湾马拉松 1 号	6.20	22.47	12.78	46.65	0.31	0.55	0.75
1450	明河科技改变生活	6.19	16.36	8.99	23.36	0.36	0.65	1.50
1451	重阳价值 3 号 B 期	6.18	17.74	9.52	24.65	0.34	0.63	1.42
1452	盛景价值	6.18	17.23	8.34	23.86	0.34	0.71	1.47
1453	国鼎通兴享 1 号	6.18	32.48	16.69	39.03	0.29	0.57	0.90
1454	远策逆向思维	6.17	19.36	10.82	29.53	0.33	0.59	1.18
1455	齐济成长 1 号	6.16	22.98	12.68	29.69	0.31	0.56	1.17
1456	源和稳健成长 2 号	6.16	23.30	12.38	32.12	0.31	0.58	1.08
1457	新方程星动力 S7 号	6.15	14.96	8.01	26.24	0.37	0.70	1.33
1458	永发投资稳健进取 2 期	6.14	16.28	9.53	26.60	0.35	0.61	1.30

续表

编号	基金名称	年化收益率（%）	年化波动率（%）	年化下行风险（%）	最大回撤率（%）	夏普比率	索丁诺比率	收益—最大回撤比率
1459	沣沛通享 1 期	6.14	18.28	10.16	23.55	0.33	0.60	1.47
1460	台旦 61 号	6.13	47.46	23.19	64.57	0.31	0.64	0.54
1461	汇泽领慧 FOF1 期	6.13	10.28	5.15	10.97	0.48	0.97	3.16
1462	新视野智能量化 3 号	6.13	3.27	1.36	2.66	1.38	3.32	13.06
1463	少数派求是 1 号	6.13	19.77	10.65	30.42	0.32	0.60	1.14
1464	臻禾稳健成长 2 期	6.12	24.12	12.13	27.99	0.30	0.60	1.24
1465	九铭恒丰	6.11	11.82	5.71	25.17	0.43	0.90	1.37
1466	洪昌价值成长 1 号	6.10	28.63	12.01	32.62	0.28	0.68	1.06
1467	优檀财富 4 号	6.08	17.07	8.46	28.12	0.34	0.69	1.22
1468	从时投资旺财稳健 1 期	6.07	21.24	11.81	22.03	0.31	0.56	1.56
1469	笑生 1 号	6.07	12.13	7.55	18.50	0.42	0.68	1.85
1470	泛涵康元 1 号	6.06	3.16	0.71	1.12	1.41	6.28	30.66
1471	真拳海岸线 1 号	6.05	20.68	11.52	29.38	0.31	0.56	1.16
1472	融义长盈 2 号 FOF	6.04	18.27	9.97	30.16	0.33	0.60	1.13
1473	德胜独角兽 5 号	6.03	19.52	9.07	20.13	0.32	0.68	1.69
1474	晨燕 2 号	6.02	21.72	12.24	42.03	0.31	0.55	0.81
1475	赋誉 1 号	6.02	21.37	11.38	29.68	0.31	0.58	1.14
1476	锦成盛优选股票策略 1 号	5.99	14.07	7.13	26.05	0.38	0.74	1.30
1477	景领核心领先 1 号	5.99	14.01	6.22	28.02	0.38	0.85	1.20

续表

编号	基金名称	年化收益率（%）	年化波动率（%）	年化下行风险（%）	最大回撤率（%）	夏普比率	索丁诺比率	收益—最大回撤比率
1478	中证乾元天道择时 3 号	5.99	34.12	13.12	42.40	0.27	0.71	0.80
1479	弘尚企业融资驱动策略	5.97	25.05	14.41	36.31	0.30	0.51	0.93
1480	肇天普瑞明 1 号	5.96	13.80	6.92	21.64	0.38	0.76	1.55
1481	银万丰泽精选 1 号	5.96	13.01	6.85	21.99	0.39	0.75	1.53
1482	私募学院菁英 335 号	5.95	6.92	5.32	10.49	0.66	0.85	3.19
1483	万利富达德盛 1 期	5.93	21.53	13.23	34.95	0.31	0.50	0.95
1484	明达 3 期	5.88	20.19	11.05	29.29	0.31	0.56	1.13
1485	康曼德 101 号	5.88	19.27	12.88	20.97	0.32	0.47	1.58
1486	宏亮投资树诚	5.87	11.83	5.53	15.51	0.41	0.88	2.13
1487	高创金龙 1 号	5.87	24.78	9.33	31.87	0.28	0.74	1.04
1488	华夏未来领时对冲 1 号尊享 A 期	5.87	21.87	11.87	31.67	0.30	0.55	1.04
1489	乾元 TOT	5.86	3.29	1.41	1.93	1.30	3.02	17.04
1490	德胜君盈 1 号	5.86	19.98	8.96	23.01	0.31	0.68	1.43
1491	凯丰藏锰进取型	5.85	20.64	10.93	24.02	0.30	0.58	1.37
1492	葆金峰—私募学院菁英 287 号	5.85	30.09	14.04	31.63	0.28	0.59	1.04
1493	果实资本精英汇 3 号	5.84	18.29	9.85	32.76	0.32	0.59	1.00
1494	明曜启明 1 期	5.83	26.33	14.21	40.27	0.29	0.53	0.81
1495	源和复利回报 1 号 1 期	5.83	22.66	12.76	39.17	0.30	0.53	0.84
1496	睿都众享 3 号	5.82	12.69	7.93	18.84	0.39	0.63	1.74

续表

编号	基金名称	年化收益率 (%)	年化波动率 (%)	年化下行风险 (%)	最大回撤率 (%)	夏普比率	索丁诺比率	收益—最大回撤比率
1497	本地资本紫气东来 FOF	5.81	5.39	2.82	4.18	0.80	1.53	7.80
1498	中证 500 指数增强 1 号	5.81	18.88	10.48	29.08	0.31	0.56	1.12
1499	沣沛优选	5.79	18.11	10.13	29.92	0.32	0.57	1.09
1500	晨燕专享 1 号	5.78	21.03	11.97	42.03	0.30	0.53	0.77
1501	瀚信猎鹰 1 号	5.77	34.90	17.27	45.80	0.29	0.58	0.71
1502	通和富享 1 期	5.75	27.16	11.85	29.65	0.28	0.64	1.09
1503	拾贝尊享 D 期	5.75	14.87	8.01	16.21	0.35	0.65	1.99
1504	云君山海 1 号	5.75	22.17	11.31	35.75	0.29	0.57	0.90
1505	拾贝优粤 31 号 1 期	5.74	16.06	9.59	18.24	0.33	0.56	1.76
1506	五岳归来量化贝塔	5.74	17.35	9.36	25.16	0.32	0.59	1.28
1507	毅木资产动态精选 3 号	5.73	13.13	7.09	18.07	0.38	0.70	1.78
1508	惠正创丰	5.73	24.47	15.36	31.64	0.29	0.46	1.02
1509	朱雀 20 期之慧选 11 号	5.72	16.33	10.18	21.83	0.33	0.53	1.47
1510	少数派 29 号	5.71	20.74	11.34	29.77	0.30	0.55	1.08
1511	逸杉 2 期	5.70	23.75	14.17	24.99	0.29	0.49	1.28
1512	溢鎏 1 号	5.70	16.70	8.88	16.13	0.32	0.61	1.98
1513	柔微—星火燎原 2 号	5.69	34.22	16.04	47.23	0.28	0.60	0.68
1514	冠泓价值增长 1 号	5.69	30.24	17.27	35.82	0.28	0.50	0.89
1515	伍文稳盈 3 号	5.69	79.06	24.04	48.97	0.32	1.05	0.65

续表

编号	基金名称	年化收益率（%）	年化波动率（%）	年化下行风险（%）	最大回撤率（%）	夏普比率	索丁诺比率	收益—最大回撤比率
1516	蓝金1号	5.68	20.97	10.30	27.54	0.29	0.60	1.16
1517	致君日月星1号	5.68	20.53	10.97	26.16	0.30	0.55	1.22
1518	盈定5号	5.66	22.38	11.95	31.83	0.29	0.54	1.00
1519	乐道成长优选2号A期	5.66	18.12	10.20	28.79	0.31	0.55	1.10
1520	易同增长	5.66	18.25	9.40	24.78	0.31	0.60	1.28
1521	祥童源旭日东升1期	5.65	18.04	10.64	19.08	0.31	0.53	1.66
1522	宝源胜知1号	5.62	27.26	12.68	34.72	0.28	0.59	0.91
1523	中融鼎秋天-1	5.62	45.09	22.16	53.50	0.30	0.62	0.59
1524	巨杉净值线5G号	5.61	16.75	10.03	24.41	0.32	0.53	1.29
1525	齐家科技先锋	5.60	44.17	22.01	41.37	0.30	0.60	0.76
1526	龙赢价值投资增值1期	5.60	17.98	9.07	25.26	0.31	0.61	1.24
1527	颢灏稳健1期	5.59	12.02	5.83	14.40	0.39	0.80	2.17
1528	泓溶精选	5.58	21.25	11.34	39.79	0.29	0.54	0.78
1529	恒昌通1号	5.56	40.88	20.57	51.89	0.29	0.58	0.60
1530	思派格雷兄弟1号	5.55	28.32	15.18	31.77	0.28	0.52	0.98
1531	德胜独角兽3号	5.55	20.21	9.02	23.44	0.29	0.65	1.32
1532	悟空对冲量化11期	5.53	15.48	8.27	27.80	0.33	0.61	1.11
1533	鼎锋成长3期	5.53	17.74	8.40	35.28	0.30	0.64	0.87
1534	新睿驰飞1号	5.53	13.86	7.53	27.27	0.35	0.64	1.13

续表

编号	基金名称	年化收益率 (%)	年化波动率 (%)	年化下行风险 (%)	最大回撤率 (%)	夏普比率	索丁诺比率	收益—最大回撤比率
1535	少数派 12 号	5.50	19.39	10.09	25.71	0.29	0.56	1.19
1536	卓铸卓越 3 号	5.50	37.47	19.98	61.98	0.28	0.53	0.49
1537	通和进取 1 号	5.49	21.24	10.85	25.28	0.28	0.56	1.21
1538	慧博清和泉	5.47	23.54	12.68	35.75	0.28	0.52	0.85
1539	骥才金马投资 3 号	5.45	18.25	12.28	31.66	0.30	0.45	0.96
1540	千般龙腾 6 号	5.44	26.97	13.46	33.92	0.27	0.54	0.89
1541	肥尾价值 5 号	5.43	16.51	7.13	23.34	0.31	0.72	1.30
1542	少数派 19 号	5.43	19.62	10.94	24.24	0.29	0.52	1.25
1543	黄金优选 20 期 1 号	5.42	22.28	11.83	33.36	0.28	0.52	0.91
1544	鼎达对冲 2 号	5.41	20.53	12.39	27.99	0.29	0.48	1.08
1545	恒锐 3 号	5.40	15.80	6.90	19.30	0.31	0.72	1.56
1546	涵元天璇量化 1 号	5.39	16.97	9.50	27.39	0.30	0.54	1.10
1547	汇泽领慧 FOF1 期 A 号	5.39	10.32	5.28	11.34	0.41	0.81	2.65
1548	期报实战排排网精选 1 号	5.39	4.44	1.87	5.85	0.87	2.07	5.13
1549	中睿合银茅势 3 号	5.38	15.52	6.54	27.83	0.31	0.75	1.08
1550	证大金马量化 1 号	5.38	20.91	10.54	35.05	0.28	0.56	0.85
1551	新视野智能量化 1 号	5.38	2.32	0.59	0.67	1.63	6.44	44.88
1552	中国龙进取	5.38	13.94	6.97	17.45	0.34	0.67	1.72
1553	道谊泽时 2 号	5.38	22.11	11.35	32.11	0.28	0.54	0.93

续表

编号	基金名称	年化收益率（%）	年化波动率（%）	年化下行风险（%）	最大回撤率（%）	夏普比率	索丁诺比率	收益—最大回撤比率
1554	少数派 108 号	5.36	18.56	9.84	26.24	0.29	0.55	1.14
1555	鑫雨资本 1 号	5.36	28.61	14.95	47.52	0.27	0.51	0.63
1556	汇创稳健 1 号（广东汇创）	5.35	23.83	12.40	25.69	0.27	0.52	1.16
1557	堃熙源沣 11 号	5.34	30.83	17.55	38.37	0.27	0.48	0.77
1558	珠池量化对冲套利策略母基金 1 号	5.34	2.09	1.24	2.27	1.79	3.00	13.07
1559	陆宝成全 1 期	5.33	15.68	7.54	20.11	0.31	0.65	1.47
1560	开宝 1 期	5.32	18.64	9.85	23.37	0.29	0.55	1.27
1561	鼎盛 1 号（厦门龙岆）	5.31	30.66	13.49	33.20	0.26	0.59	0.89
1562	鸿凯进取 3 号	5.31	22.81	9.94	26.78	0.27	0.62	1.10
1563	复利元丰 1 号	5.30	23.55	13.28	33.32	0.27	0.48	0.88
1564	泓澄沪港深精选	5.30	20.46	12.07	42.85	0.28	0.48	0.69
1565	葆金峰 2 号	5.29	29.33	14.89	31.24	0.26	0.52	0.94
1566	鑫乐达成长 1 号	5.28	22.92	11.63	29.70	0.27	0.53	0.99
1567	银帆 12 期	5.28	18.36	7.20	14.62	0.28	0.72	2.01
1568	榜祥精彩	5.26	12.41	4.36	16.15	0.35	1.00	1.81
1569	玖鹏至尊 1 号	5.25	21.55	11.97	37.98	0.27	0.49	0.77
1570	橡子树 2 号	5.25	19.69	10.90	33.73	0.28	0.50	0.86
1571	东方腾润 2 号	5.23	28.50	14.81	45.96	0.26	0.51	0.63
1572	斯同 2 号	5.23	24.83	13.60	35.44	0.27	0.49	0.82

续表

编号	基金名称	年化收益率（%）	年化波动率（%）	年化下行风险（%）	最大回撤率（%）	夏普比率	索丁诺比率	收益—最大回撤比率
1573	融昊稳健 1 号	5.21	18.62	10.25	27.90	0.28	0.52	1.04
1574	巨鼎崧曦价值 1 号	5.21	26.55	12.44	43.59	0.26	0.56	0.66
1575	泰旸创新成长 1 号	5.21	19.08	10.39	44.26	0.28	0.52	0.65
1576	合正普惠稳健增长 5 号	5.18	14.64	6.82	16.97	0.31	0.67	1.69
1577	少数派 9 号	5.17	19.97	10.22	28.40	0.27	0.54	1.01
1578	达尔文远志 1 号	5.14	9.62	6.59	21.96	0.41	0.61	1.30
1579	七曜领峰	5.14	16.42	9.10	30.68	0.29	0.53	0.93
1580	仙童 1 期	5.14	18.52	8.84	28.82	0.28	0.58	0.99
1581	德丰华 1 期	5.14	13.26	7.13	18.67	0.33	0.61	1.52
1582	中闻新锐 1 号	5.13	23.55	12.86	34.98	0.26	0.48	0.81
1583	德睿陌丰 1 号	5.13	34.04	17.36	49.73	0.27	0.52	0.57
1584	倍力时空价值成长 1 期	5.10	81.38	31.88	58.97	0.39	0.99	0.48
1585	丰岭精选	5.10	19.71	12.11	29.10	0.27	0.45	0.97
1586	康曼德 101A	5.09	18.38	11.16	24.50	0.28	0.46	1.15
1587	幂因 1 号	5.08	25.51	12.37	35.22	0.26	0.53	0.80
1588	中睿合银茅势 2 号（翼虎）	5.08	14.99	5.99	27.47	0.30	0.76	1.02
1589	翼虎成长 1 期（翼虎）	5.08	20.76	11.87	35.30	0.27	0.47	0.80
1590	九嶷禾禧 1 号	5.08	20.01	10.78	28.81	0.27	0.50	0.97
1591	巡洋成长 1 号	5.07	21.82	11.17	41.02	0.26	0.52	0.68

续表

编号	基金名称	年化收益率（%）	年化波动率（%）	年化下行风险（%）	最大回撤率（%）	夏普比率	索丁诺比率	收益—最大回撤比率
1592	沪深 300 指数对冲 2 号	5.07	16.36	5.85	25.28	0.29	0.80	1.11
1593	从容宏观对冲 5 号	5.06	17.44	9.75	34.49	0.28	0.51	0.81
1594	万泰华瑞 2 号	5.06	18.00	8.80	20.91	0.28	0.57	1.34
1595	德毅恒升	5.06	30.18	18.53	41.73	0.27	0.43	0.67
1596	耕霁 1 期	5.03	18.85	11.69	34.50	0.28	0.45	0.81
1597	民晟红鹭 6 期	5.03	18.97	9.67	25.82	0.27	0.53	1.08
1598	中证 500 指数 2 倍增强 3 期	5.03	41.32	19.67	55.40	0.26	0.56	0.50
1599	源乐晟股票精选	5.01	20.33	11.12	38.66	0.27	0.49	0.72
1600	多盈 2 号	5.00	14.13	8.12	19.90	0.31	0.54	1.39
1601	真鑫如意 1 期	4.99	12.13	6.41	13.32	0.34	0.64	2.07
1602	彩虹 1 号（深圳）	4.99	23.28	12.23	21.10	0.26	0.49	1.31
1603	博道精选 1 期	4.98	19.14	11.29	31.35	0.27	0.46	0.88
1604	榕树中国红利 1 期	4.98	10.36	4.45	13.00	0.37	0.87	2.11
1605	高毅庆瑞 6 号	4.97	21.52	10.78	47.10	0.26	0.52	0.58
1606	等闲长征 1 号	4.94	20.82	12.78	35.02	0.26	0.43	0.78
1607	乐晟精选	4.94	22.22	11.77	41.18	0.26	0.49	0.66
1608	万霁 5 号	4.93	23.97	12.30	32.33	0.25	0.50	0.84
1609	鹰傲长盈 1 号	4.93	28.90	17.65	52.15	0.26	0.43	0.52
1610	鲸选 18 号	4.92	19.28	10.93	25.86	0.27	0.47	1.05

续表

编号	基金名称	年化收益率（%）	年化波动率（%）	年化下行风险（%）	最大回撤率（%）	夏普比率	索丁诺比率	收益—最大回撤比率
1611	中承峥嵘 1 期	4.91	28.53	15.01	37.62	0.25	0.48	0.72
1612	景颂健康中国 1 号	4.90	14.44	6.55	30.66	0.30	0.66	0.88
1613	瞰瞻股票型 1 号	4.89	19.37	11.00	30.99	0.26	0.46	0.87
1614	伏明 1 号	4.88	38.06	21.73	69.28	0.28	0.48	0.39
1615	宁波信本资产权益 1 号	4.87	23.26	11.49	24.46	0.25	0.51	1.10
1616	华毅远行 1 号	4.86	60.27	22.09	62.86	0.30	0.83	0.43
1617	银帆 7 期	4.86	12.43	6.49	25.84	0.32	0.62	1.04
1618	紫玺宸 6 期	4.85	53.67	31.15	66.62	0.33	0.58	0.40
1619	汇泽量慧 FOF1 期	4.85	9.97	5.34	11.75	0.37	0.70	2.27
1620	和聚华盛平台	4.85	20.07	11.46	26.72	0.26	0.46	1.00
1621	益诺粮草	4.84	27.48	15.20	50.64	0.25	0.46	0.53
1622	喆颢大中华 D	4.83	11.87	6.99	19.19	0.33	0.56	1.39
1623	永望复利成长 1 号	4.83	33.37	15.78	41.39	0.25	0.54	0.64
1624	金塔 1 号	4.82	23.70	12.43	30.06	0.25	0.48	0.88
1625	康曼德 107 号	4.81	30.59	20.77	43.95	0.27	0.39	0.60
1626	恒复趋势 1 号	4.81	26.98	16.47	41.16	0.25	0.41	0.64
1627	华莎泉明月 1 号	4.80	23.07	12.62	30.63	0.25	0.46	0.86
1628	中域增值 1 期	4.80	28.86	15.47	39.34	0.25	0.47	0.67
1629	九远磐石 1 号	4.77	14.81	8.33	21.24	0.29	0.51	1.24

续表

编号	基金名称	年化收益率（%）	年化波动率（%）	年化下行风险（%）	最大回撤率（%）	夏普比率	索丁诺比率	收益—最大回撤比率
1630	蓝妍酪成长 1 号	4.76	22.53	10.59	33.89	0.25	0.53	0.77
1631	翼虎灵活配置 1 号	4.76	20.19	11.61	32.68	0.25	0.44	0.80
1632	鹰瞰绝对价值	4.75	29.17	17.27	52.61	0.25	0.43	0.50
1633	东方马拉松致远	4.74	24.42	14.41	49.26	0.25	0.42	0.53
1634	玖月天玺 2 号	4.72	24.60	13.90	40.13	0.25	0.44	0.65
1635	广金成长 3 期	4.72	20.53	10.68	41.79	0.25	0.49	0.62
1636	宜信财富喆富资本市场量化	4.71	7.33	4.54	11.40	0.46	0.75	2.27
1637	巴富罗聚富 2 号	4.71	33.77	16.41	48.66	0.25	0.51	0.53
1638	裕晋 9 期	4.69	19.49	11.35	28.16	0.25	0.44	0.91
1639	正弘 2 号	4.68	43.51	22.92	37.70	0.28	0.53	0.68
1640	致畅隆源	4.67	31.63	16.19	26.24	0.25	0.49	0.98
1641	涵元天权	4.67	23.28	12.47	34.02	0.24	0.46	0.75
1642	江煦 3 号	4.65	17.37	9.76	21.81	0.26	0.47	1.17
1643	金舆宏观配置 1 号	4.64	15.15	8.08	25.98	0.27	0.52	0.98
1644	万利富达共赢	4.64	20.87	12.45	35.41	0.25	0.42	0.72
1645	私募学院菁英 171 号	4.64	27.02	13.47	45.00	0.24	0.48	0.57
1646	融和 1 号	4.63	16.01	8.57	18.34	0.27	0.50	1.38
1647	毅木动态精选 4 号	4.62	13.11	7.01	18.71	0.29	0.55	1.35
1648	弘酬开元	4.61	6.65	3.27	8.45	0.49	0.99	3.00

续表

编号	基金名称	年化收益率（%）	年化波动率（%）	年化下行风险（%）	最大回撤率（%）	夏普比率	索丁诺比率	收益—最大回撤比率
1649	博普稳增 3 号	4.61	3.24	1.54	3.32	0.94	1.99	7.61
1650	汇泽领慧 FOF1 期 D 号	4.59	10.35	5.35	12.05	0.34	0.66	2.09
1651	高毅世发 1 号赋余 5 号	4.59	20.80	10.76	30.57	0.25	0.47	0.82
1652	趋势投资 1 号	4.57	44.04	17.69	46.20	0.26	0.64	0.54
1653	谊佰多品种稳健 1 号	4.56	5.72	3.34	8.89	0.55	0.94	2.81
1654	毅木资产海阔天空 1 号	4.55	13.19	7.26	19.98	0.29	0.52	1.25
1655	品正理翔 2 期	4.54	21.42	10.48	29.28	0.24	0.49	0.85
1656	观富价值 1 号-1	4.54	17.35	9.42	23.73	0.26	0.47	1.05
1657	弄玉 1 号	4.53	22.25	12.12	44.24	0.24	0.44	0.56
1658	宽桥名将 2 号	4.53	11.94	4.87	17.24	0.30	0.74	1.44
1659	忠石龙腾 2 号	4.52	19.69	11.44	22.06	0.25	0.42	1.12
1660	展博 5 期	4.52	17.36	8.11	23.33	0.25	0.54	1.06
1661	江汉 1 号	4.51	15.83	7.07	18.63	0.26	0.58	1.32
1662	雅栢宝量化 5 号	4.51	7.97	4.92	13.51	0.40	0.66	1.82
1663	唯通伯兄比孔	4.49	6.48	3.58	8.18	0.48	0.87	3.00
1664	鑫弘泽财富 2 号	4.48	17.99	10.59	29.73	0.25	0.42	0.82
1665	巴克夏月月利 2 号	4.47	46.16	21.13	51.48	0.27	0.60	0.48
1666	大钧玖泰沪港深	4.47	18.35	9.63	25.45	0.25	0.47	0.96
1667	宏亮优选 FOF	4.47	11.37	5.38	16.77	0.31	0.65	1.46

续表

编号	基金名称	年化收益率（%）	年化波动率（%）	年化下行风险（%）	最大回撤率（%）	夏普比率	索丁诺比率	收益—最大回撤比率
1668	领颐成长	4.47	25.16	10.89	36.61	0.23	0.53	0.67
1669	易融宝深南大道 1 号	4.46	19.31	10.19	35.59	0.24	0.46	0.68
1670	榕树陈氏	4.46	24.91	11.94	43.60	0.23	0.49	0.56
1671	睿信 2 期	4.42	17.26	10.29	25.14	0.25	0.42	0.96
1672	新方程精和泉 1 期	4.42	24.30	13.23	36.85	0.23	0.43	0.65
1673	高毅利伟尊享 D 期	4.42	19.45	9.01	28.82	0.24	0.51	0.84
1674	高毅利伟	4.42	17.09	9.09	28.82	0.25	0.47	0.84
1675	金石 3 期	4.40	40.13	21.59	45.78	0.27	0.50	0.53
1676	盈阳指数增强 1 号	4.39	32.97	20.64	50.58	0.25	0.41	0.47
1677	大通道福道 1 号	4.38	6.37	4.13	9.06	0.47	0.73	2.64
1678	侏罗纪超龙 3 号	4.34	16.52	7.65	20.97	0.25	0.53	1.13
1679	抱朴 2 号（抱朴）	4.33	15.50	7.84	21.79	0.25	0.50	1.08
1680	投资精英之重阳（B）	4.32	15.53	8.25	23.35	0.25	0.47	1.01
1681	槿樾投资-私募学院菁英 198 号	4.32	32.28	9.87	38.55	0.21	0.69	0.61
1682	本利达 2 号	4.31	26.47	12.98	36.44	0.23	0.46	0.65
1683	展博专注 B 期	4.31	17.35	8.13	23.42	0.24	0.51	1.00
1684	浅湖达尔文 2 号	4.31	39.23	19.37	66.11	0.25	0.51	0.36
1685	卓眎稳健致远	4.29	8.69	5.08	18.59	0.35	0.61	1.26
1686	红奶酪	4.29	21.58	10.38	33.94	0.23	0.47	0.69

续表

编号	基金名称	年化收益率（%）	年化波动率（%）	年化下行风险（%）	最大回撤率（%）	夏普比率	索丁诺比率	收益—最大回撤比率
1687	从容全天候增长母	4.28	20.52	11.61	42.26	0.23	0.41	0.55
1688	丝路汉赋1号	4.26	25.56	11.83	35.94	0.22	0.49	0.65
1689	泓澄投资睿享3号	4.26	21.62	12.44	40.85	0.23	0.40	0.57
1690	宝泰2号	4.25	24.98	12.39	29.79	0.23	0.46	0.78
1691	易同精选1号	4.24	17.47	9.53	25.44	0.24	0.44	0.91
1692	果实成长精选1号	4.24	22.27	11.71	40.91	0.23	0.43	0.56
1693	否极泰2期	4.24	43.72	19.28	47.23	0.26	0.59	0.49
1694	黄金优选10期5号	4.23	15.38	8.19	23.15	0.25	0.46	0.99
1695	明曜精选1期	4.22	24.48	13.25	39.16	0.23	0.42	0.59
1696	金广资产-鑫1号	4.17	19.18	9.13	33.93	0.23	0.48	0.67
1697	仙童3期	4.16	24.20	12.46	37.59	0.22	0.43	0.60
1698	紫鑫指数精选FOI2号	4.16	13.93	7.95	22.82	0.25	0.44	0.99
1699	展翔日昇	4.15	45.30	24.78	48.79	0.28	0.51	0.46
1700	私募工场艺蓝1期	4.15	17.94	10.01	23.69	0.23	0.41	0.95
1701	黄金优选10期3号（重阳）	4.15	15.36	8.19	23.27	0.24	0.45	0.97
1702	滨海-龙腾6号	4.14	4.51	2.43	3.74	0.59	1.10	6.01
1703	昆仑26号	4.12	14.23	7.97	22.50	0.25	0.44	0.99
1704	高毅国鹭1号	4.11	20.95	11.77	33.44	0.22	0.40	0.67
1705	抱朴1号	4.11	20.51	11.44	35.96	0.22	0.40	0.62

续表

编号	基金名称	年化收益率（%）	年化波动率（%）	年化下行风险（%）	最大回撤率（%）	夏普比率	索丁诺比率	收益—最大回撤比率
1706	月月赢麒麟财富 8 号	4.10	5.82	2.73	7.36	0.46	0.99	3.02
1707	颢瀚稳健 3 期	4.08	12.17	5.97	15.98	0.26	0.54	1.38
1708	嘉耀滚雪球 1 号	4.07	22.37	10.31	36.23	0.22	0.47	0.61
1709	珺容 5 期	4.06	13.26	7.14	27.63	0.25	0.47	0.80
1710	东方鼎泰 4 期	4.06	20.55	12.75	34.05	0.22	0.36	0.65
1711	少数派 106 号	4.05	18.26	9.78	26.58	0.23	0.42	0.83
1712	艺蓝投资私募学院菁英 301 号	4.04	18.92	11.90	32.57	0.22	0.36	0.67
1713	益盟财富 2 期	4.03	24.84	14.21	34.66	0.22	0.39	0.63
1714	鼎锋成长 1 期 C 号	4.03	23.85	10.15	47.89	0.22	0.51	0.46
1715	沣沛领先	4.03	17.42	10.12	28.27	0.23	0.39	0.77
1716	博孚利尊享 1 号	4.02	5.10	2.39	7.40	0.50	1.08	2.94
1717	理成转子 2 号	3.99	26.96	13.65	28.16	0.22	0.44	0.77
1718	新方程泓澄精选–尊享 A	3.99	71.82	35.23	44.58	0.37	0.75	0.48
1719	天谷价值精选 1 号	3.99	36.35	20.13	45.04	0.24	0.44	0.48
1720	镛泉资产和鑫 1 号	3.99	20.28	10.24	32.49	0.22	0.43	0.66
1721	极元智裕私募精选 3 号	3.98	18.18	10.74	26.13	0.22	0.38	0.82
1722	堃熙多策略 8 号	3.97	5.18	2.77	4.72	0.49	0.92	4.55
1723	泰盈晟元 1 号	3.97	26.59	13.98	30.55	0.22	0.42	0.70
1724	云梦泽–远方股票稳健	3.97	19.36	13.85	37.63	0.22	0.31	0.57

续表

编号	基金名称	年化收益率（%）	年化波动率（%）	年化下行风险（%）	最大回撤率（%）	夏普比率	索丁诺比率	收益—最大回撤比率
1725	思考湘益 1 号	3.95	28.54	14.33	37.85	0.22	0.43	0.57
1726	北京福睿德 5 号	3.95	22.16	12.81	35.32	0.22	0.37	0.61
1727	存元稳健成长 1 期	3.92	39.31	21.54	39.48	0.25	0.46	0.54
1728	平凡悟量	3.91	6.36	3.79	17.55	0.40	0.67	1.20
1729	数苼众城量化稳进 1 期	3.88	22.21	14.29	46.35	0.22	0.34	0.45
1730	弘酬双全 3 期	3.87	14.51	8.10	28.69	0.23	0.41	0.73
1731	麒涵 3 号	3.87	17.68	8.67	25.82	0.22	0.44	0.81
1732	裕晋 8 期	3.86	18.86	10.78	26.69	0.21	0.38	0.78
1733	少数派 10 号	3.85	18.25	9.81	26.45	0.21	0.40	0.79
1734	果实资本精英汇 4A 号	3.84	17.78	10.01	34.23	0.21	0.38	0.60
1735	正鑫 1 号	3.83	30.73	14.32	42.86	0.22	0.47	0.48
1736	众禄价值成长 2 号	3.82	28.75	15.60	44.77	0.22	0.40	0.46
1737	丰岭稳健 7 期	3.81	19.54	11.79	31.25	0.21	0.35	0.66
1738	尚雅 7 期	3.80	22.44	12.08	36.58	0.21	0.39	0.56
1739	骏泽国卓 1 号	3.79	22.34	13.25	40.19	0.21	0.36	0.51
1740	泓澄锐进 52 期	3.78	21.45	12.54	41.00	0.21	0.36	0.50
1741	泓澄尊享 A 期	3.78	21.27	13.81	40.99	0.21	0.33	0.50
1742	泓澄尊享 C 期	3.78	67.53	28.01	64.69	0.29	0.70	0.32
1743	叁泽第二	3.78	2.70	1.51	2.51	0.83	1.49	8.11

续表

编号	基金名称	年化收益率（%）	年化波动率（%）	年化下行风险（%）	最大回撤率（%）	夏普比率	索丁诺比率	收益—最大回撤比率
1744	天谷深度价值 1 号	3.77	35.04	20.37	43.76	0.24	0.41	0.47
1745	谊恒宏锐 1 号	3.76	12.82	7.48	17.70	0.23	0.40	1.14
1746	汇泽至慧 FOF1 期 B 号	3.76	12.40	7.42	16.18	0.24	0.40	1.25
1747	银万丰泽 2 号	3.75	20.79	12.63	24.52	0.21	0.34	0.82
1748	牧鑫量化精选 1 号	3.74	21.51	12.27	30.59	0.21	0.36	0.66
1749	沃胜 5 期	3.74	19.57	10.81	34.56	0.21	0.37	0.58
1750	珺容量化精选 3 号	3.74	6.54	3.56	6.87	0.37	0.67	2.94
1751	天意仁和资产精选轮动	3.74	27.80	11.60	27.98	0.20	0.48	0.72
1752	淞水泉专项 3 期	3.73	23.10	12.60	48.26	0.21	0.38	0.42
1753	以太投资趋势 4 号	3.73	4.06	2.20	9.00	0.55	1.02	2.23
1754	智德 1 期	3.72	16.38	9.52	31.17	0.21	0.37	0.64
1755	裕晋 5 期	3.70	18.09	10.44	28.01	0.21	0.36	0.71
1756	长见策略 1 号	3.69	14.98	9.09	28.77	0.22	0.36	0.69
1757	东方鼎泰 7 期	3.68	18.36	10.63	34.11	0.21	0.36	0.58
1758	翼虎成长 7 期	3.67	21.09	12.09	35.57	0.20	0.35	0.56
1759	大牛进取 1 号	3.67	22.41	11.05	34.41	0.20	0.41	0.57
1760	明达 2 期	3.66	27.83	14.53	36.34	0.21	0.40	0.54
1761	丰岭远航母基金	3.65	17.57	10.67	25.21	0.21	0.34	0.78
1762	平安阖鼎重阳价值 1 号 2 期	3.64	14.64	8.23	22.60	0.21	0.38	0.86

续表

编号	基金名称	年化收益率 (%)	年化波动率 (%)	年化下行风险 (%)	最大回撤率 (%)	夏普比率	索丁诺比率	收益—最大回撤比率
1763	黄金优选 21 期 1 号	3.63	21.38	11.09	28.55	0.20	0.39	0.68
1764	航长鹰眼 1 号	3.63	15.96	9.31	25.71	0.21	0.36	0.76
1765	平安阖鼎重阳价值 1 号 3 期	3.63	13.98	8.23	22.62	0.22	0.37	0.86
1766	宜信财富－喆颢资本市场量化策略投资 D	3.62	7.69	5.12	12.58	0.31	0.46	1.55
1767	晋元 TOT	3.62	21.11	7.42	23.35	0.19	0.54	0.83
1768	阳光宝 1 号	3.62	17.84	10.41	32.50	0.20	0.35	0.60
1769	塞帕思价值投资 1 号	3.61	22.43	14.14	35.16	0.20	0.32	0.55
1770	开宝 2 期	3.61	19.10	10.96	27.87	0.20	0.35	0.70
1771	东方鼎泰 2 期	3.60	19.76	11.44	34.13	0.20	0.35	0.57
1772	阿比萃多赢 1 期	3.60	18.58	11.08	36.18	0.20	0.34	0.54
1773	永望复利成长 6 号	3.60	31.42	15.87	39.50	0.22	0.43	0.49
1774	中证 800 等权指数 2 倍增强 4 期	3.59	37.56	18.04	52.29	0.22	0.46	0.37
1775	天天向上 2 号（铭环资产）	3.59	38.31	22.87	41.93	0.24	0.41	0.46
1776	兆天尊享 A 期	3.58	24.68	14.12	40.56	0.20	0.36	0.47
1777	锐进 40 期兆天尊享	3.58	24.73	14.11	40.56	0.20	0.36	0.47
1778	中略恒晟 1 号	3.58	19.62	10.71	36.01	0.20	0.36	0.53
1779	智祺 1 号	3.58	57.24	24.93	70.53	0.28	0.63	0.27
1780	枫池稳健	3.56	23.00	12.70	37.01	0.20	0.36	0.52

续表

编号	基金名称	年化收益率（%）	年化波动率（%）	年化下行风险（%）	最大回撤率（%）	夏普比率	索丁诺比率	收益—最大回撤比率
1781	鸿涵成长 1 期	3.55	25.54	13.34	38.81	0.20	0.39	0.49
1782	橡杉 1 号	3.55	4.95	2.25	7.54	0.43	0.94	2.52
1783	真鑫如意 2 期	3.54	12.02	6.99	14.72	0.22	0.39	1.29
1784	榕树文明复兴 2 期	3.53	22.78	11.28	37.82	0.20	0.40	0.50
1785	七曜中信领奕	3.53	16.82	9.22	29.14	0.20	0.36	0.65
1786	展博新兴产业（A）	3.53	22.16	11.55	30.26	0.20	0.38	0.63
1787	裕晋 11 期	3.52	18.65	10.86	27.22	0.20	0.34	0.69
1788	汇泽至慧 FOF1 期	3.51	9.83	5.41	13.58	0.25	0.45	1.39
1789	景裕新能源汽车行业 1 号	3.51	32.24	15.87	55.84	0.21	0.44	0.34
1790	东方港湾 5 号	3.49	23.57	12.15	40.35	0.20	0.38	0.46
1791	以太投资稳健成长 13 号	3.47	4.84	2.96	11.28	0.42	0.69	1.65
1792	玖月天玺 1 号	3.46	22.66	14.17	40.64	0.20	0.32	0.46
1793	复和紫檀玉鼎 2 号	3.46	18.81	10.61	26.21	0.19	0.34	0.71
1794	私募学院菁英 135 号	3.46	20.74	10.40	29.67	0.19	0.38	0.62
1795	煌垦新档量化精选	3.45	30.24	15.18	42.98	0.21	0.41	0.43
1796	鑫安 1 期	3.45	16.92	9.00	26.37	0.19	0.36	0.70
1797	东方鼎泰 5 期	3.45	20.45	12.57	35.85	0.20	0.32	0.52
1798	骥才金马投资 1 号	3.44	19.54	12.77	31.47	0.20	0.30	0.59
1799	忠石龙腾 1 号	3.44	19.46	11.31	21.47	0.19	0.33	0.86

续表

编号	基金名称	年化收益率（%）	年化波动率（%）	年化下行风险（%）	最大回撤率（%）	夏普比率	索丁诺比率	收益—最大回撤比率
1800	以太投资价值 1 号	3. 43	21. 04	11. 37	32. 48	0. 19	0. 36	0. 57
1801	启元久安 1 号	3. 42	8. 40	4. 75	8. 69	0. 26	0. 47	2. 11
1802	鼎萨 1 期	3. 42	37. 17	21. 61	44. 88	0. 23	0. 40	0. 41
1803	远策 1 期	3. 41	19. 82	10. 33	27. 88	0. 19	0. 36	0. 65
1804	平安阖鼎从容优选 15 号	3. 40	16. 92	9. 73	34. 94	0. 19	0. 34	0. 52
1805	仙童 FOF4 期	3. 40	14. 03	9. 39	25. 91	0. 20	0. 30	0. 70
1806	玖鹏价值精选 1 号	3. 40	25. 02	12. 17	37. 83	0. 19	0. 40	0. 48
1807	润泽价值 1 期	3. 39	6. 95	4. 03	14. 11	0. 30	0. 52	1. 29
1808	普尔睿康	3. 35	23. 93	11. 64	43. 79	0. 19	0. 39	0. 41
1809	默名融智阳光 12 期	3. 35	33. 28	15. 88	37. 34	0. 21	0. 44	0. 48
1810	听畅畅享 1 号 FOF	3. 34	11. 60	7. 01	20. 01	0. 21	0. 35	0. 89
1811	万霁 9 号	3. 33	22. 37	12. 00	35. 69	0. 19	0. 35	0. 50
1812	合德丰泰	3. 33	4. 10	2. 59	4. 43	0. 45	0. 72	4. 01
1813	智享 5 号尊享 A	3. 32	19. 18	11. 72	32. 01	0. 19	0. 31	0. 55
1814	慧明价值成长	3. 30	26. 29	13. 95	28. 22	0. 19	0. 36	0. 62
1815	世纪兴元价值成长 1 号	3. 30	6. 10	2. 90	6. 54	0. 32	0. 66	2. 69
1816	易凡 1 号	3. 29	19. 98	11. 17	39. 20	0. 18	0. 33	0. 45
1817	明达	3. 28	23. 45	13. 15	37. 04	0. 19	0. 34	0. 47
1818	金莉洋 1 号	3. 27	12. 19	5. 92	17. 82	0. 20	0. 41	0. 98

续表

编号	基金名称	年化收益率（%）	年化波动率（%）	年化下行风险（%）	最大回撤率（%）	夏普比率	索丁诺比率	收益—最大回撤比率
1819	合撰成长精选 2 号	3.26	20.75	10.83	31.80	0.18	0.35	0.55
1820	悟空对冲量化 3 期	3.26	15.00	8.30	28.84	0.19	0.34	0.60
1821	重阳 8 期	3.25	12.98	7.08	18.13	0.19	0.36	0.96
1822	万霁长虹 1 号	3.24	22.91	12.06	33.15	0.18	0.35	0.52
1823	高毅利伟策远 7 号	3.21	17.78	11.37	29.60	0.18	0.29	0.58
1824	元葵宏观策略复利 1 号	3.20	9.88	5.23	21.29	0.22	0.41	0.80
1825	快星成长 1 期	3.20	52.07	24.70	63.79	0.28	0.58	0.27
1826	合正普惠景气成长 1 号	3.20	15.62	8.57	30.61	0.18	0.33	0.56
1827	长邦投资同盈	3.19	7.54	3.21	8.20	0.25	0.60	2.07
1828	麒涵 2 号	3.17	16.34	8.09	28.22	0.18	0.36	0.60
1829	斌诺金智 1 号	3.16	26.21	10.88	27.23	0.18	0.43	0.62
1830	尚泽昆仑 1 号	3.15	26.18	13.08	45.69	0.19	0.37	0.37
1831	展博 1 期	3.14	20.52	10.37	22.71	0.18	0.35	0.74
1832	证大量化旗舰 1 号	3.14	19.29	9.65	32.03	0.18	0.35	0.52
1833	和聚港股平台	3.14	20.81	11.97	34.61	0.18	0.31	0.48
1834	齐信 1 号	3.14	8.83	5.32	15.23	0.22	0.37	1.10
1835	锦利红橡稳盈 1 期	3.13	21.44	14.44	47.66	0.18	0.27	0.35
1836	瑞捷 1 期	3.12	21.67	12.57	32.60	0.18	0.31	0.51
1837	兴亿成长 1 期	3.11	14.72	8.19	29.35	0.18	0.32	0.56

续表

编号	基金名称	年化收益率 (%)	年化波动率 (%)	年化下行风险 (%)	最大回撤率 (%)	夏普比率	索丁诺比率	收益—最大回撤比率
1838	水龙吟	3.08	27.36	16.16	55.71	0.19	0.33	0.29
1839	长江稳健	3.07	19.69	11.82	37.56	0.18	0.29	0.44
1840	弘酬永泰	3.06	17.08	9.35	26.21	0.17	0.31	0.62
1841	康曼德 002 号	3.05	19.96	10.84	25.33	0.17	0.32	0.64
1842	易同增长 1 号	3.05	17.74	9.30	25.83	0.17	0.33	0.63
1843	本地资本-花开富贵	3.03	15.18	8.76	31.02	0.17	0.30	0.52
1844	乾信中国影响力 2 号	3.03	36.30	21.22	63.18	0.23	0.39	0.25
1845	通和富享 1 期 2 号	3.01	26.39	12.56	32.40	0.18	0.38	0.49
1846	易同增长 2 号	3.01	18.12	9.46	25.76	0.17	0.32	0.62
1847	蝶恋花	3.00	26.61	14.80	55.49	0.19	0.33	0.29
1848	大明投资复兴	2.99	33.72	17.66	42.41	0.21	0.39	0.37
1849	尚雅 9 期	2.99	26.89	13.72	48.07	0.18	0.36	0.33
1850	宏羽多元组合	2.99	28.38	16.01	63.48	0.19	0.34	0.25
1851	歌迅工匠 1 号	2.97	15.19	7.40	29.79	0.17	0.34	0.53
1852	南方汇金 1 号	2.97	17.52	8.65	16.99	0.17	0.34	0.93
1853	泽升优选成长 7 期	2.96	34.72	17.23	50.72	0.21	0.42	0.31
1854	骏泽平衡 2 号	2.95	13.10	9.74	24.61	0.17	0.24	0.64
1855	尊道安泰	2.95	20.06	11.34	29.53	0.17	0.30	0.53
1856	平安阖鼎泓澄智选 2 号	2.95	21.47	12.76	43.60	0.17	0.29	0.36

续表

编号	基金名称	年化收益率（%）	年化波动率（%）	年化下行风险（%）	最大回撤率（%）	夏普比率	索丁诺比率	收益—最大回撤比率
1857	骏泽平衡 1 号	2.94	7.52	5.57	10.99	0.22	0.30	1.42
1858	展博精选 C 号	2.93	20.85	11.40	22.68	0.17	0.31	0.69
1859	寰宇 5 号	2.93	14.66	7.94	26.89	0.17	0.31	0.58
1860	展博精选 A 号	2.92	20.24	10.34	22.79	0.17	0.33	0.68
1861	康曼德 001 号	2.91	16.96	10.97	29.50	0.17	0.26	0.52
1862	永升致远 1 期	2.89	20.73	11.94	18.49	0.17	0.29	0.83
1863	中国龙精选	2.86	42.49	17.85	46.20	0.22	0.52	0.33
1864	金鼎价值成长 6 期	2.85	14.02	7.32	28.22	0.16	0.31	0.53
1865	稳赢 1 号（明石嘉盛）	2.85	27.34	15.72	41.75	0.18	0.32	0.36
1866	谦石 1 期	2.83	21.36	14.11	37.04	0.17	0.26	0.40
1867	高毅利伟朴实	2.83	17.38	11.13	30.35	0.16	0.25	0.49
1868	仙风激进 5 号	2.83	15.77	4.54	19.39	0.15	0.53	0.77
1869	璞醴价值成长	2.83	22.04	10.99	35.32	0.16	0.33	0.42
1870	利熙 6 号	2.82	6.43	3.37	7.79	0.23	0.44	1.92
1871	玖鹏积极成长 1 号	2.81	25.04	13.37	39.26	0.17	0.32	0.38
1872	臻禾稳得富 1 期	2.81	24.05	12.08	21.35	0.16	0.33	0.70
1873	东方鼎富稳健 1 号	2.80	20.54	12.23	38.52	0.16	0.28	0.38
1874	泊通新价值 1 号	2.80	19.57	11.20	40.99	0.16	0.28	0.36
1875	景富趋势成长 8 期	2.78	18.27	9.18	27.37	0.16	0.31	0.54

续表

编号	基金名称	年化收益率（%）	年化波动率（%）	年化下行风险（%）	最大回撤率（%）	夏普比率	索丁诺比率	收益—最大回撤比率
1876	道睿择 1 期	2.78	11.44	6.40	25.80	0.16	0.29	0.57
1877	卓凯 1 号 3 期	2.78	33.00	18.52	61.65	0.20	0.35	0.24
1878	彼立弗复利 1 期	2.78	15.16	9.60	30.73	0.16	0.25	0.48
1879	恒复利亭 1 号	2.78	31.48	18.25	47.82	0.19	0.33	0.31
1880	富果 3 号	2.78	26.55	13.83	37.49	0.18	0.34	0.39
1881	本颐创世纪中国优势机会	2.73	22.41	13.44	22.15	0.16	0.27	0.65
1882	昭时新三板 A	2.72	26.63	15.53	43.03	0.18	0.30	0.33
1883	金之灏潜龙 1 号	2.71	21.37	8.54	35.29	0.15	0.39	0.41
1884	君泽盈泰 4 号	2.68	24.74	14.08	34.66	0.17	0.30	0.41
1885	高毅利伟精选唯实 1 号	2.68	19.07	10.53	38.32	0.15	0.28	0.37
1886	宾悦成长 3 号	2.68	19.33	9.14	19.80	0.15	0.32	0.71
1887	蓝色天际股票 1 号	2.68	13.02	7.23	22.32	0.15	0.27	0.63
1888	龙智低布猎手 1 号	2.64	32.61	15.80	60.28	0.19	0.38	0.23
1889	岳瀚 5 号	2.63	20.02	10.86	23.72	0.15	0.28	0.58
1890	鑫安 9 期	2.62	13.61	7.52	22.51	0.15	0.27	0.61
1891	泽金资产常青藤 1 号	2.60	17.51	9.14	24.69	0.15	0.28	0.55
1892	通和富享 1 期 4 号	2.59	26.94	12.76	30.25	0.17	0.35	0.45
1893	睿信 5 期	2.58	23.19	12.85	36.18	0.16	0.29	0.38
1894	安爵金柏汇 1 号	2.58	21.55	11.08	38.11	0.15	0.30	0.36

续表

编号	基金名称	年化收益率（%）	年化波动率（%）	年化下行风险（%）	最大回撤率（%）	夏普比率	索丁诺比率	收益一最大回撤比率
1895	榕树文明复兴 7 期	2.57	23.77	12.37	37.24	0.16	0.31	0.36
1896	景富景晨优选 1 期	2.57	26.54	17.65	24.11	0.18	0.27	0.56
1897	蓝海战略 1 号	2.57	46.00	25.16	70.09	0.25	0.45	0.19
1898	时时安稳健 1 号	2.56	41.28	26.94	77.48	0.24	0.37	0.17
1899	泾溪佳盈 3 号	2.56	53.25	23.79	56.62	0.26	0.57	0.24
1900	宁聚量化稳增 1 号	2.55	25.06	16.86	38.66	0.17	0.25	0.35
1901	新方程人类未来海外	2.55	25.10	13.51	39.36	0.16	0.30	0.34
1902	卓踪 5 号	2.54	9.12	5.16	23.35	0.16	0.28	0.57
1903	品赋稳健成长	2.53	11.68	7.44	20.08	0.14	0.23	0.66
1904	禾田明盛财富传承	2.51	26.74	12.48	33.37	0.16	0.34	0.40
1905	仓红 1 号	2.48	23.93	11.25	30.44	0.15	0.33	0.43
1906	浩谕恒稳健成长 2 期	2.47	9.87	4.71	20.49	0.14	0.30	0.63
1907	东方鼎泰 3 期	2.45	16.48	10.94	29.81	0.14	0.21	0.43
1908	细水善提	2.44	29.56	14.97	47.92	0.17	0.34	0.27
1909	洋沛进取 1 号 A 期	2.44	17.89	9.81	29.45	0.14	0.25	0.43
1910	汇泽至慧 FOF1 期 A 号	2.43	9.75	5.47	15.25	0.14	0.25	0.84
1911	谊恒多品种进取 3 号	2.39	11.70	8.27	18.28	0.13	0.19	0.69
1912	君洽精选 2 期	2.39	18.38	10.39	25.76	0.14	0.24	0.49
1913	至璞新以恒	2.36	13.32	7.99	21.77	0.13	0.22	0.57

续表

编号	基金名称	年化收益率（%）	年化波动率（%）	年化下行风险（%）	最大回撤率（%）	夏普比率	索丁诺比率	收益—最大回撤比率
1914	华骏海石 2 号	2.35	21.94	12.64	37.18	0.15	0.25	0.33
1915	长江东方港湾 2 号	2.35	20.52	10.41	42.10	0.14	0.27	0.29
1916	枫池稳健 3 号	2.35	21.89	12.78	38.67	0.15	0.25	0.32
1917	千榕阔叶榕	2.35	11.56	6.73	11.81	0.13	0.22	1.04
1918	宝润达投资-私募学院菁英 283 号	2.34	15.07	8.14	22.13	0.13	0.24	0.55
1919	红昆仑金匮 1 号	2.31	70.08	37.43	80.20	0.36	0.68	0.15
1920	鑫富资产腾龙 1 号	2.31	51.63	24.35	64.28	0.26	0.55	0.19
1921	海之源价值 1 期	2.30	17.75	9.17	22.53	0.13	0.25	0.53
1922	向阳 2 号精选	2.30	24.69	12.80	30.73	0.15	0.29	0.39
1923	永禧量化 1 号	2.28	16.12	10.69	26.18	0.13	0.19	0.46
1924	同威海源驰骋 1 号	2.27	28.59	15.82	41.34	0.17	0.30	0.29
1925	永望复利成长 9 号	2.27	33.52	17.73	43.15	0.18	0.35	0.27
1926	仙童 FOF101 期	2.27	12.20	7.89	25.60	0.12	0.19	0.46
1927	中鼎创富鼎创	2.26	17.51	9.81	34.24	0.13	0.23	0.35
1928	世诚-诚博	2.26	15.96	9.00	29.23	0.12	0.22	0.40
1929	沣青扬 2 号	2.25	26.93	16.78	42.66	0.16	0.26	0.28
1930	墨钜 2 号	2.23	8.86	4.77	17.50	0.12	0.23	0.67
1931	慧创 FOF 稳健 1 号	2.22	2.08	1.21	3.17	0.35	0.59	3.67
1932	泊通泊岸 1 号	2.22	19.00	10.84	40.58	0.13	0.23	0.29

续表

编号	基金名称	年化收益率（%）	年化波动率（%）	年化下行风险（%）	最大回撤率（%）	夏普比率	索丁诺比率	收益—最大回撤比率
1933	久兄长捷鹏 1 号	2.22	9.01	4.13	18.29	0.12	0.26	0.63
1934	九霄稳健 3 号	2.20	19.07	11.83	36.25	0.13	0.21	0.32
1935	合赛成长精选	2.20	21.01	10.97	32.64	0.13	0.26	0.35
1936	华辉价值星 13 号	2.20	28.21	12.38	41.37	0.15	0.35	0.28
1937	远策对冲 1 号	2.19	19.94	10.66	29.12	0.13	0.24	0.39
1938	佰德一复励 1 期	2.19	27.34	16.39	37.65	0.16	0.27	0.30
1939	世诚诚信金选 2 号	2.18	15.63	9.10	29.96	0.12	0.20	0.38
1940	非然创元 1 号	2.17	42.07	20.55	53.99	0.21	0.43	0.21
1941	成泉汇涌 3 期	2.17	26.91	13.86	26.14	0.15	0.30	0.43
1942	米答资产管理 1 号	2.16	18.93	10.92	38.66	0.13	0.22	0.29
1943	康曼德甘主动管理型	2.15	18.85	12.54	24.85	0.13	0.19	0.45
1944	深乾明道	2.15	18.69	14.35	31.18	0.13	0.17	0.36
1945	谢诺辰阳核心算法	2.15	18.40	10.15	37.75	0.12	0.22	0.30
1946	金广资产—鑫 5 号	2.14	18.34	9.36	30.94	0.12	0.24	0.36
1947	新方程精选 E5 号	2.14	18.22	11.28	33.90	0.12	0.20	0.33
1948	福睿德 6 号	2.14	30.54	18.64	45.15	0.17	0.28	0.25
1949	盛世知己 1 期	2.10	24.40	11.66	36.69	0.14	0.29	0.30
1950	国通成长	2.10	37.89	17.35	57.21	0.19	0.42	0.19
1951	品正理翔医药健康产业	2.09	28.04	14.30	45.76	0.15	0.30	0.24

续表

编号	基金名称	年化收益率（%）	年化波动率（%）	年化下行风险（%）	最大回撤率（%）	夏普比率	索丁诺比率	收益—最大回撤比率
1952	中资宏德 FOF 合众 1 号	2.08	6.69	3.91	12.39	0.12	0.20	0.88
1953	引石 1703 号	2.08	42.56	19.59	50.22	0.20	0.43	0.22
1954	墨锋红利平衡	2.07	10.36	5.40	14.07	0.10	0.20	0.77
1955	瀚信 1 号	2.07	36.60	17.62	45.65	0.19	0.39	0.24
1956	瀚信猎鹰 6 号	2.06	36.28	17.48	45.79	0.19	0.39	0.23
1957	尚雅 14 期	2.04	26.24	14.15	42.91	0.15	0.27	0.25
1958	海之源价值增长	2.04	20.28	10.67	27.57	0.12	0.23	0.38
1959	华辉晨星 1 号	2.02	37.46	15.61	44.90	0.18	0.43	0.23
1960	高毅庆瑞端远尊享 1 期	2.01	19.18	9.81	45.14	0.12	0.23	0.23
1961	正信共赢 3 号	2.01	32.98	18.04	46.60	0.18	0.32	0.22
1962	懋峰平和 2 号	2.01	26.48	13.49	33.32	0.14	0.28	0.31
1963	信复创值 2 号	2.00	27.68	14.40	44.43	0.15	0.29	0.23
1964	成泉汇涌 6 期	1.99	25.56	13.91	24.55	0.14	0.26	0.42
1965	七曜中信证券领奕 1 号	1.98	16.88	9.53	31.03	0.11	0.20	0.33
1966	翼虎成长 6 期	1.98	19.90	11.45	34.40	0.12	0.21	0.30
1967	伏明积极成长	1.98	70.98	36.62	80.05	0.35	0.69	0.13
1968	君翼量化 1 号	1.95	20.71	13.37	20.86	0.13	0.19	0.49
1969	神农医药 A—阿司匹林	1.95	24.17	15.36	40.06	0.14	0.22	0.25
1970	源乐晟锐进 58 期	1.94	22.95	12.40	39.38	0.13	0.24	0.26

续表

编号	基金名称	年化收益率（%）	年化波动率（%）	年化下行风险（%）	最大回撤率（%）	夏普比率	索丁诺比率	收益—最大回撤比率
1971	基石价值发现 1 号	1.94	47.92	19.96	39.98	0.21	0.51	0.25
1972	成泉汇涌 1 期	1.93	28.78	14.79	33.49	0.15	0.30	0.30
1973	虔美人	1.92	26.35	15.08	56.36	0.15	0.25	0.18
1974	世诚扬子 3F 号	1.90	15.78	8.98	29.62	0.10	0.18	0.33
1975	名禹稳健增长	1.87	17.23	9.17	38.59	0.10	0.20	0.25
1976	擎天普瑞明 2 号	1.87	16.20	9.31	38.10	0.10	0.18	0.25
1977	朴汇一	1.86	16.38	10.80	19.09	0.10	0.16	0.51
1978	世诚扬子 2 号	1.85	26.40	16.36	46.87	0.15	0.24	0.20
1979	上海优投资－长江	1.83	26.46	16.55	25.99	0.15	0.23	0.37
1980	向阳 1 号精选	1.83	25.00	12.82	37.88	0.13	0.26	0.25
1981	东源嘉盛成长 1 号	1.81	25.83	10.46	37.87	0.13	0.32	0.25
1982	盛世中欧	1.81	26.24	12.34	43.54	0.14	0.29	0.22
1983	非然信为旭日东升 1 号	1.80	45.85	23.52	60.57	0.23	0.44	0.15
1984	点聚 1 号	1.79	17.01	9.93	24.79	0.10	0.17	0.37
1985	盛世长安	1.78	26.04	12.80	46.41	0.14	0.28	0.20
1986	中立 1 号	1.78	16.27	9.55	26.29	0.10	0.16	0.35
1987	卓凯 1 号 5 期	1.76	31.75	18.12	60.04	0.16	0.28	0.15
1988	丰岭稳健成长 9 期	1.75	19.39	12.41	30.54	0.11	0.17	0.30
1989	利美稳健增长	1.75	45.56	23.14	57.02	0.22	0.44	0.16

续表

编号	基金名称	年化收益率（%）	年化波动率（%）	年化下行风险（%）	最大回撤率（%）	夏普比率	索丁诺比率	收益—最大回撤比率
1990	榕树文明复兴 6 期	1.75	23.85	12.13	38.98	0.12	0.24	0.23
1991	裕晋 17 期	1.75	20.72	12.28	28.12	0.11	0.19	0.32
1992	私募工场宽河精选稳健母基金 1 期	1.75	11.27	6.96	23.49	0.08	0.12	0.38
1993	橡谷成长 1 号	1.74	16.18	9.20	40.11	0.09	0.16	0.22
1994	鸿涵成长 3 期	1.74	28.46	15.21	45.05	0.15	0.27	0.20
1995	千般龙腾 19 号	1.73	21.77	11.24	28.25	0.11	0.22	0.32
1996	鹤骑鹰奇异指数	1.72	16.06	11.63	30.15	0.10	0.13	0.30
1997	惠丰稳健 2 号	1.71	12.88	7.73	17.13	0.08	0.13	0.52
1998	恒华海盛新经济 2 号	1.69	17.60	10.95	40.34	0.10	0.16	0.22
1999	祁大鹏 2 号	1.68	35.80	16.30	41.30	0.17	0.37	0.21
2000	鹦鹉螺量化股票多头 1 号	1.68	13.79	7.15	26.79	0.08	0.15	0.33
2001	中城稳健涵和 1 期	1.68	22.94	12.66	39.25	0.12	0.22	0.22
2002	世诚诚信尊享 1 号	1.68	15.90	9.30	31.23	0.09	0.15	0.28
2003	恒益富通 3 号	1.67	32.83	17.56	34.34	0.17	0.31	0.25
2004	辰月量化 1 号	1.66	14.59	8.09	25.08	0.08	0.15	0.34
2005	值搏率 1 号	1.65	24.33	9.80	29.55	0.12	0.29	0.29
2006	益昶趋势复利 1 号	1.64	20.48	11.86	32.36	0.11	0.19	0.26
2007	观复 1 号	1.64	21.98	11.74	30.19	0.11	0.21	0.28
2008	鼎萦四方成长 1 号	1.63	21.91	11.22	26.52	0.11	0.22	0.32

续表

编号	基金名称	年化收益率（%）	年化波动率（%）	年化下行风险（%）	最大回撤率（%）	夏普比率	索丁诺比率	收益—最大回撤比率
2009	东方行业优选	1.62	22.24	12.88	43.73	0.11	0.20	0.19
2010	大概率加速度 1 号	1.62	28.03	16.71	58.35	0.15	0.24	0.14
2011	博惠精选 1 期	1.62	50.26	25.47	63.52	0.24	0.48	0.13
2012	若愚量化全 A 配置	1.61	33.06	16.22	49.68	0.16	0.32	0.17
2013	潮信 3 号	1.60	16.85	9.17	26.10	0.09	0.16	0.32
2014	子午丁酉 A 期	1.59	15.79	7.97	26.88	0.08	0.16	0.31
2015	世诚扬子 3 号	1.59	26.26	18.77	46.15	0.15	0.21	0.18
2016	禾永尊享 6 号	1.58	21.07	11.46	41.23	0.11	0.19	0.20
2017	鼎锋 2 期	1.57	22.58	11.28	38.40	0.11	0.22	0.21
2018	墨锋价值 1 号	1.56	10.16	5.25	13.09	0.05	0.10	0.61
2019	正信共赢 1 号	1.55	31.13	16.01	51.95	0.15	0.29	0.15
2020	瑞民策略精选优势	1.55	27.01	15.03	41.94	0.13	0.24	0.19
2021	合撰成长精选 3 号	1.55	22.61	11.80	35.82	0.11	0.21	0.22
2022	诺万长期资本	1.54	26.40	15.53	35.32	0.13	0.23	0.22
2023	烽火 1 号	1.53	18.59	10.65	25.90	0.09	0.16	0.30
2024	枫池广聚成长 1 号	1.53	21.87	12.83	36.43	0.11	0.19	0.22
2025	恒德先锋一号	1.52	26.73	16.27	47.29	0.13	0.22	0.17
2026	辰月价值精选 1 号	1.52	18.20	10.20	33.58	0.09	0.16	0.23
2027	远策致盈 1 号	1.52	19.83	11.25	30.27	0.10	0.17	0.26

续表

编号	基金名称	年化收益率 (%)	年化波动率 (%)	年化下行风险 (%)	最大回撤率 (%)	夏普比率	索丁诺比率	收益—最大回撤比率
2028	君泽盈泰 2 号	1.51	25.91	15.23	40.09	0.13	0.22	0.19
2029	格雷成长 3 号	1.51	25.27	14.45	49.86	0.13	0.22	0.16
2030	民晟金牛 3 号	1.50	2.69	1.53	3.53	0.01	0.02	2.19
2031	七曜领峰 1 号	1.49	16.67	9.80	32.64	0.08	0.14	0.23
2032	信易安德远 2 号	1.48	31.39	20.57	54.92	0.16	0.25	0.14
2033	朴锐进取 1 号	1.48	38.39	18.11	33.94	0.18	0.38	0.22
2034	金龙 1 号（侏罗纪）	1.47	11.88	8.22	29.46	0.06	0.08	0.26
2035	锐进 47 期	1.47	15.38	8.72	28.33	0.07	0.13	0.27
2036	翼虎成长 3 期	1.47	20.28	11.85	34.60	0.10	0.17	0.22
2037	七曜尊享 A 期	1.46	14.50	8.56	28.33	0.07	0.12	0.27
2038	中国龙	1.43	12.45	7.36	21.00	0.06	0.09	0.35
2039	中国龙平衡	1.42	9.06	5.13	16.68	0.03	0.06	0.44
2040	中国龙平衡资本市场尊享系列	1.42	8.92	5.04	16.15	0.03	0.06	0.45
2041	恒复利贞	1.42	26.86	16.57	44.18	0.13	0.21	0.16
2042	天岸马鹏程	1.40	30.92	15.43	33.61	0.14	0.29	0.21
2043	枫润资产明元 3 号	1.40	33.91	17.43	49.32	0.16	0.31	0.15
2044	银河金汇东方港湾 1 号	1.39	21.59	12.06	45.34	0.10	0.18	0.16
2045	中环港沪深对冲	1.39	23.39	14.12	52.31	0.11	0.19	0.14
2046	武当 1 期	1.38	17.20	10.33	23.04	0.08	0.13	0.31

续表

编号	基金名称	年化收益率（%）	年化波动率（%）	年化下行风险（%）	最大回撤率（%）	夏普比率	索丁诺比率	收益—最大回撤比率
2047	未来舱 1 号	1.36	14.35	7.26	27.41	0.06	0.11	0.25
2048	本颐灵活策略 1 号	1.34	25.37	14.02	36.75	0.12	0.21	0.19
2049	私募工场卓凯雷锋	1.32	35.22	20.06	67.31	0.17	0.29	0.10
2050	银帆 6 期	1.32	13.71	7.17	16.86	0.05	0.10	0.40
2051	私募工场 19 期第 7 期（红角 1 号）	1.30	24.67	13.94	39.99	0.11	0.20	0.17
2052	恒德中略 3 期	1.30	15.18	7.56	25.58	0.06	0.12	0.26
2053	红林投资－私募学院菁英 212 号	1.29	54.86	29.17	65.48	0.27	0.50	0.10
2054	睿信 3 期	1.29	20.37	11.03	40.73	0.09	0.16	0.16
2055	君心盈泰－君泽盈泰 1 号	1.29	24.50	14.42	37.84	0.11	0.19	0.17
2056	尚雅 12 期	1.27	24.29	13.21	44.64	0.11	0.20	0.15
2057	丰岭精选 A 期	1.27	16.93	10.87	26.56	0.07	0.11	0.25
2058	中国龙稳健	1.27	11.55	6.58	19.63	0.04	0.06	0.33
2059	展翔日臻	1.26	29.95	17.77	44.75	0.14	0.24	0.14
2060	金砖资本 8 号	1.26	17.57	9.27	30.50	0.07	0.13	0.21
2061	文储 1 期	1.25	24.78	14.37	32.26	0.11	0.19	0.20
2062	懋峰对冲 1 号	1.25	29.11	15.96	35.55	0.13	0.24	0.18
2063	志远成长 1 号	1.24	9.22	4.83	8.75	0.02	0.03	0.73
2064	红享稳赢 1 期	1.24	24.82	7.52	27.70	0.09	0.30	0.23
2065	平石 2n 对冲基金	1.24	17.40	9.49	20.43	0.07	0.12	0.31

续表

编号	基金名称	年化收益率（%）	年化波动率（%）	年化下行风险（%）	最大回撤率（%）	夏普比率	索丁诺比率	收益—最大回撤比率
2066	资财长江	1.24	26.74	16.11	25.64	0.12	0.20	0.25
2067	正朗易	1.22	18.43	11.57	42.89	0.08	0.12	0.15
2068	锐进26期	1.22	19.02	11.16	34.09	0.08	0.13	0.18
2069	南方汇金2号	1.21	20.82	10.93	24.91	0.09	0.17	0.25
2070	民晟全天候1号	1.20	10.72	5.48	27.65	0.02	0.05	0.22
2071	汇创3期	1.19	21.95	12.32	28.82	0.09	0.17	0.21
2072	懋峰对冲2号	1.16	28.49	15.61	36.88	0.13	0.23	0.16
2073	向阎悟空对冲量化1期	1.14	15.46	9.06	31.57	0.05	0.09	0.18
2074	七曜河马1号	1.13	15.70	9.41	32.01	0.05	0.09	0.18
2075	金柏1期	1.13	19.09	9.35	25.92	0.07	0.14	0.22
2076	广金成长6期	1.13	26.16	13.37	34.32	0.11	0.22	0.17
2077	鼎萨3期	1.12	34.81	18.23	43.83	0.16	0.30	0.13
2078	私募工场厚生利稳健增长	1.12	22.08	11.63	40.46	0.09	0.17	0.14
2079	黑水磐石嘉1号	1.11	20.69	11.87	32.84	0.08	0.14	0.17
2080	长江汉景港湾1号	1.11	20.24	10.46	44.01	0.08	0.15	0.13
2081	清水源创新子基金2期	1.09	19.93	11.71	41.18	0.08	0.13	0.14
2082	高溪套利宝1号	1.09	20.11	8.71	26.90	0.07	0.17	0.21
2083	菁世2号	1.09	22.13	13.50	35.44	0.09	0.15	0.16
2084	花见锦春1号	1.08	16.62	8.36	23.68	0.05	0.11	0.23

续表

编号	基金名称	年化收益率（%）	年化波动率（%）	年化下行风险（%）	最大回撤率（%）	夏普比率	索丁诺比率	收益—最大回撤比率
2085	龙薩风华价值 1 号	1.08	23.76	12.94	41.23	0.10	0.18	0.13
2086	申毅量化套利尊享 C 期	1.07	14.29	9.94	19.56	0.04	0.06	0.28
2087	东方消费服务优选	1.07	24.31	14.24	43.57	0.10	0.18	0.13
2088	私募工场肥尾价值一号	1.07	18.82	10.60	36.03	0.07	0.12	0.15
2089	淡水泉新方程 1 期	1.07	22.57	12.84	50.58	0.09	0.16	0.11
2090	从容宏观对冲 3 号	1.06	18.61	10.92	36.45	0.07	0.12	0.15
2091	申毅量化套利尊享 B 期	1.06	11.16	9.87	22.94	0.02	0.03	0.24
2092	景泰复利回报银信宝 1 期	1.05	15.84	9.16	28.84	0.05	0.08	0.19
2093	悟空同创量化 1 期	1.04	14.34	7.94	28.77	0.04	0.07	0.18
2094	资财进取	1.01	29.56	17.01	32.94	0.13	0.22	0.16
2095	墨锋稳健成长	1.01	12.49	6.77	21.97	0.02	0.04	0.24
2096	仙风共赢 3 号	1.01	11.80	3.43	14.05	0.01	0.04	0.37
2097	辰月价值精选 2 号	1.01	15.48	8.49	27.69	0.04	0.08	0.19
2098	泓屹 1 号	1.00	20.31	11.78	30.94	0.07	0.13	0.17
2099	致君基石投资 1 号	0.99	19.57	12.42	31.07	0.07	0.11	0.16
2100	淡水泉新方程 2 期	0.99	22.82	12.65	48.99	0.09	0.16	0.10
2101	汇智众信价值成长轮动 1 期	0.98	12.21	7.40	20.96	0.02	0.03	0.24
2102	博洋投资 FOF2 号	0.95	9.91	6.51	21.09	-0.01	-0.01	0.23
2103	品质生活 2 期	0.95	24.69	11.96	41.86	0.09	0.19	0.12

续表

编号	基金名称	年化收益率（%）	年化波动率（%）	年化下行风险（%）	最大回撤率（%）	夏普比率	索丁诺比率	收益—最大回撤比率
2104	淡水泉精选 1 期	0.95	22.89	12.83	48.16	0.09	0.15	0.10
2105	同威海源价值 2 期	0.94	29.06	15.82	40.01	0.12	0.22	0.12
2106	鼎锋 1 期	0.94	22.15	11.61	41.81	0.08	0.16	0.11
2107	瀚信经典 1 期	0.93	25.77	15.10	42.45	0.10	0.18	0.11
2108	微明恒远丰誉 1 期	0.93	37.06	21.54	69.46	0.17	0.29	0.07
2109	丰岭稳健成长 6 期	0.92	19.63	12.46	32.53	0.07	0.11	0.14
2110	仙童 FOF1 期	0.91	15.66	11.06	32.42	0.04	0.06	0.14
2111	若川新经济 1 期	0.91	17.83	11.64	39.11	0.06	0.09	0.12
2112	辰月成长优选 1 号	0.91	13.73	7.97	26.15	0.02	0.04	0.18
2113	中国龙平衡对冲增强	0.91	8.68	4.86	15.82	−0.03	−0.05	0.29
2114	同犇 1 期	0.91	26.80	15.14	61.04	0.11	0.20	0.08
2115	洋谊 1 号	0.91	19.52	8.76	35.68	0.06	0.14	0.13
2116	品正理翔量化中性	0.90	25.63	14.46	28.61	0.10	0.18	0.16
2117	谊恒多品种进取 1 号	0.90	10.76	6.62	18.58	0.00	−0.01	0.25
2118	亨通价值 1 期	0.88	32.09	16.68	43.24	0.13	0.26	0.10
2119	金砖悦力	0.87	17.55	8.25	36.54	0.05	0.10	0.12
2120	万德隆策略优选 2 号	0.86	28.73	14.00	35.49	0.11	0.22	0.12
2121	万荣长虹 2 号	0.86	22.96	12.82	38.03	0.08	0.15	0.11
2122	高毅庆丰瑞尊享 AA 期	0.85	21.16	10.56	44.62	0.07	0.14	0.10

续表

编号	基金名称	年化收益率（%）	年化波动率（%）	年化下行风险（%）	最大回撤率（%）	夏普比率	索丁诺比率	收益—最大回撤比率
2123	淡水泉专项 5 期	0.85	22.87	12.68	50.17	0.08	0.15	0.09
2124	九霄投资稳健成长 2 号	0.82	19.01	11.72	37.21	0.06	0.10	0.11
2125	巴富罗聚富 1 号	0.81	37.48	19.33	50.50	0.16	0.30	0.08
2126	君洽精选 3 期	0.81	22.40	11.61	31.04	0.08	0.15	0.13
2127	仰星 2 号	0.81	18.01	11.17	30.07	0.05	0.08	0.14
2128	以大投资稳健成长 16 号	0.80	10.16	6.83	30.06	-0.02	-0.03	0.14
2129	世诚扬子 5 号	0.76	15.31	9.31	28.33	0.03	0.04	0.14
2130	悟空对冲量化 6 期	0.76	14.91	8.61	30.27	0.02	0.04	0.13
2131	淡水泉 2008	0.75	23.24	13.65	48.83	0.08	0.14	0.08
2132	丰岭稳健成长 8 期	0.75	17.34	10.87	27.54	0.04	0.07	0.14
2133	滚雪球西湖 2 号	0.69	22.38	12.08	37.50	0.07	0.13	0.09
2134	金连接滚雪球 12 号	0.68	22.77	12.11	35.81	0.07	0.14	0.10
2135	智诚 8 期	0.65	21.50	10.48	41.25	0.06	0.13	0.08
2136	青格狼图腾	0.64	22.08	12.60	42.38	0.07	0.12	0.08
2137	睿信	0.64	18.64	10.52	19.75	0.04	0.08	0.16
2138	私募工场弗睿得价值金选 1 号	0.61	28.11	16.48	43.06	0.11	0.18	0.07
2139	承泽资产-元泉绝对收益 1 号	0.60	21.65	11.29	37.84	0.06	0.12	0.08
2140	中正绝影 2 期量化	0.60	19.37	8.09	35.37	0.04	0.10	0.09
2141	工银量化信诚精选	0.60	5.61	4.29	13.57	-0.13	-0.17	0.22

续表

编号	基金名称	年化收益率（%）	年化波动率（%）	年化下行风险（%）	最大回撤率（%）	夏普比率	索丁诺比率	收益—最大回撤比率
2142	深蓝100	0.60	23.18	11.83	29.85	0.07	0.14	0.10
2143	成源1期	0.59	7.73	3.59	12.47	-0.08	-0.18	0.24
2144	若愚量化动态对冲1期	0.57	35.28	16.18	49.95	0.13	0.29	0.06
2145	辰阳恒丰1号	0.56	21.42	11.60	53.09	0.06	0.11	0.05
2146	金蕴56期（恒复）	0.56	27.14	16.73	43.70	0.10	0.16	0.06
2147	银帆10期	0.56	15.38	7.44	21.82	0.01	0.02	0.13
2148	德稻投资-私募学院菁英21号	0.56	21.98	13.79	37.28	0.07	0.11	0.08
2149	盈定3号	0.55	21.98	14.67	26.39	0.07	0.10	0.10
2150	华友创势2期	0.53	20.12	9.70	29.42	0.05	0.10	0.09
2151	潮信1号（泰达九鼎投资）	0.52	15.72	9.01	26.58	0.01	0.03	0.10
2152	金蕴21期（泓璞1号）	0.52	29.81	13.53	38.61	0.11	0.24	0.07
2153	卓凯1号1期	0.52	34.79	19.48	66.79	0.14	0.25	0.04
2154	道仓量化卓越1号	0.51	13.44	6.25	17.84	-0.01	-0.02	0.15
2155	金蕴12期（泽升）	0.50	29.43	15.17	44.21	0.11	0.21	0.06
2156	美联融通1期	0.50	27.87	13.28	29.49	0.09	0.20	0.08
2157	中环港沪深对冲3号	0.47	26.31	15.39	56.70	0.09	0.16	0.04
2158	弘荟奎利稳健管理型6号	0.46	9.20	6.39	22.45	-0.07	-0.10	0.10
2159	易凡2号	0.45	22.65	11.92	33.47	0.06	0.12	0.07
2160	双赢1期（瀚信）	0.45	30.64	15.37	48.32	0.11	0.22	0.05

续表

编号	基金名称	年化收益率（%）	年化波动率（%）	年化下行风险（%）	最大回撤率（%）	夏普比率	索丁诺比率	收益—最大回撤比率
2161	见龙成长 3 期	0.44	24.28	15.21	31.05	0.08	0.12	0.07
2162	大庚鼎新	0.44	68.42	30.84	58.11	0.28	0.62	0.04
2163	榕树 1 期	0.44	38.99	20.05	50.88	0.16	0.31	0.04
2164	镛泉资产泉顺 1 号	0.42	19.74	10.85	38.31	0.04	0.07	0.06
2165	武当 6 期	0.40	17.09	11.33	22.79	0.02	0.03	0.09
2166	长青藤 3 期	0.38	19.76	10.79	37.17	0.04	0.07	0.05
2167	丰岭稳健成长 1 期	0.38	16.98	10.76	28.19	0.02	0.03	0.07
2168	丰岭稳健成长 7 期之 B 期	0.38	19.47	12.37	33.97	0.04	0.06	0.06
2169	淡水泉信泉 1 期	0.37	24.23	12.46	48.40	0.07	0.14	0.04
2170	青云套利 1 号	0.36	10.03	7.01	14.12	-0.06	-0.09	0.13
2171	锐进 25 期盈信端峰多空策略 1 号	0.33	28.27	15.03	40.53	0.09	0.17	0.04
2172	合正普惠共赢 1 号	0.33	12.83	6.68	29.53	-0.03	-0.06	0.06
2173	锐进 25 期盈信端峰尊享系列	0.33	21.36	14.04	37.86	0.05	0.08	0.04
2174	格雷成长 8 号	0.31	25.70	15.44	53.44	0.08	0.14	0.03
2175	丰岭稳健成长 3 期	0.29	17.43	10.92	26.92	0.02	0.03	0.05
2176	红筹中国特殊情形	0.28	24.93	14.27	35.86	0.07	0.13	0.04
2177	积胜 1 期	0.26	23.35	11.01	26.58	0.06	0.12	0.05
2178	鑫源 1 号（元富源投资）	0.25	21.06	11.26	39.84	0.04	0.08	0.03
2179	漫蜻蜓稳健收益	0.25	36.69	17.39	41.59	0.14	0.29	0.03

续表

编号	基金名称	年化收益率（%）	年化波动率（%）	年化下行风险（%）	最大回撤率（%）	夏普比率	索丁诺比率	收益—最大回撤比率
2180	长阳似锦 1 期	0.24	17.49	8.67	33.99	0.01	0.02	0.04
2181	投资精英（淡水泉 B）	0.24	23.30	13.15	49.58	0.06	0.11	0.02
2182	懋峰对冲 3 号	0.21	28.73	15.63	41.94	0.09	0.17	0.03
2183	以太投资稳健成长 3 号	0.18	18.68	10.25	28.69	0.02	0.04	0.03
2184	常青藤中证 500 指数增强型 1 号	0.18	15.53	10.16	24.87	-0.01	-0.01	0.04
2185	成泉尊享 6 期	0.16	27.81	14.28	28.22	0.08	0.17	0.03
2186	金石 2 期	0.15	35.70	17.62	50.04	0.13	0.27	0.01
2187	优宗 1 号	0.14	11.76	6.32	17.88	-0.06	-0.11	0.04
2188	合益富渔	0.13	12.23	7.75	21.32	-0.05	-0.08	0.03
2189	承泽 2 号	0.10	20.07	11.40	36.77	0.03	0.05	0.01
2190	岩叶价值稳健 2 号	0.10	27.03	15.92	40.71	0.08	0.14	0.01
2191	抱朴卓越成长 1 号	0.10	21.78	11.31	34.29	0.04	0.08	0.01
2192	广益成长	0.10	9.14	4.31	11.15	-0.11	-0.23	0.05
2193	志远长赢 1 号	0.10	24.39	12.64	30.38	0.06	0.11	0.02
2194	七曜领诚	0.08	16.15	9.60	33.50	-0.01	-0.01	0.01
2195	明达 6 期	0.08	19.82	11.70	34.92	0.03	0.04	0.01
2196	懋峰进取 3 号	0.07	27.81	14.75	36.22	0.08	0.16	0.01
2197	丰岭远航 0 号子基金	0.05	17.18	10.90	27.22	0.00	0.00	0.01
2198	景泰复利回报 2 期	0.05	15.41	8.94	29.37	-0.02	-0.03	0.01

续表

编号	基金名称	年化收益率（%）	年化波动率（%）	年化下行风险（%）	最大回撤率（%）	夏普比率	索丁诺比率	收益—最大回撤比率
2199	喜马拉雅长策	0.03	25.80	15.49	28.50	0.07	0.12	0.00
2200	厚孚精选成长	0.02	11.56	6.65	23.54	-0.07	-0.12	0.00
2201	富优哲红鑫 2 号	0.01	15.97	9.53	27.99	-0.01	-0.03	0.00
2202	子青 2 期	-0.02	19.40	11.56	35.37	0.02	0.03	0.00
2203	昀启投资-私募学院菁英 65 号	-0.02	25.93	16.89	50.70	0.07	0.11	0.00
2204	和臻 5 期	-0.05	22.49	12.78	24.06	0.04	0.07	-0.01
2205	若川新经济 3 期	-0.06	18.20	11.88	42.53	0.01	0.01	-0.01
2206	谢诺辰阳核心价值	-0.06	29.66	16.95	66.90	0.09	0.16	0.00
2207	悦顺 5 号	-0.08	29.86	16.89	39.34	0.09	0.17	-0.01
2208	天贝合复兴号	-0.09	62.04	22.80	66.07	0.22	0.60	-0.01
2209	黄金优选 1 期 1 号（淡水泉）	-0.10	23.26	13.15	49.77	0.04	0.08	-0.01
2210	东方港湾价值投资 2 号	-0.13	22.56	12.31	43.47	0.04	0.07	-0.01
2211	裕晋 19 期	-0.14	17.84	11.13	28.53	0.00	-0.01	-0.03
2212	优宗 2 号	-0.15	30.49	17.34	52.01	0.09	0.17	-0.01
2213	肥尾价值 6 号	-0.16	17.65	10.13	34.92	-0.01	-0.01	-0.02
2214	巘峰进取 1 号	-0.17	29.20	16.19	37.98	0.08	0.15	-0.02
2215	定宇 8 号	-0.20	11.39	6.84	27.24	-0.09	-0.16	-0.04
2216	坤钰天真价值 1 号	-0.21	15.54	10.01	34.29	-0.03	-0.05	-0.03
2217	华骏 10 号	-0.24	37.05	20.17	39.67	0.14	0.25	-0.03

续表

编号	基金名称	年化收益率（%）	年化波动率（%）	年化下行风险（%）	最大回撤率（%）	夏普比率	索丁诺比率	收益—最大回撤比率
2218	天弓 2 号	-0.25	32.09	19.42	57.50	0.11	0.18	-0.02
2219	对冲优选（从容客观对冲）1 号	-0.25	21.27	11.80	36.35	0.02	0.04	-0.03
2220	万顺通 6 号	-0.27	117.16	30.79	91.25	0.32	1.21	-0.01
2221	福建滚雪球千里马 2 号	-0.28	23.99	11.32	44.22	0.04	0.08	-0.03
2222	中环精选 1 号	-0.28	23.07	13.37	48.82	0.04	0.06	-0.03
2223	平安阖鼎从容优选 10 号	-0.29	17.98	10.55	37.24	-0.01	-0.02	-0.04
2224	七曜领奕 5 号	-0.32	16.53	9.69	32.71	-0.03	-0.05	-0.05
2225	从容全天候增长 1 期	-0.33	23.41	14.14	43.41	0.04	0.06	-0.04
2226	西藏明曜相对论 3 号	-0.33	15.78	9.58	35.62	-0.04	-0.06	-0.05
2227	厚孚稳健增长	-0.35	11.24	6.44	21.67	-0.11	-0.19	-0.08
2228	猛虎 1 号	-0.35	21.28	11.86	38.25	0.02	0.03	-0.04
2229	黄金优选 27 期 1 号	-0.36	23.19	13.14	50.13	0.03	0.06	-0.04
2230	黄金优选 25 期 1 号	-0.37	28.59	13.37	38.26	0.07	0.15	-0.05
2231	湛卢 6 号	-0.39	33.98	23.16	45.00	0.14	0.20	-0.04
2232	同元 5 号	-0.40	74.54	32.70	76.87	0.31	0.70	-0.03
2233	禾苗	-0.40	22.29	12.70	51.58	0.02	0.04	-0.04
2234	广东凌日中国梦	-0.40	26.74	14.07	49.48	0.06	0.11	-0.04
2235	汇众成长 1 期	-0.42	24.79	11.31	33.33	0.04	0.09	-0.06
2236	卓林黑豹 1 号	-0.43	35.04	18.48	53.02	0.11	0.22	-0.04

续表

编号	基金名称	年化收益率（%）	年化波动率（%）	年化下行风险（%）	最大回撤率（%）	夏普比率	索丁诺比率	收益—最大回撤比率
2237	伊然笙歌 2 号	-0.43	16.60	9.54	25.63	-0.04	-0.06	-0.08
2238	从容全天候增长 2 期	-0.44	19.66	11.87	43.74	0.00	0.00	-0.05
2239	储泉恒星量化 1 号	-0.45	4.52	2.56	10.84	-0.41	-0.72	-0.21
2240	博颐精选	-0.46	31.55	17.81	56.44	0.09	0.17	-0.04
2241	涨水泉精选 2 期	-0.47	25.13	13.35	51.66	0.04	0.08	-0.05
2242	懋峰 1 号	-0.49	26.83	13.98	36.30	0.05	0.10	-0.07
2243	前海世纪-宝盛之从容增长	-0.49	18.38	10.51	41.68	-0.02	-0.03	-0.06
2244	和聚 7 期之和聚专享 1 期	-0.50	23.36	11.77	28.07	0.03	0.05	-0.09
2245	潮金丰中港成长趋势 3 号	-0.50	19.08	11.47	28.21	-0.01	-0.02	-0.09
2246	恒天紫鑫 2 号	-0.51	10.50	6.30	18.84	-0.14	-0.23	-0.13
2247	以太投资进取 9 号	-0.52	5.51	2.96	12.04	-0.34	-0.63	-0.21
2248	华夏金色长城养老投资	-0.52	19.71	11.55	45.38	-0.01	-0.01	-0.06
2249	归富长乐 1 号	-0.53	10.89	6.26	16.21	-0.13	-0.23	-0.16
2250	汇谷舒心 1 号	-0.53	33.33	20.17	59.99	0.11	0.18	-0.04
2251	东方蛔牛稳健回报 3 号	-0.54	22.92	13.68	35.22	0.02	0.04	-0.08
2252	德毅锐进	-0.55	22.27	13.32	33.63	0.02	0.03	-0.08
2253	金莘圆盛积极成长 2 号	-0.56	27.96	18.01	51.62	0.07	0.11	-0.05
2254	和聚 1 期	-0.57	22.59	12.50	26.12	0.02	0.03	-0.11
2255	泊通尊享 A 期	-0.57	18.58	10.77	39.40	-0.02	-0.04	-0.07

续表

编号	基金名称	年化收益率（%）	年化波动率（%）	年化下行风险（%）	最大回撤率（%）	夏普比率	索丁诺比率	收益—最大回撤比率
2256	和聚 6 期（2014）	-0.58	23.59	12.80	27.42	0.03	0.05	-0.10
2257	枫池稳健 1 号	-0.60	21.82	12.86	37.80	0.01	0.02	-0.08
2258	崇楷价值 1 号	-0.60	28.21	14.67	43.91	0.06	0.12	-0.07
2259	凯顺星成长	-0.65	18.48	11.91	35.26	-0.02	-0.04	-0.09
2260	货殖列传	-0.65	21.04	12.11	47.60	0.00	0.00	-0.07
2261	领琪价值成长 1 号	-0.67	28.74	13.68	47.71	0.06	0.13	-0.07
2262	金诚立达价值精选 3 号	-0.67	25.74	14.89	28.49	0.04	0.07	-0.12
2263	泽泉景渤财富	-0.73	24.68	12.83	32.76	0.03	0.05	-0.11
2264	立方根进取 1 号	-0.74	21.53	12.46	25.97	0.00	0.00	-0.14
2265	平安财富对冲优选从容宏观对冲 2 号	-0.76	20.63	11.62	36.32	-0.01	-0.02	-0.10
2266	中环港沪深对冲 2 号	-0.77	26.66	16.53	55.96	0.05	0.08	-0.07
2267	博瑞量化稳健 1 号	-0.79	24.21	15.77	43.54	0.03	0.05	-0.09
2268	私募工场千帆 2 期	-0.79	26.46	13.30	38.75	0.04	0.08	-0.10
2269	抱朴精选成长 1 号	-0.80	37.42	16.85	47.68	0.11	0.24	-0.08
2270	大麓投资 1 期	-0.81	17.20	8.97	27.84	-0.05	-0.10	-0.14
2271	定宇 3 号	-0.81	14.52	9.25	28.42	-0.09	-0.14	-0.14
2272	从容全天候联接 A	-0.82	23.15	13.62	41.57	0.01	0.02	-0.10
2273	恒泰量化 1 号	-0.87	25.81	14.45	48.80	0.03	0.06	-0.09

续表

编号	基金名称	年化收益率（%）	年化波动率（%）	年化下行风险（%）	最大回撤率（%）	夏普比率	索丁诺比率	收益—最大回撤比率
2274	苍石鱼戏莲叶东	−0.91	14.49	10.12	35.26	−0.09	−0.13	−0.13
2275	和聚平台	−0.92	22.24	12.17	27.83	0.00	0.00	−0.16
2276	盈至 1 号	−0.93	9.28	5.53	23.22	−0.22	−0.37	−0.20
2277	景富优选 1 期	−0.94	22.90	11.33	34.26	0.00	0.00	−0.13
2278	中南文泰 3 期	−0.97	50.85	26.27	54.84	0.18	0.36	−0.09
2279	千帆致远	−0.98	24.65	13.22	38.36	0.02	0.03	−0.13
2280	金牛 1 号（私享）	−0.99	26.33	15.90	36.90	0.04	0.06	−0.13
2281	同威天眼	−1.01	50.93	22.55	60.64	0.16	0.37	−0.08
2282	从容全天候增长 3 期	−1.02	18.59	11.59	42.67	−0.04	−0.07	−0.12
2283	投资精英之尚雅（B）	−1.05	27.73	15.10	47.05	0.04	0.08	−0.11
2284	前海创赢 2 号	−1.05	18.07	12.97	28.32	−0.05	−0.07	−0.18
2285	泓璟信诚	−1.06	26.37	11.66	53.70	0.03	0.06	−0.10
2286	和聚 7 期	−1.06	22.39	12.90	25.23	−0.01	−0.01	−0.21
2287	博聚铭远	−1.07	37.95	16.85	51.17	0.11	0.24	−0.10
2288	博道精选 5 期	−1.07	17.99	11.90	43.94	−0.05	−0.08	−0.12
2289	合正稳健增长 1 号	−1.07	16.69	10.44	31.89	−0.07	−0.12	−0.16
2290	长余 7 号	−1.08	23.46	13.50	52.06	0.00	0.01	−0.10
2291	和聚鼎宝母基金	−1.10	22.30	13.11	36.84	−0.01	−0.01	−0.15
2292	尚雅 13 期	−1.11	25.84	14.55	52.15	0.03	0.05	−0.10

续表

编号	基金名称	年化收益率 (%)	年化波动率 (%)	年化下行风险 (%)	最大回撤率 (%)	夏普比率	索丁诺比率	收益—最大回撤比率
2293	湛庐 2 号	-1.11	32.90	20.59	37.78	0.09	0.15	-0.14
2294	一线对冲信一对冲	-1.12	14.62	8.07	31.32	-0.11	-0.20	-0.17
2295	广东凌日新三板 1 号	-1.12	26.97	13.26	44.58	0.03	0.06	-0.12
2296	显德滚雪球 1 号	-1.13	22.59	11.00	33.68	-0.01	-0.02	-0.16
2297	泽泉信德	-1.14	24.31	11.29	33.63	0.01	0.01	-0.17
2298	华夏养老新动力 1 号	-1.15	18.90	11.54	43.83	-0.05	-0.08	-0.13
2299	华永信东成 2 号	-1.17	9.22	7.44	24.00	-0.24	-0.30	-0.24
2300	歌易远景 2 号	-1.19	21.86	12.48	44.31	-0.02	-0.03	-0.13
2301	勇华稳健成长 1 号	-1.19	25.84	14.48	40.54	0.02	0.04	-0.14
2302	迈隆 1 号	-1.23	10.77	6.76	19.93	-0.20	-0.32	-0.30
2303	博致嘉豪	-1.23	37.92	16.51	50.48	0.10	0.23	-0.12
2304	泰润沪港深	-1.24	22.66	12.36	26.59	-0.01	-0.02	-0.23
2305	和聚信享平台	-1.27	19.86	11.27	23.78	-0.04	-0.08	-0.26
2306	壹玖资产—北极星 1 号	-1.27	27.64	14.82	40.01	0.03	0.06	-0.16
2307	晶上稳增长 1 号	-1.31	31.80	16.00	40.93	0.06	0.13	-0.16
2308	成泉汇涌 2 期	-1.31	26.95	15.36	29.43	0.03	0.05	-0.22
2309	私募工场秃鹫 1 期	-1.31	26.02	13.96	46.47	0.02	0.04	-0.14
2310	第一京广一京广 2 号	-1.32	38.14	19.37	52.72	0.10	0.20	-0.12
2311	汇瑞富稳健价值 1 号	-1.36	14.07	7.38	25.04	-0.14	-0.26	-0.26

续表

编号	基金名称	年化收益率（%）	年化波动率（%）	年化下行风险（%）	最大回撤率（%）	夏普比率	索丁诺比率	收益—最大回撤比率
2312	合正稳健增长 2 号	-1.38	16.46	10.57	31.96	-0.09	-0.15	-0.21
2313	美港喜马拉雅	-1.40	37.72	21.62	43.78	0.11	0.19	-0.16
2314	融达财富成长回报 1 号	-1.41	24.70	14.89	43.71	0.00	0.01	-0.16
2315	智诚 19 期	-1.42	20.42	10.79	37.97	-0.04	-0.08	-0.18
2316	一线对冲君一对冲	-1.43	17.92	10.72	40.65	-0.08	-0.13	-0.17
2317	金砖资本 5 号	-1.43	21.70	13.34	46.12	-0.03	-0.05	-0.15
2318	和聚鼎壹 1 期	-1.46	27.46	12.72	41.47	0.02	0.04	-0.17
2319	三才	-1.51	53.24	27.52	72.07	0.19	0.37	-0.10
2320	天泓 2 号	-1.51	27.97	16.06	35.80	0.03	0.05	-0.20
2321	私募工场弘德瑞远 2 号	-1.52	19.93	12.39	35.58	-0.05	-0.09	-0.21
2322	稳峰平和 1 号	-1.54	28.01	14.46	40.58	0.03	0.05	-0.18
2323	微明恒远丰誉 2 期	-1.55	36.38	21.60	69.77	0.10	0.17	-0.11
2324	湛卢 1 号	-1.57	36.53	24.43	46.59	0.12	0.18	-0.16
2325	厚德里 3 号	-1.61	19.11	9.94	35.11	-0.07	-0.14	-0.22
2326	宇义趋势眼踪 1 号	-1.65	41.58	26.91	66.58	0.14	0.22	-0.12
2327	励骏星纪 1 号	-1.67	39.94	20.32	61.76	0.11	0.22	-0.13
2328	天马多空策略	-1.67	11.12	7.63	22.10	-0.23	-0.34	-0.37
2329	上河 3 号	-1.72	24.17	13.19	34.46	-0.02	-0.03	-0.24
2330	信复创值立勋进取	-1.72	29.79	17.81	53.18	0.04	0.07	-0.16

续表

编号	基金名称	年化收益率（%）	年化波动率（%）	年化下行风险（%）	最大回撤率（%）	夏普比率	索丁诺比率	收益—最大回撤比率
2331	年年有余大盘策略	-1.72	17.27	9.62	25.60	-0.10	-0.19	-0.32
2332	弘理嘉丰	-1.73	36.11	19.97	44.26	0.08	0.15	-0.19
2333	同道天下-资本运作1期	-1.76	20.22	13.16	46.38	-0.06	-0.09	-0.18
2334	华辉价值星20号	-1.76	45.46	19.51	58.40	0.13	0.30	-0.15
2335	高信百诺1期	-1.77	17.49	9.72	49.58	-0.10	-0.18	-0.17
2336	萌健	-1.82	17.14	10.30	37.51	-0.11	-0.18	-0.23
2337	尚诚	-1.83	20.72	13.97	41.99	-0.06	-0.08	-0.21
2338	天贝合共盈1号	-1.83	117.02	44.81	89.84	0.45	1.17	-0.10
2339	锦天成价值	-1.84	19.03	10.70	37.20	-0.08	-0.15	-0.24
2340	海西晟乾7号	-1.85	37.41	20.37	43.69	0.09	0.17	-0.20
2341	复利紫檀宝鼎1号	-1.85	17.92	11.03	30.79	-0.10	-0.16	-0.29
2342	博致1期	-1.86	37.84	16.28	52.56	0.08	0.19	-0.17
2343	证研6期	-1.87	28.71	17.42	47.54	0.02	0.04	-0.19
2344	瑞民策略精选2号	-1.89	25.33	15.21	38.69	-0.01	-0.02	-0.23
2345	睿信4期	-1.90	20.24	11.44	40.62	-0.07	-0.12	-0.23
2346	普尔聚鑫	-1.91	19.01	11.49	32.91	-0.09	-0.14	-0.28
2347	华夏养老金玉良辰	-1.92	20.98	12.83	46.31	-0.06	-0.10	-0.20
2348	美石1号	-1.99	28.52	15.96	42.46	0.02	0.03	-0.22
2349	大数据稳健成长1号	-2.00	28.44	14.45	39.94	0.01	0.02	-0.24

续表

编号	基金名称	年化收益率（%）	年化波动率（%）	年化下行风险（%）	最大回撤率（%）	夏普比率	索丁诺比率	收益—最大回撤比率
2350	玄同成长1号	-2.02	16.70	11.17	34.62	-0.13	-0.19	-0.28
2351	承祺1号	-2.03	54.01	25.05	72.08	0.17	0.37	-0.13
2352	智信推土机稳健1号	-2.04	30.08	17.74	33.67	0.03	0.05	-0.29
2353	东源嘉盈回报	-2.05	20.59	10.76	28.68	-0.07	-0.14	-0.34
2354	比格戴特1期	-2.06	19.15	9.92	40.16	-0.10	-0.18	-0.25
2355	小禹投资聚宝盆	-2.06	23.23	13.62	33.18	-0.04	-0.07	-0.30
2356	塔信狮王	-2.10	26.51	13.48	30.15	-0.01	-0.02	-0.33
2357	天宝稳健2号	-2.10	26.67	14.77	44.10	-0.01	-0.01	-0.23
2358	弘唯基石盛世优选	-2.10	16.86	10.72	25.36	-0.13	-0.21	-0.40
2359	滚雪球价值精选8号	-2.11	23.03	12.18	34.17	-0.05	-0.09	-0.30
2360	红阳复合策略1号	-2.12	17.42	10.82	38.68	-0.12	-0.20	-0.26
2361	景闰领航1号	-2.14	18.08	10.63	35.16	-0.11	-0.19	-0.29
2362	高信百诺价值成长	-2.16	17.90	11.17	47.03	-0.12	-0.19	-0.22
2363	瀚信猎鹰8号	-2.17	36.09	18.28	45.58	0.07	0.14	-0.23
2364	太乙1号	-2.18	18.18	12.04	39.63	-0.11	-0.17	-0.26
2365	富誉精选1期	-2.18	18.56	10.70	35.47	-0.11	-0.19	-0.29
2366	领祺价值成长2号	-2.23	28.93	13.65	45.77	0.01	0.02	-0.23
2367	金珀5号	-2.26	20.47	12.06	36.19	-0.08	-0.14	-0.30
2368	东方蜗牛积极进取2号	-2.26	23.52	14.38	39.44	-0.05	-0.08	-0.27

续表

编号	基金名称	年化收益率 (%)	年化波动率 (%)	年化下行风险 (%)	最大回撤率 (%)	夏普比率	索丁诺 比率	收益—最大 回撤比率
2369	红树林昂立对冲	-2.28	20.14	11.62	35.69	-0.09	-0.16	-0.30
2370	昶昇慧智 1 号	-2.28	32.19	16.70	45.02	0.04	0.07	-0.24
2371	富果同享 1 号	-2.28	19.09	11.41	29.91	-0.11	-0.18	-0.36
2372	福建至诚滚雪球 2 号	-2.29	21.50	10.44	38.40	-0.08	-0.16	-0.28
2373	唐小晖狙击龙头股 3 期	-2.30	38.96	21.64	38.02	0.09	0.17	-0.29
2374	紫鑫盈泰 1 号	-2.34	15.85	10.32	33.58	-0.17	-0.25	-0.33
2375	同威阿基米德 1 号	-2.35	33.10	16.91	50.31	0.04	0.08	-0.22
2376	汇牛 1 号	-2.35	49.73	30.05	66.42	0.18	0.29	-0.17
2377	琛晟天泰 3 号	-2.36	26.73	14.63	52.74	-0.02	-0.03	-0.21
2378	中国价值线 1 号	-2.37	22.26	10.79	34.25	-0.07	-0.15	-0.33
2379	淳麟 1 号	-2.38	20.47	11.57	43.29	-0.09	-0.16	-0.26
2380	和聚-钜派双核	-2.43	21.45	11.91	29.17	-0.08	-0.14	-0.40
2381	和聚商享 1 期	-2.43	13.41	7.97	23.50	-0.23	-0.39	-0.49
2382	和聚视远专享 A	-2.45	21.66	11.98	29.85	-0.08	-0.14	-0.39
2383	金蕴 99 期（谷寨长线回报）	-2.46	17.22	11.04	41.98	-0.15	-0.23	-0.28
2384	福建滚雪球同驰 2 号	-2.46	23.09	12.73	47.75	-0.06	-0.11	-0.25
2385	巴奇荟耐力稳健 1 号	-2.46	38.08	21.89	51.59	0.08	0.14	-0.23
2386	海燕四季收益 1 期	-2.52	19.80	11.72	42.68	-0.11	-0.18	-0.28
2387	博致长安	-2.57	37.14	16.46	51.81	0.06	0.14	-0.24

续表

编号	基金名称	年化收益率（%）	年化波动率（%）	年化下行风险（%）	最大回撤率（%）	夏普比率	索丁诺比率	收益—最大回撤比率
2388	中国龙价值 2	-2.58	9.59	5.78	17.16	-0.38	-0.63	-0.71
2389	瑞氢富申 2 号	-2.59	14.36	9.67	36.51	-0.22	-0.32	-0.34
2390	龙腾 3 期	-2.59	29.80	17.96	42.67	0.01	0.02	-0.29
2391	上善若水疾风	-2.61	35.91	17.43	48.29	0.05	0.10	-0.26
2392	合美成长	-2.64	27.33	14.38	58.10	-0.02	-0.04	-0.22
2393	久铭稳健 1 号	-2.65	21.16	10.62	41.90	-0.10	-0.19	-0.30
2394	正德泰守正出奇	-2.66	19.03	11.02	29.04	-0.13	-0.22	-0.43
2395	长河优势 3 号	-2.67	20.95	12.28	45.55	-0.10	-0.17	-0.28
2396	知方石多因子 1 号	-2.72	18.59	11.76	34.28	-0.14	-0.22	-0.38
2397	和盛丰悦 1 号	-2.72	23.05	12.69	41.73	-0.07	-0.13	-0.31
2398	证研稳健 1 号	-2.73	29.56	17.51	39.25	0.00	0.00	-0.33
2399	私募工场臻诚 1 号	-2.74	34.07	18.59	41.59	0.04	0.07	-0.31
2400	若愚量化满仓中小盘	-2.75	34.35	16.99	54.25	0.04	0.07	-0.24
2401	私募工场厚生和稳健增长 2 号	-2.76	21.56	11.83	42.08	-0.09	-0.17	-0.31
2402	禾昇 1 号	-2.78	21.24	14.28	44.22	-0.10	-0.14	-0.30
2403	东源嘉盈新三板 1 号	-2.81	24.37	10.44	38.21	-0.07	-0.16	-0.35
2404	富恩德金豆	-2.82	56.37	22.33	70.12	0.13	0.34	-0.19
2405	富恩德金豆 1 号 1-C	-2.82	56.30	22.32	70.12	0.13	0.33	-0.19
2406	朴石 1 期	-2.83	21.36	10.90	49.79	-0.10	-0.20	-0.27

续表

编号	基金名称	年化收益率（%）	年化波动率（%）	年化下行风险（%）	最大回撤率（%）	夏普比率	索丁诺比率	收益—最大回撤比率
2407	民晟全天候 2 号	-2.84	19.33	10.89	30.93	-0.13	-0.24	-0.43
2408	富果同享 2 号	-2.84	19.23	11.12	30.34	-0.13	-0.23	-0.44
2409	执耳医药	-2.86	26.48	15.92	53.33	-0.03	-0.06	-0.25
2410	天祺 1 号	-2.88	58.27	29.82	74.87	0.20	0.39	-0.18
2411	观富建享	-2.89	17.60	10.59	26.67	-0.16	-0.27	-0.51
2412	信复创值 5 号	-2.91	26.65	14.37	45.41	-0.04	-0.07	-0.30
2413	光环 2 号	-2.91	28.14	13.93	44.74	-0.03	-0.05	-0.31
2414	和聚恒享 A	-2.92	21.66	12.04	30.42	-0.10	-0.18	-0.45
2415	和聚成长 A 基金	-2.92	21.27	11.64	30.42	-0.11	-0.19	-0.45
2416	西藏明曜聚富 3 号	-2.96	22.88	13.11	43.77	-0.09	-0.15	-0.32
2417	金利洋稳盈	-2.97	14.71	9.11	29.43	-0.23	-0.38	-0.48
2418	臻禾稳健成长 1 期	-2.97	22.41	14.31	33.95	-0.09	-0.14	-0.41
2419	久铭 7 号	-2.98	22.18	11.35	41.23	-0.10	-0.19	-0.34
2420	伊然笙歌 1 号	-2.98	16.52	9.52	27.56	-0.19	-0.33	-0.51
2421	久铭 1 号	-2.98	23.24	11.21	38.77	-0.08	-0.17	-0.36
2422	菁英 80 号	-3.00	21.74	13.17	54.11	-0.10	-0.17	-0.26
2423	华银领先 16 期	-3.01	30.99	16.90	50.42	0.00	0.00	-0.28
2424	十饮方 1 号	-3.02	32.08	15.62	52.52	0.00	0.01	-0.27
2425	五色土 1 期	-3.03	55.95	31.15	66.17	0.20	0.36	-0.22

续表

编号	基金名称	年化收益率（%）	年化波动率（%）	年化下行风险（%）	最大回撤率（%）	夏普比率	索丁诺比率	收益—最大回撤比率
2426	大数据进取 1 号	-3.03	32.55	17.84	48.74	0.02	0.03	-0.29
2427	潮金丰中港价值优选 2 号	-3.03	19.65	11.84	33.06	-0.14	-0.23	-0.43
2428	泓铭价值投资 5 号	-3.04	45.20	22.72	49.91	0.11	0.23	-0.29
2429	鑫润禾广角	-3.04	17.82	10.99	32.73	-0.17	-0.27	-0.44
2430	东源 1 期	-3.08	19.06	10.30	30.38	-0.15	-0.28	-0.48
2431	厚品资产复利 1 号	-3.08	9.60	6.79	22.21	-0.43	-0.61	-0.65
2432	久铭 5 号	-3.11	22.88	11.08	37.86	-0.09	-0.20	-0.39
2433	正朗丁酉量化对冲 1 号	-3.11	18.19	12.31	38.96	-0.16	-0.24	-0.37
2434	福建滚雪球 8 号	-3.11	16.18	8.85	28.84	-0.21	-0.38	-0.51
2435	新方程清水源创新子基金 3 期	-3.15	18.76	11.75	41.11	-0.16	-0.25	-0.36
2436	银聚稳盈 5 号	-3.18	67.42	25.97	59.05	0.18	0.47	-0.25
2437	格雷稳赢 2 号	-3.20	23.39	14.52	52.63	-0.09	-0.14	-0.28
2438	淳富鑫源 2 号	-3.20	28.44	19.19	55.02	-0.02	-0.03	-0.27
2439	坚石 A1 号	-3.22	26.64	15.76	35.97	-0.05	-0.08	-0.42
2440	君茂沪港深	-3.22	22.25	14.10	45.59	-0.10	-0.16	-0.33
2441	博闻竞选 1 号	-3.23	26.17	15.07	44.18	-0.05	-0.09	-0.34
2442	和聚信享平台 A	-3.26	20.08	11.74	25.66	-0.14	-0.24	-0.59
2443	朴石 7 期	-3.26	21.31	10.89	50.51	-0.12	-0.24	-0.30
2444	丰利 1 号	-3.28	17.21	10.68	45.52	-0.20	-0.32	-0.34

续表

编号	基金名称	年化收益率（%）	年化波动率（%）	年化下行风险（%）	最大回撤率（%）	夏普比率	索丁诺比率	收益—最大回撤比率
2445	和聚国享 1 期	-3.29	21.93	12.73	26.57	-0.11	-0.19	-0.58
2446	和聚钜派 1 号	-3.30	21.51	12.05	30.57	-0.12	-0.22	-0.51
2447	天贝合共盈 2 号	-3.33	56.73	23.18	67.62	0.16	0.38	-0.23
2448	私募学院菁英 176 号	-3.34	34.76	15.09	53.31	0.02	0.04	-0.29
2449	抱朴卓越成长 1A 号	-3.35	18.96	10.60	35.54	-0.17	-0.30	-0.44
2450	以大投资趋势 14 号	-3.36	19.46	14.32	46.41	-0.15	-0.21	-0.34
2451	锦熙 2 期	-3.40	24.47	14.12	36.43	-0.08	-0.15	-0.44
2452	青鼎赤兔马 2 号	-3.41	32.94	16.81	40.83	0.01	0.02	-0.39
2453	和聚－钜派专享 2 号	-3.43	21.48	12.06	30.64	-0.13	-0.23	-0.52
2454	金蕴 30 期	-3.44	33.35	18.04	60.93	0.01	0.02	-0.26
2455	品正理翔进取	-3.45	25.25	13.46	51.00	-0.08	-0.15	-0.32
2456	核心资本海泰多策略	-3.46	18.75	10.30	32.64	-0.18	-0.32	-0.49
2457	胜算策略	-3.47	31.49	17.67	48.27	-0.01	-0.01	-0.34
2458	端园长盈 1 号	-3.47	21.92	12.67	38.95	-0.12	-0.21	-0.42
2459	华辉价值星 19 号	-3.51	30.85	15.19	54.02	-0.02	-0.04	-0.30
2460	富恩德金豆 1 号 1-B	-3.52	54.70	21.01	69.86	0.11	0.28	-0.24
2461	活烁银杏	-3.55	24.51	13.94	54.63	-0.09	-0.16	-0.30
2462	尚雅 5 期	-3.57	23.24	14.66	41.30	-0.10	-0.17	-0.40
2463	曦微成长精选 2 期	-3.57	35.05	19.14	48.49	0.02	0.04	-0.34

续表

编号	基金名称	年化收益率（%）	年化波动率（%）	年化下行风险（%）	最大回撤率（%）	夏普比率	索丁诺比率	收益—最大回撤比率
2464	昕畅深蓝价值 1 号	-3.58	16.49	10.72	41.51	-0.23	-0.35	-0.40
2465	钜垣投资健康中国 1 号	-3.59	35.86	21.72	46.61	0.04	0.07	-0.36
2466	塞帕思惠比寿 1 号	-3.60	20.82	13.88	39.93	-0.14	-0.21	-0.42
2467	洪昌价值成长 2 号	-3.61	51.67	20.91	59.09	0.13	0.31	-0.28
2468	森林湖稳健收益 1 号	-3.61	25.60	12.80	53.03	-0.08	-0.16	-0.32
2469	东源嘉盈回馈	-3.64	19.80	10.69	30.37	-0.17	-0.31	-0.56
2470	滚雪球价值精选 18 号	-3.66	24.38	13.17	41.68	-0.10	-0.18	-0.41
2471	云君山海 2 号	-3.67	20.48	12.06	36.66	-0.16	-0.26	-0.47
2472	和聚 12 期汇智系列	-3.68	15.36	10.22	27.32	-0.26	-0.40	-0.63
2473	和聚 12 期汇智 B 期	-3.68	13.75	8.62	26.95	-0.31	-0.50	-0.63
2474	瑞民策略精选 3 号	-3.69	21.72	11.94	34.01	-0.14	-0.25	-0.50
2475	琛晟天泰 1 号	-3.69	26.23	14.26	50.28	-0.07	-0.14	-0.34
2476	谦璞多策略稳健 1 号	-3.70	24.00	13.22	49.97	-0.10	-0.19	-0.34
2477	普尔 2 号	-3.74	18.86	11.60	34.23	-0.19	-0.31	-0.51
2478	铭深 1 号	-3.74	16.00	9.44	33.12	-0.25	-0.43	-0.52
2479	华辉价值星 16 号	-3.77	43.69	19.62	56.06	0.07	0.16	-0.31
2480	知本盈丰 1 号	-3.81	31.83	19.30	54.15	-0.01	-0.02	-0.33
2481	福建滚雪球同驰 3 号	-3.84	18.66	10.60	40.15	-0.20	-0.35	-0.44
2482	鑫浦成泉	-3.86	28.25	15.61	36.17	-0.06	-0.10	-0.49

续表

编号	基金名称	年化收益率（%）	年化波动率（%）	年化下行风险（%）	最大回撤率（%）	夏普比率	索丁诺比率	收益—最大回撤比率
2483	锦熙 1 期	-3.94	24.39	14.44	36.49	-0.11	-0.18	-0.50
2484	中干价值 1 号	-3.99	20.98	13.39	42.19	-0.16	-0.25	-0.44
2485	活焯奇点	-4.02	24.09	13.76	54.83	-0.12	-0.20	-0.34
2486	领琪玖玖捌 1 号	-4.06	22.83	11.49	45.71	-0.14	-0.28	-0.41
2487	华宝兴业—锐锋量化 1 号	-4.07	19.14	11.29	40.49	-0.20	-0.34	-0.46
2488	锦天成价值投资港股	-4.08	21.09	12.38	32.77	-0.17	-0.28	-0.57
2489	朴石 6 期	-4.09	20.92	10.80	51.48	-0.17	-0.33	-0.37
2490	华辉价值星 12 号	-4.13	32.61	16.99	45.65	-0.02	-0.04	-0.42
2491	华辉价值星 17 号	-4.18	39.05	18.77	55.75	0.03	0.07	-0.34
2492	通和进取 10 期	-4.19	32.06	15.24	38.57	-0.03	-0.06	-0.50
2493	家族 1 号	-4.21	34.99	19.99	61.94	0.01	0.01	-0.31
2494	通和进取 12 期	-4.23	28.22	14.01	37.61	-0.07	-0.15	-0.52
2495	富恩德金豆 1 号 1–W	-4.24	55.00	20.73	70.40	0.10	0.25	-0.28
2496	广汇缘 3 号	-4.28	30.15	20.81	49.15	-0.04	-0.05	-0.40
2497	理时元开	-4.29	26.63	14.04	41.39	-0.09	-0.17	-0.48
2498	广恒盛秉风 1 号	-4.30	28.01	15.90	41.92	-0.07	-0.13	-0.47
2499	务扬志远 1 号	-4.30	22.97	14.38	47.21	-0.14	-0.23	-0.42
2500	枫润资产明元 2 号	-4.32	24.13	13.47	43.39	-0.13	-0.23	-0.46
2501	川泽 1 期	-4.34	21.01	12.99	38.18	-0.18	-0.29	-0.52

续表

编号	基金名称	年化收益率（%）	年化波动率（%）	年化下行风险（%）	最大回撤率（%）	夏普比率	索丁诺比率	收益—最大回撤比率
2502	知本合丰 16 号	-4.34	20.38	13.50	32.87	-0.19	-0.28	-0.61
2503	潮金丰中港价值轮动 1 号	-4.35	19.37	11.91	36.10	-0.21	-0.34	-0.55
2504	弘唯基石盛世优选 3 号	-4.36	22.67	12.99	40.38	-0.15	-0.27	-0.50
2505	知远风华价值 2 号	-4.37	24.98	15.44	47.24	-0.11	-0.19	-0.42
2506	长江星 1 号	-4.37	23.54	15.63	38.54	-0.13	-0.20	-0.52
2507	德镨 2 号	-4.37	15.97	9.10	31.97	-0.30	-0.52	-0.63
2508	瑞民价值增长	-4.39	25.66	14.52	47.28	-0.11	-0.19	-0.43
2509	深乾平衡 1 号	-4.43	26.61	14.36	36.24	-0.10	-0.18	-0.56
2510	多盈-笛卡尔	-4.43	18.59	12.31	42.32	-0.23	-0.35	-0.48
2511	雪球 2 期	-4.44	21.97	12.09	39.16	-0.17	-0.30	-0.52
2512	91 金融环球时刻 2 号	-4.44	27.89	17.96	39.45	-0.07	-0.12	-0.51
2513	私享-蓝筹 1 期	-4.44	34.60	19.38	50.88	0.00	-0.01	-0.40
2514	默驰对冲 1 号	-4.46	16.84	8.22	37.44	-0.28	-0.57	-0.55
2515	东方蜗牛复合策略 1 号	-4.53	25.73	16.08	38.89	-0.11	-0.18	-0.53
2516	富承成长 1 号	-4.56	32.42	20.10	44.22	-0.03	-0.05	-0.47
2517	铖沣 1 期	-4.59	21.62	10.28	42.88	-0.19	-0.40	-0.49
2518	以太投资稳健成长 6 号	-4.66	14.35	7.87	38.38	-0.37	-0.67	-0.55
2519	证研 3 期	-4.69	26.87	16.67	47.16	-0.10	-0.16	-0.45
2520	和聚信享平台 E	-4.70	12.35	8.17	27.86	-0.45	-0.68	-0.77

续表

编号	基金名称	年化收益率（％）	年化波动率（％）	年化下行风险（％）	最大回撤率（％）	夏普比率	索丁诺比率	收益—最大回撤比率
2521	雨山中原 1 号	-4.70	35.39	19.86	66.95	-0.01	-0.01	-0.32
2522	大钧盛世精选主题	-4.74	47.53	24.16	48.80	0.09	0.17	-0.44
2523	浅湖 6 号	-4.75	39.66	22.85	77.51	0.03	0.06	-0.28
2524	睿兹 1 号	-4.76	62.37	24.48	63.65	0.13	0.34	-0.34
2525	朴信 3 号	-4.78	44.30	20.69	55.35	0.06	0.13	-0.39
2526	凯顺 2012	-4.79	26.48	16.14	54.79	-0.11	-0.18	-0.40
2527	中于价值 1 号 A 期	-4.83	20.85	13.35	41.91	-0.20	-0.32	-0.52
2528	申穗同心圆 1 号	-4.84	27.75	16.53	52.22	-0.09	-0.16	-0.42
2529	诚朴息壤 1 号	-4.87	44.19	26.35	69.93	0.08	0.14	-0.32
2530	诚裕稳健成长	-4.87	49.24	24.31	63.45	0.10	0.21	-0.35
2531	观熙稳健增长 1 号	-4.89	19.85	11.77	46.67	-0.23	-0.39	-0.48
2532	康利系列 3 号	-4.93	20.39	11.15	48.91	-0.22	-0.41	-0.46
2533	旭为先洋 2 号	-4.98	18.18	11.52	34.77	-0.27	-0.43	-0.65
2534	多盈 1 号	-5.01	24.41	14.91	50.02	-0.15	-0.25	-0.45
2535	恒尚 1 期	-5.05	32.62	18.17	58.51	-0.04	-0.08	-0.39
2536	朴信创新 1 号	-5.10	46.80	22.50	57.32	0.07	0.16	-0.40
2537	滚雪球价值精选 6 号	-5.12	19.39	9.95	43.56	-0.26	-0.50	-0.53
2538	榜祥欧奈尔港股通	-5.15	16.02	10.59	34.32	-0.34	-0.52	-0.68
2539	华融海特 1 号	-5.15	17.70	12.62	31.22	-0.29	-0.41	-0.74

续表

编号	基金名称	年化收益率（%）	年化波动率（%）	年化下行风险（%）	最大回撤率（%）	夏普比率	索丁诺比率	收益—最大回撤比率
2540	汇利优选 2 号	-5.27	22.53	12.18	37.37	-0.20	-0.36	-0.63
2541	私募工场君海-长江道 2 号	-5.33	26.81	14.35	53.58	-0.13	-0.24	-0.45
2542	尚雅 1 期（深国投）	-5.41	24.29	15.45	42.19	-0.17	-0.26	-0.58
2543	华辉价值星 8 号	-5.47	37.32	17.26	58.46	-0.02	-0.04	-0.42
2544	天贝合共盈 3 号	-5.48	61.76	27.93	70.77	0.16	0.35	-0.35
2545	绘升资财 1 号	-5.50	55.80	29.94	77.65	0.14	0.27	-0.32
2546	银湖 1 期（银湖）	-5.50	19.79	11.63	39.31	-0.27	-0.45	-0.63
2547	和聚建享	-5.51	11.87	7.76	28.53	-0.54	-0.83	-0.86
2548	瑞城价值精选	-5.54	36.60	17.43	51.69	-0.03	-0.06	-0.48
2549	福建滚雪球 58 号	-5.60	20.90	12.73	36.79	-0.24	-0.40	-0.68
2550	桁弓 1 期	-5.63	24.80	16.44	49.33	-0.17	-0.25	-0.51
2551	高溪量化对冲进取 1 号	-5.65	21.36	11.32	37.98	-0.24	-0.45	-0.66
2552	可伟资产同创 1 号	-5.69	32.71	20.13	42.83	-0.06	-0.10	-0.59
2553	金城量化 9 期	-5.70	24.60	15.89	59.11	-0.18	-0.27	-0.43
2554	宾悦成长 1 号	-5.72	24.30	14.18	37.86	-0.18	-0.32	-0.67
2555	新湖巨源价值精选滚雪球 1 号	-5.74	16.76	10.78	35.96	-0.36	-0.56	-0.71
2556	知方石灵活策略 1 号	-5.75	21.94	13.96	42.88	-0.23	-0.36	-0.60
2557	华辉价值星 7 号	-5.77	34.76	16.19	54.74	-0.05	-0.12	-0.47
2558	菁英 83 号	-5.77	20.18	14.17	49.51	-0.26	-0.38	-0.52

续表

编号	基金名称	年化收益率（%）	年化波动率（%）	年化下行风险（%）	最大回撤率（%）	夏普比率	索丁诺比率	收益—最大回撤比率
2559	华辉价值星 3 号	-5.77	39.13	18.09	51.16	-0.01	-0.03	-0.50
2560	灯光 1 号	-5.86	22.26	13.40	45.32	-0.23	-0.38	-0.57
2561	君茂跨市场 1 号	-5.86	33.18	19.07	65.13	-0.07	-0.12	-0.40
2562	尚雅 4 期	-5.87	23.71	13.81	49.51	-0.20	-0.35	-0.53
2563	尚雅 11 期	-5.88	27.41	15.43	45.80	-0.14	-0.25	-0.57
2564	金葵花-私募学院菁英 42 号	-5.89	14.14	9.85	32.17	-0.46	-0.67	-0.81
2565	冰剑 1 号	-5.90	14.99	9.77	34.85	-0.43	-0.66	-0.75
2566	富众多维共振	-5.96	27.68	13.90	44.14	-0.14	-0.29	-0.60
2567	龙腾全市场	-5.97	40.73	21.14	49.88	0.00	0.00	-0.53
2568	黄金优选 7 期 2 号	-5.98	22.49	11.96	38.21	-0.23	-0.43	-0.69
2569	琛海常兴绩优	-5.99	20.38	12.73	37.78	-0.28	-0.44	-0.70
2570	东源嘉盈 3 号	-6.06	18.54	11.09	42.64	-0.33	-0.55	-0.63
2571	浑元投资-守正笃行 2 期	-6.08	35.78	18.40	47.33	-0.05	-0.10	-0.57
2572	汇利 3 期	-6.09	23.43	12.93	39.29	-0.22	-0.39	-0.69
2573	中南文泰 2 期	-6.11	37.06	26.41	56.38	-0.01	-0.01	-0.48
2574	投资精英（汇利 B）	-6.22	23.73	12.66	38.42	-0.22	-0.41	-0.71
2575	金域蓝湾 3 期	-6.22	23.52	14.68	58.18	-0.22	-0.35	-0.47
2576	证研 3 号	-6.22	30.23	18.21	48.51	-0.11	-0.19	-0.57
2577	朴信 1 号	-6.24	44.87	22.33	56.87	0.03	0.07	-0.48

续表

编号	基金名称	年化收益率（%）	年化波动率（%）	年化下行风险（%）	最大回撤率（%）	夏普比率	索丁诺比率	收益—最大回撤比率
2578	谦璞多策略进取 1 号	-6.25	27.61	15.40	57.97	-0.15	-0.28	-0.48
2579	广东康利-康利系列 2 号	-6.28	26.15	16.03	42.71	-0.17	-0.28	-0.65
2580	沁升吉迈顿 1 号	-6.30	40.49	18.77	51.69	-0.02	-0.03	-0.54
2581	东方港湾创业成长	-6.31	21.30	11.75	60.86	-0.27	-0.49	-0.46
2582	明盛顺盈 2 号	-6.32	37.00	17.89	55.51	-0.05	-0.09	-0.50
2583	金元日鑫 5 号	-6.37	19.53	13.52	47.83	-0.31	-0.45	-0.59
2584	龙腾 6 号	-6.43	36.19	19.86	48.22	-0.05	-0.09	-0.59
2585	竣弘兴盛	-6.45	22.14	13.94	55.97	-0.26	-0.41	-0.51
2586	游马地健康中国新三板	-6.46	17.52	9.65	36.32	-0.38	-0.69	-0.78
2587	朴石 8 期	-6.48	15.86	10.76	37.66	-0.44	-0.64	-0.76
2588	允泰盈富	-6.58	43.61	25.85	73.91	0.03	0.05	-0.39
2589	万年树 1 期	-6.63	41.36	24.61	54.29	0.01	0.01	-0.53
2590	乐桥 1 期	-6.66	39.98	20.96	70.93	-0.02	-0.04	-0.41
2591	指数量化 2 期	-6.69	24.38	15.54	61.04	-0.22	-0.35	-0.48
2592	私募工场厚生和稳健增长 3 号	-6.70	21.28	13.03	44.96	-0.29	-0.47	-0.65
2593	中国价值线 5 号	-6.71	20.37	12.40	34.67	-0.31	-0.52	-0.85
2594	上海老渔民阿尔泰 1 号	-6.72	29.53	17.25	58.56	-0.14	-0.24	-0.50
2595	浩航旗舰	-6.74	14.36	10.19	39.15	-0.52	-0.73	-0.75
2596	中国价值线 2 号	-6.74	19.77	11.89	38.38	-0.33	-0.55	-0.77

续表

编号	基金名称	年化收益率 (%)	年化波动率 (%)	年化下行风险 (%)	最大回撤率 (%)	夏普比率	索丁诺比率	收益—最大回撤比率
2597	嘉得趋势策略 5 号	-6.90	44.86	24.78	65.99	0.03	0.05	-0.46
2598	宏珠万德 1 期	-6.91	11.81	7.71	38.54	-0.67	-1.03	-0.78
2599	雷球 1 号	-6.96	34.32	19.53	63.73	-0.08	-0.15	-0.47
2600	朴禾价值驱动	-6.96	40.21	23.52	70.38	-0.02	-0.03	-0.43
2601	信易安清阳 1 号	-6.97	38.69	19.40	62.15	-0.05	-0.09	-0.49
2602	汇利优选 9 期	-7.10	21.91	11.94	40.02	-0.30	-0.54	-0.77
2603	华辉价值星 10 号	-7.17	39.20	19.36	54.11	-0.05	-0.09	-0.57
2604	默驰 5 号	-7.22	17.38	10.20	36.25	-0.43	-0.74	-0.86
2605	金域量化 6 期	-7.23	25.85	16.65	63.56	-0.22	-0.34	-0.49
2606	汇利优选	-7.27	23.04	12.40	39.97	-0.28	-0.52	-0.79
2607	汇瑾 5 号	-7.34	59.79	28.13	59.42	0.11	0.24	-0.53
2608	华辉价值星 11 号	-7.42	33.92	18.04	53.95	-0.11	-0.21	-0.59
2609	睿信宏观对冲 4 号	-7.48	18.50	10.28	45.85	-0.41	-0.74	-0.70
2610	富承高息 1 号	-7.56	73.63	34.42	81.06	0.17	0.37	-0.40
2611	扬帆 19 号	-7.57	9.69	9.51	35.36	-0.91	-0.93	-0.92
2612	未来财富 9 号	-7.60	22.78	17.20	50.63	-0.29	-0.38	-0.65
2613	塔晶老虎 1 期	-7.62	29.55	17.10	49.34	-0.17	-0.30	-0.66
2614	祁大鹏 1 号	-7.67	36.78	19.39	52.96	-0.09	-0.16	-0.62
2615	华辉价值星 18 号	-7.70	25.00	14.02	44.07	-0.26	-0.46	-0.75

续表

编号	基金名称	年化收益率（%）	年化波动率（%）	年化下行风险（%）	最大回撤率（%）	夏普比率	索丁诺比率	收益—最大回撤比率
2616	恒益富通 2 号（恒富）	-7.71	32.66	21.60	58.80	-0.12	-0.18	-0.56
2617	瑞天价值成长	-7.74	20.17	12.93	50.69	-0.37	-0.58	-0.65
2618	华亭 1 号	-7.82	39.29	20.77	57.96	-0.06	-0.11	-0.58
2619	广汇缘 1 号	-7.82	29.97	20.87	48.98	-0.16	-0.24	-0.68
2620	沁昇吉迈顿人生赢家	-7.83	37.33	19.36	51.78	-0.08	-0.16	-0.65
2621	乔松价值成长	-7.85	26.40	16.55	56.32	-0.23	-0.37	-0.60
2622	易轩价值 1 号	-7.89	28.46	18.44	66.12	-0.20	-0.30	-0.51
2623	鲲鹏 69 号国盛西湖 2-7 号	-7.93	16.91	12.38	39.14	-0.49	-0.67	-0.86
2624	鹏万 1 号	-7.94	21.86	12.35	38.79	-0.34	-0.61	-0.87
2625	释捷投资阔叶林稳健成长	-7.97	17.81	11.65	33.99	-0.46	-0.70	-1.00
2626	证金资本股票优选 2 期	-8.34	29.14	20.64	54.25	-0.19	-0.27	-0.65
2627	蕴泽 3 号	-8.35	57.43	25.84	58.98	0.06	0.13	-0.60
2628	东方恒润 3 号	-8.40	45.26	23.84	57.13	-0.01	-0.02	-0.62
2629	私募工场圣雅阳光 3 号	-8.42	31.60	17.01	64.54	-0.18	-0.33	-0.55
2630	向量 ETF 创新 1 期	-8.43	33.41	20.88	58.71	-0.14	-0.22	-0.61
2631	吉祥普惠-信缘 1 期	-8.43	22.72	13.12	49.78	-0.34	-0.59	-0.72
2632	广东乾阳良木 1 号	-8.46	26.62	15.48	51.14	-0.26	-0.44	-0.70
2633	大通道财道 2 号	-8.55	16.89	11.78	46.91	-0.53	-0.76	-0.77
2634	东方港心流投资	-8.62	24.95	16.47	68.83	-0.29	-0.45	-0.53

续表

编号	基金名称	年化收益率（%）	年化波动率（%）	年化下行风险（%）	最大回撤率（%）	夏普比率	索丁诺比率	收益—最大回撤比率
2635	金珀 7 号	-8.65	27.37	17.04	57.68	-0.25	-0.40	-0.63
2636	方圆天成-秦皇壹号	-8.72	33.74	17.31	70.99	-0.15	-0.30	-0.52
2637	安民 2 号	-8.75	13.08	11.71	42.70	-0.74	-0.83	-0.86
2638	达蓬泰岭 1 号	-8.93	32.91	17.80	54.15	-0.17	-0.32	-0.69
2639	正淄汇金 1 期	-8.94	90.60	34.23	93.46	0.20	0.52	-0.40
2640	鼎尚 1 号	-9.08	47.15	29.28	69.94	0.02	0.04	-0.54
2641	万亿兆 2 号	-9.20	30.79	16.52	50.63	-0.22	-0.41	-0.76
2642	成泉汇涌 8 期	-9.25	27.78	16.54	47.94	-0.27	-0.45	-0.80
2643	汇富进取 3 号	-9.35	20.58	11.95	48.28	-0.45	-0.77	-0.80
2644	聚睿 3 号（聚睿投资）	-9.38	33.44	19.04	57.03	-0.17	-0.31	-0.68
2645	润升投资瑞富 1 号	-9.44	78.57	38.42	65.56	0.22	0.45	-0.60
2646	聚鑫 33 号	-9.68	19.15	17.83	45.33	-0.49	-0.52	-0.88
2647	源品鸿浩	-9.72	18.13	12.28	40.46	-0.55	-0.82	-0.99
2648	海淘海港股通华赞 A 期	-9.78	22.81	14.73	53.36	-0.40	-0.62	-0.75
2649	潇泰建元成长	-9.81	54.93	29.53	62.57	0.04	0.08	-0.64
2650	华辉价值星 1 号	-9.82	30.85	17.33	55.71	-0.23	-0.42	-0.72
2651	新阳 1 号	-9.98	31.41	19.60	62.54	-0.23	-0.37	-0.65
2652	同创 8 号	-10.05	40.83	27.48	65.94	-0.08	-0.12	-0.62
2653	高正高合 1 号	-10.11	20.59	12.50	51.03	-0.49	-0.80	-0.81
2654	尚雅 3 期	-10.38	24.07	15.08	55.86	-0.40	-0.63	-0.76

续表

编号	基金名称	年化收益率（%）	年化波动率（%）	年化下行风险（%）	最大回撤率（%）	夏普比率	索丁诺比率	收益─最大回撤比率
2655	瑞晟昌－双轮策略 1 号	-10.45	27.09	13.27	46.11	-0.34	-0.68	-0.92
2656	开慧凯升	-10.48	44.74	21.48	57.85	-0.08	-0.16	-0.73
2657	东源嘉盈 1 号	-10.48	19.10	11.18	50.40	-0.56	-0.96	-0.84
2658	睿信宏观对冲 2 号	-10.52	25.18	14.97	50.73	-0.38	-0.63	-0.84
2659	同创 6 号	-10.54	42.22	26.06	66.60	-0.08	-0.13	-0.64
2660	身安中国	-10.59	30.94	17.59	65.14	-0.26	-0.45	-0.66
2661	力泽稳健 2 号	-10.59	38.06	22.71	68.74	-0.15	-0.25	-0.62
2662	尊道港股通灵活策略	-10.72	32.89	19.28	64.25	-0.23	-0.39	-0.67
2663	润在榴莲 2 号	-10.75	34.51	20.16	53.74	-0.20	-0.34	-0.81
2664	华辉价值京华 1 号	-10.77	37.34	18.56	53.14	-0.17	-0.34	-0.82
2665	华辉价值星 9 号	-10.84	41.36	20.05	59.89	-0.12	-0.25	-0.73
2666	藏泓财富 1 号	-10.86	19.12	15.02	51.97	-0.57	-0.73	-0.84
2667	杰作 1 号	-10.90	24.99	15.01	55.05	-0.40	-0.66	-0.80
2668	君永之路 1 号	-10.98	30.91	16.41	59.78	-0.28	-0.52	-0.74
2669	金珀 3 号	-10.98	27.99	16.69	54.97	-0.33	-0.55	-0.80
2670	晟盟微利 2 号	-10.98	52.16	24.35	73.29	-0.01	-0.03	-0.60
2671	融启月盈 3 号	-11.09	37.48	18.81	64.88	-0.19	-0.38	-0.68
2672	私享－蓝筹 2 期	-11.15	31.93	19.32	61.00	-0.26	-0.42	-0.73
2673	汇通策略 5 号	-11.44	36.18	23.72	68.73	-0.19	-0.29	-0.66
2674	云溪衡山 1 号	-11.45	41.86	21.64	67.97	-0.13	-0.25	-0.67

续表

编号	基金名称	年化收益率（%）	年化波动率（%）	年化下行风险（%）	最大回撤率（%）	夏普比率	索丁诺比率	收益—最大回撤比率
2675	宾悦浙商 1 号	−11.53	33.57	18.04	54.38	−0.25	−0.46	−0.84
2676	波若稳健 2 期	−11.59	20.28	15.36	49.82	−0.57	−0.76	−0.92
2677	华辉价值星 26 号	−11.60	21.78	13.80	54.89	−0.52	−0.83	−0.84
2678	长征致远 1 号	−11.64	42.82	27.76	71.95	−0.10	−0.16	−0.64
2679	深乾凌凌九进取	−11.69	41.24	19.93	51.10	−0.15	−0.30	−0.91
2680	晟盟徽石 1 号	−11.74	51.66	23.44	71.62	−0.04	−0.09	−0.65
2681	高合 2 号	−11.81	21.29	12.76	53.55	−0.55	−0.92	−0.87
2682	沁昇价值量化 1 号	−11.87	25.45	16.01	62.95	−0.43	−0.68	−0.74
2683	方圆天成−元明壹号	−11.95	34.32	19.25	74.47	−0.25	−0.44	−0.63
2684	汇祥 1 号（汇祥）	−12.10	18.08	15.30	53.09	−0.70	−0.82	−0.89
2685	雨山消费医疗 1 号	−12.35	44.18	22.53	76.19	−0.12	−0.25	−0.63
2686	晟盟新消费 1 号	−12.38	53.84	27.25	81.24	−0.02	−0.04	−0.60
2687	宁聚量化精选 2 号	−12.46	24.46	17.42	63.48	−0.48	−0.67	−0.77
2688	雨山创新中国 1 号	−12.58	40.98	21.86	72.17	−0.17	−0.32	−0.68
2689	雨山寻牛 1 号	−12.59	42.78	22.75	76.89	−0.15	−0.28	−0.64
2690	雨山金牛战法 1 号	−12.62	40.09	20.62	74.24	−0.18	−0.36	−0.66
2691	宝时专户 4 号−朝睿永续	−12.72	19.88	13.27	52.16	−0.66	−0.98	−0.95
2692	聚睿 1 号	−12.77	34.21	19.65	54.29	−0.28	−0.48	−0.91
2693	方圆天成−汉唐壹号	−12.87	34.22	19.09	74.99	−0.28	−0.50	−0.66
2694	思悦 1 号	−12.90	41.97	22.43	73.12	−0.16	−0.30	−0.68

续表

编号	基金名称	年化收益率 （%）	年化波动率 （%）	年化下行风险 （%）	最大回撤率 （%）	夏普比率	索丁诺 比率	收益—最大 回撤比率
2695	东方恒润丰 1 号	−12.91	54.58	27.15	76.39	−0.02	−0.05	−0.65
2696	尚道新乾坤灵活策略对冲	−13.29	31.79	19.12	61.93	−0.34	−0.56	−0.82
2697	融通 3 号	−13.41	44.18	25.92	69.13	−0.15	−0.25	−0.74
2698	东方港湾春风 1 号	−13.43	24.27	15.98	62.06	−0.53	−0.80	−0.83
2699	博惠 1 期	−13.44	48.22	27.01	72.71	−0.09	−0.16	−0.71
2700	新价值 4 号	−13.46	32.94	15.93	62.14	−0.33	−0.68	−0.83
2701	汇富资产汇富进取 1 号	−13.51	25.04	17.30	66.47	−0.51	−0.73	−0.78
2702	尚道尚新灵活	−13.52	31.36	18.69	60.87	−0.35	−0.59	−0.85
2703	第二基金中国 300	−13.58	33.03	24.26	67.06	−0.31	−0.42	−0.77
2704	金洋精选 2 号	−13.84	26.16	16.89	54.18	−0.49	−0.76	−0.97
2705	新价值 2 期（粤财）	−13.94	31.16	17.63	61.99	−0.38	−0.67	−0.85
2706	天辰稳健 1 号	−14.22	36.66	16.20	56.90	−0.29	−0.67	−0.94
2707	中南文泰 1 期	−14.62	46.32	30.29	55.35	−0.13	−0.20	−0.99
2708	潮金创投 4 号	−14.76	27.71	17.65	66.55	−0.49	−0.77	−0.83
2709	兴富恒升 6 号	−14.84	22.11	15.95	57.16	−0.68	−0.94	−0.97
2710	康元 1 期	−14.87	43.13	22.32	59.55	−0.20	−0.40	−0.93
2711	中汇金凯 5 期	−15.02	20.03	12.14	55.87	−0.78	−1.30	−1.00
2712	润在车厘子 1 号	−15.03	35.31	20.73	58.08	−0.32	−0.55	−0.96
2713	谦德福佑价值进取 1 号	−15.34	48.34	21.81	80.35	−0.15	−0.34	−0.70
2714	中南十年教育成长	−15.55	31.98	24.55	64.14	−0.39	−0.51	−0.89

续表

编号	基金名称	年化收益率 (%)	年化波动率 (%)	年化下行风险 (%)	最大回撤率 (%)	夏普比率	索丁诺比率	收益—最大回撤比率
2715	上海老渔民家欣 1 号	-15.62	31.36	20.99	64.93	-0.42	-0.64	-0.88
2716	深博信投资一价值发现	-15.67	47.52	28.26	81.36	-0.16	-0.27	-0.70
2717	福珍 2 号	-16.09	19.84	12.57	69.44	-0.86	-1.35	-0.84
2718	正弘旗胜	-16.16	23.69	15.97	61.04	-0.68	-1.01	-0.96
2719	小牛鸿志 1 号	-16.51	31.35	24.42	68.12	-0.44	-0.57	-0.87
2720	高合 1 号	-16.54	24.85	15.34	68.23	-0.66	-1.07	-0.87
2721	博弈天成 1 期	-16.56	34.16	19.45	68.97	-0.40	-0.71	-0.86
2722	汇富进取 2 号	-16.73	31.01	17.49	70.71	-0.49	-0.86	-0.85
2723	善从骏富丰华 1 号	-16.88	45.67	28.61	70.61	-0.19	-0.31	-0.85
2724	金色港湾 1 期	-17.51	32.40	18.22	70.67	-0.48	-0.86	-0.87
2725	明境进取	-18.26	26.60	15.51	65.53	-0.68	-1.17	-0.97
2726	汇阳勇端 1 号	-18.45	22.79	16.62	64.06	-0.84	-1.15	-1.00
2727	中金银海凤凰 2 号	-18.47	29.50	18.48	64.54	-0.59	-0.94	-0.99
2728	美石 2 号	-18.58	57.52	36.46	69.14	-0.07	-0.12	-0.93
2729	道勤 1 号	-18.65	22.77	14.81	65.20	-0.85	-1.31	-0.99
2730	大明投资凯盛	-18.92	21.59	13.72	65.21	-0.93	-1.46	-1.00
2731	谦德福佑稳健 1 号	-19.23	48.49	23.08	82.34	-0.25	-0.52	-0.80
2732	乐桥尊享	-19.54	36.31	21.93	68.67	-0.46	-0.76	-0.97
2733	宝时正气 3 期	-20.24	40.41	23.56	71.14	-0.40	-0.68	-0.95
2734	映雪霜雪 1 期	-20.49	25.31	22.97	71.13	-0.80	-0.89	-0.96

续表

编号	基金名称	年化收益率（%）	年化波动率（%）	年化下行风险（%）	最大回撤率（%）	夏普比率	索丁诺比率	收益—最大回撤比率
2735	小牛鸿志 6 号	-20.78	28.44	23.30	70.74	-0.70	-0.86	-0.97
2736	身安道隆 100	-20.83	34.40	20.66	81.03	-0.54	-0.91	-0.85
2737	盘通 1 号	-20.87	36.33	23.93	78.00	-0.49	-0.75	-0.88
2738	映雪精雪 2 期	-21.37	21.32	18.43	71.31	-1.07	-1.24	-0.98
2739	汇富量化 1 号	-21.44	31.73	21.35	72.58	-0.64	-0.95	-0.97
2740	富承价值 1 号	-22.46	141.79	51.91	89.44	0.25	0.68	-0.80
2741	汇富资产—汇富精选 1 号	-23.03	27.74	19.27	78.22	-0.85	-1.22	-0.93
2742	天裕成长 2 号	-24.14	29.22	21.08	79.42	-0.83	-1.16	-0.94
2743	万川煜晨 2 号	-24.26	92.86	42.45	95.39	0.07	0.16	-0.79
2744	汉唐 1 期	-24.37	132.49	54.81	90.89	0.29	0.71	-0.83
2745	新里程藏宝图京都 1 号	-25.17	32.80	24.10	80.43	-0.74	-1.01	-0.95
2746	天宝 2 期	-25.38	25.38	18.22	78.74	-1.07	-1.49	-0.98
2747	私募工场睿磊稳健	-25.74	32.66	27.60	80.49	-0.75	-0.89	-0.96
2748	优牛稳健成长 3 号	-30.16	56.72	38.97	89.68	-0.34	-0.50	-0.93
2749	新点汇富稳健 1 号	-31.48	37.57	27.71	89.73	-0.83	-1.13	-0.95
2750	磐海大同周期 2 号	-34.57	41.12	26.82	88.01	-0.84	-1.29	-1.00
2751	唐奇唐雅 1 号	-38.66	78.49	41.29	94.81	-0.26	-0.50	-0.96
2752	胡杨 A 股消费	-39.08	58.96	39.60	91.61	-0.52	-0.77	-1.00
2753	德昇金融	-39.16	49.98	34.54	94.89	-0.74	-1.07	-0.97
	指标平均值	7.21	23.85	12.02	32.77	0.40	1.16	5.80

附录二　股票型全样本私募基金经理的选股能力和择时能力（按年化 α 排序）：2018～2022 年

本表展示的是基于 Carhart 四因子模型改进得到的 Treynor-Mazuy 四因子模型对过去五年股票型私募基金的月度收益率进行回归拟合所得结果，所用模型为：

$$R_{i,t}-R_{f,t}=\alpha_i+\beta_{i,mkt}\times(R_{mkt,t}-R_{f,t})+\gamma_i\times(R_{mkt,t}-R_{f,t})^2+\beta_{i,smb}\times SMB_t+\beta_{i,hml}\times HML_t+\beta_{i,mom}\times MOM_t+\varepsilon_{i,t}$$

其中，i 指的是第 i 只基金。$R_{i,t}-R_{f,t}$ 为基金 i 的超额收益率，$R_{i,t}-R_{f,t}$ 为基金 i 的超额收益率（万得全 A 指数）的超额收益率，$R_{mkt,t}$ 为 t 月无风险收益率，$R_{f,t}$ 为 t 月无风险收益率。SMB，为规模因子，代表小盘股与大盘股之间的溢价，是第 t 月小公司的收益率与大公司的收益率之差；HML，为价值因子，代表价值股与成长股之间的溢价，是第 t 月价值股（高账面市值比公司）与成长股（低账面市值比公司）之间的溢价；MOM，为动量因子，代表过去一年收益率最高的股票与收益率最低的股票之间的溢价，是过去一年（t-1 个月到 t-11 个月）收益率最高的（前 30%）股票第 t 月收益率与收益率最低的股票（后 30%）股票第 t 月收益率之差。我们用 A 股所有上市公司的数据自行计算规模因子、价值因子和动量因子。α_i 代表具有选股能力或择时能力的基金。* 表示在 5% 的显著水平下，具有选股能力或择时能力的基金。另外，本表还展示了这些股票型私募基金的年化收益率、年化波动率、年化夏普比率及最大回撤率，供读者查阅。

编号	基金名称	年化 α (%)	t(α)	γ	t(γ)	β_{mkt}	β_{smb}	β_{hml}	β_{mom}	年化收益率 (%)	年化波动率 (%)	年化夏普比率	最大回撤率 (%)	调整后 R^2 (%)
1	卓晔 1 号	121.66	3.19*	-18.81	-3.38	3.29	0.10	1.01	-1.37	24.34	87.67	0.63	78.15	45
2	匠心全天候	109.42	2.52*	-2.12	-0.33	0.97	0.02	1.04	0.55	122.75	76.30	1.32	24.79	5
3	富承价值 1 号	106.74	1.39	-15.69	-1.40	3.20	-1.13	1.81	-0.37	-22.46	141.79	0.25	89.44	14
4	万顺通 6 号	95.06	1.52	-11.84	-1.29	2.82	-1.05	1.69	-0.56	-0.27	117.16	0.32	91.25	16
5	骏伟资本价值 5 期	90.45	2.29*	-13.04	-2.26	2.34	-0.77	0.63	-0.62	11.85	78.04	0.45	77.27	25
6	合春 1 号	84.89	3.87*	0.65	0.20	0.66	-0.72	-0.29	-0.86	103.71	40.49	1.94	25.29	14
7	建泓绝对收益 1 号	82.61	2.76*	0.58	0.13	0.18	0.49	-0.40	-0.12	119.76	52.50	1.75	32.61	4
8	量磁群英 1 号	78.42	2.43*	-3.44	-0.73	0.58	-0.08	1.41	0.34	63.47	57.29	1.07	27.07	7

续表

编号	基金名称	年化α(%)	t(α)	γ	t(γ)	β_{mkt}	β_{smb}	β_{hml}	β_{mom}	年化收益率(%)	年化波动率(%)	年化夏普比率	最大回撤率(%)	调整后R^2(%)
9	万川煜晨 2 号	76.79	1.70*	-14.01	-2.12	2.77	-2.00	0.15	-0.43	-24.26	92.86	0.07	95.39	31
10	天贝合共盈 1 号	74.64	1.27	-3.40	-0.40	2.39	-1.26	-2.72	-4.07	-1.83	117.02	0.45	89.84	26
11	中珏安粮 2 号	73.92	1.75*	-4.00	-0.65	0.14	-0.39	0.28	-0.51	40.51	73.11	0.73	50.82	2
12	建泓时代绝对收益 2 号	68.02	2.28*	-2.29	-0.53	0.40	1.03	0.21	0.18	82.03	53.97	1.35	33.41	11
13	飞蚁 1 号	64.88	1.48	-7.59	-1.18	1.79	-0.03	-1.70	-0.88	13.48	85.27	0.53	81.51	22
14	唐氏专户 1 期	64.61	1.32	-2.70	-0.38	0.42	0.17	-0.80	0.43	50.23	85.08	0.73	49.23	4
15	千河资产金鳄专享 1 号	62.30	1.35	-5.53	-0.82	1.05	-0.97	-1.04	-0.09	15.33	83.48	0.44	76.20	10
16	浅湖稳健 5 号	61.00	1.60	-2.57	-0.46	2.19	-0.37	0.03	-1.24	23.81	76.34	0.62	63.63	27
17	亚埶价值 1 号	59.33	1.75*	-3.84	-0.77	1.20	0.17	1.05	0.81	43.13	61.93	0.77	27.30	12
18	千榕细叶榕	59.09	2.82*	-5.74	-1.87	0.75	-0.02	0.82	0.12	36.82	38.50	0.96	20.19	13
19	涌贝资产阳光稳健	58.34	2.55*	-7.40	-2.22	0.82	0.34	-0.69	-0.07	38.53	44.70	0.91	37.16	24
20	正淄汇金 1 期	58.27	1.25	-4.80	-0.70	0.45	-2.55	-1.46	0.08	-8.94	90.60	0.20	93.46	22
21	泓澄尊享 C 期	56.04	1.57	-5.83	-1.12	1.56	-0.98	1.38	-0.42	3.78	67.53	0.29	64.69	18
22	正圆 1 号	54.95	2.18*	2.01	0.54	1.78	0.14	-0.79	-0.12	72.05	57.87	1.19	37.92	44
23	大禾投资-掘金 5 号	54.04	2.20*	-1.52	-0.42	0.94	-0.44	-0.49	-0.77	43.88	45.92	0.98	50.16	16
24	前海佰德纳资本 5 号	53.51	1.16	-6.05	-0.90	0.75	-0.07	-1.16	1.04	15.70	84.20	0.48	70.60	12
25	新里程超越梦想	53.50	2.19*	-2.89	-0.81	1.35	-1.07	1.00	0.02	19.19	49.65	0.58	47.95	29
26	美石 2 号	53.33	2.36*	-14.01	-4.25	2.51	-0.84	0.41	-0.37	-18.58	57.52	-0.07	69.14	55
27	金然稳健 1 号	52.94	2.96*	-3.45	-1.32	0.26	-0.52	-0.13	-0.54	36.57	31.66	1.09	28.02	7

续表

编号	基金名称	年化α(%)	t(α)	γ	t(γ)	β_{mkt}	β_{smb}	β_{hml}	β_{mom}	年化收益率(%)	年化波动率(%)	年化夏普比率	最大回撤率(%)	调整后R²(%)
28	林园投资 15 号	51.94	3.28*	-5.01	-2.16	1.32	-0.39	-0.30	-0.46	30.66	35.77	0.89	42.16	43
29	冠丰 3 号消费优选	51.77	1.84*	-2.48	-0.60	1.59	0.79	1.28	1.27	49.64	57.21	0.92	34.84	29
30	大禾投资-掘金 6 号	51.52	2.46*	-2.39	-0.78	1.00	-0.66	-0.39	-0.66	35.23	40.41	0.91	53.01	21
31	华安合鑫稳健 1 期	51.32	2.59*	-2.17	-0.75	1.38	0.09	0.83	-0.07	44.17	41.40	1.05	26.61	33
32	复胜正能量 1 期	50.78	2.72*	-5.14	-1.88	0.92	-0.42	-0.03	0.22	28.23	36.64	0.82	29.96	24
33	新御良马 1 期	50.46	3.20*	-6.47	-2.81	1.46	-0.53	0.21	-0.23	18.87	36.44	0.61	24.57	45
34	瀚木资产-瀚木 1 号	50.02	1.94*	-4.63	-1.23	1.06	0.53	1.26	0.95	34.39	48.83	0.80	40.80	18
35	大禾投资-掘金 1 号	49.46	2.19*	-1.04	-0.32	0.85	-0.57	-0.51	-0.79	39.35	42.29	0.96	51.45	16
36	林园投资 20 号	49.29	2.70*	-5.08	-1.90	1.41	-0.31	-0.06	-0.36	25.38	39.53	0.74	40.25	37
37	青鼎恒润 1 号	48.76	1.92*	-1.76	-0.47	1.62	-0.30	-0.15	0.17	36.41	53.01	0.80	39.56	33
38	林园投资 11 号	48.70	3.02*	-5.13	-2.18	1.25	-0.30	-0.51	-0.29	28.71	36.21	0.84	47.12	42
39	林园投资 2 号	48.42	2.30*	-3.93	-1.28	1.45	-0.53	0.15	-0.63	21.81	43.63	0.65	43.98	32
40	红林投资-私募学院菁英 212 号	48.25	2.03*	-8.08	-2.32	1.97	-0.86	-0.67	-0.37	1.29	54.86	0.27	65.48	45
41	林园投资 1 号	48.20	2.11*	-4.17	-1.25	1.49	-0.54	0.14	-0.62	19.09	46.46	0.59	50.40	29
42	复胜富盛 1 号	47.79	2.95*	-4.84	-2.05	0.90	-0.46	0.00	0.24	26.56	32.82	0.83	27.52	29
43	华安合鑫稳健	47.65	2.39*	-1.30	-0.45	1.37	0.03	0.82	-0.08	42.18	41.58	1.01	26.30	33
44	林园投资 12 号	46.76	3.25*	-4.68	-2.23	1.23	-0.40	0.10	-0.34	25.36	32.07	0.82	35.93	41
45	文储 7 期	45.72	1.84*	-3.68	-1.01	1.10	0.00	0.48	-0.29	27.93	46.42	0.69	37.60	16
46	林园投资 10 号	45.49	2.42*	-5.46	-1.99	1.59	-0.34	-0.49	-0.50	18.84	43.23	0.59	51.35	45

续表

编号	基金名称	年化 α（%）	t（α）	γ	t（γ）	β_{mkt}	β_{smb}	β_{hml}	β_{mom}	年化收益率（%）	年化波动率（%）	年化夏普比率	最大回撤率（%）	调整后 R²（%）
47	涌津涌赢 1 号	45.20	2.32*	−5.97	−2.09	1.29	−0.81	−0.44	−0.58	11.14	41.07	0.42	62.38	34
48	林园投资 9 号	45.00	2.45*	−5.47	−2.04	1.63	−0.35	−0.24	−0.45	17.48	42.46	0.57	51.65	45
49	盈洋远航 1 号	44.96	2.07*	−1.17	−0.37	0.83	0.11	−0.08	0.38	46.91	40.75	1.10	33.73	17
50	同元 5 号	44.68	1.14	−6.08	−1.06	1.95	−0.04	0.62	−0.23	−0.40	74.54	0.31	76.87	19
51	四相 3 期	44.67	2.65*	−5.10	−2.07	1.37	−0.98	0.17	−0.42	10.76	37.85	0.41	53.08	42
52	弘茗荟利稳健管理型 1 号	44.46	1.65*	−4.87	−1.23	−0.11	−0.36	−0.05	0.05	15.81	47.48	0.49	61.13	5
53	林园投资 13 号	44.20	3.02*	−5.06	−2.36	1.13	−0.30	−0.43	−0.37	23.97	32.58	0.78	43.01	41
54	林园投资 16 号	44.13	2.87*	−4.13	−1.84	1.29	−0.39	−0.38	−0.40	25.64	35.19	0.78	46.67	44
55	金舆中国互联网	43.94	2.40*	−4.38	−1.64	1.20	−0.90	−0.71	−0.64	16.37	39.40	0.53	48.73	37
56	敦然投资–鼎弘	43.76	3.14*	−5.23	−2.57	1.66	−0.56	0.33	−0.25	15.08	36.59	0.53	44.67	58
57	裕恒资本双龙 1 号	43.20	3.98*	−5.24	−3.30	0.69	0.01	0.23	−0.28	26.32	22.52	1.09	16.12	32
58	信安成长 1 号	43.15	3.05*	−2.19	−1.06	0.78	−0.05	−0.20	0.21	41.57	28.68	1.30	22.12	29
59	涌津涌鑫 6 号	42.92	2.18*	−4.11	−1.42	1.17	−0.64	−0.18	−0.13	18.66	40.04	0.58	49.40	29
60	百航进取 2 号	42.15	4.52*	−3.61	−2.65	1.07	−0.41	0.22	−0.16	26.50	24.02	1.04	23.73	56
61	华鑫消费 1 号	41.95	2.06*	−5.28	−1.78	1.44	−0.40	0.08	−0.20	14.45	42.53	0.47	47.75	33
62	新镭 1 号	41.56	1.78*	−2.85	−0.83	1.49	−0.25	−0.57	0.20	25.84	49.87	0.67	52.95	36
63	敦沛麒麟 6 号	40.83	1.63	−4.91	−1.34	1.49	0.53	1.36	0.14	17.79	50.82	0.53	40.44	29
64	瑞丰汇邦 3 号	40.49	2.32*	−2.59	−1.01	0.99	−0.37	0.24	−0.07	25.86	34.29	0.80	31.07	24
65	汉唐 1 期	40.35	0.58	−3.34	−0.33	3.13	0.45	1.18	1.94	−24.37	132.49	0.29	90.89	20

续表

编号	基金名称	年化α(%)	t(α)	γ	t(γ)	β_mkt	β_smb	β_hml	β_mom	年化收益率(%)	年化波动率(%)	年化夏普比率	最大回撤率(%)	调整后R²(%)
66	协捷资产-私募学院菁英324号	40.23	1.52	-4.72	-1.22	0.97	0.58	0.24	0.75	25.25	49.80	0.66	59.30	18
67	远澜苍松1号	39.98	1.42	-3.58	-0.87	0.20	-0.95	-1.19	0.50	13.73	54.07	0.42	45.76	20
68	伏犀奇点2号	39.06	3.27*	-3.05	-1.75	0.75	-0.26	0.66	0.41	25.82	24.85	0.99	27.13	32
69	林园投资17号	38.87	2.70*	-4.45	-2.11	1.15	-0.41	-0.30	-0.40	18.16	32.03	0.64	44.31	41
70	顺然7号	38.44	1.86*	1.46	0.49	0.36	0.14	0.53	0.00	46.96	36.39	1.20	39.21	6
71	尚珑1号成长	38.08	2.29*	-1.64	-0.67	0.70	-0.30	0.04	0.21	31.03	31.50	0.96	25.05	18
72	岁寒知松柏1号	37.82	3.34*	-2.66	-1.61	0.90	-0.23	0.39	-0.24	26.31	24.38	1.02	22.70	37
73	弘理嘉富	37.48	1.19	-4.92	-1.07	1.33	0.13	-1.24	0.30	14.82	62.88	0.47	50.00	27
74	林园投资19号	37.16	2.48*	-3.86	-1.76	1.14	-0.44	-0.10	-0.35	17.26	32.42	0.61	42.97	37
75	小虎进取1号	36.99	3.31*	-1.23	-0.76	0.10	-0.21	0.15	-0.13	33.43	19.48	1.51	10.94	4
76	悟源农产品2号	36.89	2.06*	-1.77	-0.68	0.03	0.08	0.26	0.04	32.10	30.97	0.99	20.29	2
77	林园投资3号	36.80	2.43*	-1.49	-0.67	1.43	-0.28	-0.16	-0.21	28.47	36.72	0.83	42.96	50
78	新智达成长1号	36.76	1.82*	-2.21	-0.75	0.97	-0.28	-0.02	-0.31	22.99	38.37	0.69	60.62	19
79	弘唯基石华盈	36.36	2.03*	-3.99	-1.52	0.33	-0.26	-1.04	-0.35	21.41	33.65	0.69	37.34	17
80	齐家科技先锋	35.87	1.88*	-7.56	-2.71	1.69	0.28	0.99	0.79	5.60	44.17	0.30	41.37	46
81	林园投资14号	35.71	2.33*	-2.84	-1.27	1.12	-0.45	-0.05	-0.47	18.63	32.58	0.65	42.13	35
82	神农优选价值	35.69	2.53*	-3.86	-1.87	1.12	-0.13	-0.26	-0.15	21.70	31.66	0.73	34.16	42
83	悟源点精2号	35.56	1.43	-1.84	-0.51	-0.10	0.22	0.01	0.20	28.39	42.75	0.75	42.50	2
84	淳麟同渠	35.53	2.55*	-3.35	-1.64	0.78	-0.21	-0.51	-0.02	24.49	28.93	0.85	34.51	32

续表

编号	基金名称	年化α(%)	t(α)	γ	t(γ)	β_{mkt}	β_{smb}	β_{hml}	β_{mom}	年化收益率(%)	年化波动率(%)	年化夏普比率	最大回撤率(%)	调整后R²(%)
85	时时安稳健1号	35.44	1.56	-6.09	-1.84	0.74	-0.35	0.34	0.08	2.56	41.28	0.24	77.48	12
86	塑造者1号	35.33	4.13*	2.77	2.21*	0.03	-0.01	-0.16	0.40	58.28	16.57	2.81	2.20	22
87	天天向上2号（铭环资产）	35.23	2.01*	-7.68	-3.00	1.37	0.01	0.25	-0.14	3.59	38.31	0.24	41.93	39
88	北京福睿德9号	34.69	1.42	-0.94	-0.26	1.15	0.47	0.16	0.88	36.54	48.35	0.83	42.77	25
89	远澜红枫1号	34.53	2.57*	-1.14	-0.58	-0.08	-0.20	-0.10	0.12	31.74	23.60	1.22	8.72	5
90	林园投资7号	34.41	1.88*	-2.82	-1.05	1.43	-0.56	-0.11	-0.69	12.52	40.13	0.47	45.37	39
91	熠道丰盈1号	33.78	7.16*	-1.13	-1.64	0.06	-0.19	0.05	-0.15	32.24	8.62	3.15	3.60	12
92	伏明2号	33.43	1.75*	-4.20	-1.50	0.99	-0.66	-0.46	-0.05	8.64	38.55	0.37	70.16	28
93	宁水精选3期	33.41	2.48*	-0.90	-0.46	-0.29	-0.31	-1.09	-0.40	31.90	25.50	1.16	29.85	18
94	瑞文1号	33.36	1.80*	-4.34	-1.60	1.13	0.05	0.03	0.52	17.43	38.38	0.56	41.57	32
95	鸿凯37号	33.36	1.08	-0.88	-0.19	0.69	-0.29	-0.30	0.20	19.83	54.93	0.54	40.96	8
96	三才	33.29	1.13	-2.03	-0.47	0.52	-1.21	-0.13	-1.12	-1.51	53.24	0.19	72.07	10
97	盈定2号	33.21	1.91*	-2.97	-1.17	0.91	-0.26	-0.52	-0.33	20.70	34.66	0.65	24.82	26
98	钰锦慢牛2号	33.20	1.87*	-0.55	-0.21	1.13	0.17	1.59	1.04	29.05	38.14	0.81	39.31	37
99	靖奇光合长谷	33.15	3.76*	-0.62	-0.48	0.60	0.75	0.27	0.63	48.83	21.80	1.89	25.68	52
100	融智FOF7期	33.14	2.14*	-3.69	-1.63	1.11	-0.14	-0.64	-0.16	20.10	34.66	0.65	33.02	42
101	清澄1号	33.09	1.26	2.12	0.55	0.20	0.52	1.00	0.41	41.92	46.39	0.94	49.07	6
102	林园投资18号	33.09	2.06*	-3.74	-1.59	1.15	-0.47	-0.10	-0.37	11.90	33.88	0.46	39.80	34
103	富承高息1号	33.00	0.85	-3.92	-0.69	1.92	-0.32	1.20	-0.22	-7.56	73.63	0.17	81.06	19

续表

编号	基金名称	年化α(%)	$t(\alpha)$	γ	$t(\gamma)$	β_{mkt}	β_{smb}	β_{hml}	β_{mom}	年化收益率(%)	年化波动率(%)	年化夏普比率	最大回撤率(%)	调整后R^2(%)
104	夸克 1 号	32.96	3.19*	-2.88	-1.91	0.61	-0.22	0.22	0.21	22.31	20.84	1.00	10.52	28
105	同德量化 1 号	32.93	2.64*	-1.03	-0.56	0.58	0.83	-0.27	0.36	48.01	28.26	1.49	17.94	43
106	同庆 2 期	32.89	2.64*	-3.42	-1.88	1.16	-0.28	-0.35	-0.31	18.51	29.98	0.67	34.64	50
107	婺源楚正进取 1 号	32.66	3.00*	-2.20	-1.38	0.64	-0.04	-0.06	0.18	28.54	22.23	1.17	17.65	30
108	晓峰 1 号睿远	32.63	5.25*	-2.76	-3.03	0.93	-0.46	-0.04	-0.08	20.04	19.84	0.95	16.03	71
109	卓铸卓越 1 号	32.56	2.38*	-3.02	-1.51	1.35	-0.83	0.35	-0.59	7.61	33.21	0.34	57.70	50
110	林园投资 5 号	32.56	2.14*	-2.16	-0.97	1.10	-0.22	0.20	-0.16	20.89	32.09	0.71	36.97	34
111	金羿 1 期	32.46	1.33	-1.27	-0.35	1.47	0.38	0.42	-0.17	25.33	49.99	0.65	40.61	30
112	林园投资 8 号	32.24	2.16*	-3.04	-1.40	1.39	-0.31	-0.04	-0.41	15.53	35.10	0.55	43.56	47
113	神农长空集母	32.23	2.15*	-2.93	-1.34	0.90	-0.10	-0.17	0.20	22.43	30.82	0.76	29.78	31
114	华银价值	31.96	1.06	-4.84	-1.09	0.57	0.53	0.16	0.54	15.69	53.84	0.43	58.09	8
115	大盈成长 1 号	31.93	2.03*	-0.67	-0.29	0.70	-0.67	-0.67	0.09	24.79	32.97	0.78	24.10	33
116	锦瑞恒-梦想 1 号	31.90	3.63*	0.14	0.11	0.85	0.08	-0.45	-0.27	40.72	23.58	1.52	15.69	59
117	兆天金牛精选 2 号	31.83	2.60*	-1.81	-1.01	1.04	-0.50	-0.52	-0.04	22.44	29.89	0.78	45.08	51
118	林园投资 6 号	31.63	2.00*	-2.08	-0.90	1.09	-0.31	0.15	-0.23	18.44	32.80	0.64	40.62	32
119	登程进取	31.49	2.67*	-3.46	-2.01	0.88	-0.12	-0.21	-0.48	18.57	25.71	0.74	38.41	38
120	逸程 2 号	31.32	1.75*	-2.55	-0.97	0.96	-0.28	0.02	-0.20	16.52	34.87	0.57	37.83	22
121	绘羽资财 1 号	31.27	1.20	-8.51	-2.23	1.74	0.19	-0.39	-0.04	-5.50	55.80	0.14	77.65	36
122	益和源 1 号	31.21	1.92*	-4.57	-1.92	1.53	-0.25	-0.48	-0.12	10.60	39.88	0.41	48.23	51

续表

编号	基金名称	年化α(%)	t(α)	γ	t(γ)	β_mkt	β_smb	β_hml	β_mom	年化收益率(%)	年化波动率(%)	年化夏普比率	最大回撤率(%)	调整后R²(%)
123	衍恒南山 1 号	31.14	2.18*	-0.45	-0.21	1.04	-0.53	0.61	0.06	21.25	31.15	0.72	23.07	39
124	听涛 1 号	31.01	1.06	0.07	0.02	0.12	0.42	0.67	1.20	31.35	51.48	0.71	40.25	5
125	云天志太平山 1 号	30.98	1.77*	-0.81	-0.31	0.62	-0.66	-0.78	-0.57	20.77	33.71	0.68	49.07	21
126	星池量化木星 1 号	30.89	1.86*	-1.67	-0.69	0.93	-0.40	0.00	-0.14	18.90	32.84	0.65	38.92	25
127	赢动先锋	30.56	1.96*	-4.08	-1.78	1.32	-0.16	0.03	-0.60	11.15	35.24	0.42	43.28	42
128	华银德洋	30.54	1.55	-0.26	-0.09	0.71	0.05	-0.34	-0.75	29.94	37.45	0.82	25.37	19
129	掌赢－卡欧斯 2 号	30.42	2.12*	-2.54	-1.21	0.73	-0.24	0.45	-0.14	16.61	27.45	0.64	24.62	20
130	初觅 1 号	30.30	4.41*	2.65	2.64*	0.00	0.14	-0.06	0.32	52.56	13.08	3.23	1.36	19
131	盛天价值成长 1 号	30.16	1.57	-3.16	-1.13	0.34	0.73	-0.08	0.34	27.99	35.71	0.83	31.84	15
132	腾倍尔 9 号	30.02	0.95	-0.75	-0.16	1.79	-0.57	-0.47	-0.93	8.69	63.50	0.36	48.58	28
133	师之宏	29.98	1.61	-1.94	-0.71	0.73	-0.93	-0.48	-1.03	7.86	35.83	0.35	53.41	21
134	大朴多维度 24 号	29.90	6.56*	-2.98	-4.47	0.67	-0.14	-0.09	0.08	21.83	14.58	1.33	19.03	71
135	天琪泉沿 2 号	29.90	1.34	-2.74	-0.84	1.02	0.32	-0.38	-0.21	20.80	43.80	0.61	45.27	24
136	善道港股通精选 1 号	29.86	1.78*	-1.97	-0.80	1.00	0.16	-0.40	0.29	27.23	35.66	0.81	44.74	36
137	与取华山 1 号	29.74	1.87*	-0.61	-0.26	0.06	-0.05	-0.31	0.00	29.89	27.52	1.03	24.58	2
138	林园投资 21 号	29.63	2.08*	-1.39	-0.67	1.20	-0.10	-0.46	-0.19	25.32	33.84	0.79	45.41	48
139	夸克 1877	29.59	2.85*	-2.73	-1.80	0.62	-0.21	0.27	0.23	18.82	21.00	0.85	10.29	28
140	恒健远志量化对冲 1 期	29.56	6.55*	-2.05	-3.10	-0.01	0.01	-0.01	-0.11	26.13	8.63	2.58	4.62	20
141	大鹏湾财富 3 期	29.40	2.30*	-4.71	-2.52	1.17	0.11	-0.32	-0.14	14.62	31.31	0.54	41.00	51

续表

编号	基金名称	年化α(%)	$t(\alpha)$	γ	$t(\gamma)$	β_{mkt}	β_{smb}	β_{hml}	β_{mom}	年化收益率(%)	年化波动率(%)	年化夏普比率	最大回撤率(%)	调整后R^2(%)
142	优稳量化对冲套利策略 1 号	29.31	2.48*	-1.03	-0.60	0.93	0.01	0.61	-0.34	24.56	26.36	0.90	23.56	41
143	达理 1 号	29.26	2.10*	1.07	0.53	1.01	-0.13	-0.46	0.50	37.60	33.66	1.07	25.97	50
144	磐厚蔚然-禾天下 5 号	29.23	1.74*	0.05	0.02	0.27	0.61	0.36	0.68	40.70	30.51	1.22	12.84	11
145	康祺资产稳进 1 号	29.14	1.32	-4.39	-1.36	1.16	1.36	0.23	0.98	27.69	48.38	0.69	42.44	39
146	利道永晟 1 号	28.95	2.32*	1.51	0.83	0.47	0.17	-0.28	0.13	44.11	24.49	1.57	15.34	24
147	卓盈进取 3 号	28.88	2.96*	-2.24	-1.57	0.64	0.00	-0.09	0.31	25.07	21.06	1.10	18.72	37
148	品赋荣耀	28.88	1.91*	-2.05	-0.93	0.14	0.00	0.30	0.11	21.45	26.27	0.80	13.10	3
149	高毅晓峰鸿远	28.87	5.25*	-2.58	-3.21	0.92	-0.43	-0.04	-0.09	16.99	18.94	0.85	20.78	75
150	磐厚动量-远翔 1 号	28.82	2.99*	-2.54	-1.80	0.83	0.00	-0.54	0.07	24.56	24.41	0.96	28.89	54
151	冲和战浪 1 号	28.82	1.97*	2.32	1.09	-0.38	-0.13	0.59	0.21	35.65	27.43	1.20	18.07	17
152	深博信智富 1 号	28.78	0.60	-2.79	-0.40	1.84	1.16	-0.24	0.83	7.46	91.50	0.42	85.39	21
153	上海远澜硕桦 1 号	28.77	2.94*	-0.43	-0.30	-0.04	-0.21	-0.23	-0.02	29.04	17.20	1.49	8.79	5
154	戍音量化 1 号	28.71	1.01	-5.73	-1.38	1.38	1.10	0.10	0.44	12.48	57.72	0.43	66.96	29
155	川砺稳健 2 号	28.70	2.75*	-4.12	-2.69	0.13	-0.16	-0.05	-0.15	12.90	19.10	0.65	20.66	12
156	神农长空集 1 号	28.55	1.89*	-3.20	-1.45	0.91	-0.09	-0.09	0.14	16.59	30.76	0.60	31.48	30
157	君胸 1 号	28.46	2.37*	-4.79	-2.73	1.28	0.17	0.12	-0.22	12.17	30.81	0.48	36.29	55
158	西安久上-私募学院菁英 343 号	28.38	1.55	-1.18	-0.44	1.42	0.93	1.32	1.29	32.94	42.87	0.82	33.17	47
159	利宇致远 1 号	28.36	1.62	-4.37	-1.71	1.03	-0.11	-1.15	-0.56	11.65	38.42	0.43	53.98	39
160	滨利价值尊享 1 号	28.30	1.97*	-3.40	-1.62	1.44	-0.15	0.34	0.00	11.98	34.73	0.45	50.79	50

续表

编号	基金名称	年化 α(%)	t(α)	γ	t(γ)	β_mkt	β_smb	β_hml	β_mom	年化收益率(%)	年化波动率(%)	年化夏普比率	最大回撤率(%)	调整后 R²(%)
161	上海黑极价值精选 1 号	28.29	2.26*	−1.84	−1.01	0.79	−0.16	0.77	−0.01	17.83	25.45	0.70	18.75	29
162	伍文稳盈 3 号	28.29	0.67	−4.62	−0.75	1.40	1.19	0.72	−0.11	5.69	79.06	0.32	48.97	17
163	七禾兰瑞 1 号	28.23	2.01*	−1.49	−0.72	0.58	−0.06	0.46	0.25	22.02	26.11	0.84	22.89	15
164	医疗健康	28.23	1.39	−3.35	−1.13	1.30	0.22	−0.45	−0.16	17.22	43.40	0.52	39.72	36
165	弘苕套利稳健管理型 4 号	28.18	1.53	−1.23	−0.46	0.36	−0.27	−0.62	0.42	23.42	34.51	0.72	28.69	17
166	弘尚资产健康中国 1 号	28.17	5.44*	−0.75	−0.99	0.90	−0.07	−0.22	0.11	30.39	19.78	1.38	19.14	80
167	财富兄弟紫时成长 1 号	28.11	0.79	1.96*	0.38	2.04	−0.49	−2.04	0.22	17.47	79.49	0.51	64.81	42
168	紫升文丰量化	27.89	4.41*	−0.90	−0.98	−0.05	0.00	−0.05	0.24	29.78	11.48	2.22	9.89	11
169	鼎萨量化 1 号	27.88	1.44	−2.40	−0.85	1.55	0.08	0.43	0.94	16.11	44.47	0.53	46.16	44
170	希星小牛 7 号	27.87	2.82*	−1.44	−1.00	1.10	−0.40	−0.24	−0.30	19.77	26.34	0.76	38.93	59
171	紫玺宸 6 期	27.80	1.17	−6.41	−1.85	1.65	0.56	−0.23	0.99	4.85	53.67	0.33	66.62	43
172	高毅新方程晓峰 2 号致信 5 号	27.67	4.77*	−2.89	−3.41	0.92	−0.44	0.00	−0.08	14.03	19.05	0.71	18.10	73
173	红昆仓金匮 1 号	27.62	0.79	−6.46	−1.27	1.36	1.15	0.05	1.93	2.31	70.08	0.36	80.20	27
174	卓铸卓越 3 号	27.58	1.93*	−1.67	−0.80	1.58	−0.91	0.33	−0.47	5.50	37.47	0.28	61.98	58
175	查理价值套利稳健型 3 号 A 期	27.54	2.45*	−5.51	−3.35	1.01	−0.12	−0.34	−0.04	7.69	27.34	0.35	56.62	51
176	元储－学院菁英 193 号	27.52	1.77*	−0.23	−0.10	1.79	0.72	0.12	0.61	35.74	45.20	0.86	31.02	65
177	共同成长	27.40	1.40	−3.55	−1.24	0.53	0.63	0.18	0.28	20.35	36.23	0.64	30.07	15
178	鹰傲绝对价值	27.38	2.23*	−3.93	−2.19	1.14	−0.64	−0.05	−0.24	4.75	29.17	0.25	52.61	48
179	青云专享 1 号	27.38	1.93*	−2.38	−1.15	0.31	−0.08	−0.68	−0.85	19.39	26.96	0.72	18.91	19

续表

编号	基金名称	年化α(%)	t(α)	γ	t(γ)	β_mkt	β_smb	β_hml	β_mom	年化收益率(%)	年化波动率(%)	年化夏普比率	最大回撤率(%)	调整后R²(%)
180	新方程泓澄精选-尊享A	27.32	0.72	0.74	0.13	0.38	-0.60	-2.28	-2.58	3.99	71.82	0.37	44.58	17
181	财掌柜持股宝8号	27.30	2.56*	0.11	0.07	0.15	0.30	0.50	0.55	35.55	19.33	1.60	2.97	11
182	伏明1号	27.22	1.52	-3.32	-1.26	1.04	-0.77	-0.81	-0.35	4.88	38.06	0.28	69.28	35
183	盈阳指数增强1号	26.91	2.32*	-5.80	-3.42	1.54	0.05	0.34	0.05	4.39	32.97	0.25	50.58	64
184	盛高1号	26.87	1.47	-2.52	-0.94	1.05	-0.55	-0.31	-0.68	7.51	36.61	0.35	57.32	27
185	德高1号	26.82	2.16*	-2.87	-1.58	0.85	-0.52	-0.27	-0.55	10.29	26.21	0.45	40.81	34
186	林园投资4号	26.71	1.77*	-2.79	-1.27	1.16	-0.39	-0.01	-0.39	9.61	32.64	0.40	50.18	38
187	若溪湘财超马2期	26.65	1.53	-1.65	-0.65	0.80	-0.15	-0.39	-0.44	18.60	33.60	0.62	33.96	21
188	正泽元价值成长1号	26.62	2.38*	-2.36	-1.44	1.09	-0.52	-0.03	-0.33	11.48	27.10	0.48	43.87	50
189	菁果	26.62	3.62*	-1.55	-1.44	0.59	-0.12	0.82	0.05	19.01	16.89	1.03	16.50	44
190	中融鼎秋天-1	26.60	1.03	-3.58	-0.94	0.46	-0.03	0.22	0.01	5.62	45.09	0.30	53.50	3
191	大朴多维度23号	26.55	5.56*	-2.59	-3.70	0.73	-0.23	-0.10	-0.05	17.84	15.45	1.05	18.81	72
192	希瓦小牛精选	26.50	2.54*	-1.19	-0.78	1.13	-0.40	-0.17	-0.23	18.80	27.31	0.71	38.45	57
193	鹰傲长盈1号	26.50	2.18*	-3.69	-2.08	1.12	-0.63	-0.12	-0.28	4.93	28.90	0.26	52.15	48
194	可伟资产-同创3号	26.42	3.66*	-4.12	-3.90	0.48	-0.06	-0.09	-0.23	12.96	15.58	0.77	23.55	37
195	朴锐进取1号	26.35	1.24	-3.31	-1.07	0.64	-0.67	-0.12	-0.58	1.48	38.39	0.18	33.94	11
196	信璞投资-琢钰100	26.21	2.34*	-2.74	-1.67	0.97	-0.37	0.67	-0.20	9.37	25.29	0.41	24.00	42
197	涌乐泉1期	26.17	1.52	-2.61	-1.04	1.43	-0.32	-0.50	-0.48	10.30	39.78	0.41	61.63	45
198	大鹏湾财富4期	26.14	1.99*	-2.13	-1.11	1.18	-0.05	-0.57	-0.26	19.36	32.46	0.66	43.40	52

续表

编号	基金名称	年化 α(%)	$t(\alpha)$	γ	$t(\gamma)$	β_{mkt}	β_{smb}	β_{hml}	β_{mom}	年化收益率(%)	年化波动率(%)	年化夏普比率	最大回撤率(%)	调整后 R^2(%)
199	煜道稳赢 1 号	26.06	2.67*	-1.19	-0.84	0.05	0.20	-0.29	0.05	29.06	17.61	1.46	9.68	10
200	天曦 A	26.05	3.46*	2.77	2.52*	-0.15	0.43	0.28	0.75	50.87	15.18	2.72	1.35	28
201	康曼德 003 号	26.01	2.60*	-1.70	-1.17	0.72	-0.05	-0.16	-0.02	22.60	21.70	0.98	20.91	38
202	中环港沪深对冲 2 号	25.96	2.58*	-5.23	-3.55	0.88	-0.84	-0.74	-0.30	-0.77	26.66	0.05	55.96	58
203	绿宝石 2 期	25.94	2.12*	-3.50	-1.95	1.23	0.20	-0.30	0.05	16.96	31.90	0.60	38.18	57
204	龙旗巨星 1 号	25.90	2.03*	0.03	0.02	0.58	0.43	-0.34	-0.15	36.34	26.74	1.24	11.52	33
205	勤远动态平衡 1 号	25.86	2.18*	-3.86	-2.23	0.80	0.27	0.24	0.34	16.26	25.28	0.66	37.54	35
206	伏明转型型成长 1 期	25.79	1.35	-2.38	-0.86	0.87	-0.52	-0.38	-0.08	9.11	36.98	0.38	58.58	22
207	静逸 1 期	25.72	2.08*	-1.82	-1.00	1.16	-0.49	0.03	-0.23	12.43	29.44	0.49	52.66	48
208	神农春江	25.72	2.07*	-3.41	-1.88	0.70	-0.13	-0.46	-0.27	13.79	25.51	0.57	28.28	31
209	星纪月盈	25.68	1.76*	-1.91	-0.89	1.33	-0.72	-0.55	-0.27	9.42	36.14	0.39	49.95	52
210	望岳投资小象 1 号	25.68	2.23*	-1.93	-1.15	0.97	-0.46	-0.52	-0.16	15.50	27.72	0.60	34.86	49
211	神农价值精选 1 号	25.62	1.80*	-3.33	-1.60	0.81	-0.03	-0.31	0.04	14.78	29.12	0.56	41.67	30
212	紫升文丰 2 期	25.61	5.96*	-0.09	-0.14	-0.01	0.11	0.08	0.11	31.57	7.49	3.54	1.76	4
213	博普绝对价值 1 号	25.61	2.46*	-1.80	-1.18	0.54	-0.06	-0.58	0.25	23.74	22.94	0.98	26.58	40
214	正见稳定成长 1 期	25.53	2.24*	-1.02	-0.61	0.99	-0.11	0.20	-0.43	19.86	26.29	0.77	40.21	45
215	鲤鱼门稳健	25.34	1.86*	-2.46	-1.24	1.11	-0.50	0.04	-0.51	8.44	30.11	0.37	53.65	40
216	台日 61 号	25.33	1.11	-3.67	-1.10	1.46	-0.08	-0.16	0.15	6.13	47.46	0.31	64.57	32
217	大朴多维度 15 号	25.31	5.65*	-2.62	-4.00	0.70	-0.10	-0.10	0.03	18.36	14.82	1.12	19.18	73

续表

编号	基金名称	年化α(%)	t(α)	γ	t(γ)	β_mkt	β_smb	β_hml	β_mom	年化收益率(%)	年化波动率(%)	年化夏普比率	最大回撤率(%)	调整后R²(%)
218	金百箔1期	25.25	2.53*	-3.11	-2.13	0.91	0.07	-0.15	0.31	17.93	24.72	0.73	28.75	52
219	和美稳健增长	25.25	1.17	-4.63	-1.47	1.38	-0.27	-0.64	-0.19	1.75	45.56	0.22	57.02	34
220	广发纳斯特乐睿1号	25.24	1.76*	-3.30	-1.58	0.11	0.67	-0.11	0.20	23.25	27.28	0.84	16.58	19
221	溪牛长期回报	25.23	2.17*	-3.35	-1.97	1.33	0.23	-0.08	0.35	17.08	32.34	0.60	40.54	62
222	五色土5期	25.15	1.70*	-2.23	-1.03	1.54	0.46	-0.25	0.12	22.05	39.91	0.66	46.97	60
223	林园2期	25.09	1.70*	-0.96	-0.44	0.40	-0.46	-1.02	-0.25	19.35	29.05	0.70	34.33	24
224	泽元元丰	25.08	2.09*	-2.98	-1.70	0.93	-0.25	0.00	-0.14	11.40	26.03	0.49	39.31	38
225	弘尚企业融资驱动策略	25.05	3.31*	-2.78	-2.51	1.24	-0.68	0.18	-0.39	5.97	25.05	0.30	36.31	73
226	理石秃鹫1号	25.05	3.25*	-1.53	-1.35	0.04	-0.13	0.01	-0.26	19.82	13.67	1.29	12.23	7
227	成飞稳赢1号	24.95	2.89*	-0.35	-0.28	0.25	-0.26	0.22	-0.56	20.53	16.68	1.12	18.18	21
228	觉航启航1号	24.85	3.22*	-3.20	-2.84	0.81	-0.51	-0.37	-0.23	9.51	20.60	0.47	23.27	59
229	大鹏湾财富5期	24.85	2.00*	-2.65	-1.46	1.05	0.19	-0.27	0.10	19.67	29.77	0.70	40.01	49
230	逸原1号	24.83	1.71*	-1.28	-0.60	0.94	-0.28	-0.03	-0.22	16.08	29.86	0.60	38.42	31
231	融政创沅价值成长6号	24.83	1.45	-1.20	-0.48	0.63	-0.09	-0.40	0.37	21.75	32.99	0.70	25.62	21
232	涌乐泉2期	24.82	1.44	-1.36	-0.54	1.43	-0.39	-0.48	-0.48	12.61	39.99	0.46	60.17	46
233	博鸿元泰	24.80	2.38*	-3.04	-1.99	0.93	-0.58	-0.69	-0.05	9.75	27.17	0.42	51.94	57
234	安布雷拉千里山1号	24.78	1.39	-0.06	-0.02	0.19	0.29	0.69	0.29	25.68	31.25	0.84	34.96	5
235	量度1号	24.78	1.71*	-3.64	-1.71	0.74	-0.02	0.18	0.35	11.65	28.37	0.46	25.64	23
236	源实-瑞鑫1号	24.70	1.00	-2.93	-0.81	0.66	-0.02	-0.09	-0.61	6.52	44.13	0.32	56.58	9

续表

编号	基金名称	年化 α (%)	$t(\alpha)$	γ	$t(\gamma)$	β_{mkt}	β_{smb}	β_{hml}	β_{mom}	年化收益率 (%)	年化波动率 (%)	年化夏普比率	最大回撤率 (%)	调整后 R^2 (%)
237	睿璞投资·睿洪 1 号	24.69	2.61*	-1.53	-1.11	0.86	-0.45	-0.03	-0.22	14.80	22.37	0.66	34.39	48
238	SyncHedge 程序化 1 号	24.67	1.93*	-1.70	-0.91	1.35	-0.74	-0.69	-0.16	10.11	35.29	0.41	46.89	62
239	德孔 1 号	24.67	1.07	-1.45	-0.43	1.59	0.19	0.11	0.28	15.46	49.46	0.50	46.64	36
240	家族 1 号	24.61	1.62	-2.89	-1.30	1.26	-1.01	0.54	-0.74	-4.21	34.99	0.01	61.94	45
241	新思哲成长	24.60	2.35*	-2.15	-1.40	0.96	-0.44	0.04	0.05	12.29	25.04	0.53	46.38	49
242	积露资产量化对冲	24.53	2.43*	0.98	0.66	0.09	0.15	0.28	0.09	33.23	17.76	1.63	7.99	5
243	滨利凤鸣 1 号	24.52	1.41	-1.29	-0.50	1.60	-0.15	-0.35	-0.26	15.28	42.44	0.50	44.28	51
244	壁虎成长 6 号	24.51	1.95*	-1.87	-1.02	1.19	-0.13	-0.69	-0.20	18.18	32.48	0.63	43.13	56
245	银叶阶跃	24.47	2.65*	-1.84	-1.37	0.77	-0.05	-0.11	-0.08	19.78	21.06	0.90	22.16	44
246	巴奇素耐力稳健 1 号	24.46	1.91*	-3.75	-2.00	1.84	-0.64	0.43	-0.62	-2.46	38.08	0.08	51.59	67
247	启元潜龙 1 号	24.33	2.25*	-0.99	-0.62	0.82	-0.15	0.52	0.00	18.54	23.27	0.78	26.19	37
248	昭图 5 期	24.14	2.60*	-1.20	-0.88	0.88	-0.21	-0.51	-0.19	20.96	23.80	0.86	21.71	56
249	广汇缘 3 号	24.10	1.80*	-5.86	-3.00	1.15	-0.46	-0.01	-0.43	-4.28	30.15	-0.04	49.15	42
250	博鸿聚义	24.03	3.07*	-1.61	-1.41	0.84	-0.36	-0.68	-0.07	18.36	22.93	0.78	33.13	66
251	银叁进取 2 号	23.97	1.14	-1.59	-0.52	-0.08	0.04	-0.05	0.03	16.18	36.24	0.52	31.02	1
252	万柔 1 号	23.94	2.29*	-3.69	-2.41	0.88	-0.33	-0.49	0.09	9.37	25.74	0.41	39.54	52
253	毅然创世 1 期	23.86	1.35	-1.51	-0.58	1.35	0.21	0.36	-0.17	17.64	38.86	0.54	30.01	39
254	壁虎寰宇成长 1 号	23.85	2.51*	-2.31	-1.66	0.88	-0.21	-0.60	-0.30	16.06	24.10	0.68	42.16	54
255	私募工场鑫润禾睿道价值	23.81	2.52*	-3.24	-2.35	0.76	-0.13	0.06	0.05	12.03	20.89	0.58	22.82	40

续表

编号	基金名称	年化 α(%)	t(α)	γ	t(γ)	β_{mkt}	β_{smb}	β_{hml}	β_{mom}	年化收益率(%)	年化波动率(%)	年化夏普比率	最大回撤率(%)	调整后 R²(%)
256	金田龙盛 2 号	23.75	1.59	-0.94	-0.43	0.69	0.05	0.11	-0.27	20.45	28.57	0.73	22.55	19
257	波粒二象趋势 1	23.72	1.91*	-0.51	-0.28	0.45	0.29	-0.21	0.08	29.33	23.88	1.14	20.43	21
258	诚轩共享	23.70	1.91*	-2.67	-1.47	0.46	-0.41	-0.23	-0.55	9.06	23.14	0.42	20.59	16
259	汉和资本—私募学院菁英 7 号	23.69	3.12*	-1.95	-1.76	0.90	-0.31	-0.17	-0.19	15.08	20.78	0.71	34.58	61
260	高毅晓峰尊享 L 期	23.68	4.33*	-2.39	-2.99	0.81	-0.42	-0.15	-0.07	12.59	17.79	0.67	18.38	72
261	睿璞投资—睿华 1 号	23.65	2.52*	-1.43	-1.04	0.86	-0.44	-0.06	-0.24	14.31	22.24	0.64	35.78	48
262	万霁 6 号	23.64	2.13*	-3.85	-2.37	0.85	-0.30	-0.54	0.10	8.94	26.44	0.39	38.14	48
263	茂源英火 1 号	23.64	1.81*	0.00	0.00	-0.12	-0.32	-0.06	0.25	21.87	23.55	0.87	7.77	10
264	德崙 3 号	23.61	1.37	-2.46	-0.98	0.89	-0.34	-0.34	-0.01	10.14	34.24	0.40	45.56	26
265	辛巴达母基金 B 类	23.59	2.33*	1.00	0.68	0.80	-0.10	-0.06	0.22	30.24	23.87	1.17	23.73	48
266	相生 3 号	23.58	1.51	-0.57	-0.25	1.12	-0.36	-0.58	-0.13	17.91	35.21	0.60	49.05	43
267	钜融大安 1 号	23.57	1.41	-0.69	-0.28	0.85	0.07	0.23	0.29	21.72	32.60	0.71	20.78	23
268	仁桥泽源 1 期	23.56	4.56*	-1.37	-1.82	0.62	0.05	0.26	0.11	22.12	13.85	1.41	10.59	59
269	红帆 2 号	23.51	1.29	-0.70	-0.26	1.24	0.14	-0.71	0.07	23.22	41.21	0.67	47.89	43
270	大朴进取 2 期	23.50	4.11*	-2.12	-2.53	0.75	-0.22	-0.09	0.05	16.32	16.83	0.90	22.49	66
271	中润一期	23.48	2.52*	-0.53	-0.39	0.78	0.14	-0.06	0.49	27.96	22.92	1.13	20.27	52
272	私募工场卓凯雷锋	23.48	1.38	-2.57	-1.03	0.99	-0.83	-0.57	-1.01	1.32	35.22	0.17	67.31	32
273	汇远量化定增 3 期	23.47	2.47*	-2.93	-2.11	0.65	0.06	-0.44	-0.09	16.99	21.46	0.77	27.70	42
274	辛巴达	23.47	2.35*	0.87	0.60	0.84	-0.03	-0.13	0.13	30.66	24.23	1.17	23.44	50

续表

编号	基金名称	年化α(%)	$t(\alpha)$	γ	$t(\gamma)$	β_{mkt}	β_{smb}	β_{hml}	β_{mom}	年化收益率(%)	年化波动率(%)	年化夏普比率	最大回撤率(%)	调整后 R^2(%)
275	中教成长1号	23.33	1.81*	-2.73	-1.44	0.98	-0.52	-0.25	0.30	7.93	30.19	0.36	47.01	46
276	春华秋实农业	23.30	1.52	-0.88	-0.39	0.79	-0.76	-0.30	-1.21	7.52	31.44	0.34	59.31	30
277	明见2号	23.28	2.42*	-3.62	-2.58	0.63	-0.24	-0.51	-0.09	10.29	21.44	0.49	35.74	41
278	弗同1号	23.24	1.03	-1.89	-0.57	0.34	-0.21	-0.64	0.07	13.30	40.30	0.43	32.31	8
279	余粮100	23.23	1.93*	-2.11	-1.19	0.89	-0.20	0.80	-0.15	10.08	25.78	0.43	19.32	36
280	上海意志坚定1期	23.23	1.68*	-4.04	-2.00	0.86	0.23	-0.01	0.20	11.92	28.85	0.48	40.97	33
281	泓滪秋实1号	23.23	1.52	1.35	0.60	0.54	0.01	-0.38	-0.11	31.80	29.16	1.03	29.06	20
282	惠正创丰	23.18	2.57*	-3.43	-2.60	0.94	-0.59	-0.72	-0.60	5.73	24.47	0.29	31.64	60
283	四创新航1号	23.16	1.67*	-1.26	-0.62	0.50	0.53	0.08	0.23	27.12	26.79	0.97	17.32	22
284	霁泽艾比之路	23.14	3.11*	-0.99	-0.91	0.89	-0.17	0.05	-0.02	19.79	20.37	0.92	23.03	61
285	从容内需医疗3期	23.04	1.57	-0.96	-0.45	0.39	-0.41	-0.78	0.16	17.42	28.98	0.66	30.93	25
286	唐氏专户2期	22.99	1.04	-2.84	-0.88	0.55	0.01	0.23	0.56	9.01	39.57	0.37	41.20	9
287	彤源同庆3号	22.92	2.68*	-1.05	-0.84	0.90	0.04	-0.59	0.15	24.86	24.80	0.96	29.20	65
288	山楂树2期	22.87	1.98*	-0.20	-0.12	0.97	-0.05	-0.26	0.14	24.63	27.80	0.88	40.13	49
289	万霁3号	22.87	2.27*	-3.57	-2.42	0.91	-0.28	-0.52	0.10	9.65	25.72	0.42	33.28	55
290	茁安稳健成长2号	22.85	1.89*	-0.72	-0.41	0.09	-0.05	-0.21	-0.08	22.27	20.92	0.98	7.25	2
291	新活力稳进	22.82	2.64*	-1.76	-1.40	0.95	0.33	-0.20	0.46	24.91	25.10	0.96	33.93	65
292	循远安心2号	22.81	3.00*	-0.71	-0.64	0.48	-0.15	-0.17	0.00	22.16	16.04	1.24	19.59	34
293	硬资产100	22.79	2.18*	-2.35	-1.53	0.80	-0.40	0.78	-0.21	6.52	23.07	0.32	18.96	40

续表

编号	基金名称	年化 α(%)	$t(\alpha)$	γ	$t(\gamma)$	β_{mkt}	β_{smb}	β_{hml}	β_{mom}	年化收益率(%)	年化波动率(%)	年化夏普比率	最大回撤率(%)	调整后 R^2(%)
294	东方鼎泰 4 期	22.79	2.30*	-2.75	-1.90	0.48	-0.75	-0.33	-0.70	4.06	20.55	0.22	34.05	32
295	鼎萨价值成长	22.75	2.10*	-0.16	-0.10	1.67	0.16	-0.28	0.29	25.49	38.19	0.74	42.09	76
296	万坤全天候量化 2 号	22.73	5.54*	-2.02	-3.37	0.97	0.08	-0.14	-0.10	19.66	19.49	0.95	23.60	87
297	明河精选	22.72	2.77*	-1.55	-1.29	0.62	-0.34	0.08	-0.17	14.30	17.72	0.76	18.77	37
298	盛泉恒元定增套利多策略 6 号	22.69	5.50*	-1.00	-1.66	0.77	0.13	-0.08	0.21	25.51	16.72	1.36	19.07	82
299	东方点赞	22.67	2.46*	0.11	0.08	0.83	-0.28	0.03	-0.19	21.50	21.96	0.93	13.81	48
300	鼎锋大健康	22.62	0.91	-2.32	-0.64	1.50	0.36	0.50	0.98	11.73	51.32	0.42	68.64	32
301	睿璞投资－睿洪 2 号	22.60	2.38*	-1.44	-1.04	0.83	-0.45	-0.02	-0.18	12.92	22.15	0.59	36.25	46
302	万霁 8 号	22.59	2.18*	-4.42	-2.91	0.80	-0.16	-0.24	0.28	7.09	24.28	0.34	35.15	47
303	林园	22.54	1.64	-1.66	-0.82	0.65	-0.25	-0.60	0.06	15.94	28.13	0.62	30.98	30
304	高毅利伟精选唯实	22.51	3.05*	-3.39	-3.14	0.91	-0.40	-0.18	-0.29	6.95	20.43	0.36	36.35	62
305	钱缘量化全天候进取 2 期	22.50	1.92*	0.15	0.09	0.00	-0.03	-0.09	0.09	25.35	20.20	1.15	13.84	1
306	深圳红筹复兴 1 号	22.48	2.06*	-1.89	-1.19	0.84	0.11	0.54	0.52	17.55	24.08	0.73	33.93	40
307	红帆 1 号（鑫然投资）	22.47	1.32	-2.78	-1.11	1.28	0.21	-0.56	0.28	14.86	39.87	0.51	53.71	46
308	新动力远澜梧桐 1 号	22.42	2.06*	-3.12	-1.96	0.25	0.14	-0.19	0.09	15.18	20.17	0.73	26.83	14
309	鑫晟进取 2 号	22.41	1.66*	0.15	0.08	0.36	-0.29	-0.33	-0.29	21.09	24.45	0.84	35.07	11
310	东方点赞 A	22.28	2.42*	0.00	0.00	0.82	-0.26	0.05	-0.16	20.87	21.68	0.91	14.44	47
311	聚鸣多策略	22.27	3.10*	1.09	1.03	0.86	-0.16	-0.44	-0.05	29.59	22.25	1.21	22.55	69
312	金石 3 期	22.21	1.23	-3.94	-1.50	1.32	-0.16	-0.53	0.01	4.40	40.13	0.27	45.78	41

续表

编号	基金名称	年化 α(%)	$t(\alpha)$	γ	$t(\gamma)$	β_{mkt}	β_{smb}	β_{hml}	β_{mom}	年化收益率(%)	年化波动率(%)	年化夏普比率	最大回撤率(%)	调整后 R^2(%)
313	景和晨升精选	22.21	2.10*	−0.65	−0.42	0.79	0.29	−0.09	0.04	26.43	24.24	1.03	25.31	44
314	信璞价值精英（A+H）1 号（A 类）	22.16	2.37*	−2.39	−1.74	0.81	−0.27	0.63	−0.15	8.57	21.17	0.42	21.50	43
315	银石 16 期	22.13	2.03*	−2.55	−1.60	0.50	0.11	0.08	0.30	16.20	21.13	0.74	24.47	22
316	斯同 1 号	22.00	2.43*	−3.49	−2.64	1.19	0.07	0.59	0.20	9.30	25.33	0.42	33.14	63
317	私享-蓝筹 1 期	21.98	1.48	−2.84	−1.31	1.29	−0.75	1.07	−0.33	−4.44	34.60	0.00	50.88	46
318	银万价值对冲 1 号	21.98	3.13*	−1.67	−1.63	0.90	−0.25	0.34	0.04	13.62	19.44	0.68	23.32	62
319	朝阳金百铬 12 期	21.97	1.55	0.12	0.06	0.82	0.09	0.30	0.24	24.24	28.69	0.84	21.71	28
320	领路金稳盈 2 号	21.96	1.96*	−1.49	−0.91	0.99	−0.37	−0.40	−0.09	13.88	27.31	0.56	40.04	51
321	庐雍优势成长 7 号 2 期	21.95	2.07*	−2.73	−1.76	0.76	0.00	−0.28	0.06	14.53	23.46	0.63	31.88	40
322	泽源 1 号	21.94	4.18*	−1.79	−2.33	0.99	−0.09	−0.14	−0.05	17.31	20.20	0.82	25.60	80
323	明泓稳健增长 2 期	21.90	3.74*	−1.46	−1.71	0.94	−0.15	0.30	0.19	16.43	19.31	0.81	24.02	73
324	卓凯 1 号 5 期	21.83	1.43	−2.52	−1.13	0.95	−0.73	−0.35	−0.81	1.76	31.75	0.16	60.04	32
325	亚商星纪	21.78	1.56	−1.46	−0.71	1.38	−0.71	−0.44	−0.18	6.97	36.01	0.32	50.08	56
326	朱雀 13 期	21.77	2.99*	−1.53	−1.44	0.95	−0.32	−0.52	−0.09	15.92	23.02	0.69	24.78	71
327	青鼎中港互动 1 号	21.77	1.59	−2.24	−1.12	1.26	−0.22	0.14	0.39	10.40	32.99	0.41	31.84	49
328	国润一期	21.76	2.25*	0.37	0.26	0.79	0.03	−0.05	0.47	27.81	23.69	1.09	20.21	51
329	华毅远行 1 号	21.75	0.70	−3.13	−0.69	1.36	0.73	0.58	−0.37	4.86	60.27	0.30	62.86	22
330	远澜火松	21.70	2.17*	0.15	0.11	0.03	−0.23	−0.38	0.19	23.83	18.52	1.17	17.75	15

续表

编号	基金名称	年化 α(%)	$t(\alpha)$	γ	$t(\gamma)$	β_{mkt}	β_{smb}	β_{hml}	β_{mom}	年化收益率(%)	年化波动率(%)	年化夏普比率	最大回撤率(%)	调整后 R^2(%)
331	七禾聚宏源 2 号	21.70	1.79*	0.19	0.11	0.36	-0.29	-0.90	-0.22	23.40	24.31	0.93	32.05	27
332	卓凯 1 号 1 期	21.68	1.29	-2.29	-0.94	1.00	-0.85	-0.48	-0.85	0.52	34.79	0.14	66.79	32
333	明己稳健增长 1 号	21.67	2.90*	-2.94	-2.69	0.91	0.25	-0.06	0.44	17.35	22.45	0.76	29.09	67
334	泰盈晟元 2 号	21.66	2.07*	-1.86	-1.21	1.11	-0.20	0.03	0.05	13.31	26.67	0.54	26.18	55
335	泓湖稳健	21.65	1.14	0.76	0.27	0.48	0.18	1.27	0.69	21.42	35.35	0.67	34.48	15
336	灰金量化 1 号	21.63	1.85*	0.15	0.09	-0.05	-0.29	-0.38	0.16	21.91	21.27	0.97	37.06	12
337	璟恒五期	21.62	1.96*	-1.20	-0.74	0.93	-0.13	-0.17	-0.09	17.49	25.55	0.70	28.00	46
338	志强价值成长 1 号	21.58	2.04*	-0.60	-0.39	0.94	-0.19	-0.21	-0.10	19.25	25.40	0.76	25.17	49
339	万霁 7 号	21.55	2.22*	-3.60	-2.53	0.90	-0.19	-0.26	0.24	8.79	24.50	0.40	32.67	54
340	沃土 3 号	21.53	1.69*	-2.08	-1.12	0.88	0.44	-0.22	0.67	22.72	29.99	0.78	33.87	47
341	兆天金牛精选 9 号	21.52	1.38	-1.44	-0.63	0.63	0.10	-0.51	0.22	19.80	30.82	0.69	38.77	25
342	新活力稳进 1 号	21.46	2.34*	-2.16	-1.61	0.88	0.38	-0.39	0.66	23.20	26.62	0.86	33.99	65
343	华辉价值星 20 号	21.44	1.03	-2.99	-0.98	1.66	-0.49	0.36	-0.18	-1.76	45.46	0.13	58.40	39
344	神农老院子基金	21.43	1.42	-1.27	-0.58	0.82	-0.11	-0.26	0.06	16.53	30.30	0.60	35.21	28
345	磐耀 3 期	21.41	2.27*	-1.88	-1.36	0.53	0.16	-0.53	0.10	21.20	21.11	0.95	31.12	42
346	庐雍优势成长 7 号	21.40	1.99*	-2.63	-1.67	0.75	0.02	-0.31	0.05	14.58	23.79	0.63	31.92	40
347	留仁鉴金 2 号	21.39	1.41	-0.06	-0.03	0.68	0.02	-0.20	-0.06	22.64	29.40	0.79	44.09	22
348	君悦日新 6 号	21.33	2.20*	-1.55	-1.10	0.48	-0.03	0.47	0.04	15.36	18.49	0.78	15.12	19
349	飞鹰 1 号	21.32	1.89*	-3.49	-2.12	0.89	-0.21	-0.75	-0.71	7.43	26.93	0.35	35.25	49

续表

编号	基金名称	年化α(%)	t(α)	γ	t(γ)	β_mkt	β_smb	β_hml	β_mom	年化收益率(%)	年化波动率(%)	年化夏普比率	最大回撤率(%)	调整后 R²(%)
350	涌鑫 2 号	21.30	2.91*	-1.73	-1.62	0.72	0.06	-0.01	0.09	18.60	18.20	0.95	23.84	53
351	上九点金 1 号	21.30	2.46*	-0.12	-0.10	-0.03	-0.11	-0.31	-0.05	23.22	15.22	1.36	9.66	5
352	翔云 50 量化	21.28	4.44*	-0.51	-0.72	0.32	0.06	0.25	0.03	22.84	9.92	1.99	6.07	32
353	守正	21.25	2.44*	-3.44	-2.70	1.12	-0.08	0.52	-0.11	6.57	23.80	0.32	37.82	61
354	中欧瑞博诺亚	21.24	4.01*	-0.80	-1.03	0.70	-0.26	-0.25	-0.22	18.51	16.01	1.05	20.49	68
355	伏明积极成长	21.24	0.56	2.44	0.44	1.32	-0.66	0.00	0.56	1.98	70.98	0.35	80.05	18
356	五色土 3 期	21.22	1.50	-0.53	-0.26	1.84	0.01	-0.43	-0.52	16.42	43.18	0.53	38.76	69
357	卓凯 1 号 3 期	21.18	1.32	-2.06	-0.88	0.97	-0.70	-0.32	-0.78	2.78	33.00	0.20	61.65	31
358	混沌价值 2 号	21.13	1.74*	-2.06	-1.16	1.08	-0.06	-0.60	-0.02	15.22	30.43	0.57	36.98	54
359	星石 1 期	21.11	2.24*	-1.79	-1.30	0.80	-0.38	-0.51	-0.36	12.34	22.56	0.56	27.46	49
360	私募工场希瓦圣剑 1 号	21.09	1.68*	-1.63	-0.89	1.14	-0.43	-0.21	-0.37	9.52	29.77	0.40	49.68	48
361	庐雍精选成长 3 号	21.05	1.81*	-2.98	-1.75	0.65	0.01	-0.29	0.18	12.73	24.11	0.55	28.46	32
362	星纪向日葵	21.01	1.44	-1.20	-0.56	1.11	-0.46	-0.19	0.11	10.62	32.98	0.42	43.72	43
363	庐雍精选成长 16 号	21.00	1.84*	-2.94	-1.76	0.84	0.05	-0.34	0.02	13.11	25.76	0.55	33.77	43
364	凤雪 2 号	20.99	2.17*	0.35	0.25	0.52	0.36	-0.24	0.22	32.10	21.25	1.36	15.48	39
365	笑傲 1 号	20.97	0.96	-0.95	-0.30	0.21	0.19	-0.76	0.73	23.13	40.51	0.62	14.27	15
366	领路金稳盈 1 号	20.93	1.74*	-2.09	-1.19	0.98	-0.28	-0.42	-0.06	11.55	28.07	0.47	50.65	46
367	格行红缘丰盈 1 号	20.93	1.27	-1.74	-0.72	0.91	0.17	0.00	-0.10	15.13	32.94	0.55	33.35	27
368	泽源 10 号	20.93	3.59*	-2.00	-2.34	0.92	-0.05	-0.09	0.00	15.70	19.50	0.77	26.12	74

续表

编号	基金名称	年化 α(%)	t(α)	γ	t(γ)	β_{mkt}	β_{smb}	β_{hml}	β_{mom}	年化收益率(%)	年化波动率(%)	年化夏普比率	最大回撤率(%)	调整后 R^2(%)
369	宁义趋势眼踪 1 号	20.91	1.02	-2.07	-0.69	1.13	-0.85	-0.58	-0.68	-1.65	41.58	0.14	66.58	29
370	私募工场云阳 1 期	20.87	1.28	-1.87	-0.78	0.43	0.03	-0.22	0.49	16.45	30.22	0.58	21.62	15
371	厚山 1 号	20.86	2.06*	-2.12	-1.43	0.80	-0.31	0.64	0.00	7.69	22.13	0.38	25.82	39
372	聚鸣积极成长	20.86	2.89*	-0.10	-0.09	0.80	-0.17	-0.54	-0.11	22.99	21.15	1.02	26.25	66
373	靖奇睿科 3 号	20.85	3.64*	-0.40	-0.48	0.40	0.41	0.18	0.34	28.84	13.70	1.83	14.58	49
374	新沽力精选	20.82	2.73*	-1.87	-1.67	0.78	-0.04	-0.58	0.11	18.14	21.88	0.80	31.28	64
375	文多文睿	20.81	2.27*	0.39	0.29	0.81	-0.12	0.48	0.10	21.29	21.45	0.94	13.29	47
376	商羊稳健 1 号	20.80	1.98*	-1.26	-0.82	0.06	0.37	-0.33	0.00	24.43	19.64	1.13	20.11	16
377	万泰华端成 3 期	20.79	2.26*	-0.81	-0.60	0.87	-0.15	-0.17	0.14	18.95	23.07	0.80	25.88	53
378	万顺通 2 号	20.78	0.72	2.44	0.58	2.12	-0.38	0.70	0.37	11.57	63.58	0.41	71.50	40
379	磐耀犇腾	20.77	2.15*	-1.79	-1.27	0.58	0.15	-0.52	0.07	20.51	21.78	0.90	31.77	43
380	古槐 1 号	20.76	1.49	-2.40	-1.18	1.09	0.05	-0.38	-0.06	13.32	31.97	0.50	25.63	44
381	红筹 1 号	20.74	1.88*	-2.17	-1.35	0.84	0.02	0.49	0.47	13.35	24.13	0.57	36.35	39
382	铤悦 3 号	20.69	1.52	-1.22	-0.61	0.36	0.45	0.50	0.38	21.68	24.91	0.85	16.21	13
383	高毅邻山 1 号	20.66	2.90*	-2.05	-1.97	0.90	-0.22	-0.33	-0.33	12.88	20.62	0.62	33.96	65
384	汇升稳进 1 号	20.65	3.64*	-2.87	-3.46	0.80	-0.27	-0.17	-0.01	9.66	17.66	0.53	24.81	70
385	百泉多策略 2 号	20.61	2.48*	-1.79	-1.47	0.91	0.41	-0.18	0.28	22.81	24.03	0.92	35.01	65
386	拾金 2 号	20.53	1.71*	-0.64	-0.36	0.66	-0.11	0.40	0.20	17.03	23.68	0.71	15.04	25
387	北斗成长 1 期	20.47	1.10	-0.30	-0.11	1.30	-0.60	0.20	-0.47	7.15	39.42	0.31	52.24	35

续表

编号	基金名称	年化α(%)	t(α)	γ	t(γ)	β_{mkt}	β_{smb}	β_{hml}	β_{mom}	年化收益率(%)	年化波动率(%)	年化夏普比率	最大回撤率(%)	调整后 R^2(%)
388	攀盟资本-私募学院菁英189号	20.46	1.48	-1.03	-0.51	0.77	0.01	-0.39	-0.62	16.83	28.70	0.63	26.04	32
389	大岩高风险进取	20.46	2.43*	-2.86	-2.32	1.02	0.51	-0.02	0.15	18.26	25.34	0.73	22.18	68
390	汉和天信	20.44	2.72*	-2.10	-1.92	0.90	-0.30	-0.13	-0.22	10.79	20.45	0.53	35.87	60
391	锦和2号	20.40	2.03*	-2.24	-1.52	0.63	0.35	0.19	0.16	17.92	21.24	0.81	30.20	34
392	恒昌格物1号	20.38	1.16	-0.10	-0.04	2.39	0.03	0.53	0.30	11.15	53.08	0.42	50.42	68
393	丰大2号	20.37	1.87*	-2.42	-1.52	0.77	-0.33	-0.88	-0.18	11.00	26.09	0.47	33.30	49
394	斯同2号	20.35	2.29*	-3.96	-3.05	1.17	0.06	0.68	0.17	5.23	24.83	0.27	35.44	63
395	博弈树量化1号	20.35	9.59*	-0.61	-1.98	0.08	-0.09	-0.07	-0.13	20.28	4.09	4.20	3.15	21
396	泽源6号	20.34	4.33*	-1.05	-1.54	0.99	-0.13	-0.23	-0.05	18.28	20.34	0.86	26.01	84
397	红筹平衡选择	20.33	2.88*	-1.25	-1.21	0.87	-0.32	0.10	-0.08	13.23	19.50	0.66	20.09	62
398	大黑龙	20.29	1.84*	-0.10	-0.06	0.62	-0.22	-0.11	-0.09	19.13	22.26	0.83	27.53	28
399	远望角投资1期	20.27	2.47*	-1.45	-1.21	0.65	0.08	-0.14	0.03	19.07	18.89	0.94	13.75	45
400	华辉价值星17号	20.26	1.21	-3.44	-1.40	1.56	-0.61	0.30	-0.33	-4.18	39.05	0.03	55.75	46
401	银石15期	20.22	1.85*	-2.30	-1.44	0.51	0.18	0.13	0.36	15.91	21.31	0.73	25.30	23
402	盈阳22号	20.17	2.74*	-1.76	-1.63	0.76	0.09	-0.09	0.08	17.89	19.14	0.88	22.88	57
403	蓝海战略1号	20.17	1.09	-1.53	-0.57	1.89	-0.40	0.18	-0.27	2.57	46.00	0.25	70.09	53
404	京港伟业瑞泽	20.14	1.89*	-1.74	-1.11	1.12	-0.30	-0.16	-0.05	11.14	27.47	0.46	48.36	56
405	智诚11期	20.12	2.03*	-2.05	-1.41	0.92	-0.37	-0.40	-0.17	10.21	24.55	0.45	35.24	52
406	知本合丰5号	20.10	1.39	-2.01	-0.95	1.12	0.50	-0.48	0.21	20.69	35.29	0.66	38.26	51

续表

编号	基金名称	年化α(%)	t(α)	γ	t(γ)	β_{mkt}	β_{smb}	β_{hml}	β_{mom}	年化收益率(%)	年化波动率(%)	年化夏普比率	最大回撤率(%)	调整后R^2(%)
407	远望角睿远 1 号	20.10	2.49*	−1.60	−1.36	0.60	0.18	−0.11	0.10	19.72	18.30	1.00	14.50	43
408	千方之星 2 号	20.08	2.19*	−1.17	−0.87	1.61	−0.56	−0.19	−0.61	7.41	33.12	0.33	49.53	78
409	观富策略 5 号	20.04	3.22*	−2.02	−2.22	0.73	−0.14	−0.17	−0.04	13.94	17.20	0.76	21.69	62
410	洋盈金砖 3 期	20.03	1.76*	0.35	0.21	0.86	−0.33	1.08	0.63	14.53	27.13	0.58	31.11	49
411	石锋重剑一号	20.01	1.55	−1.19	−0.63	1.07	−0.12	−0.44	0.27	16.49	31.46	0.59	50.31	51
412	果实资本仁心回报 1 号	20.00	2.26*	−1.77	−1.37	0.86	−0.50	−0.43	0.04	10.21	23.63	0.46	40.61	59
413	明泓价值成长 1 期	19.95	3.70*	−1.48	−1.88	0.97	0.38	0.06	0.29	22.55	21.30	0.99	20.98	81
414	明河精选 3	19.95	2.55*	−1.55	−1.36	0.59	−0.33	0.07	−0.20	11.30	16.86	0.63	18.89	37
415	恒盈创富	19.93	0.73	−3.13	−0.78	1.10	0.82	1.46	1.32	10.55	52.51	0.34	39.61	20
416	高毅精选 FOF	19.88	2.64*	−2.30	−2.09	0.79	−0.28	0.01	−0.07	9.77	18.89	0.51	29.96	54
417	贤盛道成 5 号	19.87	2.13*	−2.28	−1.67	1.04	0.16	0.20	0.57	15.25	25.46	0.63	26.73	61
418	承泽资产趋势 1 号	19.86	1.63	−3.22	−1.81	1.09	−0.19	−0.44	−0.06	7.15	29.51	0.33	31.06	50
419	山量 3 号	19.85	0.73	5.68	1.42	0.32	0.20	−0.25	0.13	41.77	48.94	0.89	31.71	9
420	耀麟主题 1 号	19.85	0.93	−0.41	−0.13	0.75	0.23	−0.89	−0.14	21.10	41.66	0.61	38.80	23
421	中环港沪深对冲 3 号	19.83	1.94*	−3.61	−2.41	0.66	−0.79	−0.94	−0.08	0.47	26.31	0.09	56.70	56
422	钱塘希瓦小牛 2 号	19.81	2.13*	−1.21	−0.89	0.91	−0.24	−0.03	−0.09	13.71	22.73	0.61	39.51	51
423	冲和小奖章 2 号	19.77	1.94*	0.72	0.48	−0.35	−0.07	0.40	0.10	21.06	19.54	1.00	18.16	21
424	神农 1 期	19.73	1.98*	−1.80	−1.23	0.95	0.01	−0.25	−0.04	15.38	24.87	0.64	28.40	53
425	万霁 2 号	19.70	2.18*	−3.31	−2.51	0.87	−0.24	−0.52	0.01	7.78	23.67	0.37	32.65	58

续表

编号	基金名称	年化α(%)	t(α)	γ	t(γ)	β_mkt	β_smb	β_hml	β_mom	年化收益率(%)	年化波动率(%)	年化夏普比率	最大回撤率(%)	调整后R²(%)
426	快星成长1期	19.69	0.80	-2.15	-0.60	1.63	-0.10	-0.30	-0.11	3.20	52.07	0.28	63.79	34
427	华辉价值星3号	19.69	1.11	-4.10	-1.58	1.48	-0.45	0.38	-0.45	-5.77	39.13	-0.01	51.16	39
428	汉和资本1期	19.65	2.55*	-2.68	-2.37	0.87	-0.21	-0.13	-0.18	8.97	20.23	0.45	30.63	57
429	智诚16期	19.64	1.73*	-2.86	-1.72	0.85	-0.36	-0.44	-0.25	6.35	25.43	0.31	40.77	42
430	允泰盈富	19.62	1.01	-7.07	-2.49	1.40	0.15	-0.42	0.26	-6.58	43.61	0.03	73.91	42
431	抱朴精选成长1号	19.61	1.08	-5.03	-1.89	1.00	-0.08	-0.67	-0.53	-0.80	37.42	0.11	47.68	30
432	壁虎南商1号	19.59	2.09*	-1.58	-1.15	0.87	-0.20	-0.62	-0.29	14.31	24.13	0.61	37.50	56
433	鼎尚1号	19.58	0.86	-7.28	-2.18	1.39	0.39	0.09	0.21	-9.08	47.15	0.02	69.94	31
434	石锋驾行一号	19.58	1.90*	-0.75	-0.50	0.82	-0.21	-0.24	0.09	16.79	23.91	0.70	32.54	46
435	金舆全球精选	19.56	1.59	-2.63	-1.46	0.96	-0.31	-0.29	-0.45	6.30	27.31	0.30	47.21	40
436	丝路汉赋1号	19.54	1.42	-2.32	-1.15	0.40	-0.42	-0.19	-0.83	4.26	25.56	0.22	35.94	15
437	私募工场金犇飞盛	19.53	1.20	-1.81	-0.76	1.00	0.27	-1.18	-0.11	18.66	38.34	0.59	43.08	47
438	六禾光辉岁月1期	19.50	2.53*	-1.20	-1.07	0.90	0.10	-0.07	-0.11	18.60	21.46	0.83	23.01	62
439	理成风景1号（2015）	19.50	1.86*	-1.57	-1.02	1.23	0.24	-0.37	0.10	18.99	30.82	0.67	30.91	66
440	道朴量化主动2号	19.44	1.54	-1.33	-0.72	0.50	0.00	-0.39	0.20	17.58	24.71	0.71	32.16	24
441	壁虎系列	19.44	2.31*	0.22	0.18	0.08	0.06	0.53	0.62	22.42	16.05	1.27	30.65	20
442	九章幻方多策略1号	19.42	3.39*	-1.02	-1.22	1.01	0.29	-0.07	0.39	23.22	22.73	0.97	33.18	81
443	正朗未来	19.41	1.32	-0.84	-0.39	0.66	-0.14	-0.35	0.05	16.05	28.69	0.61	42.67	23
444	柔微-星火燎原1号	19.38	1.49	-2.27	-1.19	1.09	0.57	-0.04	0.32	18.90	31.96	0.65	41.18	51

续表

编号	基金名称	年化 α(%)	t(α)	γ	t(γ)	β_{mkt}	β_{smb}	β_{hml}	β_{mom}	年化收益率(%)	年化波动率(%)	年化夏普比率	最大回撤率(%)	调整后 R^2(%)
445	中环港沪深对冲	19.36	2.12*	-3.80	-2.85	0.69	-0.61	-0.72	-0.08	1.39	23.39	0.11	52.31	55
446	复熙恒赢 7 号	19.36	4.14*	0.01	0.02	0.28	0.00	-0.08	-0.03	23.27	9.78	2.05	8.58	33
447	果实长期成长 1 号	19.32	2.26*	-1.37	-1.10	0.86	-0.49	-0.34	0.16	11.13	23.55	0.50	38.66	62
448	鼎业进取	19.29	1.64*	-2.60	-1.51	0.74	-0.18	-0.30	-0.59	7.76	24.59	0.36	37.74	33
449	拾金 3 号	19.27	2.09*	-0.97	-0.72	0.52	-0.13	0.09	0.10	16.01	18.28	0.82	15.97	26
450	明河精选 2	19.25	2.36*	-1.59	-1.34	0.59	-0.33	0.07	-0.22	10.29	17.30	0.57	19.08	35
451	明泓稳健增长 2 期 1 号	19.23	3.58*	-0.91	-1.17	1.02	-0.23	0.17	0.08	14.76	20.43	0.70	25.13	80
452	中欧瑞博诺亚 1 期	19.22	3.63*	-0.80	-1.04	0.69	-0.26	-0.26	-0.22	16.16	16.00	0.93	21.40	68
453	智诚 5 期	19.17	2.03*	-2.26	-1.64	0.84	-0.31	-0.61	-0.37	9.71	23.50	0.45	30.23	53
454	北京久银湘商定增	19.13	1.06	-1.04	-0.39	0.93	0.33	-0.18	-0.34	17.38	36.51	0.57	32.89	29
455	量磁泓匝 1 号	19.12	1.23	-0.11	-0.05	0.07	0.29	0.74	0.38	20.31	27.54	0.73	19.38	6
456	中资宏德股票策略创世 2 号	19.11	1.78*	-3.32	-2.11	0.72	0.05	-0.14	0.11	9.43	23.06	0.44	28.76	36
457	大元华元宝 1 号	19.11	1.77*	-2.73	-1.73	0.21	0.24	0.26	0.28	12.86	19.49	0.64	13.41	10
458	仁布财富 1 期	19.10	2.98*	-2.29	-2.45	0.51	-0.04	-0.19	0.12	13.74	15.08	0.83	16.09	47
459	雪暴财富 1 号	19.10	1.61	-3.09	-1.78	0.99	0.25	-0.06	-0.27	10.39	27.85	0.44	28.83	47
460	量道兵法 2 号	19.08	0.93	3.43	1.15	-0.38	-0.07	-0.40	0.08	30.31	35.86	0.88	43.70	5
461	新航线美哲伦 1 号	19.05	1.33	-0.10	-0.05	0.39	0.03	-0.22	0.47	21.80	26.89	0.81	32.04	17
462	盛泉恒元多策略灵活配置 7 号	19.03	4.83*	-0.65	-1.13	0.88	0.15	-0.01	0.21	22.35	18.25	1.12	20.00	86
463	神农医药 A	18.98	1.79*	-2.62	-1.68	0.91	-0.31	-0.17	-0.18	6.47	24.33	0.32	38.10	44

续表

编号	基金名称	年化 α(%)	t(α)	γ	t(γ)	β_{mkt}	β_{smb}	β_{hml}	β_{mom}	年化收益率(%)	年化波动率(%)	年化夏普比率	最大回撤率(%)	调整后 R²(%)
464	观富金陵 1 号	18.90	3.04*	-1.98	-2.18	0.76	-0.14	-0.17	-0.11	12.64	17.47	0.68	21.12	63
465	留仁鉴金 1 号	18.89	1.46	-0.10	-0.05	0.68	-0.10	-0.16	-0.12	18.38	25.75	0.73	39.82	26
466	志远稳成 1 号	18.86	1.44	-1.28	-0.67	0.49	-0.49	-0.18	-0.42	7.92	24.40	0.37	26.60	16
467	和璞 1 号	18.84	0.67	-2.18	-0.53	1.42	0.65	1.03	0.49	7.22	55.14	0.33	40.74	23
468	景林稳健	18.82	1.88*	-2.78	-1.90	0.78	-0.23	0.13	-0.08	6.22	21.62	0.31	35.75	37
469	奕金安 1 期	18.80	2.02*	-2.16	-1.59	0.96	-0.27	0.41	-0.07	6.78	22.58	0.34	33.00	50
470	神农兴业	18.79	1.47	-2.24	-1.20	0.89	-0.08	-0.55	-0.18	11.23	28.45	0.46	38.85	41
471	东兴港湾 1 号	18.78	1.76*	-2.29	-1.47	0.52	-0.18	-0.33	0.30	11.13	22.28	0.52	19.74	33
472	广汇缘 1 号	18.77	1.47	-5.49	-2.94	1.20	-0.46	-0.04	-0.43	-7.82	29.97	-0.16	48.98	47
473	万零 5 号	18.76	1.91*	-3.89	-2.71	0.82	-0.20	-0.47	0.08	4.93	23.97	0.25	32.33	51
474	智诚 15 期	18.75	1.68*	-2.00	-1.23	0.91	-0.40	-0.37	-0.30	7.69	25.60	0.35	41.72	45
475	重阳 1 期	18.74	2.86*	-3.10	-3.23	0.76	-0.11	0.14	-0.06	7.30	17.02	0.41	20.92	57
476	长见产业趋势 2 号	18.74	3.02*	-2.75	-3.02	0.63	-0.28	-0.15	-0.27	7.36	15.38	0.44	28.65	52
477	九峰 FOF3 号	18.73	1.17	0.74	0.32	0.49	0.94	1.65	1.13	29.44	32.94	0.89	31.52	31
478	东方先进制造优选	18.71	1.88*	-2.15	-1.48	0.78	-0.44	-0.38	-0.33	7.13	22.59	0.35	45.26	43
479	华辉价值星 10 号	18.70	1.11	-3.32	-1.35	1.56	-0.71	0.30	-0.62	-7.17	39.20	-0.05	54.11	46
480	华尔进取 4 号	18.67	2.47*	0.96	0.87	0.77	-0.15	0.12	0.30	23.39	20.24	1.07	25.92	59
481	积露 1 号	18.66	3.03*	0.61	0.68	0.14	0.02	0.06	0.38	25.31	11.89	1.85	9.77	22
482	伟晟瀚远 1 期	18.64	1.25	-1.05	-0.48	0.76	0.24	-0.39	0.03	19.28	30.55	0.68	32.60	30

续表

编号	基金名称	年化 α(%)	t(α)	γ	t(γ)	β_{mkt}	β_{smb}	β_{hml}	β_{mom}	年化收益率 (%)	年化波动率 (%)	年化夏普比率	最大回撤率 (%)	调整后 R^2 (%)
483	同望 1 期 1 号	18.63	2.38*	-0.50	-0.43	0.84	-0.06	-0.32	0.17	20.05	21.94	0.87	22.71	63
484	大元华元丰 1 号	18.61	1.22	-1.66	-0.74	0.30	0.32	0.30	0.42	16.20	27.22	0.62	23.61	7
485	神农太极	18.58	1.26	-1.75	-0.81	1.22	0.12	-1.16	-0.31	15.20	38.36	0.51	47.53	56
486	源和稳健成长 5 号	18.57	1.47	-1.94	-1.05	0.79	-0.29	0.08	0.03	7.86	25.74	0.36	36.36	29
487	彤源 5 号	18.56	2.21*	-1.37	-1.12	0.91	0.04	-0.45	0.21	17.98	24.14	0.74	27.30	65
488	睿兹 1 号	18.56	0.56	-6.23	-1.28	0.87	0.55	-1.02	-0.23	-4.76	62.37	0.13	63.65	17
489	鲤鱼门家族	18.53	2.34*	-0.73	-0.63	0.88	-0.27	0.39	-0.07	12.32	20.40	0.60	24.18	56
490	弘茗稳健管理型 9 号	18.53	1.20	-1.67	-0.74	-0.06	0.03	-0.51	-0.23	13.80	27.22	0.53	33.03	5
491	源和稳健成长 3 号	18.50	1.58	-1.31	-0.77	0.84	-0.34	-0.04	-0.16	9.65	24.99	0.43	35.40	36
492	长见精选 3 号	18.50	3.06*	-2.80	-3.17	0.60	-0.29	-0.08	-0.23	6.55	14.74	0.40	27.54	51
493	华辉价值星 9 号	18.49	1.01	-4.72	-1.76	1.63	-0.54	0.49	-0.42	-10.84	41.36	-0.12	59.89	43
494	景上源 1 号	18.47	2.23*	0.39	0.32	0.07	0.01	0.03	0.16	22.87	14.42	1.41	9.71	3
495	品正理翔量化中性	18.40	1.57	-4.25	-2.49	0.97	-0.07	0.33	-0.11	0.90	25.63	0.10	28.61	39
496	中欧瑞博 1 期	18.37	2.62*	-1.58	-1.54	0.61	-0.14	-0.36	-0.13	14.10	17.15	0.77	24.66	51
497	中珏尊享 1 号	18.36	1.03	-0.97	-0.37	0.67	0.23	-0.22	-0.17	17.11	33.81	0.57	29.72	18
498	无量 1 期	18.33	1.82*	-0.57	-0.38	1.12	0.33	0.23	0.30	21.54	27.48	0.79	31.95	60
499	灰金量化 3 号	18.33	1.50	0.52	0.29	-0.07	-0.36	-0.81	-0.31	18.88	22.43	0.81	35.82	13
500	青骊长兴	18.32	1.79*	1.32	0.88	0.78	0.39	0.05	0.53	32.49	24.94	1.20	25.91	51
501	巡洋进取 1 号	18.31	0.82	-0.30	-0.09	0.01	-0.22	-0.14	-0.04	10.64	38.14	0.40	37.27	1

续表

编号	基金名称	年化 α(%)	$t(\alpha)$	γ	$t(\gamma)$	β_{mkt}	β_{smb}	β_{hml}	β_{mom}	年化收益率(%)	年化波动率(%)	年化夏普比率	最大回撤率(%)	调整后 R^2(%)
502	源和稳健成长1号	18.29	1.53	-1.94	-1.11	0.82	-0.18	0.23	0.08	8.61	24.85	0.40	35.31	32
503	慧安浙商家族1号	18.28	1.16	-0.44	-0.19	0.38	-0.31	0.62	-0.20	8.56	28.62	0.37	31.78	11
504	东方鼎泰2期	18.28	2.00*	-2.03	-1.51	0.60	-0.62	-0.23	-0.69	3.60	19.76	0.20	34.13	37
505	幸福1号（通度）	18.25	1.60	-2.01	-1.21	0.61	-0.11	0.10	0.34	10.75	22.79	0.49	37.20	27
506	创赢2号（国源信达）	18.25	2.21*	0.49	0.41	0.49	-0.20	0.19	0.34	19.99	17.82	1.03	11.74	37
507	东方鼎泰5期	18.23	1.91*	-1.98	-1.42	0.64	-0.58	-0.10	-0.69	3.45	20.45	0.20	35.85	36
508	汇牛1号	18.22	0.66	-2.11	-0.53	0.79	0.15	1.13	-0.16	-2.35	49.73	0.18	66.42	11
509	睿璞投资-悠享1号	18.19	2.26*	-1.08	-0.92	0.77	-0.40	-0.17	-0.18	11.18	19.91	0.55	36.79	52
510	磐厚蔚然-英安中国	18.16	1.63	-0.88	-0.54	0.91	-0.53	-0.13	-0.49	8.05	25.33	0.37	48.52	44
511	观富源2期	18.14	3.05*	-2.25	-2.59	0.71	-0.13	-0.12	-0.14	10.69	16.19	0.62	19.80	60
512	六禾光辉岁月1期（中原）	18.13	2.20*	-0.86	-0.72	0.90	0.08	-0.27	-0.15	18.60	22.69	0.80	23.01	61
513	昆仑36号	18.09	2.30*	-2.12	-1.84	0.95	-0.06	-0.08	0.41	12.35	22.98	0.56	36.07	66
514	涵元天权	18.05	1.65*	-3.48	-2.17	0.75	-0.16	-0.11	0.07	4.67	23.28	0.24	34.02	35
515	泓澄投资	17.99	2.50*	-1.42	-1.35	0.95	-0.45	-0.44	-0.39	9.38	22.06	0.45	38.07	69
516	希瓦小牛FOF	17.99	1.98*	-0.96	-0.72	1.00	-0.30	-0.25	-0.46	11.69	24.14	0.51	38.38	58
517	璧虎寰宇成长3号	17.99	1.98*	-0.90	-0.67	0.85	-0.33	-0.58	-0.29	13.44	23.48	0.59	37.28	56
518	泽垄稳健增长1号	17.99	2.22*	-0.62	-0.52	1.07	-0.35	-0.06	-0.16	12.46	24.06	0.54	37.07	67
519	翔云精细量化3号	17.98	2.52*	-1.19	-1.14	0.23	0.07	0.26	0.17	16.12	12.97	1.11	12.72	11
520	神农春晓	17.98	1.41	-0.73	-0.39	0.90	-0.05	-0.32	0.05	16.44	28.35	0.62	34.39	40

续表

编号	基金名称	年化 α(%)	$t(\alpha)$	γ	$t(\gamma)$	β_{mkt}	β_{smb}	β_{hml}	β_{mom}	年化收益率(%)	年化波动率(%)	年化夏普比率	最大回撤率(%)	调整后 R^2(%)
521	神农医药 A-阿司匹林	17.90	1.77*	-3.50	-2.37	0.93	-0.35	-0.31	-0.36	1.95	24.17	0.14	40.06	49
522	金秋银杏 1 号	17.89	2.50*	-1.28	-1.22	0.08	-0.05	-0.33	-0.29	15.29	13.03	1.05	15.46	12
523	盈定 8 号	17.82	2.08*	-0.46	-0.37	0.53	0.05	-0.01	0.30	19.93	18.24	1.01	15.77	36
524	沁源精选	17.81	2.35*	1.05	0.94	0.46	0.01	-0.05	0.26	25.96	16.73	1.38	13.81	40
525	少数派 9 号	17.79	1.95*	-1.67	-1.25	0.68	-0.49	0.33	-0.12	5.17	19.97	0.27	28.40	39
526	鹤骑鹰一栗	17.79	2.83*	0.79	0.86	0.05	-0.04	0.12	0.21	23.22	11.25	1.79	4.54	9
527	万坤全天候量化 1 号	17.78	3.94*	-1.31	-1.99	1.08	0.15	-0.08	-0.03	17.24	21.86	0.77	26.87	88
528	鼎业致远	17.75	1.47	-2.61	-1.48	0.69	-0.06	-0.22	-0.47	7.56	24.42	0.36	37.89	29
529	彩虹 1 号（深圳）	17.75	1.49	-4.11	-2.36	0.55	0.29	0.54	0.14	4.99	23.28	0.26	21.10	23
530	投资精英（星石 B）	17.74	3.44*	-0.57	-0.76	1.10	-0.40	-0.22	-0.36	12.29	22.22	0.56	27.33	84
531	榕树文明复兴 3 期	17.74	2.04*	-2.01	-1.58	0.89	-0.08	-0.42	-0.18	11.93	22.96	0.54	37.26	58
532	潘圣投资-如松 1 号	17.73	5.72*	0.40	0.89	0.01	0.03	-0.05	0.07	23.42	5.48	3.62	1.96	6
533	尚信健投稳进 1 号	17.68	1.78*	-0.43	-0.29	0.91	-0.30	0.13	-0.17	12.59	23.52	0.55	37.76	48
534	景和开元	17.67	1.66*	-0.89	-0.57	0.81	0.54	-0.05	0.41	24.00	25.81	0.91	27.65	50
535	银叶量化精选 1 期	17.64	3.41*	-1.78	-2.35	0.97	0.40	0.20	0.46	18.76	21.03	0.85	19.23	82
536	私享-蓝筹 2 期	17.62	1.25	-3.88	-1.89	1.16	-0.86	0.61	-0.50	-11.15	31.93	-0.26	61.00	43
537	富承成长 1 号	17.61	1.32	-3.97	-2.03	1.31	-0.52	0.06	-0.05	-4.56	32.42	-0.03	44.22	50
538	鸿意红豫量化 1 期	17.60	2.07*	-0.31	-0.25	0.43	0.09	0.34	0.00	18.49	16.49	1.02	12.71	22
539	道合 1 号	17.52	1.08	0.79	0.33	0.48	-0.30	-0.65	-0.44	17.34	30.33	0.63	26.62	17

续表

编号	基金名称	年化 α(%)	t(α)	γ	t(γ)	β_mkt	β_smb	β_hml	β_mom	年化收益率 (%)	年化波动率 (%)	年化夏普比率	最大回撤率 (%)	调整后 R^2 (%)
540	汇远量化定增 1 期	17.49	1.70*	-3.32	-2.20	0.69	0.11	-0.65	-0.09	9.76	24.02	0.44	39.78	46
541	芝麻财富 3 号	17.49	0.65	1.78	0.45	1.15	0.30	2.04	-0.26	8.81	54.43	0.37	51.53	28
542	钱缘量化全天候进取 5 期	17.48	2.01*	0.35	0.28	0.08	-0.31	-0.18	-0.21	16.92	15.52	0.99	13.71	8
543	壁虎成长 3 号	17.47	1.68*	0.13	0.09	0.86	-0.28	-0.55	-0.40	16.59	25.30	0.67	38.97	51
544	泓澄优选	17.46	2.37*	-1.43	-1.33	0.96	-0.44	-0.45	-0.41	8.79	22.32	0.42	38.65	68
545	华夏未来泽时进取 1 号	17.44	2.48*	-1.51	-1.47	1.14	-0.12	-0.25	-0.15	12.37	24.49	0.54	28.50	76
546	格雷成长 3 号	17.43	1.49	-3.11	-1.81	0.85	-0.41	-0.19	-0.23	1.51	25.27	0.13	49.86	37
547	天滇中证 500 指数	17.43	3.00*	-1.48	-1.75	1.02	0.35	-0.05	0.22	19.27	22.56	0.83	24.19	81
548	干波小盘 1 号	17.42	1.93*	-2.42	-1.84	1.19	0.34	0.10	-0.05	12.89	27.23	0.53	34.64	68
549	石锋厚积一号	17.39	1.72*	-0.66	-0.45	0.80	-0.26	-0.29	0.04	14.12	23.66	0.61	37.39	46
550	黄金优选 13 期 1 号	17.33	3.42*	-0.57	-0.77	1.08	-0.39	-0.21	-0.37	12.01	21.80	0.56	27.12	84
551	明河成长 2 号	17.32	2.07*	-0.94	-0.76	0.62	-0.37	0.11	-0.16	10.06	18.12	0.54	19.63	37
552	洋盈金砖 5 期	17.32	1.51	1.59	0.95	0.84	-0.43	0.90	0.53	15.35	27.58	0.60	27.96	49
553	漫蜻蜓稳健收益	17.29	0.88	-2.70	-0.94	0.89	-0.25	0.15	-0.20	0.25	36.69	0.14	41.59	16
554	文多稳健 1 期	17.27	2.29*	0.90	0.81	0.84	-0.09	0.46	0.07	19.96	20.17	0.93	13.90	59
555	汇富雪球医药医疗大健康 1 号	17.26	0.57	-1.61	-0.37	0.98	0.64	-0.54	1.10	16.46	58.36	0.44	49.89	22
556	骐邦精选成长	17.25	1.95*	-3.74	-2.89	1.21	0.46	0.43	0.18	8.44	27.04	0.38	36.11	69
557	诺鼎季风价值 2 号	17.25	1.97*	1.83	1.43	0.86	0.06	0.30	0.25	26.92	22.77	1.10	19.93	57
558	望正精英鹏辉 2 号	17.24	1.74*	-0.53	-0.36	0.55	-0.01	-0.40	0.34	19.32	21.90	0.85	19.69	40

续表

编号	基金名称	年化 α(%)	t(α)	γ	t(γ)	β_mkt	β_smb	β_hml	β_mom	年化收益率 (%)	年化波动率 (%)	年化夏普比率	最大回撤率 (%)	调整后 R²(%)
559	鸿道创新改革	17.22	1.25	0.64	0.32	0.69	0.06	-0.26	0.05	22.34	27.79	0.80	37.68	28
560	易同精选 3 期	17.22	2.29*	-0.84	-0.77	0.72	-0.22	0.05	-0.11	12.89	18.05	0.68	28.09	49
561	光华 1 号价值投资	17.17	1.18	-1.33	-0.63	0.97	-0.30	-0.74	0.08	10.27	33.16	0.41	46.30	44
562	理臻鸿运精选 3 号	17.17	1.84*	-1.60	-1.18	0.47	-0.01	-0.26	0.25	14.50	19.34	0.72	22.06	32
563	东方港湾马拉松 1 号	17.16	1.66*	-2.58	-1.70	0.68	-0.26	-0.06	0.29	6.20	22.47	0.31	46.65	38
564	潮金产融 1 号	17.16	1.04	-0.37	-0.15	0.64	-0.26	-0.56	-0.66	11.56	31.57	0.45	63.14	20
565	民森 K 号	17.15	2.20*	-2.40	-2.10	0.80	-0.19	-0.32	-0.15	8.56	20.09	0.43	28.89	56
566	宽远价值成长 2 期	17.15	2.31*	-1.04	-0.95	0.70	-0.38	-0.08	-0.32	9.92	17.91	0.53	29.33	49
567	万霁长虹 1 号	17.15	1.74*	-4.14	-2.87	0.71	-0.13	-0.35	0.24	3.24	22.91	0.18	33.15	46
568	远望角睿远 1 号 A 期	17.13	2.27*	-1.75	-1.59	0.59	0.13	-0.07	0.04	14.86	17.19	0.81	13.99	43
569	高毅利伟尊享 D 期	17.09	2.14*	-2.58	-2.21	0.80	-0.35	-0.10	-0.38	4.42	19.45	0.24	28.82	51
570	华采创富	17.08	0.75	0.78	0.23	1.47	-0.22	0.10	-0.47	9.36	47.39	0.37	47.65	33
571	睿扬精选 2 号	17.07	1.89*	1.96	1.48	0.60	-0.01	-0.33	0.26	29.29	21.61	1.23	22.67	49
572	泓澄稳健	17.06	2.42*	-1.26	-1.22	0.99	-0.47	-0.41	-0.40	8.53	22.47	0.41	40.88	71
573	领颐平稳增长	17.02	0.84	1.25	0.42	1.91	0.00	-0.76	0.17	17.89	53.18	0.52	63.41	58
574	万霁 9 号	17.00	2.03*	-3.67	-3.00	0.83	-0.27	-0.50	-0.02	3.33	22.37	0.19	35.69	59
575	欣铭	16.99	1.31	-1.92	-1.01	0.93	0.06	0.33	-0.20	8.67	27.43	0.39	35.04	34
576	茂典股票精选 1 号	16.98	1.73*	-0.98	-0.68	0.95	-0.20	-0.29	-0.24	12.49	24.50	0.54	25.71	53
577	新思哲 1 期	16.96	1.50	-1.24	-0.75	1.03	-0.19	0.36	0.11	9.20	26.32	0.40	45.96	46

续表

编号	基金名称	年化 α(%)	t(α)	γ	t(γ)	β_{mkt}	β_{smb}	β_{hml}	β_{mom}	年化收益率 (%)	年化波动率 (%)	年化夏普比率	最大回撤率 (%)	调整后 R^2 (%)
578	睿郡众享 2 号	16.96	2.27*	-1.45	-1.32	0.66	0.11	-0.07	0.10	15.72	17.99	0.82	19.33	50
579	乐桥 1 期	16.93	0.77	-3.86	-1.20	0.66	-0.51	-0.31	-0.14	-6.66	39.98	-0.02	70.93	12
580	盈定 6 号	16.90	1.81*	-2.55	-1.87	0.71	0.12	0.00	0.33	11.24	21.22	0.54	25.46	43
581	大钧盛世精选主题	16.88	0.69	-5.81	-1.63	1.10	0.46	0.54	1.04	-4.74	47.53	0.09	48.80	23
582	贤盛道道成 1 号	16.86	1.61	-2.35	-1.53	0.96	0.20	0.19	0.60	12.09	25.90	0.51	26.61	52
583	朴汇益	16.84	3.15*	-2.26	-2.89	0.47	-0.25	0.06	-0.22	6.93	12.11	0.49	15.59	43
584	盈阳 15 号	16.83	1.97*	-0.90	-0.72	0.47	0.32	0.25	0.40	19.71	17.63	1.03	31.14	31
585	领颐 3 号	16.79	0.78	0.85	0.27	1.95	0.03	-0.36	0.45	14.74	54.07	0.47	65.15	54
586	浦泓 3 号	16.78	1.22	1.02	0.51	0.91	0.15	-0.08	0.48	24.56	30.67	0.81	30.52	41
587	诚业 1 号	16.77	1.74*	-0.97	-0.69	0.20	-0.11	-0.32	-0.03	14.49	17.42	0.78	19.29	10
588	长金银信宝 1 期	16.75	1.22	-0.99	-0.49	0.77	-0.40	-0.03	-0.24	7.25	27.36	0.34	36.00	26
589	葆金峰-私募学院菁英 287 号	16.73	1.03	-3.53	-1.48	0.53	0.20	-0.10	0.10	5.85	30.09	0.28	31.63	14
590	鸿盛进化 I 号	16.73	1.63	-3.11	-2.08	0.95	-0.11	-0.59	0.08	6.89	26.68	0.32	42.04	57
591	昶昇慧智 1 号	16.70	1.06	-3.78	-1.63	1.05	-0.20	0.21	-0.27	-2.28	32.19	0.04	45.02	29
592	朴信 1 号	16.66	0.78	-5.00	-1.61	1.47	0.01	-0.07	-0.13	-6.24	44.87	0.03	56.87	34
593	高毅庆端 6 号	16.65	2.05*	-2.96	-2.49	0.84	-0.29	-0.36	-0.02	4.97	21.52	0.26	47.10	58
594	神农本草集 2 号	16.65	1.61	-2.00	-1.32	0.63	0.00	-0.33	0.08	11.89	22.07	0.55	30.11	35
595	禾苗	16.65	1.80*	-2.58	-1.91	0.91	-0.52	0.25	-0.49	-0.40	22.29	0.02	51.58	50
596	领星泓澄股票策略	16.63	2.12*	-1.46	-1.28	0.93	-0.50	-0.54	-0.41	7.35	22.81	0.36	39.60	66

续表

编号	基金名称	年化 α(%)	$t(\alpha)$	γ	$t(\gamma)$	β_{mkt}	β_{smb}	β_{hml}	β_{mom}	年化收益率(%)	年化波动率(%)	年化夏普比率	最大回撤率(%)	调整后 R^2(%)
597	复和金色海洋	16.62	2.09*	-1.68	-1.44	0.94	-0.24	-0.12	-0.07	9.11	21.76	0.44	30.38	61
598	东方鼎泰 7 号	16.62	1.97*	-1.73	-1.41	0.60	-0.54	-0.05	-0.57	3.68	18.36	0.21	34.11	38
599	万泰华瑞成长 2 期	16.62	2.34*	-1.07	-1.03	0.65	-0.15	-0.11	-0.04	13.21	16.99	0.73	22.88	49
600	济和稳健成长	16.61	1.56	-0.52	-0.34	0.24	0.01	0.17	0.07	15.62	18.69	0.79	19.91	5
601	万霁长虹 2 号	16.58	1.79*	-4.47	-3.30	0.81	-0.17	-0.36	0.13	0.86	22.96	0.08	38.03	52
602	诚朴息壤 1 号	16.57	0.86	-2.35	-0.84	1.65	-0.59	-0.20	-0.40	-4.87	44.19	0.08	69.93	45
603	百泉进取 1 号	16.56	2.19*	-1.81	-1.64	0.89	0.39	-0.10	0.29	17.66	22.70	0.77	33.86	67
604	源利复利回报 1 号	16.53	1.56	-1.44	-0.93	0.78	-0.33	-0.04	-0.16	7.71	22.89	0.37	37.93	37
605	泽鑫毅德价值精选 1 期	16.52	2.07*	-2.03	-1.73	0.66	0.05	-0.27	0.23	13.11	19.59	0.65	31.03	51
606	融圣和稳健 3 号	16.51	1.60	-2.13	-1.41	0.81	-0.07	-0.20	-0.09	9.36	23.16	0.44	33.51	42
607	天勤 3 号	16.49	1.61	-1.18	-0.79	0.53	0.04	0.21	0.31	14.02	20.07	0.67	23.85	24
608	中环精选 1 号	16.49	1.80*	-3.56	-2.66	0.74	-0.54	-0.44	0.10	-0.28	23.07	0.04	48.82	54
609	大朴目标	16.48	3.88*	-1.95	-3.14	0.70	-0.21	-0.14	0.01	9.62	14.77	0.60	21.01	76
610	复利元丰 1 号	16.48	1.76*	-2.55	-1.86	0.97	-0.23	-0.08	-0.06	5.30	23.55	0.27	33.32	54
611	同达 1 号	16.47	0.88	1.67	0.61	0.50	0.38	0.09	0.77	28.22	35.13	0.83	22.61	16
612	理臻鸿运精选 2 号	16.47	2.06*	-0.94	-0.80	0.59	0.02	-0.62	0.04	17.82	20.02	0.85	20.94	53
613	明曜金星 3 期	16.46	1.57	-2.38	-1.55	0.98	-0.11	0.05	0.00	6.83	24.75	0.33	34.57	47
614	骐纵优选成长	16.45	1.76*	-2.63	-1.92	1.25	0.37	0.35	0.22	10.94	27.95	0.45	35.61	67
615	坤德永盛 1 期	16.42	2.04*	-2.32	-1.97	0.94	-0.07	-0.25	0.00	9.31	22.41	0.44	34.61	62

续表

编号	基金名称	年化 α(%)	$t(\alpha)$	γ	$t(\gamma)$	β_{mkt}	β_{smb}	β_{hml}	β_{mom}	年化收益率(%)	年化波动率(%)	年化夏普比率	最大回撤率(%)	调整后 R^2(%)
616	康曼德 106 号	16.40	2.98*	-1.95	-2.42	0.74	-0.28	-0.19	0.03	8.63	16.91	0.48	23.26	69
617	策牛量化对冲 1 号	16.34	1.08	-1.82	-0.82	0.74	0.27	0.07	-0.07	11.78	29.66	0.47	26.46	23
618	沣扬锦绣	16.32	3.61*	-2.59	-3.92	0.66	-0.03	-0.53	-0.05	10.53	16.49	0.60	24.75	78
619	澜錤 1 号	16.29	1.56	-1.64	-1.08	0.82	-0.30	-0.25	-0.27	7.57	23.32	0.36	46.31	42
620	明河优质企业	16.28	2.02*	-0.85	-0.72	0.67	-0.27	0.14	-0.12	10.58	18.10	0.56	18.53	42
621	普吾稳健成长 1 号	16.28	1.99*	-0.46	-0.38	0.51	0.41	0.52	0.42	20.97	17.71	1.08	40.21	38
622	涵元天璇	16.28	2.45*	-2.47	-2.54	0.69	-0.25	-0.30	-0.10	6.95	17.49	0.38	26.03	58
623	九章幻方沪深 300 量化多策略 1 号	16.21	2.57*	0.39	0.43	0.86	0.09	-0.08	0.43	22.77	21.01	1.01	31.78	74
624	维嘉稳健 1 期	16.20	0.74	-0.17	-0.05	1.38	0.03	-1.30	-0.14	13.72	50.09	0.46	45.88	44
625	远澜红松	16.17	2.60*	-0.63	-0.69	-0.06	-0.20	-0.05	-0.14	13.02	11.10	1.03	10.09	8
626	高毅世宏 1 号赋余 5 号	16.17	2.03*	-2.63	-2.26	0.89	-0.26	0.11	0.11	4.59	20.80	0.25	30.57	57
627	紫通车生物医药医疗健康 1 号	16.16	1.02	-2.05	-0.89	1.32	0.03	-0.30	0.21	7.85	37.43	0.35	43.53	48
628	进化论复合策略 1 号	16.15	2.04*	0.53	0.45	0.43	-0.12	-0.38	0.01	20.53	17.09	1.09	16.42	37
629	登程稳健	16.15	2.07*	-1.83	-1.60	0.71	0.04	-0.15	-0.12	11.96	18.85	0.62	31.35	50
630	致君凌云	16.15	2.01*	-1.26	-1.08	0.79	-0.35	0.01	-0.28	7.94	19.50	0.41	35.93	50
631	源和稳健成长 2 号	16.11	1.51	-1.83	-1.17	0.85	-0.26	0.15	-0.05	6.16	23.30	0.31	32.12	39
632	千泉宏观 1 号	16.07	0.64	3.06	0.83	-0.12	-0.15	-0.27	-0.32	19.26	43.44	0.58	40.77	2
633	康曼德 101A	16.06	2.55*	-2.81	-3.05	0.82	-0.24	-0.13	0.00	5.09	18.38	0.28	24.50	66

续表

编号	基金名称	年化 α(%)	t(α)	γ	t(γ)	β_{mkt}	β_{smb}	β_{hml}	β_{mom}	年化收益率 (%)	年化波动率 (%)	年化夏普比率	最大回撤率 (%)	调整后 R^2 (%)
634	中信资本价值回报	16.04	2.92*	0.25	0.31	0.52	-0.02	-0.11	0.08	20.34	14.05	1.29	16.07	55
635	少数派 8 号	16.03	1.86*	-0.91	-0.72	0.69	-0.31	0.32	-0.09	8.68	19.06	0.45	23.41	40
636	平安吉象 A 期	16.03	1.22	2.96	1.55	0.16	0.06	-0.45	0.16	32.31	24.34	1.21	11.96	15
637	路毅 1 号	16.03	2.20*	-2.34	-2.19	0.96	0.04	-0.02	0.12	9.78	21.49	0.47	25.36	66
638	彤源 7 号（A）	16.02	2.11*	-1.17	-1.05	0.89	0.09	-0.51	0.11	16.74	23.27	0.72	29.64	69
639	东方鼎泰稳健 1 号	16.02	1.63	-1.61	-1.13	0.60	-0.59	-0.14	-0.61	2.80	20.54	0.16	38.52	33
640	中欧瑞博 7 期	15.97	3.16*	-1.05	-1.41	0.77	-0.16	-0.19	-0.19	12.73	16.65	0.71	25.64	73
641	淘利趋势套利 7 号 A	15.93	1.48	-1.08	-0.69	0.04	0.04	0.00	0.07	13.87	18.53	0.70	2.51	1
642	谢诺辰阳核心价值	15.93	1.39	-3.66	-2.19	1.13	-0.34	-0.70	-0.36	-0.06	29.66	0.09	66.90	56
643	菁安进取 1 号	15.93	1.88*	-1.43	-1.16	0.92	0.15	-0.40	-0.19	15.05	23.81	0.64	22.00	63
644	宽远沪港深精选	15.92	2.16*	-0.40	-0.37	0.71	-0.37	0.02	-0.22	10.91	18.13	0.58	24.40	51
645	博瑞量化进取 1 号	15.92	2.64*	-1.30	-1.48	0.56	-0.08	-0.35	-0.19	13.35	15.27	0.80	18.04	54
646	合众易晟价值增长 1 号	15.91	1.97*	-1.17	-0.99	0.51	0.07	0.05	0.23	14.82	16.91	0.82	26.25	33
647	遵道稳健价值 2 号	15.90	2.33*	-1.46	-1.47	1.01	-0.20	-0.33	-0.10	10.48	22.56	0.49	39.64	73
648	鼎达对冲 2 号	15.89	1.98*	-4.33	-3.70	0.78	0.34	0.21	0.26	5.41	20.53	0.29	27.99	55
649	家族财富传承长期复利增长 1 期	15.88	1.20	-1.53	-0.79	0.89	-0.06	0.18	0.29	9.18	27.84	0.40	32.23	34
650	湘楚 6 号	15.88	1.51	-1.12	-0.73	0.60	0.22	-0.30	0.07	17.27	22.49	0.75	26.75	36
651	金蟾崎 7 号	15.88	2.07*	-0.22	-0.19	0.42	0.08	-0.30	0.04	19.83	16.31	1.10	18.40	35

续表

编号	基金名称	年化 α(%)	$t(\alpha)$	γ	$t(\gamma)$	β_{mkt}	β_{smb}	β_{hml}	β_{mom}	年化收益率(%)	年化波动率(%)	年化夏普比率	最大回撤率(%)	调整后 R^2(%)
652	小鳄 3 号	15.86	2.01*	-0.61	-0.53	0.29	0.00	0.02	0.01	15.63	14.46	0.98	10.62	13
653	晟维价值	15.84	1.30	-2.92	-1.64	0.83	0.29	-0.44	0.29	11.01	28.23	0.46	37.69	45
654	忠石 1 号	15.83	2.08*	-2.02	-1.81	0.90	-0.22	0.11	-0.09	6.51	20.21	0.34	27.48	58
655	大朴多维度 22 号	15.81	2.80*	-1.79	-2.17	0.74	-0.26	-0.18	-0.16	8.41	16.53	0.48	17.27	66
656	彬元价值 1 号	15.78	2.32*	-1.89	-1.90	0.81	0.05	-0.09	0.11	11.97	19.11	0.61	32.68	63
657	华辉价值星 16 号	15.77	0.80	-1.96	-0.68	1.59	-0.50	0.23	-0.46	-3.77	43.69	0.07	56.06	40
658	合泰 1 期	15.75	1.04	-0.29	-0.13	0.32	0.19	-0.11	-0.11	16.88	26.96	0.65	18.62	8
659	温洋起航 1 号	15.75	1.14	-0.95	-0.47	0.98	0.30	-0.28	0.63	17.76	32.47	0.62	32.72	47
660	倍力时空价值成长 1 期	15.74	0.38	0.45	0.07	1.62	0.76	-1.00	-0.48	5.10	81.38	0.39	58.97	24
661	进化论稳进 2 号	15.73	1.80*	-0.96	-0.75	0.46	-0.10	-0.46	0.22	15.01	19.23	0.75	15.84	40
662	鸣石春天指数增强 6 号	15.73	1.97*	-1.31	-1.13	0.92	0.39	0.34	0.56	17.37	22.67	0.76	35.25	64
663	泰利长兴 1 期	15.71	2.03*	-2.09	-1.85	0.89	-0.09	-0.18	-0.02	9.07	21.08	0.45	31.38	61
664	益谱粮草	15.70	1.31	-3.14	-1.79	1.05	0.15	0.38	0.16	4.84	27.48	0.25	50.64	44
665	神农本草集	15.68	1.46	-1.72	-1.10	0.73	0.14	-0.14	0.33	13.34	23.67	0.58	30.90	40
666	珞珈方圆港股多策略	15.64	1.70*	-0.13	-0.09	0.79	-0.34	-0.13	-0.16	12.38	21.80	0.57	19.34	48
667	涌鑫 3 号	15.63	1.76*	1.02	0.79	0.41	-0.11	-0.82	-0.01	23.61	20.60	1.06	14.42	46
668	众壹资产铁树套利 1 号	15.62	1.16	-0.57	-0.29	0.10	0.24	0.18	0.26	16.86	23.28	0.71	20.50	3
669	合众 2 号	15.60	1.10	0.03	0.01	0.40	0.15	-0.01	-0.08	17.54	25.64	0.70	17.54	10
670	翼虎成长 1 期（翼虎）	15.58	1.69*	-2.54	-1.88	0.70	-0.28	-0.34	-0.12	5.08	20.76	0.27	35.30	42

续表

编号	基金名称	年化α(%)	t(α)	γ	t(γ)	β_mkt	β_smb	β_hml	β_mom	年化收益率(%)	年化波动率(%)	年化夏普比率	最大回撤率(%)	调整后R²(%)
671	金牛1号（私享）	15.56	1.25	-1.73	-0.95	0.79	-0.55	0.77	0.00	-0.99	26.33	0.04	36.90	35
672	鼎盛1号（厦门龙帆）	15.55	0.88	-1.32	-0.51	0.17	-0.18	0.28	0.06	5.31	30.66	0.26	33.20	2
673	大朴策略1号	15.53	3.53*	-1.70	-2.64	0.73	-0.23	-0.17	-0.02	9.22	15.47	0.55	18.51	76
674	丰岭精选	15.53	1.80*	-1.99	-1.58	0.72	-0.32	0.21	0.17	5.10	19.71	0.27	29.10	44
675	盘世1期	15.53	1.88*	-0.89	-0.74	0.69	0.08	-0.69	0.29	18.26	22.96	0.78	36.17	62
676	宽远价值成长2期诺亚专享1号	15.50	2.06*	-0.86	-0.78	0.69	-0.39	-0.06	-0.34	8.47	17.92	0.46	30.91	48
677	睿郡尊享A期	15.50	3.01*	-1.20	-1.59	0.77	0.02	0.07	0.12	13.66	16.40	0.77	18.16	71
678	元达信资本-安易特兴国2号	15.50	1.57	-0.15	-0.10	0.74	-0.09	-0.60	-0.05	17.42	23.81	0.73	36.21	49
679	千波1号	15.48	1.96*	-2.02	-1.75	1.16	0.48	0.29	0.11	14.00	26.08	0.58	31.48	73
680	晶上量子1号	15.46	1.71*	-1.80	-1.36	1.30	-0.11	-0.13	0.20	8.55	28.87	0.37	37.89	71
681	米牛沪港深精选	15.42	2.23*	-1.78	-1.75	0.97	-0.17	0.11	-0.30	7.11	20.42	0.36	28.80	66
682	少数派25号	15.39	1.77*	-1.29	-1.02	0.70	-0.31	0.42	-0.01	6.27	19.23	0.33	24.88	40
683	洴沛盈亨	15.34	2.07*	-1.46	-1.35	0.57	-0.16	-0.22	-0.31	9.83	16.52	0.56	21.62	41
684	因诺天跃	15.33	2.65*	-0.71	-0.84	0.39	0.24	-0.08	0.29	19.58	13.60	1.28	19.18	47
685	泓澄沪港深精选	15.33	2.08*	-1.46	-1.35	0.86	-0.49	-0.26	-0.37	5.30	20.46	0.28	42.85	62
686	泓澄尊享A期	15.31	1.82*	-2.10	-1.71	0.84	-0.43	-0.34	-0.42	3.78	21.27	0.21	40.99	54
687	致远激进1号	15.31	2.12*	1.62	1.53	0.87	0.42	0.09	0.14	29.73	22.75	1.20	18.10	70
688	兴聚尊享A期	15.29	2.28*	-1.37	-1.39	0.55	-0.32	-0.11	0.00	8.64	15.73	0.51	19.55	47

续表

编号	基金名称	年化α(%)	$t(\alpha)$	γ	$t(\gamma)$	β_{mkt}	β_{smb}	β_{hml}	β_{mom}	年化收益率(%)	年化波动率(%)	年化夏普比率	最大回撤率(%)	调整后R^2(%)
689	万德隆策略优选2号	15.27	0.95	-1.90	-0.81	0.45	-0.37	0.29	-0.25	0.86	28.73	0.11	35.49	9
690	名禹沐风1期	15.26	2.40*	0.10	0.11	0.58	0.13	-0.26	0.08	21.36	16.77	1.15	13.41	58
691	知几扬帆2号	15.25	1.25	-2.73	-1.53	0.80	0.19	0.07	0.19	7.94	25.63	0.37	27.82	34
692	九坤日享沪深300指数增强1号	15.23	4.01*	-0.48	-0.87	0.91	-0.18	0.18	-0.04	12.59	17.33	0.68	20.43	86
693	东方马拉松致远	15.20	1.43	-1.60	-1.03	0.87	-0.43	-0.35	-0.43	4.74	24.42	0.25	49.26	45
694	珺曜价值	15.20	1.70*	-1.59	-1.21	1.54	0.14	0.29	0.33	10.23	32.02	0.41	36.44	77
695	库达呼拉	15.20	1.94*	-1.00	-0.87	0.53	-0.19	0.11	0.00	10.55	16.26	0.60	26.79	32
696	深积复利成长1期	15.17	2.61*	-0.74	-0.87	0.78	0.09	-0.19	-0.18	16.11	18.20	0.83	22.59	70
697	少数派大浪淘金18号	15.15	1.77*	-1.09	-0.87	0.70	-0.27	0.37	-0.02	7.57	19.05	0.40	22.73	41
698	庐雍优势成长7号1期	15.14	1.45	-2.74	-1.79	0.74	0.00	-0.21	0.00	6.75	22.81	0.33	33.06	38
699	望正精英-鹏辉1号	15.13	1.57	-0.33	-0.24	0.55	0.01	-0.40	0.36	18.02	21.64	0.80	20.72	42
700	耕莘1期	15.09	1.83*	-1.63	-1.36	0.74	-0.34	0.17	-0.20	5.03	18.85	0.28	34.50	44
701	锐天10号	15.09	1.06	1.77	0.85	0.56	0.31	0.55	0.37	25.01	27.45	0.89	23.77	21
702	涵元天璇量化1号	15.08	2.32*	-2.61	-2.75	0.68	-0.22	-0.25	-0.06	5.39	16.97	0.30	27.39	57
703	莹盆日昇2号	15.08	0.73	0.15	0.05	1.26	0.32	-0.08	0.67	16.85	44.27	0.53	51.53	36
704	资瑞兴1号	15.07	2.09*	0.01	0.01	0.66	0.02	-0.15	0.25	18.80	18.59	0.94	11.49	56
705	明河2016	15.07	1.96*	-0.70	-0.62	0.65	-0.27	0.12	-0.14	9.89	17.46	0.54	18.48	43
706	冲和小奖章3号	15.04	1.54	1.54	1.07	-0.24	0.05	0.43	0.22	21.20	18.13	1.07	12.26	14

续表

编号	基金名称	年化 α(%)	$t(\alpha)$	γ	$t(\gamma)$	β_{mkt}	β_{smb}	β_{hml}	β_{mom}	年化收益率(%)	年化波动率(%)	年化夏普比率	最大回撤率(%)	调整后 R^2(%)
707	明河科技改变生活	15.02	1.92*	−1.36	−1.19	0.52	−0.36	−0.02	−0.39	6.19	16.36	0.36	23.36	33
708	金珀 6 号	15.00	2.31*	−2.06	−2.18	0.82	−0.15	−0.13	0.12	8.17	18.95	0.43	28.59	66
709	葆金峰 2 号	14.98	0.97	−3.00	−1.33	0.62	0.10	−0.32	−0.11	5.29	29.33	0.26	31.24	19
710	进化-金钱豹	14.97	2.60*	−1.39	−1.65	0.38	−0.11	0.02	−0.20	10.06	11.77	0.75	15.56	30
711	相生 7 号	14.97	1.25	−0.84	−0.48	0.90	−0.17	−0.51	0.03	11.81	28.00	0.48	42.00	46
712	投资精英（朱雀 B）	14.96	2.55*	−0.93	−1.08	0.92	−0.23	−0.42	−0.03	11.95	21.18	0.57	25.91	78
713	四创特马 2 号	14.96	1.23	−1.90	−1.07	0.37	0.12	−0.17	0.11	11.00	22.36	0.51	31.20	14
714	清和泉成长 2 期	14.95	1.63	−1.42	−1.06	0.88	−0.21	−0.55	0.04	10.12	24.52	0.45	36.04	59
715	晟维成长	14.95	1.21	−2.53	−1.40	0.84	0.33	−0.49	0.33	12.24	28.99	0.49	37.70	47
716	利得汉景 1 期	14.92	1.41	−0.92	−0.59	0.75	−0.22	0.11	0.20	9.70	22.76	0.45	29.24	37
717	宽远价值成长 3 期	14.90	2.13*	−1.06	−1.04	0.66	−0.37	0.11	−0.21	7.07	16.72	0.40	19.63	49
718	下游消费板块 H1104	14.88	1.41	0.66	0.43	0.61	0.66	0.81	0.63	25.79	23.44	1.04	23.61	41
719	久阳润泉 6 号	14.88	0.99	−1.83	−0.83	1.16	0.46	1.27	0.83	8.84	33.92	0.37	32.44	42
720	博鸿致远	14.88	1.70*	−1.16	−0.91	0.81	−0.54	−0.70	−0.21	7.06	23.59	0.34	38.26	60
721	盛信 1 期（2016）	14.88	1.75*	−1.08	−0.87	0.73	0.01	−0.72	0.19	15.67	23.38	0.67	39.29	61
722	忠石龙腾 2 号	14.84	2.00*	−2.19	−2.02	0.89	−0.22	0.12	−0.24	4.52	19.69	0.25	22.06	58
723	华沙泉明月 1 号	14.82	1.58	−1.59	−1.16	0.98	−0.23	0.36	−0.26	4.80	23.07	0.25	30.63	51
724	前海宜涛红树 1 号	14.82	1.22	−1.09	−0.61	1.04	−0.13	0.50	0.22	7.67	27.51	0.34	39.21	43
725	德毅恒升	14.82	1.27	−3.33	−1.95	1.21	0.22	−0.01	0.13	5.06	30.18	0.27	41.73	56

续表

编号	基金名称	年化 α(%)	t(α)	γ	t(γ)	β_{mkt}	β_{smb}	β_{hml}	β_{mom}	年化收益率(%)	年化波动率(%)	年化夏普比率	最大回撤率(%)	调整后 R^2(%)
726	万吨资产深海鲸旗舰	14.79	1.77*	-0.68	-0.56	0.64	0.10	-0.39	0.25	17.51	20.62	0.81	18.53	52
727	康曼德107号	14.79	1.14	-3.74	-1.97	0.99	0.23	-0.48	0.10	4.81	30.59	0.27	43.95	47
728	天勤量化2号	14.79	1.38	-0.86	-0.55	0.58	-0.21	-0.15	-0.03	10.31	21.49	0.50	38.65	27
729	泰和天工1期	14.79	1.97*	-1.87	-1.70	0.84	-0.11	-0.23	-0.02	8.84	20.40	0.44	32.24	60
730	康曼德101号	14.78	1.96*	-2.48	-2.25	0.75	-0.18	-0.33	-0.16	5.88	19.27	0.32	20.97	55
731	绰瑞凤凰山	14.76	3.14*	0.86	1.24	-0.09	0.27	0.07	0.14	24.34	8.83	2.36	5.76	17
732	天勤1号	14.74	1.36	-0.32	-0.20	0.64	-0.26	-0.14	-0.14	11.33	22.16	0.53	40.98	30
733	宇义量化3号	14.74	0.87	0.98	0.40	0.81	-0.29	0.35	0.58	12.74	33.97	0.47	36.64	27
734	新龙1号	14.73	1.23	0.23	0.13	1.10	-0.03	-0.61	0.37	18.33	32.35	0.62	42.15	60
735	钱缘量化全天候进取3期	14.72	1.22	-0.77	-0.44	0.06	-0.37	-0.40	-0.43	8.00	21.27	0.39	21.54	6
736	拾贝投资8号	14.72	3.44*	-2.05	-3.27	0.70	-0.20	-0.03	-0.02	7.06	14.41	0.44	15.51	74
737	天生桥2期	14.71	1.61	-1.70	-1.27	0.57	-0.27	-0.32	-0.02	7.52	19.56	0.39	25.96	36
738	利檀3期	14.68	2.08*	-0.81	-0.79	0.58	-0.12	0.18	0.02	11.49	15.62	0.68	24.02	41
739	锐进35期	14.67	1.50	-0.53	-0.37	0.88	-0.01	-0.26	-0.04	14.50	24.05	0.62	28.11	52
740	华信资产价值5期	14.67	2.57*	-1.53	-1.83	0.67	-0.15	-0.29	-0.05	10.33	16.26	0.59	26.32	64
741	新方程清和泉	14.66	1.56	-1.35	-0.98	0.89	-0.23	-0.55	0.06	9.84	24.93	0.44	35.99	58
742	长见策略1号	14.66	2.48*	-2.61	-3.02	0.62	-0.28	-0.12	-0.17	3.69	14.98	0.22	28.77	55
743	恒尚1期	14.62	1.19	-3.99	-2.22	1.37	-0.42	-0.31	-0.18	-5.05	32.62	-0.04	58.51	58
744	华信资产价值8期	14.62	2.16*	-1.38	-1.39	0.57	-0.12	-0.46	-0.22	11.20	16.68	0.63	29.03	52

续表

编号	基金名称	年化 α(%)	$t(\alpha)$	γ	$t(\gamma)$	β_{mkt}	β_{smb}	β_{hml}	β_{mom}	年化收益率(%)	年化波动率(%)	年化夏普比率	最大回撤率(%)	调整后 R^2(%)
745	汇泽至远 1 期	14.60	1.66*	-0.05	-0.04	0.70	-0.10	0.12	0.14	14.61	19.93	0.71	19.86	43
746	久富 12 期	14.60	1.61	-1.88	-1.41	0.81	0.05	-0.25	0.16	10.82	22.42	0.50	36.91	52
747	紫晶 1 号	14.59	2.19*	-0.92	-0.94	0.72	-0.09	-0.37	0.08	13.63	18.93	0.69	21.80	64
748	石锋守正	14.56	1.48	-1.02	-0.71	0.69	-0.18	-0.28	-0.04	10.68	21.62	0.51	38.53	39
749	赛硕稳利 1 号	14.56	3.68*	-0.34	-0.58	0.08	-0.02	-0.01	0.03	15.67	6.94	1.93	1.13	5
750	源和复利回报 1 号 1 期	14.56	1.38	-1.42	-0.92	0.77	-0.32	-0.03	-0.15	5.83	22.66	0.30	39.17	37
751	尚雅 9 期	14.55	1.21	-1.33	-0.76	0.90	-0.57	-0.33	-0.35	2.99	26.89	0.18	48.07	41
752	方德隆行大方 1 号	14.53	1.53	-1.16	-0.84	0.50	0.24	0.65	0.19	12.44	18.95	0.63	11.05	27
753	神农尊享 B 期	14.51	1.48	-0.46	-0.32	0.89	-0.02	-0.28	-0.06	14.50	24.24	0.62	28.10	52
754	少数派 5 号	14.50	1.92*	-1.23	-1.12	0.61	-0.29	0.36	-0.09	6.21	16.66	0.35	21.71	40
755	翼虎成长 7 期	14.49	1.58	-2.54	-1.89	0.71	-0.31	-0.40	-0.13	3.67	21.09	0.20	35.57	44
756	相生 5 号	14.49	1.15	-0.87	-0.47	1.03	-0.26	-0.52	-0.04	9.37	30.20	0.40	47.14	49
757	平石 T5 对冲基金	14.48	1.77*	-1.77	-1.48	0.44	-0.01	0.62	0.42	7.74	16.61	0.44	19.85	29
758	混沌道然成长 1 号	14.48	1.27	0.60	0.36	1.03	-0.24	-0.58	-0.03	15.83	29.61	0.59	27.08	57
759	众壹资产稳健套利 1 号	14.47	2.94*	-0.30	-0.42	0.00	-0.06	0.04	-0.03	14.52	8.51	1.47	2.86	2
760	果实资本精英汇 3 号	14.46	2.38*	-1.78	-2.01	0.74	-0.40	-0.28	0.05	5.84	18.29	0.32	32.76	68
761	诚轩 1 号	14.46	1.44	-1.42	-0.96	0.60	-0.29	-0.12	-0.17	6.81	20.34	0.35	24.09	29
762	五色土 1 期	14.44	0.63	-4.31	-1.29	1.86	0.37	-0.68	0.76	-3.03	55.95	0.20	66.17	51
763	高毅利伟精选唯实 1 号	14.43	2.42*	-2.34	-2.69	0.90	-0.39	-0.20	-0.35	2.68	19.07	0.15	38.32	71

续表

编号	基金名称	年化 α(%)	t(α)	γ	t(γ)	β_{mkt}	β_{smb}	β_{hml}	β_{mom}	年化收益率(%)	年化波动率(%)	年化夏普比率	最大回撤率(%)	调整后 R^2(%)
764	致君日月星	14.43	1.66*	-0.92	-0.72	0.73	-0.01	-0.09	0.04	12.86	20.23	0.62	28.57	46
765	锐进 16 期中欧瑞博	14.42	3.24*	-0.44	-0.68	0.71	-0.22	-0.22	-0.23	12.69	15.45	0.75	22.06	76
766	鸣石春天沪深 300 指数增强 1 号	14.40	2.93*	-1.32	-1.84	0.80	0.01	0.17	0.23	11.63	16.58	0.66	24.10	74
767	双隆稳盈 1 号	14.38	2.53*	-0.24	-0.29	0.01	-0.18	-0.27	-0.26	13.62	10.20	1.16	8.66	9
768	九坤量化专享 6 号	14.38	1.71*	0.75	0.61	-0.07	0.07	0.31	0.02	18.32	14.94	1.11	11.53	7
769	混沌价值 2 号 A	14.37	0.84	1.26	0.50	1.22	-0.01	-0.73	0.42	20.61	40.93	0.60	37.81	49
770	乐道成长优选 2 号 A 期	14.37	2.65*	-2.30	-2.90	0.89	-0.16	0.04	0.02	5.66	18.12	0.31	28.79	74
771	宽远优势成长 3 号	14.34	2.60*	-0.84	-1.04	0.60	-0.18	0.19	-0.01	10.35	14.03	0.67	14.23	55
772	常春藤目标	14.34	2.11*	0.00	0.00	0.71	-0.14	-0.44	-0.04	16.26	19.19	0.80	24.22	63
773	黄金优选 4 期 1 号（朱雀）	14.33	2.49*	-0.90	-1.07	0.91	-0.22	-0.41	-0.03	11.43	20.81	0.55	25.42	78
774	宽远优势成长 2 号	14.33	2.38*	-0.55	-0.62	0.62	-0.16	0.18	0.05	11.82	15.00	0.72	14.62	53
775	丰奖 2 号	14.33	1.56	0.03	0.02	0.52	0.14	0.01	0.17	18.39	18.92	0.91	22.24	31
776	资财富国	14.33	0.89	-0.91	-0.39	1.10	0.28	0.86	0.37	10.05	34.03	0.40	34.61	34
777	雀跃进取 1 号	14.32	1.54	-2.02	-1.48	1.04	-0.11	-0.47	-0.63	6.30	25.84	0.30	36.28	62
778	少数派 19 号	14.32	1.61	-1.11	-0.85	0.71	-0.34	0.36	-0.10	5.43	19.62	0.29	24.24	40
779	黛眉杉树	14.31	2.61*	-1.96	-2.44	0.87	0.40	-0.06	0.24	14.78	20.27	0.71	23.97	79
780	松井伟业 1 号	14.28	1.88*	-1.01	-0.91	0.74	0.00	-0.40	0.18	14.27	20.64	0.67	21.89	61
781	阳光宝 3 号	14.27	2.02*	-1.56	-1.51	0.78	-0.27	-0.02	-0.11	6.59	18.29	0.36	32.30	56

续表

编号	基金名称	年化 α(%)	t(α)	γ	t(γ)	β_{mkt}	β_{smb}	β_{hml}	β_{mom}	年化收益率 (%)	年化波动率 (%)	年化夏普比率	最大回撤率 (%)	调整后 R^2 (%)
782	乐瑞中国股票1号	14.26	1.80*	0.29	0.25	0.59	-0.36	0.09	-0.12	11.72	17.70	0.63	31.01	41
783	长牛分析1号	14.25	1.17	-1.56	-0.87	0.76	-0.09	-0.37	0.01	9.10	25.95	0.40	45.80	35
784	磐耀启明星	14.22	1.48	-0.38	-0.27	0.56	0.21	-0.07	0.43	18.41	20.77	0.85	32.34	37
785	清和泉金牛山1期	14.21	1.47	-1.39	-0.98	0.84	-0.25	-0.53	0.09	8.99	24.52	0.41	35.62	54
786	巡洋平衡1号	14.21	2.52*	-0.60	-0.73	0.45	-0.21	-0.01	0.01	11.60	12.78	0.81	9.76	43
787	源乐晟-嘉享晟世6号	14.21	1.88*	-1.89	-1.71	0.89	-0.29	-0.43	0.21	6.95	22.88	0.34	36.79	68
788	冲和小奖章1号	14.21	1.60	1.18	0.91	-0.20	0.05	0.32	0.15	19.41	16.12	1.09	11.03	11
789	远澜银杏1号	14.20	2.61*	-0.32	-0.40	-0.06	-0.09	0.03	0.10	13.94	9.70	1.24	5.72	8
790	笑生1号	14.19	2.17*	-2.60	-2.72	0.15	-0.05	-0.10	-0.05	6.07	12.13	0.42	18.50	15
791	敦和峰云1号	14.19	2.39*	-0.64	-0.74	0.59	-0.22	0.00	0.17	11.46	15.33	0.69	31.88	56
792	清和泉精选1期	14.18	1.55	-1.24	-0.93	0.84	-0.26	-0.52	0.04	9.32	23.76	0.43	36.24	57
793	私募工场生君和稳健	14.18	2.25*	-1.47	-1.60	0.50	-0.35	-0.54	-0.12	8.04	16.04	0.47	32.39	55
794	拾贝精选2期	14.17	3.14*	-1.98	-3.00	0.74	-0.16	0.09	0.07	6.83	15.08	0.41	18.47	74
795	洋沛招享	14.12	1.83*	-1.10	-0.97	0.63	-0.21	-0.19	-0.33	9.06	17.58	0.50	22.43	44
796	德亚进取1号	14.11	0.88	-0.88	-0.37	1.15	-0.13	-0.93	-0.22	9.65	37.57	0.38	38.61	46
797	观富平衡2号	14.11	2.08*	-1.25	-1.26	0.63	-0.22	-0.34	0.05	10.07	17.62	0.55	20.99	57
798	少数派17号	14.09	1.60	-0.78	-0.60	0.68	-0.39	0.22	-0.06	6.44	19.56	0.34	26.19	40
799	余道年年有余3号	14.09	1.24	-0.18	-0.11	0.69	-0.28	-0.25	0.17	11.79	24.44	0.51	36.77	37
800	格雷成长8号	14.07	1.20	-2.28	-1.33	0.85	-0.49	-0.38	-0.39	0.31	25.70	0.08	53.44	39

续表

编号	基金名称	年化α(%)	$t(\alpha)$	γ	$t(\gamma)$	β_{mkt}	β_{smb}	β_{hml}	β_{mom}	年化收益率(%)	年化波动率(%)	年化夏普比率	最大回撤率(%)	调整后R^2(%)
801	少数派求是1号	14.06	1.57	-0.91	-0.69	0.71	-0.34	0.29	-0.11	6.13	19.77	0.32	30.42	40
802	致远中证500指数加强	14.01	3.26*	-0.82	-1.31	0.85	0.25	0.08	0.24	16.72	18.07	0.86	19.23	83
803	宽远价值成长	13.97	2.59*	-1.16	-1.47	0.62	-0.12	0.18	0.00	9.58	14.00	0.62	16.42	56
804	陆宝成全新三板2期	13.96	2.07*	-1.58	-1.60	0.45	-0.15	-0.22	0.12	9.33	15.04	0.57	14.01	41
805	领星拾贝	13.94	2.54*	-1.32	-1.65	0.73	-0.17	0.01	0.10	9.13	16.28	0.53	17.90	67
806	私募学院菁英105号	13.93	1.67*	-1.45	-1.19	0.88	-0.05	0.12	-0.21	8.24	21.00	0.41	32.76	54
807	稳赢1号（明石嘉盛）	13.91	1.45	-3.07*	-2.19	1.17	-0.07	-0.31	-0.16	2.85	27.34	0.18	41.75	64
808	重阳价值3号B期	13.90	2.05*	-1.42	-1.43	0.76	-0.30	-0.08	-0.32	6.18	17.74	0.34	24.65	57
809	萍聚投资佰升1期	13.89	2.05*	-0.27	-0.27	0.21	0.24	0.03	0.37	19.07	13.20	1.28	13.77	22
810	逸杉3期	13.89	1.87*	-0.89	-0.82	0.92	0.03	-0.11	0.06	13.12	21.59	0.61	21.43	65
811	鸣石量化指数增强春天11号	13.89	2.12*	-0.91	-0.95	0.95	0.33	0.16	0.55	17.12	22.19	0.76	28.93	74
812	从容医疗1期	13.88	1.19	0.40	0.23	0.47	-0.07	-0.25	0.14	16.62	22.70	0.72	21.18	22
813	恒德-复励1期	13.86	1.13	-3.62*	-2.02	0.90	0.05	-0.31	-0.03	2.19	27.34	0.16	37.65	41
814	金百镕11期	13.85	1.21	-0.33	-0.20	0.90	0.10	-0.06	0.40	15.53	26.88	0.61	27.92	47
815	磐耀红岭	13.85	1.55	-0.24	-0.19	0.50	0.06	-0.54	0.19	17.88	20.28	0.84	34.19	43
816	投资精英之域秀长河价值2号	13.84	3.45*	-1.57	-2.67	0.90	-0.10	-0.35	-0.04	10.02	18.90	0.52	28.84	87
817	泓澄投资睿享3号	13.83	1.89*	-1.58	-1.48	0.95	-0.42	-0.34	-0.44	4.26	21.62	0.23	40.85	67
818	大朴多维度21号	13.82	2.49*	-1.63	-2.01	0.74	-0.15	0.01	0.14	8.19	16.47	0.47	18.89	67
819	恒复趋势1号	13.81	1.31	-2.36	-1.53	1.05	-0.11	-0.41	-0.27	4.81	26.98	0.25	41.16	55

续表

编号	基金名称	年化 α(%)	$t(\alpha)$	γ	$t(\gamma)$	β_{mkt}	β_{smb}	β_{hml}	β_{mom}	年化收益率(%)	年化波动率(%)	年化夏普比率	最大回撤率(%)	调整后 R^2(%)
820	弘尚资产中国机遇策略配置1号	13.81	2.19*	-0.76	-0.82	0.74	-0.03	0.05	0.27	13.04	17.64	0.70	16.50	63
821	辰阳恒丰1号	13.81	1.64*	-3.15	-2.56	0.82	-0.32	-0.45	-0.30	0.56	21.42	0.06	53.09	55
822	少数派27号	13.80	1.58	-0.54	-0.43	0.71	-0.29	0.40	0.03	7.77	19.61	0.40	24.55	42
823	国通成长	13.78	0.68	-2.04	-0.69	0.73	-0.21	-0.60	-0.18	2.10	37.89	0.19	57.21	17
824	观富西湖1号	13.78	2.04*	-0.94	-0.95	0.62	-0.16	-0.35	-0.04	11.49	17.23	0.63	25.55	55
825	宽远价值成长5期1号	13.77	2.29*	-0.50	-0.57	0.60	-0.15	0.18	0.04	11.54	14.71	0.71	14.31	51
826	景熙18号	13.76	2.11*	-0.39	-0.41	0.48	-0.09	-0.32	-0.08	14.34	15.16	0.86	16.67	46
827	盛信2期（盘京）	13.76	1.61	-1.10	-0.88	0.72	0.03	-0.72	0.18	14.57	23.28	0.63	39.49	60
828	明曜启明1期	13.73	1.25	-1.66	-1.03	1.02	-0.17	-0.15	-0.21	5.83	26.33	0.29	40.27	49
829	高毅国鹭1号	13.72	1.50	-0.94	-0.70	0.78	-0.38	0.47	-0.17	4.11	20.95	0.22	33.44	44
830	师之洋	13.71	1.84*	-1.92	-1.76	0.82	0.04	-0.22	0.12	9.76	20.50	0.48	29.03	61
831	航长鹰眼3号	13.70	1.51	-1.14	-0.86	0.37	-0.25	0.12	0.12	7.36	17.23	0.41	29.11	19
832	易同精选2期1号	13.69	1.86*	-1.10	-1.02	0.72	-0.21	0.07	-0.15	8.02	17.69	0.44	30.96	49
833	明泷全天候1号	13.68	3.30*	-1.52	-2.51	0.66	0.23	0.11	0.30	13.61	14.53	0.85	21.14	76
834	稳中求进1号	13.67	2.02*	-0.77	-0.78	0.64	-0.11	-0.50	0.00	13.31	18.40	0.69	18.48	60
835	永升致远1期	13.66	1.44	-1.37	-0.99	0.69	-0.24	0.79	-0.11	2.89	20.73	0.17	18.49	39
836	少数派7号	13.66	1.51	-0.66	-0.50	0.71	-0.33	0.40	-0.03	6.42	20.06	0.33	27.52	40
837	巡洋稳健1号	13.64	1.11	0.19	0.10	0.10	-0.17	-0.17	0.01	13.16	21.45	0.61	17.40	3

续表

编号	基金名称	年化α(%)	t(α)	γ	t(γ)	β_mkt	β_smb	β_hml	β_mom	年化收益率(%)	年化波动率(%)	年化夏普比率	最大回撤率(%)	调整后R²(%)
838	比高长赢	13.64	1.13	0.22	0.13	0.75	0.33	-0.30	0.18	21.12	26.90	0.79	28.71	42
839	四创新航6号	13.63	1.06	-0.51	-0.27	0.50	0.08	-0.37	0.22	14.92	25.18	0.62	32.16	24
840	励骏星纪1号	13.62	0.85	-1.24	-0.53	1.48	-0.70	-0.36	-0.05	-1.67	39.94	0.11	61.76	53
841	雀跃岩辰量化投资1期	13.61	1.32	-2.22	-1.48	1.15	0.22	-0.23	-0.06	8.88	28.53	0.39	36.74	62
842	拾贝1号	13.61	1.90*	0.00	0.00	0.67	0.02	-0.14	0.24	17.05	18.52	0.86	12.52	56
843	观富源3期	13.59	1.93*	-0.89	-0.86	0.60	-0.15	-0.36	-0.04	11.57	17.40	0.63	25.04	52
844	保银紫荆怒放	13.59	2.46*	-1.44	-1.79	0.65	-0.26	-0.20	-0.01	7.74	15.68	0.46	26.60	64
845	拾贝精选1期	13.58	3.27*	-1.93	-3.18	0.78	-0.14	0.07	0.04	6.70	15.33	0.40	17.71	79
846	金石2期	13.56	0.83	-3.26	-1.36	1.01	-0.15	-0.91	-0.35	0.15	35.70	0.13	50.04	38
847	新宇稳健收益1号	13.56	2.26*	-0.81	-0.92	0.44	-0.01	0.08	-0.05	12.13	12.75	0.85	11.71	35
848	果实资本精英汇4A号	13.54	1.95*	-2.23	-2.21	0.67	-0.31	-0.06	0.21	3.84	17.78	0.21	34.23	56
849	91金融东方港湾价值1号	13.53	1.24	0.13	0.08	0.70	-0.32	0.03	0.22	10.90	23.60	0.49	29.74	38
850	小北2号	13.52	2.02*	-1.77	-1.81	0.94	0.42	0.07	0.16	13.84	21.92	0.63	22.98	73
851	师之盈成长1号	13.52	1.81*	-2.37	-2.18	0.77	0.04	-0.28	0.21	8.31	20.28	0.42	28.34	60
852	弥加3号	13.52	1.41	-1.66	-1.18	0.63	-0.06	0.08	0.45	8.45	20.79	0.42	28.19	38
853	循远成长1号	13.51	2.17*	0.23	0.25	0.60	-0.12	-0.11	0.08	15.69	15.99	0.90	21.11	55
854	淞银财富－清和泉优选1期	13.50	1.49	-1.23	-0.92	0.78	-0.31	-0.45	0.05	7.92	22.71	0.38	35.91	53
855	盈定9号	13.50	1.56	1.80	1.42	0.45	0.31	0.21	0.30	26.77	18.37	1.31	18.04	35
856	青骊秦川	13.49	1.38	-0.26	-0.18	0.79	0.31	0.09	0.38	18.37	23.23	0.78	23.45	48

续表

编号	基金名称	年化 α(%)	t(α)	γ	t(γ)	β_{mkt}	β_{smb}	β_{hml}	β_{mom}	年化收益率(%)	年化波动率(%)	年化夏普比率	最大回撤率(%)	调整后 R^2(%)
857	正朗宇翔	13.48	1.13	-1.11	-0.63	0.73	-0.07	-0.67	-0.19	10.77	26.29	0.46	44.21	40
858	朱雀 20 期	13.46	2.32*	-0.87	-1.03	0.86	-0.13	-0.35	0.11	11.92	20.13	0.59	21.96	76
859	弥加 2 号	13.46	1.43	-1.52	-1.10	0.75	0.00	0.21	0.53	9.20	21.86	0.44	29.64	45
860	泓铭价值投资 5 号	13.45	0.65	-2.33	-0.77	1.50	-0.31	-0.29	0.06	-3.04	45.20	0.11	49.91	39
861	华夏未来领时对冲 1 号尊享 A 期	13.43	1.84*	-2.06	-1.93	1.03	-0.05	0.14	-0.04	5.87	21.87	0.30	31.67	67
862	源乐晟-尊享晟世 2 号	13.43	1.75*	-1.44	-1.28	0.89	-0.24	-0.46	0.32	8.64	23.74	0.40	40.11	69
863	私募学院菁英 87 号	13.43	1.65*	-0.76	-0.64	0.79	-0.26	-0.53	0.12	10.95	22.52	0.50	29.26	62
864	沣沛优选	13.41	1.64	-1.93	-1.62	0.64	-0.15	-0.17	-0.32	5.79	18.11	0.32	29.92	40
865	华杉永旭	13.41	1.48	-0.87	-0.66	0.78	0.23	-0.14	0.31	15.65	22.52	0.69	35.02	53
866	源乐晟股票精选	13.41	1.91*	-2.31	-2.25	0.78	-0.23	-0.20	0.35	5.01	20.33	0.27	38.66	65
867	永隆宏观对冲策略 B	13.41	2.37*	-2.65	-3.21	0.59	0.03	-0.05	0.23	6.81	15.07	0.41	21.36	59
868	谵泰安全边际 1 期	13.40	1.89*	-0.98	-0.94	0.31	0.33	-0.15	0.16	17.09	14.93	1.03	10.05	34
869	鑫岚龙腾 1 号	13.40	2.22*	0.52	0.59	0.34	-0.25	-0.13	0.20	15.33	13.70	1.00	11.28	43
870	昊恩 1 号	13.38	1.11	1.78	1.01	0.17	-0.10	-0.50	-0.03	21.68	22.18	0.93	18.68	13
871	沣沛通享 1 期	13.35	1.62	-1.71	-1.42	0.65	-0.19	-0.18	-0.28	6.14	18.28	0.33	23.55	40
872	穹石特殊情况	13.34	1.36	-0.39	-0.27	0.48	0.05	-0.54	0.02	16.05	20.89	0.75	31.21	35
873	森旭资产-前瞻 8 号	13.32	1.82*	1.40	1.31	0.41	-0.37	-0.17	0.26	17.07	17.47	0.90	13.72	49
874	东方消费服务优选	13.31	1.31	-2.00	-1.35	0.93	-0.47	-0.25	-0.27	1.07	24.31	0.10	43.57	49

续表

编号	基金名称	年化 α(%)	$t(\alpha)$	γ	$t(\gamma)$	β_{mkt}	β_{smb}	β_{hml}	β_{mom}	年化收益率(%)	年化波动率(%)	年化夏普比率	最大回撤率(%)	调整后 R^2 (%)
875	甄投智联	13.30	1.86*	-1.77	-1.69	0.81	-0.03	-0.20	0.17	9.09	20.01	0.46	25.93	63
876	万利富达德盛 1 期	13.29	1.30	-0.93	-0.62	0.51	-0.50	-0.56	-0.19	5.93	21.53	0.31	34.95	34
877	易同成长	13.29	1.63	-1.50	-1.25	0.67	-0.03	0.02	0.01	8.84	18.39	0.47	24.84	42
878	翼虎灵活配置 1 号	13.27	1.50	-2.12	-1.64	0.68	-0.25	-0.37	-0.12	4.76	20.19	0.25	32.68	44
879	华泽价值星 11 号	13.27	0.94	-3.23	-1.56	1.42	-0.45	0.44	-0.26	-7.42	33.92	-0.11	53.95	49
880	德毅梦想	13.26	1.12	-1.90	-1.09	1.10	0.11	0.09	0.20	7.46	28.65	0.34	32.13	50
881	久富 17 期	13.25	0.96	-2.36	-1.18	0.90	0.11	-0.34	0.02	6.26	29.67	0.31	50.04	37
882	龙旗红旭	13.24	2.62*	-0.13	-0.18	1.07	0.36	0.03	0.49	20.15	23.71	0.83	27.68	87
883	懿德财富稳健成长	13.24	2.27*	-1.76	-2.06	0.72	0.00	0.38	-0.01	7.07	15.70	0.42	22.46	60
884	京福 2 号	13.22	1.16	-2.01	-1.21	1.22	0.07	-0.10	-0.11	6.37	29.75	0.30	33.52	57
885	正瀛权智 2 号	13.21	3.28*	-0.38	-0.64	0.05	0.01	-0.02	-0.09	14.12	7.06	1.70	2.00	5
886	少数派 12 号	13.19	1.52	-0.75	-0.59	0.68	-0.40	0.25	-0.05	5.50	19.39	0.29	25.71	42
887	华夏未来泽时进取 1 号-鑫享 D	13.17	1.83*	-1.96	-1.86	1.02	0.00	-0.01	0.00	7.15	22.05	0.35	30.09	69
888	久富 2 期	13.16	1.70*	-1.76	-1.56	0.90	0.05	-0.18	0.10	9.55	21.82	0.46	33.55	63
889	洋盈金砖 9 期	13.15	1.19	2.19	1.36	0.83	-0.31	1.06	0.62	14.32	27.24	0.57	25.19	52
890	巡洋成长 1 号	13.15	1.66*	-1.61	-1.39	0.89	-0.34	-0.40	-0.25	5.07	21.82	0.26	41.02	61
891	翼虎成长 3 期	13.14	1.46	-2.89	-2.19	0.68	-0.27	-0.30	-0.07	1.47	20.28	0.10	34.60	42
892	中欧瑞博 4 期	13.14	2.81*	-0.55	-0.81	0.69	-0.19	-0.23	-0.23	11.21	15.34	0.67	21.64	73
893	丰岭稳健成长 7 期	13.14	1.55	-1.87	-1.51	0.73	-0.27	0.17	0.17	3.81	19.54	0.21	31.25	45

续表

编号	基金名称	年化α(%)	t(α)	γ	t(γ)	β_mkt	β_smb	β_hml	β_mom	年化收益率(%)	年化波动率(%)	年化夏普比率	最大回撤率(%)	调整后R²(%)
894	进化论 FOF1 号	13.13	2.01*	-0.56	-0.59	0.46	-0.09	-0.31	0.14	13.55	15.39	0.81	14.52	47
895	宏亮普誉提科进取	13.13	1.19	0.27	0.16	0.49	0.20	-0.53	0.10	20.16	23.28	0.84	21.92	34
896	晟维汇智	13.12	1.00	-2.53	-1.33	0.76	0.44	-0.20	0.50	10.77	28.57	0.45	38.96	39
897	翱鹏中国竞争力 A	13.12	1.99*	-0.62	-0.65	0.63	-0.29	-0.14	-0.22	8.97	16.16	0.52	25.87	51
898	祥驰投资桂雨 1 号	13.11	1.89*	-0.20	-0.20	0.15	0.32	-0.01	0.23	19.28	13.24	1.29	8.53	19
899	上海宽德卓越	13.10	1.66*	0.17	0.15	-0.12	0.11	0.03	-0.02	16.40	13.79	1.06	8.62	4
900	启元价值成长 1 号	13.09	3.14*	-1.62	-2.65	0.93	0.17	0.06	0.20	11.38	18.81	0.59	19.85	86
901	融昊稳健 1 号	13.08	1.69*	-2.70	-2.39	0.61	-0.08	-0.48	-0.14	5.21	18.62	0.28	27.90	50
902	神手 1 号	13.06	0.87	-1.13	-0.51	0.95	0.53	-0.02	0.51	15.70	33.02	0.55	33.83	39
903	前海卓喜发现 1 号	13.05	0.85	-0.68	-0.30	0.48	-0.25	0.04	0.31	6.88	28.38	0.32	28.10	14
904	合众易复利增长 1 号	13.04	2.27*	-1.32	-1.57	0.59	0.02	-0.22	0.00	11.40	15.19	0.69	19.77	58
905	博致嘉霖	13.04	0.76	-2.22	-0.89	1.36	-0.04	1.12	0.62	-1.23	37.92	0.10	50.48	40
906	洋青扬 2 号	13.03	1.29	-5.01	-3.39	0.90	0.46	-0.32	0.26	2.25	26.93	0.16	42.66	59
907	拾金 1 号	13.03	1.50	-0.33	-0.26	0.50	-0.04	-0.19	0.13	14.03	18.14	0.73	16.25	33
908	惠正进取	13.02	0.88	0.48	0.22	1.06	0.03	-0.12	0.13	14.78	32.99	0.53	38.50	41
909	巨杉净值线 5G 号	13.00	1.80*	-1.39	-1.31	0.62	-0.32	-0.18	-0.27	5.61	16.75	0.32	24.41	46
910	鲸选 18 号	12.99	1.55	-1.00	-0.82	0.74	-0.32	0.37	-0.02	4.92	19.28	0.27	25.86	45
911	盈创凤凰花开	12.99	1.51	0.06	0.05	0.71	0.10	-0.02	0.16	16.57	20.23	0.78	30.24	47
912	数华众城量化稳进 1 期	12.98	1.46	-2.55	-1.97	0.91	-0.07	-0.06	-0.02	3.88	22.21	0.22	46.35	53

续表

编号	基金名称	年化 α (%)	$t(\alpha)$	γ	$t(\gamma)$	β_{mkt}	β_{smb}	β_{hml}	β_{mom}	年化收益率 (%)	年化波动率 (%)	年化夏普比率	最大回撤率 (%)	调整后 R^2 (%)
913	景林丰收	12.95	1.36	-1.92	-1.38	0.90	-0.06	-0.21	-0.06	6.60	23.39	0.32	31.88	51
914	睿郡众享 1 号	12.95	2.59*	-0.97	-1.33	0.64	0.08	0.02	0.10	12.73	14.69	0.79	17.62	66
915	相聚芒格 1 期	12.95	1.76*	-1.11	-1.03	0.50	0.12	-0.49	0.02	14.20	17.69	0.76	23.16	49
916	德远稳健 1 号	12.95	1.08	-0.01	-0.01	0.11	-0.18	0.05	0.12	10.65	20.98	0.52	31.70	4
917	高瓴利伟	12.94	2.52*	-1.71	-2.27	0.82	-0.33	-0.18	-0.31	4.42	17.09	0.25	28.82	73
918	汇创稳健 1 号（广东汇创）	12.93	1.27	-1.27	-0.86	0.94	-0.03	0.84	0.13	5.35	23.83	0.27	25.69	47
919	中睿合银稳健 1 号	12.93	1.58	-1.35	-1.13	0.20	0.15	0.32	0.52	11.29	15.36	0.67	23.72	17
920	山楂树 1 期	12.92	1.04	2.60	1.43	0.83	-0.12	-0.29	0.17	23.16	28.57	0.82	39.58	45
921	嘉耀滚雪球 1 号	12.92	1.18	-0.35	-0.22	0.61	-0.45	0.48	-0.16	4.07	22.37	0.22	36.23	29
922	洋沛招享 1 期	12.92	1.73*	-0.97	-0.89	0.61	-0.17	-0.19	-0.34	8.72	17.04	0.49	22.42	43
923	信易安清阳 1 号	12.89	0.73	-1.51	-0.58	1.35	-0.69	0.68	-0.12	-6.97	38.69	-0.05	62.15	39
924	博致铭远	12.89	0.74	-1.97	-0.78	1.33	-0.08	1.08	0.56	-1.07	37.95	0.11	51.17	38
925	少数派 108 号	12.88	1.53	-0.82	-0.67	0.64	-0.38	0.22	-0.05	5.36	18.56	0.29	26.24	40
926	铸锋天照 1 号	12.87	4.47*	-0.22	-0.52	0.02	0.12	0.05	0.10	16.12	5.23	2.61	1.44	11
927	渤源洋杨价值成长	12.84	2.07*	-2.30	-2.54	0.62	-0.10	-0.38	-0.02	6.34	16.62	0.36	24.84	59
928	国联安一弘尚资产成长精选 1 号	12.82	2.47*	-2.71	-3.56	0.86	0.09	-0.20	0.08	6.67	18.79	0.36	23.98	78
929	秦旸创新成长 1 号	12.82	1.62	-2.02	-1.75	0.71	-0.20	-0.20	0.02	5.21	19.08	0.28	44.26	50
930	冲和小奖章 4 号	12.82	1.40	2.26	1.69*	-0.39	-0.06	0.03	0.07	21.26	17.29	1.12	9.69	18
931	华夏未泽时进取 1 号—鑫享 C	12.81	1.80*	-1.89	-1.82	1.08	0.02	0.08	0.05	7.06	22.73	0.35	30.10	71

续表

编号	基金名称	年化 α(%)	t(α)	γ	t(γ)	β_mkt	β_smb	β_hml	β_mom	年化收益率(%)	年化波动率(%)	年化夏普比率	最大回撤率(%)	调整后 R²(%)
932	明达 3 期	12.80	1.54	-1.73	-1.43	0.68	-0.27	-0.58	-0.30	5.88	20.19	0.31	29.29	50
933	泓澄锐进 52 期	12.78	1.80*	-1.63	-1.57	0.93	-0.39	-0.42	-0.42	3.78	21.45	0.21	41.00	68
934	务扬志远 1 号	12.78	1.23	-2.68	-1.76	0.81	-0.56	0.17	-0.20	-4.30	22.97	-0.14	47.21	40
935	剑豹南创 1 号	12.77	1.41	-1.28	-0.97	0.53	0.33	0.29	0.63	13.99	19.37	0.69	28.60	36
936	兴聚财富 3 号	12.76	2.04*	-0.05	-0.06	0.46	-0.20	-0.05	-0.01	12.21	13.97	0.79	21.17	41
937	菁骊长川	12.76	1.71*	0.84	0.77	0.29	0.25	-0.17	0.40	23.33	15.77	1.32	9.63	34
938	民森 A 号	12.73	1.30	-1.17	-0.82	0.59	-0.27	-0.61	-0.07	8.11	21.77	0.40	29.67	40
939	巴罗稳健 1 号	12.73	2.09*	-1.49	-1.67	0.56	-0.09	0.04	-0.26	7.22	14.21	0.46	14.08	46
940	红亭稳赢 2 期	12.73	1.04	-0.13	-0.07	0.16	-0.14	-0.32	-0.46	11.13	21.62	0.51	17.21	7
941	中阅新锐 2 号	12.72	1.55	-1.36	-1.13	0.84	0.05	-0.54	-0.07	11.37	22.94	0.52	34.57	62
942	洋扬德福	12.68	2.09*	-2.07	-2.34	0.52	0.04	-0.49	0.10	9.60	16.41	0.55	24.59	60
943	彤源 6 号	12.67	1.69*	-0.45	-0.41	0.70	0.04	-0.43	0.16	15.21	20.34	0.72	24.77	60
944	恒泰量化 1 号	12.65	1.22	-2.26	-1.49	1.07	-0.42	-0.11	-0.36	-0.87	25.81	0.03	48.80	53
945	明盛顺盈 1 号	12.64	0.62	1.21	0.41	0.80	-0.05	-0.01	0.82	14.50	39.97	0.49	26.24	25
946	睿扬专享 1 号	12.63	1.38	1.65	1.24	0.62	0.01	-0.29	0.33	22.76	21.88	0.98	28.75	49
947	川陀新动力成长 1 期	12.63	2.27*	0.11	0.14	0.42	0.07	-0.25	0.04	17.50	13.46	1.16	16.29	50
948	金舆宏观配置 1 号	12.61	1.64	-1.96	-1.74	0.41	-0.19	-0.14	-0.25	4.64	15.15	0.27	25.98	24
949	洋扬目标缓冲	12.55	2.31*	-1.46	-1.83	0.52	-0.14	-0.42	-0.15	8.72	14.41	0.55	18.54	58
950	海棠 1 号	12.54	0.44	-0.24	-0.06	1.36	0.82	1.10	0.69	8.60	56.39	0.37	53.65	24

续表

编号	基金名称	年化α(%)	t(α)	γ	t(γ)	β_{mkt}	β_{smb}	β_{hml}	β_{mom}	年化收益率(%)	年化波动率(%)	年化夏普比率	最大回撤率(%)	调整后R^2(%)
951	格雷稳赢2号	12.53	1.15	-2.99	-1.88	0.74	-0.49	-0.31	-0.26	-3.20	23.39	-0.09	52.63	37
952	国仕逆向投资1号	12.52	2.29*	-1.11	-1.39	0.48	-0.15	0.12	-0.04	8.04	12.39	0.56	11.86	43
953	真挚海岸线1号	12.52	1.20	-2.70	-1.77	0.48	0.14	-0.24	-0.01	6.05	20.68	0.31	29.38	26
954	活烁银杏	12.50	1.11	-2.47	-1.49	0.83	-0.53	-0.17	-0.69	-3.55	24.51	-0.09	54.63	38
955	智享5号尊享A	12.49	2.18*	-3.22	-3.83	0.80	-0.06	-0.39	0.10	3.32	19.18	0.19	32.01	74
956	森瑞医疗创新	12.49	0.85	-0.10	-0.05	0.71	-0.01	-0.61	-0.19	12.93	29.95	0.50	53.42	30
957	聚祥1期	12.48	1.67*	-1.53	-1.40	0.38	0.04	0.01	0.05	9.09	14.55	0.57	18.18	23
958	曼昂资产配置1期	12.47	1.62	-0.90	-0.80	0.92	-0.42	-0.41	0.10	6.58	23.44	0.32	30.32	68
959	博道精选1期	12.46	1.81*	-1.67	-1.67	0.79	-0.29	-0.39	-0.32	4.98	19.14	0.27	31.35	62
960	祐益峰菁英1号	12.46	3.47*	-1.55	-2.95	0.77	-0.02	-0.05	0.07	8.97	15.35	0.54	23.59	84
961	久期量利指数3号	12.46	2.48*	-1.93	-2.63	1.03	0.51	0.03	0.25	13.60	22.68	0.61	25.90	86
962	朴汇一	12.45	1.50	-2.51	-2.07	0.42	-0.26	-0.12	-0.03	1.86	16.38	0.10	19.09	25
963	睿信榜样对冲1号	12.45	1.86*	-1.55	-1.59	0.73	-0.21	-0.21	0.01	6.58	18.07	0.36	29.21	60
964	民晟金牛4号	12.44	0.46	0.77	0.19	1.25	0.06	0.60	0.11	7.22	51.95	0.30	64.87	19
965	冠泓价值增长1号	12.44	1.17	-2.17	-1.40	1.20	-0.02	-0.40	0.23	5.69	30.24	0.28	35.82	64
966	榜样绩优	12.43	1.86*	-1.55	-1.59	0.73	-0.21	-0.21	0.01	6.54	18.06	0.36	29.19	60
967	睿泉成长1号	12.41	1.47	-0.60	-0.49	0.71	-0.13	-0.05	0.26	10.62	20.17	0.53	33.53	48
968	果实成长精选1号	12.41	1.48	-1.23	-1.00	0.82	-0.47	-0.28	0.06	4.24	22.27	0.23	40.91	58
969	鑫岚龙端	12.40	2.42*	-0.28	-0.37	0.36	-0.17	-0.08	0.23	12.28	12.10	0.90	9.21	48

续表

编号	基金名称	年化 α(%)	t(α)	γ	t(γ)	β_mkt	β_smb	β_hml	β_mom	年化收益率(%)	年化波动率(%)	年化夏普比率	最大回撤率(%)	调整后 R²(%)
970	大朴进取 1 期	12.39	3.20*	−1.80	−3.17	0.69	−0.12	−0.06	0.04	6.82	14.09	0.43	16.17	78
971	东方港湾 3 号	12.39	1.20	−0.30	−0.20	0.66	−0.32	0.13	0.03	7.57	21.50	0.37	25.06	33
972	滚雪球 1 号（201502）	12.39	1.25	−0.32	−0.22	0.59	−0.29	0.23	−0.21	7.01	19.96	0.36	24.71	28
973	汇泽至远 3 期	12.39	1.98*	−1.40	−1.52	0.60	0.28	−0.37	0.11	14.41	17.82	0.76	23.72	64
974	恒丰方德将军 1 号	12.38	1.11	−1.89	−1.16	0.39	−0.09	−0.89	−0.15	7.73	23.18	0.37	24.03	32
975	循远 5 号	12.38	1.87*	0.42	0.43	0.57	−0.11	−0.16	0.08	15.38	16.35	0.87	21.76	52
976	道道红杨	12.37	1.52	−0.62	−0.52	0.72	−0.27	−0.48	−0.12	9.54	20.62	0.47	28.40	54
977	坤钰天真 FOF1 号	12.37	2.43*	−1.50	−2.02	0.51	−0.19	−0.13	0.06	7.22	13.14	0.48	21.00	56
978	新方程星动力 S7 号	12.36	2.45*	−1.41	−1.91	0.71	−0.20	0.09	−0.04	6.15	14.96	0.37	26.24	67
979	证大量化增长 2 号	12.35	1.49	−1.81	−1.49	0.88	0.25	0.43	0.48	9.36	21.53	0.45	31.09	56
980	平安阖鼎泓澄智选 2 号	12.32	1.75*	−1.67	−1.62	0.93	−0.41	−0.43	−0.44	2.95	21.47	0.17	43.60	68
981	景富和 1 期	12.31	1.13	0.61	0.38	0.41	0.34	0.61	−0.29	16.01	22.50	0.70	22.44	31
982	龙旗红鹰	12.29	2.16*	−1.30	−1.56	1.01	0.45	0.13	0.55	15.40	22.87	0.68	29.98	82
983	榜祥多策略对冲	12.28	1.99*	−0.85	−0.94	0.75	−0.25	−0.24	−0.03	8.65	17.99	0.47	27.27	65
984	易鑫安资管-鑫安 7 期	12.28	1.62	−0.21	−0.19	0.48	−0.16	−0.54	−0.01	13.31	17.69	0.71	22.10	46
985	演泽美好旗舰	12.27	1.01	1.63	0.92	0.38	−0.19	−0.39	−0.11	17.85	23.10	0.76	23.71	19
986	正信共赢 1 号	12.27	0.93	−2.87	−1.49	0.96	−0.16	−0.43	0.49	1.55	31.13	0.15	51.95	47
987	朴信创新 1 号	12.25	0.57	−4.24	−1.35	1.53	0.22	−0.15	0.17	−5.10	46.80	0.07	57.32	38
988	鼎实 FOF	12.25	3.91*	−0.50	−1.09	0.23	−0.06	0.04	0.13	12.16	7.01	1.46	5.88	41

续表

编号	基金名称	年化α(%)	t(α)	γ	t(γ)	β_{mkt}	β_{smb}	β_{hml}	β_{mom}	年化收益率(%)	年化波动率(%)	年化夏普比率	最大回撤率(%)	调整后R^2(%)
989	元康沪港深精选1号	12.25	2.10*	-1.05	-1.23	0.92	-0.14	0.01	0.01	8.22	19.31	0.43	21.34	73
990	安爵金柏汇1号	12.25	1.32	-1.90	-1.40	0.80	-0.22	0.44	0.37	2.58	21.55	0.15	38.11	46
991	金田龙盛	12.24	1.23	0.50	0.34	0.67	0.08	0.14	-0.21	15.09	21.49	0.69	16.82	37
992	华辉价值星12号	12.24	0.91	-1.83	-0.93	1.32	-0.58	0.05	-0.54	-4.13	32.61	-0.02	45.65	51
993	东宏蓝筹进取1号	12.23	0.46	2.13	0.55	1.52	0.49	1.41	1.52	13.69	55.42	0.46	57.05	34
994	京石稳健2期	12.21	0.87	2.62	1.28	0.46	0.24	0.13	0.21	25.45	26.58	0.93	27.94	19
995	幂数阿尔法1号	12.21	2.50*	-0.63	-0.88	0.22	-0.20	-0.16	-0.06	9.85	9.67	0.87	14.55	26
996	瀚信启富汇盈1号	12.20	1.33	-3.26	-2.42	0.71	0.22	-0.57	0.44	6.64	24.25	0.33	39.19	58
997	私募工场秃鹫1期	12.19	1.06	-2.25	-1.34	0.96	-0.43	-0.11	-0.25	-1.31	26.02	0.02	46.47	43
998	航长鹰眼2号	12.18	1.52	-0.85	-0.72	0.36	-0.19	0.04	0.05	8.04	15.34	0.48	28.15	20
999	达尔文明德1号	12.17	2.11*	-0.59	-0.70	0.09	0.01	-0.21	0.14	13.22	10.75	1.08	18.92	16
1000	陆宝恒信1号	12.16	1.00	0.00	0.00	0.20	0.05	-0.86	-0.02	17.01	23.65	0.70	9.48	23
1001	恒泰辰丰港湾1期	12.16	1.22	-0.64	-0.44	0.70	-0.32	0.10	0.17	6.61	21.73	0.33	36.85	39
1002	瓦莞法鲁	12.16	1.55	-0.79	-0.69	0.54	-0.23	0.05	-0.04	7.52	16.51	0.43	27.69	34
1003	少数派106号	12.15	1.48	-0.95	-0.79	0.65	-0.37	0.28	-0.03	4.05	18.26	0.23	26.58	41
1004	千惠云航1号	12.15	2.48*	-1.07	-1.50	0.22	-0.09	0.08	0.04	8.88	9.25	0.81	11.58	18
1005	世诚扬子3号	12.14	1.06	-3.37	-2.01	0.89	0.11	0.14	0.58	1.59	26.26	0.15	46.15	44
1006	龙薛风华价值1号	12.14	1.31	-2.21	-1.63	1.00	-0.29	-0.07	-0.17	1.08	23.76	0.10	41.23	55
1007	湘源稳健	12.13	2.30*	-0.41	-0.54	0.03	-0.11	-0.23	-0.17	11.57	9.36	1.06	9.81	7

续表

编号	基金名称	年化α(%)	t(α)	γ	t(γ)	β_mkt	β_smb	β_hml	β_mom	年化收益率(%)	年化波动率(%)	年化夏普比率	最大回撤率(%)	调整后R²(%)
1008	浅湖达尔文2号	12.11	0.72	-3.25	-1.33	1.27	0.55	-0.29	-0.26	4.31	39.23	0.25	66.11	47
1009	至乐1号	12.11	0.79	1.26	0.56	0.71	0.16	-0.62	0.13	20.84	31.90	0.70	31.06	33
1010	福睿德6号	12.08	0.83	-3.52	-1.66	0.86	0.30	0.38	0.87	2.14	30.54	0.17	45.15	34
1011	东方行业优选	12.07	1.30	-1.80	-1.32	0.82	-0.43	-0.34	-0.28	1.62	22.24	0.11	43.73	49
1012	清和泉尊享系列1期	12.07	1.27	-1.43	-1.02	0.89	-0.25	-0.54	0.09	6.45	25.03	0.31	36.96	58
1013	宝姜2号	12.06	1.02	-1.75	-1.01	0.86	0.00	0.34	-0.08	4.25	24.98	0.23	29.79	34
1014	少数派10号	12.06	1.45	-0.97	-0.79	0.63	-0.38	0.27	-0.05	3.85	18.25	0.21	26.45	39
1015	高毅庆典瑞远	12.06	1.66*	-1.39	-1.31	0.72	-0.27	-0.48	0.02	6.87	19.83	0.36	42.74	61
1016	中域淖和5期	12.05	1.19	-1.85	-1.25	0.78	0.08	-0.61	0.42	9.97	26.08	0.43	39.13	56
1017	永发投资稳健进取2期	12.05	2.01*	-1.02	-1.17	0.68	-0.30	-0.21	-0.40	6.14	16.28	0.35	26.60	60
1018	博致1期	12.05	0.70	-2.09	-0.83	1.35	-0.04	1.13	0.61	-1.86	37.84	0.08	52.56	40
1019	银石宝生1期	12.05	0.64	0.96	0.35	0.87	0.93	0.71	0.72	23.29	38.65	0.69	39.63	30
1020	久富13期	12.05	1.24	-1.72	-1.21	0.81	0.08	-0.22	0.16	8.70	23.21	0.41	38.73	48
1021	宝源胜知1号	12.03	1.02	0.06	0.04	0.97	-0.49	0.02	-0.11	5.62	27.26	0.28	34.72	45
1022	华夏未来泽时进取1号—鑫享B	12.03	1.94*	-1.41	-1.56	1.08	-0.10	-0.20	-0.15	7.18	22.65	0.35	30.18	78
1023	名禹5期	12.02	1.55	-0.22	-0.19	0.61	-0.21	-0.35	-0.05	11.37	18.47	0.59	32.08	48
1024	善从骏富丰华1号	12.01	0.58	-5.77	-1.91	1.66	-0.24	-0.13	-0.33	-16.88	45.67	-0.19	70.61	40
1025	易同精选	12.00	1.50	-1.46	-1.24	0.67	-0.01	0.04	0.03	7.82	18.10	0.42	24.16	42
1026	鸿道国企改革	11.99	1.02	0.19	0.11	0.64	0.23	-0.18	0.15	17.33	24.55	0.71	28.77	33

续表

编号	基金名称	年化 α(%)	$t(\alpha)$	γ	$t(\gamma)$	β_{mkt}	β_{smb}	β_{hml}	β_{mom}	年化收益率 (%)	年化波动率 (%)	年化夏普比率	最大回撤率 (%)	调整后 R^2 (%)
1027	久富 7 期	11.99	1.47	-1.03	-0.86	0.82	0.00	-0.28	0.01	10.46	21.41	0.50	37.15	57
1028	骥才金马投资 3 号	11.99	1.77*	-3.04	-3.07	0.69	0.18	-0.20	0.02	5.45	18.25	0.30	31.66	60
1029	尊冠春 1 号	11.99	0.70	-0.13	-0.05	0.00	0.54	-0.85	-0.35	19.14	32.70	0.63	40.98	18
1030	易同精选 3 期 1 号	11.97	1.59	-0.45	-0.41	0.71	-0.19	0.03	-0.07	9.14	18.09	0.49	28.95	49
1031	丰实 1 号	11.95	0.86	0.84	0.42	1.13	-0.48	-0.15	-0.42	6.88	32.13	0.32	45.49	46
1032	逸格-价值 1 期	11.94	1.04	0.78	0.46	0.35	-0.15	-0.15	0.21	14.80	21.57	0.67	19.68	18
1033	久期量和指数 1 号	11.93	2.99*	-1.49	-2.56	0.98	0.39	0.14	0.29	13.24	20.28	0.64	23.82	89
1034	艾方博云全天候 1 号	11.93	2.91*	-1.01	-1.68	0.50	0.18	0.28	0.09	11.79	11.49	0.90	19.93	63
1035	磐厚动量-旅行者 2 号	11.93	1.82*	-0.63	-0.65	0.74	-0.23	-0.48	-0.32	9.39	18.76	0.49	23.60	64
1036	盛信 2 期 J	11.93	1.39	-1.11	-0.88	0.72	0.03	-0.73	0.18	12.41	23.33	0.55	40.84	60
1037	丰岭远航母基金	11.92	1.57	-1.83	-1.65	0.68	-0.19	0.25	0.17	3.65	17.57	0.21	25.21	46
1038	钜洲成长 1 号	11.91	1.51	-1.72	-1.49	0.81	-0.02	-0.40	0.14	8.28	21.63	0.41	28.86	61
1039	沣沛进取 1 号	11.90	1.46	-1.20	-1.01	0.66	-0.19	-0.24	-0.33	6.63	18.54	0.36	28.14	44
1040	睿智 1 号（大连大盛）	11.90	1.15	1.50	1.00	0.48	0.41	0.28	0.78	25.35	22.04	1.07	19.27	36
1041	晨燕 2 号	11.89	1.22	-2.27	-1.59	0.70	0.04	-0.19	0.16	6.02	21.72	0.31	42.03	41
1042	通和量化对冲 6 期	11.87	1.38	-1.49	-1.19	0.63	-0.06	0.10	0.18	7.00	18.56	0.37	17.87	37
1043	兴聚财富 8 号	11.85	1.81*	-0.48	-0.50	0.50	-0.12	-0.15	-0.14	10.66	14.67	0.66	20.39	42
1044	循远安心	11.83	1.80*	0.19	0.20	0.59	-0.04	-0.10	0.05	14.59	16.15	0.83	21.64	51
1045	陆宝成全兴盛新三板	11.82	1.50	-0.90	-0.78	0.46	-0.13	-0.16	0.37	9.90	17.49	0.54	14.24	41

续表

编号	基金名称	年化α(%)	t(α)	γ	t(γ)	β_mkt	β_smb	β_hml	β_mom	年化收益率(%)	年化波动率(%)	年化夏普比率	最大回撤率(%)	调整后R²(%)
1046	无量 7 期	11.81	1.31	-0.87	-0.66	1.13	0.29	0.17	0.25	12.59	26.40	0.52	34.76	66
1047	大概率加速度 1 号	11.79	0.93	-1.54	-0.83	0.96	-0.36	-0.26	-0.21	1.62	28.03	0.15	58.35	40
1048	瑞泾稳健进取 1 号	11.74	1.99*	0.40	0.46	0.01	-0.06	0.03	0.13	14.47	10.38	1.22	13.08	5
1049	华夏未来泽时进取 1 号-嘉华 A 期	11.72	1.96*	-1.48	-1.69	1.13	-0.06	-0.11	-0.08	6.92	23.19	0.34	29.95	81
1050	钱缘稳增 1 号	11.70	0.91	-2.71	-1.44	0.48	0.48	0.09	0.05	7.20	25.05	0.34	28.95	23
1051	天勤 7 号	11.69	1.38	-0.72	-0.58	0.45	0.01	0.18	0.30	10.63	16.86	0.59	20.79	26
1052	华辉价值京华 1 号	11.69	0.67	-3.14	-1.24	1.34	-0.54	0.35	-0.48	-10.77	37.34	-0.17	53.14	37
1053	华夏未来泽时进取 1 号-华安 A 期	11.68	1.92*	-1.51	-1.69	1.12	-0.06	-0.12	-0.11	6.77	22.99	0.33	30.16	79
1054	私募学院菁英 176 号	11.68	0.76	-2.10	-0.93	1.35	-0.27	0.55	-0.13	-3.34	34.76	0.02	53.31	43
1055	本颐创世纪中国优势机会	11.67	1.26	-3.31	-2.45	0.87	0.24	0.19	0.06	2.73	22.41	0.16	22.15	50
1056	鼎锋成长 3 期	11.66	1.24	-1.91	-1.39	0.37	-0.08	-0.21	-0.02	5.53	17.74	0.30	35.28	18
1057	小北 1 号	11.66	2.60*	-2.59	-3.95	0.91	0.35	-0.12	0.08	8.76	19.97	0.45	23.59	85
1058	若川新经济 1 期	11.66	1.41	-2.13	-1.77	0.60	-0.35	-0.17	-0.25	0.91	17.83	0.06	39.11	37
1059	万利富达共赢	11.62	1.19	-0.66	-0.46	0.48	-0.55	-0.57	-0.23	4.64	20.87	0.25	35.41	36
1060	新方程精选 E5 号	11.59	1.82*	-1.88	-2.03	0.83	-0.31	-0.10	-0.27	2.14	18.22	0.12	33.90	64
1061	弄玉 1 号	11.57	1.12	-1.04	-0.69	0.63	-0.41	-0.53	-0.30	4.53	22.25	0.24	44.24	37
1062	领琪玖捌 1 号	11.57	1.16	-2.61	-1.79	0.89	-0.35	0.38	-0.50	-4.06	22.83	-0.14	45.71	44

续表

编号	基金名称	年化 α(%)	t(α)	γ	t(γ)	β_{mkt}	β_{smb}	β_{hml}	β_{mom}	年化收益率(%)	年化波动率(%)	年化夏普比率	最大回撤率(%)	调整后 R²(%)
1063	少数派 29 号	11.56	1.23	-0.51	-0.37	0.74	-0.28	0.35	0.04	5.71	20.74	0.30	29.77	40
1064	新百信稳盈 1 号	11.55	1.32	-1.02	-0.80	0.44	-0.05	-0.29	-0.04	9.49	17.56	0.52	22.65	28
1065	观富价值 1 号	11.53	1.81*	-0.78	-0.83	0.70	-0.23	-0.27	-0.05	8.36	17.52	0.46	22.09	61
1066	泰亚 2 期	11.52	2.90*	1.21	2.09*	0.07	0.10	0.05	0.23	20.29	7.68	2.27	2.57	21
1067	阿比苓多赢 1 期	11.51	1.55	-2.13	-1.96	0.64	-0.23	-0.56	-0.33	3.60	18.58	0.20	36.18	53
1068	尊道港股通灵活策略	11.51	0.99	-4.49	-2.63	1.48	-0.47	-0.13	-0.17	-10.72	32.89	-0.23	64.25	63
1069	明曦稳健 1 号	11.51	1.62	-1.05	-1.01	0.46	0.04	0.15	0.06	9.36	14.49	0.59	16.70	29
1070	证大量化价值	11.50	1.39	-0.37	-0.31	1.07	0.52	0.47	0.61	17.08	25.58	0.68	32.71	69
1071	泓澄精选	11.50	1.63	-0.76	-0.74	0.90	-0.40	-0.40	-0.36	5.58	21.25	0.29	39.79	68
1072	通和进取 1 号	11.49	1.21	-2.03	-1.46	0.77	0.06	0.17	0.18	5.49	21.24	0.28	25.28	41
1073	因诺天丰 1 号	11.49	0.96	-0.29	-0.16	0.94	0.56	-0.15	0.39	18.97	29.55	0.68	30.60	52
1074	鲲翔兴唐 1 号	11.48	1.25	-0.35	-0.26	0.95	-0.40	-0.29	-0.16	6.49	24.35	0.32	33.67	58
1075	洋盈金砖价值 6 期	11.48	0.86	3.12	1.60	0.58	-0.45	0.70	0.36	14.31	28.19	0.56	19.15	34
1076	小鳄 1 号	11.47	1.50	-0.02	-0.02	0.43	0.03	0.09	-0.02	13.04	15.34	0.78	13.00	27
1077	准锦复利 1 号	11.45	1.62	-0.23	-0.22	0.64	0.06	-0.15	0.20	14.25	17.94	0.75	24.91	54
1078	鼎萨价值精选 2 期	11.44	0.80	-1.63	-0.78	0.83	0.20	-0.66	0.51	10.17	32.49	0.41	38.16	43
1079	稳盈 20	11.43	0.79	-0.07	-0.03	0.43	0.20	0.75	0.26	10.47	26.44	0.45	29.04	13
1080	霦泽龙飞 1 号	11.43	1.10	0.65	0.43	0.62	0.07	-0.22	0.38	17.50	22.98	0.75	25.79	40
1081	忠石龙腾 1 号	11.43	1.54	-1.79	-1.65	0.87	-0.16	0.18	-0.04	3.44	19.46	0.19	21.47	58

编号	基金名称	年化 α (%)	$t(\alpha)$	γ	$t(\gamma)$	β_{mkt}	β_{smb}	β_{hml}	β_{mom}	年化收益率 (%)	年化波动率 (%)	年化夏普比率	最大回撤率 (%)	调整后 R^2 (%)
1082	价值坐标 1 号	11.42	1.44	-0.55	-0.47	0.96	-0.13	0.36	-0.13	7.04	21.56	0.35	33.90	60
1083	久富 16 期	11.42	1.10	-1.04	-0.68	1.04	0.06	-0.38	0.15	10.07	27.73	0.43	42.88	59
1084	重阳对冲 2 号	11.41	2.01*	-1.68	-2.03	0.76	0.03	-0.11	-0.05	7.74	17.05	0.43	19.68	67
1085	锐进 41 期	11.39	2.20*	-0.73	-0.97	0.63	-0.16	0.02	0.06	8.64	14.50	0.54	19.55	63
1086	黑翼风行 3 号	11.39	2.93*	-0.27	-0.47	0.94	-0.26	0.13	-0.07	8.25	18.23	0.44	24.00	87
1087	大岩超越 500	11.38	2.20*	-1.66	-2.19	0.93	0.43	0.05	0.34	12.86	20.88	0.61	26.52	82
1088	黑森 9 号	11.37	1.70*	0.38	0.39	0.45	-0.01	0.21	0.17	14.14	14.30	0.89	11.25	36
1089	通和进取 2 号	11.37	1.16	-1.30	-0.90	0.81	0.00	0.28	0.22	6.92	22.07	0.34	27.31	42
1090	龙全进取 1 期	11.37	1.35	-0.18	-0.15	1.03	0.17	-0.23	0.08	14.77	25.32	0.61	28.54	68
1091	柏盈稳行 1 号	11.37	1.12	-1.15	-0.77	0.60	0.34	0.33	-0.02	10.84	21.23	0.51	19.04	33
1092	凯顺星成长	11.36	1.38	-1.92	-1.59	0.68	-0.43	0.01	-0.39	-0.65	18.48	-0.02	35.26	42
1093	活烁奇点	11.36	1.02	-2.31	-1.43	0.82	-0.53	-0.17	-0.67	-4.02	24.09	-0.12	54.83	38
1094	洋沛进取 1 号 B 期	11.35	1.46	-1.15	-1.01	0.62	-0.18	-0.31	-0.38	6.63	17.81	0.36	28.14	45
1095	浦来德天天开心对冲 1 号	11.34	1.61	-1.21	-1.18	0.44	-0.18	-0.34	-0.29	6.87	14.98	0.42	31.91	35
1096	丰岭稳健成长 9 期	11.34	1.31	-1.84	-1.46	0.67	-0.30	0.20	0.24	1.75	19.39	0.11	30.54	42
1097	和信价值 1 号	11.33	1.17	0.33	0.23	1.03	-0.09	0.17	0.19	11.68	25.44	0.50	35.10	57
1098	平安蠃鼎神农春风	11.32	1.27	-2.36	-1.81	0.62	0.25	-0.50	-0.04	8.59	21.40	0.42	28.89	49
1099	九轶禾禧 1 号	11.31	2.29*	-2.28	-3.16	1.01	0.05	0.11	0.17	5.08	20.01	0.27	28.81	82
1100	龙旗 Y1 期	11.31	1.77*	-1.23	-1.31	0.28	0.45	-0.05	0.55	15.80	14.83	0.97	18.87	45

· 414 ·

续表

编号	基金名称	年化α(%)	$t(\alpha)$	γ	$t(\gamma)$	β_{mkt}	β_{smb}	β_{hml}	β_{mom}	年化收益率(%)	年化波动率(%)	年化夏普比率	最大回撤率(%)	调整后 R^2(%)
1101	若川新经济 3 期	11.31	1.36	-2.15	-1.77	0.63	-0.38	-0.10	-0.22	-0.06	18.20	0.01	42.53	39
1102	乐道成长优选 5 号	11.29	1.54	-1.04	-0.97	0.87	-0.04	-0.12	0.14	9.14	20.76	0.45	26.74	64
1103	昭图 2 期	11.28	1.46	-0.82	-0.73	0.79	-0.06	-0.41	-0.14	10.06	20.74	0.49	24.81	60
1104	趣时事件驱动 1 号	11.28	1.27	0.20	0.15	0.84	0.00	-0.49	0.20	15.45	24.27	0.65	41.61	61
1105	景和景财 1 号	11.26	1.14	-0.57	-0.39	0.64	0.46	-0.42	0.37	18.43	24.17	0.76	23.46	51
1106	康曼德 002 号	11.23	1.37	-2.30	-1.91	0.78	-0.11	0.05	0.21	3.05	19.96	0.17	25.33	50
1107	久富 1 期	11.22	1.43	-1.73	-1.50	0.89	0.09	-0.26	0.12	8.31	22.19	0.40	35.00	63
1108	博致长安	11.22	0.67	-2.11	-0.86	1.35	-0.05	1.07	0.57	-2.57	37.14	0.06	51.81	41
1109	巴克夏月利 1 号	11.21	0.92	2.04	1.15	2.19	-0.33	0.99	0.44	6.78	45.95	0.32	48.24	79
1110	时和兰德 1 号	11.21	1.51	-1.41	-1.29	0.57	-0.13	-0.18	-0.05	6.64	16.67	0.38	30.12	42
1111	尚雅 13 期	11.20	1.02	-1.62	-1.01	1.01	-0.45	-0.01	-0.40	-1.11	25.84	0.03	52.15	47
1112	八零后 1 期	11.19	0.58	-1.12	-0.40	0.75	0.42	0.42	0.97	9.15	37.26	0.38	64.63	21
1113	睿扬尊享 1 号	11.18	1.26	1.53	1.18	0.59	-0.04	-0.31	0.27	19.84	21.07	0.89	28.04	48
1114	私募工场弗睿得价值金选 1 号	11.16	0.82	-1.58	-0.79	0.92	-0.15	0.46	-0.15	0.61	28.11	0.11	43.06	31
1115	执耳医药	11.11	1.01	-1.48	-0.92	1.03	-0.59	-0.06	-0.65	-2.86	26.48	-0.03	53.33	49
1116	量锐 7 号	11.11	1.79*	0.44	0.48	0.93	0.33	0.04	0.22	19.02	21.84	0.84	22.68	76
1117	和聚港股平台	11.11	1.16	-2.79	-2.00	0.73	0.19	0.33	0.12	3.14	20.81	0.18	34.61	38
1118	常春藤春竹	11.10	1.71*	-0.88	-0.93	0.90	-0.03	0.12	0.20	8.88	19.92	0.45	25.66	69
1119	莹笠日昇 1 号	11.07	0.55	0.52	0.18	1.27	0.31	-0.16	0.60	13.87	43.93	0.47	52.00	38

续表

编号	基金名称	年化 α(%)	t(α)	γ	t(γ)	β_{mkt}	β_{smb}	β_{hml}	β_{mom}	年化收益率(%)	年化波动率(%)	年化夏普比率	最大回撤率(%)	调整后 R^2(%)
1120	巨杉净值线 3A 号	11.06	1.81*	-0.63	-0.71	0.39	-0.13	-0.29	-0.09	9.93	13.38	0.66	22.16	39
1121	锐誉进取 1 号	11.05	0.90	-1.19	-0.67	0.37	0.25	0.03	0.08	10.22	22.38	0.47	23.16	13
1122	丰类 1 号	11.01	1.31	0.20	0.17	0.61	0.21	0.11	0.13	15.80	18.83	0.79	23.89	42
1123	投资精英之重阳（B）	11.00	2.13*	-1.42	-1.88	0.71	-0.27	-0.13	-0.23	4.32	15.53	0.25	23.35	68
1124	晨燕专享 1 号	11.00	1.17	-2.13	-1.55	0.69	0.05	-0.18	0.14	5.78	21.03	0.30	42.03	41
1125	恩泉期权量化对冲	11.00	0.67	-1.13	-0.47	0.64	0.30	-0.22	0.25	10.33	31.73	0.41	29.89	21
1126	沣沛领先	11.00	1.47	-1.56	-1.42	0.63	-0.21	-0.25	-0.40	4.03	17.42	0.23	28.27	46
1127	观富策略 6 号	10.99	1.67*	-1.19	-1.23	0.66	-0.15	-0.26	0.02	7.49	17.19	0.42	24.25	57
1128	多盈 2 号	10.99	2.20*	-1.59	-2.18	0.66	-0.13	0.12	-0.02	5.00	14.13	0.31	19.90	63
1129	华夏养老金玉良辰	10.98	1.56	-2.35	-2.28	0.98	-0.42	-0.09	-0.33	-1.92	20.98	-0.06	46.31	67
1130	信水长流 1 期	10.98	1.97*	-1.11	-1.36	0.94	0.21	-0.12	0.11	11.84	20.80	0.57	22.81	79
1131	康曼德 001 号	10.97	2.13*	-2.98	-3.95	0.77	0.02	-0.14	0.10	2.91	16.96	0.17	29.50	73
1132	进化论 FOF3 号	10.97	2.10*	-0.36	-0.47	0.26	-0.06	-0.28	0.19	12.53	11.72	0.94	14.22	42
1133	仙童 4 期	10.97	1.13	-0.33	-0.23	0.70	-0.14	0.04	0.16	9.10	21.31	0.44	30.85	39
1134	巨杉泛翼达双策略 3 号	10.96	1.56	-1.08	-1.05	0.59	-0.03	0.01	-0.16	7.74	15.92	0.45	22.80	43
1135	淼水泉 2008	10.95	1.43	-1.32	-1.18	1.01	-0.50	-0.41	-0.65	0.75	23.24	0.08	48.83	68
1136	易同成长 1 号	10.95	1.34	-1.46	-1.22	0.68	-0.02	0.06	0.03	6.49	18.39	0.35	26.17	42
1137	领琪价值成长 1 号	10.95	0.85	-1.93	-1.03	1.01	-0.33	-0.31	-0.50	-0.67	28.74	0.06	47.71	41
1138	思派格雷兄弟 1 号	10.94	0.69	-1.13	-0.49	0.41	-0.05	-0.05	0.26	5.55	28.32	0.28	31.77	10

续表

编号	基金名称	年化α(%)	$t(\alpha)$	γ	$t(\gamma)$	β_{mkt}	β_{smb}	β_{hml}	β_{mom}	年化收益率(%)	年化波动率(%)	年化夏普比率	最大回撤率(%)	调整后 R^2(%)
1139	清和泉金牛山 4 期	10.93	1.21	−1.25	−0.94	0.81	−0.19	−0.57	−0.10	6.65	23.17	0.33	37.35	55
1140	青榕狼图腾	10.93	1.18	−1.61	−1.19	0.90	−0.33	0.22	−0.13	0.64	22.08	0.07	42.38	49
1141	峻熙稳健 3 号	10.92	1.19	−1.12	−0.84	0.53	0.33	0.32	0.50	12.10	19.14	0.61	15.18	33
1142	御峰 2 号	10.91	0.81	0.63	0.32	0.94	−0.08	0.71	−0.05	8.25	28.92	0.36	25.30	36
1143	华夏未来泽时进取 1 号－鑫享 A	10.91	1.72*	−1.17	−1.26	1.07	−0.09	−0.19	−0.14	7.04	22.72	0.34	30.29	77
1144	慧博清和泉	10.90	1.14	−1.54	−1.11	0.81	−0.19	−0.48	0.03	5.47	23.54	0.28	35.75	52
1145	磐厚动量－旅行者 1 号	10.90	1.47	−0.96	−0.88	0.71	−0.19	−0.42	−0.22	7.47	19.06	0.39	30.67	56
1146	拾贝收益 5 期	10.88	2.43*	−1.35	−2.07	0.77	−0.08	0.11	0.09	6.58	15.52	0.39	18.08	76
1147	猛虎 1 号	10.87	1.13	−3.11	−2.21	0.63	−0.17	−0.16	0.31	−0.35	21.28	0.02	38.25	40
1148	宁聚量化精选	10.86	1.26	−1.96	−1.55	0.54	0.16	−0.38	−0.09	7.96	19.20	0.42	36.96	41
1149	私募工场翙鹏中国竞争力 1 号	10.86	1.61	−0.52	−0.53	0.70	−0.23	−0.09	−0.19	7.51	17.25	0.42	27.20	55
1150	睿泽资本 1 号	10.86	1.21	−0.20	−0.15	0.62	0.04	−0.07	0.22	12.72	19.79	0.63	27.03	40
1151	蓝奶酪成长 1 号	10.86	1.20	−0.81	−0.61	0.91	−0.28	−0.01	−0.23	4.76	22.53	0.25	33.89	52
1152	涌盛 1 号	10.85	1.19	−1.37	−1.02	0.40	0.06	0.02	0.16	7.97	17.35	0.44	21.60	19
1153	混沌道然成长 2 号	10.85	1.02	0.12	0.08	1.07	−0.12	−0.81	−0.10	12.20	30.14	0.48	35.04	63
1154	淡水泉精选 1 期	10.83	1.44	−0.99	−0.90	1.06	−0.49	−0.04	−0.51	0.95	22.89	0.09	48.16	69
1155	龙成 1 号	10.83	0.82	−0.13	−0.07	0.62	−0.14	0.09	0.03	8.10	25.37	0.37	31.32	20
1156	齐济成长 1 号	10.83	1.28	−2.86	−2.31	0.82	0.39	−0.21	−0.23	6.16	22.98	0.31	29.69	60
1157	黄金优选 10 期 5 号	10.82	2.12*	−1.41	−1.88	0.71	−0.26	−0.13	−0.23	4.23	15.38	0.25	23.15	68

续表

编号	基金名称	年化α(%)	t(α)	γ	t(γ)	β_mkt	β_smb	β_hml	β_mom	年化收益率(%)	年化波动率(%)	年化夏普比率	最大回撤率(%)	调整后R²(%)
1158	中南文泰 3 期	10.81	0.38	0.13	0.03	0.81	-0.01	0.37	-0.57	-0.97	50.85	0.18	54.84	10
1159	金蕴 28 期（神农春生）	10.80	1.27	-0.03	-0.02	0.87	-0.05	-0.25	-0.06	11.90	22.57	0.54	27.25	59
1160	久阳润泉 1 号	10.79	0.71	1.50	0.68	1.54	0.65	1.53	0.93	17.48	40.19	0.55	33.04	59
1161	明达	10.78	1.41	-1.43	-1.27	1.09	-0.22	-0.06	-0.25	3.28	23.45	0.19	37.04	69
1162	兴聚财富 3 号 C	10.78	1.71*	0.04	0.05	0.45	-0.21	-0.05	-0.01	10.21	13.95	0.66	23.49	40
1163	新方程巨杉-尊享 B	10.76	1.82*	-1.09	-1.27	0.44	-0.09	0.09	-0.12	6.77	12.51	0.47	16.78	35
1164	正信共赢 3 号	10.75	0.77	-3.15	-1.53	0.87	0.05	-0.50	0.81	2.01	32.98	0.18	46.60	47
1165	金鸿基期货指数	10.75	1.31	-0.98	-0.82	0.12	-0.06	0.00	0.01	7.53	14.25	0.48	20.36	3
1166	致畅隆源	10.74	0.65	-0.88	-0.37	0.78	0.08	0.31	-0.25	4.67	31.63	0.25	26.24	20
1167	黄金优选 10 期 3 号（重阳）	10.73	2.10*	-1.41	-1.88	0.71	-0.26	-0.13	-0.23	4.15	15.36	0.24	23.27	68
1168	盈定 3 号	10.72	1.16	-3.20	-2.36	0.83	0.03	-0.10	-0.03	0.55	21.98	0.07	26.39	48
1169	源洋进取 2 号	10.72	0.77	0.12	0.06	0.71	0.03	0.38	0.43	10.67	27.43	0.44	41.73	25
1170	逐流 1 号	10.71	1.63	-0.34	-0.36	0.37	-0.19	-0.12	-0.05	9.12	13.35	0.61	18.33	30
1171	鑫安泽雨 1 期	10.70	1.33	-0.02	-0.01	0.45	-0.06	-0.54	0.07	13.70	18.34	0.71	24.07	44
1172	攀山 2 期	10.69	1.01	-0.66	-0.43	0.78	0.39	-0.06	0.59	15.49	25.26	0.63	43.25	49
1173	臻禾稳得富 1 期	10.69	0.87	-2.42	-1.34	0.66	0.10	0.15	0.06	2.81	24.05	0.16	21.35	23
1174	京福 1 号	10.67	0.95	-1.21	-0.73	1.28	0.06	-0.12	-0.14	6.42	30.74	0.30	39.60	61
1175	股票价值鼎实 13 号	10.67	2.52*	-0.97	-1.57	0.43	-0.08	-0.08	0.11	8.85	11.07	0.69	15.39	57
1176	中国龙精选	10.66	0.52	-3.35	-1.12	1.14	0.67	0.47	1.03	2.86	42.49	0.22	46.20	32

续表

编号	基金名称	年化 α(%)	t(α)	γ	t(γ)	β_mkt	β_smb	β_hml	β_mom	年化收益率(%)	年化波动率(%)	年化夏普比率	最大回撤率(%)	调整后 R²(%)
1177	华夏金色长城养老投资	10.66	1.55	−1.98	−1.97	0.89	−0.42	−0.13	−0.27	−0.52	19.71	−0.01	45.38	64
1178	鑫安 6 期	10.66	1.39	−0.03	−0.02	0.42	−0.10	−0.55	0.05	13.07	17.51	0.70	23.29	44
1179	诚盛 2 期	10.66	2.37*	−0.20	−0.30	0.48	−0.22	−0.25	0.08	10.45	13.00	0.71	19.58	65
1180	鼎实 FOF7 期	10.66	3.41*	−0.50	−1.09	0.23	−0.06	0.04	0.13	10.40	7.00	1.24	6.39	42
1181	同威海源价值 1 期	10.63	0.47	0.48	0.15	1.32	0.06	−1.05	0.20	11.70	49.66	0.40	52.48	40
1182	万吨资产深海鲸 2 号	10.63	1.32	−1.05	−0.88	0.61	0.08	−0.37	0.21	11.05	19.64	0.55	20.55	50
1183	明曜精选 1 期	10.62	1.04	−1.59	−1.07	0.95	−0.09	−0.04	0.00	4.22	24.48	0.23	39.16	49
1184	民晟成长 1 期	10.62	1.13	1.69	1.22	0.55	−0.11	−0.57	−0.23	18.45	21.35	0.83	33.65	43
1185	华辉价值星 8 号	10.61	0.68	−2.16	−0.94	1.51	−0.37	0.28	−0.18	−5.47	37.32	−0.02	58.46	48
1186	远澜雪松	10.59	2.54*	0.01	0.01	−0.04	−0.08	−0.13	−0.09	11.78	7.28	1.37	3.49	4
1187	广金恒富 11 号	10.59	1.95*	−0.21	−0.27	0.39	0.08	−0.06	0.08	13.36	12.19	0.97	14.87	42
1188	未来泽时进取 1 号－鑫享 G	10.58	1.54	−0.82	−0.81	0.93	−0.06	−0.05	0.08	8.45	20.92	0.42	29.08	69
1189	同创佳业竞争力优选	10.58	1.62	0.11	0.11	0.77	−0.08	−0.08	−0.02	11.85	18.49	0.62	25.39	64
1190	红宝石安心进取 H-1001	10.57	1.04	1.04	0.70	0.61	0.63	0.67	0.52	22.17	22.80	0.93	26.66	42
1191	盛运德诚趋势 16 号	10.57	1.09	2.33*	1.65*	0.73	0.18	0.36	−0.10	21.05	22.75	0.89	15.29	47
1192	志睿亿捷复合策量化 1 号	10.57	1.27	−0.82	−0.67	0.29	0.19	0.13	0.08	11.11	15.45	0.66	12.09	15
1193	耀泉 1 号	10.57	2.00*	−1.29	−1.67	0.79	0.10	0.13	−0.04	8.21	16.78	0.46	17.99	71
1194	复和紫檀宝鼎 2 号	10.56	1.62	−1.81	−1.90	0.88	−0.12	0.08	−0.06	3.46	18.81	0.19	26.21	65
1195	华法中国价值	10.56	0.92	−1.58	−0.94	0.86	0.18	−0.09	0.57	8.67	26.86	0.38	36.01	46

续表

编号	基金名称	年化α(%)	t(α)	γ	t(γ)	β_mkt	β_smb	β_hml	β_mom	年化收益率(%)	年化波动率(%)	年化夏普比率	最大回撤率(%)	调整后R²(%)
1196	朱雀 20 期之慧选 11 号	10.55	2.14*	-1.98	-2.75	0.66	-0.09	-0.40	0.05	5.72	16.33	0.33	21.83	73
1197	志韬亿捷迅盈 1 号	10.55	1.43	-0.73	-0.68	0.31	0.17	0.08	0.14	11.62	14.06	0.74	14.71	19
1198	鼎萨价值精选 1 期	10.54	0.76	-2.46	-1.21	1.27	0.35	-0.60	0.55	6.57	37.25	0.32	41.34	59
1199	盈至东方量子 1 号	10.54	1.17	4.12	3.13*	0.22	-0.24	-0.46	-0.32	25.87	18.91	1.24	24.92	34
1200	稳健增长专项 1 期	10.50	1.73*	0.05	0.05	0.84	0.02	0.11	0.14	12.44	18.90	0.63	20.21	70
1201	翼虎成长 6 期	10.49	1.22	-1.81	-1.45	0.68	-0.32	-0.41	-0.27	1.98	19.90	0.12	34.40	46
1202	龙腾医疗健康	10.49	0.88	-0.45	-0.26	1.03	0.49	-0.12	0.42	16.00	30.28	0.59	45.18	55
1203	龙胜融投 1 号	10.49	1.59	-1.19	-1.23	0.33	0.16	0.08	0.09	9.72	13.01	0.66	14.55	24
1204	鸿道 3 期	10.48	1.00	0.10	0.07	0.65	0.12	-0.13	0.09	13.96	22.45	0.62	29.24	36
1205	资财进取	10.47	0.75	-2.67	-1.30	0.95	0.34	0.71	0.01	1.01	29.56	0.13	32.94	34
1206	骥才千里马	10.44	1.24	-1.94	-1.57	0.80	0.05	-0.55	-0.16	6.57	22.38	0.33	32.82	58
1207	合撰成长精选 2 号	10.43	1.34	-1.94	-1.71	0.86	-0.16	-0.13	0.07	3.26	20.75	0.18	31.80	59
1208	久富全球配置	10.42	1.34	-1.49	-1.31	0.82	0.08	-0.26	0.14	8.40	21.17	0.42	32.97	60
1209	红奶酪	10.42	1.25	-0.89	-0.73	0.90	-0.28	-0.07	-0.26	4.29	21.58	0.23	33.94	56
1210	璟恒 1 期	10.41	1.28	-0.75	-0.63	0.66	-0.10	0.04	0.07	7.75	18.28	0.42	25.81	42
1211	远策逆向思维	10.41	1.49	-1.56	-1.53	0.72	-0.12	-0.25	0.30	6.17	19.36	0.33	29.53	62
1212	盛酃 1 期	10.41	1.01	0.95	0.63	0.75	-0.19	-0.49	0.10	14.27	24.71	0.60	30.27	49
1213	华夏养老新动力 1 号	10.39	1.68*	-2.35	-2.61	0.88	-0.37	-0.15	-0.24	-1.15	18.90	-0.05	43.83	69
1214	东方恒润丰 1 号	10.39	0.40	-1.35	-0.36	1.72	-0.18	1.33	-0.76	-12.91	54.58	-0.02	76.39	34

续表

编号	基金名称	年化 α(%)	$t(\alpha)$	γ	$t(\gamma)$	β_{mkt}	β_{smb}	β_{hml}	β_{mom}	年化收益率(%)	年化波动率(%)	年化夏普比率	最大回撤率(%)	调整后 R^2(%)
1215	锦端恒-修远1号	10.39	1.35	0.86	0.76	0.65	0.20	-0.20	0.16	19.12	19.65	0.91	16.54	55
1216	银万丰泽2号	10.37	1.31	-2.35	-2.03	0.84	0.00	-0.16	0.10	3.75	20.79	0.21	24.52	58
1217	万吨资产深海鲸1号	10.35	1.28	-0.98	-0.82	0.62	0.08	-0.37	0.21	10.99	19.81	0.55	20.52	51
1218	东方港湾5号	10.35	1.00	-1.82	-1.20	0.79	-0.11	0.11	0.46	3.49	23.57	0.20	40.35	43
1219	乐晟精选	10.34	1.37	-1.65	-1.50	0.84	-0.20	-0.45	0.19	4.94	22.22	0.26	41.18	66
1220	致君基石投资1号	10.32	1.35	-3.11	-2.79	0.79	0.03	-0.16	-0.11	0.99	19.57	0.07	31.07	56
1221	抱朴1号	10.31	1.19	-1.23	-0.97	0.79	-0.04	0.74	0.38	4.11	20.51	0.22	35.96	48
1222	锐进25期盈信端峰尊享系列	10.30	1.12	-2.43	-1.81	0.82	-0.17	-0.05	-0.04	0.33	21.36	0.05	37.86	46
1223	远澜云杉2号	10.30	2.20*	0.12	0.18	-0.03	-0.07	-0.07	0.06	12.10	8.25	1.25	3.09	5
1224	百泉1号	10.27	1.25	-0.37	-0.31	0.94	0.36	-0.05	0.52	15.77	24.56	0.66	34.23	67
1225	资财长江	10.23	0.86	-2.36	-1.36	1.00	0.21	0.71	0.07	1.24	26.74	0.12	25.64	42
1226	恒复利享1号	10.23	0.91	-1.58	-0.97	1.30	-0.14	-0.45	-0.31	2.78	31.48	0.19	47.82	63
1227	相生6号	10.23	0.85	-0.11	-0.06	0.71	-0.13	-0.69	0.21	11.10	27.45	0.46	43.30	44
1228	同创6号	10.23	0.49	-6.47	-2.13	1.01	0.88	1.42	1.03	-10.54	42.22	-0.08	66.60	29
1229	裕晋11期	10.21	1.63	-1.97	-2.16	0.88	-0.03	0.08	-0.12	3.52	18.65	0.20	27.22	67
1230	华辉价值星1号	10.21	0.83	-3.46	-1.93	1.37	-0.34	0.68	-0.21	-9.82	30.85	-0.23	55.71	54
1231	思峰全天候1号	10.21	1.77*	1.65	1.96*	0.32	-0.06	0.00	0.02	17.83	12.36	1.27	7.61	36
1232	蒙森1号	10.21	1.37	-0.71	-0.65	0.65	-0.23	0.11	0.26	6.28	17.94	0.34	19.31	50
1233	至璞新以恒	10.19	2.36*	-1.89	-2.99	0.66	-0.19	0.08	-0.09	2.36	13.32	0.13	21.77	69

续表

编号	基金名称	年化α(%)	$t(\alpha)$	γ	$t(\gamma)$	β_{mkt}	β_{smb}	β_{hml}	β_{mom}	年化收益率(%)	年化波动率(%)	年化夏普比率	最大回撤率(%)	调整后R^2(%)
1234	东方鼎泰 3 期	10.19	1.23	-0.94	-0.78	0.42	-0.39	-0.12	-0.46	2.45	16.48	0.14	29.81	26
1235	自由长港 1 号	10.19	2.04*	-0.14	-0.19	0.63	-0.12	0.06	0.19	10.33	14.77	0.64	16.37	66
1236	融义长盈 2 号 FOF	10.19	1.32	-2.11	-1.87	0.69	0.29	0.43	0.16	6.04	18.27	0.33	30.16	48
1237	商品套利鼎实 10 号	10.17	3.28*	-0.19	-0.42	0.17	-0.04	0.05	0.14	11.20	6.40	1.46	4.98	31
1238	龙旗紫霄	10.17	1.81*	-0.02	-0.02	1.05	0.43	0.06	0.55	17.95	24.14	0.74	29.09	84
1239	鋆杉 1 号	10.17	1.84*	-0.48	-0.60	0.46	0.00	-0.09	0.34	11.48	13.94	0.74	13.23	54
1240	国睿稳健 1 期	10.16	1.61	-1.15	-1.24	0.50	0.06	-0.09	0.16	9.23	14.74	0.57	19.24	46
1241	名禹灵越 A	10.15	1.13	-0.86	-0.65	0.55	-0.16	-0.20	0.14	7.18	19.11	0.38	38.98	35
1242	康曼德甘主动管理型	10.15	1.32	-1.81	-1.61	0.71	-0.28	-0.33	-0.19	2.15	18.85	0.13	24.85	51
1243	正弘 2 号	10.14	0.52	-2.32	-0.81	1.41	0.76	0.79	0.89	4.68	43.51	0.28	37.70	41
1244	新方程清和泉 1 期	10.14	1.06	-1.60	-1.14	0.86	-0.19	-0.54	-0.04	4.42	24.30	0.23	36.85	55
1245	鼎实 FOF2 期	10.13	3.31*	-0.50	-1.13	0.22	-0.06	0.04	0.13	9.84	6.84	1.19	6.36	42
1246	合众易晟复利增长 2 号	10.12	1.85*	-0.87	-1.09	0.50	0.08	-0.11	0.03	10.38	13.50	0.69	19.00	52
1247	厚生明启 1 号	10.12	2.10*	-0.51	-0.73	0.13	-0.14	0.06	0.11	8.32	9.02	0.77	9.25	16
1248	伯洋红橡丰盈 1 号	10.11	2.22*	-0.49	-0.73	0.25	0.11	0.06	0.23	12.12	9.49	1.10	9.66	33
1249	景熙 3 号	10.08	1.63	0.14	0.16	0.47	-0.12	-0.28	0.06	12.22	14.85	0.75	14.32	49
1250	泊通新价值 1 号	10.08	1.39	-1.36	-1.28	0.87	-0.25	0.02	-0.18	2.80	19.57	0.16	40.99	60
1251	华辉价值 19 号	10.08	0.82	-1.54	-0.86	1.30	-0.44	0.39	-0.13	-3.51	30.85	-0.02	54.02	53
1252	深蓝 100	10.07	0.86	-1.12	-0.66	0.62	-0.20	0.77	0.03	0.60	23.18	0.07	29.85	25

续表

编号	基金名称	年化α(%)	t(α)	γ	t(γ)	β_{mkt}	β_{smb}	β_{hml}	β_{mom}	年化收益率(%)	年化波动率(%)	年化夏普比率	最大回撤率(%)	调整后R^2(%)
1253	丰岭精选 A 期	10.07	1.42	-1.87	-1.80	0.69	-0.19	0.34	0.12	1.27	16.93	0.07	26.56	49
1254	准锡鸿利 1 号	10.07	1.37	-1.46	-1.36	0.45	0.07	-0.18	0.27	8.50	16.19	0.49	24.05	39
1255	遵道稳健价值	10.07	1.68*	-0.54	-0.62	1.06	-0.27	-0.52	-0.26	6.99	23.63	0.34	45.59	81
1256	西藏健源对冲 1 号	10.06	2.06*	0.17	0.23	0.74	-0.23	0.00	-0.13	9.35	16.06	0.54	18.41	73
1257	尊道安泰	10.06	1.10	-2.08	-1.56	0.62	-0.08	0.11	0.44	2.95	20.06	0.17	29.53	39
1258	拾贝尊享 D 期	10.05	2.24*	-1.52	-2.31	0.72	-0.05	0.08	0.12	5.75	14.87	0.35	16.21	73
1259	亨通价值 1 期	10.05	0.92	-1.76	-1.10	1.48	-0.01	0.22	-0.29	0.88	32.09	0.13	43.24	66
1260	通和富享 1 期	10.04	0.86	-0.73	-0.43	1.06	0.03	0.46	0.05	5.75	27.16	0.28	29.65	46
1261	雪暴智强进取 1 号	10.04	0.91	-0.74	-0.46	0.89	0.57	0.15	-0.19	13.24	27.24	0.53	35.91	52
1262	道道稳稳健	10.03	1.35	-0.26	-0.23	0.62	-0.22	-0.48	-0.13	9.19	18.62	0.48	23.62	53
1263	黄金优选 20 期 1 号	10.02	1.11	-1.18	-0.89	0.88	-0.09	-0.08	-0.11	5.42	22.28	0.28	33.36	52
1264	七曜领峰	10.02	1.72*	-1.52	-1.79	0.70	-0.13	-0.16	-0.01	5.14	16.42	0.29	30.68	63
1265	汇创 3 期	10.01	1.08	-1.41	-1.04	0.89	-0.12	0.70	-0.02	1.19	21.95	0.09	28.82	48
1266	君之健翱翔价值	10.01	1.38	0.44	0.41	0.28	-0.10	0.26	-0.02	10.67	13.57	0.70	10.19	17
1267	普尔睿选 5 号	10.01	1.92*	-0.21	-0.28	0.70	-0.11	0.30	0.04	8.56	15.21	0.52	14.31	66
1268	湘楚 8 号	10.00	1.06	-0.85	-0.62	0.61	0.17	-0.39	0.05	11.54	21.29	0.55	32.27	42
1269	九远磐石 1 号	10.00	1.92*	-2.01	-2.64	0.67	0.03	0.04	0.01	4.77	14.81	0.29	21.24	64
1270	九霄稳健 3 号	10.00	1.07	-1.32	-0.97	0.56	-0.32	-0.14	-0.20	2.20	19.07	0.13	36.25	29
1271	悦达醴泉悦顺 2 号	9.99	1.33	-0.51	-0.46	0.09	-0.08	-0.02	0.05	8.63	13.09	0.58	8.14	3

续表

编号	基金名称	年化 α(%)	t(α)	γ	t(γ)	β_mkt	β_smb	β_hml	β_mom	年化收益率(%)	年化波动率(%)	年化夏普比率	最大回撤率(%)	调整后 R² (%)
1272	丰岭稳健成长 8 期	9.99	1.39	-1.86	-1.78	0.71	-0.25	0.23	0.06	0.75	17.34	0.04	27.54	50
1273	道谊稳赢	9.99	1.31	0.69	0.62	0.74	-0.36	-0.43	-0.28	10.22	20.45	0.50	33.05	59
1274	裕晋 17 期	9.98	1.42	-2.21	-2.15	0.96	-0.11	-0.05	-0.11	1.75	20.72	0.11	28.12	66
1275	广金成长 3 期	9.97	1.19	-0.95	-0.77	0.77	-0.28	-0.28	-0.16	4.72	20.53	0.25	41.79	51
1276	第一京广-京广 2 号	9.94	0.54	-1.88	-0.69	1.18	-0.01	0.05	-0.38	-1.32	38.14	0.10	52.72	31
1277	君之健翱翔稳进 2 号	9.92	1.36	0.64	0.60	0.30	-0.14	0.23	-0.06	10.97	13.90	0.71	10.15	20
1278	艺蓝投资私募学院菁英 301 号	9.91	1.57	-1.84	-1.99	0.86	0.01	0.00	-0.29	4.04	18.92	0.22	32.57	67
1279	恒复利贞	9.89	0.98	-2.21	-1.49	1.08	-0.10	-0.39	-0.25	1.42	26.86	0.13	44.18	58
1280	艾方全天候 2 号	9.87	2.43*	-0.17	-0.28	0.12	0.08	0.15	0.11	11.88	7.35	1.36	2.37	11
1281	石锋力行一号	9.85	0.90	-0.20	-0.13	0.74	-0.07	-0.14	0.26	9.74	24.01	0.44	37.98	39
1282	私募工场臻诚 1 号	9.83	0.66	-1.61	-0.74	1.26	-0.37	0.22	0.19	-2.74	34.07	0.04	41.59	44
1283	裕晋 8 期	9.82	1.55	-1.79	-1.93	0.86	-0.07	-0.07	-0.11	3.86	18.86	0.21	26.69	67
1284	宁聚量化优选	9.82	1.00	-0.64	-0.45	0.51	0.41	0.13	0.38	13.75	20.35	0.67	27.64	32
1285	平凡悟鑫	9.82	2.82*	-0.36	-0.70	0.06	0.01	-0.04	-0.01	10.78	6.12	1.46	3.76	5
1286	汇升共盈尊享	9.82	3.62*	-0.87	-2.18	0.26	0.02	-0.01	0.02	9.17	6.62	1.14	7.66	51
1287	源洋进取 1 号	9.81	1.03	-0.29	-0.21	0.63	0.00	0.39	0.19	8.60	19.81	0.44	36.43	32
1288	烽火 1 号	9.77	1.19	-2.61	-2.16	0.67	-0.03	0.00	0.15	1.53	18.59	0.09	25.90	43
1289	兴亿成长 1 期	9.75	1.39	-1.80	-1.75	0.48	-0.14	-0.07	-0.07	3.11	14.72	0.18	29.35	33
1290	神农本源	9.74	0.83	0.57	0.33	0.96	-0.07	-0.98	0.09	14.39	31.36	0.53	41.18	59

续表

编号	基金名称	年化α(%)	t(α)	γ	t(γ)	β_{mkt}	β_{smb}	β_{hml}	β_{mom}	年化收益率(%)	年化波动率(%)	年化夏普比率	最大回撤率(%)	调整后R^2(%)
1291	巡洋精选1号	9.74	2.15*	−0.85	−1.28	0.42	0.06	0.26	0.26	8.93	10.84	0.71	16.95	49
1292	泽龙之道1号	9.69	0.48	0.00	0.00	1.13	0.71	0.58	0.90	14.51	41.87	0.47	33.16	33
1293	融和1号	9.68	1.25	−0.48	−0.42	0.49	−0.29	0.02	−0.38	4.63	16.01	0.27	18.34	32
1294	菁菁磐石	9.66	1.02	−1.24	−0.90	0.68	0.06	−0.08	0.26	7.66	21.06	0.38	24.54	41
1295	泰盈晟元1号	9.66	0.84	−1.23	−0.73	0.98	−0.10	−0.02	0.08	3.97	26.59	0.22	30.55	46
1296	美阳永续成长	9.65	3.51*	−0.73	−1.82	0.37	−0.02	0.03	0.12	9.11	8.27	0.92	8.94	68
1297	广东凌日新三板1号	9.64	0.62	−2.42	−1.06	−0.01	−0.04	0.03	0.05	−1.12	26.97	0.03	44.58	3
1298	华法中国机遇	9.64	0.80	−1.90	−1.08	0.90	0.16	−0.28	0.54	6.52	28.62	0.31	39.49	48
1299	喆颢大中华D	9.64	2.54*	−1.84	−3.31	0.56	−0.01	0.06	0.09	4.83	11.87	0.33	19.19	70
1300	丰岭稳健成长6期	9.63	1.09	−1.75	−1.35	0.67	−0.26	0.13	0.20	0.92	19.63	0.07	32.53	40
1301	万泰华端5号	9.63	0.90	−0.70	−0.45	0.50	−0.02	−0.10	0.05	7.96	20.71	0.40	25.50	22
1302	以太投资价值1号	9.62	0.92	−1.80	−1.17	0.63	−0.02	0.03	0.02	3.43	21.04	0.19	32.48	28
1303	富菩投资-致远金选2号	9.61	1.59	0.24	0.27	0.02	0.01	0.04	0.02	12.11	10.35	1.01	9.39	1
1304	金蕴105期（融科信1号）	9.60	0.97	−0.73	−0.50	0.91	−0.11	−0.32	−0.24	6.54	24.51	0.32	30.14	52
1305	富果2号	9.60	1.51	−1.65	−1.77	0.79	0.07	−0.28	0.17	7.31	19.39	0.38	24.73	69
1306	君之健翱翔稳进	9.60	1.34	0.38	0.36	0.31	−0.07	0.35	−0.01	10.02	13.75	0.65	10.37	20
1307	朴信3号	9.60	0.46	−3.65	−1.19	1.32	0.20	−0.32	0.06	−4.78	44.30	0.06	55.35	34
1308	鑫雨资本1号	9.60	0.63	−1.85	−0.83	0.60	0.34	0.41	0.51	5.36	28.61	0.27	47.52	17
1309	橡子树2号	9.60	1.27	−0.58	−0.53	0.85	−0.20	0.18	−0.08	5.25	19.69	0.28	33.73	57

续表

编号	基金名称	年化 α(%)	t(α)	γ	t(γ)	β_{mkt}	β_{smb}	β_{hml}	β_{mom}	年化收益率(%)	年化波动率(%)	年化夏普比率	最大回撤率(%)	调整后 R^2 (%)
1310	岳瀚1号	9.59	0.95	-0.23	-0.16	0.51	-0.07	-0.15	-0.12	9.01	19.78	0.46	26.53	24
1311	盛泉恒元多策略市场中性3号	9.59	3.90*	0.86	2.39*	0.03	0.07	-0.16	0.11	16.90	5.33	2.69	1.89	38
1312	骏泽国卓1号	9.59	0.97	-0.48	-0.33	0.77	-0.38	-0.20	-0.24	3.79	22.34	0.21	40.19	43
1313	航长红棉3号	9.59	1.69*	2.12	2.56*	0.50	-0.03	0.27	-0.18	17.56	14.69	1.07	13.35	57
1314	华西神农复兴	9.58	1.09	-1.07	-0.83	0.89	0.15	-0.10	0.25	9.24	23.10	0.43	30.45	57
1315	谢诺辰阳核心算法	9.58	1.55	-1.42	-1.57	0.82	-0.33	-0.14	-0.09	2.15	18.40	0.12	37.75	67
1316	牧鑫量化精选1号	9.57	1.76*	-1.88	-2.36	1.05	-0.06	-0.16	0.00	3.74	21.51	0.21	30.59	81
1317	平安濡鼎重阳价值1号3期	9.56	2.12*	-1.65	-2.50	0.66	-0.14	-0.09	-0.16	3.63	13.98	0.22	22.62	69
1318	逸杉佑鸿德健	9.55	1.26	-1.01	-0.91	0.92	0.03	-0.11	0.10	7.95	21.80	0.39	26.78	65
1319	君西跨市场1号	9.54	0.64	-2.11	-0.97	1.07	-0.61	-0.64	-0.53	-5.86	33.18	-0.07	65.13	40
1320	卓越理财1号	9.53	1.98*	-0.24	-0.34	0.52	-0.19	-0.09	-0.10	8.28	12.68	0.57	17.88	58
1321	华辉价值星13号	9.52	0.76	-0.14	-0.07	1.02	-0.39	0.26	-0.19	2.20	28.21	0.15	41.37	42
1322	重阳目标尊享A期	9.51	1.98*	-1.18	-1.67	0.70	-0.01	-0.02	-0.12	6.76	15.00	0.41	20.39	70
1323	致远金选5号	9.51	1.60	0.25	0.29	0.04	-0.04	0.01	0.07	11.68	10.29	0.98	10.15	2
1324	丰岭稳健成长7期之B期	9.51	1.10	-1.87	-1.48	0.70	-0.25	0.17	0.19	0.38	19.47	0.04	33.97	43
1325	货殖列传	9.50	1.02	-1.31	-0.96	0.78	-0.40	0.08	-0.40	-0.65	21.04	0.00	47.60	42
1326	高毅利伟策远7号	9.48	1.35	-0.92	-0.90	0.56	-0.46	-0.52	-0.17	3.21	17.78	0.18	29.60	54
1327	千衍龙腾6号	9.48	0.67	-1.84	-0.88	0.56	0.23	-0.14	0.01	5.44	26.97	0.27	33.92	19
1328	博普指数增强3号	9.47	1.64*	-1.52	-1.80	1.04	0.34	0.05	0.31	9.68	22.65	0.45	31.83	81

续表

编号	基金名称	年化 α(%)	$t(\alpha)$	γ	$t(\gamma)$	β_{mkt}	β_{smb}	β_{hml}	β_{mom}	年化收益率(%)	年化波动率(%)	年化夏普比率	最大回撤率(%)	调整后 R^2(%)
1329	子午达芬奇 1 号	9.46	2.21*	1.04	1.66*	0.00	0.05	-0.03	0.20	16.59	7.86	1.81	2.16	13
1330	拙朴卓越成长 1 号	9.45	1.05	-2.81	-2.14	0.75	-0.13	-0.53	-0.24	0.10	21.78	0.04	34.29	50
1331	毅行 2 号	9.45	1.86*	0.32	0.43	0.71	-0.15	0.10	-0.01	10.17	15.76	0.60	18.25	70
1332	黄金优选 28 期 7 号	9.42	1.15	-0.04	-0.03	0.83	-0.02	-0.24	-0.07	10.85	21.60	0.51	26.49	58
1333	骥才金马投资 1 号	9.42	1.27	-2.77	-2.55	0.72	0.14	-0.30	0.01	3.44	19.54	0.20	31.47	58
1334	东方星辰 3 号	9.41	0.94	-1.71	-1.16	0.44	0.18	0.11	0.37	6.67	19.50	0.34	21.79	22
1335	汇谷舒心 1 号	9.40	0.60	-0.46	-0.20	0.94	-0.59	-0.54	-0.30	-0.53	33.33	0.11	59.99	35
1336	瀚木 2 号	9.39	0.59	-0.40	-0.17	0.36	0.08	-0.21	-0.22	7.68	28.56	0.34	43.02	8
1337	盈阳仁医 1 号	9.38	1.14	-0.92	-0.76	0.83	0.26	0.26	0.28	9.88	21.00	0.48	24.06	55
1338	动见乾坤 1 号	9.38	1.59	0.90	1.04	-0.06	-0.11	-0.10	0.12	13.56	10.69	1.11	8.55	10
1339	龙全 2 号	9.35	1.33	0.71	0.69	1.04	0.15	-0.18	0.04	15.69	24.31	0.66	26.68	75
1340	核心资本萧媒 1 号	9.35	1.03	-0.67	-0.50	0.38	0.15	0.14	0.09	9.51	17.00	0.53	18.01	17
1341	弈投启航对冲 1 号	9.33	1.20	0.74	0.65	-0.14	-0.21	0.24	-0.07	8.78	14.58	0.55	18.11	16
1342	展弘稳进 1 号 3 期	9.33	8.55*	-0.02	-0.11	0.01	0.00	0.00	0.02	11.44	1.91	4.91	0.03	4
1343	金鸿基-迈科	9.33	1.44	-0.55	-0.58	0.09	-0.08	-0.04	0.08	8.09	11.37	0.61	12.84	5
1344	望正基石投资 1 号	9.32	1.06	0.35	0.27	0.54	-0.04	-0.48	0.28	13.79	20.74	0.65	21.96	48
1345	锐进 39 期民森多策略	9.32	1.27	-0.72	-0.67	0.64	-0.20	-0.18	0.07	6.41	17.80	0.35	26.82	51
1346	千帆致远	9.32	0.91	-3.18	-2.13	0.98	0.13	0.51	0.51	-0.98	24.65	0.02	38.36	50
1347	辉毅 4 号	9.31	3.53*	-0.67	-1.75	0.08	-0.02	-0.01	0.02	8.59	4.80	1.43	5.63	12

续表

编号	基金名称	年化 α(%)	t(α)	γ	t(γ)	β_{mkt}	β_{smb}	β_{hml}	β_{mom}	年化收益率(%)	年化波动率(%)	年化夏普比率	最大回撤率(%)	调整后 R^2(%)
1348	穗良稳健	9.28	2.86*	0.12	0.25	0.06	0.20	0.13	-0.03	13.62	6.65	1.74	5.73	30
1349	连民 1 号	9.27	1.20	-0.07	-0.07	0.63	0.04	0.12	-0.25	9.65	17.81	0.52	21.72	45
1350	前海大宇 2 号	9.26	0.73	1.49	0.81	1.00	0.32	-0.48	0.47	21.11	32.45	0.70	33.83	56
1351	展弘稳进 1 号	9.26	9.18*	0.01	0.08	0.02	0.00	-0.02	0.01	11.44	1.80	5.21	0.04	8
1352	君之健翱翔安泰	9.25	1.35	0.30	0.30	0.31	-0.12	0.24	-0.07	9.24	13.18	0.62	10.72	20
1353	博惠精选 1 期	9.25	0.41	-1.91	-0.57	1.48	0.44	-0.65	-0.16	1.62	50.26	0.24	63.52	40
1354	金蕴 56 期（恒复）	9.23	0.94	-2.46	-1.71	1.10	-0.07	-0.44	-0.19	0.56	27.14	0.10	43.70	62
1355	淡水泉专项 5 期	9.23	1.15	-0.71	-0.61	1.00	-0.47	-0.11	-0.47	0.85	22.87	0.08	50.17	64
1356	高毅庆丰瑞尊 AA 期	9.23	1.10	-1.91	-1.56	0.71	-0.36	-0.53	-0.01	0.85	21.16	0.07	44.62	54
1357	天朗稳健增长 1 号	9.22	1.65*	0.41	0.51	0.34	0.11	0.09	0.10	14.02	11.75	1.05	10.95	34
1358	玖鹏至尊 1 号	9.22	1.17	-1.93	-1.68	0.70	-0.04	-0.74	-0.07	5.25	21.55	0.27	37.98	61
1359	志远长赢 1 号	9.22	0.82	-2.76	-1.69	0.82	0.01	-0.17	-0.09	0.10	24.39	0.06	30.38	38
1360	万泰华瑞 1 号	9.21	0.78	-0.58	-0.34	0.57	0.07	0.12	0.25	8.35	22.76	0.40	32.92	22
1361	因诺启航 1 号	9.21	1.80*	-0.14	-0.19	0.17	0.25	-0.16	0.23	15.12	10.78	1.23	14.64	34
1362	鸿道创新改革尊享 1 号	9.20	0.73	0.75	0.41	0.63	0.03	-0.31	0.04	13.63	25.66	0.56	40.13	29
1363	富善投资一致远金选 3 号	9.20	1.65*	0.36	0.44	0.02	-0.03	0.05	0.07	11.83	9.67	1.05	9.09	2
1364	融通资本汉景港湾 1 号	9.18	1.05	-0.15	-0.12	0.65	-0.25	-0.05	-0.16	6.32	19.21	0.33	26.82	39
1365	博孚利聚强 2 号 FOF	9.18	1.83*	-0.42	-0.58	0.04	0.10	0.05	0.21	10.96	8.90	1.05	8.13	7
1366	皓晨稳进 1 号	9.18	2.44*	0.30	0.55	0.00	0.07	0.17	0.23	12.99	6.84	1.61	6.89	12

续表

编号	基金名称	年化 α(%)	t(α)	γ	t(γ)	β_{mkt}	β_{smb}	β_{hml}	β_{mom}	年化收益率(%)	年化波动率(%)	年化夏普比率	最大回撤率(%)	调整后 R^2(%)
1367	淡水泉新方程 1 期	9.16	1.12	-0.53	-0.45	0.96	-0.50	-0.13	-0.48	1.07	22.57	0.09	50.58	62
1368	衍航 6 号	9.16	1.16	0.31	0.27	0.33	0.03	0.13	0.14	11.90	14.98	0.72	20.56	18
1369	昭图 9 期	9.16	0.96	0.37	0.27	0.76	0.00	-0.65	0.01	13.75	24.26	0.59	21.63	55
1370	鸿道 1 期	9.15	0.69	-0.28	-0.15	0.59	0.07	-0.42	-0.08	10.04	26.19	0.43	41.40	26
1371	凯丰优选 6 号	9.15	1.74*	-1.23	-1.59	0.73	-0.03	0.02	0.17	6.35	16.15	0.37	20.71	69
1372	天勤进取 3 号	9.13	1.20	-0.49	-0.44	0.38	-0.15	-0.13	0.01	7.38	15.04	0.45	28.55	25
1373	华辉晨星 1 号	9.13	0.52	-1.10	-0.43	1.23	-0.04	0.18	0.29	2.02	37.46	0.18	44.90	36
1374	投资精英（淡水泉 B）	9.11	1.28	-0.50	-0.48	1.05	-0.58	-0.24	-0.63	0.24	23.30	0.06	49.58	73
1375	宁聚量化稳盈 1 期	9.11	0.65	-0.04	-0.02	0.61	0.36	0.02	-0.12	12.37	27.44	0.50	32.24	25
1376	瀚木 3 号	9.10	0.69	0.05	0.03	0.42	0.00	-0.10	0.06	9.50	24.08	0.43	32.84	12
1377	可伟资产－同创 2 号	9.10	0.57	-1.07	-0.46	1.11	0.60	0.46	0.47	9.82	35.07	0.38	43.70	40
1378	青晟 1 号	9.09	0.86	0.64	0.41	-0.29	0.19	-0.02	0.40	14.94	19.05	0.74	16.96	10
1379	君之健君悦	9.08	1.62	0.87	1.06	0.33	0.01	0.46	0.07	12.46	11.95	0.92	8.68	35
1380	盈阳资产 38 号	9.07	1.08	-1.56	-1.26	0.48	0.20	0.02	0.22	7.55	17.41	0.42	22.41	31
1381	长青藤 3 期	9.06	1.06	-1.69	-1.34	0.75	-0.25	-0.10	-0.37	0.04	19.76	0.04	37.17	45
1382	辉毅 5 号	9.06	3.96*	-0.41	-1.22	0.05	-0.03	-0.04	0.00	9.38	4.08	1.86	3.42	8
1383	良岳－和盈 1 号	9.06	1.47	-0.11	-0.12	0.44	-0.05	0.28	0.00	8.52	13.06	0.58	14.45	35
1384	东方恒润 3 号	9.04	0.40	-1.77	-0.54	1.36	-0.03	1.03	-0.32	-8.40	45.26	-0.01	57.13	28
1385	益盟财富 1 期	9.03	1.13	-1.24	-1.06	0.97	0.20	-0.34	-0.01	8.88	24.14	0.41	30.59	68

续表

编号	基金名称	年化 α(%)	$t(\alpha)$	γ	$t(\gamma)$	β_{mkt}	β_{smb}	β_{hml}	β_{mom}	年化收益率(%)	年化波动率(%)	年化夏普比率	最大回撤率(%)	调整后 R^2(%)
1386	兴聚财富 6 号	9.02	1.49	-0.12	-0.13	0.51	-0.21	0.03	0.02	7.62	14.16	0.48	24.96	46
1387	淡水泉专项 3 期	9.01	1.22	0.22	0.21	0.99	-0.52	-0.30	-0.58	3.73	23.10	0.21	48.26	70
1388	盛泉恒元多策略量化对冲 2 号	9.01	3.73*	1.08	3.05*	0.04	0.09	-0.14	0.13	17.39	5.46	2.71	2.05	42
1389	名禹 10 期	9.01	1.21	0.07	0.06	0.57	-0.19	-0.32	-0.06	9.44	17.53	0.51	30.74	47
1390	赋誉 1 号	8.99	1.19	-1.04	-0.94	0.79	-0.17	-0.42	0.16	6.02	21.37	0.31	29.68	63
1391	同威天眼	8.99	0.38	-0.76	-0.22	1.08	-0.46	-1.92	-0.77	-1.01	50.93	0.16	60.64	36
1392	东源嘉盈成长 1 号	8.99	0.71	-1.82	-0.98	0.78	0.17	0.58	-0.06	1.81	25.83	0.13	37.87	29
1393	领琪价值成长 2 号	8.99	0.68	-1.64	-0.85	1.00	-0.34	-0.20	-0.49	-2.23	28.93	0.01	45.77	39
1394	纳斯特中昕昊阳 1 号	8.98	1.57	-1.25	-1.49	0.44	0.31	-0.09	0.47	11.49	14.90	0.71	21.51	57
1395	君之健鹍翔价值 1 号	8.96	1.24	0.50	0.48	0.27	-0.10	0.26	-0.03	9.76	13.51	0.65	10.42	16
1396	尚雅 12 期	8.95	0.82	-0.90	-0.56	0.85	-0.34	-0.11	-0.33	1.27	24.29	0.11	44.64	40
1397	融达财富成长回报 1 号	8.95	1.10	-3.05	-2.56	1.01	-0.14	-0.60	-0.20	-1.41	24.70	0.00	43.71	68
1398	重阳目标回报 1 期	8.94	1.80*	-1.08	-1.48	0.70	0.01	-0.04	-0.11	6.76	15.26	0.41	20.39	69
1399	高毅庆实端瑞远尊享 1 期	8.94	1.20	-1.82	-1.67	0.70	-0.25	-0.44	-0.06	2.01	19.18	0.12	45.14	56
1400	滚雪球西湖 2 号	8.92	0.82	-0.50	-0.32	0.69	-0.35	0.49	-0.19	0.69	22.38	0.07	37.50	31
1401	华软新动力稳进 FOF1 号	8.91	1.43	0.77	0.85	0.90	0.26	0.28	0.24	15.98	20.68	0.75	25.68	73
1402	世诚扬子 2 号	8.90	0.75	-2.64	-1.53	0.83	0.13	0.03	0.59	1.85	26.40	0.15	46.87	41
1403	金塔通晟紫鹤 1 号	8.90	0.93	-0.85	-0.61	0.27	0.18	0.18	0.33	8.97	17.38	0.49	26.90	12
1404	鼎锋成长 1 期 C 号	8.89	0.97	-1.17	-0.88	0.84	-0.26	-0.46	0.12	4.03	23.85	0.22	47.89	57

续表

编号	基金名称	年化α(%)	$t(\alpha)$	γ	$t(\gamma)$	β_{mkt}	β_{smb}	β_{hml}	β_{mom}	年化收益率(%)	年化波动率(%)	年化夏普比率	最大回撤率(%)	调整后R^2(%)
1405	君之健翱翔稳进1号	8.89	1.26	0.38	0.37	0.28	-0.09	0.31	-0.03	9.15	13.36	0.61	10.66	18
1406	仰星2号	8.88	1.20	-3.12	-2.88	0.66	0.10	-0.11	0.11	0.81	18.01	0.05	30.07	51
1407	易同精选1号	8.86	1.16	-1.50	-1.35	0.67	-0.01	0.09	0.00	4.24	17.47	0.24	25.44	44
1408	旋熙源洋指数增强7号	8.86	1.19	-0.48	-0.44	0.86	0.17	0.07	0.17	10.40	20.81	0.51	35.53	63
1409	青鼎赤兔马1号	8.85	0.84	-0.34	-0.22	1.08	0.29	0.31	0.49	10.98	27.57	0.46	42.05	57
1410	诚汇1号	8.85	0.88	-1.94	-1.32	0.83	0.63	0.11	0.47	10.26	25.27	0.46	25.74	54
1411	红矞中国特殊情形	8.84	0.84	-2.65	-1.71	0.91	0.03	-0.23	-0.17	0.28	24.93	0.07	35.86	47
1412	复熙恒赢11号	8.84	7.15*	0.33	1.84*	0.04	0.01	0.01	0.04	12.36	2.42	4.23	0.26	24
1413	新同方	8.83	0.80	0.57	0.36	0.35	0.07	-0.09	0.16	13.08	20.45	0.63	33.16	15
1414	德丰华1期	8.82	1.74*	-0.85	-1.15	0.57	-0.17	0.03	-0.04	5.14	13.26	0.33	18.67	57
1415	尚雅8期	8.81	0.80	-0.44	-0.27	0.33	-0.12	-0.88	-0.56	7.97	22.28	0.39	33.29	28
1416	存元稳健成长1期	8.81	0.43	-1.14	-0.38	0.87	0.45	0.24	-0.27	3.92	39.31	0.25	39.48	22
1417	证大金马量化1号	8.80	1.20	-2.01	-1.88	0.91	0.26	0.37	0.45	5.38	20.91	0.28	35.05	64
1418	金铸进取1号尊享A	8.80	2.68*	-0.05	-0.10	0.45	0.08	0.06	0.09	11.77	10.24	0.99	11.22	70
1419	裕晋5期	8.79	1.23	-1.65	-1.57	0.76	0.01	0.12	-0.03	3.70	18.09	0.21	28.01	54
1420	精英鹏辉尊享D	8.79	0.98	-0.37	-0.28	0.47	0.04	-0.51	0.14	11.23	19.78	0.56	21.87	39
1421	慈良平稳增长	8.79	1.20	-0.75	-0.70	0.30	0.19	0.04	-0.03	9.67	14.15	0.62	13.46	21
1422	穿石品质生活2期	8.76	1.11	-0.81	-0.70	0.54	-0.10	-0.46	-0.10	7.32	18.07	0.40	33.25	44
1423	喆颢大中华A	8.76	1.82*	-1.36	-1.93	0.42	0.00	-0.03	0.21	6.26	11.67	0.45	18.34	50

续表

编号	基金名称	年化α(%)	t(α)	γ	t(γ)	β_{mkt}	β_{smb}	β_{hml}	β_{mom}	年化收益率(%)	年化波动率(%)	年化夏普比率	最大回撤率(%)	调整后R^2(%)
1424	侏罗纪超龙优选	8.76	1.53	-0.38	-0.45	0.77	-0.02	-0.18	0.09	9.57	18.00	0.51	24.62	71
1425	长余 7 号	8.75	0.86	-2.32	-1.56	0.79	-0.28	-0.49	-0.19	-1.08	23.46	0.00	52.06	45
1426	超龙 5 号	8.75	1.52	-0.38	-0.45	0.77	-0.03	-0.18	0.08	9.50	18.05	0.51	24.64	70
1427	见龙成长 3 期	8.74	0.87	-0.93	-0.63	0.95	-0.39	0.01	-0.11	0.44	24.28	0.08	31.05	50
1428	米答资产管理 1 号	8.74	1.36	-1.59	-1.69	0.81	-0.24	-0.36	-0.22	2.16	18.93	0.13	38.66	66
1429	汇瑾 5 号	8.73	0.29	-0.90	-0.21	1.35	-0.03	1.18	1.76	-7.34	59.79	0.11	59.42	27
1430	景熙 5 号	8.72	1.56	0.67	0.82	0.47	-0.06	-0.25	0.04	13.37	14.24	0.85	13.65	55
1431	毅木动态精选 2 号	8.72	1.78*	-0.35	-0.49	0.53	-0.19	-0.08	-0.09	6.99	12.92	0.47	18.36	58
1432	黄金优选 1 期 1 号（淡水泉）	8.71	1.22	-0.49	-0.47	1.05	-0.58	-0.23	-0.63	-0.10	23.26	0.04	49.77	73
1433	大趋势 MOM	8.70	2.74*	-1.00	-2.14	0.54	-0.01	-0.04	0.17	7.57	11.70	0.55	16.34	78
1434	若溪湘财超马 3 期	8.70	0.68	0.02	0.01	0.55	-0.01	-0.23	0.10	9.61	24.87	0.43	30.79	22
1435	普尔睿康	8.69	0.80	-1.61	-1.01	0.71	-0.11	-0.54	-0.19	3.35	23.93	0.19	43.79	39
1436	九坤日享中证 500 指数增强 1 号	8.69	1.92*	1.50	2.27*	1.02	0.26	-0.08	0.20	20.01	22.84	0.85	26.03	88
1437	九霄投资稳健成长 2 号	8.68	0.94	-1.20	-0.89	0.58	-0.35	-0.09	-0.17	0.82	19.01	0.06	37.21	31
1438	志开金选	8.67	0.78	0.78	0.48	0.37	-0.06	-0.38	0.09	12.99	21.46	0.60	28.62	21
1439	偏锋 2 期	8.67	1.00	0.27	0.21	0.60	0.33	0.05	0.53	16.15	20.28	0.77	15.87	47
1440	添益 1 号（海之帆）	8.66	0.97	1.97	1.51	0.47	0.00	-0.02	0.18	17.83	18.88	0.88	13.99	34
1441	宝润达投资－私募学院菁英 283 号	8.66	1.48	-1.26	-1.47	0.66	-0.15	0.42	0.10	2.34	15.07	0.13	22.13	56

续表

编号	基金名称	年化 α (%)	t(α)	γ	t(γ)	β_{mkt}	β_{smb}	β_{hml}	β_{mom}	年化收益率 (%)	年化波动率 (%)	年化夏普比率	最大回撤率 (%)	调整后 R^2 (%)
1442	榕树陈氏	8.65	0.95	-0.88	-0.66	0.98	-0.22	-0.47	-0.19	4.46	24.91	0.23	43.60	61
1443	舜耕天禾龙腾 1 号	8.65	1.09	0.25	0.22	0.26	0.08	0.12	0.10	11.79	14.53	0.73	9.60	12
1444	巴富罗精选	8.65	0.55	0.88	0.38	1.25	0.05	0.27	1.03	10.78	38.25	0.41	49.48	50
1445	白鹭 FOF 演武场 1 号	8.65	3.98*	0.19	0.58	0.01	0.03	0.01	0.08	11.82	3.83	2.56	0.93	6
1446	北京福睿德 5 号	8.63	0.86	-2.33	-1.59	0.63	0.12	-0.41	0.07	3.95	22.16	0.22	35.32	40
1447	五岳归来量化贝塔	8.63	1.50	-1.40	-1.66	0.78	0.04	0.09	0.20	5.74	17.35	0.32	25.16	68
1448	悟空对冲量化 11 期	8.63	1.53	-1.10	-1.33	0.54	-0.19	-0.36	0.12	5.53	15.48	0.33	27.80	61
1449	巴克夏月月利 2 号	8.63	0.70	2.16	1.20	2.19	-0.37	0.73	0.30	4.47	46.16	0.27	51.48	79
1450	深乾明道	8.63	0.89	-1.39	-0.97	0.45	-0.20	-0.18	-0.13	2.15	18.69	0.13	31.18	21
1451	信弘龙腾稳健 1 号	8.62	4.27*	-0.76	-2.57	0.16	0.06	0.06	0.06	8.53	4.61	1.48	2.81	44
1452	因诺启航 2 号	8.61	1.64*	-0.07	-0.09	0.20	0.19	0.01	0.09	12.79	10.22	1.09	13.84	23
1453	永禧 FOF1 号	8.61	1.68*	-0.19	-0.25	0.24	-0.11	-0.01	0.18	8.79	10.43	0.72	11.94	29
1454	富恩德金豆 1 号 1-B	8.61	0.31	0.08	0.02	1.41	0.01	0.89	-0.60	-3.52	54.70	0.11	69.86	24
1455	浦泓 2 号	8.60	0.64	1.74	0.89	1.08	0.21	-0.36	0.56	19.32	34.02	0.64	33.11	54
1456	君洽精选 2 期	8.60	1.23	-2.33	-2.28	0.65	-0.07	-0.46	-0.02	2.39	18.38	0.14	25.76	58
1457	致远稳健 1 号	8.60	2.50*	0.43	0.85	-0.03	0.15	0.06	0.17	14.24	6.23	1.94	3.86	11
1458	子青 2 期	8.59	0.99	-1.12	-0.88	0.67	-0.43	-0.20	-0.42	-0.02	19.40	0.02	35.37	42
1459	泊通泊岸 1 号	8.59	1.24	-1.18	-1.16	0.84	-0.24	-0.02	-0.20	2.22	19.00	0.13	40.58	61
1460	高毅利伟朴实	8.58	1.25	-0.73	-0.73	0.53	-0.48	-0.55	-0.21	2.83	17.38	0.16	30.35	54

续表

编号	基金名称	年化 α(%)	t(α)	γ	t(γ)	β_mkt	β_smb	β_hml	β_mom	年化收益率(%)	年化波动率(%)	年化夏普比率	最大回撤率(%)	调整后 R²(%)
1461	同威海源驰骋 1 号	8.58	0.68	−1.92	−1.05	0.95	−0.02	−0.27	0.25	2.27	28.59	0.17	41.34	44
1462	凌顶 2 号	8.58	0.98	−0.77	−0.60	0.88	0.26	0.05	0.04	9.70	22.66	0.45	28.58	56
1463	德胜独角兽 5 号	8.57	0.91	−0.26	−0.19	0.57	−0.23	−0.08	0.03	6.03	19.52	0.32	20.13	32
1464	名禹灵动	8.55	1.21	−0.09	−0.09	0.58	−0.18	−0.29	−0.04	8.41	17.07	0.47	32.91	50
1465	谷收稳固	8.55	1.34	−0.37	−0.39	0.16	0.18	0.11	0.07	10.76	11.61	0.81	8.71	11
1466	丰岭稳健成长 1 期	8.51	1.29	−1.65	−1.71	0.72	−0.23	0.29	0.16	0.38	16.98	0.02	28.19	56
1467	黄金优选 27 期 1 号	8.51	1.20	−0.50	−0.48	1.05	−0.59	−0.25	−0.63	−0.36	23.19	0.03	50.13	73
1468	易同增长	8.48	1.00	−1.13	−0.91	0.60	0.00	0.01	0.08	5.66	18.25	0.31	24.78	36
1469	阳光宝 1 号	8.47	1.01	−1.07	−0.87	0.61	−0.14	0.08	0.00	3.62	17.84	0.20	32.50	35
1470	珺谷-金吾量子基金	8.47	1.06	−0.38	−0.33	0.29	−0.04	−0.05	0.08	8.22	14.77	0.51	18.05	15
1471	华尔进取 5 号	8.46	1.82*	−0.82	−1.21	0.42	0.01	0.00	0.18	7.96	11.33	0.60	19.00	51
1472	金广资产-鑫 1 号	8.45	0.91	−0.66	−0.49	0.54	−0.26	−0.08	0.09	4.17	19.18	0.23	33.93	31
1473	鸿凯进取 5 号	8.41	0.77	1.48	0.93	0.15	0.07	−0.42	0.21	17.71	20.32	0.83	24.16	16
1474	中证 500 指数增强 1 号	8.40	1.71*	−1.82	−2.53	0.90	0.18	0.03	0.18	5.81	18.88	0.31	29.08	80
1475	私募工场君海-长江道 2 号	8.37	0.76	−1.77	−1.11	1.11	−0.37	0.73	0.03	−5.33	26.81	−0.13	53.58	51
1476	太乙 1 号	8.37	1.20	−2.65	−2.59	0.68	−0.27	−0.13	0.23	−2.18	18.18	−0.11	39.63	57
1477	平安磊鼎重阳价值 1 号 2 期	8.37	1.78*	−1.35	−1.97	0.67	−0.14	−0.16	−0.20	3.64	14.64	0.21	22.60	70
1478	天弓 2 号	8.35	0.56	−0.30	−0.14	0.93	−0.55	−0.52	−0.30	−0.25	32.09	0.11	57.50	36
1479	等闲长征 1 号	8.35	0.90	0.15	0.11	0.71	−0.35	−0.02	−0.14	4.94	20.82	0.26	35.02	42

续表

编号	基金名称	年化α(%)	t(α)	γ	t(γ)	β_mkt	β_smb	β_hml	β_mom	年化收益率(%)	年化波动率(%)	年化夏普比率	最大回撤率(%)	调整后 R²(%)
1480	量信量化2期	8.31	0.95	1.22	0.96	-0.02	0.07	0.36	0.05	13.00	15.56	0.77	25.20	8
1481	恒华海盛渤经济2号	8.31	0.90	-0.60	-0.44	0.42	-0.35	0.06	-0.29	1.69	17.60	0.10	40.34	20
1482	深乾凌凌九进取	8.30	0.43	-4.64	-1.63	1.35	-0.06	0.05	0.34	-11.69	41.24	-0.15	51.10	35
1483	宁聚满天星	8.29	1.64*	0.33	0.45	0.96	-0.06	0.08	0.03	9.94	19.92	0.50	28.05	81
1484	华西神农繁荣	8.28	0.93	-0.09	-0.07	0.83	0.14	-0.10	0.21	11.37	22.60	0.52	30.56	54
1485	观富策略1号	8.28	1.17	-0.74	-0.71	0.60	-0.09	-0.23	0.14	7.14	17.32	0.40	25.02	51
1486	穿石年轮	8.27	0.94	-0.44	-0.34	0.56	-0.02	-0.54	-0.13	9.13	20.02	0.46	34.75	43
1487	富恩德金豆1号1-W	8.26	0.29	-0.02	-0.01	1.40	0.03	0.95	-0.57	-4.24	55.00	0.10	70.40	23
1488	平凡战泓	8.25	1.52	-0.74	-0.93	0.94	0.48	0.09	0.29	13.08	21.54	0.61	23.39	81
1489	钰淼（精选1期）	8.22	0.65	0.00	0.00	0.74	0.77	-0.42	0.33	19.89	30.23	0.69	23.32	49
1490	道谊泽时3号	8.21	1.03	-0.30	-0.26	0.75	-0.28	-0.56	-0.12	6.36	21.35	0.32	31.23	59
1491	天宝云中燕3期	8.18	2.85*	1.25	2.99*	-0.01	0.01	-0.05	0.10	15.48	5.51	2.38	0.17	20
1492	凯顺2012	8.17	0.74	-1.30	-0.81	1.03	-0.57	-0.07	-0.63	-4.79	26.48	-0.11	54.79	49
1493	沃胜5期	8.17	1.05	-1.39	-1.22	0.65	-0.19	-0.55	-0.07	3.74	19.57	0.21	34.56	53
1494	睿持1期	8.16	1.53	0.26	0.33	0.35	0.06	0.05	0.19	12.05	11.59	0.91	8.72	38
1495	华银领先16期	8.15	0.49	-2.63	-1.09	0.65	0.26	0.95	0.33	-3.01	30.99	0.00	50.42	17
1496	龙全冠宇-高维指数FOF	8.14	1.03	1.79	1.55	1.07	0.21	-0.23	0.08	19.37	26.62	0.74	30.89	74
1497	雨山中原1号	8.14	0.48	-2.67	-1.08	0.93	-0.28	-0.80	-0.12	-4.70	35.39	-0.01	66.95	33
1498	志路亿捷稳盈1号	8.14	1.50	0.32	0.40	0.27	0.16	0.04	0.05	13.21	11.04	1.05	8.14	29

续表

编号	基金名称	年化α(%)	t(α)	γ	t(γ)	β_{mkt}	β_{smb}	β_{hml}	β_{mom}	年化收益率(%)	年化波动率(%)	年化夏普比率	最大回撤率(%)	调整后R^2(%)
1499	永禧融元 FOF	8.12	1.13	-0.90	-0.86	0.44	0.00	-0.17	0.15	7.23	15.38	0.43	21.25	36
1500	彼立弗复利 1 期	8.10	1.26	-2.01	-2.12	0.56	0.01	0.00	0.15	2.78	15.16	0.16	30.73	47
1501	博孚利聚强 1 号	8.09	1.85*	0.42	0.65	0.12	0.05	0.01	0.13	12.49	8.10	1.31	9.94	14
1502	申毅全天候 2 号	8.08	2.41*	-0.89	-1.81	0.06	0.00	-0.22	-0.18	7.06	6.56	0.85	6.93	23
1503	泓倍套利 1 号	8.08	4.10*	-0.67	-2.32	0.08	-0.02	-0.07	-0.10	7.33	3.87	1.46	4.24	24
1504	水龙吟	8.08	0.62	-1.73	-0.91	0.83	0.10	-0.16	0.08	3.08	27.36	0.19	55.71	34
1505	乾利投资价值精选 1 号	8.08	0.82	-1.33	-0.92	0.97	0.16	-0.49	0.33	7.70	27.34	0.35	40.13	62
1506	盈阳 16 号	8.07	1.02	1.99	1.72*	0.61	0.33	0.17	0.25	21.37	19.44	1.02	20.85	52
1507	合正普惠稳健增长 5 号	8.06	1.15	-1.10	-1.08	0.46	-0.06	-0.12	-0.06	5.18	14.64	0.31	16.97	33
1508	中国龙进取	8.05	1.65*	-0.63	-0.88	0.62	-0.15	0.12	0.09	5.38	13.94	0.34	17.45	64
1509	中证乾元天道择时 5 号	8.04	0.75	1.18	0.75	0.38	0.30	-0.46	-0.02	18.75	21.99	0.82	11.87	31
1510	睿郡众享 3 号	8.03	1.33	-1.36	-1.54	0.37	0.05	-0.11	0.03	5.82	12.69	0.39	18.84	34
1511	金锝 5 号	8.02	4.55*	0.15	0.60	0.06	0.06	-0.02	0.08	11.65	3.50	2.75	1.74	26
1512	华辉价值星 18 号	8.01	0.85	-2.25	-1.63	1.12	-0.42	0.55	-0.41	-7.70	25.00	-0.26	44.07	58
1513	谊恒宏锐 1 号	8.01	1.37	-0.42	-0.49	0.44	-0.28	0.06	-0.24	3.76	12.82	0.23	17.70	39
1514	秋阳泛华 5 期	8.00	1.50	-0.28	-0.36	0.59	-0.02	-0.12	-0.14	8.63	14.44	0.54	16.70	60
1515	道道泽时 2 号	8.00	0.89	-0.60	-0.46	0.74	-0.23	-0.57	-0.21	5.38	22.11	0.28	32.11	51
1516	滨海凤鸣永续契约型	7.99	1.96*	0.40	0.67	0.07	0.21	-0.03	0.12	14.40	7.81	1.58	6.83	20
1517	榕树 5 期	7.99	0.34	-2.14	-0.62	0.78	1.17	0.01	1.46	9.66	48.07	0.40	63.12	29

续表

编号	基金名称	年化 α(%)	$t(\alpha)$	γ	$t(\gamma)$	β_{mkt}	β_{smb}	β_{hml}	β_{mom}	年化收益率(%)	年化波动率(%)	年化夏普比率	最大回撤率(%)	调整后 R^2(%)
1518	偏锋 3 期	7.98	1.04	0.51	0.45	0.58	0.24	0.13	0.55	15.15	18.59	0.77	17.48	50
1519	锦成盛优选股票策略 1 号	7.98	1.54	-0.57	-0.75	0.58	-0.17	-0.11	0.01	5.99	14.07	0.38	26.05	60
1520	默名融智阳光 12 期	7.97	0.56	-0.45	-0.22	0.97	0.50	1.69	0.03	3.35	33.28	0.21	37.34	47
1521	灰金红利 1 号	7.97	0.46	3.21	1.28	0.16	-0.03	-0.10	0.38	18.76	30.85	0.66	43.23	9
1522	社润伟诚	7.96	1.06	-0.14	-0.12	0.33	0.21	0.03	0.26	12.07	14.90	0.74	18.00	25
1523	国富百香 4 号	7.96	0.87	0.58	0.43	0.52	0.33	-0.34	0.52	17.85	21.62	0.80	22.71	48
1524	私募工场弘德瑞远 2 号	7.96	1.17	-2.69	-2.70	0.94	-0.04	0.15	0.01	-1.52	19.93	-0.05	35.58	66
1525	墨锋红利平衡	7.95	1.72*	-1.23	-1.81	0.39	-0.20	0.13	-0.10	2.07	10.36	0.10	14.07	41
1526	谊恒多品种进取 2 号	7.95	2.36*	0.31	0.62	0.36	-0.21	0.15	-0.27	7.01	9.24	0.62	9.22	61
1527	和聚华盛平台	7.95	0.94	-2.56	-2.08	0.58	0.34	-0.33	-0.03	4.85	20.07	0.26	26.72	49
1528	国世通价值精选 1 期	7.94	0.59	-0.47	-0.24	0.61	0.40	0.26	0.29	10.28	26.24	0.44	35.92	23
1529	拾贝优粤 31 号 1 期	7.93	1.26	-0.32	-0.35	0.56	-0.28	-0.26	0.01	5.74	16.06	0.33	18.24	55
1530	君之健君悦 1 号	7.91	1.42	0.94	1.15	0.33	0.00	0.43	0.05	11.34	11.95	0.83	8.83	36
1531	源乐晟锐进 58 期	7.91	1.01	-1.50	-1.31	0.86	-0.27	-0.41	0.24	1.94	22.95	0.13	39.38	66
1532	名禹 5 期 A	7.90	1.12	-0.26	-0.25	0.61	-0.21	-0.34	-0.10	6.85	17.37	0.38	32.95	52
1533	兴聚财富 2 号	7.89	1.37	0.14	0.17	0.46	-0.13	0.05	0.17	8.72	13.42	0.58	21.82	46
1534	观富价值 1 号-1	7.89	1.27	-0.80	-0.88	0.71	-0.21	-0.23	-0.05	4.54	17.35	0.26	23.73	62
1535	沣京成长精选 1 期	7.88	1.17	-0.69	-0.70	0.57	0.22	0.16	0.38	9.82	16.27	0.56	18.51	50
1536	君之健翱翔价值 2 号	7.88	1.10	0.62	0.59	0.23	-0.07	0.27	-0.05	9.33	13.32	0.62	10.48	15

续表

编号	基金名称	年化 α（%）	t(α)	γ	t(γ)	β_mkt	β_smb	β_hml	β_mom	年化收益率（%）	年化波动率（%）	年化夏普比率	最大回撤率（%）	调整后 R²（%）
1537	凯丰藏钰进取型	7.88	1.07	-0.97	-0.90	0.87	-0.01	0.02	0.25	5.85	20.64	0.30	24.02	63
1538	锦和红橡稳盈 1 期	7.88	0.70	0.17	0.11	0.37	-0.45	-0.36	-0.48	3.13	21.44	0.18	47.66	18
1539	久富 4 期	7.87	1.00	-0.81	-0.70	0.85	-0.01	-0.33	0.06	6.99	21.94	0.35	33.34	62
1540	侏罗纪超龙 3 号	7.87	1.08	-1.44	-1.35	0.49	-0.09	-0.30	0.14	4.34	16.52	0.25	20.97	43
1541	若溪湘财超马 1 期	7.86	0.63	0.93	0.51	0.43	-0.04	-0.29	0.10	12.12	23.73	0.53	32.80	19
1542	智德 1 期	7.85	1.23	-1.00	-1.07	0.56	-0.27	-0.38	0.00	3.72	16.38	0.21	31.17	55
1543	风云丰赜 1 号	7.85	0.41	2.61	0.94	0.31	0.13	-0.02	-0.07	16.56	33.67	0.56	30.33	7
1544	裕晋 9 期	7.84	1.24	-0.83	-0.90	0.90	-0.09	0.02	-0.07	4.69	19.49	0.25	28.16	69
1545	丰岭远航 0 号子基金	7.84	1.05	-1.80	-1.65	0.67	-0.15	0.27	0.14	0.05	17.18	0.00	27.22	45
1546	秦润沪港深	7.84	0.66	-1.93	-1.12	0.62	-0.09	0.22	-0.12	-1.24	22.66	-0.01	26.59	20
1547	偏锋 1 期	7.83	0.97	0.49	0.42	0.59	0.30	0.10	0.55	15.66	19.33	0.77	17.93	49
1548	潮金丰中港成长趋势 3 号	7.80	0.95	-1.20	-1.00	0.75	-0.25	0.48	0.03	-0.50	19.08	-0.01	28.21	46
1549	中略恒晟 1 号	7.79	0.78	-1.33	-0.92	0.42	-0.11	-0.48	-0.22	3.58	19.62	0.20	36.01	25
1550	益湘趋势健 1 号	7.79	0.85	-0.74	-0.55	0.75	-0.19	0.26	-0.35	1.64	20.48	0.11	32.36	42
1551	跨越稳稳 1 号	7.79	0.48	2.59	1.09	1.09	0.61	0.56	0.24	21.20	36.43	0.66	32.84	42
1552	京石 5 期供给侧改革积极配置	7.76	0.36	-0.78	-0.25	0.76	1.03	0.28	0.45	11.96	42.45	0.43	45.14	24
1553	同祥 1 期	7.75	0.63	0.15	0.08	0.85	-0.51	-0.21	-0.52	0.91	26.80	0.11	61.04	38
1554	瞰瞻股票型 1 号	7.75	1.03	-1.27	-1.15	0.66	-0.11	-0.47	0.05	4.89	19.37	0.26	30.99	56
1555	合道成长 1 号	7.74	0.78	0.20	0.14	0.72	0.08	-0.03	0.53	11.38	23.11	0.51	21.86	47

续表

编号	基金名称	年化 α(%)	t(α)	γ	t(γ)	β_{mkt}	β_{smb}	β_{hml}	β_{mom}	年化收益率(%)	年化波动率(%)	年化夏普比率	最大回撤率(%)	调整后 R²(%)
1556	毅木资产动态精选 3 号	7.74	1.49	-0.39	-0.51	0.53	-0.18	-0.06	-0.11	5.73	13.13	0.38	18.07	54
1557	新方程宏量 2 号	7.74	0.97	1.56	1.34	-0.10	-0.03	0.09	0.08	13.83	14.06	0.89	9.57	5
1558	雅柏宝量化 5 号	7.73	1.75*	-0.93	-1.43	-0.03	-0.13	-0.13	-0.10	4.51	7.97	0.40	13.51	10
1559	擎天普瑞明 1 号	7.73	1.39	-0.09	-0.11	0.54	-0.23	0.04	-0.02	5.96	13.80	0.38	21.64	52
1560	支点先锋 3 号	7.73	0.50	5.46	2.43*	0.58	0.02	0.38	0.20	26.85	30.99	0.86	21.11	28
1561	私募工场千帆 2 期	7.72	0.70	-2.43	-1.51	1.06	0.14	0.60	0.42	-0.79	26.46	0.04	38.75	49
1562	塞帕思柯西 1 号	7.72	0.88	-1.38	-1.07	0.72	0.38	-0.44	0.28	10.31	23.33	0.47	38.33	58
1563	长江稳健	7.71	0.88	-0.70	-0.55	0.74	-0.15	0.18	-0.16	3.07	19.69	0.18	37.56	43
1564	洋浦进取 1 号 A 期	7.71	0.99	-1.21	-1.06	0.62	-0.20	-0.32	-0.37	2.44	17.89	0.14	29.45	44
1565	德毅远方	7.70	0.83	-0.80	-0.59	0.98	0.17	0.15	0.26	7.25	24.27	0.35	31.54	57
1566	徐星团队	7.68	1.02	-2.18	-1.99	0.72	0.37	-0.16	0.26	6.63	20.39	0.34	30.73	60
1567	湘禾 2 号	7.66	0.68	1.53	0.92	0.85	0.36	0.48	0.35	16.81	26.11	0.67	27.39	45
1568	富果同享 1 号	7.66	1.15	-2.46	-2.51	0.89	-0.17	0.15	0.07	-2.28	19.09	-0.11	29.91	64
1569	久铭稳稳 1 号	7.66	0.73	-1.58	-1.03	0.63	-0.39	-0.04	-0.22	-2.65	21.16	-0.10	41.90	28
1570	巴富罗臻选 1 号	7.66	0.53	-0.24	-0.11	1.12	0.00	0.01	0.95	6.61	35.03	0.31	49.48	51
1571	瑞城价值精选	7.66	0.45	-2.03	-0.81	1.26	0.06	1.16	0.22	-5.54	36.60	-0.03	51.69	36
1572	诚盛 1 期	7.65	1.92*	-0.39	-0.67	0.45	-0.19	-0.21	0.01	6.60	11.58	0.48	20.44	65
1573	淡水泉新方程 2 期	7.65	1.03	-0.06	-0.05	0.99	-0.55	-0.24	-0.54	0.99	22.82	0.09	48.99	69
1574	明德 1 号（深圳）	7.65	0.83	0.73	0.54	0.82	0.01	0.15	-0.24	9.85	22.29	0.46	23.80	50

续表

编号	基金名称	年化α(%)	t(α)	γ	t(γ)	β_mkt	β_smb	β_hml	β_mom	年化收益率(%)	年化波动率(%)	年化夏普比率	最大回撤率(%)	调整后R²(%)
1575	长河优势 3 号	7.64	1.20	-2.48	-2.67	0.96	-0.28	-0.32	-0.16	-2.67	20.95	-0.10	45.55	73
1576	高致龙程 1 号	7.63	4.63*	0.03	0.11	0.03	0.03	0.02	0.08	10.10	2.99	2.75	1.08	11
1577	昆仑 26 号	7.62	1.76*	-1.41	-2.22	0.63	-0.08	-0.17	0.07	4.12	14.23	0.25	22.50	73
1578	通和富享 1 期 4 号	7.62	0.65	-0.95	-0.56	1.03	0.05	0.49	0.06	2.59	26.94	0.17	30.25	44
1579	源洋长征	7.61	0.90	0.99	0.81	0.49	0.03	0.25	0.25	12.45	17.49	0.67	24.55	32
1580	高创金龙 1 号	7.61	0.56	-1.70	-0.86	0.33	0.44	0.46	0.52	5.87	24.78	0.28	31.87	13
1581	君煦云帆	7.60	1.54	-0.59	-0.82	0.32	0.31	-0.06	0.11	11.65	11.73	0.87	11.41	49
1582	易鑫安资管－鑫安 7 期 2 号	7.59	1.02	-0.66	-0.61	0.35	0.02	-0.37	0.18	8.58	15.82	0.50	24.60	36
1583	泽升优选成长 7 期	7.58	0.46	-0.31	-0.13	0.84	-0.31	-0.75	0.06	2.96	34.72	0.21	50.72	33
1584	金铸 6 号	7.55	4.51*	0.00	0.00	0.06	0.07	-0.01	0.05	10.60	3.35	2.59	2.21	27
1585	和盛丰悦 1 号	7.55	0.79	-1.27	-0.91	0.95	-0.30	0.53	-0.18	-2.72	23.05	-0.07	41.73	50
1586	寰宇精选收益之睿益 1 期	7.54	1.93*	0.12	0.20	-0.03	-0.17	0.02	-0.10	6.98	7.21	0.77	11.22	14
1587	新方程宏量 1 号	7.53	0.93	1.87	1.58	-0.09	-0.06	0.00	0.02	14.65	14.32	0.92	9.48	6
1588	鼎萨 1 期	7.51	0.52	-1.21	-0.57	1.25	-0.01	-0.61	0.47	3.42	37.17	0.23	44.88	55
1589	陆宝利恒	7.50	1.57	-0.40	-0.57	0.38	-0.08	-0.08	0.23	7.77	11.63	0.57	12.16	51
1590	天佑 1 期	7.50	1.32	-0.26	-0.31	0.31	-0.07	-0.11	0.00	7.85	11.50	0.58	19.03	28
1591	丰岭稳健成长 3 期	7.49	1.02	-1.53	-1.42	0.70	-0.20	0.19	0.09	0.29	17.43	0.02	26.92	48
1592	承泽资产－元泉绝对收益 1 号	7.48	0.75	-1.38	-0.95	0.70	-0.25	-0.29	-0.19	0.60	21.65	0.06	37.84	38
1593	毅木资产海阔天空 1 号	7.47	1.42	-0.58	-0.75	0.54	-0.19	-0.04	-0.13	4.55	13.19	0.29	19.98	53

续表

编号	基金名称	年化α(%)	$t(\alpha)$	γ	$t(\gamma)$	β_{mkt}	β_{smb}	β_{hml}	β_{mom}	年化收益率(%)	年化波动率(%)	年化夏普比率	最大回撤率(%)	调整后R^2(%)
1594	红宝石安心进取 H-1003	7.45	1.60	0.11	0.16	0.39	0.33	0.20	0.31	13.97	11.96	1.03	10.75	56
1595	源沣长征 2 号	7.45	0.78	1.32	0.94	0.51	0.05	0.25	0.26	13.56	19.41	0.67	27.59	29
1596	君茂沪港深	7.45	0.76	-2.35	-1.64	0.82	-0.26	-0.17	-0.17	-3.22	22.25	-0.10	45.59	43
1597	明汯中性 1 号	7.45	1.97*	0.13	0.24	0.02	0.13	-0.01	0.17	11.77	6.86	1.44	7.95	11
1598	骏泽平衡 2 号	7.42	1.09	-0.72	-0.72	0.22	-0.31	-0.31	-0.19	2.95	13.10	0.17	24.61	21
1599	健顺云	7.40	0.57	2.64	1.40	1.09	0.27	-0.17	0.54	21.70	33.43	0.70	37.45	56
1600	巨杉银信宝 8 期	7.40	1.38	-0.77	-0.98	0.40	0.09	0.08	0.21	7.56	11.93	0.55	16.58	41
1601	远澜红枫 3 号	7.40	2.50*	0.00	0.01	-0.02	-0.02	0.01	0.07	8.98	5.21	1.39	2.51	5
1602	盈阳 23 号	7.39	0.91	1.53	1.29	1.13	0.10	0.22	0.06	13.84	26.03	0.57	25.70	71
1603	尚道新乾坤灵活策略对冲	7.38	0.65	-4.11	-2.46	1.40	-0.51	-0.12	-0.06	-13.29	31.79	-0.34	61.93	62
1604	汇升期权 1 号	7.37	1.64*	0.42	0.65	-0.01	0.04	-0.06	0.06	11.51	7.78	1.25	7.89	3
1605	七曜中信领奕	7.36	1.21	-1.30	-1.47	0.71	-0.10	-0.17	-0.03	3.53	16.82	0.20	29.14	62
1606	通和富享 1 期 2 号	7.34	0.65	-0.80	-0.49	1.03	0.05	0.49	0.08	3.01	26.39	0.18	32.40	47
1607	富恩德金豆 1 号	7.34	0.26	0.68	0.16	1.44	0.02	0.72	-0.65	-2.82	56.37	0.13	70.12	24
1608	陆宝点金精选	7.33	1.41	-0.17	-0.23	0.36	-0.06	-0.12	0.25	8.78	12.27	0.63	12.46	48
1609	乾信中国影响力 2 号	7.33	0.44	-1.36	-0.56	0.90	0.00	-0.80	0.39	3.03	36.30	0.23	63.18	39
1610	富恩德金豆 1 号-C	7.32	0.26	0.70	0.17	1.44	0.02	0.73	-0.66	-2.82	56.30	0.13	70.12	24
1611	致君日月星 2 号	7.31	0.75	-0.28	-0.20	0.75	0.01	0.06	0.16	7.25	21.73	0.36	30.95	41
1612	兴聚 1 期	7.30	1.58	-0.21	-0.31	0.52	-0.19	-0.04	0.09	6.33	12.87	0.42	23.80	62

续表

编号	基金名称	年化 α(%)	$t(\alpha)$	γ	$t(\gamma)$	β_{mkt}	β_{smb}	β_{hml}	β_{mom}	年化收益率(%)	年化波动率(%)	年化夏普比率	最大回撤率(%)	调整后 R^2(%)
1613	超龙 6 号	7.30	1.23	-0.52	-0.60	0.78	-0.02	-0.19	0.05	7.41	18.32	0.40	25.14	69
1614	星辰之喜岳 2 号	7.29	2.09*	-0.50	-0.98	0.60	0.01	0.09	0.13	7.52	12.57	0.52	11.86	77
1615	木源启航 1 号	7.28	0.56	0.42	0.22	0.62	-0.30	-0.86	0.03	7.64	28.46	0.34	32.65	38
1616	从容医疗精选	7.27	0.67	1.49	0.93	0.49	0.03	-0.19	0.03	14.38	21.75	0.66	30.95	26
1617	禾永远见平台共享	7.27	0.84	-1.16	-0.91	0.55	0.01	-0.54	0.09	6.32	20.13	0.33	42.72	45
1618	毅木动态精选 4 号	7.26	1.36	-0.55	-0.70	0.53	-0.17	-0.02	-0.13	4.62	13.11	0.29	18.71	52
1619	汇艾资产一稳健 1 号	7.25	2.25*	0.07	0.14	-0.03	-0.04	-0.08	0.02	9.04	5.66	1.30	4.99	5
1620	菁英 83 号	7.24	0.78	-3.89	-2.86	0.67	-0.04	-0.08	0.03	-5.77	20.18	-0.26	49.51	38
1621	涵元天玑	7.24	0.61	0.37	0.21	0.05	-0.10	-0.08	-0.34	6.69	20.53	0.34	28.41	3
1622	毅行 1 号	7.24	1.42	0.77	1.04	0.69	-0.11	0.13	-0.02	9.75	15.59	0.58	17.85	69
1623	极元智裕私募精选 3 号	7.20	1.13	-2.07	-2.22	0.70	0.13	-0.21	0.27	3.98	18.18	0.22	26.13	64
1624	玖润 1 期	7.20	1.47	0.11	0.15	0.24	0.05	0.03	-0.13	9.50	9.79	0.82	3.37	26
1625	雀跃量化对冲进取 1 号	7.18	0.67	0.24	0.15	1.14	-0.10	-0.46	-0.36	7.11	29.50	0.32	36.12	61
1626	银帆 3 期	7.17	0.61	0.81	0.47	0.27	0.06	-0.58	-0.08	13.16	22.21	0.60	16.43	19
1627	盛泉恒元多策略量化对冲 1 号	7.15	2.73*	1.08	2.83*	0.01	0.08	-0.24	0.06	15.28	5.81	2.23	3.26	40
1628	金蕴 99 期（各赛长线回报）	7.14	0.82	-1.44	-1.13	0.47	-0.35	0.03	-0.41	-2.46	17.22	-0.15	41.98	25
1629	私募工场 19 期第 7 期（红角 1 号）	7.14	0.78	-2.32	-1.74	0.97	0.19	-0.20	-0.34	1.30	24.67	0.11	39.99	60
1630	弘理嘉丰	7.13	0.47	-2.04	-0.91	1.35	0.05	0.03	0.23	-1.73	36.11	0.08	44.26	47

续表

编号	基金名称	年化 α(%)	t(α)	γ	t(γ)	β_{mkt}	β_{smb}	β_{hml}	β_{mom}	年化收益率(%)	年化波动率(%)	年化夏普比率	最大回撤率(%)	调整后 R²(%)
1631	质嘉尊享 A	7.11	0.55	-0.82	-0.43	0.57	0.36	0.28	-0.07	6.79	25.14	0.32	37.16	23
1632	衍南汇盈 1 号	7.11	0.82	0.77	0.61	0.00	-0.12	-0.15	-0.20	9.19	15.02	0.56	22.84	3
1633	金连接接雪球 12 号	7.10	0.63	0.09	0.05	0.62	-0.34	0.49	-0.26	0.68	22.77	0.07	35.81	28
1634	哈福尊享 1 号	7.10	0.99	0.09	0.09	0.24	0.09	0.05	0.19	10.15	13.22	0.68	11.73	15
1635	金铸建业 1 号	7.09	4.64*	0.12	0.56	0.04	0.04	-0.02	0.04	10.13	2.86	2.88	1.36	17
1636	锐进 26 期	7.08	0.98	-1.81	-1.71	0.73	-0.14	-0.29	0.03	1.22	19.02	0.08	34.09	57
1637	炳富创业板增强	7.07	1.26	1.37	1.66*	0.34	0.10	-0.13	0.19	16.30	13.02	1.11	14.27	46
1638	喜岳云麓	7.04	1.60	0.30	0.46	0.83	0.18	0.18	0.31	12.05	17.82	0.64	21.39	82
1639	蝶恋花	7.04	0.56	-1.35	-0.73	0.83	0.07	-0.11	0.04	3.00	26.61	0.19	55.49	35
1640	宁聚自由港 1 号 B	7.04	1.23	2.49	2.97*	0.55	-0.18	-0.14	0.06	16.41	16.40	0.92	15.18	64
1641	东方港湾价值投资 2 号	7.03	0.66	-1.14	-0.73	0.74	-0.26	0.02	-0.04	-0.13	22.56	0.04	43.47	34
1642	进化论悦享 1 号	7.02	0.92	2.02	1.82*	0.38	0.00	-0.25	0.11	17.28	16.64	0.95	21.84	39
1643	君洽精选 3 期	7.02	0.90	-2.02	-1.77	0.82	-0.16	-0.75	-0.28	0.81	22.40	0.08	31.04	65
1644	远策对冲 1 号	7.00	0.84	-2.06	-1.69	0.64	0.00	-0.25	0.32	2.19	19.94	0.13	29.12	49
1645	镛泉资产和鑫 1 号	7.00	0.86	-0.98	-0.82	0.71	-0.16	-0.39	0.03	3.99	20.28	0.22	32.49	53
1646	致远 22 号	7.00	1.99*	0.57	1.10	-0.03	0.15	0.08	0.13	12.67	6.34	1.69	4.55	9
1647	七曜领峰 1 号	6.99	1.14	-1.67	-1.87	0.71	-0.11	-0.13	-0.04	1.49	16.67	0.08	32.64	61
1648	远策 1 期	6.98	1.01	-1.47	-1.46	0.72	-0.12	-0.48	0.14	3.41	19.82	0.19	27.88	64
1649	银帆 8 期	6.96	0.62	-0.57	-0.35	0.27	0.06	-0.55	-0.35	7.05	21.10	0.35	20.07	18

续表

编号	基金名称	年化 α (%)	$t(\alpha)$	γ	$t(\gamma)$	β_{mkt}	β_{smb}	β_{hml}	β_{mom}	年化收益率 (%)	年化波动率 (%)	年化夏普比率	最大回撤率 (%)	调整后 R^2 (%)
1650	猎马源创 3 号	6.96	1.67*	-0.70	-1.15	0.50	-0.05	-0.30	-0.01	6.73	12.70	0.46	20.61	69
1651	裕晋 19 期	6.95	1.09	-2.35	-2.52	0.80	0.00	0.06	0.10	-0.14	17.84	0.00	28.53	62
1652	存元对冲套利 1 号	6.94	0.61	0.67	0.40	0.03	0.03	-0.02	0.06	10.08	19.55	0.51	22.56	1
1653	笃道 1 期	6.92	1.51	0.65	0.96	0.47	0.03	0.20	0.08	10.86	11.93	0.80	9.31	57
1654	虞美人	6.92	0.55	-1.64	-0.89	0.81	0.07	-0.09	0.09	1.92	26.35	0.15	56.36	33
1655	万年树 1 期	6.91	0.45	-3.52	-1.57	1.74	0.38	0.25	-0.18	-6.63	41.36	0.01	54.29	60
1656	鑫弘泽财富 2 号	6.91	0.92	-1.58	-1.44	0.49	0.00	-0.33	0.39	4.48	17.99	0.25	29.73	49
1657	七曜尊享 A 期	6.90	1.40	-1.47	-2.04	0.64	-0.19	-0.15	-0.04	1.46	14.50	0.07	28.33	66
1658	汇信惠正 1 号	6.89	0.79	1.60	1.26	0.79	-0.36	-0.28	0.02	9.99	22.86	0.46	31.89	58
1659	私募工场厚生和稳健增长	6.89	0.69	-1.23	-0.84	0.59	-0.31	-0.70	-0.25	1.12	22.08	0.09	40.46	40
1660	平石 2n 对冲基金	6.88	0.76	-1.70	-1.28	0.42	0.03	0.40	0.34	1.24	17.40	0.07	20.43	21
1661	昶元 1 号	6.88	0.91	0.42	0.38	0.67	0.28	0.07	0.45	13.97	19.44	0.69	25.94	56
1662	微丰凯旋 9 号	6.88	1.59	0.53	0.83	0.13	0.07	-0.06	0.13	12.14	8.30	1.25	9.45	20
1663	思博量道 15 号	6.86	1.41	0.45	0.63	-0.06	0.04	0.00	0.02	10.42	8.38	1.05	3.17	2
1664	凌顶 1 号	6.85	0.83	-1.08	-0.89	0.88	0.26	0.08	0.04	6.66	22.05	0.33	31.81	59
1665	民晟红鹭 21 期	6.85	0.78	1.30	1.01	0.53	-0.12	-0.44	-0.05	12.76	19.87	0.63	30.61	42
1666	墨锋稳健成长	6.85	1.40	-1.81	-2.53	0.54	-0.08	0.04	-0.01	1.01	12.49	0.02	21.97	55
1667	衍航 10 号	6.83	1.12	0.21	0.24	0.27	0.00	-0.02	0.18	9.73	12.01	0.71	16.36	25
1668	虹诗乾鹝	6.82	0.53	-0.76	-0.40	0.23	0.30	-0.18	0.43	9.09	23.83	0.42	29.80	13

续表

编号	基金名称	年化 α(%)	$t(\alpha)$	γ	$t(\gamma)$	β_{mkt}	β_{smb}	β_{hml}	β_{mom}	年化收益率(%)	年化波动率(%)	年化夏普比率	最大回撤率(%)	调整后 R^2(%)
1669	龙旗御风	6.80	0.98	1.74	1.71*	0.74	-0.03	-0.10	0.09	14.79	19.72	0.72	27.76	64
1670	明达 6 期	6.79	1.04	-1.91	-2.02	0.89	-0.12	-0.23	-0.17	0.08	19.82	0.03	34.92	69
1671	富果同享 2 号	6.76	1.00	-2.33	-2.35	0.88	-0.19	0.06	0.01	-2.84	19.23	-0.13	30.34	64
1672	思瑞 2 号	6.76	1.33	0.44	0.59	-0.01	0.20	0.07	0.15	12.44	9.08	1.18	8.63	8
1673	弘彦 1 号	6.75	1.87*	-0.16	-0.30	0.34	0.12	-0.03	0.04	9.84	9.35	0.89	8.44	57
1674	东源 1 期	6.73	0.87	-1.56	-1.38	0.81	-0.26	0.52	-0.05	-3.08	19.06	-0.15	30.38	52
1675	源洋进取 3 号	6.73	0.87	1.73	1.52	0.50	0.02	0.11	0.20	14.74	17.15	0.80	25.20	40
1676	中于阳明 1 号	6.72	0.63	-0.01	-0.01	0.61	0.09	0.24	0.07	7.44	21.40	0.37	26.70	28
1677	盛景成长	6.70	0.89	-0.65	-0.59	0.84	0.21	0.07	0.26	8.31	20.73	0.41	24.05	62
1678	白石 22 号	6.69	0.91	-0.11	-0.10	-0.04	0.11	0.20	-0.09	7.50	13.06	0.50	13.31	8
1679	天宝云中燕 4 期	6.68	2.97*	0.69	2.11*	-0.08*	0.04	-0.06	0.08	11.91	4.22	2.35	2.20	16
1680	中阅新锐 1 号	6.67	0.77	-1.23	-0.97	0.82	0.02	-0.63	-0.10	5.13	23.55	0.26	34.98	60
1681	新方程对冲精选 H1 号	6.66	2.59*	-0.27	-0.70	0.22	0.08	0.03	0.19	9.04	6.47	1.14	8.00	54
1682	中睿合银趋势系列 B 号	6.66	0.87	0.28	0.25	0.36	-0.06	-0.13	0.21	9.24	15.62	0.54	25.30	29
1683	广东凌日中国梦	6.65	0.55	-0.50	-0.28	0.89	-0.39	-0.28	-0.43	-0.40	26.74	0.06	49.48	39
1684	金诚立达价值精选 3 号	6.64	0.52	-2.84	-1.52	0.68	0.21	-0.11	0.07	-0.67	25.74	0.04	28.49	28
1685	龙旗紫微	6.62	1.75*	-0.37	-0.66	0.03	0.28	0.00	0.43	11.53	8.36	1.17	6.59	40
1686	淡水泉精选 2 期	6.62	0.82	0.10	0.08	1.09	-0.60	-0.28	-0.60	-0.47	25.13	0.04	51.66	70
1687	致君日月星 1 号	6.62	0.71	-0.57	-0.41	0.68	0.02	-0.11	-0.09	5.68	20.53	0.30	26.16	39

续表

编号	基金名称	年化α(%)	t(α)	γ	t(γ)	β_{mkt}	β_{smb}	β_{hml}	β_{mom}	年化收益率(%)	年化波动率(%)	年化夏普比率	最大回撤率(%)	调整后R^2(%)
1688	泽升优选成长 3 期	6.62	0.36	0.79	0.29	0.93	-0.04	-0.57	-0.16	7.35	37.81	0.32	50.76	29
1689	红阳复合策略 1 号	6.61	0.79	-1.60	-1.31	0.58	-0.29	0.00	-0.23	-2.12	17.42	-0.12	38.68	33
1690	国金永恒 1 号	6.60	1.23	-1.00	-1.27	0.46	0.23	-0.08	0.13	8.11	13.50	0.53	14.99	54
1691	薪睿驰飞 1 号	6.60	1.33	-0.51	-0.71	0.59	-0.10	-0.06	0.02	5.53	13.86	0.35	27.27	63
1692	悟空对冲量化 3 期	6.58	1.18	-1.17	-1.44	0.52	-0.18	-0.34	0.11	3.26	15.00	0.19	28.84	60
1693	合撰成长精选 3 号	6.54	0.83	-1.63	-1.41	0.96	-0.06	-0.20	0.07	1.55	22.61	0.11	35.82	64
1694	复和紫檀宝鼎 1 号	6.53	1.02	-2.22	-2.37	0.82	-0.13	0.02	-0.05	-1.85	17.92	-0.10	30.79	62
1695	福建滚雪球千里马 2 号	6.53	0.57	0.06	0.03	0.75	-0.34	0.57	-0.22	-0.28	23.99	0.04	44.22	34
1696	格量稳健 1 号	6.52	3.22*	0.09	0.31	-0.05	-0.02	-0.18	-0.10	8.80	3.90	1.80	2.63	21
1697	九章幻方量化对冲 1 号	6.50	1.53	0.38	0.61	0.13	0.11	-0.10	0.24	12.02	8.72	1.18	18.32	30
1698	联海量化精选 2 号	6.49	1.15	0.09	0.10	0.58	-0.07	-0.40	-0.02	8.97	16.10	0.52	24.03	64
1699	七曜中信证券领英 1 号	6.48	1.04	-1.49	-1.63	0.71	-0.08	-0.12	-0.01	1.98	16.88	0.11	31.03	60
1700	龙赢价值投资增值 1 期	6.47	0.80	0.97	0.81	0.45	-0.16	0.86	0.21	5.60	17.98	0.31	25.26	40
1701	金广资产一鑫 5 号	6.46	0.71	-0.92	-0.69	0.54	-0.15	0.02	0.03	2.14	18.34	0.12	30.94	28
1702	抱朴 2 号（抱朴）	6.46	0.96	-0.64	-0.65	0.59	0.00	0.42	0.21	4.33	15.50	0.25	21.79	45
1703	望正 1 号	6.45	0.55	-0.02	-0.01	0.22	0.14	-0.96	0.27	12.17	24.69	0.53	21.67	34
1704	盛运德诚量化避险 2 号	6.44	0.69	1.08	0.80	0.56	0.16	0.35	0.16	12.21	19.43	0.61	20.58	33
1705	华尔进取 8 号	6.43	1.00	2.88	3.06*	0.56	-0.07	-0.05	0.17	18.62	17.54	0.98	16.40	61
1706	证大量化旗舰 1 号	6.43	0.91	-2.15	-2.08	0.78	0.28	0.34	0.55	3.14	19.29	0.18	32.03	61

续表

编号	基金名称	年化α(%)	$t(\alpha)$	γ	$t(\gamma)$	β_{mkt}	β_{smb}	β_{hml}	β_{mom}	年化收益率(%)	年化波动率(%)	年化夏普比率	最大回撤率(%)	调整后 R^2(%)
1707	龟兔赛跑 3 号	6.41	0.88	0.20	0.18	0.28	0.15	0.61	0.13	7.86	14.34	0.49	16.30	24
1708	崇楷价值 1 号	6.41	0.58	-1.00	-0.62	1.19	-0.15	0.12	-0.24	-0.60	28.21	0.06	43.91	55
1709	品正理翔 2 期	6.38	0.85	-0.74	-0.67	0.95	0.06	0.17	-0.03	4.54	21.42	0.24	29.28	64
1710	明达 2 期	6.37	0.47	-0.45	-0.23	0.45	-0.27	-1.17	-0.45	3.66	27.83	0.21	36.34	31
1711	千榕阔叶榕	6.37	1.20	-0.42	-0.54	0.38	-0.18	0.33	-0.17	2.35	11.56	0.13	11.81	38
1712	同道天下-资本运作 1 期	6.35	0.77	-1.12	-0.92	0.77	-0.41	-0.28	-0.41	-1.76	20.22	-0.06	46.38	51
1713	量游寰宇 1 号	6.35	1.63	0.28	0.49	-0.07	0.00	-0.15	0.06	9.58	6.97	1.14	5.01	9
1714	懋峰对冲 1 号	6.34	0.50	-0.29	-0.16	1.07	0.05	0.84	-0.09	1.25	29.11	0.13	35.55	44
1715	红宝石 E-1306 多元凯利	6.32	1.16	-0.11	-0.14	0.48	0.31	0.05	0.15	11.60	13.93	0.75	19.10	56
1716	格量套利 2 号	6.31	0.63	0.22	0.15	0.00	0.19	0.12	0.14	9.66	17.42	0.53	22.14	2
1717	大道白驹	6.31	1.95*	0.54	1.14	0.02	0.07	0.05	0.15	11.16	5.84	1.59	4.29	10
1718	陆宝点金加华	6.30	1.13	-0.15	-0.18	0.38	-0.07	-0.13	0.32	7.76	13.36	0.51	12.16	49
1719	可伟资产同创 1 号	6.29	0.50	-3.80	-2.07	1.36	0.38	0.40	0.00	-5.69	32.71	-0.06	42.83	57
1720	博颐精选	6.28	0.52	-2.23	-1.27	1.17	0.03	-0.60	-0.08	-0.46	31.55	0.09	56.44	58
1721	信安稳盈宝 2 期	6.27	4.67*	-0.08	-0.39	0.01	0.00	0.04	0.03	7.62	2.34	2.51	1.34	4
1722	巴富罗精选 1 号	6.26	0.35	1.67	0.65	1.12	0.00	0.15	0.91	10.13	39.25	0.39	50.21	41
1723	定宇 8 号	6.26	1.60	-1.82	-3.19	0.50	-0.16	-0.19	-0.25	-0.20	11.39	-0.09	27.24	65
1724	江昫禧昊	6.26	1.60	0.09	0.17	0.42	0.09	0.16	-0.18	8.36	10.70	0.67	9.98	61
1725	远澜乔松	6.25	0.77	0.52	0.44	-0.19	0.47	0.33	0.50	14.69	15.38	0.87	5.21	19

编号	基金名称	年化 α(%)	t(α)	γ	t(γ)	β_{mkt}	β_{smb}	β_{hml}	β_{mom}	年化收益率(%)	年化波动率(%)	年化夏普比率	最大回撤率(%)	调整后 R^2(%)
1726	金首源艺巽天天利	6.25	0.56	0.38	0.23	0.22	0.50	0.19	0.53	14.69	20.88	0.69	17.12	16
1727	紫鑫指数精选 FOI2 号	6.23	1.10	-1.48	-1.78	0.50	0.11	0.12	0.37	4.16	13.93	0.25	22.82	51
1728	兴聚财富 7 号	6.21	1.17	0.06	0.08	0.52	-0.10	-0.01	0.13	7.14	13.70	0.46	24.28	56
1729	国鼎通兴享 1 号	6.20	0.51	-0.52	-0.29	1.17	0.16	0.24	1.00	6.18	32.48	0.29	39.03	58
1730	私募学院菁英 335 号	6.20	1.77*	-0.95	-1.85	0.12	0.08	-0.06	0.12	5.95	6.92	0.66	10.49	25
1731	易同增长 2 号	6.18	0.73	-1.15	-0.93	0.61	0.01	0.07	0.08	3.01	18.12	0.17	25.76	36
1732	乾元光辉岁月稳进 1 号	6.18	0.98	2.31	2.51*	0.34	0.14	-0.03	0.01	18.51	14.10	1.17	10.93	42
1733	宏莞投资炳诚对冲 2 号	6.17	1.30	-0.48	-0.69	0.02	0.10	-0.09	0.09	7.72	8.44	0.75	7.28	8
1734	元 1 号	6.17	0.60	3.69	2.47*	-0.05	-0.05	-0.06	0.45	21.23	19.48	1.01	17.93	19
1735	牧道趋势启航	6.17	1.44	-0.02	-0.03	0.23	-0.02	-0.07	0.20	8.33	9.27	0.75	7.86	37
1736	福建滚雪球同驰 2 号	6.16	0.52	-0.06	-0.03	0.51	-0.51	0.34	-0.27	-2.46	23.09	-0.06	47.75	23
1737	弘酬永泰	6.15	1.11	-1.19	-1.48	0.78	-0.03	0.04	0.13	3.06	17.08	0.17	26.21	69
1738	鑫乐达成长 1 号	6.14	0.82	-0.86	-0.78	0.95	0.02	-0.15	0.33	5.28	22.92	0.27	29.70	69
1739	长江汉景港湾 1 号	6.13	0.68	-0.34	-0.26	0.68	-0.35	0.07	0.06	1.11	20.24	0.08	44.01	42
1740	世诚金选 2 号	6.12	1.25	-1.53	-2.14	0.70	-0.05	-0.10	0.11	2.18	15.63	0.12	29.96	71
1741	臻禾稳健成长 2 期	6.12	0.59	-0.73	-0.48	0.80	0.12	-0.31	-0.08	6.12	24.12	0.30	27.99	46
1742	高信百诺价值成长	6.11	0.79	-0.92	-0.81	0.58	-0.52	-0.38	-0.47	-2.16	17.90	-0.12	47.03	45
1743	定宇 3 号	6.07	1.38	-2.45	-3.81	0.68	0.00	-0.10	-0.09	-0.81	14.52	-0.09	28.42	73
1744	朱雀 1 期（深国投）	6.05	0.69	0.22	0.17	0.55	0.04	-0.82	0.11	11.44	22.23	0.53	28.90	54

续表

编号	基金名称	年化 α(%)	$t(\alpha)$	γ	$t(\gamma)$	β_{mkt}	β_{smb}	β_{hml}	β_{mom}	年化收益率(%)	年化波动率(%)	年化夏普比率	最大回撤率(%)	调整后 R^2(%)
1745	易同增长 1 号	6.05	0.73	-1.14	-0.95	0.60	0.01	0.07	0.09	3.05	17.74	0.17	25.83	37
1746	金砖资本 8 号	6.04	0.74	-1.17	-0.98	0.63	-0.04	0.23	-0.07	1.26	17.57	0.07	30.50	37
1747	榕树文明复兴 2 期	6.03	0.80	-0.38	-0.35	0.98	-0.20	-0.24	-0.10	3.53	22.78	0.20	37.82	68
1748	华骏海石 2 号	6.03	0.62	-2.60	-1.84	0.60	0.28	-0.31	0.27	2.35	21.94	0.15	37.18	43
1749	晟盟新消费 1 号	6.03	0.22	-2.14	-0.54	1.25	-0.39	-0.50	0.47	-12.38	53.84	-0.02	81.24	25
1750	君之健翔同泰 2 号	6.03	0.88	0.64	0.64	0.25	-0.02	0.29	-0.04	8.05	12.86	0.55	11.20	17
1751	诺鼎季风价值 3 号	6.02	0.91	2.30	2.38*	0.80	0.09	0.11	0.29	17.36	20.59	0.81	22.92	70
1752	镛泉资产泉顺 1 号	6.01	0.72	-1.42	-1.17	0.70	-0.21	-0.31	-0.04	0.42	19.74	0.04	38.31	48
1753	华炎铁树	6.01	1.80*	0.75	1.52	0.23	0.09	-0.04	-0.07	11.87	7.98	1.26	4.34	49
1754	展博新兴产业（A）	5.99	0.58	-0.80	-0.53	0.65	-0.10	-0.37	-0.03	3.53	22.16	0.20	30.26	37
1755	菁英 80 号	5.98	0.74	-1.35	-1.14	0.92	-0.40	-0.24	-0.43	-3.00	21.74	-0.10	54.11	59
1756	龙全冠宇 C–高维指数 FOF	5.98	0.82	1.58	1.49	1.05	0.20	-0.23	0.03	15.89	25.52	0.64	32.08	76
1757	歌易远景 2 号	5.98	0.56	-0.75	-0.48	0.70	-0.28	0.19	-0.26	-1.19	21.86	-0.02	44.31	31
1758	金塔行业精选 1 号	5.96	0.79	0.30	0.27	0.41	-0.08	-0.22	0.28	8.81	16.55	0.50	27.23	39
1759	航长春藤 10 号	5.96	0.90	1.70	1.76*	0.54	0.08	0.27	-0.15	13.21	16.15	0.75	11.90	51
1760	煌昱新趋势量化精选	5.94	0.44	0.59	0.30	1.03	-0.22	0.05	-0.18	3.45	30.24	0.21	42.98	40
1761	元葵宏观策略复利 1 号	5.93	1.66*	-0.71	-1.37	0.38	-0.21	-0.14	0.03	3.20	9.88	0.22	21.29	62
1762	开宝 1 期	5.92	0.63	-0.32	-0.23	0.49	0.04	-0.01	-0.27	5.32	18.64	0.29	23.37	26
1763	岩叶价值稳健 2 号	5.92	0.69	-0.21	-0.17	1.23	-0.37	0.07	-0.03	0.10	27.03	0.08	40.71	70

续表

编号	基金名称	年化 α (%)	$t(\alpha)$	γ	$t(\gamma)$	β_{mkt}	β_{smb}	β_{hml}	β_{mom}	年化收益率 (%)	年化波动率 (%)	年化夏普比率	最大回撤率 (%)	调整后 R^2 (%)
1764	宽桥管理期货 1 号	5.91	0.59	0.85	0.58	-0.09	0.06	-0.80	-0.68	11.29	19.86	0.56	26.68	25
1765	懋峰进取 3 号	5.90	0.51	-0.13	-0.08	1.09	-0.11	0.81	-0.04	0.07	27.81	0.08	36.22	49
1766	美石 1 号	5.90	0.58	-2.31	-1.56	1.21	0.35	0.63	-0.31	-1.99	28.52	0.02	42.46	63
1767	辰月价值精选 1 号	5.89	1.01	-1.11	-1.30	0.82	-0.17	-0.02	0.13	1.52	18.20	0.09	33.58	70
1768	锦成盛宏观策略 1 号	5.88	1.47	-0.29	-0.50	0.45	-0.01	0.00	0.13	6.83	10.99	0.52	11.77	61
1769	懋峰平和 2 号	5.86	0.53	0.29	0.18	1.02	-0.10	0.75	-0.08	2.01	26.48	0.14	33.32	49
1770	雷球 1 号	5.85	0.33	-3.22	-1.25	0.59	-0.15	-0.89	-0.08	-6.96	34.32	-0.08	63.73	22
1771	以太投资稳健成长 13 号	5.85	2.38*	-0.61	-1.69	0.12	-0.13	0.03	-0.08	3.47	4.84	0.42	11.28	24
1772	华辉价值星 7 号	5.83	0.40	-1.69	-0.79	1.38	-0.23	0.28	-0.01	-5.77	34.76	-0.05	54.74	48
1773	七曜河马 1 号	5.79	0.96	-1.38	-1.57	0.63	-0.15	-0.18	0.00	1.13	15.70	0.05	32.01	57
1774	益盟财富 2 期	5.79	0.65	-1.21	-0.93	0.89	0.08	-0.63	-0.41	4.03	24.84	0.22	34.66	62
1775	黄金优选 21 期 1 号	5.78	0.58	-0.70	-0.48	0.63	-0.10	-0.32	-0.02	3.63	21.38	0.20	28.55	37
1776	晟盟微石 1 号	5.77	0.21	-2.82	-0.71	1.05	-0.20	-0.42	0.40	-11.74	51.66	-0.04	71.62	19
1777	龙旗云起	5.77	0.87	0.33	0.34	0.53	0.39	0.09	0.38	13.97	16.74	0.78	18.18	54
1778	鑫安泽雨 1 期-2 号	5.76	0.76	-0.07	-0.06	0.44	-0.01	-0.51	0.07	8.66	17.42	0.48	25.67	44
1779	小强鼎盛	5.75	0.90	0.31	0.33	-0.09	-0.03	-0.11	-0.03	7.87	11.02	0.61	11.31	2
1780	鼎泰四方成长 1 号	5.75	0.52	-1.98	-1.22	0.56	0.21	0.11	0.28	1.63	21.91	0.11	26.52	25
1781	金砖资本 5 号	5.74	0.55	-1.14	-0.75	0.67	-0.14	0.10	-0.53	-1.43	21.70	-0.03	46.12	33
1782	汇梵价值精选 1 号	5.74	0.69	0.05	0.04	0.35	-0.03	-0.21	0.08	7.64	16.28	0.44	17.96	24

续表

编号	基金名称	年化 α(%)	$t(\alpha)$	γ	$t(\gamma)$	β_{mkt}	β_{smb}	β_{hml}	β_{mom}	年化收益率(%)	年化波动率(%)	年化夏普比率	最大回撤率(%)	调整后 R^2(%)
1783	稳峰对冲 2 号	5.73	0.46	-0.19	-0.10	1.06	0.03	0.83	-0.01	1.16	28.49	0.13	36.88	45
1784	长江东方港湾 2 号	5.73	0.64	0.19	0.14	0.70	-0.35	0.12	0.06	2.35	20.52	0.14	42.10	44
1785	千股龙腾 19 号	5.73	0.50	-2.06	-1.23	0.45	0.23	0.00	0.17	1.73	21.77	0.11	28.25	19
1786	新活力共赢	5.72	0.93	-0.25	-0.28	0.94	0.23	0.14	0.21	8.58	20.93	0.42	26.98	75
1787	君悦日新 7 号	5.72	1.01	0.02	0.03	0.06	-0.03	0.09	0.05	6.47	9.81	0.54	8.96	2
1788	简雍量化稳健	5.71	0.90	1.61	1.73*	0.07	0.10	-0.17	-0.01	15.08	11.80	1.13	10.69	15
1789	新方程大类配置	5.70	2.59*	-0.22	-0.69	0.21	0.07	0.05	0.19	7.96	5.79	1.10	5.92	58
1790	锐进 12 期	5.69	0.46	-0.48	-0.27	1.12	0.13	-0.49	0.43	6.79	32.48	0.32	37.54	58
1791	久银金沙 28 号	5.69	0.66	-0.13	-0.10	0.41	-0.02	-0.13	0.01	6.56	16.92	0.37	21.26	24
1792	名禹稳健增长	5.68	0.71	-1.21	-1.04	0.55	-0.10	-0.14	0.05	1.87	17.23	0.10	38.59	37
1793	仙童 1 期	5.67	0.67	-0.10	-0.08	0.59	-0.09	0.14	0.27	5.14	18.52	0.28	28.82	38
1794	辰月价值精选 2 号	5.65	1.06	-1.41	-1.81	0.68	-0.12	-0.02	0.13	1.01	15.48	0.04	27.69	65
1795	万泰华瑞 2 号	5.65	0.64	-0.72	-0.55	0.46	0.05	0.11	0.43	5.06	18.00	0.28	20.91	29
1796	大明投资复兴	5.65	0.38	-2.04	-0.93	1.02	0.44	-0.22	0.29	2.99	33.72	0.21	42.41	42
1797	正朗易	5.64	0.62	-1.74	-1.31	0.41	-0.04	-0.46	-0.06	1.22	18.43	0.08	42.89	29
1798	TOP30 对冲母基金 1 号	5.63	1.58	-0.26	-0.51	0.39	0.00	-0.01	0.16	6.96	9.89	0.58	13.82	62
1799	合美成长	5.61	0.50	-0.74	-0.45	1.04	-0.43	-0.27	-0.43	-2.64	27.33	-0.02	58.10	51
1800	辰月成长优选 1 号	5.61	1.24	-1.47	-2.23	0.63	-0.11	-0.04	0.04	0.91	13.73	0.02	26.15	68
1801	以太投资价值 11 号	5.61	1.56	0.18	0.35	0.10	-0.08	0.04	0.03	6.86	6.58	0.82	4.08	13

续表

编号	基金名称	年化 α(%)	t(α)	γ	t(γ)	β_mkt	β_smb	β_hml	β_mom	年化收益率(%)	年化波动率(%)	年化夏普比率	最大回撤率(%)	调整后 R²(%)
1802	泊通尊享 A 期	5.61	0.86	-1.32	-1.39	0.85	-0.19	0.01	-0.13	-0.57	18.58	-0.02	39.40	64
1803	君之健翱翔福泰	5.61	0.83	0.87	0.88	0.24	-0.06	0.28	-0.02	8.11	12.80	0.56	10.57	18
1804	途灵成长 1 号	5.57	0.83	0.61	0.63	0.41	0.24	0.17	0.34	12.43	14.62	0.77	11.91	38
1805	航长鹰眼 1 号	5.56	0.64	-0.88	-0.69	0.33	0.07	0.24	0.21	3.63	15.96	0.21	25.71	14
1806	久阳润泉 5 号	5.55	0.45	0.96	0.54	1.24	0.52	1.11	0.63	11.14	32.26	0.43	33.30	57
1807	准销驱动力 1 号	5.55	0.85	0.77	0.80	0.60	0.03	-0.23	0.22	11.51	17.54	0.62	22.76	60
1808	唐小晖狙击龙头股 3 期	5.53	0.26	-1.68	-0.54	0.72	0.18	0.13	0.51	-2.30	38.96	0.09	38.02	14
1809	寰宇 5 号	5.51	0.82	-0.82	-0.83	0.53	-0.04	0.07	-0.09	2.93	14.66	0.17	26.89	39
1810	岳海精选对冲 1 号	5.50	0.83	-0.38	-0.39	0.54	0.05	-0.34	0.14	7.74	16.82	0.44	22.16	54
1811	景领核心领先 1 号	5.49	0.99	0.08	0.10	0.48	-0.19	-0.27	-0.01	5.99	14.01	0.38	28.02	54
1812	睿信 3 期	5.46	0.65	-1.31	-1.07	0.78	-0.07	-0.09	0.10	1.29	20.37	0.09	40.73	51
1813	志开成长 2 期	5.46	0.43	1.07	0.58	0.34	-0.05	-0.22	0.16	9.89	23.32	0.45	33.32	15
1814	巨鼎崧价值 1 号	5.46	0.48	-0.57	-0.34	0.88	0.15	-0.27	-0.28	5.21	26.55	0.26	43.59	45
1815	世诚-诚博	5.43	1.31	-1.19	-1.96	0.74	-0.12	-0.24	0.01	2.26	15.96	0.12	29.23	80
1816	华炎晨星	5.42	1.90*	0.88	2.12*	0.22	0.07	-0.01	-0.01	11.43	7.08	1.36	4.01	53
1817	御澜扬子江 1 号	5.42	0.95	0.05	0.06	0.03	0.00	-0.30	-0.01	8.15	10.41	0.66	10.54	11
1818	长江星 1 号	5.42	0.56	-3.03	-2.15	0.93	0.07	-0.05	-0.16	-4.37	23.54	-0.13	38.54	51
1819	景富和 2016	5.41	0.48	0.95	0.58	0.26	0.48	0.80	-0.17	10.58	23.11	0.48	30.76	31
1820	唯通伯兄卢比孔	5.41	1.64*	-0.97	-2.02	0.15	0.06	0.03	0.13	4.49	6.48	0.48	8.18	25

续表

编号	基金名称	年化 α(%)	t(α)	γ	t(γ)	β_{mkt}	β_{smb}	β_{hml}	β_{mom}	年化收益率(%)	年化波动率(%)	年化夏普比率	最大回撤率(%)	调整后 R^2(%)
1821	晟盟微石 2 号	5.41	0.20	-1.79	-0.46	1.14	-0.38	-0.44	0.48	-10.98	52.16	-0.01	73.29	23
1822	方圆天成-秦皇壹号	5.41	0.33	-1.72	-0.72	0.99	-0.40	-0.24	-0.89	-8.72	33.74	-0.15	70.99	31
1823	鑫顺瑞 1 期	5.39	0.41	0.55	0.29	1.00	-0.10	-0.63	0.39	7.75	32.65	0.34	43.82	53
1824	私募工场志开慧泉	5.38	0.50	0.56	0.36	0.38	-0.07	-0.46	-0.08	8.42	20.90	0.42	33.72	22
1825	肥尾价值 5 号	5.37	0.75	1.11	1.06	0.55	-0.26	0.33	-0.18	5.43	16.51	0.31	23.34	45
1826	前海创赢 2 号	5.37	0.80	-3.20	-3.25	0.57	0.15	-0.37	0.31	-1.05	18.07	-0.05	28.32	59
1827	恒德先锋一号	5.36	0.44	0.34	0.19	0.87	-0.36	-0.13	-0.20	1.52	26.73	0.13	47.29	39
1828	久铭 5 号	5.36	0.53	-0.90	-0.60	0.85	-0.37	0.18	-0.21	-3.11	22.88	-0.09	37.86	42
1829	否极泰 2 期	5.34	0.25	4.26	1.37	1.07	-0.73	0.23	-0.25	4.24	43.72	0.26	47.23	31
1830	睿信 2 期	5.33	0.66	-0.12	-0.10	0.52	-0.15	-0.01	0.15	4.42	17.26	0.25	25.14	36
1831	衍航 5 号	5.33	0.77	0.76	0.76	0.37	0.05	0.10	0.19	10.25	14.08	0.66	18.74	29
1832	淳能循和 2 号	5.33	0.63	1.05	0.86	0.00	0.13	-0.10	0.22	12.60	14.81	0.77	10.71	6
1833	呈鸣朴石 1 号	5.31	0.89	-0.22	-0.25	0.13	-0.06	-0.57	-0.11	7.14	12.34	0.50	17.89	31
1834	蓝金 1 号	5.30	0.45	0.28	0.16	0.22	-0.02	-0.10	-0.27	5.68	20.97	0.29	27.54	6
1835	品正理翔医药健康产业	5.30	0.46	-1.70	-1.01	1.06	0.30	0.10	0.09	2.09	28.04	0.15	45.76	51
1836	玖鹏积极成长 1 号	5.30	0.62	-1.46	-1.17	0.86	-0.04	-0.88	-0.14	2.81	25.04	0.17	39.26	66
1837	大钧玖泰沪港深	5.30	0.70	-0.84	-0.76	0.64	0.00	-0.22	0.10	4.47	18.35	0.25	25.45	50
1838	榕树文明复兴 7 期	5.29	0.67	-0.41	-0.35	1.02	-0.20	-0.27	-0.14	2.57	23.77	0.16	37.24	68
1839	永濠量化 1 号	5.28	0.72	-1.55	-1.44	0.50	0.04	-0.16	0.10	2.28	16.12	0.13	26.18	39

续表

编号	基金名称	年化α(%)	t(α)	γ	t(γ)	β_mkt	β_smb	β_hml	β_mom	年化收益率(%)	年化波动率(%)	年化夏普比率	最大回撤率(%)	调整后R²(%)
1840	以太投资趋势4号	5.27	2.56*	-0.44	-1.45	0.10	-0.11	0.02	-0.10	3.73	4.06	0.55	9.00	25
1841	景富景晨优选1期	5.27	0.52	-2.59	-1.75	0.93	0.83	1.03	0.58	2.57	26.54	0.18	24.11	57
1842	中国龙平衡资本市场尊享系列	5.26	1.52	-0.79	-1.56	0.39	-0.17	0.13	-0.07	1.42	8.92	0.03	16.15	56
1843	珺容5期	5.25	0.98	-0.88	-1.12	0.45	-0.05	-0.33	-0.08	4.06	13.26	0.25	27.63	52
1844	非然信为旭日东升1号	5.25	0.33	-1.58	-0.69	1.45	0.33	-1.62	-0.86	1.80	45.85	0.23	60.57	66
1845	墨锋价值1号	5.23	1.20	-1.14	-1.79	0.40	-0.10	0.01	-0.01	1.56	10.16	0.05	13.09	46
1846	海之源价值1期	5.23	0.69	-0.10	-0.09	0.66	-0.08	0.65	0.02	2.30	17.75	0.13	22.53	46
1847	银河金汇东方港湾1号	5.23	0.53	0.02	0.01	0.71	-0.32	0.11	0.02	1.39	21.59	0.10	45.34	38
1848	潼晓致远1号	5.21	0.43	0.67	0.38	0.61	0.27	-0.41	0.35	13.25	26.06	0.54	21.05	38
1849	懋峰对冲3号	5.20	0.42	-0.30	-0.16	1.07	0.04	0.81	-0.08	0.21	28.73	0.09	41.94	45
1850	盛冠达试金石3号	5.20	1.78*	0.80	1.87*	-0.03	0.03	-0.04	0.11	10.63	5.31	1.65	4.53	11
1851	源乘1号	5.17	2.09*	0.00	-0.01	0.30	0.08	-0.15	0.01	8.71	7.91	0.91	8.73	71
1852	辰月量化1号	5.17	1.01	-1.23	-1.65	0.62	-0.10	-0.09	0.10	1.66	14.59	0.08	25.08	64
1853	德汇投资精选2期	5.16	0.55	0.77	0.57	1.24	0.32	0.75	0.04	8.45	28.40	0.37	30.65	69
1854	资舟观复	5.15	1.58	-0.52	-1.09	0.11	0.13	0.14	0.16	6.33	6.23	0.78	5.43	20
1855	谊佰多品种进取1号	5.14	1.31	-0.71	-1.24	0.48	-0.18	0.14	-0.28	0.90	10.76	0.00	18.58	61
1856	世诚扬子3F号	5.13	1.24	-1.20	-1.99	0.73	-0.11	-0.22	0.02	1.90	15.78	0.10	29.62	80
1857	海西晟乾7号	5.12	0.35	-3.82	-1.76	1.35	0.88	0.49	0.42	-1.85	37.41	0.09	43.69	54
1858	泰润1号	5.12	0.32	0.47	0.20	0.87	0.22	-0.34	-0.25	7.78	33.55	0.34	36.54	32

续表

编号	基金名称	年化 α(%)	t(α)	γ	t(γ)	β_mkt	β_smb	β_hml	β_mom	年化收益率(%)	年化波动率(%)	年化夏普比率	最大回撤率(%)	调整后 R^2(%)
1859	瑞氢富申 2 号	5.12	0.79	-1.80	-1.89	0.53	-0.19	0.06	-0.06	-2.59	14.36	-0.22	36.51	40
1860	蠡顓晟价值平衡 1 号	5.12	0.30	2.18	0.88	1.02	-0.05	0.14	0.39	9.81	35.92	0.39	53.45	35
1861	汇泽领慧 FOF1 期	5.09	1.41	-0.49	-0.93	0.42	0.04	-0.06	0.12	6.13	10.28	0.48	10.97	64
1862	致同宝盈	5.07	2.15*	0.55	1.60	-0.03	0.06	-0.04	0.13	10.03	4.39	1.87	4.55	15
1863	高信百诺 1 期	5.06	0.73	-0.72	-0.71	0.66	-0.46	-0.23	-0.31	-1.77	17.49	-0.10	49.58	54
1864	中国龙平衡	5.06	1.39	-0.78	-1.47	0.39	-0.15	0.16	-0.05	1.42	9.06	0.03	16.68	53
1865	菁云套利 1 号	5.06	1.00	-1.67	-2.25	0.23	0.01	-0.05	-0.24	0.36	10.03	-0.06	14.12	25
1866	逸杉 2 期	5.03	0.42	0.56	0.32	0.60	-0.11	0.08	0.28	5.70	23.75	0.29	24.99	26
1867	赤骥量化 1 号	5.02	0.67	1.45	1.32	-0.06	0.05	0.03	0.06	11.90	13.02	0.81	8.33	3
1868	听畅深蓝价值 1 号	5.02	0.84	-1.75	-1.99	0.75	-0.20	0.12	-0.38	-3.58	16.49	-0.23	41.51	61
1869	知远风华价值 2 号	5.02	0.58	-1.81	-1.43	1.09	-0.31	-0.30	-0.26	-4.37	24.98	-0.11	47.24	65
1870	衍航 15 号	5.02	0.57	0.69	0.53	0.25	0.24	-0.04	0.39	12.55	16.86	0.70	25.33	20
1871	广金恒富 2 号	5.00	0.90	-0.36	-0.44	0.42	0.08	0.03	0.10	6.32	12.40	0.43	20.17	41
1872	航长常春藤 5 号	5.00	0.98	1.99	2.66*	0.44	-0.04	0.11	-0.17	12.52	13.22	0.85	8.12	56
1873	玖鹏价值精选 1 号	4.98	0.49	-1.07	-0.72	0.84	0.02	-0.45	0.10	3.40	25.02	0.19	37.83	51
1874	诚汇 3 号	4.98	0.37	-0.90	-0.46	0.54	0.74	-0.14	0.79	12.17	28.72	0.49	26.43	36
1875	华炎晨晖	4.97	1.50	1.00	2.07*	0.24	0.10	0.00	-0.01	11.72	8.04	1.24	5.58	50
1876	久铭 1 号	4.97	0.48	-0.59	-0.39	0.85	-0.41	0.16	-0.23	-2.98	23.24	-0.08	38.77	43
1877	中睿合银策略优选 1 号	4.96	0.69	0.14	0.13	0.39	-0.05	-0.11	0.22	7.05	15.07	0.42	25.70	34

续表

编号	基金名称	年化 α(%)	t(α)	γ	t(γ)	β_mkt	β_smb	β_hml	β_mom	年化收益率(%)	年化波动率(%)	年化夏普比率	最大回撤率(%)	调整后 R²(%)
1878	汇泽至慧 FOF1 期 B 号	4.95	0.83	-1.11	-1.27	0.35	0.07	-0.05	0.14	3.76	12.40	0.24	16.18	33
1879	盈定 1 号	4.94	0.64	1.67	1.49	0.55	0.28	0.05	0.19	16.20	18.28	0.83	16.85	48
1880	时田丰 2 期	4.93	0.96	0.09	0.12	0.44	-0.03	0.06	0.18	6.71	12.33	0.47	18.09	49
1881	七曜领诚	4.92	0.85	-1.55	-1.83	0.70	-0.09	-0.10	-0.02	0.08	16.15	-0.01	33.50	62
1882	德汇尊享 2 号	4.92	0.57	2.66	2.11*	1.25	0.18	0.53	0.02	14.61	28.83	0.56	31.69	74
1883	君心盈泰 - 君泽盈泰 1 号	4.91	0.55	-2.24	-1.71	0.90	0.18	-0.37	0.27	1.29	24.50	0.11	37.84	61
1884	肇毓投资天府菁容 1 号	4.91	0.69	1.86	1.79*	0.11	-0.06	-0.02	0.38	13.12	14.00	0.84	7.61	25
1885	重阳 8 期	4.90	0.91	-0.82	-1.03	0.52	0.03	0.17	0.00	3.25	12.98	0.19	18.13	49
1886	慭峰进取 1 号	4.90	0.39	-0.27	-0.15	1.09	0.05	0.84	-0.07	-0.17	29.20	0.08	37.98	45
1887	听畅畅享 1 号 FOF	4.90	1.19	-0.73	-1.20	0.53	-0.02	0.09	-0.03	3.34	11.60	0.21	20.01	63
1888	金塔 1 号	4.88	0.47	-1.54	-1.01	0.63	0.24	-0.42	0.36	4.82	23.70	0.25	30.06	43
1889	支点先锋 1 号	4.87	0.45	5.09	3.24*	0.54	0.02	0.37	0.40	24.42	24.25	0.95	15.51	42
1890	哲萌 1 号	4.87	0.73	0.38	0.39	-0.05	-0.05	-0.26	0.24	8.19	12.39	0.58	14.65	16
1891	龙旗天璇量化对冲	4.86	1.18	-0.40	-0.66	0.03	0.29	0.08	0.47	9.34	8.80	0.89	8.40	36
1892	德胜独角兽复合 A	4.86	0.55	1.19	0.93	0.67	-0.24	-0.17	-0.16	7.19	20.28	0.37	22.25	45
1893	德韬投资 - 私募学院菁英 21 号	4.85	0.50	-2.25	-1.59	0.66	0.13	-0.28	0.29	0.56	21.98	0.07	37.28	44
1894	清水源创新子基金 2 期	4.84	0.54	-1.16	-0.89	0.67	-0.07	-0.23	-0.13	1.09	19.93	0.08	41.18	41
1895	涵德明德中证 500 指数增强 1 号	4.84	1.15	-0.54	-0.87	0.92	0.29	0.05	0.30	8.22	19.69	0.42	24.51	87
1896	长征致远 1 号	4.83	0.22	-3.07	-0.96	1.16	0.04	-0.07	-0.46	-11.64	42.82	-0.10	71.95	24

续表

编号	基金名称	年化α(%)	t(α)	γ	t(γ)	β_mkt	β_smb	β_hml	β_mom	年化收益率(%)	年化波动率(%)	年化夏普比率	最大回撤率(%)	调整后R²(%)
1897	融义双盈量化 1 号	4.82	0.75	-0.97	-1.03	0.87	0.56	0.28	0.32	8.65	21.19	0.43	26.59	73
1898	中国龙平衡对冲增强	4.81	1.37	-0.89	-1.73	0.37	-0.14	0.14	-0.09	0.91	8.68	-0.03	15.82	52
1899	盈定 5 号	4.80	0.49	-0.75	-0.53	0.71	0.16	-0.29	0.05	5.66	22.38	0.29	31.83	45
1900	因诺天机 4 号	4.80	0.95	-0.08	-0.11	0.17	0.22	-0.14	0.22	9.94	10.46	0.82	16.16	32
1901	宏亮投资竑诚对冲 1 号	4.79	0.63	-0.18	-0.16	0.39	0.08	-0.16	0.26	7.62	15.95	0.44	20.20	33
1902	泓顺旗舰	4.79	0.53	1.12	0.84	0.64	0.10	-0.21	0.25	12.25	21.32	0.58	26.62	47
1903	向眉梧空对冲量化 1 期	4.79	0.84	-1.27	-1.54	0.55	-0.17	-0.33	0.12	1.14	15.46	0.05	31.57	61
1904	支点先锋 2 号	4.78	0.61	2.66	2.31*	0.37	0.08	0.29	0.27	16.32	16.57	0.91	13.11	34
1905	桁号 1 期	4.77	0.49	-2.68	-1.87	1.06	-0.03	0.13	-0.07	-5.63	24.80	-0.17	49.33	54
1906	中干价值 1 号	4.75	0.56	-1.52	-1.23	0.88	-0.26	0.03	-0.36	-3.99	20.98	-0.16	42.19	52
1907	常青藤中证 500 指数增强型 1 号	4.75	0.64	-0.94	-0.86	0.45	-0.19	-0.26	-0.46	0.18	15.53	-0.01	24.87	33
1908	图斯鑫源森	4.75	0.65	1.38	1.29	0.71	0.20	0.09	-0.24	12.26	19.64	0.61	17.82	60
1909	曜石对冲母基金 1 号	4.75	2.53*	-0.04	-0.14	0.08	0.04	0.03	0.07	6.90	3.67	1.43	2.97	23
1910	陆宝成全 1 期	4.70	0.70	-0.42	-0.43	0.42	-0.06	-0.18	0.40	5.33	15.68	0.31	20.11	47
1911	浅湖 6 号	4.70	0.31	-3.81	-1.70	1.38	0.57	-0.44	-0.31	-4.75	39.66	0.03	77.51	56
1912	汇富金财价值精选 1 号	4.68	0.30	1.36	0.59	0.76	0.20	-0.23	-0.19	10.72	31.89	0.42	38.80	28
1913	承泽 2 号	4.67	0.57	-1.12	-0.93	0.74	-0.19	-0.31	-0.13	0.10	20.07	0.03	36.77	51
1914	民晟全天候 1 号	4.67	0.83	-1.17	-1.42	0.10	-0.15	-0.35	-0.08	1.20	10.72	0.02	27.65	19
1915	蓝色天际股票 1 号	4.66	0.93	-0.34	-0.47	0.55	-0.16	0.00	-0.14	2.68	13.02	0.15	22.32	57

续表

编号	基金名称	年化 α(%)	t(α)	γ	t(γ)	β_{mkt}	β_{smb}	β_{hml}	β_{mom}	年化收益率(%)	年化波动率(%)	年化夏普比率	最大回撤率(%)	调整后R^2(%)
1916	瑞民策略精选优势	4.65	0.47	-0.36	-0.25	1.00	-0.28	-0.38	0.20	1.55	27.01	0.13	41.94	60
1917	景领健康中国1号	4.64	0.80	0.01	0.01	0.48	-0.19	-0.29	-0.01	4.90	14.44	0.30	30.66	52
1918	宁聚成长指数增强2期	4.64	0.77	0.50	0.56	0.90	-0.08	-0.04	0.10	6.82	20.34	0.35	28.05	74
1919	海之源价值增长	4.63	0.53	0.50	0.39	0.71	-0.16	0.74	0.04	2.04	20.28	0.12	27.57	45
1920	同威海源价值2期	4.62	0.38	-1.30	-0.72	0.93	-0.04	-0.55	0.12	0.94	29.06	0.12	40.01	48
1921	大通道福道1号	4.60	1.48	-0.34	-0.76	0.20	-0.02	0.05	-0.11	4.38	6.37	0.47	9.06	30
1922	歌斐基金管家	4.60	1.53	0.52	1.18	0.59	-0.10	0.00	0.10	7.22	12.62	0.50	21.50	83
1923	志开成长3期	4.60	0.39	0.76	0.44	0.32	-0.05	-0.30	0.02	8.01	21.80	0.38	31.58	14
1924	数博增强500	4.59	1.11	-0.32	-0.53	0.77	0.17	-0.06	0.08	7.49	16.73	0.43	23.96	82
1925	显德滚雪球1号	4.59	0.43	0.29	0.18	0.70	-0.34	0.53	-0.22	-1.13	22.59	-0.01	33.68	35
1926	拾贝优选	4.58	0.54	0.60	0.48	0.26	-0.22	-0.59	-0.25	6.46	16.85	0.37	18.42	27
1927	厚德里3号	4.58	0.47	-1.72	-1.19	0.47	-0.08	-0.22	-0.23	-1.61	19.11	-0.07	35.11	22
1928	民晟红鹭3号	4.58	0.59	0.98	0.86	0.43	-0.16	-0.45	-0.07	8.76	17.24	0.48	32.66	40
1929	昶享2号	4.57	0.65	0.05	0.05	0.42	0.00	-0.16	0.12	6.93	14.97	0.42	16.17	36
1930	锐进47期	4.57	0.80	-1.27	-1.52	0.64	-0.04	-0.11	0.01	1.47	15.38	0.07	28.33	60
1931	合正普惠景气成长1号	4.56	0.74	-0.31	-0.35	0.58	-0.19	-0.25	-0.10	3.20	15.62	0.18	30.61	54
1932	品赋稳健成长	4.56	0.89	-0.34	-0.46	0.41	-0.18	-0.14	-0.28	2.53	11.68	0.14	20.08	44
1933	平方和信享	4.56	1.38	0.16	0.33	0.02	0.19	0.08	0.13	9.10	6.21	1.20	5.48	17
1934	保银多空稳健1号	4.55	1.34	-0.01	-0.03	0.09	0.02	-0.09	0.17	7.11	6.70	0.84	6.66	25

续表

编号	基金名称	年化α(%)	t(α)	γ	t(γ)	β_mkt	β_smb	β_hml	β_mom	年化收益率(%)	年化波动率(%)	年化夏普比率	最大回撤率(%)	调整后R²(%)
1935	汇泽领慧 FOF1 期 A 号	4.53	1.27	-0.54	-1.03	0.42	0.04	-0.04	0.14	5.39	10.32	0.41	11.34	65
1936	同威阿基米德 1 号	4.52	0.32	-1.33	-0.65	1.02	-0.28	-0.88	-0.13	-2.35	33.10	0.04	50.31	48
1937	华永信东成 2 号	4.51	0.90	-1.43	-1.96	0.19	-0.13	0.06	-0.12	-1.17	9.22	-0.24	24.00	14
1938	世诚诚信尊享 1 号	4.51	1.18	-0.94	-1.68	0.75	-0.15	-0.24	-0.04	1.68	15.90	0.09	31.23	83
1939	新视野智能量化 2 号	4.49	2.23*	0.00	0.01	0.07	0.08	-0.03	0.07	7.58	4.07	1.45	1.74	28
1940	鼎锋 1 期	4.48	0.58	-1.25	-1.10	0.87	-0.11	-0.32	0.17	0.94	22.15	0.08	41.81	64
1941	信水长流 2 期	4.47	0.57	0.30	0.26	1.00	0.10	-0.39	-0.05	8.48	24.88	0.39	29.58	71
1942	期报实战排排网精选 1 号	4.44	1.77*	-0.02	-0.06	0.05	-0.02	0.08	0.01	5.39	4.44	0.87	5.85	6
1943	西藏明曜聚富 3 号	4.42	0.36	-2.58	-1.46	0.46	0.12	0.12	0.40	-2.96	22.88	-0.09	43.77	18
1944	博道精选 5 期	4.41	0.66	-1.13	-1.16	0.68	-0.31	-0.47	-0.25	-1.07	17.99	-0.05	43.94	60
1945	德汇精选	4.41	0.59	1.29	1.18	1.17	0.26	0.72	0.23	10.18	25.75	0.44	30.30	76
1946	领星九坤市场中性	4.41	1.29	0.49	0.98	0.02	0.18	-0.11	0.17	10.98	6.81	1.35	6.00	27
1947	银湖 2 期	4.40	0.52	2.54	2.06*	0.80	-0.12	-0.19	0.10	13.82	22.97	0.61	25.36	60
1948	青鼎赤兔马 2 号	4.39	0.30	-1.99	-0.92	0.95	-0.14	-0.59	0.28	-3.41	32.94	0.01	40.83	41
1949	凯纳凯泰 2 号	4.39	0.91	0.27	0.39	0.90	0.29	0.33	0.36	9.80	19.34	0.50	22.48	82
1950	福瑞福元 1 号	4.39	4.54*	0.41	2.90*	-0.03	0.03	0.00	0.04	7.93	1.83	3.37	0.50	18
1951	菁世 2 号	4.38	0.55	-1.51	-1.28	0.80	-0.03	-0.60	-0.17	1.09	22.13	0.09	35.44	61
1952	君之健翱翔同泰	4.37	0.63	0.79	0.78	0.25	0.13	0.41	0.22	8.93	13.21	0.60	11.07	20
1953	喜马拉雅 3 号	4.34	0.44	0.37	0.26	0.63	0.23	0.35	0.32	8.30	20.79	0.41	25.50	35

续表

编号	基金名称	年化α(%)	t(α)	γ	t(γ)	β_mkt	β_smb	β_hml	β_mom	年化收益率(%)	年化波动率(%)	年化夏普比率	最大回撤率(%)	调整后R²(%)
1954	悟淡1号	4.34	0.63	-0.37	-0.37	0.40	0.29	0.51	0.55	7.03	14.73	0.43	31.29	36
1955	达1号	4.32	0.98	1.56	2.42*	0.05	-0.15	-0.03	-0.03	9.59	8.50	0.95	13.40	21
1956	德明恒远丰誉1期	4.31	0.25	0.05	0.02	1.10	0.15	-0.10	-0.80	0.93	37.06	0.17	69.46	39
1957	凤翔长盈	4.28	0.80	-0.03	-0.04	0.88	0.15	0.21	0.20	6.96	18.88	0.37	32.20	76
1958	尚雅14期	4.27	0.31	0.36	0.18	0.41	-0.35	-0.58	-0.17	2.04	26.24	0.15	42.91	18
1959	景泰复利回报银信宝1期	4.27	0.59	-1.29	-1.22	0.48	-0.05	-0.34	-0.20	1.05	15.84	0.05	28.84	39
1960	海燕四季收益1期	4.27	0.58	-1.49	-1.40	0.88	-0.11	0.11	-0.29	-2.52	19.80	-0.11	42.68	60
1961	深乾平衡1号	4.26	0.32	-1.79	-0.92	0.72	-0.21	-0.19	0.03	-4.43	26.61	-0.10	36.24	27
1962	东源嘉盈新三板1号	4.25	0.35	-1.94	-1.08	0.68	0.20	0.65	0.06	-2.81	24.37	-0.07	38.21	25
1963	仙童FOF4期	4.24	0.55	-0.46	-0.40	0.26	0.03	0.20	0.12	3.40	14.03	0.20	25.91	10
1964	千惠领航1号	4.24	0.75	0.39	0.47	0.10	-0.08	-0.01	0.12	6.28	10.17	0.50	12.63	11
1965	合撰成长精选	4.23	0.59	-1.21	-1.15	0.88	0.05	-0.05	0.27	2.20	21.01	0.13	32.64	66
1966	金珀5号	4.22	0.57	-2.04	-1.90	0.88	-0.06	-0.10	0.09	-2.26	20.47	-0.08	36.19	62
1967	银万丰泽精选1号	4.22	0.96	-0.70	-1.08	0.55	0.21	0.15	0.24	5.96	13.01	0.39	21.99	66
1968	因诺天机	4.21	0.98	-0.32	-0.50	0.14	0.28	-0.07	0.27	9.06	9.28	0.82	14.94	37
1969	世诚扬子5号	4.21	1.23	-0.95	-1.89	0.75	-0.19	-0.21	-0.10	0.76	15.31	0.03	28.33	85
1970	深海石平稳趋势-鲸语1号	4.18	0.68	0.38	0.43	0.08	-0.02	-0.11	-0.16	6.53	10.81	0.50	9.72	6
1971	广金成长6期	4.17	0.40	-1.99	-1.32	0.98	0.28	0.07	0.49	1.13	26.16	0.11	34.32	55
1972	德胜独角兽3号	4.16	0.44	0.83	0.60	0.62	-0.17	-0.01	-0.04	5.55	20.21	0.29	23.44	36

续表

编号	基金名称	年化 α(%)	t(α)	γ	t(γ)	β_mkt	β_smb	β_hml	β_mom	年化收益率(%)	年化波动率(%)	年化夏普比率	最大回撤率(%)	调整后 R²(%)
1973	志开信享 1 期	4.15	0.34	0.54	0.31	0.34	-0.06	-0.29	0.02	6.47	22.26	0.32	34.65	14
1974	汇泽量慧 FOF1 期	4.15	1.08	-0.56	-0.99	0.37	0.02	-0.09	0.12	4.85	9.97	0.37	11.75	57
1975	尚雅 7 期	4.14	0.35	-0.49	-0.28	0.31	0.00	-0.66	-0.37	3.80	22.44	0.21	36.58	20
1976	中域稳健涵和 1 期	4.14	0.47	-1.73	-1.33	0.80	0.10	-0.37	0.26	1.68	22.94	0.12	39.25	56
1977	东方腾润 2 号	4.10	0.26	2.19	0.96	0.28	-0.45	-0.53	-0.58	5.23	28.50	0.26	45.96	13
1978	巴富罗聚富 2 号	4.10	0.31	0.41	0.21	1.12	-0.09	-0.10	0.79	4.71	33.77	0.25	48.66	55
1979	昌远玄武 1 号	4.10	0.29	7.28	3.49*	0.58	0.18	0.61	0.72	32.98	31.60	1.00	23.49	40
1980	七曜领奏 5 号	4.07	0.66	-1.53	-1.69	0.69	-0.05	-0.12	-0.04	-0.32	16.53	-0.03	32.71	59
1981	谊恒多品种稳健 1 号	4.06	1.54	-0.05	-0.14	0.19	-0.04	0.08	-0.09	4.56	5.72	0.55	8.89	38
1982	浙江白鹭群贤	4.06	1.13	0.31	0.58	0.14	0.13	0.02	0.10	8.60	7.06	0.99	8.48	24
1983	志远成长 1 号	4.05	1.11	-0.98	-1.85	0.39	-0.05	0.01	-0.15	1.24	9.22	0.02	8.75	54
1984	恒益富通 3 号	4.04	0.23	0.29	0.11	0.68	-0.03	-0.05	-0.17	1.67	32.83	0.17	34.34	16
1985	云梦泽-远方股票稳健	4.04	0.52	-1.23	-1.08	0.69	0.26	-0.09	0.04	3.97	19.36	0.22	37.63	52
1986	德胜君盈 1 号	4.03	0.44	0.89	0.66	0.62	-0.15	0.02	-0.02	5.86	19.98	0.31	23.01	37
1987	同舟 1 号	4.02	0.61	1.34	1.39	1.24	0.05	0.22	-0.16	8.32	26.27	0.37	35.35	82
1988	景泰复利回报 2 期	3.97	0.56	-1.12	-1.09	0.49	-0.13	-0.28	-0.27	0.05	15.41	-0.02	29.37	39
1989	嘉得趋势策略 5 号	3.97	0.19	-2.17	-0.71	1.36	0.23	-0.30	-0.48	-6.90	44.86	0.03	65.99	36
1990	旭鑫价值成长 2 期	3.95	0.68	1.39	1.62	0.21	0.04	-0.05	0.12	11.46	11.55	0.87	7.60	25
1991	抱朴卓越成长 1A 号	3.93	0.46	-2.31	-1.87	0.57	-0.12	-0.49	-0.20	-3.35	18.96	-0.17	35.54	42

续表

编号	基金名称	年化α(%)	$t(\alpha)$	γ	$t(\gamma)$	β_{mkt}	β_{smb}	β_{hml}	β_{mom}	年化收益率(%)	年化波动率(%)	年化夏普比率	最大回撤率(%)	调整后R^2(%)
1992	弘酬双全 3 期	3.92	0.73	-0.86	-1.09	0.55	0.06	-0.06	0.26	3.87	14.51	0.23	28.69	60
1993	第一京广海纳 3 号	3.91	0.54	1.08	1.01	-0.11	0.48	0.38	0.42	14.11	13.99	0.91	10.09	21
1994	淳麟 1 号	3.89	0.53	-1.76	-1.64	0.79	-0.22	-0.41	0.05	-2.38	20.47	-0.09	43.29	62
1995	启元久安 1 号	3.89	1.12	-0.85	-1.68	0.33	0.11	0.17	0.06	3.42	8.40	0.26	8.69	50
1996	永望复利成长 7 号	3.88	0.28	1.17	0.57	0.74	-0.06	-0.37	-0.17	7.34	28.76	0.33	35.75	31
1997	以太投资稳健成长 16 号	3.87	0.71	-0.81	-1.01	0.21	-0.12	-0.09	-0.20	0.80	10.16	-0.02	30.06	15
1998	保银-好买中国价值 1 期	3.87	1.14	0.00	0.01	0.09	0.02	-0.09	0.16	6.43	6.69	0.74	6.87	25
1999	航长常春藤 7 号	3.86	0.62	1.90	2.10*	0.47	0.00	0.10	-0.17	11.35	14.79	0.70	11.10	49
2000	璞醴价值成长 2 号	3.86	0.30	1.24	0.65	0.72	0.13	0.05	0.58	10.44	27.68	0.44	33.43	35
2001	融信长盈 FOF1 期	3.86	0.98	-0.07	-0.12	0.25	0.10	-0.04	0.23	7.30	8.95	0.67	19.71	44
2002	南方汇金	3.85	0.55	0.22	0.22	0.68	-0.09	0.20	-0.35	2.97	17.52	0.17	16.99	53
2003	悟空同创量化 1 期	3.84	0.77	-1.02	-1.39	0.52	-0.18	-0.37	0.05	1.04	14.34	0.04	28.77	64
2004	瀚信猎鹰 1 号	3.82	0.27	-1.19	-0.58	1.10	0.48	-0.37	0.57	5.77	34.90	0.29	45.80	52
2005	榕树文明复兴 6 期	3.80	0.46	-0.50	-0.42	1.01	-0.11	-0.17	0.03	1.75	23.85	0.12	38.98	65
2006	景裕新能源汽车行业 1 号	3.80	0.30	0.22	0.12	0.99	-0.24	-0.93	-0.04	3.51	32.24	0.21	55.84	54
2007	从容全天候增长母	3.79	0.36	-0.51	-0.33	0.18	-0.04	-0.64	0.14	4.28	20.52	0.23	42.26	22
2008	广东乾阳良木 1 号	3.79	0.33	-3.06	-1.81	1.06	0.02	0.42	0.00	-8.46	26.62	-0.26	51.14	45
2009	开宝 2 期	3.76	0.66	-0.68	-0.81	0.88	0.16	0.13	-0.09	3.61	19.10	0.20	27.87	74
2010	信弘馨宜 1 号	3.75	0.73	0.31	0.41	-0.02	0.12	0.07	0.07	7.49	8.90	0.69	7.23	3

续表

编号	基金名称	年化 α (%)	$t(\alpha)$	γ	$t(\gamma)$	β_{mkt}	β_{smb}	β_{hml}	β_{mom}	年化收益率 (%)	年化波动率 (%)	年化夏普比率	最大回撤率 (%)	调整后 R^2 (%)
2011	润泽价值 1 期	3.74	1.46	−0.45	−1.21	0.28	−0.07	−0.10	−0.01	3.39	6.95	0.30	14.11	60
2012	金柏 1 期	3.72	0.35	−0.92	−0.59	0.25	−0.02	−0.03	0.20	1.13	19.09	0.07	25.92	9
2013	橡谷成长 1 号	3.72	0.55	−0.25	−0.26	0.59	−0.20	−0.20	−0.25	1.74	16.18	0.09	40.11	49
2014	汇泽领慧 FOF1 期 D 号	3.71	1.03	−0.52	−0.98	0.42	0.04	−0.04	0.14	4.59	10.35	0.34	12.05	64
2015	九章幻方量化对冲 3 号	3.71	0.92	0.57	0.97	0.10	0.12	−0.08	0.28	9.81	8.33	0.99	18.40	31
2016	赫富 1 号	3.70	1.05	−0.35	−0.68	0.21	0.11	−0.13	0.14	6.32	8.15	0.61	11.49	45
2017	九铭恒丰	3.68	0.60	0.19	0.21	0.23	−0.02	−0.11	0.11	6.11	11.82	0.43	25.17	21
2018	锦天成价值	3.68	0.50	−1.45	−1.34	0.79	−0.13	0.08	0.17	−1.84	19.03	−0.08	37.20	56
2019	苍石鱼戏莲叶东	3.67	0.52	−0.68	−0.67	0.41	−0.30	−0.12	−0.09	−0.91	14.49	−0.09	35.26	32
2020	齐信 1 号	3.67	0.75	−0.33	−0.46	0.17	−0.04	0.04	−0.05	3.14	8.83	0.22	15.23	10
2021	私募工场宽河精选稳健母基金 1 期	3.65	1.13	−0.81	−1.72	0.52	−0.10	−0.12	0.00	1.75	11.27	0.08	23.49	76
2022	金珀 7 号	3.65	0.31	−2.91	−1.68	1.01	−0.20	−0.08	0.15	−8.65	27.37	−0.25	57.68	45
2023	武当 6 期	3.64	0.53	−2.21	−2.18	0.52	0.17	−0.40	−0.02	0.40	17.09	0.02	22.79	52
2024	秋阳成长 7 期	3.63	0.55	0.29	0.30	0.68	0.01	−0.10	0.07	6.57	17.70	0.36	19.19	59
2025	珺容量化精选 3 号	3.62	1.01	−0.27	−0.51	0.11	−0.06	−0.10	−0.05	3.74	6.54	0.37	6.87	12
2026	中国龙	3.61	0.60	−0.67	−0.76	0.38	0.05	0.43	0.01	1.43	12.45	0.05	21.00	32
2027	或铭知行 1 号	3.61	0.72	0.63	0.87	0.40	0.17	−0.23	0.03	10.62	13.00	0.73	15.68	57
2028	雨山寻牛 1 号	3.60	0.19	−3.24	−1.16	1.38	−0.27	−0.42	0.36	−12.59	42.78	−0.15	76.89	42

续表

编号	基金名称	年化α(%)	t(α)	γ	t(γ)	β_{mkt}	β_{smb}	β_{hml}	β_{mom}	年化收益率(%)	年化波动率(%)	年化夏普比率	最大回撤率(%)	调整后R^2(%)
2029	新视野智能量化 3 号	3.54	2.19*	0.00	-0.02	0.06	0.05	-0.01	0.08	6.13	3.27	1.38	2.66	29
2030	普尔 2 号	3.52	0.56	-1.35	-1.46	0.89	-0.25	0.19	0.05	-3.74	18.86	-0.19	34.23	67
2031	幂因 1 号	3.51	0.31	-0.11	-0.07	0.78	0.04	-0.31	0.22	5.08	25.51	0.26	35.22	43
2032	展博 5 期	3.50	0.39	-0.50	-0.38	0.36	0.08	-0.12	0.24	4.52	17.36	0.25	23.33	23
2033	七禾博孚利量化 FOF1 号	3.50	0.44	1.76	1.52	-0.22	-0.01	0.13	-0.13	9.22	14.63	0.57	20.67	14
2034	阿甘 1 号	3.48	0.26	2.85	1.45	0.89	0.26	-0.31	0.22	17.86	31.44	0.62	35.56	46
2035	明日璨远	3.47	0.26	2.21	1.12	1.17	0.23	0.15	-0.05	11.72	33.13	0.45	50.96	52
2036	雁丰股票增强 1 号	3.45	0.79	1.84	2.89*	0.18	0.00	-0.11	0.04	12.39	9.45	1.13	4.69	38
2037	私募工场肥尾价值一号	3.43	0.42	1.02	0.85	0.61	-0.39	0.20	-0.45	1.07	18.82	0.07	36.03	44
2038	鸿涵成长 3 号	3.43	0.28	-0.96	-0.54	0.93	0.07	-0.34	0.20	1.74	28.46	0.15	45.05	46
2039	睿信 4 期	3.42	0.40	-1.42	-1.15	0.75	-0.15	-0.15	0.06	-1.90	20.24	-0.07	40.62	49
2040	明曜新三板 1 期	3.39	0.34	2.55	1.72*	0.02	0.09	-0.07	0.41	15.66	18.48	0.79	9.62	13
2041	悟空对冲量化 6 期	3.38	0.61	-0.98	-1.21	0.51	-0.18	-0.37	0.08	0.76	14.91	0.02	30.27	60
2042	易同优选	3.38	0.32	2.40	1.56	0.66	-0.07	-0.31	0.10	12.87	24.04	0.56	23.03	44
2043	真鑫如意 2 期	3.36	0.67	-0.59	-0.81	0.46	0.12	0.17	0.00	3.54	12.02	0.22	14.72	49
2044	谊佰多品种进取 3 号	3.35	0.51	0.24	0.25	0.09	-0.16	0.18	-0.04	2.39	11.70	0.13	18.28	8
2045	森林湖稳健收益 1 号	3.34	0.32	-0.60	-0.40	1.06	-0.24	0.43	-0.11	-3.61	25.60	-0.08	53.03	52
2046	枫池稳健 3 号	3.31	0.36	-1.22	-0.90	0.66	0.08	-0.52	0.03	2.35	21.89	0.15	38.67	48
2047	展博专注 B 期	3.30	0.37	-0.50	-0.38	0.36	0.08	-0.12	0.24	4.31	17.35	0.24	23.42	23

续表

编号	基金名称	年化α(%)	t(α)	γ	t(γ)	β_mkt	β_smb	β_hml	β_mom	年化收益率(%)	年化波动率(%)	年化夏普比率	最大回撤率(%)	调整后R²(%)
2048	中鼎创富鼎创	3.29	0.42	-0.68	-0.60	0.61	0.05	-0.04	-0.12	2.26	17.51	0.13	34.24	42
2049	弘苕荟利稳健管理型6号	3.29	0.64	-0.64	-0.84	-0.01	-0.16	-0.17	-0.16	0.46	9.20	-0.07	22.45	7
2050	盛景价值	3.29	0.46	1.13	1.08	0.62	-0.13	0.20	0.04	6.18	17.23	0.34	23.86	49
2051	云君山海1号	3.28	0.40	-0.16	-0.14	0.87	0.15	0.09	0.41	5.75	22.17	0.29	35.75	61
2052	淳能安稳1号	3.28	0.39	1.69	1.37	0.10	0.07	-0.17	0.29	12.66	15.70	0.74	12.39	15
2053	合道-翼翔1期	3.26	0.40	1.21	1.03	0.51	-0.09	-0.04	-0.25	6.99	17.43	0.39	34.26	37
2054	金泮精选2号	3.23	0.26	-4.00	-2.19	0.85	-0.23	-0.15	-0.50	-13.84	26.16	-0.49	54.18	33
2055	鹤骑鹰奇异指数	3.22	0.54	-1.97	-2.25	0.59	0.30	0.01	0.29	1.72	16.06	0.10	30.15	59
2056	私募工场泽升中国优势	3.22	0.19	1.09	0.44	0.81	-0.01	-0.56	0.03	6.77	34.47	0.31	48.95	30
2057	盛世长安	3.20	0.32	-0.30	-0.21	0.94	-0.16	-0.30	0.26	1.78	26.04	0.14	46.41	57
2058	皓晨之星	3.20	1.04	-0.02	-0.04	0.44	0.22	-0.08	0.19	8.46	11.14	0.65	16.74	78
2059	私募学院菁英135号	3.20	0.34	-0.07	-0.05	0.71	0.06	0.28	0.18	3.46	20.74	0.19	29.67	39
2060	璞醴价值成长	3.20	0.32	-0.27	-0.18	0.69	-0.06	-0.08	0.31	2.83	22.04	0.16	35.32	41
2061	泓顺基石	3.18	0.35	1.12	0.84	0.64	0.10	-0.21	0.25	10.48	21.31	0.50	28.18	47
2062	久铭7号	3.17	0.31	-0.72	-0.49	0.80	-0.26	0.12	-0.16	-2.98	22.18	-0.10	41.23	40
2063	鸿涵成长1期	3.16	0.30	-0.47	-0.30	0.87	0.07	-0.29	0.15	3.55	25.54	0.20	38.81	49
2064	以大投资稳健成长3号	3.16	0.38	-1.01	-0.84	0.68	-0.06	0.03	-0.03	0.18	18.68	0.02	28.69	43
2065	滨海-龙腾7号	3.16	0.90	1.05	2.05*	-0.11	0.23	-0.06	0.15	11.82	6.91	1.44	4.87	24
2066	罗杰岛量化2号	3.14	0.42	1.87	1.72*	-0.04	-0.07	0.09	0.12	9.78	13.35	0.65	14.80	9

续表

编号	基金名称	年化 α(%)	$t(\alpha)$	γ	$t(\gamma)$	β_{mkt}	β_{smb}	β_{hml}	β_{mom}	年化收益率(%)	年化波动率(%)	年化夏普比率	最大回撤率(%)	调整后 R^2(%)
2067	观复 1 号	3.13	0.41	-1.44	-1.29	0.90	0.41	0.41	-0.09	1.64	21.98	0.11	30.19	65
2068	大牛进取 1 号	3.13	0.30	1.21	0.79	0.62	-0.35	-0.11	-0.02	3.67	22.41	0.20	34.41	36
2069	潮信 3 号	3.13	0.42	-0.23	-0.22	0.59	-0.14	0.08	0.13	1.60	16.85	0.09	26.10	43
2070	开心宝 3 号	3.13	0.47	1.37	1.41	0.73	0.24	-0.27	0.10	13.44	20.33	0.65	29.32	69
2071	同创佳业沪港深精选	3.13	0.67	0.24	0.35	0.57	0.16	-0.14	0.24	8.62	14.83	0.53	21.92	71
2072	珠池量化对冲套利策略母基金 1 号	3.12	2.60*	0.09	0.54	-0.01	0.02	-0.03	0.00	5.34	2.09	1.79	2.27	4
2073	珠池量化稳健投资母基金 1 号	3.11	2.02*	0.31	1.38	0.05	0.06	-0.01	0.04	6.82	3.14	1.64	2.16	29
2074	私募工场厚生和稳健增长 2 号	3.11	0.32	-1.35	-0.94	0.60	-0.28	-0.56	-0.11	-2.76	21.56	-0.09	42.08	39
2075	诚奇管理 8 号	3.10	1.19	0.26	0.70	0.03	0.14	-0.04	0.13	7.84	5.09	1.22	5.00	24
2076	懋峰 1 号	3.06	0.28	0.43	0.26	1.05	-0.11	0.78	-0.07	-0.49	26.83	0.05	36.30	50
2077	旭鑫稳健成长 1 期	3.06	0.55	1.32	1.64	0.22	0.04	-0.03	0.11	10.19	11.08	0.80	7.61	27
2078	知行稳健 1 号	3.06	1.45	0.23	0.74	-0.04	0.10	-0.03	0.06	6.88	3.88	1.35	3.81	13
2079	肥尾价值 6 号	3.04	0.40	0.81	0.73	0.59	-0.40	0.25	-0.40	-0.16	17.65	-0.01	34.92	46
2080	宏亮投资炳诚	3.02	0.55	-0.10	-0.13	0.31	0.06	-0.17	0.16	5.87	11.83	0.41	15.51	38
2081	中鼎创富 1 期	3.01	0.40	1.35	1.24	0.82	-0.06	0.21	-0.07	7.02	20.18	0.36	28.95	60
2082	新湖巨源价值精选滚雪球 1 号	3.00	0.39	-1.12	-0.99	0.58	-0.33	0.39	-0.19	-5.74	16.76	-0.36	35.96	38
2083	旭鑫价值成长 1 期	2.99	0.53	1.41	1.70*	0.21	0.04	-0.06	0.12	10.63	11.38	0.81	6.18	27
2084	中睿合银策略精选 1 号	2.98	0.33	2.70	2.02*	0.72	-0.07	-0.21	0.18	13.69	23.06	0.60	32.31	54

续表

编号	基金名称	年化α(%)	t(α)	γ	t(γ)	β_{mkt}	β_{smb}	β_{hml}	β_{mom}	年化收益率(%)	年化波动率(%)	年化夏普比率	最大回撤率(%)	调整后R²(%)
2085	融智 FOF9 期混沌价值 2 号	2.98	0.21	3.66	1.73*	1.28	-0.09	-0.89	0.22	16.44	40.15	0.51	37.40	62
2086	骏泽平衡 1 号	2.98	0.70	-0.15	-0.25	0.08	-0.09	-0.11	-0.10	2.94	7.52	0.22	10.99	7
2087	仙童 FOF1 期	2.97	0.35	-0.24	-0.19	0.30	-0.13	0.03	-0.07	0.91	15.66	0.04	32.42	12
2088	宁聚量化稳增 1 号	2.97	0.24	-1.18	-0.65	0.51	0.25	-0.47	-0.10	2.55	25.06	0.17	38.66	27
2089	宜信财富喆颢资本市场量化	2.97	0.97	-0.59	-1.33	0.23	0.16	0.07	0.19	4.71	7.33	0.46	11.40	49
2090	尚道尚新灵活	2.96	0.25	-3.79	-2.16	1.18	-0.42	-0.73	-0.24	-13.52	31.36	-0.35	60.87	57
2091	点聚 1 号	2.96	0.50	-0.54	-0.63	0.67	-0.12	-0.41	-0.25	1.79	17.01	0.10	24.79	65
2092	弘酬开元	2.94	1.01	-0.14	-0.34	0.22	0.01	-0.04	0.08	4.61	6.65	0.49	8.45	44
2093	新方程清水源创新子基金 3 期	2.94	0.35	-1.63	-1.33	0.64	-0.15	-0.31	-0.27	-3.15	18.76	-0.16	41.11	42
2094	琛晟天泰 3 号	2.94	0.30	-1.56	-1.10	0.95	-0.18	-0.86	-0.30	-2.36	26.73	-0.02	52.74	62
2095	尚泽昆仑 1 号	2.93	0.22	0.46	0.24	0.58	0.00	0.55	0.72	3.15	26.18	0.19	45.69	26
2096	卓跞稳健致远	2.93	0.68	-0.38	-0.61	0.19	0.04	-0.06	0.17	4.29	8.69	0.35	18.59	28
2097	君之健翱翔同泰 1 号	2.91	0.42	0.81	0.80	0.25	0.13	0.40	0.21	7.37	13.15	0.49	11.43	20
2098	中国龙稳健	2.89	0.53	-0.44	-0.55	0.36	0.01	0.46	0.09	1.27	11.55	0.04	19.63	34
2099	佰昌通 1 号	2.89	0.14	-0.73	-0.24	0.83	0.88	0.53	0.80	5.56	40.88	0.29	51.89	24
2100	中干价值 1 号 A 期	2.89	0.35	-1.25	-1.04	0.87	-0.28	-0.06	-0.42	-4.83	20.85	-0.20	41.91	55
2101	德毅锐进	2.88	0.29	-1.02	-0.71	0.80	-0.01	0.00	0.03	-0.55	22.27	0.02	33.63	43
2102	福建滚雪球同驰 3 号	2.84	0.31	-0.30	-0.23	0.54	-0.35	0.31	-0.33	-3.84	18.66	-0.20	40.15	30
2103	乾元 TOT	2.83	1.80*	0.00	-0.01	0.04	0.09	-0.01	0.12	5.86	3.29	1.30	1.93	33

续表

编号	基金名称	年化 α(%)	t(α)	γ	t(γ)	β_mkt	β_smb	β_hml	β_mom	年化收益率(%)	年化波动率(%)	年化夏普比率	最大回撤率(%)	调整后 R²(%)
2104	本地资本-花开富贵	2.82	0.38	-0.50	-0.45	0.40	0.02	-0.07	0.16	3.03	15.18	0.17	31.02	28
2105	红亨稳赢 4 期	2.80	0.26	0.90	0.57	0.43	0.27	-0.95	-0.35	12.10	24.85	0.51	26.43	44
2106	银聚稳盈 5 号	2.78	0.08	-1.44	-0.29	1.62	1.29	1.07	0.42	-3.18	67.42	0.18	59.05	27
2107	金莘圆盛积极成长 2 号	2.77	0.26	-2.03	-1.31	0.99	0.19	-0.45	0.25	-0.56	27.96	0.07	51.62	58
2108	君泽盈泰 2 号	2.76	0.27	-1.91	-1.28	0.82	0.28	-0.47	0.31	1.51	25.91	0.13	40.09	54
2109	航长常春藤	2.71	0.32	2.17	1.73*	0.52	0.06	0.35	-0.18	10.09	18.80	0.52	21.83	39
2110	锋泽量化择时 1 号	2.71	0.50	-0.78	-0.98	0.53	0.31	-0.15	0.25	6.27	15.42	0.37	25.30	64
2111	枫池稳健	2.70	0.27	-0.80	-0.55	0.67	0.14	-0.38	0.22	3.56	23.00	0.20	37.01	44
2112	汇泽至慧 FOF1 期	2.69	0.65	-0.59	-0.97	0.33	0.06	-0.03	0.17	3.51	9.83	0.25	13.58	48
2113	上河 3 号	2.68	0.26	-1.61	-1.06	0.85	0.02	-0.20	0.09	-1.72	24.17	-0.02	34.46	46
2114	从容宏观对冲 5 号	2.62	0.29	-0.36	-0.28	0.11	0.06	-0.43	0.37	5.06	17.44	0.28	34.49	23
2115	银帆 5 期	2.60	0.43	0.77	0.88	0.28	-0.01	0.05	0.10	6.61	11.86	0.47	11.26	25
2116	宏亮优选 FOF	2.59	0.48	-0.65	-0.81	0.24	0.14	-0.14	0.23	4.47	11.37	0.31	16.77	33
2117	知方石多因子 1 号	2.57	0.31	-1.91	-1.60	0.66	0.20	0.34	-0.16	-2.72	18.59	-0.14	34.28	43
2118	合正稳健增长 2 号	2.56	0.45	-1.82	-2.17	0.72	0.09	-0.02	0.03	-1.38	16.46	-0.09	31.96	64
2119	鑫安 9 期	2.55	0.39	0.03	0.03	0.32	-0.19	-0.31	-0.03	2.62	13.61	0.15	22.51	33
2120	舍得之道资本-平安吉象 B 期	2.54	0.19	3.52	1.78*	0.13	0.11	-0.79	0.19	20.00	26.38	0.76	26.43	23
2121	仙童 FOF101 期	2.54	0.39	-0.16	-0.17	0.28	-0.06	0.06	0.01	2.27	12.20	0.12	25.60	16
2122	宏羽多元组合	2.53	0.18	-1.87	-0.94	0.57	0.50	-0.27	0.56	2.99	28.38	0.19	63.48	32

续表

编号	基金名称	年化 α(%)	$t(\alpha)$	γ	$t(\gamma)$	β_{mkt}	β_{smb}	β_{hml}	β_{mom}	年化收益率(%)	年化波动率(%)	年化夏普比率	最大回撤率(%)	调整后 R^2(%)
2123	易轩价值 1 号	2.53	0.21	−0.32	−0.18	0.97	−0.70	−0.33	−0.58	−7.89	28.46	−0.20	66.12	45
2124	利熙 6 号	2.52	0.86	−0.25	−0.59	0.20	−0.05	0.06	0.14	2.82	6.43	0.23	7.79	40
2125	九坤统计套利尊享 A 期	2.52	0.80	0.47	1.02	0.03	0.12	−0.04	0.10	7.64	5.85	1.03	5.35	15
2126	龙旗凌云	2.52	0.34	2.41	2.24*	0.61	0.37	0.12	0.37	17.61	19.45	0.85	18.39	58
2127	红亭稳赢 3 期	2.51	0.18	1.31	0.64	0.38	0.24	−1.24	−0.60	12.43	30.23	0.47	26.08	37
2128	达尔文远志 1 号	2.50	0.48	−0.14	−0.19	0.07	0.06	−0.19	0.13	5.14	9.62	0.41	21.96	16
2129	天马多空策略	2.48	0.61	−1.34	−2.26	0.45	−0.14	−0.09	0.07	−1.67	11.12	−0.23	22.10	61
2130	天泓 2 号	2.46	0.20	−0.36	−0.20	1.03	−0.09	0.39	0.33	−1.51	27.97	0.03	35.80	45
2131	因诺天机 18 号	2.43	0.58	−0.19	−0.32	0.18	0.29	−0.06	0.27	7.78	9.54	0.68	13.30	43
2132	合正稳健增长 1 号	2.41	0.43	−1.64	−2.00	0.74	0.07	−0.04	0.01	−1.07	16.69	−0.07	31.89	67
2133	展翔日叠	2.40	0.23	−1.92	−1.27	1.16	0.41	−0.16	0.52	1.26	29.95	0.14	44.75	65
2134	壹玖资产–北极星 1 号	2.39	0.19	−1.56	−0.85	0.89	0.14	−0.20	0.03	−1.27	27.64	0.03	40.01	40
2135	金莉洋稳盈	2.37	0.44	−1.67	−2.14	0.64	−0.07	−0.12	−0.23	−2.97	14.71	−0.23	29.43	61
2136	尚诚	2.35	0.27	−0.39	−0.30	0.55	−0.44	−0.83	−0.45	−1.83	20.72	−0.06	41.99	48
2137	理成转子 2 号	2.35	0.29	−0.50	−0.42	1.17	0.24	−0.11	0.12	3.99	26.96	0.22	28.16	73
2138	兆天尊享 A 期	2.35	0.22	−0.09	−0.06	0.77	0.01	−0.26	0.29	3.58	24.68	0.20	40.56	45
2139	银帆 7 期	2.34	0.35	0.54	0.56	0.13	−0.13	−0.24	0.07	4.86	12.43	0.32	25.84	16
2140	盛世中欧	2.33	0.22	−0.11	−0.07	0.92	−0.13	−0.27	0.27	1.81	26.24	0.14	43.54	54
2141	申毅量化套利尊享 E 期	2.30	0.86	0.49	1.27	0.04	0.11	−0.11	0.05	7.64	5.32	1.13	5.05	27

续表

编号	基金名称	年化α(%)	$t(\alpha)$	γ	$t(\gamma)$	β_{mkt}	β_{smb}	β_{hml}	β_{mom}	年化收益率(%)	年化波动率(%)	年化夏普比率	最大回撤率(%)	调整后R^2(%)
2142	榕树中国红利1期	2.30	0.52	0.54	0.83	0.36	-0.07	-0.01	-0.03	4.98	10.36	0.37	13.00	46
2143	珠池量化对冲母基金1号	2.28	0.99	0.36	1.06	0.03	0.09	-0.08	0.06	6.72	4.51	1.14	2.77	23
2144	宜信财富-喆颢资本市场量化策略投资D	2.28	0.69	-0.73	-1.51	0.24	0.18	0.09	0.20	3.62	7.69	0.31	12.58	47
2145	和聚信享平台	2.27	0.28	-2.19	-1.86	0.74	0.31	0.14	0.10	-1.27	19.86	-0.04	23.78	52
2146	西藏明曜相对论3号	2.23	0.30	-1.09	-1.00	0.48	-0.03	-0.12	0.04	-0.33	15.78	-0.04	35.62	34
2147	新视野智能量化1号	2.21	1.96*	0.20	1.20	0.03	0.05	-0.02	0.06	5.38	2.32	1.63	0.67	31
2148	鸣石满天星四号	2.20	0.29	1.36	1.20	0.29	0.18	0.16	0.08	9.90	14.92	0.60	17.99	22
2149	德石精选3期	2.19	0.24	1.99	1.50	1.24	0.19	0.54	-0.09	8.64	28.80	0.37	34.39	71
2150	华宝兴业-锐锋量化1号	2.17	0.36	-1.57	-1.77	0.92	-0.13	0.14	0.09	-4.07	19.14	-0.20	40.49	70
2151	禾昇1号	2.16	0.20	-1.38	-0.86	0.48	-0.10	-0.30	-0.08	-2.78	21.24	-0.10	44.22	21
2152	中资宏德量化专享1号	2.15	0.41	0.17	0.22	0.32	0.26	-0.07	0.27	8.33	12.22	0.59	17.56	45
2153	大麓投资1期	2.14	0.36	-0.22	-0.26	0.78	-0.21	0.19	-0.06	-0.81	17.20	-0.05	27.84	66
2154	懋峰平和1号	2.13	0.18	0.02	0.01	1.05	0.03	0.80	-0.03	-1.54	28.01	0.03	40.58	46
2155	隆翔旗舰	2.13	0.21	1.04	0.71	0.66	0.18	0.08	0.08	8.17	21.78	0.40	15.94	39
2156	和聚平台	2.06	0.23	-2.39	-1.86	0.80	0.37	-0.02	0.19	-0.92	22.24	0.00	27.83	54
2157	泽升优选成长5期	2.02	0.12	2.56	1.03	0.87	-0.08	-0.84	0.04	10.43	37.02	0.40	49.21	38
2158	远策致盈1号	2.01	0.27	-1.26	-1.14	0.62	0.09	-0.24	0.54	1.52	19.83	0.10	30.27	57
2159	宏流开心猪2号	1.99	0.16	1.73	0.98	0.52	-0.08	-0.16	0.13	7.86	24.04	0.37	36.12	25

续表

编号	基金名称	年化 α(%)	t(α)	γ	t(γ)	β_{mkt}	β_{smb}	β_{hml}	β_{mom}	年化收益率(%)	年化波动率(%)	年化夏普比率	最大回撤率(%)	调整后 R^2(%)
2160	昀启稳健成长	1.99	0.24	2.65	2.17*	0.51	0.00	0.26	0.12	11.64	18.47	0.60	20.49	40
2161	君泽盈泰 4 号	1.99	0.20	-0.95	-0.67	0.83	0.17	-0.44	0.18	2.68	24.74	0.17	34.66	55
2162	合正普惠共赢 1 号	1.97	0.42	-0.37	-0.54	0.48	-0.22	-0.21	0.01	0.33	12.83	-0.03	29.53	60
2163	鼎锋 2 期	1.93	0.28	-0.11	-0.11	0.91	-0.18	-0.23	0.33	1.57	22.58	0.11	38.40	73
2164	世纪兴元价值成长 1 号	1.92	0.67	-0.12	-0.29	0.20	0.03	0.04	-0.02	3.30	6.10	0.32	6.54	36
2165	天宝稳健 2 号	1.90	0.19	-0.84	-0.59	1.10	-0.12	-0.17	-0.01	-2.10	26.67	-0.01	44.10	61
2166	潮信 1 号（泰达九鼎投资）	1.88	0.32	-0.11	-0.12	0.66	-0.15	0.16	0.07	0.52	15.72	0.01	26.58	58
2167	同创 8 号	1.88	0.10	-2.17	-0.79	1.43	0.24	0.90	0.48	-10.05	40.83	-0.08	65.94	38
2168	仙童 3 期	1.87	0.16	0.77	0.45	0.67	-0.04	0.12	0.35	4.16	24.20	0.22	37.59	32
2169	坤钰天真价值 1 号	1.83	0.30	-1.30	-1.47	0.58	0.03	-0.26	-0.03	-0.21	15.54	-0.03	34.29	56
2170	福建至诚滚雪球 2 号	1.83	0.17	0.46	0.30	0.58	-0.26	0.53	-0.25	-2.29	21.50	-0.08	38.40	29
2171	淡水泉信泉 1 期	1.83	0.15	0.11	0.07	0.37	-0.29	-1.00	-0.69	0.37	24.23	0.07	48.40	29
2172	安鑫动力	1.82	0.93	0.59	2.06*	0.01	0.06	-0.05	0.05	6.56	3.67	1.34	2.50	18
2173	富果 3 号	1.80	0.18	-0.62	-0.43	0.99	0.16	-0.17	0.40	2.78	26.55	0.18	37.49	60
2174	方圆天成-元明壹号	1.76	0.11	-2.04	-0.83	1.02	-0.31	-0.26	-0.80	-11.95	34.32	-0.25	74.47	31
2175	巴富罗聚富 1 号	1.76	0.12	0.66	0.30	1.20	-0.16	0.18	1.10	0.81	37.48	0.16	50.50	54
2176	红五星	1.72	0.40	1.12	1.77*	0.33	0.06	-0.06	0.13	8.61	10.70	0.69	13.47	52
2177	汇泽至慧 FOF1 期 A 号	1.69	0.41	-0.61	-1.02	0.33	0.06	-0.02	0.18	2.43	9.75	0.14	15.25	49
2178	雨山消费医疗 1 号	1.69	0.09	-2.88	-1.00	1.36	-0.21	-0.51	0.50	-12.35	44.18	-0.12	76.19	42

续表

编号	基金名称	年化 α(%)	$t(\alpha)$	γ	$t(\gamma)$	β_{mkt}	β_{smb}	β_{hml}	β_{mom}	年化收益率(%)	年化波动率(%)	年化夏普比率	最大回撤率(%)	调整后 R^2 (%)
2179	云豹 3 号	1.65	0.13	1.74	0.90	0.32	0.16	0.09	-0.24	8.08	24.27	0.38	24.71	14
2180	众禄价值联成成长 2 号	1.64	0.14	-0.54	-0.31	0.83	0.17	-0.66	0.23	3.82	28.75	0.22	44.77	50
2181	真鑫如意 1 期	1.63	0.37	0.22	0.34	0.50	0.13	0.19	0.07	4.99	12.13	0.34	13.32	62
2182	优穗财富 4 号	1.63	0.28	0.82	0.97	0.55	-0.15	-0.52	0.07	6.08	17.07	0.34	28.12	67
2183	未来财富 9 号	1.61	0.15	-1.45	-0.91	0.74	-0.30	-0.09	-0.37	-7.60	22.78	-0.29	50.63	33
2184	擎天普瑞明 2 号	1.60	0.24	0.58	0.61	0.56	-0.28	-0.21	-0.11	1.87	16.20	0.10	38.10	52
2185	诺万长期资本	1.55	0.13	0.53	0.29	0.77	-0.15	-0.39	-0.31	1.54	26.40	0.13	35.32	36
2186	文储 1 期	1.55	0.12	1.29	0.70	0.60	-0.23	0.19	-0.28	1.25	24.78	0.11	32.26	24
2187	昭时新三板 A	1.53	0.15	-0.64	-0.44	0.93	0.14	-0.48	0.16	2.72	26.63	0.18	43.03	59
2188	华银稳健成长 1 号	1.52	0.20	1.98	1.79*	0.42	-0.14	-0.25	0.36	9.64	17.98	0.52	25.61	48
2189	睿信 5 期	1.50	0.12	0.81	0.44	0.13	-0.29	-0.80	-0.25	2.58	23.19	0.16	36.18	16
2190	锦天成价值投资港股	1.49	0.16	-0.54	-0.41	0.77	-0.28	0.31	0.17	-4.08	21.09	-0.17	32.77	46
2191	新方程人类未来海外	1.49	0.11	-0.46	-0.23	0.29	0.17	-0.12	0.50	2.55	25.10	0.16	39.36	13
2192	泰润价值投资 1 号	1.48	0.11	0.97	0.50	0.85	0.22	-0.33	-0.09	7.46	29.34	0.34	35.91	41
2193	墨钜 2 号	1.48	0.37	0.10	0.17	0.29	-0.09	-0.06	-0.13	2.23	8.86	0.12	17.50	39
2194	和聚鼎宝母基金	1.47	0.15	-2.02	-1.41	0.71	0.28	-0.06	0.30	-1.10	22.30	-0.01	36.84	43
2195	立名量化 1 号	1.43	0.11	1.28	0.68	0.51	0.69	0.27	0.55	14.17	26.31	0.57	27.58	30
2196	东方港湾心流投资	1.43	0.12	-0.77	-0.45	0.65	-0.68	-0.40	-0.22	-8.62	24.95	-0.29	68.83	36
2197	辰阳初心	1.42	0.44	1.06	2.22*	0.08	0.13	0.07	0.20	8.63	6.55	1.07	3.75	28

续表

编号	基金名称	年化α(%)	t(α)	γ	t(γ)	β_{mkt}	β_{smb}	β_{hml}	β_{mom}	年化收益率(%)	年化波动率(%)	年化夏普比率	最大回撤率(%)	调整后R^2(%)
2198	易凡1号	1.41	0.13	-0.16	-0.10	0.37	0.12	0.01	0.37	3.29	19.98	0.18	39.20	19
2199	宏亮投资阪诚对冲3号	1.40	0.19	1.42	1.32	0.45	-0.03	-0.26	0.13	8.56	16.79	0.48	21.30	44
2200	聚米1期	1.39	0.31	0.79	1.18	0.08	0.09	0.00	0.05	6.81	8.27	0.66	7.26	11
2201	恒健远志之红景天大健康	1.38	0.11	0.66	0.37	0.72	0.27	0.15	0.38	6.79	25.59	0.32	42.56	34
2202	富优哲红鑫2号	1.38	0.16	0.48	0.40	0.24	-0.37	-0.30	-0.20	0.01	15.97	-0.01	27.99	20
2203	合益富渔	1.38	0.21	-1.09	-1.15	0.24	0.08	0.03	0.22	0.13	12.23	-0.05	21.32	18
2204	中睿合银弈势3号	1.37	0.19	0.85	0.81	0.44	-0.07	-0.10	0.12	5.38	15.52	0.31	27.83	38
2205	长阳似锦1期	1.37	0.21	0.24	0.25	0.73	-0.21	0.15	0.00	0.24	17.49	0.01	33.99	59
2206	祐童源旭日东升1期	1.36	0.14	1.64	1.12	0.15	-0.13	0.11	0.14	5.65	18.04	0.31	19.08	9
2207	慧明价值成长	1.35	0.13	-1.26	-0.83	0.85	0.39	-0.02	0.80	3.30	26.29	0.19	28.22	55
2208	鑫安1期	1.34	0.18	0.23	0.21	0.44	-0.12	-0.47	-0.01	3.45	16.92	0.19	26.37	42
2209	申毅量化套利尊享C期	1.33	0.16	-0.75	-0.63	0.12	0.09	-0.05	0.16	1.07	14.29	0.04	19.56	6
2210	品正理翔进取	1.32	0.13	-1.41	-0.94	1.02	0.04	0.10	0.02	-3.45	25.25	-0.08	51.00	52
2211	瑞园长盈1号	1.32	0.19	-1.65	-1.64	0.88	-0.15	-0.57	-0.05	-3.47	21.92	-0.12	38.95	71
2212	东方蜗牛复合策略1号	1.30	0.19	-0.88	-0.87	1.29	-0.16	0.23	-0.05	-4.53	25.73	-0.11	38.89	79
2213	民淼M号	1.30	0.17	0.55	0.48	0.34	-0.02	-0.57	0.25	6.63	17.78	0.36	25.43	45
2214	紫鑫盈泰1号	1.29	0.26	-1.63	-2.23	0.67	-0.04	-0.31	-0.01	-2.34	15.85	-0.17	33.58	71
2215	中立1号	1.26	0.15	-0.71	-0.59	0.22	0.02	-0.38	0.24	1.78	16.27	0.10	26.29	25
2216	琛晟天泰1号	1.25	0.13	-1.47	-1.04	0.93	-0.17	-0.79	-0.27	-3.69	26.23	-0.07	50.28	60

续表

编号	基金名称	年化 α(%)	t(α)	γ	t(γ)	β_mkt	β_smb	β_hml	β_mom	年化收益率(%)	年化波动率(%)	年化夏普比率	最大回撤率(%)	调整后 R²(%)
2217	中昱稳盈1号	1.24	0.23	0.65	0.80	0.20	0.23	-0.03	0.19	8.32	11.07	0.64	10.21	28
2218	紫熙昊恩黑金1号	1.24	0.08	2.44	1.03	0.49	0.05	0.25	0.49	8.57	30.40	0.37	42.23	16
2219	普尔聚鑫	1.20	0.18	-0.51	-0.52	0.84	-0.16	0.12	0.04	-1.91	19.01	-0.09	32.91	63
2220	萌健	1.18	0.16	-1.33	-1.27	0.64	0.03	-0.12	-0.11	-1.82	17.14	-0.11	37.51	48
2221	博普稳增3号	1.18	0.65	0.43	1.64	-0.04	0.02	-0.03	0.04	4.61	3.24	0.94	3.32	8
2222	玖月天玺1号	1.16	0.12	-1.02	-0.72	0.70	0.60	0.44	0.20	3.46	22.66	0.20	40.64	46
2223	新阳1号	1.16	0.07	-1.03	-0.41	0.40	-0.15	0.43	-0.71	-9.98	31.41	-0.23	62.54	13
2224	基石价值发现1号	1.15	0.05	-0.51	-0.14	0.85	0.69	0.18	0.85	1.94	47.92	0.21	39.98	18
2225	鑫源1号(元富源投资)	1.14	0.14	0.13	0.11	0.85	-0.15	0.12	0.13	0.25	21.06	0.04	39.84	56
2226	恒天紫鑫2号	1.13	0.27	-1.00	-1.62	0.44	0.05	0.14	0.08	-0.51	10.50	-0.14	18.84	52
2227	金龙1号(侏罗纪)	1.13	0.21	-0.37	-0.47	0.21	-0.13	-0.52	-0.04	1.47	11.88	0.06	29.46	41
2228	浑元投资~守正笃行2期	1.13	0.07	-2.70	-1.11	1.13	0.50	0.81	0.88	-6.08	35.78	-0.05	47.33	37
2229	慧创FOF稳健1号	1.12	0.93	-0.13	-0.76	0.01	0.00	-0.01	0.00	2.22	2.08	0.35	3.17	2
2230	金域蓝湾3期	1.09	0.10	0.02	0.01	0.76	-0.49	0.15	-0.40	-6.22	23.52	-0.22	58.18	37
2231	盈至1号	1.06	0.25	-0.62	-0.98	0.31	-0.09	-0.06	-0.20	-0.93	9.28	-0.22	23.22	37
2232	颢瀚稳健1期	1.04	0.27	0.74	1.32	0.48	-0.02	-0.09	0.09	5.59	12.02	0.39	14.40	70
2233	金砖悦力	1.02	0.13	-0.17	-0.14	0.62	0.08	0.36	-0.01	0.87	17.55	0.05	36.54	40
2234	玖月天玺2号	0.99	0.10	-0.79	-0.53	0.81	0.64	0.48	0.38	4.72	24.60	0.25	40.13	50
2235	汇智众信价值成长轮动1期	0.99	0.18	-1.00	-1.28	0.42	0.17	0.09	0.15	0.98	12.21	0.02	20.96	43

续表

编号	基金名称	年化 α(%)	t(α)	γ	t(γ)	β_mkt	β_smb	β_hml	β_mom	年化收益率(%)	年化波动率(%)	年化夏普比率	最大回撤率(%)	调整后 R²(%)
2236	铭涛 1 号	0.97	0.19	0.53	0.70	0.37	0.32	0.20	0.14	7.78	12.34	0.55	18.40	48
2237	理时元开	0.95	0.08	-0.56	-0.32	0.92	-0.23	-0.18	-0.30	-4.29	26.63	-0.09	41.39	41
2238	私募工场艺蓝 1 期	0.94	0.17	0.97	1.18	0.78	-0.07	-0.02	-0.21	4.15	17.94	0.23	23.69	71
2239	博洋投资 FOF2 号	0.93	0.19	-0.51	-0.73	0.31	0.08	0.23	0.12	0.95	9.91	-0.01	21.09	31
2240	泛涵康元 1 号	0.92	0.65	0.95	4.58*	0.03	0.00	-0.02	0.04	6.06	3.16	1.41	1.12	41
2241	金之颢潜龙 1 号	0.90	0.08	0.07	0.05	0.52	0.05	-0.11	0.12	2.71	21.37	0.15	35.29	25
2242	衍航 1 号	0.88	0.15	1.48	1.68*	0.34	0.02	0.04	0.13	7.92	12.87	0.54	15.62	36
2243	多盈-笛卡尔	0.87	0.10	-0.27	-0.22	0.57	-0.41	-0.26	-0.49	-4.43	18.59	-0.23	42.32	38
2244	展博精选 A 号	0.86	0.09	0.50	0.36	0.55	-0.09	-0.28	-0.05	2.92	20.24	0.17	22.79	34
2245	德汇成长 1 期	0.85	0.11	1.48	1.30	1.15	0.23	0.63	0.19	6.90	25.81	0.32	35.08	73
2246	锐进 40 期兆天尊享	0.83	0.09	0.56	0.43	0.86	-0.12	-0.53	0.08	3.58	24.73	0.20	40.56	61
2247	成源 1 期	0.83	0.21	-0.39	-0.68	0.15	-0.08	-0.07	0.12	0.59	7.73	-0.08	12.47	25
2248	东源嘉盈 3 号	0.82	0.11	-2.69	-2.53	0.76	0.25	0.41	0.01	-6.06	18.54	-0.33	42.64	55
2249	杰作 1 号	0.80	0.07	-3.83	-2.40	0.89	0.32	0.56	-0.09	-10.90	24.99	-0.40	55.05	44
2250	天岸马鹏程	0.78	0.06	3.02	1.65*	1.03	-0.63	-0.17	-0.59	1.40	30.92	0.14	33.61	52
2251	乔松价值成长	0.76	0.06	-0.15	-0.08	0.82	-0.59	-0.25	-0.65	-7.85	26.40	-0.23	56.32	38
2252	颢瀚稳健 3 期	0.76	0.18	0.37	0.60	0.48	-0.01	-0.11	0.06	4.08	12.17	0.26	15.98	65
2253	道睿择 1 期	0.75	0.13	0.59	0.73	0.19	-0.21	-0.36	-0.09	2.78	11.44	0.16	25.80	31
2254	晋元 TOT	0.74	0.07	-0.54	-0.34	0.39	0.35	-0.04	0.08	3.62	21.11	0.19	23.35	21

续表

编号	基金名称	年化α(%)	t(α)	γ	t(γ)	β_mkt	β_smb	β_hml	β_mom	年化收益率(%)	年化波动率(%)	年化夏普比率	最大回撤率(%)	调整后R²(%)
2255	博孚利尊享1号	0.73	0.29	0.30	0.82	0.12	0.03	-0.01	0.07	4.02	5.10	0.50	7.40	29
2256	富荟精选1期	0.72	0.07	0.19	0.13	0.17	-0.39	-0.33	-0.15	-2.18	18.56	-0.11	35.47	13
2257	泽金资产常青藤1号	0.71	0.12	-0.23	-0.28	0.78	0.15	0.21	0.22	2.60	17.51	0.15	24.69	69
2258	榕树3期	0.71	0.02	3.42	0.77	1.60	1.51	0.40	1.84	18.23	66.49	0.54	52.69	40
2259	康利系列3号	0.70	0.07	-1.17	-0.80	0.33	-0.36	-0.78	-0.22	-4.93	20.39	-0.22	48.91	29
2260	中资宏德FOF合众1号	0.68	0.25	-0.74	-1.86	0.20	0.17	0.00	0.15	2.08	6.69	0.12	12.39	52
2261	厚品资产复利1号	0.67	0.16	-1.13	-1.83	0.36	-0.05	0.07	-0.20	-3.08	9.60	-0.43	22.21	43
2262	社润精诚2号	0.67	0.42	0.92	3.94*	0.03	0.07	0.04	0.13	6.56	3.54	1.39	2.87	40
2263	私募工场圣雅阳光3号	0.67	0.05	-1.33	-0.69	1.16	-0.37	-0.32	-0.07	-8.42	31.60	-0.18	64.54	49
2264	方圆天成-汉唐壹号	0.66	0.04	-1.97	-0.80	1.00	-0.31	-0.22	-0.81	-12.87	34.22	-0.28	74.99	29
2265	中南文泰2期	0.62	0.04	-3.45	-1.46	1.07	0.61	0.18	1.17	-6.11	37.06	-0.01	56.38	44
2266	易融宝深南大道1号	0.60	0.07	1.42	1.08	0.54	-0.15	-0.17	-0.26	4.46	19.31	0.24	35.59	36
2267	从时投资旺财稳健1期	0.57	0.05	2.04	1.24	0.34	-0.13	0.12	0.21	6.07	21.24	0.31	22.03	17
2268	东方蜗牛稳健回报3号	0.57	0.09	0.00	0.00	1.12	-0.08	0.19	0.04	-0.54	22.92	0.02	35.22	79
2269	中域增值1期	0.56	0.06	-0.10	-0.07	1.09	0.26	-0.40	0.27	4.80	28.86	0.25	39.34	67
2270	和聚1期	0.56	0.06	-1.91	-1.43	0.80	0.45	0.12	0.20	-0.57	22.59	0.02	26.12	52
2271	川泽1期	0.56	0.07	-1.81	-1.51	0.83	0.01	-0.14	0.05	-4.34	21.01	-0.18	38.18	55
2272	京石8号	0.55	0.02	6.25	1.88*	1.08*	0.01	-0.52	-0.04	18.37	47.92	0.54	31.39	34
2273	朴石1期	0.54	0.05	-0.80	-0.56	0.58	-0.21	-0.30	0.22	-2.83	21.36	-0.10	49.79	38

续表

编号	基金名称	年化α(%)	t(α)	γ	t(γ)	β_mkt	β_smb	β_hml	β_mom	年化收益率(%)	年化波动率(%)	年化夏普比率	最大回撤率(%)	调整后R²(%)
2274	航长常春藤9号	0.52	0.07	3.22	3.09*	0.35	-0.03	0.13	-0.33	11.37	16.20	0.65	16.79	43
2275	雪球2期	0.50	0.06	-0.28	-0.25	1.00	-0.19	0.51	-0.11	-4.44	21.97	-0.17	39.16	64
2276	和聚5期	0.49	0.06	-1.75	-1.36	0.81	0.43	0.01	0.11	-0.05	22.49	0.04	24.06	55
2277	上海蓝策略1号	0.49	0.04	0.62	0.32	0.86	0.38	-0.38	0.44	8.28	30.57	0.36	53.41	46
2278	展博1期	0.48	0.05	0.62	0.43	0.55	-0.07	-0.30	-0.05	3.14	20.52	0.18	22.71	34
2279	金葵花-私募学院菁英42号	0.47	0.09	-1.82	-2.27	0.57	-0.18	-0.23	-0.14	-5.89	14.14	-0.46	32.17	56
2280	金蕴30期	0.42	0.03	0.49	0.26	1.38	-0.07	0.62	-0.13	-3.44	33.35	0.01	60.93	56
2281	中睿合策略精选系列A号	0.42	0.05	2.55	2.16*	0.67	-0.07	-0.21	0.10	10.44	20.91	0.50	32.55	56
2282	本地资本紫气东来FOF	0.41	0.15	0.80	1.99*	0.08	0.08	0.02	0.06	5.81	5.39	0.80	4.18	24
2283	丰利1号	0.41	0.06	-1.01	-0.97	0.48	-0.27	-0.66	-0.20	-3.28	17.21	-0.20	45.52	50
2284	长邦投资同盈	0.41	0.11	0.39	0.70	0.17	-0.03	0.00	0.09	3.19	7.54	0.25	8.20	26
2285	福建滚雪球8号	0.40	0.05	0.10	0.09	0.53	-0.25	0.37	-0.15	-3.11	16.18	-0.21	28.84	37
2286	展翔日昇	0.40	0.02	1.35	0.45	1.39	0.63	0.63	0.23	4.15	45.30	0.28	48.79	38
2287	福珍2号	0.40	0.04	-3.39	-2.56	0.71	-0.44	0.02	-0.52	-16.09	19.84	-0.86	69.44	39
2288	观熙稳健增长1号	0.34	0.04	-0.69	-0.54	0.75	-0.20	0.22	-0.13	-4.89	19.85	-0.23	46.67	42
2289	思考湘益1号	0.33	0.02	0.53	0.23	0.16	0.47	0.61	0.27	3.95	28.54	0.22	37.85	8
2290	和聚信享平台A	0.29	0.03	-2.19	-1.81	0.74	0.30	0.08	0.08	-3.26	20.08	-0.14	25.66	50
2291	和聚-钜派双核	0.28	0.03	-2.25	-1.93	0.83	0.36	0.04	0.18	-2.43	21.45	-0.08	29.17	59
2292	月月赢麒麟财富8号	0.28	0.09	0.26	0.56	0.07	0.10	0.02	0.12	4.10	5.82	0.46	7.36	14

续表

编号	基金名称	年化 α(%)	$t(\alpha)$	γ	$t(\gamma)$	β_{mkt}	β_{smb}	β_{hml}	β_{mom}	年化收益率(%)	年化波动率(%)	年化夏普比率	最大回撤率(%)	调整后 R^2(%)
2293	滨海-龙腾 6 号	0.27	0.11	0.40	1.10	-0.04	0.05	-0.04	0.12	4.14	4.51	0.59	3.74	12
2294	细水善提	0.24	0.02	-1.20	-0.62	0.80	0.49	-0.04	0.74	2.44	29.56	0.17	47.92	41
2295	枫池稳健 1 号	0.24	0.03	-1.28	-0.93	0.67	0.13	-0.36	0.17	-0.60	21.82	0.01	37.80	46
2296	东方蜗牛积极进取 2 号	0.24	0.04	-0.38	-0.44	1.18	-0.07	0.22	-0.01	-2.26	23.52	-0.05	39.44	82
2297	英特力 1 号	0.22	0.04	0.38	0.52	0.06	0.22	0.01	0.39	6.36	9.84	0.52	17.18	24
2298	博闻竞选 1 号	0.22	0.03	-0.48	-0.38	1.14	-0.12	-0.22	-0.45	-3.23	26.17	-0.05	44.18	68
2299	海淘海港股通华赞 A 期	0.21	0.02	-1.80	-1.22	0.89	-0.24	0.30	-0.15	-9.78	22.81	-0.40	53.36	43
2300	久兄长捷鹏 1 号	0.20	0.05	0.54	0.98	0.29	-0.15	-0.12	-0.06	2.22	9.01	0.12	18.29	49
2301	朴石 7 期	0.18	0.02	-0.72	-0.50	0.57	-0.24	-0.31	0.19	-3.26	21.31	-0.12	50.51	38
2302	浩航旗舰	0.18	0.03	-1.66	-1.68	0.46	-0.22	-0.20	-0.26	-6.74	14.36	-0.52	39.15	35
2303	恒益富富 2 号（恒富）	0.17	0.01	-2.94	-1.26	0.89	0.33	0.04	0.43	-7.71	32.66	-0.12	58.80	30
2304	展寓精选 C 号	0.16	0.02	-0.26	-0.18	0.54	0.21	-0.02	0.34	2.93	20.85	0.17	22.68	31
2305	投资精英之尚雅（B）	0.15	0.01	-0.62	-0.34	0.91	0.10	0.08	0.40	-1.05	27.73	0.04	47.05	41
2306	和聚 7 期	0.14	0.02	-1.95	-1.50	0.79	0.43	0.02	0.14	-1.06	22.39	-0.01	25.23	54
2307	正鑫 1 号	0.13	0.01	0.43	0.20	0.83	0.19	-0.31	0.13	3.83	30.73	0.22	42.86	35
2308	瀚信经典 1 期	0.12	0.01	-0.92	-0.61	0.75	0.11	-0.69	0.20	0.93	25.77	0.10	42.45	53
2309	汇升稳进共盈 1 号	0.12	0.01	2.64	2.05*	-0.28	-0.01	-0.18	-0.21	9.72	16.19	0.55	13.12	14
2310	工银量化信诚精选	0.10	0.03	0.06	0.12	-0.01	-0.10	-0.11	-0.13	0.60	5.61	-0.13	13.57	7
2311	潮金丰中港价值优选 2 号	0.09	0.01	0.02	0.02	0.77	-0.16	0.62	0.19	-3.03	19.65	-0.14	33.06	51

续表

编号	基金名称	年化α(%)	t(α)	γ	t(γ)	β_{mkt}	β_{smb}	β_{hml}	β_{mom}	年化收益率(%)	年化波动率(%)	年化夏普比率	最大回撤率(%)	调整后R²(%)
2312	天贝合复兴号	0.07	0.00	2.13	0.52	1.77	0.52	0.04	-1.04	-0.09	62.04	0.22	66.07	40
2313	叁津第二	0.05	0.04	0.35	1.63	-0.02	0.08	0.02	0.07	3.78	2.70	0.83	2.51	16
2314	卓眎5号	0.05	0.01	-0.07	-0.11	0.21	0.05	-0.08	0.14	2.54	9.12	0.16	23.35	29
2315	征金资本股票优选2期	0.03	0.00	-2.29	-1.33	1.05	-0.09	-0.19	0.43	-8.34	29.14	-0.19	54.25	52
2316	陸晨进取型量化投资1号	0.03	0.00	1.85	1.78*	0.23	0.14	-0.16	-0.14	9.67	14.37	0.61	16.19	28
2317	惠丰稳健2号	-0.01	0.00	0.50	0.52	0.32	-0.02	0.18	-0.10	1.71	12.88	0.08	17.13	23
2318	禾田明盛财富传承	-0.03	0.00	0.21	0.10	0.45	0.07	-0.06	0.73	2.51	26.74	0.16	33.37	24
2319	合德丰泰	-0.05	-0.03	0.17	0.62	0.10	0.08	0.03	0.12	3.33	4.10	0.45	4.43	38
2320	民晟金牛3号	-0.06	-0.04	-0.08	-0.37	-0.01	0.04	0.07	0.08	1.50	2.69	0.01	3.53	10
2321	武当1期	-0.10	-0.01	-0.42	-0.33	0.20	0.11	-0.51	-0.31	1.38	17.20	0.08	23.04	22
2322	泽升优选成长1期	-0.10	-0.01	2.26	0.98	0.83	-0.02	-0.85	-0.03	8.28	34.58	0.35	48.95	39
2323	东方港湾创业成长	-0.14	-0.01	-0.68	-0.47	0.69	-0.36	-0.01	-0.01	-6.31	21.30	-0.27	60.86	38
2324	航长常春藤3号	-0.16	-0.02	1.67	1.39	0.42	0.21	0.00	0.01	9.27	17.30	0.51	14.13	34
2325	信复创值2号	-0.17	-0.01	0.08	0.05	0.62	-0.09	-0.80	0.36	2.00	27.68	0.15	44.43	45
2326	从容全天候联接A	-0.19	-0.02	-0.67	-0.36	0.32	0.06	-0.21	0.33	-0.82	23.15	0.01	41.57	14
2327	柔微-星火燎原2号	-0.21	-0.01	-0.33	-0.14	0.81	0.54	-0.35	0.75	5.69	34.22	0.28	47.23	39
2328	橡杉1号	-0.21	-0.08	0.31	0.77	0.03	0.08	0.00	0.10	3.55	4.95	0.43	7.54	10
2329	广恒盛乘风1号	-0.22	-0.03	-0.67	-0.56	1.33	-0.08	0.07	-0.10	-4.30	28.01	-0.07	41.92	75
2330	映山红中欧	-0.25	-0.03	1.29	0.98	0.54	0.09	0.04	0.31	6.69	19.51	0.35	24.55	37

续表

编号	基金名称	年化 α(%)	$t(\alpha)$	γ	$t(\gamma)$	β_{mkt}	β_{smb}	β_{hml}	β_{mom}	年化收益率(%)	年化波动率(%)	年化夏普比率	最大回撤率(%)	调整后 R^2(%)
2331	和聚视远专享 A	-0.26	-0.03	-2.14	-1.82	0.84	0.37	0.03	0.19	-2.45	21.66	-0.08	29.85	60
2332	枫池汇广聚成长 1 号	-0.26	-0.03	-0.41	-0.30	0.65	0.09	-0.39	0.19	1.53	21.87	0.11	36.43	46
2333	易同优选 1 号	-0.27	-0.03	2.08	1.49	0.63	-0.05	-0.22	0.06	7.91	21.81	0.38	24.85	44
2334	磐川 1 号	-0.27	-0.04	4.03	4.34*	0.47	0.23	0.15	0.20	18.57	17.18	0.99	12.26	60
2335	塞帕思惠比寿 1 号	-0.28	-0.04	-2.40	-2.12	0.71	0.20	-0.32	0.37	-3.60	20.82	-0.14	39.93	60
2336	中国价值线 1 号	-0.29	-0.03	-0.97	-0.59	0.61	0.08	0.10	0.27	-2.37	22.26	-0.07	34.25	27
2337	积胜 1 期	-0.31	-0.03	-0.10	-0.06	0.68	-0.04	-0.23	0.21	0.26	23.35	0.06	26.58	38
2338	昀启投资-私募学院菁英 65 号	-0.31	-0.03	-0.85	-0.48	0.81	0.37	0.28	0.29	-0.02	25.93	0.07	50.70	37
2339	纯原资本第八大奇迹 1 号	-0.33	-0.03	1.41	0.77	0.67	0.13	-0.30	0.34	7.50	26.85	0.34	37.27	37
2340	游马地健康中国新三板	-0.34	-0.04	-1.83	-1.46	0.57	0.02	0.22	-0.05	-6.46	17.52	-0.38	36.32	30
2341	华骏 10 号	-0.34	-0.02	-0.79	-0.30	0.90	0.46	-0.28	0.07	-0.24	37.05	0.14	39.67	30
2342	和聚鼎宝 1 期	-0.36	-0.03	-1.72	-0.87	0.67	0.41	0.02	0.42	-1.46	27.46	0.02	41.47	29
2343	领颐成长	-0.38	-0.03	0.52	0.29	0.59	0.18	0.04	0.58	4.47	25.16	0.23	36.61	30
2344	正德泰守正出奇	-0.43	-0.07	-1.04	-1.11	0.85	0.04	0.18	0.26	-2.66	19.03	-0.13	29.04	67
2345	鑫兰瑞	-0.45	-0.05	3.37	2.74*	0.64	-0.14	-0.15	0.18	11.59	21.57	0.54	22.25	55
2346	智信创富博元 2 期	-0.45	-0.04	1.14	0.72	0.41	0.28	-0.39	0.17	8.90	22.13	0.43	34.27	30
2347	恒锐 3 号	-0.45	-0.06	2.31	2.11*	0.37*	-0.15	0.32	-0.01	5.40	15.80	0.31	19.30	34
2348	和聚-钜派专享 2 号	-0.46	-0.06	-2.33	-1.98	0.83	0.36	0.04	0.17	-3.43	21.48	-0.13	30.64	59
2349	和聚钜派 1 号	-0.47	-0.06	-2.30	-1.95	0.83	0.36	0.03	0.17	-3.30	21.51	-0.12	30.57	59

续表

编号	基金名称	年化 α(%)	$t(\alpha)$	γ	$t(\gamma)$	β_{mkt}	β_{smb}	β_{hml}	β_{mom}	年化收益率(%)	年化波动率(%)	年化夏普比率	最大回撤率(%)	调整后 R^2(%)
2350	从容全天候增长 1 期	-0.49	-0.04	-0.49	-0.26	0.28	0.05	-0.30	0.33	-0.33	23.41	0.04	43.41	14
2351	天谷深价值 1 号	-0.50	-0.03	-0.09	-0.04	1.07	0.44	-0.56	0.00	3.77	35.04	0.24	43.76	50
2352	滚雪球价值精选 8 号	-0.53	-0.05	1.43	0.99	0.78	-0.31	0.65	-0.12	-2.11	23.03	-0.05	34.17	46
2353	平安阖从容优选 15 号	-0.56	-0.06	0.09	0.07	0.09	0.06	-0.45	0.32	3.40	16.92	0.19	34.94	23
2354	恒德中略 3 期	-0.57	-0.09	0.03	0.03	0.52	0.01	0.04	0.26	1.30	15.18	0.06	25.58	47
2355	向量 ETF 创新 1 期	-0.66	-0.05	1.04	0.48	1.14	-0.57	0.11	-0.79	-8.43	33.41	-0.14	58.71	44
2356	滚雪球价值精选 6 号	-0.67	-0.07	-0.01	-0.01	0.62	-0.24	0.45	-0.20	-5.12	19.39	-0.26	43.56	35
2357	盈定 7 号	-0.69	-0.10	1.51	1.53	0.56	0.24	-0.11	0.05	9.21	17.44	0.50	21.47	56
2358	泓屹 1 号	-0.71	-0.10	-1.20	-1.18	0.80	0.41	0.05	0.23	1.00	20.31	0.07	30.94	66
2359	从容全天候增长 2 期	-0.73	-0.07	-0.55	-0.36	0.16	0.02	-0.44	0.17	-0.44	19.66	0.00	43.74	14
2360	塞帕思香农 1 号	-0.73	-0.09	1.40	1.22	-0.02	0.34	-0.44	0.24	11.44	15.56	0.68	17.20	26
2361	和聚恒享 A	-0.74	-0.09	-2.14	-1.82	0.84	0.37	0.03	0.19	-2.92	21.66	-0.10	30.42	60
2362	民晟红鹭 6 期	-0.74	-0.08	1.13	0.87	0.52	0.04	-0.17	-0.01	5.03	18.97	0.27	25.82	36
2363	玄同成长 1 号	-0.75	-0.11	-1.33	-1.28	0.53	0.08	-0.26	0.16	-2.02	16.70	-0.13	34.62	47
2364	中国龙价值 2	-0.76	-0.18	-0.38	-0.60	0.35	-0.13	0.08	-0.07	-2.58	9.59	-0.38	17.16	40
2365	汇通策略 5 号	-0.76	-0.04	-0.10	-0.04	0.55	-0.78	-1.32	-1.12	-11.44	36.18	-0.19	68.73	25
2366	福建滚雪球 58 号	-0.76	-0.08	0.28	0.20	0.67	-0.30	0.56	-0.18	-5.60	20.90	-0.24	36.79	37
2367	荷和稳健 1 号	-0.77	-0.06	0.51	0.29	1.06	0.77	0.07	0.79	10.59	32.29	0.42	44.56	59
2368	晶上稳增长 1 号	-0.79	-0.06	-0.34	-0.18	1.12	0.10	0.08	0.60	-1.31	31.80	0.06	40.93	50

续表

编号	基金名称	年化α(%)	t(α)	γ	t(γ)	β_mkt	β_smb	β_hml	β_mom	年化收益率(%)	年化波动率(%)	年化夏普比率	最大回撤率(%)	调整后R²(%)
2369	宁波信本资产权益 1 号	-0.81	-0.08	0.26	0.17	0.71	0.53	0.70	0.51	4.87	23.26	0.25	24.46	42
2370	金珀 3 号	-0.82	-0.07	-2.38	-1.37	1.06	-0.16	0.14	0.33	-10.98	27.99	-0.33	54.97	48
2371	向阳 1 号精选	-0.85	-0.09	-0.76	-0.53	0.92	0.52	0.49	0.49	1.83	25.00	0.13	37.88	54
2372	景富 2 期	-0.87	-0.09	2.47	1.66*	0.43	0.33	-0.66	0.38	15.71	23.95	0.66	26.91	47
2373	中睿合银萃势 2 号	-0.90	-0.14	1.56	1.65*	0.41	-0.13	-0.13	0.16	5.08	14.99	0.30	27.47	46
2374	盛世知己 1 期	-0.91	-0.10	0.53	0.38	0.89	0.00	-0.13	0.25	2.10	24.40	0.14	36.69	56
2375	歌迅工匠 1 号	-0.93	-0.19	1.08	1.47	0.62	-0.11	-0.01	0.04	2.97	15.19	0.17	29.79	68
2376	泽泉景湖财富	-0.94	-0.09	-1.08	-0.71	0.87	0.52	0.75	0.38	-0.73	24.68	0.03	32.76	48
2377	东源嘉盈回馈	-0.96	-0.11	-0.27	-0.21	0.70	-0.04	0.63	0.24	-3.64	19.80	-0.17	30.37	41
2378	湖金丰中港价值轮动 1 号	-0.99	-0.13	-0.10	-0.08	0.77	-0.12	0.68	0.16	-4.35	19.37	-0.21	36.10	52
2379	壁熙源洋 11 号	-0.99	-0.06	2.97	1.18	0.24	0.04	0.58	0.26	5.34	30.83	0.27	38.37	9
2380	滚雪球价值精选 18 号	-0.99	-0.09	1.46	0.92	0.79	-0.40	0.53	-0.23	-3.66	24.38	-0.10	41.68	42
2381	勇华稳健成长 1 号	-0.99	-0.10	-0.41	-0.28	0.97	0.14	-0.11	-0.25	-1.19	25.84	0.02	40.54	54
2382	岳瀚 5 号	-1.01	-0.10	1.12	0.77	0.49	-0.10	-0.16	-0.02	2.63	20.02	0.15	23.72	28
2383	明哲 3 号	-1.02	-0.07	4.60	2.08*	0.28	-0.15	-0.49	0.20	14.55	29.29	0.55	24.87	22
2384	中承峰嵘 1 期	-1.02	-0.08	0.88	0.48	0.81	0.14	-0.35	0.36	4.91	28.53	0.25	37.62	44
2385	旭为先洋 2 号	-1.03	-0.16	-1.82	-1.91	0.80	0.12	0.11	0.11	-4.98	18.18	-0.27	34.77	62
2386	南方汇金 2 号	-1.06	-0.13	0.43	0.36	0.81	0.17	0.43	-0.07	1.21	20.82	0.09	24.91	54
2387	一线对冲君一对冲	-1.09	-0.13	0.26	0.22	0.58	-0.16	0.02	-0.01	-1.43	17.92	-0.08	40.65	38

续表

编号	基金名称	年化α(%)	$t(\alpha)$	γ	$t(\gamma)$	β_{mkt}	β_{smb}	β_{hml}	β_{mom}	年化收益率(%)	年化波动率(%)	年化夏普比率	最大回撤率(%)	调整后R^2(%)
2388	通和进取 10 期	-1.12	-0.08	0.69	0.33	1.10	-0.03	0.82	-0.04	-4.19	32.06	-0.03	38.57	40
2389	景富趋势成长 8 期	-1.15	-0.14	-0.72	-0.61	0.45	0.35	-0.19	0.37	2.78	18.27	0.16	27.37	42
2390	泽升优选成长 6 期	-1.16	-0.07	2.48	1.02	0.83	-0.02	-0.69	-0.11	6.92	35.32	0.31	42.81	34
2391	锐进 25 期盈信瑞峰多空策略 1 号	-1.21	-0.10	0.88	0.48	0.95	-0.07	0.10	0.24	0.33	28.27	0.09	40.53	43
2392	瑞民价值增长	-1.21	-0.12	-1.30	-0.90	0.97	0.02	-0.03	0.47	-4.39	25.66	-0.11	47.28	56
2393	和聚 6 期（2014）	-1.27	-0.13	-1.15	-0.80	0.81	0.35	-0.04	0.16	-0.58	23.59	0.03	27.42	49
2394	金荔洋 1 号	-1.31	-0.52	0.71	1.93*	0.59	0.08	0.18	0.07	3.27	12.19	0.20	17.82	88
2395	谦石 1 期	-1.34	-0.14	-0.81	-0.59	0.61	0.59	0.34	0.47	2.83	21.36	0.17	37.04	43
2396	私募工场厚生和稳健增长 3 号	-1.41	-0.16	-1.28	-0.99	0.72	-0.25	-0.44	-0.09	-6.70	21.28	-0.29	44.96	49
2397	励石宏观对冲策略 1 期	-1.42	-0.15	2.85	1.99*	0.16	-0.17	-0.13	0.16	7.66	18.64	0.41	24.48	19
2398	向阳 2 号精选	-1.42	-0.14	-0.48	-0.33	0.89	0.51	0.45	0.50	2.30	24.69	0.15	30.73	53
2399	汇利优选 2 号	-1.43	-0.21	-1.20	-1.18	1.04	-0.06	0.01	0.18	-5.27	22.53	-0.20	37.37	72
2400	易同领先	-1.51	-0.12	3.15	1.66*	0.69	-0.33	-0.61	-0.17	6.35	28.59	0.30	38.95	40
2401	红亭稳赢 1 期	-1.52	-0.12	0.46	0.24	0.10	0.06	-0.78	-0.77	1.24	24.82	0.09	27.70	20
2402	前海世纪-宝盛之从容增长	-1.53	-0.15	-0.51	-0.35	0.14	0.06	-0.35	0.27	-0.49	18.38	-0.02	41.68	15
2403	瀚信 1 号	-1.54	-0.10	-0.48	-0.22	1.14	0.49	-0.34	0.49	2.07	36.60	0.19	45.65	49
2404	和聚成长 A 基金	-1.56	-0.19	-1.83	-1.54	0.81	0.34	0.05	0.23	-2.92	21.27	-0.11	30.42	57
2405	枫润资产明元 2 号	-1.56	-0.15	-0.97	-0.62	0.71	-0.10	-0.60	-0.15	-4.32	24.13	-0.13	43.39	42

续表

编号	基金名称	年化α(%)	t(α)	γ	t(γ)	β_mkt	β_smb	β_hml	β_mom	年化收益率(%)	年化波动率(%)	年化夏普比率	最大回撤率(%)	调整后R²(%)
2406	前海大宇精选 2 号	-1.59	-0.07	7.41	2.10*	0.99	0.83	-0.46	1.48	35.84	53.95	0.76	38.90	42
2407	从容全天候增长 3 期	-1.62	-0.16	-0.45	-0.30	0.15	0.01	-0.42	0.13	-1.02	18.59	-0.04	42.67	14
2408	未来舱 1 号	-1.63	-0.26	-0.10	-0.11	0.42	0.10	-0.02	0.35	1.36	14.35	0.06	27.41	43
2409	优宗 1 号	-1.67	-0.27	-0.35	-0.38	0.13	0.07	-0.27	0.02	0.14	11.76	-0.06	17.88	17
2410	和聚商享 1 期	-1.70	-0.27	-0.98	-1.08	0.43	0.15	0.06	-0.06	-2.43	13.41	-0.23	23.50	38
2411	淳富鑫源 2 号	-1.70	-0.13	0.01	0.01	0.92	-0.10	-0.27	-0.07	-3.20	28.44	-0.02	55.02	40
2412	塞帕思价值投资 1 号	-1.73	-0.18	-1.25	-0.88	0.40	0.61	-0.42	0.43	3.61	22.43	0.20	35.16	45
2413	微明恒远丰誉 2 期	-1.73	-0.11	1.04	0.45	1.19	0.17	0.07	-0.70	-1.55	36.38	0.10	69.77	46
2414	金域量化 9 期	-1.81	-0.17	1.43	0.91	0.78	-0.62	-0.01	-0.49	-5.70	24.60	-0.18	59.11	44
2415	臻禾稳健成长 1 期	-1.85	-0.16	-2.10	-1.28	0.41	0.45	-0.15	0.19	-2.97	22.41	-0.09	33.95	26
2416	上善若水疾风	-1.86	-0.12	2.08	0.92	1.20	-0.47	-0.06	0.00	-2.61	35.91	0.05	48.29	46
2417	浊清成长 1 号	-1.95	-0.14	1.19	0.60	0.48	0.35	-0.35	0.59	8.14	27.93	0.36	44.58	30
2418	盈定 12 号	-1.95	-0.21	3.80	2.76*	0.74	0.16	0.10	0.34	14.42	23.94	0.61	20.89	55
2419	斌诺金智 1 号	-1.95	-0.14	1.75	0.87	0.50	-0.08	-0.09	0.17	3.16	26.21	0.18	27.23	20
2420	中钢 1 期	-2.00	-0.29	1.48	1.46	0.71	0.26	0.07	0.09	7.16	19.28	0.37	31.01	62
2421	品质生活 2 期	-2.00	-0.16	0.77	0.41	0.49	-0.02	-0.21	0.14	0.95	24.69	0.09	41.86	20
2422	龙腾 3 期	-2.07	-0.19	-2.91	-1.87	0.99	0.76	-0.16	0.52	-2.59	29.80	0.01	42.67	62
2423	正朗丁酉量化对冲 1 号	-2.08	-0.20	-0.77	-0.52	0.18	0.03	-0.30	-0.03	-3.11	18.19	-0.16	38.96	9
2424	信复创值 5 号	-2.09	-0.17	-0.39	-0.21	0.57	-0.16	-0.81	0.04	-2.91	26.65	-0.04	45.41	36

续表

编号	基金名称	年化α(%)	t(α)	γ	t(γ)	β_mkt	β_smb	β_hml	β_mom	年化收益率(%)	年化波动率(%)	年化夏普比率	最大回撤率(%)	调整后R²(%)
2425	和聚信亭平台 E	-2.11	-0.43	-1.54	-2.14	0.50	0.13	0.11	0.06	-4.70	12.35	-0.45	27.86	54
2426	朴石 6 期	-2.12	-0.22	-0.54	-0.39	0.56	-0.20	-0.34	0.26	-4.09	20.92	-0.17	51.48	41
2427	黑水磐石赢嘉 1 号	-2.13	-0.28	0.42	0.38	0.82	0.07	0.02	0.16	1.11	20.69	0.08	32.84	60
2428	指数量化 2 期	-2.14	-0.19	1.10	0.67	0.73	-0.56	0.12	-0.42	-6.69	24.38	-0.22	61.04	38
2429	多盈 1 号	-2.14	-0.19	-0.21	-0.13	0.82	-0.18	-0.10	-0.11	-5.01	24.41	-0.15	50.02	39
2430	聚鑫 33 号	-2.18	-0.23	-1.62	-1.18	0.56	-0.13	-0.08	-0.46	-9.68	19.15	-0.49	45.33	29
2431	中钢 2 期	-2.18	-0.30	1.28	1.18	0.76	0.44	0.33	0.29	7.72	20.57	0.39	32.40	62
2432	泾溪佳盈 3 号	-2.19	-0.09	1.92	0.52	1.23	0.24	-0.92	0.26	2.56	53.25	0.26	56.62	33
2433	广东康利-康利系列 2 号	-2.19	-0.16	-0.64	-0.33	0.53	-0.24	-0.72	-0.38	-6.28	26.15	-0.17	42.71	25
2434	金域量化 6 期	-2.28	-0.19	1.26	0.73	0.79	-0.61	0.08	-0.52	-7.23	25.85	-0.22	63.56	40
2435	麒涵 2 号	-2.35	-0.31	1.47	1.35	0.50	0.02	0.27	0.12	3.17	16.34	0.18	28.22	38
2436	江汉 1 号	-2.39	-0.30	0.59	0.51	0.21	0.30	-0.18	-0.10	4.51	15.83	0.26	18.63	25
2437	小禹投资聚宝盆	-2.39	-0.25	0.18	0.13	0.81	-0.13	-0.33	-0.04	-2.06	23.23	-0.04	33.18	51
2438	归富长乐 1 号	-2.41	-0.79	-0.60	-1.35	0.44	0.14	-0.20	-0.03	-0.53	10.89	-0.13	16.21	77
2439	投资精英（汇利 B）	-2.43	-0.34	-0.98	-0.93	1.10	-0.10	0.01	0.15	-6.22	23.73	-0.22	38.42	73
2440	蕴泽 3 号	-2.46	-0.08	0.69	0.16	0.96	-0.16	-1.12	-0.24	-8.35	57.43	0.06	58.98	18
2441	东源嘉盈 1 号	-2.52	-0.30	-1.09	-0.87	0.67	-0.19	0.72	-0.10	-10.48	19.10	-0.56	50.40	41
2442	瀚信猎鹰 6 号	-2.60	-0.18	-0.42	-0.19	1.15	0.54	-0.31	0.56	2.06	36.28	0.19	45.79	52
2443	龟兔赛跑 1 号	-2.61	-0.48	2.02	2.56*	0.12	0.16	0.41	0.30	6.64	10.92	0.50	8.36	29

续表

编号	基金名称	年化 α(%)	t(α)	γ	t(γ)	β_{mkt}	β_{smb}	β_{hml}	β_{mom}	年化收益率(%)	年化波动率(%)	年化夏普比率	最大回撤率(%)	调整后 R^2(%)
2444	雨山创新中国 1 号	-2.61	-0.14	-2.40	-0.89	1.30	-0.04	-0.34	0.46	-12.58	40.98	-0.17	72.17	41
2445	泾溪中国优质成长	-2.64	-0.19	3.22	1.59	0.54	0.33	-0.07	0.35	12.88	27.95	0.52	30.63	28
2446	宾悦成长 3 号	-2.65	-0.35	1.57	1.42	0.72	0.11	0.57	0.07	2.68	19.33	0.15	19.80	55
2447	汇利优选	-2.69	-0.41	-1.24	-1.28	1.09	-0.12	-0.06	0.09	-7.27	23.04	-0.28	39.97	76
2448	国富百香	-2.69	-0.50	1.01	1.27	0.44	0.28	-0.09	0.34	6.65	14.50	0.41	16.52	59
2449	大通道财道 1 号	-2.72	-0.23	3.16	1.81*	1.02	0.39	0.69	0.21	9.94	29.90	0.40	30.80	53
2450	理石股票优选 1 号	-2.73	-0.18	6.12	2.74*	0.86	0.03	-0.18	0.61	19.93	35.79	0.63	35.56	47
2451	堃熙多策略 8 号	-2.74	-1.01	0.96	2.40*	-0.05	0.14	-0.01	0.13	3.97	5.18	0.49	4.72	19
2452	通利进取 12 期	-2.75	-0.22	0.02	0.01	1.04	0.13	0.63	0.05	-4.23	28.22	-0.07	37.61	44
2453	塔晶狮王 2 号	-2.79	-0.23	2.36	1.33	0.68	0.58	0.96	1.15	10.69	27.44	0.45	33.12	43
2454	上海老渔民家欣 1 号	-2.80	-0.19	-3.02	-1.41	1.12	0.08	0.62	-0.01	-15.62	31.36	-0.42	64.93	36
2455	知本合丰 16 号	-2.81	-0.32	-1.58	-1.25	0.70	0.23	-0.02	0.28	-4.34	20.38	-0.19	32.87	47
2456	洪昌价值成长 2 号	-2.86	-0.10	0.59	0.14	0.73	0.58	0.29	0.20	-3.61	51.67	0.13	59.09	10
2457	竣弘兴盛	-2.86	-0.30	-1.40	-1.01	0.67	-0.10	-0.41	0.25	-6.45	22.14	-0.26	55.97	47
2458	黄金优选 7 期 2 号	-2.93	-0.43	-0.81	-0.82	1.05	-0.10	0.04	0.14	-5.98	22.49	-0.23	38.21	73
2459	大数据进取 1 号	-2.95	-0.29	-0.68	-0.45	1.43	0.31	0.30	0.55	-3.03	32.55	0.02	48.74	71
2460	浩瑜恒稳健成长 2 期	-3.09	-0.64	0.97	1.39	0.23	0.03	-0.04	0.09	2.47	9.87	0.14	20.49	31
2461	华辉价值星 26 号	-3.10	-0.34	-0.95	-0.71	0.87	-0.26	0.62	-0.27	-11.60	21.78	-0.52	54.89	49
2462	一线对冲中信一对冲	-3.12	-0.48	0.45	0.48	0.46	-0.09	0.02	0.20	-1.12	14.62	-0.11	31.32	42

续表

编号	基金名称	年化α(%)	t(α)	γ	t(γ)	β_mkt	β_smb	β_hml	β_mom	年化收益率(%)	年化波动率(%)	年化夏普比率	最大回撤率(%)	调整后R²(%)
2463	天意仁和资产精选轮动	-3.14	-0.21	1.31	0.60	0.35	0.42	0.81	0.77	3.74	27.80	0.20	27.98	15
2464	汇利优选9期	-3.16	-0.37	-1.30	-1.03	0.89	-0.01	0.16	0.24	-7.10	21.91	-0.30	40.02	54
2465	仓红3号见龙在田	-3.16	-0.26	3.56	2.00*	0.69	0.26	0.11	0.21	12.27	26.63	0.50	26.81	39
2466	云溪衡山1号	-3.16	-0.16	-1.90	-0.67	1.22	-0.03	-0.40	0.50	-11.45	41.86	-0.13	67.97	38
2467	龙智低布猎手1号	-3.18	-0.18	3.10	1.23	0.55	-0.25	-0.11	0.08	2.64	32.61	0.19	60.28	18
2468	私募学院菁英171号	-3.20	-0.29	2.16	1.36	0.89	-0.04	-0.23	0.19	4.64	27.02	0.24	45.00	52
2469	平凡悟量	-3.31	-1.00	1.11	2.30*	-0.10	0.13	-0.13	0.00	3.91	6.36	0.40	17.55	21
2470	骏晓1号	-3.31	-0.48	3.75	3.76*	0.49	-0.05	0.13	0.29	10.60	17.71	0.57	10.64	56
2471	飘驰对冲1号	-3.33	-0.37	-0.90	-0.69	0.25	0.00	-0.43	-0.14	-4.46	16.84	-0.28	37.44	18
2472	和聚国孚1期	-3.35	-0.40	-1.22	-1.00	0.85	0.35	0.09	0.04	-3.29	21.93	-0.11	26.57	58
2473	厚孚稳健增长	-3.38	-0.75	0.43	0.65	0.39	-0.04	-0.14	0.01	-0.35	11.24	-0.11	21.67	53
2474	榜祥精彩	-3.38	-0.67	1.93	2.62*	0.34	0.01	0.10	0.32	5.26	12.41	0.35	16.15	52
2475	君永之路1号	-3.39	-0.20	-0.53	-0.21	0.61	-0.22	0.24	-0.25	-10.98	30.91	-0.28	59.78	12
2476	瑞天价值成长	-3.41	-0.44	-1.99	-1.77	0.79	0.06	-0.05	0.28	-7.74	20.17	-0.37	50.69	57
2477	花见锦春1号	-3.44	-0.48	1.08	1.04	0.52	-0.06	0.04	0.27	1.08	16.62	0.05	23.68	46
2478	汇众成长1期	-3.45	-0.43	1.18	1.01	1.09	-0.04	0.22	0.04	-0.42	24.79	0.04	33.33	69
2479	以太投资趋势14号	-3.47	-0.33	-0.48	-0.32	0.33	0.03	-0.29	0.05	-3.36	19.46	-0.15	46.41	17
2480	铖洋1期	-3.54	-0.32	-0.55	-0.34	0.55	0.08	0.08	-0.03	-4.59	21.62	-0.19	42.88	22
2481	恒砺1号	-3.56	-0.36	2.23	1.52	0.30	0.39	-0.39	0.33	11.76	21.15	0.55	25.76	34

续表

编号	基金名称	年化α(%)	t(α)	γ	t(γ)	β_mkt	β_smb	β_hml	β_mom	年化收益率(%)	年化波动率(%)	年化夏普比率	最大回撤率(%)	调整后R²(%)
2482	康元 1 期	-3.58	-0.18	-1.94	-0.68	1.28	-0.29	-1.06	-0.52	-14.87	43.13	-0.20	59.55	40
2483	永望稳升 2 号	-3.58	-0.31	1.52	0.90	1.20	0.59	-0.09	0.86	9.34	34.31	0.38	41.67	67
2484	鸿凯进取 3 号	-3.60	-0.29	2.13	1.18	0.11	0.01	-0.64	-0.24	5.31	22.81	0.27	26.78	14
2485	美联融通 1 期	-3.65	-0.26	1.77	0.85	0.50	0.15	0.24	-0.57	0.50	27.87	0.09	29.49	24
2486	榜样欧奈尔港股通	-3.72	-0.47	-0.10	-0.09	0.46	-0.17	-0.12	-0.22	-5.15	16.02	-0.34	34.32	30
2487	藏泓财富 1 号	-3.74	-0.43	-0.90	-0.70	0.63	-0.41	-0.17	-0.33	-10.86	19.12	-0.57	51.97	38
2488	吉祥普惠-信缘 1 期	-3.74	-0.33	-1.61	-0.98	0.62	-0.01	-0.04	0.26	-8.43	22.72	-0.34	49.78	28
2489	悦顺 5 号	-3.74	-0.24	0.42	0.19	0.52	0.16	-0.38	0.36	-0.08	29.86	0.09	39.34	21
2490	中国价值线 2 号	-3.75	-0.45	-1.29	-1.06	0.69	-0.05	-0.21	0.18	-6.74	19.77	-0.33	38.38	49
2491	证研 3 期	-3.79	-0.38	-1.97	-1.34	0.94	0.76	0.67	0.09	-4.69	26.87	-0.10	47.16	59
2492	对冲优选（从容客观对冲）1 号	-3.80	-0.35	0.04	0.02	0.15	0.06	-0.52	0.41	-0.25	21.27	0.02	36.35	22
2493	波若稳健 2 期	-3.82	-0.47	-3.84	-3.24	0.70	0.31	-0.09	0.17	-11.59	20.28	-0.57	49.82	53
2494	红树林昂立对冲	-3.86	-0.72	1.03	1.32	0.92	-0.24	-0.17	-0.30	-2.28	20.14	-0.09	35.69	79
2495	鹦鹉螺量化股票多头 1 号	-3.91	-0.73	1.24	1.58	0.46	-0.06	-0.09	0.15	1.68	13.79	0.08	26.79	55
2496	以太投资稳健成长 6 号	-3.98	-0.59	0.27	0.27	0.46	-0.19	0.02	-0.20	-4.66	14.35	-0.37	38.38	36
2497	泽泉信德	-4.03	-0.37	-0.61	-0.38	0.73	0.58	0.70	0.45	-1.14	24.31	0.01	33.63	40
2498	天贝合共盈 3 号	-4.05	-0.15	1.29	0.32	1.81	0.64	-0.23	-0.75	-5.48	61.76	0.16	70.77	41
2499	银帆 6 期	-4.14	-0.57	1.05	1.00	0.27	0.07	0.10	0.13	1.32	13.71	0.05	16.86	19

续表

编号	基金名称	年化 α（%）	t(α)	γ	t(γ)	β_{mkt}	β_{smb}	β_{hml}	β_{mom}	年化收益率（%）	年化波动率（%）	年化夏普比率	最大回撤率（%）	调整后 R^2（%）
2500	天祺 1 号	-4.15	-0.19	1.15	0.36	2.07	0.40	-0.28	1.06	-2.88	58.27	0.20	74.87	59
2501	鑫润禾广角	-4.16	-0.57	-0.50	-0.47	0.63	0.10	0.05	0.39	-3.04	17.82	-0.17	32.73	51
2502	身安中国	-4.18	-0.24	0.09	0.03	0.48	-0.29	0.13	-0.31	-10.59	30.94	-0.26	65.14	9
2503	禾永尊享 6 号	-4.27	-0.44	0.26	0.19	0.50	0.23	-0.38	0.22	1.58	21.07	0.11	41.23	38
2504	云君山海 2 号	-4.28	-0.49	-0.38	-0.30	0.70	0.04	-0.04	0.31	-3.67	20.48	-0.16	36.66	47
2505	易凡 2 号	-4.36	-0.42	1.37	0.91	0.66	-0.02	0.23	0.50	0.45	22.65	0.06	33.47	40
2506	知方石灵活策略 1 号	-4.36	-0.38	-1.80	-1.07	0.38	0.44	0.18	0.21	-5.75	21.94	-0.23	42.88	19
2507	和聚 12 期汇智系列	-4.37	-0.62	-0.58	-0.56	0.50	0.16	0.12	0.06	-3.68	15.36	-0.26	27.32	38
2508	汇利 3 期	-4.41	-0.61	-1.31	-1.25	1.03	0.12	-0.07	0.27	-6.09	23.43	-0.22	39.29	73
2509	高山海洋稳健 1 期	-4.43	-0.29	3.70	1.63	1.03	0.40	0.33	-0.02	9.31	35.24	0.38	38.40	43
2510	从容宏观对冲 3 号	-4.45	-0.44	0.67	0.45	0.13	0.12	-0.17	0.42	1.06	18.61	0.07	36.45	14
2511	平安财富对冲优选从容宏观对冲 2 号	-4.49	-0.42	0.09	0.06	0.15	0.06	-0.52	0.38	-0.76	20.63	-0.01	36.32	23
2512	中正绝影 2 期量化	-4.52	-0.51	1.71	1.31	0.38	-0.25	-0.31	0.25	0.60	19.37	0.04	35.37	37
2513	麒涵 3 号	-4.58	-0.62	2.13	1.95*	0.57	0.08	0.34	0.23	3.87	17.68	0.21	25.82	48
2514	金蕴 12 期（泽升）	-4.59	-0.34	1.48	0.76	0.76	-0.09	-0.70	-0.12	0.50	29.43	0.11	44.21	40
2515	东方港湾春风 1 号	-4.63	-0.42	-1.07	-0.67	0.83	-0.48	-0.15	-0.23	-13.43	24.27	-0.53	62.06	41
2516	国金丰盈	-4.65	-0.17	4.37	1.12	1.02	0.60	-1.41	1.31	14.53	59.79	0.47	42.49	41
2517	成泉汇涌 2 期	-4.72	-0.44	-1.29	-0.82	0.82	0.63	-0.21	0.14	-1.31	26.95	0.03	29.43	53

续表

编号	基金名称	年化 α(%)	$t(\alpha)$	γ	$t(\gamma)$	β_{mkt}	β_{smb}	β_{hml}	β_{mom}	年化收益率(%)	年化波动率(%)	年化夏普比率	最大回撤率(%)	调整后 R^2(%)
2518	趋势投资 1 号	-4.72	-0.22	3.86	1.24	1.06	-0.02	0.11	0.69	4.57	44.04	0.26	46.20	32
2519	上海老渔民阿尔泰 1 号	-4.72	-0.37	-0.68	-0.37	1.09	0.30	0.81	0.44	-6.72	29.53	-0.14	58.56	45
2520	汇瑞富稳健价值 1 号	-4.77	-0.71	1.04	1.06	0.28	-0.20	-0.27	0.06	-1.36	14.07	-0.14	25.04	33
2521	冰剑 1 号	-4.78	-0.82	-0.62	-0.73	0.62	0.00	0.03	-0.12	-5.90	14.99	-0.43	34.85	56
2522	江畇 3 号	-4.80	-0.49	2.48	1.74*	-0.03	0.11	0.22	0.15	4.65	17.37	0.26	21.81	7
2523	智诚 19 期	-4.81	-0.62	0.13	0.11	0.67	0.04	-0.55	-0.07	-1.42	20.42	-0.04	37.97	58
2524	以大投资进取 9 号	-5.05	-1.65	0.73	1.64*	0.04	0.05	0.02	0.05	-0.52	5.51	-0.34	12.04	10
2525	湛卢 6 号	-5.06	-0.27	1.90	0.69	0.41	0.16	0.03	0.26	-0.39	33.98	0.14	45.00	9
2526	优宗 2 号	-5.07	-0.38	0.70	0.36	0.76	0.04	-0.86	0.14	-0.15	30.49	0.09	52.01	45
2527	伊然笙歌 1 号	-5.09	-0.71	1.17	1.11	0.52	-0.16	-0.03	-0.46	-2.98	16.52	-0.19	27.56	45
2528	引石 1703 号	-5.11	-0.21	2.70	0.76	0.19	0.39	0.29	0.14	2.08	42.56	0.20	50.22	4
2529	厚孚精选成长	-5.15	-1.11	1.02	1.51	0.40	-0.01	-0.06	0.01	0.02	11.56	-0.07	23.54	53
2530	华亭 1 号	-5.17	-0.25	-1.33	-0.44	0.73	0.34	-0.30	0.47	-7.82	39.29	-0.06	57.96	20
2531	天谷价值精选 1 号	-5.19	-0.34	1.65	0.74	1.07	0.38	-0.58	-0.07	3.99	36.35	0.24	45.04	49
2532	储泉恒星量化 1 号	-5.20	-2.29	0.94	2.84*	0.06	0.00	-0.02	-0.02	-0.45	4.52	-0.41	10.84	26
2533	若愚量化全 A 配置	-5.21	-0.35	0.90	0.42	0.60	0.10	-0.80	0.79	1.61	33.06	0.16	49.68	42
2534	观富建享	-5.22	-0.57	-0.16	-0.12	0.26	0.06	-0.44	-0.01	-2.89	17.60	-0.16	26.67	20
2535	锦熙 1 期	-5.23	-0.39	1.31	0.67	0.35	-0.23	0.04	0.20	-3.94	24.39	-0.11	36.49	14
2536	优牛稳健成长 3 号	-5.23	-0.18	-3.71	-0.86	1.31	-0.43	-0.46	0.05	-30.16	56.72	-0.34	89.68	20

续表

编号	基金名称	年化 α(%)	t(α)	γ	t(γ)	β_{mkt}	β_{smb}	β_{hml}	β_{mom}	年化收益率(%)	年化波动率(%)	年化夏普比率	最大回撤率(%)	调整后 R^2(%)
2537	湛卢 2 号	-5.30	-0.29	1.48	0.56	0.48	0.11	-0.22	0.07	-1.11	32.90	0.09	37.78	12
2538	汇富金财时间周期对冲 1 号	-5.33	-0.48	2.65	1.65*	0.54	0.18	0.03	0.14	6.28	22.85	0.31	36.49	32
2539	智诚 8 期	-5.34	-0.67	1.10	0.95	0.74	0.00	-0.45	-0.02	0.65	21.50	0.06	41.25	60
2540	祁大鹏 2 号	-5.35	-0.30	0.40	0.15	0.80	0.65	0.15	0.64	1.68	35.80	0.17	41.30	28
2541	卓林黑豹 1 号	-5.41	-0.34	-1.34	-0.57	0.71	0.90	-0.37	0.29	-0.43	35.04	0.11	53.02	38
2542	中证 800 等权指数 2 倍增强 4 期	-5.43	-0.71	3.51	3.15*	1.80	0.08	0.53	0.04	3.59	37.56	0.22	52.29	88
2543	中睿合银昊天 1 期	-5.45	-0.31	1.31	0.51	0.59	0.79	0.38	1.27	6.95	35.22	0.31	41.01	28
2544	泓璟信诚	-5.51	-0.46	0.76	0.43	0.59	-0.04	-0.61	0.30	-1.06	26.37	0.03	53.70	38
2545	金鼎价值成长 6 期	-5.54	-0.71	1.79	1.57	0.10	0.10	0.03	0.16	2.85	14.02	0.16	28.22	10
2546	睿信	-5.71	-0.56	2.85	1.91*	0.01	-0.23	-0.04	-0.30	0.64	18.64	0.04	19.75	12
2547	德睿恒丰 1 号	-5.82	-0.45	0.81	0.43	1.02	0.64	-0.51	0.35	5.13	34.04	0.27	49.73	57
2548	伊然笙歌 2 号	-5.82	-0.77	1.65	1.49	0.47	-0.08	-0.11	-0.27	-0.43	16.60	-0.04	25.63	39
2549	和聚建享	-5.90	-1.17	-0.63	-0.85	0.44	0.14	0.17	-0.02	-5.51	11.87	-0.54	28.53	47
2550	洪昌价值成长 1 号	-5.91	-0.44	3.93	1.98*	0.66	-0.07	-0.24	-0.31	6.10	28.63	0.28	32.62	34
2551	本利达 2 号	-5.93	-0.49	2.96	1.68*	0.76	0.18	0.41	0.01	4.31	26.47	0.23	36.44	39
2552	胜算策略	-5.99	-0.42	0.28	0.14	0.98	0.26	0.32	0.67	-3.47	31.49	-0.01	48.27	40
2553	中国价值线 5 号	-6.02	-0.74	-1.25	-1.04	0.68	0.09	-0.28	0.30	-6.71	20.37	-0.31	34.67	53
2554	大通道财道 2 号	-6.06	-0.88	-1.58	-1.56	0.67	0.22	0.34	0.14	-8.55	16.89	-0.53	46.91	51
2555	瑞利 1 号	-6.08	-0.73	1.69	1.38	0.27	0.43	-0.08	0.50	7.04	17.58	0.39	19.07	34

续表

编号	基金名称	年化α(%)	t(α)	γ	t(γ)	β_mkt	β_smb	β_hml	β_mom	年化收益率(%)	年化波动率(%)	年化夏普比率	最大回撤率(%)	调整后R²(%)
2556	琛海常兴绩优	-6.15	-0.57	-1.38	-0.87	0.21	0.41	0.43	0.74	-5.99	20.38	-0.28	37.78	17
2557	证研 3 号	-6.17	-0.44	-1.74	-0.86	0.76	0.88	0.93	0.40	-6.22	30.23	-0.11	48.51	38
2558	锦熙 2 期	-6.24	-0.47	1.81	0.93	0.32	-0.24	0.01	0.14	-3.40	24.47	-0.08	36.43	13
2559	立名古戈尔 3 号	-6.29	-0.49	1.97	1.06	0.57	0.79	0.19	0.68	10.04	27.68	0.42	27.59	38
2560	瑞民策略精选 2 号	-6.31	-0.63	0.60	0.41	0.91	0.15	0.03	0.40	-1.89	25.33	-0.01	38.69	54
2561	洋谊 1 号	-6.32	-0.68	1.23	0.91	0.45	0.09	-0.14	0.36	0.91	19.52	0.06	35.68	34
2562	鹏万 1 号	-6.33	-0.59	0.08	0.05	0.63	-0.15	-0.01	-0.24	-7.94	21.86	-0.34	38.79	28
2563	景闽领航 1 号	-6.34	-0.88	0.01	0.00	0.60	0.17	-0.19	0.23	-2.14	18.08	-0.11	35.16	54
2564	平安阖鼎从容优选 10 号	-6.41	-0.68	0.81	0.59	0.10	0.07	-0.39	0.35	-0.29	17.98	-0.01	37.24	19
2565	弘唯基石盛世优选	-6.52	-0.79	0.73	0.61	0.33	0.06	-0.36	-0.37	-2.10	16.86	-0.13	25.36	30
2566	中睿合银弈势 1 号	-6.53	-0.74	3.12	2.43*	0.56	0.22	-0.03	0.47	8.81	21.26	0.43	30.91	50
2567	易凡 5 号	-6.61	-0.64	3.55	2.34*	0.39	0.14	0.10	0.29	7.95	21.10	0.39	26.62	29
2568	若愚量化满仓中小盘	-6.64	-0.42	0.11	0.05	0.59	0.11	-0.83	0.77	-2.75	34.35	0.04	54.25	38
2569	瑞捷 1 号	-6.64	-0.67	1.02	0.70	0.39	0.31	-0.58	0.14	3.12	21.67	0.18	32.60	38
2570	曦微成长精选 2 期	-6.70	-0.43	0.91	0.40	1.09	0.19	-0.25	-0.23	-3.57	35.05	0.02	48.49	42
2571	成泉汇涌 1 期	-6.74	-0.56	0.39	0.22	0.80	0.59	-0.30	0.11	1.93	28.78	0.15	33.49	48
2572	上海优波投资－长江	-6.75	-0.50	1.28	0.65	0.51	0.51	0.59	0.70	1.83	26.46	0.15	25.99	23
2573	谦璞多策略稳健 1 号	-6.80	-0.69	2.03	1.40	0.84	-0.25	0.03	-0.36	-3.70	24.00	-0.10	49.97	50
2574	聚睿 3 号（聚睿投资）	-6.81	-0.49	-1.77	-0.87	1.11	0.38	-0.37	-0.21	-9.38	33.44	-0.17	57.03	49

续表

编号	基金名称	年化 α(%)	$t(\alpha)$	γ	$t(\gamma)$	β_{mkt}	β_{smb}	β_{hml}	β_{mom}	年化收益率(%)	年化波动率(%)	年化夏普比率	最大回撤率(%)	调整后 R^2(%)
2575	信复创值立勋进取	-6.89	-0.48	1.60	0.76	0.71	-0.02	-0.13	0.52	-1.72	29.79	0.04	53.18	33
2576	睿信宏观对冲 4 号	-6.94	-0.82	-0.48	-0.39	0.58	-0.06	-0.26	-0.06	-7.48	18.50	-0.41	45.85	39
2577	中证 500 指数 2 倍增强 3 期	-6.94	-0.72	4.09	2.92*	1.89*	0.18	0.39	0.11	5.03	41.32	0.26	55.40	84
2578	银湖 1 期（银湖）	-6.95	-1.04	-0.68	-0.69	0.77	0.11	-0.21	0.30	-5.50	19.79	-0.27	39.31	66
2579	瑞民策略精选 3 号	-7.06	-0.83	-0.12	-0.10	0.78	0.20	0.05	0.48	-3.69	21.72	-0.14	34.01	55
2580	知本盈丰 1 号	-7.17	-0.57	0.18	0.10	1.08	0.27	-0.45	-0.21	-3.81	31.83	-0.01	54.15	54
2581	扬帆 19 号	-7.20	-1.29	-0.13	-0.16	0.03	-0.12	-0.05	-0.02	-7.57	9.69	-0.91	35.36	3
2582	雨山金牛战法 1 号	-7.27	-0.38	-1.06	-0.38	1.00	-0.13	-0.68	0.37	-12.62	40.09	-0.18	74.24	34
2583	华友创势 2 期	-7.27	-0.74	2.05	1.43	0.49	0.02	-0.08	-0.06	0.53	20.12	0.05	29.42	31
2584	朴石 8 期	-7.29	-0.87	0.32	0.26	0.31	-0.14	-0.06	0.07	-6.48	15.86	-0.44	37.66	18
2585	高合 2 号	-7.31	-0.79	0.27	0.20	0.74	-0.29	0.57	-0.29	-11.81	21.29	-0.55	53.55	44
2586	玄珠万态 1 期	-7.44	-1.26	0.00	0.00	0.31	-0.11	-0.05	0.05	-6.91	11.81	-0.67	38.54	27
2587	非然创元 1 号	-7.47	-0.49	2.38	1.08	1.29	0.15	-1.34	-0.48	2.17	42.07	0.21	53.99	62
2588	成泉汇涌 6 期	-7.57	-0.67	0.67	0.40	0.63	0.57	-0.18	0.16	1.99	25.56	0.14	24.55	42
2589	91 金融环球时刻 2 号	-7.58	-0.48	0.72	0.31	0.31	0.21	0.16	0.26	-4.44	27.89	-0.07	39.45	7
2590	申毅量化套利尊享 B 期	-7.63	-1.25	1.25	1.40	0.00	0.24	-0.03	0.21	1.06	11.16	0.02	22.94	13
2591	坚石 A1 号	-7.63	-0.60	0.09	0.05	0.52	0.47	0.85	1.28	-3.22	26.64	-0.05	35.97	33
2592	小强中国梦	-7.75	-1.49	3.78	4.99*	0.55*	0.28	0.18	0.22	9.92	16.94	0.55	14.87	73
2593	安民 2 号	-7.77	-1.03	-0.18	-0.17	0.02	-0.09	0.07	0.04	-8.75	13.08	-0.74	42.70	2

续表

编号	基金名称	年化 α (%)	$t(\alpha)$	γ	$t(\gamma)$	β_{mkt}	β_{smb}	β_{hml}	β_{mom}	年化收益率 (%)	年化波动率 (%)	年化夏普比率	最大回撤率 (%)	调整后 R^2 (%)
2594	核心资本海泰多策略	−7.77	−0.84	0.13	0.10	0.46	0.24	0.09	0.32	−3.46	18.75	−0.18	32.64	29
2595	宽桥名将 2 号	−7.77	−1.38	2.36	2.86*	0.15	0.18	−0.18	0.05	4.53	11.94	0.30	17.24	35
2596	铭深 1 号	−7.86	−1.31	0.28	0.32	0.58	0.13	−0.17	−0.11	−3.74	16.00	−0.25	33.12	59
2597	光环 2 号	−7.92	−0.50	1.08	0.47	−0.21	0.43	0.65	0.52	−2.91	28.14	−0.03	44.74	9
2598	银帆 10 期	−8.00	−1.30	2.29	2.55*	0.47	−0.08	−0.11	0.02	0.56	15.38	0.01	21.82	53
2599	永望复利成长 6 号	−8.03	−0.79	1.57	1.06	1.16	0.46	−0.14	0.65	3.60	31.42	0.22	39.50	70
2600	沁昇吉迈顿人生赢家	−8.10	−0.47	1.10	0.44	1.19	0.22	1.13	0.62	−7.83	37.33	−0.08	51.78	38
2601	尚雅 5 期	−8.11	−0.68	1.61	0.92	0.48	−0.07	0.12	0.29	−3.57	23.24	−0.10	41.30	22
2602	沪深 300 指数对冲 2 号	−8.12	−1.04	2.11	1.85*	0.29	0.36	0.04	0.39	5.07	16.36	0.29	25.28	34
2603	高正高合 1 号	−8.15	−0.87	0.39	0.29	0.69	−0.13	0.65	−0.01	−10.11	20.59	−0.49	51.03	40
2604	若愚量化动态对冲 1 期	−8.16	−0.51	1.22	0.52	0.56	0.20	−0.77	0.96	0.57	35.28	0.13	49.95	39
2605	立方根进取 1 号	−8.16	−0.81	−0.12	−0.08	0.45	0.61	0.06	0.34	−0.74	21.53	0.00	25.97	36
2606	本颐灵活策略 1 号	−8.18	−0.86	1.74	1.25	0.90	0.24	−0.05	0.30	1.34	25.37	0.12	36.75	59
2607	仓红 1 号	−8.19	−0.78	2.74	1.78*	0.69	0.07	−0.13	0.00	2.48	23.93	0.15	30.44	43
2608	逐熹 1 号	−8.25	−0.52	4.18	1.80*	1.05	0.40	−0.10	0.07	8.67	36.87	0.36	40.22	46
2609	龙腾 6 号	−8.34	−0.57	−0.26	−0.12	1.16	0.23	−0.59	0.23	−6.43	36.19	−0.05	48.22	51
2610	朴禾价值驱动	−8.45	−0.41	−1.47	−0.49	0.54	0.71	−0.79	0.14	−6.96	40.21	−0.02	70.38	25
2611	金蕴 21 期（泓溪 1 号）	−8.58	−0.73	3.20	1.86*	1.04	−0.04	0.00	−0.15	0.52	29.81	0.11	38.61	54
2612	瀚信猎鹰 8 号	−8.58	−0.69	0.70	0.39	1.23	0.23	−0.80	0.36	−2.17	36.09	0.07	45.58	66

续表

编号	基金名称	年化α(%)	t(α)	γ	t(γ)	β_{mkt}	β_{smb}	β_{hml}	β_{mom}	年化收益率(%)	年化波动率(%)	年化夏普比率	最大回撤率(%)	调整后R²(%)
2613	钜垣投资健康中国1号	-8.61	-0.55	0.48	0.21	1.15	0.62	0.43	0.44	-3.59	35.86	0.04	46.61	43
2614	炒贵1号	-8.67	-0.41	6.86	2.21*	0.90	-0.03	0.03	0.75	10.39	44.54	0.40	43.75	34
2615	和聚12期汇智B期	-8.68	-1.28	0.45	0.46	0.31	0.25	0.15	0.00	-3.68	13.75	-0.31	26.95	29
2616	智信推土机稳健1号	-8.77	-0.70	-0.37	-0.20	0.92	0.91	0.73	0.66	-2.04	30.08	0.03	33.67	49
2617	弘唯基石盛世优选3号	-8.81	-0.95	1.61	1.19	0.48	-0.32	-1.10	-0.69	-4.36	22.67	-0.15	40.38	51
2618	德锴2号	-8.88	-1.33	-0.32	-0.33	0.43	0.24	-0.28	0.25	-4.37	15.97	-0.30	31.97	49
2619	桁瞰一磐石1号	-8.90	-0.77	4.76	2.82*	0.42	0.01	-0.11	-0.16	7.51	23.96	0.35	25.65	32
2620	掌廷1号	-8.91	-0.44	5.23	1.76*	0.45	0.31	-0.71	0.77	13.35	40.72	0.45	39.98	27
2621	永望复利成长9号	-8.96	-0.80	1.46	0.89	1.23	0.52	-0.08	0.65	2.27	33.52	0.18	43.15	67
2622	小牛鸿志1号	-8.97	-0.60	-2.80	-1.28	0.89	0.18	-0.35	-0.06	-16.51	31.35	-0.44	68.12	34
2623	尚雅4期	-8.99	-0.70	1.19	0.64	0.32	-0.15	-0.49	-0.22	-5.87	23.71	-0.20	49.51	15
2624	道仓量化稳健卓越1号	-9.03	-1.74	2.12	2.80*	0.44	0.08	0.09	0.10	0.51	13.44	-0.01	17.84	57
2625	中金银海凤凰2号	-9.04	-0.60	-3.42	-1.54	0.61	0.13	-0.46	-0.32	-18.47	29.50	-0.59	64.54	22
2626	双赢1期（瀚信）	-9.07	-0.83	1.03	0.64	1.05	0.42	-0.29	0.50	0.45	30.64	0.11	48.32	63
2627	宾悦浙商1号	-9.08	-0.64	-1.62	-0.78	1.23	0.52	0.77	0.60	-11.53	33.57	-0.25	54.38	48
2628	荣通1号	-9.12	-0.32	7.49	1.78*	0.99	1.32	0.33	1.28	23.96	59.04	0.61	53.51	30
2629	年年有余大盘策略	-9.16	-1.19	2.10	1.87*	0.50	-0.02	0.00	-0.17	-1.72	17.27	-0.10	25.60	42
2630	景富优选1期	-9.24	-0.79	0.52	0.30	0.19	0.34	-0.52	0.37	-0.94	22.90	0.00	34.26	23
2631	融通3号	-9.26	-0.39	1.38	0.40	0.92	-0.05	0.44	-0.44	-13.41	44.18	-0.15	69.13	17

续表

编号	基金名称	年化 α(%)	t(α)	γ	t(γ)	β_mkt	β_smb	β_hml	β_mom	年化收益率(%)	年化波动率(%)	年化夏普比率	最大回撤率(%)	调整后 R²(%)
2632	博瑞量化稳健 1 号	-9.27	-0.68	1.73	0.86	0.03	0.36	0.35	0.45	-0.79	24.21	0.03	43.54	6
2633	谦璞多策略进取 1 号	-9.28	-0.81	2.30	1.38	0.98	-0.22	0.19	-0.42	-6.25	27.61	-0.15	57.97	50
2634	比格戴特 1 期	-9.30	-1.43	1.71	1.79*	0.78	0.14	0.32	0.02	-2.06	19.15	-0.10	40.16	66
2635	枫润资产明元 3 号	-9.30	-0.59	1.09	0.48	0.70	0.54	-0.26	0.96	1.40	33.91	0.16	49.32	38
2636	溢鑫 1 号	-9.44	-1.37	2.22	2.21*	0.26	0.47	-0.30	-0.05	5.70	16.70	0.32	16.13	50
2637	力泽稳健 2 号	-9.51	-0.51	-1.56	-0.57	0.87	0.44	-0.36	0.51	-10.59	38.06	-0.15	68.74	30
2638	成泉尊享 6 期	-9.53	-0.86	0.33	0.20	0.78	0.69	-0.24	0.15	0.16	27.81	0.08	28.22	53
2639	黄金优选 25 期 1 号	-9.58	-0.86	3.08	1.89*	1.01	-0.01	0.01	-0.17	-0.37	28.59	0.07	38.26	55
2640	博惠 1 期	-9.60	-0.47	-1.58	-0.53	1.57	0.57	-0.48	-0.10	-13.44	48.22	-0.09	72.71	48
2641	信易安德远 2 号	-9.62	-0.64	2.02	0.92	0.56	0.27	-0.54	0.60	1.48	31.39	0.16	54.92	33
2642	成泉汇涌 3 期	-9.65	-0.82	1.70	0.99	0.69	0.49	-0.25	-0.04	2.17	26.91	0.15	26.14	44
2643	谦泰建元成长	-9.77	-0.44	-2.94	-0.90	1.53	1.29	-0.55	1.02	-9.81	54.93	0.04	62.57	52
2644	承祺 1 号	-9.78	-0.50	2.69	0.95	1.97	0.31	-0.36	0.70	-2.03	54.01	0.17	72.08	62
2645	盘通 1 号	-9.79	-0.58	-1.28	-0.52	1.15	-0.52	-0.51	-0.49	-20.87	36.33	-0.49	78.00	37
2646	银帆 12 期	-9.79	-1.30	4.08	3.69*	0.38	-0.08	-0.43	-0.23	5.28	18.36	0.28	14.62	50
2647	诚裕稳健成长	-9.80	-0.51	1.22	0.43	1.49	0.32	-1.28	-0.28	-4.87	49.24	0.10	63.45	55
2648	鑫富资产腾龙 1 号	-9.83	-0.39	4.60	1.24	1.10	0.46	-0.30	-0.49	2.31	51.63	0.26	64.28	30
2649	值搏率 1 号	-9.89	-1.31	3.96	3.59*	0.91*	-0.20	-0.12	-0.18	1.65	24.33	0.12	29.55	72
2650	沁升吉迈顿 1 号	-9.97	-0.53	2.22	0.80	1.20	0.17	1.01	0.78	-6.30	40.49	-0.02	51.69	36

续表

编号	基金名称	年化α(%)	t(α)	γ	t(γ)	βmkt	βsmb	βhml	βmom	年化收益率(%)	年化波动率(%)	年化夏普比率	最大回撤率(%)	调整后R²(%)
2651	中证乾元天道择时 3 号	-10.23	-0.57	1.19	0.45	-0.11	1.15	0.22	1.09	5.99	34.12	0.27	42.40	20
2652	迈隆 1 号	-10.24	-1.82	1.63	1.99*	0.06	0.22	0.05	-0.03	-1.23	10.77	-0.20	19.93	20
2653	融启月月盈 3 号	-10.26	-0.50	-0.90	-0.30	0.04	0.46	-0.58	-0.67	-11.09	37.48	-0.19	64.88	14
2654	灯光 1 号	-10.27	-1.10	-0.07	-0.05	0.70	0.29	0.20	0.71	-5.86	22.26	-0.23	45.32	48
2655	湛卢 1 号	-10.30	-0.51	2.63	0.89	0.38	0.31	-0.03	0.46	-1.57	36.53	0.12	46.59	10
2656	默驰 5 号	-10.31	-1.13	0.06	0.04	0.26	0.05	-0.33	0.12	-7.22	17.38	-0.43	36.25	19
2657	高合 1 号	-10.38	-0.90	0.33	0.20	0.76	-0.40	0.63	-0.33	-16.54	24.85	-0.66	68.23	36
2658	宾悦成长 1 号	-10.39	-1.40	0.39	0.36	1.08	0.37	0.57	0.37	-5.72	24.30	-0.18	37.86	73
2659	智祺 1 号	-10.52	-0.48	4.15	1.30	1.86	0.42	-0.36	1.07	3.58	57.24	0.28	70.53	57
2660	高溪套利宝 1 号	-10.72	-0.97	3.02	1.87*	-0.15	0.20	0.39	0.48	1.09	20.11	0.07	26.90	12
2661	沁昇价值量化 1 号	-10.75	-0.97	0.42	0.26	0.94	-0.05	0.47	-0.18	-11.87	25.45	-0.43	62.95	45
2662	申懋同心圆 1 号	-10.83	-0.86	-0.06	-0.03	0.77	0.74	0.68	0.50	-4.84	27.75	-0.09	52.22	40
2663	祁大鹏 1 号	-10.83	-0.58	0.07	0.03	0.89	0.49	0.24	0.50	-7.67	36.78	-0.09	52.96	26
2664	广益成长	-11.42	-3.49	3.01	6.29*	0.17	-0.06	-0.09	-0.01	0.10	9.14	-0.11	11.15	62
2665	喜马拉雅长策	-11.47	-0.85	2.18	1.11	0.42	0.37	0.10	0.44	0.03	25.80	0.07	28.50	21
2666	汇富资产汇富进取 1 号	-11.52	-1.30	-2.03	-1.56	1.02	0.32	-0.06	0.14	-13.51	25.04	-0.51	66.47	63
2667	安诺 1 期	-11.69	-0.62	5.25	1.91*	0.69	0.66	-0.06	1.16	13.83	39.99	0.46	46.82	35
2668	尚雅 1 期（深国投）	-11.95	-0.98	1.18	0.66	0.55	0.18	-0.05	0.22	-5.41	24.29	-0.17	42.19	26
2669	和聚 7 期之和聚专享 1 期	-11.95	-1.11	1.07	0.68	0.48	0.67	0.08	0.18	-0.50	23.36	0.03	28.07	38

续表

编号	基金名称	年化α(%)	t(α)	γ	t(γ)	β_{mkt}	β_{smb}	β_{hml}	β_{mom}	年化收益率(%)	年化波动率(%)	年化夏普比率	最大回撤率(%)	调整后R^2(%)
2670	万亿兆 2 号	-12.24	-0.82	-0.70	-0.32	0.80	0.68	0.60	0.43	-9.20	30.79	-0.22	50.63	32
2671	君翼量化 1 号	-12.35	-1.18	2.09	1.36	0.19	0.65	0.35	0.41	1.95	20.71	0.13	20.86	25
2672	小牛鸿志 6 号	-12.35	-0.94	-3.21	-1.67	0.95	0.19	0.05	-0.01	-20.78	28.44	-0.70	70.74	38
2673	宁聚量化精选 2 号	-12.70	-1.00	0.31	0.17	0.60	-0.04	0.05	-0.10	-12.46	24.46	-0.48	63.48	21
2674	匹克辛亚量化管理型 9 号	-12.70	-0.49	8.23	2.18*	-0.28	0.28	-0.45	0.76	14.35	47.03	0.48	49.06	12
2675	民晟全天候 2 号	-12.99	-1.42	2.97	2.21*	0.45	-0.04	0.08	0.11	-2.84	19.33	-0.13	30.93	34
2676	第二基金中国 300	-13.01	-0.87	2.64	1.20	1.00	-0.56	0.04	-0.39	-13.58	33.03	-0.31	67.06	40
2677	永望复利成长 1 号	-13.04	-1.17	2.91	1.79*	1.10	0.60	-0.09	0.90	4.83	33.37	0.25	41.39	67
2678	证研稳健 1 号	-13.07	-1.05	0.74	0.40	0.80	0.91	0.53	0.29	-2.73	29.56	0.00	39.25	48
2679	深博信投资-价值发现	-13.15	-0.54	-3.27	-0.91	0.50	1.01	-0.24	1.25	-15.67	47.52	-0.16	81.36	22
2680	成泉汇涌 8 期	-13.18	-1.16	-1.44	-0.87	0.82	0.72	-0.08	0.30	-9.25	27.78	-0.27	47.94	51
2681	中汇金凯 5 期	-13.28	-1.39	-0.73	-0.52	0.49	-0.19	-0.28	0.23	-15.02	20.03	-0.78	55.87	33
2682	东源嘉盈回报	-13.34	-1.50	3.51	2.69*	0.58	0.03	0.36	-0.04	-2.05	20.59	-0.07	28.68	45
2683	金元日鑫 5 号	-13.56	-1.45	1.71	1.25	0.43	-0.03	-0.10	0.32	-6.37	19.53	-0.31	47.83	32
2684	鼎萨 3 期	-13.68	-0.81	3.94	1.59	0.60	0.09	-0.79	0.07	1.12	34.81	0.16	43.83	31
2685	润在榴莲 2 号	-13.85	-0.84	-1.48	-0.61	0.77	0.78	0.02	0.70	-10.75	34.51	-0.20	53.74	32
2686	中南文泰 1 期	-13.93	-0.61	-1.45	-0.43	1.05	0.83	-0.01	0.61	-14.62	46.32	-0.13	55.35	28
2687	塔晶狮王	-13.94	-1.24	2.05	1.25	0.80	0.44	0.44	0.78	-2.10	26.51	-0.01	30.15	48
2688	鑫涌成泉	-14.04	-1.15	0.70	0.39	0.74	0.64	-0.14	0.28	-3.86	28.25	-0.06	36.17	45

续表

编号	基金名称	年化α(%)	t(α)	γ	t(γ)	β_mkt	β_smb	β_hml	β_mom	年化收益率(%)	年化波动率(%)	年化夏普比率	最大回撤率(%)	调整后 R²(%)
2689	汇祥 1 号（汇祥）	-14.12	-1.42	-0.45	-0.31	0.27	0.25	0.24	0.30	-12.10	18.08	-0.70	53.09	11
2690	源品鸿浩	-14.16	-1.52	0.56	0.41	0.33	0.02	-0.20	0.24	-9.72	18.13	-0.55	40.46	23
2691	大数据稳健成长 1 号	-14.20	-1.25	3.04	1.84*	0.93	0.22	-0.06	-0.11	-2.00	28.44	0.01	39.94	53
2692	证研 6 期	-14.23	-1.16	1.61	0.90	0.76	0.85	0.68	0.34	-1.87	28.71	0.02	47.54	46
2693	聚睿 1 号	-14.56	-1.08	-0.72	-0.36	1.18	0.32	-0.46	0.06	-12.77	34.21	-0.28	54.29	55
2694	大明投资凯盛	-14.60	-1.52	-1.20	-0.86	0.78	-0.18	-0.11	-0.29	-18.92	21.59	-0.93	65.21	42
2695	子午丁酉 A 期	-14.83	-2.27	3.82	4.00*	0.35	0.21	0.22	0.27	1.59	15.79	0.08	26.88	50
2696	鲲鹏 69 号国盛丙湖 2-7 号	-14.84	-1.59	1.47	1.08	-0.28	0.13	0.13	0.32	-7.93	16.91	-0.49	39.14	11
2697	华融海特 1 号	-14.87	-1.56	2.80	2.01*	0.18	-0.04	0.00	0.07	-5.15	17.70	-0.29	31.22	15
2698	仙风共赢 3 号	-15.19	-4.20	4.52	8.55*	0.20	-0.08	-0.02	0.10	1.01	11.80	0.01	14.05	72
2699	金色港湾 1 期	-15.32	-0.83	-0.91	-0.34	0.30	0.13	-0.12	0.15	-17.51	32.40	-0.48	70.67	5
2700	兴富恒升 6 号	-15.39	-1.47	-2.12	-1.39	0.36	0.37	-0.44	0.42	-14.84	22.11	-0.68	57.16	34
2701	美港喜马拉雅	-15.43	-0.80	3.68	1.30	0.71	0.50	0.41	0.61	-1.40	37.72	0.11	43.78	23
2702	尚雅 3 期	-15.45	-1.19	1.30	0.68	0.36	-0.02	-0.29	-0.04	-10.38	24.07	-0.40	55.86	14
2703	明境进取	-15.61	-1.19	-1.56	-0.81	0.70	0.07	-0.32	-0.09	-18.26	26.60	-0.68	65.53	29
2704	中南十年教育成长	-15.83	-1.13	-2.43	-1.19	0.83	0.75	0.42	1.29	-15.55	31.98	-0.39	64.14	44
2705	尚雅 11 期	-15.86	-1.06	2.05	0.94	0.27	0.24	-0.13	0.39	-5.88	27.41	-0.14	45.80	12
2706	博弈天成 1 期	-16.16	-0.97	0.65	0.27	0.84	-0.22	-0.68	-0.48	-16.56	34.16	-0.40	68.97	30
2707	新价值 2 期（粤财）	-16.24	-1.24	-1.95	-1.01	0.97	0.91	0.71	0.76	-13.94	31.16	-0.38	61.99	48

续表

编号	基金名称	年化 α(%)	t(α)	γ	t(γ)	β_{mkt}	β_{smb}	β_{hml}	β_{mom}	年化收益率 (%)	年化波动率 (%)	年化夏普比率	最大回撤率 (%)	调整后 R^2 (%)
2708	正弘旗胜	−16.39	−1.55	−1.12	−0.72	0.82	0.33	0.45	0.32	−16.16	23.69	−0.68	61.04	42
2709	瑞晟昌－双轮策略 1 号	−16.54	−1.28	3.11	1.65*	0.67	−0.36	−0.08	−0.17	−10.45	27.09	−0.34	46.11	33
2710	宝时专户 4 号－朝暮承续	−16.91	−1.71	0.12	0.08	0.48	0.36	0.64	0.44	−12.72	19.88	−0.66	52.16	27
2711	开慧凯升	−17.05	−1.01	1.05	0.43	1.71	0.78	0.78	0.49	−10.48	44.74	−0.08	57.85	59
2712	塔晶老虎 1 期	−17.33	−1.12	1.69	0.74	0.43	0.65	0.73	0.40	−7.62	29.55	−0.17	49.34	20
2713	汇富进取 3 号	−17.34	−2.45	1.72	1.66*	0.78	0.02	−0.17	0.02	−9.35	20.58	−0.45	48.28	65
2714	睿信宏观对冲 2 号	−17.44	−1.61	1.48	0.93	0.84	0.19	0.16	−0.02	−10.52	25.18	−0.38	50.73	46
2715	释捷投资阔叶林稳健成长	−17.48	−1.82	1.66	1.18	−0.05	0.28	−0.22	−0.26	−7.97	17.81	−0.46	33.99	15
2716	润在车厘子 1 号	−17.64	−1.06	−1.08	−0.44	0.93	0.59	−0.01	0.61	−15.03	35.31	−0.32	58.08	35
2717	仙风激进 5 号	−17.70	−3.02	5.75	6.71*	0.22	−0.04	0.01	0.10	2.83	15.77	0.15	19.39	59
2718	龙腾全市场	−18.03	−1.05	2.67	1.06	1.10	0.26	−0.84	0.26	−5.97	40.73	0.00	49.88	48
2719	明盛顺盈 2 号	−18.43	−0.96	3.37	1.20	0.51	0.21	0.22	1.06	−6.32	37.00	−0.05	55.51	22
2720	私募工场睿磊稳健	−19.06	−1.29	−3.21	−1.49	1.05	0.28	−0.16	0.07	−25.74	32.66	−0.75	80.49	40
2721	富众多维共振	−19.17	−1.80	2.21	1.41	0.88	0.38	−0.16	0.43	−5.96	27.68	−0.14	44.14	56
2722	天贝合共盈 2 号	−19.97	−0.85	8.05	2.35*	1.69	0.04	−0.09	−1.00	−3.33	56.73	0.16	67.62	50
2723	乐桥尊享	−20.26	−1.06	1.83	0.65	0.72	−0.28	0.30	0.36	−19.54	36.31	−0.46	68.67	19
2724	高溪量化对冲进取 1 号	−20.54	−1.75	4.04	2.36*	−0.19	0.14	0.23	0.37	−5.65	21.36	−0.24	37.98	12
2725	映雪霜雪 2 期	−20.82	−1.80	−1.15	−0.68	0.17	0.21	−0.08	−0.42	−21.37	21.32	−1.07	71.31	14
2726	榕树 1 期	−21.17	−1.09	3.69	1.30	0.56	1.06	0.37	1.03	0.44	38.99	0.16	50.88	27

续表

编号	基金名称	年化α(%)	t(α)	γ	t(γ)	β_mkt	β_smb	β_hml	β_mom	年化收益率(%)	年化波动率(%)	年化夏普比率	最大回撤率(%)	调整后R²(%)
2727	胡杨 A 股消费	−21.28	−0.83	−0.62	−0.17	2.14	−0.79	−0.10	−0.40	−39.08	58.96	−0.52	91.61	45
2728	身安道隆 100	−21.70	−1.27	2.73	1.10	0.83	−0.43	0.21	−0.69	−20.83	34.40	−0.54	81.03	28
2729	映雪霜雪 1 期	−21.85	−1.58	−0.66	−0.32	0.34	0.36	0.17	−0.10	−20.49	25.31	−0.80	71.13	12
2730	天裕成长 2 号	−21.96	−1.45	−1.08	−0.49	0.60	−0.13	−0.51	−0.03	−24.14	29.22	−0.83	79.42	21
2731	新里程藏宝图京都 1 号	−22.23	−1.38	−0.99	−0.42	0.95	0.00	0.27	0.45	−25.17	32.80	−0.74	80.43	29
2732	十饮方 1 号	−22.47	−1.57	3.08	1.47	0.60	0.69	−0.56	0.20	−3.02	32.08	0.00	52.52	41
2733	大庚鼎新	−22.50	−0.72	3.94	0.86	1.24	1.61	−0.85	1.37	0.44	68.42	0.28	58.11	39
2734	道勤 1 号	−22.57	−2.49	0.26	0.20	0.84	0.02	−0.09	0.17	−18.65	22.77	−0.85	65.20	54
2735	新点汇富稳健 1 号	−23.29	−1.42	−2.15	−0.89	1.37	−0.18	−0.22	−0.51	−31.48	37.57	−0.83	89.73	44
2736	汇阳勇端 1 号	−23.45	−2.32	−0.38	−0.26	0.59	0.24	−0.07	0.70	−18.45	22.79	−0.84	64.06	42
2737	润升投资端富 1 号	−25.82	−0.69	5.11	0.94	1.51	1.70	1.18	3.13	−9.44	78.57	0.22	65.56	34
2738	汇富量化 1 号	−25.83	−1.99	0.03	0.02	1.06	0.16	−0.48	−0.01	−21.44	31.73	−0.64	72.58	51
2739	天辰稳健 1 号	−26.48	−1.56	5.40	2.18*	0.91	−0.12	0.97	0.40	−14.22	36.66	−0.29	56.90	37
2740	新价值 4 号	−26.90	−2.07	2.10	1.10	1.10	0.64	0.31	0.33	−13.46	32.94	−0.33	62.14	54
2741	德晋金融	−27.79	−1.17	−4.12	−1.18	1.46	0.14	0.24	1.02	−39.16	49.98	−0.74	94.89	34
2742	橦榉投资-私募学院菁英 198 号	−28.28	−2.80	10.51	7.11*	0.73	−0.22	−0.39	−0.57	4.32	32.28	0.21	38.55	71
2743	达蓬秦岭 1 号	−28.50	−2.14	4.45	2.28*	0.76	0.20	−0.41	0.87	−8.93	32.91	−0.17	54.15	52
2744	思悦 1 号	−28.58	−1.54	3.34	1.23	1.20	0.65	0.33	0.82	−12.90	41.97	−0.16	73.12	43
2745	潮金创投 4 号	−28.58	−2.08	2.84	1.42	0.57	0.28	−0.03	0.37	−14.76	27.71	−0.49	66.55	28

续表

编号	基金名称	年化α(%)	t(α)	γ	t(γ)	β_mkt	β_smb	β_hml	β_mom	年化收益率(%)	年化波动率(%)	年化夏普比率	最大回撤率(%)	调整后R^2(%)
2746	宝时正气3期	−31.49	−1.54	4.97	1.66*	0.79	0.10	1.03	0.01	−20.24	40.41	−0.40	71.14	25
2747	谦德福佑价值进取1号	−32.38	−1.95	7.30	3.01*	1.81	−0.11	0.42	0.00	−15.34	48.34	−0.15	80.35	65
2748	天宝2期	−32.42	−3.21	0.50	0.34	0.89	0.13	−0.29	−0.19	−25.38	25.38	−1.07	78.74	54
2749	汇富进取2号	−33.71	−2.33	3.28	1.55	0.74	0.46	0.26	0.70	−16.73	31.01	−0.49	70.71	36
2750	汇富资产-汇富精选1号	−35.31	−3.05	1.41	0.83	0.85	0.35	−0.15	0.37	−23.03	27.74	−0.85	78.22	49
2751	磐海大周期2号	−36.95	−2.05	−1.12	−0.43	1.35	0.40	0.89	1.28	−34.57	41.12	−0.84	88.01	44
2752	谦德福佑稳健1号	−38.03	−2.27	8.08	3.30*	1.77	−0.21	0.54	0.06	−19.23	48.49	−0.25	82.34	65
2753	唐奇唐雅1号	−58.60	−1.51	4.86	0.86	1.66	1.72	1.18	1.20	−38.66	78.49	−0.26	94.81	28

附录三 收益率在排序期排名前 30 位的基金在检验期的排名（排序期为一年）：2019~2022 年

本表展示的是排序期为一年时，排序期收益率排名前 30 位的基金在检验期的收益率排名，以及基金在排序期和检验期的收益率排名，以及基金在排序期和检验期的收益率。样本量为在排序期和检验期都存在的基金数量。★ 表示在排序期和检验期仍排名前 30 位的基金。

排序期	排序期排名（位）	基金名称	排序期收益率（%）	检验期	检验期排名	检验期收益率（%）	样本量
2019	1	华银共同	846.1	2020	5 534	-17.7	5 695
2019	2	谷春 1 号	428.2	2020	2 251	38.0	5 695
2019	3	天戈紫旭	349.8	2020	1 105	59.6	5 695
2019	4	万方稳进 1 号	315.4	2020	169	119.9	5 695
2019	5	赛亚凤凰	226.4	2020	1 062	60.6	5 695
2019	6	富承价值 1 号	223.6	2020	5 134	0.0	5 695
2019	7	胤狮 9 号	223.3	2020	3 768	18.8	5 695
2019	8	福克斯稳健 1 号	222.7	2020	3 929	16.8	5 695
2019	9	富承高息 1 号	211.8	2020	5 473	-12.6	5 695
2019	10	致远成长 1 号	205.7	2020	149	123.8	5 695
2019	11	激流 1 号	201.4	2020	180★	115.8	5 695
2019	12	敦颐新兴成长 1 号	198.0	2020	821	67.7	5 695
2019	13	非然信为旭日东升 1 号	197.1	2020	2 470	34.8	5 695
2019	14	胤狮 10 号	195.4	2020	5 227	-1.9	5 695
2019	15	正圆 1 号	194.4	2020	69	160.6	5 695
2019	16	青鼎恒润 1 号	189.7	2020	340	94.0	5 695
2019	17	炬鼎互利 1 号	187.1	2020	286	99.2	5 695

续表

排序期	排序期排名（位）	基金名称	排序期收益率（%）	检验期	检验期排名	检验期收益率（%）	样本量
2019	18	恒昌格物 1 号	184.6	2020	2 320	36.9	5 695
2019	19	林园投资 20 号	181.4	2020	1 323	54.2	5 695
2019	20	林园投资 10 号	181.0	2020	2 332	36.8	5 695
2019	21	龙航 1 期	175.3	2020	124	132.3	5 695
2019	22	笙笠日昇 2 号	173.3	2020	1 100	59.7	5 695
2019	23	非然炎汉 1 期	168.4	2020	2 415	35.7	5 695
2019	24	林园投资 2 号	167.5	2020	1 606	48.4	5 695
2019	25	聚鸣新动力	167.4	2020	279	99.9	5 695
2019	26	天琪泉沿 2 号	167.2	2020	5 613	-27.7	5 695
2019	27	旭诺价值成长 2 号	166.3	2020	2 117	39.6	5 695
2019	28	璞玉洋金	165.6	2020	767	69.2	5 695
2019	29	激流－远航	164.8	2020	199	112.4	5 695
2019	30	富业盛德富业 1 号	164.8	2020	65	163.6	5 695
2020	1	友檩领 5 号	851.2	2021	7 317	-21.5	7 678
2020	2	建泓绝对收益 1 号	830.9	2021	838	39.3	7 678
2020	3	弘茗套利稳健管理型 2 号	517.2	2021	6*	382.8	7 678
2020	4	顺然共赢 2 号	514.7	2021	215	77.5	7 678
2020	5	具力禾至 1 号	514.3	2021	345	63.6	7 678
2020	6	南方海慧 1 号	511.3	2021	43	168.7	7 678
2020	7	一民集团 1 号	476.1	2021	109	108.4	7 678

续表

排序期	排序期排名（位）	基金名称	排序期收益率（%）	检验期	检验期排名	检验期收益率（%）	样本量
2020	8	建泓时代绝对收益 2 号	461.0	2021	3 598	8.6	7 678
2020	9	顺然好运来长期复利 1 号	404.7	2021	133	100.1	7 678
2020	10	汇潼豪翔进取 1 号	391.3	2021	2 176	19.0	7 678
2020	11	笙毅旭洋多空主题 1 号	385.0	2021	3 122	11.5	7 678
2020	12	骏伟资本价值 5 期	370.4	2021	7 158	-18.4	7 678
2020	13	顺然 3 号	357.0	2021	152	91.8	7 678
2020	14	巨杉二次方 1 号	355.4	2021	2 537	15.9	7 678
2020	15	方信睿熙 1 号	352.4	2021	42	171.0	7 678
2020	16	骐聚旭瀛多空主题 1 号	322.6	2021	7 312	-21.3	7 678
2020	17	财富兄弟紫时成长 1 号	310.3	2021	770	40.9	7 678
2020	18	卓晔 1 号	303.3	2021	28*	207.4	7 678
2020	19	锐鸿 1 号	293.2	2021	861	38.9	7 678
2020	20	本颐明湖	283.4	2021	7 122	-17.9	7 678
2020	21	温瑞福 7 号	282.9	2021	7 442	-25.0	7 678
2020	22	方略增长 1 号	276.2	2021	2 276	17.9	7 678
2020	23	前海大宇精选 2 号	270.6	2021	2 090	19.7	7 678
2020	24	量磁群英 1 号	264.1	2021	52	156.4	7 678
2020	25	沃土 1 号	256.1	2021	408	59.1	7 678
2020	26	冠丰 3 号消费优选	255.3	2021	130	100.7	7 678
2020	27	传家堡山河优选	254.6	2021	7 259	-20.3	7 678

续表

排序期	排序期排名（位）	基金名称	排序期收益率（%）	检验期	检验期排名	检验期收益率（%）	样本量
2020	28	浅湖稳健 5 号	249.2	2021	6 444	-8.7	7 678
2020	29	诚品 2 号	243.9	2021	119	104.9	7 678
2020	30	长量大志 1 号	237.5	2021	112	107.5	7 678
2021	1	匠心全天候	1382.7	2022	113	42.3	10 303
2021	2	善流金沙 6 号	1380.9	2022	139	36.4	10 303
2021	3	唐氏专户 1 号	724.9	2022	9 787	-40.6	10 303
2021	4	前海中融银泰概率空间 1 号	451.1	2022	10 132	-52.9	10 303
2021	5	金曼宏观 1 号	415.2	2022	4 137	-9.3	10 303
2021	6	至简方大	390.1	2022	7 602	-22.2	10 303
2021	7	英领棕地 1 号	382.0	2022	1 116	6.6	10 303
2021	8	久实精选 1 号	380.5	2022	7 649	-22.4	10 303
2021	9	亚魁价值 1 号	371.6	2022	1 764	2.4	10 303
2021	10	黑石宏忠 1 号	368.8	2022	10 209	-59.4	10 303
2021	11	久盈价值精选 1 号	357.1	2022	12*	183.7	10 303
2021	12	蝶威深度智能稳健 3 号	331.3	2022	14*	149.1	10 303
2021	13	中阅产业主题 3 号	331.0	2022	9 442	-35.0	10 303
2021	14	恒邦开鑫 1 号	321.7	2022	3 615	-7.1	10 303
2021	15	稻洋洋盈 6 号	318.2	2022	10 010	-46.8	10 303
2021	16	弘理嘉富	317.6	2022	9 985	-45.6	10 303
2021	17	天创机遇 15 号	317.3	2022	3 600	-7.1	10 303

续表

排序期	排序期排名（位）	基金名称	排序期收益率（%）	检验期	检验期排名	检验期收益率（%）	样本量
2021	18	建泓盈富 4 号	306.9	2022	6*	287.4	10 303
2021	19	睿扬新兴成长	305.2	2022	6 385	−17.2	10 303
2021	20	稻洋洋盈 7 号	305.1	2022	10 064	−49.0	10 303
2021	21	鑫疆九颂 3 号	289.6	2022	10 258	−67.6	10 303
2021	22	中阅聚焦 7 号	283.0	2022	49	69.9	10 303
2021	23	瀚木资产瀚木 1 号	278.9	2022	9 119	−31.7	10 303
2021	24	恒邦 2 号	276.1	2022	8 108	−24.5	10 303
2021	25	誉庆平海鸥飞翔 1 号	276.1	2022	10 280	−76.8	10 303
2021	26	鸿凯智慧 1 号	272.9	2022	644	12.7	10 303
2021	27	鑫疆精选价值成长 6 号	272.6	2022	10 302	−94.7	10 303
2021	28	中盛晨嘉小草资本深圳湾 1 号	270.8	2022	10 229	−61.0	10 303
2021	29	弘理嘉惠	267.6	2022	9 945	−44.5	10 303
2021	30	康祺资产稳进 1 号	267.6	2022	9 405	−34.5	10 303

附录四 收益率在排序期和检验期分别排名前 30 位的基金排名（排序期为一年）：2019~2022 年

本表展示的是排序期为一年，检验期为一年时，排序期和检验期分别排名前 30 位的基金及基金的收益率。样本量为在排序期和检验期都存在的基金数量。★ 表示在检验期仍排名前 30 位的基金。

排序期	排序期排名（位）	基金名称	排序期收益率（%）	检验期	检验期排名（位）	基金名称	检验期收益率（%）	样本量
2019	1	华银共同	846.1	2020	1	华融金融小镇九智 1 号	1 434.0	5 695
2019	2	谷春 1 号	428.2	2020	2	建泓绝对收益 1 号	830.9	5 695
2019	3	天戈紫旭	349.8	2020	3	弘茗荟利稳健管理型 2 号	517.2	5 695
2019	4	万方稳进 1 号	315.4	2020	4	顺然共赢 2 号	514.7	5 695
2019	5	赛亚凤凰	226.4	2020	5	南方海慧 1 号	511.3	5 695
2019	6	富承价值 1 号	223.6	2020	6	建泓时代绝对收益 2 号	461.0	5 695
2019	7	胤狮 9 号	223.3	2020	7	骏伟资本价值 5 期	370.4	5 695
2019	8	福克斯稳健 1 号	222.7	2020	8	顺然 3 号	357.0	5 695
2019	9	富承高息 1 号	211.8	2020	9	巨杉二次方 1 号	355.4	5 695
2019	10	致远成长 1 号	205.7	2020	10	方信睿熙 1 号	352.4	5 695
2019	11	激流 1 号	201.4	2020	11	财富兄弟紫时成长 1 号	310.3	5 695
2019	12	敦颐新兴成长 1 号	198.0	2020	12	卓晔 1 号	303.3	5 695
2019	13	非然信为旭日东升 1 号	197.1	2020	13	锐鸿 1 号	293.2	5 695
2019	14	胤狮 10 号	195.4	2020	14	温瑞福 7 号	282.9	5 695
2019	15	正圆 1 号	194.4	2020	15	深圳量华稳赞 2 号	282.4	5 695

续表

排序期	排序期排名（位）	基金名称	排序期收益率（%）	检验期	检验期排名（位）	基金名称	检验期收益率（%）	样本量
2019	16	青鼎恒润 1 号	189.7	2020	16	方略增长 1 号	276.2	5 695
2019	17	烟鼎互利 1 号	187.1	2020	17	前海大宇精选 2 号	270.6	5 695
2019	18	恒昌格物 1 号	184.6	2020	18	量磁群英 1 号	264.1	5 695
2019	19	林园投资 20 号	181.4	2020	19	沃土 1 号	256.1	5 695
2019	20	林园投资 10 号	181.0	2020	20	冠丰 3 号消费优选	255.3	5 695
2019	21	龙航 1 期	175.3	2020	21	传家堡山河优选	254.6	5 695
2019	22	筌笠日升 2 号	173.3	2020	22	浅湖稳健 5 号	249.2	5 695
2019	23	菲然炎汉 1 期	168.4	2020	23	诚品 2 号	243.9	5 695
2019	24	林园投资 2 号	167.5	2020	24	顺然 7 号	237.4	5 695
2019	25	聚鸣新动力	167.4	2020	25	盈洋远航 1 号	232.3	5 695
2019	26	天琪泵治 2 号	167.2	2020	26	瑞文 1 号	222.3	5 695
2019	27	旭诺价值成长 2 号	166.3	2020	27	领颐平稳增长	221.1	5 695
2019	28	璞玉浑金	165.6	2020	28	利道永晟 1 号	217.2	5 695
2019	29	激流-远航	164.8	2020	29	中安汇富-国元莲花山	215.3	5 695
2019	30	富业盛德富业 1 号	164.8	2020	30	诚品 1 号	214.4	5 695
2020	1	友骥领 5 号	851.2	2021	1	匠心全天候	1 382.7	7 678
2020	2	建园绝对收益 1 号	830.9	2021	2	盾氏专户 1 号	724.9	7 678
2020	3	弘荟奎利稳健管理型 2 号	517.2	2021	3	慧智投资 105 号	591.3	7 678

续表

排序期	排序期排名（位）	基金名称	排序期收益率（%）	检验期	检验期排名（位）	基金名称	检验期收益率（%）	样本量
2020	4	顺然共赢 2 号	514.7	2021	4	幂数阿尔法 8 号	467.9	7 678
2020	5	具力禾圣 1 号	514.3	2021	5	金曼宏观 1 号	415.2	7 678
2020	6	南方海慧 1 号	511.3	2021	6	弘茗荟利稳健管理型 2 号★	382.8	7 678
2020	7	一民集团 1 号	476.1	2021	7	久芠精选 1 号	380.5	7 678
2020	8	建泓时代绝对收益 2 号	461.0	2021	8	亚挚价值 1 号	371.6	7 678
2020	9	顺然好运来长期复利 1 号	404.7	2021	9	黑石宏忠 1 号	368.8	7 678
2020	10	汇谨蒙翔进取 1 号	391.3	2021	10	中阅产业主题 3 号	331.0	7 678
2020	11	笙毅旭洋多空主题 1 号	385.0	2021	11	国恩寻蒙 109 号	319.3	7 678
2020	12	骏伟资本价值 5 期	370.4	2021	12	弘理嘉富	317.6	7 678
2020	13	顺然 3 号	357.0	2021	13	瀚木资产瀚木 1 号	278.9	7 678
2020	14	巨杉二次方 1 号	355.4	2021	14	恒邦 2 号	276.1	7 678
2020	15	方信睿熙 1 号	352.4	2021	15	弘理嘉元	273.9	7 678
2020	16	淇聚旭瀛多空主题 1 号	322.6	2021	16	鸿凯智慧 1 号	272.9	7 678
2020	17	财富兄弟紫时成长 1 号	310.3	2021	17	弘理嘉惠	267.6	7 678
2020	18	卓晔 1 号	303.3	2021	18	康祺资产稳进 1 号	267.6	7 678
2020	19	锐鸿 1 号	293.2	2021	19	前海佰德纳资本 5 号	259.0	7 678
2020	20	本颐明湖	283.4	2021	20	万顺通 6 号	254.8	7 678
2020	21	温瑞福 7 号	282.9	2021	21	飞蚁 1 号	250.2	7 678
2020	22	方略增长 1 号	276.2	2021	22	竹润乐其 2 号	245.7	7 678

续表

排序期	排序期排名（位）	基金名称	排序期收益率（%）	检验期	检验期排名（位）	基金名称	检验期收益率（%）	样本量
2020	23	前海大宇精选 2 号	270.6	2021	23	慧智投资 104 号	234.5	7 678
2020	24	量磁群英 1 号	264.1	2021	24	汇谨尊睿 3 号	231.2	7 678
2020	25	沃土 1 号	256.1	2021	25	必胜季升 1 号	229.7	7 678
2020	26	冠丰 3 号消费优选	255.3	2021	26	西安久上一私募学院菁英 343 号	224.9	7 678
2020	27	传家堡山河优选	254.6	2021	27	长富山 3 号	217.7	7 678
2020	28	浅湖稳健 5 号	249.2	2021	28	卓晖 1 号*	207.4	7 678
2020	29	诚品 2 号	243.9	2021	29	广发纳斯特乐睿 1 号	200.6	7 678
2020	30	长量大志 1 号	237.5	2021	30	万川煜晨 2 号	195.6	7 678
2021	1	匠心全天候	1 382.7	2022	1	申尊价值 1 号	544.5	10 303
2021	2	善流金沙 6 号	1 380.9	2022	2	添橙比邻星对冲	440.7	10 303
2021	3	唐氏专户 1 期	724.9	2022	3	铂润铂盈厚丰	367.4	10 303
2021	4	前海中融银泰概率空间 1 号	451.1	2022	4	维万投资宏观对冲 2 号	367.3	10 303
2021	5	金曼宏观 1 号	415.2	2022	5	诚泰嘉睿成长	313.6	10 303
2021	6	至简方大	390.1	2022	6	建泓盈富 4 号*	287.4	10 303
2021	7	英领棕地 1 号	382.0	2022	7	具力星辉 6 号	247.4	10 303
2021	8	久实精选 1 号	380.5	2022	8	君冠 3 号弘久价值机遇	216.6	10 303
2021	9	亚釉价值 1 号	371.6	2022	9	玮童源悠仕成长	211.6	10 303
2021	10	黑石宏忠 1 号	368.8	2022	10	金程宗志长风 1 号	209.8	10 303
2021	11	久盈价值精选 1 号	357.1	2022	11	具力星辉 3 号	203.1	10 303

续表

排序期	排序期排名（位）	基金名称	排序期收益率（%）	检验期	检验期排名（位）	基金名称	检验期收益率（%）	样本量
2021	12	蝶威深度智能稳健 3 号	331.3	2022	12	久盈价值精选 1 号*	183.7	10 303
2021	13	中阅产业主题 3 号	331.0	2022	13	潮润臻润 1 号	161.2	10 303
2021	14	恒邦开鑫 1 号	321.7	2022	14	蝶威深度智能稳健 3 号*	149.1	10 303
2021	15	稻洋洋盈 6 号	318.2	2022	15	宁波泽添月潮汇 1 号	148.0	10 303
2021	16	弘理嘉富	317.6	2022	16	简帧世纪元端 1 号	143.1	10 303
2021	17	天创机遇 15 号	317.3	2022	17	七禾科技传奇进取 2 号	138.4	10 303
2021	18	建泓盈富 4 号	306.9	2022	18	万点资本进取 2 号	133.2	10 303
2021	19	睿扬新兴成长	305.2	2022	19	三才	114.0	10 303
2021	20	稻洋洋盈 7 号	305.1	2022	20	汇牛安创 2 号	108.1	10 303
2021	21	鑫疆九颂 3 号	289.6	2022	21	芝麻财富 3 号	106.1	10 303
2021	22	中阅聚焦 7 号	283.0	2022	22	中阅中科稳健 1 号	105.9	10 303
2021	23	瀚木资产瀚木 1 号	278.9	2022	23	草本致远 1 号	103.3	10 303
2021	24	恒邦 2 号	276.1	2022	24	牛牛聚配专享 1 号	100.3	10 303
2021	25	誉庆平海鸥飞翔 1 号	276.1	2022	25	甬邦金鹬 1 号	96.4	10 303
2021	26	鸿凯智慧	272.9	2022	26	建泓绝对收益 1 号	94.9	10 303
2021	27	鑫疆精选价值成长 6 号	272.6	2022	27	凯世富乐稳健 19 号	92.5	10 303
2021	28	中盛晨嘉小草资本深圳湾 1 号	270.8	2022	28	平凡优祺	91.7	10 303
2021	29	弘理嘉惠	267.6	2022	29	创兆股债联动优选 2 号	91.6	10 303
2021	30	康祺资产稳进 1 号	267.6	2022	30	昂岳米优稳健 1 号	91.2	10 303

附录五 夏普比率在排序期排名前 30 位的基金在检验期的排名（排序期为一年）：2019～2022 年

本表展示的是排序期为一年，检验期为一年时，排序期夏普比率排名前 30 位的基金在检验期的排名，以及基金在排序期和检验期的夏普比率。样本量为在排序期和检验期都存在的基金数量。★ 表示在检验期仍排名前 30 位的基金。

排序期	排序期排名（位）	基金名称	排序期夏普比率	检验期	检验期排名（位）	检验期夏普比率	样本量
2019	1	兴业元泰 9 号	25.95	2020	2★	17.13	5 695
2019	2	元泰 12 号（20181212 期）	20.68	2020	1★	25.32	5 695
2019	3	永乾 1 号	16.99	2020	3★	15.51	5 695
2019	4	坤元 TOT	10.22	2020	513	2.51	5 695
2019	5	明钺安心回报 1 号	8.69	2020	544	2.48	5 695
2019	6	明湾心智 1 号	7.92	2020	10★	6.35	5 695
2019	7	笃瑞凤凰山	7.91	2020	158	3.22	5 695
2019	8	鲁信稳健 1 号	7.86	2020	6★	7.86	5 695
2019	9	宽投量化对冲 1 号	7.32	2020	104	3.53	5 695
2019	10	海之山资产管理稳健收益 1 号	7.30	2020	3 779	0.96	5 695
2019	11	展弘稳进 1 号 3 期	7.24	2020	51	4.21	5 695
2019	12	展弘稳进 1 号	7.21	2020	50	4.21	5 695
2019	13	联创永泉新享尊享 L 期	6.80	2020	30★	5.05	5 695
2019	14	联创永泉新享尊享 N 期	6.78	2020	27★	5.38	5 695
2019	15	催盈安享	6.75	2020	5 541	-0.99	5 695
2019	16	联创永泉新享尊享 P 期	6.73	2020	26★	5.39	5 695

续表

排序期	排序期排名（位）	基金名称	排序期夏普比率	检验期	检验期排名（位）	检验期夏普比率	样本量
2019	17	积露资产量化对冲	6.72	2020	287	2.87	5 695
2019	18	联创永泉新享尊享 C 期	6.72	2020	18*	5.44	5 695
2019	19	联创永泉新享尊享 F 期	6.71	2020	22*	5.41	5 695
2019	20	联创永泉新享尊享 K 期	6.71	2020	25*	5.40	5 695
2019	21	联创永泉新享尊享 H 期	6.70	2020	21*	5.43	5 695
2019	22	联创永泉新享尊享 M 期	6.70	2020	17*	5.45	5 695
2019	23	联创永泉新享尊享 J 期	6.70	2020	23*	5.41	5 695
2019	24	联创永泉新享尊享 E 期	6.67	2020	24*	5.41	5 695
2019	25	联创永泉新享尊享 O 期	6.64	2020	20*	5.43	5 695
2019	26	博茅树量化 1 号	6.61	2020	178	3.16	5 695
2019	27	稳博红樱桃 14 号	6.52	2020	82	3.71	5 695
2019	28	苏华智稳盈 7 期	6.36	2020	60	4.04	5 695
2019	29	濡圣投资－如松 1 号	6.27	2020	40	4.66	5 695
2019	30	盛泉恒元多策略市场中性 3 号	5.93	2020	295	2.85	5 695
2020	1	海鸥 3 号	17.34	2021	56	4.86	7 678
2020	2	永乾 1 号	15.51	2021	242	2.85	7 678
2020	3	联卡稳健 1 期	12.72	2021	422	2.45	7 678
2020	4	光道世源 2 号	9.83	2021	32	5.88	7 678
2020	5	海鸥 1 号	7.91	2021	37	5.84	7 678

续表

排序期	排序期排名（位）	基金名称	排序期夏普比率	检验期	检验期排名（位）	检验期夏普比率	样本量
2020	6	弘苦稳健管理型 9 号	7.74	2021	5 403	-0.02	7 678
2020	7	灵涛卧龙	7.32	2021	4 122	0.39	7 678
2020	8	银瓴运通对冲套利进取 1 号	7.27	2021	3 504	0.60	7 678
2020	9	信安承修 1 期	6.84	2021	15*	6.73	7 678
2020	10	正前方慧选 1 号	6.81	2021	7 362	-1.21	7 678
2020	11	熠道丰盈 1 号	6.66	2021	74	4.31	7 678
2020	12	海鸥 2 号	6.43	2021	6*	8.14	7 678
2020	13	明湾心智 1 号	6.35	2021	39	5.72	7 678
2020	14	君信荣耀 2 号	6.02	2021	460	2.38	7 678
2020	15	创兆股债联动优选 2 号	5.83	2021	102	3.73	7 678
2020	16	合晟春晓 1 号	5.63	2021	1 322	1.51	7 678
2020	17	壁虎系列	5.57	2021	42	5.65	7 678
2020	18	跃威稳进 1 号	5.52	2021	227	2.90	7 678
2020	19	兆石套利 1 号 FOF	5.44	2021	71	4.47	7 678
2020	20	鼎一精选 1 号	5.41	2021	246	2.85	7 678
2020	21	上海宽德金刚钻 3 号	5.39	2021	18*	6.39	7 678
2020	22	乾行天合 2 号	5.29	2021	60	4.67	7 678
2020	23	白鹭 FOF 演武场 1 号	5.19	2021	558	2.22	7 678
2020	24	珺容锐远 2 号	5.17	2021	6 289	-0.40	7 678

续表

排序期	排序期排名（位）	基金名称	排序期夏普比率	检验期	检验期排名（位）	检验期夏普比率	样本量
2020	25	富薜-得宝 5 号	5.11	2021	1 449	1.42	7 678
2020	26	长流睿远 2 号	5.08	2021	7*	8.07	7 678
2020	27	金铸建业安享 1 号	5.03	2021	355	2.58	7 678
2020	28	从益鸿鹄 1 号	5.02	2021	120	3.46	7 678
2020	29	金铸量化	4.99	2021	264	2.80	7 678
2020	30	金铸 6 号对冲 15 号	4.91	2021	531	2.27	7 678
2021	1	盛元活期宝	25.59	2022	6*	17.46	10 303
2021	2	天简道新弘稳健 1 号	19.17	2022	282	1.84	10 303
2021	3	蓝色金鼎 1 号	18.93	2022	8*	15.35	10 303
2021	4	竹润乐在 3 号	18.84	2022	1*	27.42	10 303
2021	5	辰晓稳裕 2 号	18.15	2022	3*	22.29	10 303
2021	6	辰晓稳裕 1 号	18.15	2022	4*	22.29	10 303
2021	7	巨源日金 1 号	17.19	2022	71	3.82	10 303
2021	8	紫升文丰 2 期	15.03	2022	103	3.14	10 303
2021	9	富尊添利 1 号	14.80	2022	15*	8.16	10 303
2021	10	长盛 1 号（平安）	14.45	2022	854	0.76	10 303
2021	11	巨源新泽 1 号	14.03	2022	11*	11.12	10 303
2021	12	汇利 200 号	13.51	2022	1 867	0.13	10 303
2021	13	新弘稳健 3 号	12.79	2022	330	1.62	10 303

续表

排序期	排序期排名（位）	基金名称	检验期	检验期排名（位）	检验期夏普比率	样本量
2021	14	三月创金 1 号	2022	54	4.18	10 303
2021	15	博莱树量化 1 号	2022	228	2.12	10 303
2021	16	中金量化-银河海山 1 号	2022	242	2.01	10 303
2021	17	大华月增利	2022	361	1.50	10 303
2021	18	凯世富乐京选 6 号	2022	154	2.49	10 303
2021	19	濡圣投资-如松 1 号	2022	3 049	-0.20	10 303
2021	20	长流睿远 2 号	2022	24*	6.65	10 303
2021	21	展弘稳进 1 号	2022	34	5.71	10 303
2021	22	涌利宝 B3	2022	1 541	0.29	10 303
2021	23	豪龙	2022	2 644	-0.11	10 303
2021	24	涌利宝 D13	2022	885	0.72	10 303
2021	25	富尊悦享 1 号	2022	206	2.19	10 303
2021	26	湘信稳健一年锁定期 1 号	2022	107	3.06	10 303
2021	27	西部隆淳晓见	2022	87	3.43	10 303
2021	28	涌利宝 C2	2022	677	0.95	10 303
2021	29	上海宽德金刚钻 6 号	2022	76	3.61	10 303
2021	30	富涌谷水滴 1 号	2022	41	5.14	10 303

参 考 文 献

［1］庞丽艳，李文凯，黄娜. 开放式基金绩效评价研究 ［J］. 经济纵横，2014 (7)：91-95.

［2］赵骄，闫光华. 公募基金与阳光私募基金经理的管理业绩持续性实证分析 ［J］. 科技经济市场，2011 (12)：47-50.

［3］赵羲，刘文宇. 中国私募证券投资基金的业绩持续性研究 ［J］. 上海管理科学，2018 (6)：5-9.

［4］朱杰. 中国证券投资基金收益择时能力的实证研究 ［J］. 统计与决策，2012 (12)：148-151.

［5］Agarwal V, Naik N Y. On Taking the "Alternative" Route：The Risks, Rewards, and Performance Persistence of Hedge Funds ［J］. The Journal of Alternative Investments, 2000 (2)：6-23.

［6］Brown S J, Goetzmann W N. Performance Persistence ［J］. The Journal of Finance, 1995 (50)：679-698.

［7］Carhart M M. On Persistence in Mutual Fund Performance ［J］. The Journal of Finance, 1997 (52)：57-82.

［8］Cao C, Simin T, Wang Y. Do Mutual Fund Managers Time Market Liquidity? ［J］. Journal of Financial Markets, 2013 (16)：279-307.

［9］Cao C, Chen Y, Liang B, Lo A. Can Hedge Funds Time Market Liquidity? ［J］. Journal of Financial Economics, 2013 (109)：493-516.

［10］Cao C, Farnsworth G, Zhang H. The Economics of Hedge Fund Startups：Theory and Empirical Evidence ［J］. Journal of Finance, Forthcoming, 2020.

［11］Chen Y. Timing Ability in the Focus Market of Hedge Funds ［J］. Journal of Investment Management, 2007 (5)：66-98.

［12］Chen Y, Liang B. Do Market Timing Hedge Funds Time the Market? ［J］. Journal of Financial and Quantitative Analysis, 2007 (42)：827-856.

［13］Fama E F, French K R. The Cross-section of Expected Stock Returns ［J］. The Journal of Finance, 1992 (47)：427-465.

［14］ Fama E F, French K R. Common Risk Factors in the Returns on Stocks and Bonds ［J］. Journal of Financial Economics, 1993 （33）: 3-56.

［15］ Fama E F, French K R. Luck Versus Skill in the Cross-section of Mutual Fund Returns ［J］. The Journal of Finance, 2010 （65）: 1915-1947.

［16］ Fung W, Hsieh D A. Hedge Fund Benchmarks: A Risk-based Approach ［J］. Financial Analysts Journal, 2004 （60）: 65-80.

［17］ Malkiel B G. Returns from Investing in Equity Mutual Funds 1971 to 1991 ［J］. The Journal of Finance, 1995 （50）: 549-572.

［18］ Jegadeesh N, Titman S. Returns to Buying Winners and Selling Losers: Implications for Stock Market Efficiency ［J］. The Journal of Finance, 1993 （48）: 65-91.

后 记

　　本书是清华大学五道口金融学院和香港中文大学（深圳）高等金融研究院经过多年积累的研究成果，是 2016~2022 年历年出版的《中国公募基金研究报告》和《中国私募基金研究报告》的后续报告。2023 年，我们进一步完善了研究方法、样本和结果，出版《2023 年中国公募基金研究报告》和《2023 年中国私募基金研究报告》，以飨读者。

　　本书凝聚着所有参与研究和撰写的工作人员的心血和智慧。在整个书稿的撰写及审阅的过程中，清华大学五道口金融学院、香港中文大学（深圳）高等金融研究院、香港中文大学（深圳）经管学院和深圳市大数据研究院政企大数据实验室的领导们给予了大力支持，报告由曹泉伟教授、陈卓副教授和舒涛教授共同主持指导，由研究人员门垚、石界、刘津宇、张凯、周嘉慧、姜白杨和詹欣琪共同撰写完成。

　　我们衷心感谢清华大学五道口金融学院、香港中文大学（深圳）高等金融研究院、香港中文大学（深圳）经管学院和深圳市大数据研究院政企大数据实验室的大力支持，感谢来自学术界、业界、监管机构的各方人士在书稿写作过程中提供的帮助。此外，我们感谢富国基金管理有限公司和汇添富基金管理股份有限公司的领导在我们实地调研时提供的大力支持，感谢于江勇、王立新、史炎、朱民、李剑桥、张晓燕、张博辉、杨文斌、余剑峰、钟蓉萨、赵康、俞文宏和廖理等为本书提供许多有价值的建议。最后，我们由衷感谢来自各方的支持与帮助，在此一并致谢！

作者

2023 年 4 月

图书在版编目（CIP）数据

2023 年中国私募基金研究报告／曹泉伟等著. --北京：经济科学出版社，2023.6
ISBN 978-7-5218-4818-2

Ⅰ.①2…　Ⅱ.①曹…　Ⅲ.①投资基金-研究报告-中国-2023　Ⅳ.①F832.51

中国国家版本馆 CIP 数据核字（2023）第 098880 号

责任编辑：初少磊
责任校对：隗立娜
责任印制：范　艳

2023 年中国私募基金研究报告
曹泉伟　陈卓　舒涛　等/著
经济科学出版社出版、发行　新华书店经销
社址：北京市海淀区阜成路甲 28 号　邮编：100142
总编部电话：010-88191217　发行部电话：010-88191522
网址：www.esp.com.cn
电子邮箱：esp@esp.com.cn
天猫网店：经济科学出版社旗舰店
网址：http://jjkxcbs.tmall.com
北京季蜂印刷有限公司印装
787×1092　16 开　33.25 印张　652000 字
2023 年 6 月第 1 版　2023 年 6 月第 1 次印刷
ISBN 978-7-5218-4818-2　定价：105.00 元
（图书出现印装问题，本社负责调换。电话：010-88191545）
（版权所有　侵权必究　打击盗版　举报热线：010-88191661
QQ：2242791300　营销中心电话：010-88191537
电子邮箱：dbts@esp.com.cn）